U0946330

穿越 中国隧道及地下工程修建关键技术研究书系

北京市科技计划、国家863科技计划重点资助

隧道施工超前地质预报

Tunnel Construction Ahead Geological Prediction

叶　英◎著

人民交通出版社
China Communications Press

内 容 提 要

全书共分10章，分别从隧道及地下工程施工常见地质灾害的成因、规律、特点出发，详细阐述了目前广义的隧道施工超前地质预报方法；从地下空间点、线、面与角度的组合排列入手，详细探讨以波速探测为核心的隧道长距离地震反射法和以电阻率探测为核心的隧道短距离瞬变电磁法和地质雷达法，并进一步说明在地下空间应充分利用弹性波和电磁波两种独立波系进行综合探测的优势和发展趋向。书中介绍了岩土体介质与水、空气不同耦合的地下探测物理前提，说明利用综合参数法探测的巨大潜力。介绍了地下空间探测应以“角度偏移”技术为核心，以地震反射法为发展方向。同时，针对角度偏移技术，利用仿生学的眼睛功能衍射出“照亮”地下的理论构想，提出了综合参数的预报理念，并论证了“综合参数、长短结合、内外兼顾、长期跟踪、灾害预案”的地下空间前方地质预报原则。在综合预报的基础上，针对复杂地质条件下或特殊地段、重要环节仍需结合钻孔数字摄像与测孔技术、掌子面临近预报、地质编录识别法、实时监测预警与灾害预案来进一步保障地下工程的施工安全。在研究综合参数超前地质预报时，考虑到与隧道施工围岩分级方法的有效结合，提出了基于信息化技术的隧道施工围岩细化分级方法，使得隧道超前地质预报工作成为隧道施工密不可分的环节。书中最后一章精选了针对不同的施工方法、特点的隧道超前地质预报典型实例，以说明其应用效果。

本书反映作者和合作者多年来的研究成果和业绩，可供地质、地球物理、隧道及地下工程工作者、大专院校高年级学生、研究生等作为“隧道及地下工程施工超前地质预报”的主要参考书。

作者介绍

叶英，桥梁与隧道工程博士，教授级高工，北京市市政工程研究院硕士生导师，山东大学、中南大学兼职博士生导师，北京市市政工程研究院副院长兼地下工程研究中心主任。国家减灾委科技部抗震救灾技术支撑专家、教育部学位与研究生教育评估中心专家、北京市科学技术奖励评审专家、北京市工法评审专家、北京市评标专家。主要从事隧道施工检测、监测、超前地质预报、信息化施工与安全保障方面的研究工作；在隧道超前地质预报方面提出"角度偏移、综合参数"预报理论，负责研制的USEP21型地下工程施工综合参数与空间超前地质预报系统具有国际领先水平。负责的省重点工程建设项目获国家鲁班奖1项；负责的科研项目获省部级科技进步一等奖3项，三等奖3项；获首都职工优秀创新成果奖1项、优秀成果提名奖1项；获第五届北京发明创新大赛金奖1项、铜奖1项、职工技术创新奖1项。主持国家863计划项目1项，参加1项；主持北京市科委重大需求项目2项；主持交通部西部项目2项，联合攻关项目3项；北京市交通委科技需求项目2项；北京市政路桥控股集团科技项目4项；拥有专利11项；参编著作2部；以第一作者发表主要论文30余篇。

2008年被评为北京市政路桥建设控股集团有限公司优秀共产党员、"十大标兵"、北京市交通委奥运保障先进个人、北京市国资委优秀共产党员，2010年被评为北京市劳模。

序

随着隧道等地下工程建设的快速发展，越来越多的地下工程需要穿越大量建筑物、地下管线、各类复杂地层。在此情况下，如何预报开挖面前方的地质情况，从而选取合理、安全可靠的预加固技术，以避免灾害事故的发生是地下工程开挖成功与否的关键。

地下工程开挖前方地质预报技术犹如一盏明灯，为地下空间的开发和利用照亮了周围介质。虽然这盏明灯还不像施工技术人员期望的那样明亮，但它毕竟为我们提供了大量的地质情况和丰富的介质物性信息，避免了许多重大灾害的发生。作者通过对地震反射法位置(距离)偏移技术的大量研究，提出了“角度偏移”的空间采集、处理、显示方法与技术，这将极大推动地下工程探测、预报技术的深层次发展。作者首次提出的“角度＋位置”偏移的联合体系将有广泛的应用领域。

目前，大量的岩溶超前探测与预报问题亟待解决，如何利用地震波的角度偏移和位置偏移的联合体系照亮地下空间是世界级难题。作者通过研究仿生学眼睛的形觉、光觉、色觉、立体觉功能与地下空间探测的对比关系，展现了利用地震角度偏移法实现“照亮地下”的理论构想、可实现性及效果。地震波角度偏移法在地下空间探测中将发挥巨大作用。

书中介绍了研制的综合参数预报仪 USEP21 系统，该系统结合地下工程施工的具体特点，受现场条件的场地影响小、更加实用和易于判译，在隧道等地下工程建设中将有广泛的应用前景。

王梦恕

2011 年 3 月

前言

隧道及地下工程开挖前方的探测或超前地质预报技术应用始于早期地下采矿业开挖工程，当时主要以掌子面的地质编录法为主，结合地面地球物理勘探方法，虽然也有将地面物探方法应用到地下工程，但真正意义的、大规模的交通、铁路隧道超前地质预报工作是在1990年以后进行的。我国在20世纪90年代末引入了瑞士Amberg公司的TSP系统，并进行了大量的试验应用研究，就其预报效果应该说正面成功的预报资料介绍较多，负面的预报结果报道很少。TSP系统仍属位置偏移地震反射法的范畴，且这种固定的排列方式肯定有其局限性，TSP系统在大量的隧道超前地质预报中起到了积极的作用，但问题和局限性难免。随着交通隧道的快速发展和TSP系统的大量引入，也引起了国内对隧道施工安全的重视，在2004年交通部《公路隧道设计规范》将超前地质预报列入施工的一个工序，进一步促使和推动隧道超前地质预报技术的发展。随后我国掀起了大量的隧道施工超前地质预报的研究热潮，但大多仍是对TSP系统应用技术研究。作者于2001年也较早地参与了交通部的联合攻关项目“雁门关隧道施工超前地质预报应用技术”的研究工作，并与Amberg公司TSP系统的研发者Dickmann博士针对雁门关隧道地质情况进行了多次的预报研究资料的探讨与合作。Dickmann博士曾针对TSP系统说明了这种排列的局限性和适用条件。国内有代表性的研究，如：2001年刘志刚、赵勇编著《隧道隧洞施工地质技术》，2006年何发亮、李苍松、陈成宗编著《隧道地质超前预报》。国内其他学者如刘云祯所长开展了针对TSP系统的TGP12仪器研究工作，赵永贵研究员开展了针对TRT排列的TST系统研究工作，李术才教授及课题组开展了针对BEAM的激发极化法超前预报研究工作，作者针对地下工程开挖的现场条件开展“角度＋位置”偏移的联合体系和“综合参数＋长短结合”的USEP21研究工作。以上研究均有应用报道，但真正复杂地质条件下的隧道地质情况预报问题，仍是靠综合方法和预警报理论来实现。例如，针对岩溶隧道施工超前地质预报国内普遍采用了极其复杂的组合方法“TSP、GPR、超前钻探、红外探水”，但这种综合的方法是否就万无一失呢？答案是否定的，主要原因是组合方法也有盲区。作者在书中一些章节也讨论了这类问题。组合方法的合理性与科学性是一个较为复杂的问题。下面结合作者在找矿、城市工程物探和隧道超前预报具体工作中的心得，提出一些解决问题的方法，希望能起到抛砖引玉的效果。

作者从1986年开始直流电法装置研究，较早地接触了国内外新方法的研究现状和动态，在地面直流电法勘探中曾针对定深度勘探，二极法互换与转换进行早期的水槽模拟与正反演编程；陆续参加了多方法综合找矿的大量现场野外工作；从事过重、磁、电各种物探方法的野外及室内综合研究工作，曾在安阳第一物探大队新方法研究组调研国内外物探新方法在找矿方面的技术应用，为物探队购置并消化先进仪器提供咨询；还分别在重磁、电法分队从事找矿方面的综合研究。在有色金属的找矿方面，通常的做法是先根据任务目标寻找矿物形成的地质环境，这属于找矿的背景资料，相当于隧道的前期勘察地质资料，在有望地质区域进一步缩小范围划定要探测的工作区，然后进行地质、物探、化探的普查工作，对综合类异常再进行异常检查和详查研究，期间仍要注意各种异常和方法的有效配合。在研究了相对可靠的综合异常之后，进行钻孔验证。一方面要对岩芯进行详细的编录和测试，另一方面还要做综合测井工作。以上工作顺序和综合研究方法可对目前的隧道施工超前地质预报提供理念上的启示。总之，找矿的综合方法是从地质选区→普查→详查→钻孔及测井→最终的成矿区评价。它是从时间到空间的综合，方法选择上也是从矿体的物化属性选择组合参数、模式、方法的综合研究。找矿的一系列地质环境、时间、空间探测理念为地下工程综合超前地质预报方法的研究奠定了基础。其实质都是勘探或探测，所以方法原理是雷同的，只是具体的探测细节有区别。

作者在研究综合方法探测时，注重研究探测的仪器与方法。就目前而言，要对隧道超前地质预报工作在具体方法上有较大的改进，仅仅研究方法和探测的应用技术很难在理论上有所创新和突破。因为，目前的地球物理仪器基本都是按照固定排列而设定的软件，想做改变几乎很难。况且很多仪器采集的数据文件格式都相互保密，这就更加增加了理论研究的难度。作者的所有研究都是在课题组研发的仪器和软件平台上进行，因此，可进行各种排列的组合与变化，同时该平台也可同时进行瞬变电磁的激发与数据采集工作，更方便组合方法的研究。

作者曾在山西省交通科学研究院岩土与隧道工程研究所参与过众多的高速公路跨越煤炭采空区的勘察工作，山西省三分之二土地下都有煤，采空区的勘察工作难度很大，它的准确性、可靠性、精度等问题一直困扰着物探技术人员。在山西省内大量的采空区处治项目中，勘察与治理的工作量差别很大，这也能说明勘察技术难以满足工程要求。常规的做法主要是现场实地调查、浅层地震反射法、瞬变电磁法和钻探技术组合，当然还有其他方法的投入。作者曾针对采空区的综合勘探进行研究，基本总结了探测采空区的综合方法，在现场条件许可的情况下，应以瞬变电磁法做普查性工作(最好是三维勘探)，用浅层地震反射法做详查，两种方法在地面探测三维形状体有较好的应用效果。以上长期的研究工作对作者总结综合参数法有很大的启示，“波速＋电阻率”的地下空间探测模式已得到较为广泛的应用。另外，就现有技术结合现场条件而言，“土、岩、气、水”的多相性与耦合派生了隧道施工的各种地质灾害，波速和电阻率的组合在判别岩土体介质的灾害体时有较好的物性前提，这也是作者长期研究地下探测的基础和起点。

作者从2001年有幸负责交通部联合攻关项目“雁门关隧道施工超前地质预报应用技术研究”，2007年主持北京市科委市区两级政府重大科技需求专项“城市暗挖隧道施工超前地质预报系统研究”；2008年负责国家863项目“复杂地质条件下隧道施工地质灾害预警装备与系统研究”，通过对地震反射法位置(距离)偏移技术的大量研究，作者在研究城市暗挖隧道施工超前地质预报项目时，利用角度偏移法构建隧道掌子面前方空间地震波数据，并通过系统软件实现了三维地下空间数据采集、处理与图形图像显示。在寻找理论依据时，得到前苏联科学家甘布尔采夫著《对比折射法》和加尔彼林著《地震观测方位法》、《地震勘探偏振法》、《垂直地震剖面》的启发和影响，并从眼睛功能的仿生学原理，首次提出了“角度＋位置偏移的联合体系”，这是地下工程前方探测的主要方法和发展趋势。并论述人类在地下空间大开发利用地震波照亮地下空间的可能性。

不论有怎样的地球物理方法，地下空间探测都离不开对隧道地质环境的研究工作，如果对所要研究的区域地质情况不了解，就很难对所获得的地球物理资料作出符合实际的解释。这里利用“盲人摸象”的道理比喻地球物理勘探的作用。地球物理方法就像盲人一样，在摸到大象腿时，只知道它是一个圆柱子，摸到象鼻子时，只能描述它是一个软管。只有建立在区域地质环境的基础上，进行的地球物理探测和隧道超前地质预报工作才能进行符合实际的解释，才能站在大象的整体结构上推测和描述它的局部，才能提供隧道施工所需的地质信息和资料。

在本书的编写中，作者曾多次得到恩师王梦恕院士的创新性启迪，得到恩师瞬变电磁专家牛之链老师的指导，曾参与了市政隧道(大连石门山、北京卧龙岗、108国道南村等)、公路隧道(山西大运线雁门关、薛公岭、陕西小康线包家山、大棕坡、王家台等)、铁路隧道(石太线太行山)、海底隧道(青岛胶州湾)以及地铁隧道(北京4号线、大兴线)的超前地质预报工作，并得到交通、铁路及市政系统多位同行的协助和支持，在此表示感谢。

在漫长的研究期间，得到过中南大学柳建新教授、山东大学李术才教授、长安大学李貅教授、中科院地球物理所薛国强副研究员、北京交通大学张顶立、袁大军教授、张成平博士、瑞士 Amberg 公司肖书安博士、Dickmann 博士的合作与交流，得到北京市政路桥控股集团张汎总工、北京市市政工程研究院领导对研究工作的大力支持。

书中的内容得到了长期合作的好友毋云龙、李云典的帮助；得到北京市市政工程研究院项目组成员的多方协助与合作，尤其是许鹏、王晓亮、杨新锐、夏春蕾、张智明、祁朦等做了大量的基础工作，在这里表示感谢。

作者于北京

2011/1/21

目 录

绪 论

0.1 研究意义

隧道工程从设计到开挖成洞,人们一直把研究隧道工程在开挖期间与运营期间隧道围岩的稳定性及安全问题作为一个十分重要的课题进行研究。研究表明,影响隧道围岩的稳定性有 8 大主控因素:地层岩性、地质构造、原岩应力场、地下水、地质工程环境、隧道设计结构、开挖工艺方法与支护体系等。其中前 5 大因素为客观地质因素,后 3 大因素为人为因素且受控于前 5 大因素。

由于地质灾害而引起的隧道稳定性问题在国内已不为鲜见,仅以铁路建设为例:据不完全统计,我国 1992 年以前已建成的铁路隧道中,有五分之四在施工中不同程度地发生过涌水灾害(刘丹、关宝树,1995),其中有 30 余座属大型涌水;在成昆线全线有 427 座隧道,总长 341km,施工开挖期间约有 25%隧道发生过大型坍方,93.5%的隧道发生了不同程度的水害,其中涌水量超过 10 000m^3/d 的有 8 座,同时有多座隧道出现了塌陷、岩爆等灾害,在全线运营期间有 36km 的衬砌发生过病害,约 10km 的整体道床近 4km 发生了病害;京广线长达 6.06km的南岭隧道,最大涌水量约 81 000m^3/d;成昆线沙木拉达隧道(长 6.379km),总涌水量达 19 550m^3/d(张祉道、白继承,1998);地形及地质条件复杂的秦岭、大巴山、云贵高原等山区的宝成、襄渝、贵昆、川黔、湘黔、枝柳等线的铁路隧道工程,在建设和运营中也相继发生过规模不等的坍方,许多隧道洞身遭受偏压以及地表塌陷等地质灾害;衡广复线、大秦铁路等也有许多隧道发生了较严重的地质灾害,著名的大瑶山隧道中段地表塌陷、F_9 断层上盘压碎岩段大量坍方和涌水,遇到了 0.5m^3/s 的突水,射程达 8～10m;军都山隧道岩体破碎段施工中发生罕见的地下泥(沙)石流和大量的坍方灾害;家竹箐隧道在建设中,1995 年洞内多处发生岩溶管道涌水,水量达 $8\times10^4$$m^3$/d,由于涌水发生在高洞口端而无法自流向洞口排放,致使几次淹没隧道迫使停工;草庵隧道是南昆线威舍—昆明段的一座单线隧道,于 1995 年贯通,在施工中地下水量增大,出现几次较大规模涌水,并伴有坍方,涌水量最大时为 6 500m^3/d 等。在日本近2 130m的

铁路隧道施工中，发生涌水灾害的约占总隧道的56%以上，涌水灾害最为严重的旧丹那隧道，1918年开工后曾6次遇到大突水，最大的一次断层突水达3.3m^3/s，水头压力高达1.4～4.2MPa，贯通时总涌水量达1.68m^3/s，涌水灾害的影响致使该隧道历时16年才建成。

公路隧道地质灾害也非常普遍，如华蓥山公路隧道穿越了煤系断层、石油汽层、高地应力区等复杂地质情况，开挖中遭遇涌水、涌泥、瓦斯突出、断层坍塌、岩爆及大变形等地质灾害；川藏公路二郎山隧道高地应力引起的岩爆，中梁山隧道与缙云山隧道在开挖不到一年发生较大坍塌8次；建设中的雅龙江锦屏二级水电站，长探洞3次遇到特大型突水，PD_1平洞3 948m处涌水喷距为35～37m，流量达0.61m^3/s，实测水压高达5MPa。

以上列举了大量的隧道施工地质灾害，从国内外的相关文献资料查询中还有许多有关隧道施工地质灾害的报道，通常由地质灾害引起的开挖停工短则几个月，长则半年甚至几年，它不仅降低了经济效益，而且造成不良的社会和政治影响，轻者影响进度、损毁设备，重者掩埋隧道，机毁人亡。而人们在治理隧道地质灾害时，往往是对症式应急处理，缺乏综合的规律性指导，以“不惜一切代价”为处理灾害的原则和精神，这些都是不科学之举。例如我国目前海拔最高的青藏线关角隧道在20世纪80年代初仅一次性整治费用即达2 050万元；松树湾隧道治理费约800万元等。如此多的隧道地质灾害还在继续上演，而如此大的经济投入造成的浪费，对岩石力学与工程界的研究工作者提出了迫切要求，以达隧道开挖期间防灾、减灾、治灾之目的。尤其在我国政府提出西部大开发战略以来，基础设施建设首当其冲，隧道工程作为交通工程、水利工程及其他相关工程的主要组成部分将发挥其愈加显要的作用，因此可以说对隧道地质灾害规律的认识及防治对策的系统研究已迫在眉睫。

我国地域辽阔，地质条件复杂，地质构造活动强烈，地质灾害种类繁多，分布广泛，是世界上地质灾害最为严重的国家之一。这些地质灾害遍布了全国，其影响面广、危害大。通常，一个地区的地质灾害程度取决于该地区的地质环境、气象植被条件以及人类活动强度。地质灾害虽然人力有时无法避免，但采取科学有效的防治措施，就完全可以将其对人类的危害降低到最小程度。事实表明，地质灾害并不可怕，它是可以监测、预报的。

随着我国铁路、交通事业的迅猛发展，隧道以其明显的特点，在施工过程中经常会遇到各种地质灾害，几乎所有隧道施工都会遇到地质灾害的侵扰，隧道工程建设过程可以说是与地质灾害斗争的过程，只是不同的隧道所处的地质环境不同，所遇到的灾害类型不同而已。常见的隧道地质灾害有断层破碎带、岩性不整合接触带、软岩、岩溶洞穴、岩溶陷落柱、各种矿产的采空区、岩爆、瓦斯及地下水等。隧道设计与施工之前，要对拟建隧道工程地段的工程地质条件进行详细勘察，但由于岩体的复杂性、勘察程度低（费用低）和现场条件所限，使得前期勘察所获得的资料与隧道开挖后实际揭露出来的情况可能会有较大的出入。据统计资料，隧道在掘进中所遇到的断层等地质现象比地面测绘时所遇到的要多得多，一般地面测绘所遇到的这类地质现象仅为地下开挖时所遇到的1%～9%，因而隧道施工的危险性很大。由于对掌子面前方地质条件了解不清，隧道施工就带有很大盲目性，各种公路铁路隧道由于未知地质灾害带来的损失不计其数，致使施工中经常出现预料不到的坍方、冒顶、涌水等事故。这些事故一旦发生，轻则影响工期，增加工程投资，重则砸毁机械设备，甚至造成人员伤亡，而且事故发生后的处理工作难度较大。如何解决这一难题，备受世界各国隧道工程界的关注。

若能准确地在隧道掘进中提前了解掌子面前方围岩结构变化及地质灾害情况，如预报掘进前方是否有断层破碎带等不良地质构造，以及这些构造的几何形态、产状、规模大小等，根据所掌握的地质构造情况，可及时合理地安排掘进进度、修正施工方案、安排防护措施、避免险情发生。这正是隧道施工超前地质预报的任务。

隧道工程与地下工程是地质工程，隧道与地下工程的设计、施工、工期、造价无不受到地质条件的制约。现在越来越多的隧道建设者们意识到，不了解地质、不关心地质将使隧道建设事倍功半。了解隧道穿过地层的地质条件是隧道建设的需要，也是隧道工程地质工作的目的，隧道地质工作应贯穿于整个隧道的建设过程。隧道地质条件是逐步弄清的，所以它顺应隧道设计，也分成若干阶段。施工前的地质工作，通过地面测绘、物探、少量的槽探和钻孔查清工程区的地质背景、大的地质构造和主要的水文地质条件。长隧道往往是工程的控制点，应尽量避开大断层、大滑坡、大溶洞、松软地层等不良工程地质体。施工前的地质工作对隧道建设有十分重要的作用，如施工设备、施工方案的选择、人员配备、材料供应、工程成本、施工进度、辅助导坑的设置都和地质有关。但施工前的地质工作由于收集资料的技术手段限制，加上地质体的复杂性，所取得的资料不能完全满足施工要求。由地表为主推断的隧道地质条件与隧道施工中实际遇到的地质条件相差很远，漏掉一些不良地质体将会给施工带来许多意想不到的困难，不仅中国如此，外国也是这样。如美国科罗拉多州罗伯特隧道地面测绘确定的断层和岩脉仅是隧道施工中遇到的断层和岩脉的1%～9%，即使是较大的断层和岩脉，测绘确定的也仅仅是开挖遇到的12.7%。在其他国家隧道建设中也经常出现由于开挖遇到预料之外的恶劣地质条件而延误工期。地面地质迹象与地下深部地质条件相差甚远是客观存在的，而且随着地区不同相差程度也不相同。这时需要在施工过程中采取有效方法，对前方不良地质灾害进行准确的超前地质预报，以便及时地修正开挖和支护设计方案，避免施工事故发生。

0.2 研究现状

随着科学技术的发展，隧道施工技术也得到了迅速的提高和进步，如新奥法、挪威工法、浅埋暗挖法、沉管法、地下连续墙法、盾构法及TBM法(隧道掘进机法，Tunnel Borering Machine的简写)等一些新方法相继产生，并在施工实践中得到了广泛的应用。随着这些新方法的广泛应用，对隧道工程的地质工作提出了更高的要求，特别是对勘察资料的精度要求更高。为了适应施工方法的要求，就需更加重视勘察阶段的地质工作，在勘察阶段就应该对一些重要的问题如地质结构、围岩分类、地应力场、水动力场、可能不良地质体和可能存在的施工地质灾害等进行有针对性的研究。例如，我国台湾地区北宜(台北—宜兰)高速公路雪山隧道采用目前最为先进的TBM法进行施工，但由于地质条件复杂加之勘察资料不准确，施工前对一些不良地质体和施工中可能发生的地质灾害准备不足，导致施工中断，延误工期，约12.9km长的隧道用了13年才贯通；又如渝怀铁路圆梁山隧道施工中岩溶的涌水涌泥问题、都汉路董家山隧道的瓦斯爆炸问题及龙溪隧道的大变形问题等都与勘察阶段的地质工作精度不高有关。

目前，隧道施工地质预报工作还仅仅局限于隧道的施工阶段，即人们常说的“施工超前地质预报”。当今世界各国为摆脱隧道施工中由于对地质情况掌握不详的被动局面，在20世纪70年代就已开始做隧道地质预报工作。1972年8月在美国芝加哥召开了快速掘进与隧道工程会议，在迄今为止的十几次的类似会议中，隧道施工地质预报一直受到重视。80年代世界各国都将这类问题列为重点研究课题。日本列题研究开挖前方地质预报；澳大利亚研究隧道施工前方地层状况预报；前联邦德国研究掌子面附近地层动态的详细调查；法国则把不降低掘进速度的勘察方法作为重点研究课题。但至今还没有取得可推广的成果，没有见到系统的成套资料介绍。在我国，隧道施工超前地质预报研究始于20世纪50年代末，但真正应用于隧道建设(包括其他地下工程)是在70年代，以我国工程地质界老前辈谷德振教授等根据矿巷施工进度和掌子面地质情况作出的矿巷前方将遇到断层并将引发坍方的成功预报为序，开始了我国隧道施工期地质超前预报的研究和应用。如在后期的大瑶山隧道、南岭隧道、军都山隧道都进行了隧道施工超前地质预报的研究和试验工作，并取得了一些成功的经验。但由于隧道内可供观测的空间位置有限，观测方案受到限制，因而要准确达到预报的要求难度很大。多年来国内外的工程地球物理工作者在不断地改进探测技术和分析方法，试图提高预报的可靠性和精度，虽然取得了一些成功，但在预报准确性和可靠性方面还有待进一步提高。

我国隧道工程建设的勘测阶段，一般都要进行工程地质测绘、岩溶水文地质调查、地球物理勘探、水文试验、深孔钻探等大量地面调查和勘探测试工作，基本查清隧道地表的工程地质、水文地质条件，为设计提供较为丰富的地质资料。但这些资料受地表探测方法、技术和成本的限制，往往与实际情况有一定的出入，同时隧道又是一个线状的地下隐蔽工程，岩体的工程地质、水文地质复杂多变。限于目前的地质勘探水平，若希望在勘察阶段就准确无误地获得工程岩体的状态、特征，并预报可能发生隧道地质灾害的不良地质体的详细位置、规模和性质是极其困难的。

我国从 20 世纪 90 年代引进 TSP 隧道地震预报系统，现该技术在我国应用已很普遍，相关的研究很多，但问题也不少。目前该系统在雁门关、圆梁山、歌乐山、新倮内、云南元磨等高速公路、铁路及市政隧道中均有大量应用，起到了很好的效果，但还存在一定的问题。目前，国内外关于隧道施工超前地质预报技术应用很普遍，但没有统一的概念、理论和方法。作者曾针对岩溶隧道提出超前地质预报方法，是在研究岩溶形成特点及分带规律的基础上，以现有的地球物理勘探方法为主，辅助以地质、化探方法，将地面（洞外）探测与掌子面（洞内）探测相结合，利用各方法优点互补对不良岩溶地质体的工程性质、位置、大小、产状、发生概率等进行探测、分析、解释及预报。岩溶地区隧道超前地质预报问题，多年来一直是地球物理探测领域的一个难题，由于隧道掌子面的特殊环境限制及多种干扰的严重影响和岩溶地区地质灾害的严重性、复杂性，使得这项工作研究进展缓慢。如果岩溶、陷落柱等三维探测的技术问题解决了，其他的断层破碎带、不整合的岩性界面等的二维探测问题就迎刃而解。下面针对岩溶探测与预报方法这一老大难问题的研究现状作进一步分析。其他的灾害探测的技术方法与其雷同，其研究现状这里不一一展开。

0.2.1 岩溶地质灾害特点及预测方法现状

国内外的许多学者就长隧道施工岩溶涌水灾害发生的规律，包括岩溶涌水及涌水量特征、含泥沙特性都做了大量的研究工作，总结出了岩溶涌水的时间特性、空间特性及不同类型岩溶涌水量和含泥沙的变化特征，说明不同类型岩溶对隧道的危害作用相差很大。对于岩溶含水介质的划分，E. T. Shuster、W. B. White（1969 年，1971 年），Qwinlan Ewers（1985 年），T. C. 阿特金森（1985 年），J. F. quinlan（1990 年），陈雨孙、边际（1988 年）、邹成杰（1994 年）、陈崇希（1995 年）、何宇彬（1997 年）等都深入研究过岩溶含水介质的多重性。王建秀等（2001

年)在岩溶突水模式的水文地质分析上,将岩溶突水分为:渗(漏)水型、施工揭露充水岩溶管道网络型、施工穿越阻水断层型、水力劈裂型、底膨破坏型,要求在施工中确定岩溶涌(突)水模式,对重点类型岩溶进行超前地质探测和预报,尽最大可能减小突水灾害造成的损失和对工程的不良影响。

在对岩溶地区岩溶灾害的成因分析上,由于岩溶影响因素众多且复杂,各影响因素间相互制约,且其影响程度又具有很强的模糊性。张清等(1992 年)通过对岩溶危害预报的专家系统研究将岩溶危害分为四级:具有极活跃岩溶危害、具有活跃岩溶危害、具活跃—封闭性岩溶水危害、封闭岩溶水危害,并说明各级危害对隧道的具体影响。

韩行瑞等(2004 年)将岩溶隧道涌水与矿床涌水进行比较说明,在隧道涌水小于 $1\times10^4 m^3/d$ 时不会对隧道造成很大危害。并分析了我国 30 余座隧道涌突水情况,将隧道涌水量大于 $1\times10^4 m^3/d$ 的为大型涌突水,大于 $5\times10^4 m^3/d$ 以上的为重大型涌突水,大于 $10\times10^4 m^3/d$ 以上的为特大型涌突水。并说明真正对施工、运营安全造成危害的是单个涌水段涌水量 $1\times10^4 m^3/d$ 以上的大型涌水,特别是 $5\times10^4 m^3/d$ 以上的重大型涌突水,其中涌水量 $10\times10^4 m^3/d$ 以上的特大型涌突水往往造成灾害性后果。

曹玉清和胡宽容在北方岩溶地区大量的工程实践基础上总结并提出岩溶化学动力学理论。该理论指出,岩溶水化学作用是在碳酸盐岩矿物(白云石,方解石)—水溶液(H_2O 等)—气体(CO_2)三相平衡体系中进行的。在裸露岩溶分布区,以垂直入渗为主,该区水文地球化学环境为 CO_2 开放体系,区段上限为潜水面,下界为方解石饱和指数为 1 的界线。在隐伏岩溶浅层区,水文地球化学环境为 CO_2"封闭体系",系统内岩溶水化学作用实质仍是中和作用,区段上限为方解石饱和指数为 1 的界线,下界为白云石或"闭型"饱和指数为 1 的界线。何发亮、李苍松等(2001 年)总结了长隧道施工岩溶涌水量预测的数学模型,主要是针对涌水量预测而言的,提出水均衡法计算结果较符合实际。韩行瑞(2004 年)论述了岩溶的水动力学分带模式,提出了岩溶水动力垂直分带和水平分带。何发亮等提出了岩溶水动力剖面分带。这些分带模式总结了大量岩溶地区的研究资料,具有宏观的规律性,当然针对某个具体地区仍要结合地区特点细化模型。

在对岩溶规模及空间位置对隧道工程影响分析的问题上,国内许多学者通过模拟试验及数值模拟对此做了大量的研究工作,得出了许多重要结论。如溶洞在隧道的不同位置、不同直径对隧道有不同的影响,并说明在什么范围溶洞对隧道施工是安全的,它间接地说明岩溶地区隧道超前地质预报的内容与具体范围要求。但是大量的资料表明:隧道洞身岩溶及岩溶结构面发育强度与空间位置仍是决定隧道岩溶涌水可能性及涌水规模的关键要素。

在对岩溶隧道地质灾害的预测方法方面，常规的理论包括岩溶确定性系统模型（岩溶含水层系统参数识别模型、单元网络数学模拟方法、多层网格法、汇流理论）、非确定性研究方法（随机性、模糊性、灰色性、未确知、估算性）。黄书汉等（1997 年）说明了现有理论和模型存在极大的缺陷，如理论及模型的依据和解法受所用数学手段的限制，理论及模型只从水位、流量及以层次去理解地下水动态演化是不够的，必须引进可反映地下水动态演化层次结构和变化幅度概括性的参数等。在对现代综合理论方法及其应用探讨中，认为现代综合理论极大地促进了数学模型的发展，非线性数学模型（混沌动力学模型、分形几何模型以及相空间的 LYapnov 指数等）的应用越来越广泛。隧道岩溶涌水的预测是非常复杂的问题，基于岩溶水文地质学的最新理论和国内外工程实践，韩兴瑞（2004 年）提出“岩溶隧道涌水专家评判系统”，说明评判过程的主要内容包括：要通过准确的隧道工程剖面确定洞身是否揭露区域强岩溶层、从区域角度调查该层岩溶水系统及类型、确定洞身所处的水动力分带、三维分析岩溶结构面及深岩溶研究判断隧道揭露溶洞、溶隙的规模和位置。

以上研究现状虽然从地球化学、水文地质等方面说明了各种岩溶地质模型及岩溶隧道地质灾害宏观预测的重要性，它是我们进行岩溶地区隧道超前地质预报的主导思想和判别依据。但目前的现状是没有有效合理地将岩溶成因模型与隧道工程的超前地质预报工作有机结合起来，尽管提出了各种预测模型及专家预测系统但仍需要隧道超前探测的具体方法支撑。因此，岩溶地区隧道超前地质预报需在研究该地区岩溶水文地质预测模型的基础上，进行地球物理的探测预报工作。这里，作者主要从岩溶成因模型与地球物理学探测有机结合的角度研究岩溶地区隧道施工超前地质预报方法。

0.2.2 岩溶隧道施工超前地质预报方法现状

目前国内外采用的主要预报方法从探测的位置上可分为地面（洞外）预报与掌子面（洞内）预报；从预报的性质上可分为物探方法、地质方法、化探方法；从预报的距离上可分为长距离预报（＞100m）、短距离预报（＜30m，预报精度高）。

0.2.2.1 地面（洞外）探测岩溶方法

地面（洞外）岩溶地质灾害探测方法主要包括：地面地质调查、洞外浅层地震法、电法（电测深法、高密度电阻率法、瞬变电磁法、地质雷达、CSAEM 法、音频大地电磁法）、重力勘探、遥感信息技术、放射性测量—测氡法、测井等方法。

刘秀峰、刘志刚等（2003 年）将地面地质调查的工作方法分为地质测绘法、地面地质界面和地质体投射技术。其中前者采用的主要技术手段有穿越、追索和全面踏勘三种；后者主要是利用调查的结果用投射公式进行计算。该方法只可定性确定岩溶的空间分布，遗漏岩溶的情况较多。

陈家联、陈康(2003 年)利用浅层地震方法在广西某场区探测溶洞取得了好的效果。在该区通过浅层地震工作，发现了多处异常，分别为溶洞、土洞及软弱透镜体引起。倪新辉、刘天放(1997 年)在山西某场区利用地震勘探技术预报岩溶裂隙发育带，其中奥灰岩顶界面反射波连续性好，奥灰岩内反射波能量强，反射波特征明显。张旭光(2002 年)利用地震信息在塔里木盆地某场区检测碳酸盐溶洞取得较好的效果。居兴华(1998 年)利用地震资料的物性参数进行奥灰岩溶水流体预测，它以双相介质理论为基础，根据弹性波衰减介质孔隙机理，结合地下流体力学理论，反演出奥灰岩溶水的流体参数，并经过实际资料处理，流体预测剖面所显示的含水异常带和水文钻孔资料完全一致，说明了该方法的有效性。张加桂、陈宝荪等(2003 年)在三峡库区对隐伏岩溶特性进行地球物理探测研究表明，应用浅震探测岩溶的分带性，具有技术难度较小、对地表适应性强、推广应用前景广阔的特点，若对浅部辅以面波勘探，便可精确探测由浅至深的岩溶特征。以上众多研究成果在国内外都有很多成功的实例。但这些方法受到测线布置、解译方法水平等限制，且其探测精度受局部地质条件的影响还与波速参数差异有关，在测点线布置不当、异常叠加、覆盖层较厚的情况下，易漏掉有用异常。

探测岩溶的常用电阻率方法包括：电测深法、高密度电阻率法、偶极法、充电电位法、自然电位法、激电中梯、地质雷达法、瞬变电磁法等。

敬荣中、林剑等(2002 年)在桂林岩溶地区某场区利用电测深 K 剖面法探测岩溶取得了较好的效果。陈灿华、陈绍求等(2000 年)利用电测深法在湖南某场区探测岩溶中充分研究了电测深 ρ_s 与反射系数 K 及地下溶洞的关系，说明用电测深法探测岩溶能较准确地确定溶洞的规模及其空间赋存状态，具有广泛的应用前景。孟奇猛(1998 年)总结了电测深解释场地浅层岩溶形态进而划分岩溶发育带的分析方法与经验，同时评述了其地质效果，说明了电测深网度布置、资料解释及复杂的岩溶区应注意的问题，提出应利用综合资料进行岩溶分析判译。杨昌武(2003 年)在利用电测深法探测岩溶裂隙研究中认为，应考虑测线方位多变、受地形影响、接地条件限制及平面空间上考虑岩溶发育的不均匀性带来测试资料解释的复杂性。张宗岭(1997 年)利用直流电测深多参数探测岩溶，综合应用电反射系数和五级纵轴测深法从不同角度划分和分析异常减少了多解性，保证推断解释的可靠性。

高密度电法测量结果为二维视电阻率断面，它与电测深法的探测机理相同。邵雁、李宏达等(2002 年)利用高密度直流电法在探测岩溶方面取得了好的应用效果。重庆奔腾仪器厂利用高密度电阻率法在贵州兴义某场区和京福线高速公路徐州绕城段岩溶探测也取得了很好的效果。以上说明在岩溶埋深不大的情况下，利用该方法能取得令人满意的结果。

朱正国、卿志等（2004 年）在宜万线高坪车站利用瞬变脉冲电磁法探测岩溶取得了较好的效果；D. Vogelsang（1987 年）、皮开荣（2002 年）、武毅、郭建强、朱庆俊（2001 年）、薛国强（2003 年）等分别在不同的灰岩地区利用瞬变电磁法取得了不同的岩溶探测效果；李玮、梁晓园（1995 年）在河北玉田县、山西洪桐县、内蒙古准格尔旗境内黄河西岸的隧道利用地质雷达法探查岩溶取得了符合实际的效果；王清玉、林洪辉等（2002 年）利用地质雷达在探测岩溶方面取得了许多好的资料和经验，大量的资料表明了地质雷达探测岩溶的有效性和可行性。

曹哲明（2004 年）在研究云雾山隧道岩溶的探测资料后认为，音频大地电磁（EH-4）探测方法在长大、深埋、复杂的岩溶隧道勘探中，对地层、构造、岩溶等地质现象的反应较为齐全和准确，勘探深度能够满足要求，且在野外受地形等条件限制较小，可以在长大、深埋、岩溶隧道的综合勘探中应用。但同时应注意到，地层、构造的划分主要依据电性，一般而言，电性差异大，且有一定厚度时，对地层、构造的分辨率也大大提高，根据资料推断的地质规律比较符合实际。同一岩性或电性差异较小的岩性、构造等勘探对象就存在不确定性，因此音频大地电磁资料必须结合地质和验证资料综合分析，才能取得好的效果。

国外应用重力法探测岩溶始于 20 世纪 60 年代初期，到 70 年代末 80 年代初，DresenL. 等人应用重力垂直梯度技术探测浅埋溶洞获得成功。在我国以探测岩溶为目的的重力法起步于 70 年代末，由原地质部物探研究所应用地面重力方法寻找山东泰安火车站铁路塌陷的浅部岩溶，取得了一定的地质效果。但当时受重力仪观测精度等因素的限制，影响了重力异常的解释精度，之后的十多年中，国内此项工作基本处于停滞状态。“七五”期间，地矿部岩溶地质研究所在“隐伏岩溶探测方法的研究”项目中，在国内首次系统成功地应用重力垂直梯度测量技术探测浅埋溶（土）洞等隐伏岩溶地质体，从而开辟了我国隐伏岩溶探测的新途径。

1991 年遥感技术首次在南昆铁路施工阶段得到应用，并取得较好效果。随着遥感图像分辨率的不断提高（从最初的 80m 到目前的 1m），使遥感技术用于隧道施工洞外预测预报和监测更趋成熟。特别是铁道专业设计院提出的“隧道遥感富水程度估算经验公式”，使遥感技术从定性判释转化为定量数据，为遥感技术应用开辟了一条新的途径。

利用测氡法探测岩溶，唐岱茂等（1999 年）是采用 α 杯测氡方法，使用 FD-140 型野外高灵敏测氡仪。试验发现不同类型的岩溶陷落柱（开放型：陷落柱已塌至基岩顶部；封闭型：陷落柱未塌至基岩顶部）在地表附近产生的氡异常特征不同。氡气迁移受气象因素及地表介质类型的影响较大，在实际工作中应根据不同的影响进行必要的校正。董兆祥(1997 年)、刘洪福(1990 年)等在测氡法探测岩溶、采空区、陷落柱方面取得了好的效果,可以根据氡气异常的峰值状态确定岩溶及陷落柱的位置与范围。测氡方法以其经济、简捷、快速、易于操作等优势在确定地下岩溶陷落柱的位置与范围方面具有广阔的应用前景。

岩溶测井方法可分为双孔法和单孔法。双孔法是将电磁波辐射源和接收装置分别放置在两个钻孔中,用于寻找钻孔间与围岩有明显电性差异的异常体;而单孔法则是将辐射源和接收装置放置在同一钻孔中,用于在岩溶地区寻找钻孔周围的岩溶异常体。郭生浦等(1997 年)在广州某场区分别利用单孔和双孔法探测岩溶取得了好的实际效果。麦瑞浩(2004 年)、付晖(2003 年)、蒋忠信(2002 年)、黄仁东(2004 年)、陈易玖(1999 年)等在不同岩溶地区利用测井的解释成果与地质勘探资料吻合较好,说明用钻孔电磁波测井求取井壁的岩性变化是非常有效的。从无线电波透视的应用实例上看,该方法不仅可以定性划分岩溶发育区和非发育区,而且还可以半定量地求出隐伏溶洞的空间分布以及已知溶洞的延伸范围。

在国内外预测岩溶方面,许多学者提出要通过组合的方法进行岩溶探测以提高预报的可靠性和解释的唯一性。罗鉴凡等采用"中间梯度法+联合剖面法+电阻率测探法"的组合寻找含水和不含水溶洞裂隙,说明组合物探方法在寻找溶洞裂隙中起到了快速、准确、经济的作用。

综述各种探测岩溶方法的研究现状,就目前对岩溶体的形状探测多采用单参数多种排列进行探测,而对岩溶体充填性质的预报或寻找岩溶水多采用组合方法或多参数法。地面岩溶探查通常较断层探查要复杂得多,其方法也各异,由于隧道工程施工要求精度高,目前对复杂岩溶地区或有特殊要求的重点地区,预报方法多为组合方法或多参数法。

0.2.2.2 洞内掌子面探测岩溶方法

掌子面超前预报方法主要指借助洞口到掌子面范围的地质变化规律,参考勘测设计资料,科学地布置传感器,获得第一手物探、地质或化探信息,经分析处理,从而对掌子面前方的地质情况变化做出预报,为指导隧道动态设计及施工提供信息。由于掌子面超前地质预报相对地面超前预报有许多的优点,已知条件较多,精度相对较高,因此它是目前隧道超前地质预报的主要方法。以下分别介绍长距离预报和短距离预报各方法的研究现状。

国内对洞内超前地质预报的方法分类仍没有统一标准,王良奎(2001 年)将预报分为短期预报和中长期预报,将短期预报的方法归纳为:水平钻速法、声波法、HOCK-WEDGE 法;将中长期预报归纳为:调查预测法、三维网络模拟法、物探方法(地震波法、地质雷达法、地表电法)。刘志刚(2003 年)依据预报距离分

为长期(长距离)和短期(短距离)两种预报形式,将长期(长距离)预报方法归纳为:TSP地震预报法(Tunnel ahead Seismic Prediction)、断层参数预测法、地面地质体投射法;将短期预报归纳为:GPR地质雷达探测法(Ground Penetrattng Radar)、掌子面编录预测法、不良地质前兆预测法。作者将掌子面超前地质预报方法按距离分为:长距离预报、短距离预报与临近预报。长距离预报(>100m)包括的方法:TSP地震预报法、TRT反射地震层析成像方法(True Reflection Tomography)、USP地震波角度偏移法(Underground Seismic Prediction)、VSP负视速度法(Vertical Seismic Profile)、水平超前钻探;短距离预报(<30m)包括:GPR地质雷达法、TEMT隧道瞬变电磁法(Transient Electromagnetic Methods in Tunnel)、BEAM法(Bore-Tunnelling Electrical Ahead Monitoring)、HSP水平声波剖面法(Horizontal Sound Wave Profile)、陆地声纳法、红外探水法等;临近预报包括:征兆预报、掌子面地质编录预测法、监测预报。

(1)长距离超前地质预报

TSP隧道地震预报法具有探测、解译距离远、分辨率高的优点,适合对隧道施工进行长距离的超前地质预报。该方法主要对掌子面前方不整合接触带、断层破碎带等界面性差异进行探测和判定,为隧道工程的快速掘进、支护材料的提前准备以及灾害事故的有效预防提供可靠的地质资料与信息。

TSP202、TSP203系统是由瑞士Amberg测量技术公司研制开发生产的。该系统引入我国之后,一些专家学者结合我国隧道施工的具体情况对其做了大量的深化完善工作。2002年,石家庄铁道学院的李忠教授等从地质构造学理论、爆破地震学理论出发,就如何增加TSP202超前预报系统的探测距离进行了初步探讨。他们认为,若能根据现场具体地质情况来确定传感器最佳安装位置、选取合适的采样参数以及探测炸药种类和用量,则其探测距离可达到200m以上。他们还对如何利用TSP202超前预报系统探测搜索角问题进行了研究,指出当以一个较符合实际地质情况的搜索角去处理地震波信息时,不但会使信息量大大增加,而且对断裂构造的预测精度也会大大提高。并运用概率论等数学方法,结合自己的研究成果在新课纳隧道超前地质预报中取得了一定的效果。作者在其负责的交通部联合攻关项目——长大隧道施工超前地质预报应用技术研究中,分析了TSP系统的应用条件及方法的局限性。就目前的研究现状,该方法在探测复杂岩溶的过程中,存在许多的问题,国内有许多学者对此提出质疑,该问题还有待于进一步研究。北京水电物探研究所刘云祯所长,根据隧道超前地质预报和隧道质量检测两方面的需要开发出TGP12多功能隧道地质预报系统,该系统已在铁路和高速公路多个工程项目中试验和应用,并与TSP203在同工点、同测段、同震源激发条件下进行数据采集、成果整理、处理方法及地质判断等对比，其预报结果基本一致，从而开创了我国自主生产隧道地震超前预报系统的先河。

TRT 技术的全称是“真正的反射层析成像”。该方法是由美国 NSA 工程公司近年来提出的一种新方法。该方法在结晶岩体中的探测距离可达 100～150m，在弱的土层和破碎的岩体中可预报 60～90m。TRT 法在实践中成功的例子很多，较典型的是奥地利通过阿尔卑斯山的铁路双线隧道的超前地质预报。中科院地球物理所赵永贵研究员及项目组研发了 TST 系统的类似排布，已有一些实际预报资料介绍。

地震负视速度法也称 VSP 法，该方法具有明显的方向特征，其预报距离可达 100m 以上，是常用的预报方法之一。在渝怀铁路圆梁山隧道采用 R24 型工程地震仪预报掌子面前方约 100m 范围内不良地质体的位置、规模和性质，在完成的 13 次预报中，11 次较准确。

USEP21(Underground Seismic Electromagnetic Prediction)系统其中的地震反射法是作者研究的一种“角度＋位置”偏移的联合体系，它是一种空间地震反射超前预报方法。该系统在北京卧龙岗、108 南村、青岛胶州湾海底隧道均有成功的应用实例。

掌子面超前钻探是直接获取地下地质信息最常用的勘探技术，共有两类钻探：冲击钻探和取芯钻探。从几十甚至几百米长距离的勘探孔需要有特殊钻探设备和经验丰富的操作人员。所以，只有在需要进行详细调查等几种特殊情况下才进行水平勘探钻探。

(2)短距离超前地质预报

短距离超前地质预报是指预报范围在 30m 以内精度较高的预报方法，它的预报精度一般要高于长距离超前地质预报，特别是对不良地质体性质的预报更是如此。短距离超前地质预报技术主要适用于地质复杂地段，一般不需要在全隧道进行。

余中明等(1999)在一条湖底隧道利用地质雷达查明隧道掌子面前方岩层的裂隙、溶蚀、溶洞、断裂等不良地质体，从而保证隧道施工安全。但是，由于隧道掌子面不平整及岩溶复杂性带来资料的解释难度，要求对地质雷达图像识别和判读依赖于各种不良地质因素的图像特征，因此对雷达图像特征的掌握显得尤为重要。国内目前利用地质雷达进行岩溶掌子面探测有较多的应用实例，但资料解释上仍不是很成熟。

BEAM 隧道电性预报法(Bore-Tunnelling Electrical Ahead Monitoring)是国际上当前唯一的一种电法超前预报，它是德国 GEOHYDRAULIKDATA 公司推出的产品。这种仪器我国目前还没有引进，但欧洲许多国家已开始使用。山东大学李术才教授的课题组正在从事隧道激发极化法预报含水体的研究工作。

TEMT 隧道瞬变电磁法现阶段主要有框内和重叠回线装置，它有较多的应用实例报道，尤其对含水体低阻的预报效果较好。由于受线框大小的限制，总体上探测深度不是很大。长安大学武军杰(2005)、蔡耀军、孙云志(2005)、李貅、薛国强(2007)针对框内法进行研究，并有实际应用；作者研发的 USEP21 系统其中的瞬变电磁系统可用框内法和重叠回线进行空间电磁超前预报，并在国道 108 南村隧道有成功的应用。

HSP 水平声波剖面法是弹性波反射法的一种，其特点是各检测点所接收的反射波路径相等，因此反射波组合形态与反射界面形态相同，通常是直达波呈双曲线形态，反射波呈直线形，其图像直观。该方法的另一种优点是对反射界面倾角没有限制，适用的范围比负视速度法广泛。

陆地声纳法是钟世航 1992 年提出的，其实质是垂直地震波反射法。据报道，此方法在羊寨隧道和铝厂隧道超前探测时，成功地探查出掌子面前方 40～80m 距离范围的溶洞。

红外探水法是根据围岩红外辐射场强的变化值来确定掌子面前方或洞壁四周是否有隐伏的含水体。该方法在渝怀线圆梁山隧道中取得了较好的效果。

充电法、自然电位法是在隧道涌水或小股渗流预报水源体的探测方法。在地下水埋藏不深、流速大、地形较为平缓的条件下，应用自然电位法可以确定地下水的流向。充电法是在水文地质调查中应用较多的一种人工直流电法，它可测定地下水的流速和流向。

隧道及井巷电磁导弹探测超前预报技术目前还没有进入实质性的预报阶段(李貅、薛国强，2002)。

掌子面地质编录预测法已拓展了其内涵，包括岩层岩性及层位预测、不良地质前兆预测、随机不连续面三维网络模拟、断层参数预测、条带状不良地质体影响隧道长度预测和不规则地质体影响隧道长度预测等，随着计算机图形图像技术的发展该方法已发展为掌子面地质信息数字图像编录识别技术。

虽然以上列举了很多方法，但隧道掌子面超前地质预报的实用方法还比较少，大部分的方法仍处于试用和推广阶段，虽然已有许多成功文献报道实例，但仍有许多问题存在。由于能用的方法较少，使得隧道长距离超前地质预报目前主要采用 TSP 地震预报系统进行，但该方法本身的局限性无法克服(目前还没有采用组合方法或多参数法)，使得预报结果难免会出现这样那样的问题，遗漏岩溶灾害体是难免的。虽然，可用长短结合(TSP+GPR)法，避免了一些事故的发生，但目前的短距离预报主要是采用地质雷达法，而地质雷达法主要是探测掌子面前方，对掌子面上方的情况探测不到，致使隧道开挖后凸显上方岩溶灾害体，从而威胁隧道施工。因此，很有必要研究新的隧道掌子面预报方法与TSP地震预报法配合使用，减少多解性，提高预报可靠性。另外，在预报时一定要结合隧道掌子面前方的具体情况进行合理设计，拓宽隧道超前地质预报概念的含义，采用更科学合理的方法组合（综合）参数是岩溶隧道超前地质预报发展的最终趋势。

0.3 存在问题

隧道施工超前地质预报技术在隧道施工中应用已越来越普遍，大部分长大隧道在施工前已将超前地质预报技术费用纳入施工概预算，有些建设单位还单独将该项目进行招投标，说明隧道工程建设人员已经逐渐重视超前地质预报技术。隧道超前地质预报技术在实际应用中有很多成功的经验，但也暴露出不少问题。最主要的问题是不良地质条件的判读缺乏明确的指标，更多的依赖于经验；其次是对不良地质对象特别是与隧道走向近乎平行的断裂带、饱水带等的定位精度不高；第三是对于预报岩体工程类别的变化方面还缺乏可靠的依据。这些问题和缺点主要是由于观测条件的限制、观测方式过于简单和分析处理方法不够完善造成的。由于物探方法在探测目标地质体时要受到许多因素影响，如不同的方法有不同的特点、应用条件、影响因素、解译方法等，即使是同一方法的不同外业布点仍有不同的应用效果。隧道内预报由于受到方法原理和场地条件的限制，而且是利用已开挖隧道围岩的单一物性参数推断开挖面前方一定范围内的围岩情况，预报距离有限。超前钻探法和超前平导法不但费时、费工、价格昂贵、耗资巨大，而且具有破坏性，且是以点代面，显然难以大面积应用。间接无损的地球物理方法虽然具有测试简便、费用低廉，可提供较大范围内地质体的几何结构和物理性质等优点，但由于隧道是一个线状的隐蔽工程，其特有的探测条件要求物探技术能在狭小检测场地条件下进行大距离、高精度、快速准确的超前探测，常用的各种地球物理探测方法都难以完全满足。例如，红外探水法对定性预报掌子面前方有无潜伏的含水体是有效的，但对含水层的位置、赋存形态、出水量、出水压力等都无法定量分析，对无水情况下的地质灾害更难以预报。地质雷达法虽然具有快速、无损的特点，但探测距离小（<30m），且影响地质雷达探测结果的因素也很多，如天线的布置方向、介质物理性质的不均匀性、工作频率与探测距离的矛盾、电磁波的散射和衍射、多次波及杂波、能量发散、空间信息量少等因素均在不同程度上制约着探测结果的好坏。同时由于在隧道开挖过程中，掌子面往往严重参差不齐且存在多种现场干扰，这对探测结果影响也很大，有时可能使图像失真，这为解释工作增加了很大困难，往往使结果带有很大的人

为误差和假象。目前掌子面超前地质预报地球物理类方法的主要问题如下：

(1)简单地将地面方法应用到地下存在不适应的问题

如用位置偏移法在隧道掌子面进行测线排布测量，由于掌子面场地所限，加之掌子面凹凸不平带来的测试干扰，使得探测距离较小。另外，电磁类方法因掌子面上施工台架、初支及供电电缆等诸多干扰；激发极化法、瞬变电磁法的二次场采集都很易夹杂现场干扰而出现测试数据异常，影响实际应用。

(2)单一的地球物理预报方法存在多解性

目前能够配合使用的掌子面探测方法较少，且对虚假、异常数据的剔除较为困难。另外，现场预报技术人员对隧道地质情况分析不透，极易引起地震反射波的解释问题，往往不同的人员对同样的物探资料有不同的解释。

(3)对复杂地质结构探测问题

目前我国高速公路、铁路建设已逐渐进入更加复杂的地质区域，隧道施工遇到的地质情况越来越复杂多变，亟须提高超前地质预报的能力与水平，综合预报方法与相应技术的应用已迫在眉睫，从而减少地质灾害发生的风险。而目前的综合类预报方法在参数配合上还有许多的问题。

(4)地下三维空间的综合探测技术问题

如何构建真正的掌子面前方超前地质预报空间数据结构是隧道施工超前地质预报的关键。但现有的预报技术很难解决三维形状体的探测问题。另外，灾害体性质的探测，也是岩溶隧道施工超前地质预报的难题。

(5)隧道地震反射法的预报速度获取问题

目前隧道地震反射法在进行深度偏移时，需要获得地震波在前方介质的传播速度，理论上是需要前方预报范围内空间各点的点速度，而获取点速度的方法是非常困难的，通常是用平均速度代替的，这就势必对超前地质预报资料带来误差。目前的探测方法主要是用掌子面直达波探测平均速度或采用速度谱的方法计算视速度来解决，这两种方法都会带来较大的误差，且预报的距离越远，误差越大。

(6)隧道施工超前地质综合预报方法与系统

目前国内外研究地球物理探测仪器与方法大多都是针对地面位置偏移勘探而开发的，针对隧道施工掌子面前方的综合类探测仪器很少，而进一步和隧道施工工序进行配合的预报系统更少。隧道施工的巨大风险仅靠单一的仪器很难解决问题，必须要有成套的装备与系统来准确预报地质灾害，以减少施工风险，提高安全度。

(7)隧道预报的可靠性和精度问题

目前隧道施工地质预报的可靠性和精度都较低，100m 内简单地质情况精度最多达90%,100m外复杂地质情况要低于80%,且会有遗漏灾害体的情况,这一点不容乐观。

(8)超前地质预报资料的转化与认识

对超前地质预报资料信息的正确识别至关重要,这就要求预报技术人员能尽可能地了解地质构造、隧道施工技术、地球物理探测的相关知识,只有这样才能提供对预报资料的转化。而目前很多的预报资料让施工技术人员看不懂、摸不透,无法使用。

(9)超前地质预报与隧道围岩细化分级

隧道施工的核心是对围岩的科学分类、分级,围岩分级是隧道施工动态设计的依据。因此,如何结合已有前期勘察资料、施工过程的监控量测信息、超前地质预报信息,结合现场辅助的测试方法进行隧道施工围岩的细化分级,将有重要的现实意义。对此,目前虽有研究,但总体上距离目标还很远。

(10)超前地质预报与地质编录法、钻孔预报的结合问题

目前的超前地质预报是地球物理方法,它是对弹性波、电磁波等场类的探测,这就必然存在从探测数据到场源的推测、推演过程,这个过程不是一一对应的,而是存在多解性,因此必须对探测可能出现的异常进行跟踪或钻孔验证,尤其对重要地段、部位和特殊类环境下的异常需进行实时监测跟踪与灾害预警。目前这方面做得还很不够。

0.4 发展趋势

正是由于地下工程开挖所导致的灾难事故频频发生,给国家经济和人民生命财产造成重大损失,对于此类灾害的预测与控制越来越引起人们的重视。过去人们对此类问题的研究总体上是对信息处理的研究多于对获取信息的研究,临灾预报多于建立在规律研究基础上的长期预报,控灾多于预警。在灾害预警的研究中,也往往是建立在"黑箱"和"灰箱"理论的基础上,采用模糊数学和统计分析的方法建立预测模型,而忽略了对灾害机理和规律的研究,从而导致预测不准,指导性不强,甚至指导错误。"灾害预警"作为一个综合性的科学概念在最近几年才出现,对其的研究也刚开始。灾害及其预警的含义、分类分级、预警研究的基本思路也在探讨之中。总体来说,迄今灾害预警的研究尚处于初级阶段:①大部分仅限于对概念的定义;②大多将灾害预警与灾害的临灾预报狭义地等同,临灾预报手段的研究远多于对灾害规律的研究和准确获取信息的研究;③缺乏对灾害预警的系统研究,预报手段的可靠性低。预警不是目的,解决突发性地质灾害,必须有正确的信息来源,科学的决策机制,使预警信息能够进入决策,影

响决策。隧道施工管理决策的手段要逐渐实现科学化，关键在于实时准确预报，及时有效地传达信息。把超前地质预报、地质灾害预警、施工预案的决策和实施应用于隧道的施工管理，以更加全面、精确、深刻地把握隧道施工的规律性，从而实现由经验决策向科学决策的转变。总之，在地下工程施工灾害预警的研究中，获取准确的信息是前提，灾变规律的研究应该是基础，灾害的预警预报应建立在灾变规律研究的基础上。将超前地质预报与灾害预警相统一，从灾害的力学本质出发，建立正确反映灾变规律的数理模型，利用地质超前预报信息和灾变规律研究成果来进行灾害的预警预报，并指导减灾控灾措施的实施，应该成为隧道工程灾害预警研究的必然思路。

"多、长、大、深"是隧道发展的总趋势。随着我国基础设施建设的高速发展和西部大开发的不断推进，大量深埋长大越岭隧道工程纷纷上马，特别是用于公路交通的越岭长大公路隧道得到了前所未有的发展，遇到的地质条件也越来越复杂。因此，在越岭长大公路隧道建设中进行系统的地质预报研究不仅必要而且紧迫，不仅具有现实的工程意义而且具有很强的理论价值。

参 考 文 献

[1] 王建秀，杨立中，何静. 大型地下工程岩溶涌(突)水模式的水文地质分析及其工程应用. 水文地质工程地质，2001，4.

[2] 张清，田盛丰，等. 隧道及地下工程岩溶危害预报的专家系统. 岩石力学与工程学报，1992，11(3).

[3] 韩行瑞. 岩溶隧道涌水及其专家评判系统. 中国岩溶. 2004，23(3).

[4] 何发亮，李苍松，陈成宗. 岩溶地区长大隧道涌水灾害预测预报技术. 水文地质工程地质. 2001(5).

[5] 韩行瑞，白山云，等. 我国典型岩溶隧道突水分析及专家评判系统的探讨//2004 年岩溶地区隧道修筑技术专题研讨会. 北京：人民交通出版社，2004，10.

[6] 黄书汉，钱孝星. 岩溶地下水研究的回顾与展望. 水利水电科技进展，1997，17(4).

[7] 刘秀峰，刘志刚. 岩溶地质超前预报方法研究. 石家庄铁道学院学报，2003，16(2).

[8] 陈家联. 浅层地震技术在工程勘察中的应用效果. 南方国土资源，2003，12.

[9] 倪新辉，刘天放. 地震勘探技术预测奥灰岩溶裂隙发育带. 中国煤田地质，1997，9(1).

[10] 张旭光. 利用地震信息检测碳酸盐岩溶洞. 石油物探，2002，41(3).

[11] 居兴华. 利用地震资料提出物性参数进行奥灰岩溶水流体预测. 中国煤田地质，1998，10(2).

[12] 张加桂，陈宝荪，等. 三峡库区隐伏岩溶特性的地球物理探测. 工程勘察，2003(1).

[13] 敬荣中，林剑，肖志强. K 剖面法在岩溶勘查中的应用. 地质与勘探，2002，38(2).

[14] 陈灿华，陈绍求. 电测深法在岩溶探测中的应用. 中南工业大学学报，2000，31(1).

[15] 孟奇猛. 岩溶场地勘察电测深资料的解释与应用. 工程勘察，1998(2).

[16] 杨昌武.应用电探寻找岩溶裂隙水效果浅析.西部探矿工程,2003(12).
[17] 张宗岭.直流电测深多参数的综合应用.中南工业大学学报,1997,28(1).
[18] 邵雁,李宏达.高密度直流电法在井下探测岩溶的应用.矿业安全与环保,2002,29(6).
[19] 朱正国,卿志.时域瞬变电磁法在裸露灰岩地区岩溶探测研究.铁道勘察,2004(1).
[20] 皮开荣.TEM法在贵州山区找地下岩溶水的应用效果.水电勘测设计,2002(4).
[21] 武毅,郭建强,朱庆俊.宁南深埋岩溶水勘查的物探新技术.水文地质工程地质,2001(2).
[22] 韩王平.瞬变电磁测深法的原理及计算方法.山西建筑,2003,29(2).
[23] D. Vogelsang.岩溶和断层体系电磁法探测的实例.Geophysical Prospecting:35,604-617,1787.
[24] 薛国强,宋建平,等.用瞬变电磁法探测灰岩溶洞.长安大学学报(地球科学版),2003,25(2).
[25] 李纬,梁晓园.对地质雷达探测岩溶的方法和实例的探讨.勘察科学技术,1995(2).
[26] 王清玉,林洪辉.探地雷达探测岩溶.岩土工程界,2002,5(10).
[27] 盛玉环.岩溶塌陷的勘察与防治.GEOTECHNICAL ENGINEERING WORLD,2004,7(4).
[28] 刘勇,陈征宙.桩底岩溶的地质雷达探测.勘察科学技术,2003(4).
[29] 曹哲明.音频大地电磁法在宜万铁路隧道勘察中的应用效果.铁道勘察,2004(1).
[30] 陈贻祥,等.重力垂直梯度测量技术在隐伏岩溶探测中的应用.中国岩溶,1992,11(4).
[31] 唐岱茂,等.氡气测量用于地表探测岩溶陷落柱的位置与范围.核技术,1999,22(4).
[32] 董兆祥,等.应用直接测氡法对唐山岩溶塌陷的测试研究.中国地质灾害与防治学报,1997,8(4).
[33] 刘洪福,程小平,卫宏.用测氡法在地表圈定岩溶陷落柱范围初探.山西矿业学院学报,1990,8(3).
[34] 郭生浦,等.钻孔电磁波法在岩溶勘查中的应用.国外地质勘探技术,1997(5).
[35] 麦瑞浩.单孔声波测井与跨孔CT成像在岩溶地区地质勘探中的应用.中南公路工程,2004,29(2).
[36] 付晖.电磁波CT在水利水电工程岩溶探测中的应用.人民长江,2003,34(11).
[37] 蒋忠信,王衡.南昆铁路岩溶洞穴预报技术.水文地质工程地质,2002(2).
[38] 黄仁东,古德生.声波CT层析成像技术在新桥硫铁矿的应用.湘谭矿业学院学报,2004,19(1).
[39] 陈易玖.岩溶工程物探勘察的主要进展和方法技术优化组合.广东地质,1999.14(2).
[40] 罗鉴凡,等.综合物探方法在竹叶山坑道寻找溶洞裂隙的应用.云南有色地质调查院.
[41] 王良奎.多种超前地质预报方法在隧道施工中的应用.金属矿山,2001(11).
[42] 刘志刚.概论岩溶或地质复杂隧道隧洞地质灾害超前预报技术.铁道建筑技术,2003(2).
[43] 余中明.探地雷达技术在隧道掘进预报中的应用.地质与勘探,1999,35(3).
[44] 杜炜平.隧道开挖地质灾害规律与防治对策研究[D].中南大学,2001.
[45] 叶英,岩溶隧道施工超前地质预报方法研究[D].北京交通大学博士论文,2006.

第1章 隧道工程常见的地质灾害类型及危害

地质灾害可按不同的角度与标准进行分类，十分复杂。就地质灾害的成因而论，若主要由自然变异导致的地质灾害，则称自然地质灾害；主要由人为作用诱发的地质灾害，则称人为地质灾害。就地质环境或地质体变化的速度而言，可分突发性地质灾害与缓变性地质灾害两大类。根据地质灾害发生区的地理或地貌特征，可分山地地质灾害，如崩塌、滑坡、泥石流等；平原地质灾害，如地质沉降等。隧道及地下工程常见的地质灾害属人为地质灾害，通常由于人为施工引发的系列危害及影响。

随着隧道施工开挖，使得有些断层、溶洞等不稳定地质体发生坍塌。这些不稳定的地质体在构造应力和上覆岩层重力作用下，会严重影响隧道施工，甚至造成重大的地质灾害。下面分别将断层破碎带、岩溶、软岩、岩爆、瓦斯、不整合接触带和地下水对隧道施工的危害加以说明。

1.1 断层破碎带引起的地质灾害

断层是隧道开挖期间引起灾害发生的最主要因素之一。众所周知，断层是地壳中广泛出现的一种构造形迹，其规模可大可小，差别极大。由于断层的存在破坏了岩体的均一性，而使岩土工程体的建设及其稳定性受到很大影响，隧道工程也不例外。断层无论其规模如何，都是由两个基本部分组成。一个是断层面，也可以是一个相当宽的断裂带。规模较大的断层往往有破裂的、压碎的和研磨极细的各种破裂岩石存在，而成为具有一定宽度的断裂带。另一个是断层的两盘，即断层面所分开的两个岩块。断层的力学性质由其位移方向，就是通过断层面或断裂带本身的形态、组成及其相互关系，以及两盘的位移踪迹来加以判断的。

为了研究断层对隧道开挖的影响，可把断层按其两盘相对运动的方向分为正断层、平移断层、逆断层等；按其力学性质又可以分为张性断层、剪性断层、压性断层等三种类型。

在影响隧道工程地质条件的诸多地质因素中，构造碎裂断层影响最大。首先，断层是隧道开挖过程中最常见的不良地质现象，断层破碎带分布区段也是隧道围岩最不稳定的区段；其次，断层及其破碎带又是岩溶发育地区溶洞水、地下暗河和淤泥带的最主要储存场所；最后，封闭条件好的断层及其破碎带和小断层，也是煤系地层中的高压、过量瓦斯的主要聚集空间。在隧道开挖后的地质环境中，以上这些地质因素会很快发生变化，这也是断层及其破碎带成为引发隧道施工地质灾害的主要根源之一的原因。

在构造断层带，碎裂作用与动力变质作用会极大地降低岩石强度。由于构造破坏、强烈的节理发育及透水性较高，导致断层带岩石具有变化大、风化强烈、完整性差的特征。在这些地带，地下坑道拱部与边墙的稳定性都大大降低，自然应力常常发展成重力的2～3倍，这种应力可能破坏隧道的支撑与永久衬砌，而且有的还发生岩石抛落与位移。当隧道横穿断层时，也常伴有大量的突然涌水现象，开挖阿尔帕—谢万隧洞时在构造断层带曾发生巨大压力下喷出的碳酸气，并伴有岩石坍方的事故。

由于断层地段岩体破碎松散、自稳能力差，所以隧道工程的选线应尽量避开断层，当不能避开断层时，也应尽量使线路与断层隔开足够的安全距离或与其大角度相交。但因一般隧道走向必须服从路线走向，所以除了必须避开活动性断层外，很多隧道，特别是长隧道往往不可避免地要穿越断层，且实践证明，在断层地段修建隧道并非不可能。然而，断层破碎带毕竟是隧道建设的控制性地段，其施工安全度较低，由于设计、施工及监控等种种原因，断层地段的各种隧道地质灾害和病害难免时有发生；而且，断层地段的隧道施工还受断层与隧道相对位置的影响，其施工力学响应也与一般地段的大跨度隧道区别甚大，因而人们非常重视对隧道断层及其破碎带的研究。目前，对大跨度隧道的研究虽然日渐增多，但对断层地段隧道施工力学响应的探讨还较少。

1.1.1 断层的要素及分类

断层是指岩层受力断裂后，断裂面两侧岩层沿断裂面有明显相对位移时的断裂构造。

(1)断层要素

断层要素包括断层面、断层线、断盘和断距，如图1-1所示。

①断层面：指断层中两侧岩层沿其运动的破裂面。它可以是一个平面，也可以是一个曲面。断层面的产状用走向、倾向、倾角表示。有的断层面是由一定宽度的破碎带组成，称为断层破碎带。

②断层线：断层面与地面的交线叫断层线，可以是直线或曲线。

③断盘：断层两侧相对位移的岩层叫断盘。当断层面倾斜时，位于断层面上方的叫上盘，位于下方的叫下盘。

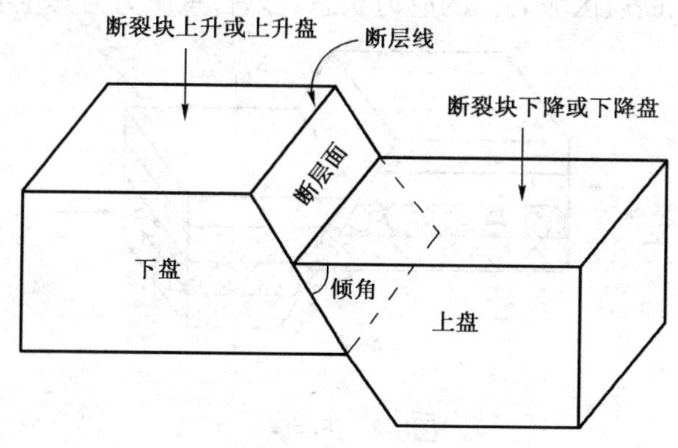

图 1-1　断层要素

④断距：指岩层中同一点被断层断开后的位移量。

(2)断层分类

根据断层两断层面相对移动的关系，可分为正断层(Normal Fault)、逆断层(Thrust Fault)及平移断层(Strike-Slip Fault)三类；根据断层力学性质，可分为压性断层、张性断层和扭性断层。

①压性断层由压应力作用形成，其走向垂直于主压应力方向，多呈逆断层形式，端面为舒缓波状，断裂带宽大，常有角砾岩。

②张性断层在张应力作用下形成，其走向垂直于张应力方向，常为正断层形式，断层面粗糙，多呈锯齿状。

③扭性断层在剪应力作用下形成，与主压应力方向交角小于 45°，常成对出现，断层面平直光滑，常有大量擦痕。

1.1.2　正断层

正断层上盘对下盘形成相对地向下移动者，其两层互相分开，表示地受到张力后沿着断面向两侧拉裂所造成的断面，也表示地壳在伸展，或是地壳由下向上升起所形成，所以也称为重力断层或张力断层(Gravity or Tension Fault)，如图 1-2 所示。在发生正断层运动后，往往形成明显的断崖(Fault Scarp)。正断层的断层面倾角多为 65°～90°，在同一地区内，正断层多呈一群约相互平行的断层出现，很少单独出现。

地壳岩体断层构造的形成无不与地壳的构造运动有关，对于不同类型的断层，其区域岩体的原岩应力状态具有各自的特性。假设地壳中应力状态为：一个主应力是铅直的(S_v),另外两个主应力是水平的(S_H 为最大水平主应力,S_h 为最小水平主应力)。当断层性质为张性正断层时,则 $S_v > S_H > S_h$,如图 1-2 所示。由此可知,正断层区域岩体的应力状态是以自重应力为其主要特征的。

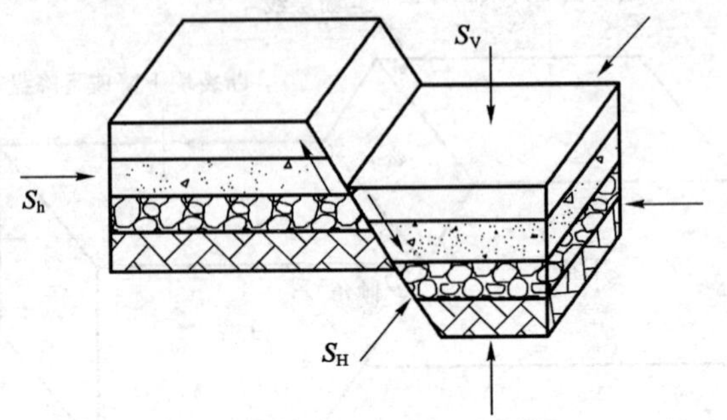

图 1-2　正断层

根据正断层的形成过程、应力状态特征及大量的地质资料,可知正断层区域的地质特征主要表现为:节理裂隙密集;破碎带范围广,宽度大,短则 10 余米,长则上百米;破碎带多为未黏结的碎裂岩屑或由软的塑性充填料半黏结的岩屑;裂隙强烈风化,岩石与破碎带相邻过渡带岩体多为发育程度较高的裂缝,且岩体多呈破坏和碎块结构。根据米勒(L. Muller)主编的《岩石力学》中由岩体的结构特征将岩体分为四类,见表 1-1。

根据岩体结构特征的岩体分类　　表 1-1

序号	类　型	特　征	系统模型	适用规律
I	完整岩体	没有节理的岩体	单一连续体	连续体和流变体
II	特有节理岩体	具有明显产状和位置的个别节理	多样的不连续体	力学、几何规律
III	遍有节理岩体	大量的贯穿节理	按一定次序组合的多体结构	结构和摩擦分析
IV	强烈破碎体	完全破碎或颗粒化的岩石材料	颗粒体	土力学和摩擦规律

按表 1-1 中列出的四类岩体进行判别,正断层区域的地质岩体多为 V、IV 级围岩。

1.1.2.1　断层的产状和形态

断层的产状与形态决定了断层区域岩体中节理的空间分布,可由产状、形态、规模、密度、张开度等几何参数来表述。

(1)节理方位

正断层区域岩体中的节理方位与正断层方位有密切关系,优势节理的方位

与断层方位基本相似。节理的方位由其走向、倾向和倾角来描述。研究节理产状概率模型，应分别按走向、倾向和倾角进行统计，求出走向、倾向和倾角的密度分布函数和相应的平均值和方差。

在野外工程岩体中，单个节理产状很容易由地质罗盘直接测量得到。然而，正断层区域工程岩体中通常分布有几组节理，各组节理的产状是不同的，同组节理的各条产状也不尽相同，而是在一定范围内变化。因此，节理产状应通过野外岩体露头上节理产状的逐一测量统计求得。对统计测量节理所要求的数目，Robertson（1970）认为，每组节理 100 个数据所确定的分布密度，置信度为 95%，误差约 20%。Call 等人（1970）认为，每组有 100 条节理最为理想，超过 30 条后，随观测数目的增多，状况只有少量的改善。ISRM（1978）建议样本数目介于 80～300，折衷方案为 150 条。

大量统计测量结果表明，同一组节理的空间展布有较好的一致性。但由于构造应力的作用方式以及正断层岩体边界条件的复杂性和岩体介质的不均一性，使正断层区域工程岩体中同一组节理的各组节理产状并非严格一致，而是围绕某一中心分布。这种变化规律可以用产状要素（走向、倾向、倾角）的概率密度分布形式来表示。表征某种节理产状要素的概率分布函数表达式，称为节理产状要素的概率模型。统计研究表明，节理产状要素多服从均匀分布、正态分布或对数正态分布。

（2）节理面形态

要清楚地确定节理形态是不容易的，原因是有限的露头难以展现三维节理的全貌。节理形态形成的机理问题，至今没有得到圆满解决。然而在三维岩体结构的随机模拟、岩体力学的三维稳定分析、地下水在三维岩体中的渗流特征分析等工作中，都离不开节理形态的确定。Bankwitz（1966）、Rulander 等人（1979）与 Barton（1983）观察到节理呈椭圆形；Cleary（1984）在实验室内通过水压致裂法产生了圆形节理；杜时贵（1992）在小浪底野外调查时，发现沉积岩中节理形态为矩形。

（3）节理特征尺寸

节理迹线是表征节理延展性和节理规模的重要指标，如何根据野外岩石露头测量得到的迹长来推求全迹长是一个非常重要的课题。目前比较成熟的方法有两种，即精测线估算法（Priest 和 Hudson，1981）和统计窗口法（Kulatilake 和 Wu，1986）。由此，迹线长度的统计平均值可由式（1-1）确定。

$$\bar{l} = \frac{c}{\ln(l^{-\frac{c_0}{l}-\frac{r}{n}})} \tag{1-1}$$

式中，n 是与测线交切的迹线总条数；r 是仅与测线交切而不与删节线交切的迹线条数;c_0 是地质素描图上提供的迹线长度小值平均值;c 是删节长度。

对圆盘状节理其半径 a 为:

$$a = \frac{\pi}{4}\bar{l} \tag{1-2}$$

迹线长度可以从几厘米到上千米。ISRM(1978 年)建议的节理规模划分方案是:极短的节理小于 1m;短的节理为 1~3m;中等的节理为 3~10m;长的节理大于 20m。实测统计结果表明,岩体节理迹长多服从负指数分布(Cruden,1977 年;HerGET,1978 年;Robertson,1970 年;Piteau,1970 年;杜时贵,1992 年)或对数正态分布(Steffen,1975 年;Barton,1978 年;Einstein,1980 年;潘别桐和徐光黎,1988 年)。

(4)节理密度

设体积为 V 的岩体内有 m 条节理,则定义节理密度为:

$$\rho = \frac{m}{V} \tag{1-3}$$

(5)节理间距

节理间距的分布,可通过考察岩体或岩体表面某一方向测线上节理交点的分布进行分析。野外调查发现,在正断层区域,节理间距呈结集分布,即结集带间距很小而结集带之间间距很大。Priest 和 Hudson(1976 年)的研究表明,除非均匀分布非常显著,均匀、结集和随机等任何组合分布均服从负指数分布。

(6)节理隙宽

节理隙宽也称张开度,通常用塞尺在岩石露头面上进行量测统计。从现有资料看,节理隙宽分布形式主要是负指数分布(Call 等人,1976 年;Barton,1978 年,1986 年;熊承仁,1987 年;杜时贵,1992 年),其次有对数分布(Snow,1965 年;Grossman,1985 年)。

正断层区域岩体节理多为成组分布,对每一组节理统计其特征尺寸时,从抓住优势结构面的角度出发,可先按节理产状概化为若干组后再对每一组进行统计。对工程岩体节理统计的目的就是为岩土工程的建设提供第一手地质资料。对隧道工程而言,就是从设计、开挖到支护充分考虑节理对其稳定性的影响,减少并避免灾害的发生。

1.1.2.2 正断层隧道灾害类型

正断层区域的地质特征与工程地质区域的应力状态,决定了隧道开挖过程中的灾害类型。正断层区域地应力以自重应力为主,岩体多被节理裂隙结构面分割,隧道围岩即为工程的结构体,围岩稳定性受结构面所控制。因此,隧道开挖穿越正断层时发生的灾害类型,在此称之为结构型破坏。结构型破坏的主要

表现形式为坍方。根据坍方的机制与规模不同，并结合大量的工程资料和现场调研，在此将坍方灾害分为以下三种类型。

(1)局部掉块

严格来讲，局部掉块可不列入坍方范畴，因为局部掉块并未引起隧道围岩失稳。然而考虑掉块规模可从几方到几十方，故规模大时也称之为坍方，如图 1-3 所示。

(2)整体坍塌

由局部掉块而诱发整体坍塌，关键块体的塌落而引起整个隧洞的坍方，如图 1-4所示。

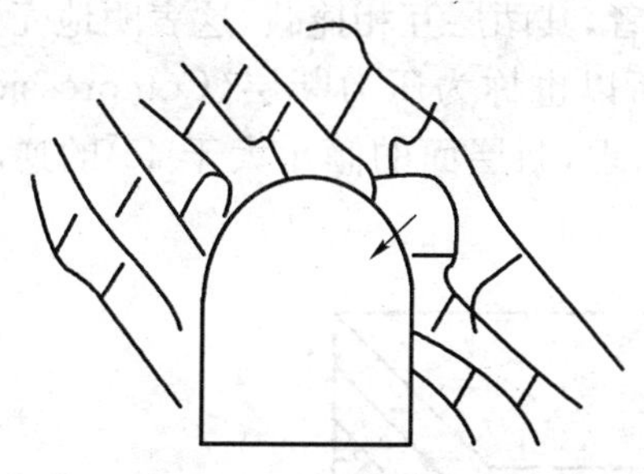

图 1-3　局部掉块示意图

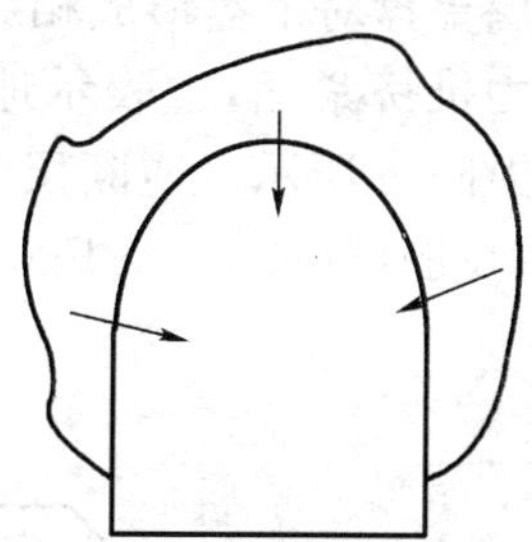

图 1-4　整体坍塌示意图

(3)顺层滑移

当层间含有泥层并胶结强度较差，且与层面相交的节理较为发育，岩体呈相对破碎时[图 1-5a)]；当两条裂隙相交或有滑面时[图 1-5b)]，隧道围岩向临空面发生顺层滑移。坍塌往往是从局部掉块开始的，进而引起连锁反应，形成大范围坍塌。顺层滑移的塌腔一般是不对称的。

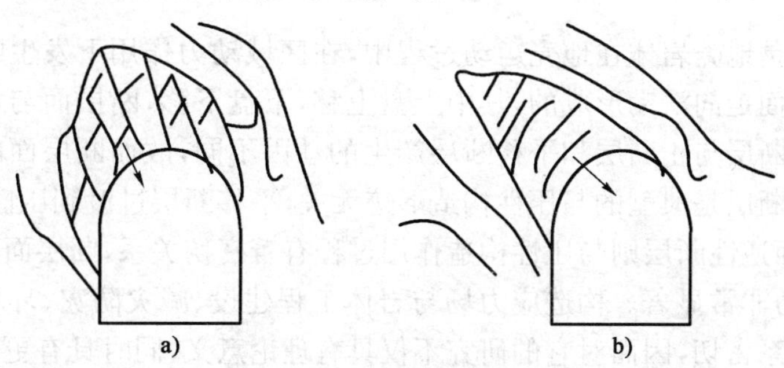

图 1-5　顺层滑移示意图

以上三种灾害类型是隧道开挖在硬岩正断层区域地质灾害的概括和总结，其力学机制以块体理论为基础进行分析和解释。

在张性断层区域，岩体被各种各样的次生结构面切割成各类型的空间镶嵌块体，这些块体处于静态平衡状态。当在此地质体中进行隧道开挖时，地质体的原始平衡状态被打破，暴露在临空面上的某些块体失去平衡后会首先沿结构面滑移而失稳，进而产生连锁反应，造成整个隧道工程的灾害性破坏。

地质灾害的防治必须建立在工程地质基础上，只有对工程地质环境、地质体特性充分了解之后，才谈得上制订科学合理、准确可行的防灾治灾措施。隧道开挖在正断层地质区域时，围岩的稳定性分析与支护对策的选择，更多地依赖于工程岩体分类。

1.1.3 逆断层

逆断层上盘对下盘形成相对地向上推移者，其两层互相掩蔽，这表明地壳受到两侧压力推挤紧缩，也表示地壳在收缩，所以也称为压力断层(Compression Fault)，如图 1-6 所示。逆断层常呈褶曲带出现，断层面的倾角大于 45°的逆断层，则称为反断层(Reverse Fault)。

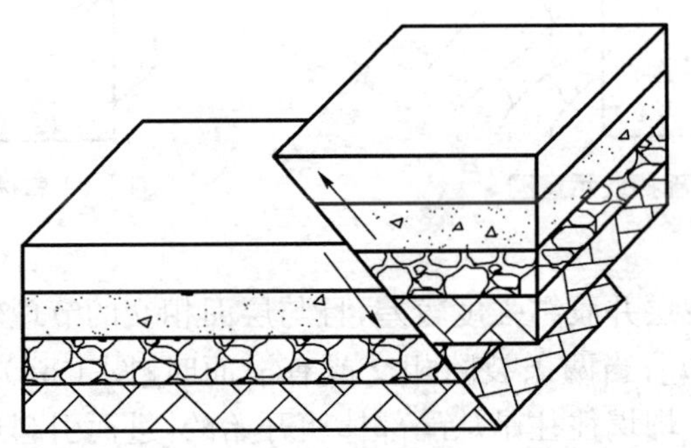

图 1-6 逆断层

逆断层是地壳岩体在地壳运动过程中，在区域动力作用下发生断裂而使上下盘沿断层面走向滑动形成的，其中上盘上移，下盘下移，断层面与水平面有一定夹角。逆断层与正断层和平移断层产生的动因不同，故而断层面的应力状态也不同。正断层是典型的与压性构造形迹无关，平移断层过渡到压性作用，但常与之无关，而逆性断层则与压性构造作用过程有着密切关系，断层面呈压性结构面，构造应力非常显著。构造应力场与岩体工程建设、减灾防灾、环境地质及与人类生活关系密切，因而对它的研究不仅具有理论意义，同时具有更大的工程意义。以断层为主要构造形迹的区域构造应力场及其成因机制较为复杂，构造应力常常很大，多称高地应力。以我国的秦岭隧道为例，秦岭隧道断层区，应力升高区的最大水平主应力 $\sigma_1=86.16$MPa；二郎山公路隧道断层区最大水平主应力 $\sigma_1=53.7$MPa。如此大的构造应力使硬岩隧道失稳(以岩爆为其特征)，在此称

之为应力型失稳破坏。陈宗基教授对岩爆进行的工程实录中显示，大的岩爆多发生在逆性断层区域，如印度科拉尔(Kolar)金矿这样一些褶皱地区；我国的龙凤矿发生的 50 起煤爆中，有 72％是在断层的前区，14％是在断层之中，10％是在断层的后区。大量的工程实例与研究资料都显示了岩爆多在断层区域发生。

1.1.4　平移断层

平移断层上下盘在水平面上发生相对位移，而无上下垂直移动。当水平位移方向平行或近乎平行断层之走向者，也称为扭转断层(Wrench Fault)，如图 1-7所示。滑向断层的断层面多呈近似垂直面，但由于断层面的水平方向移动，没有明显的断崖，在地面上所看到的往往是一条断层直线。

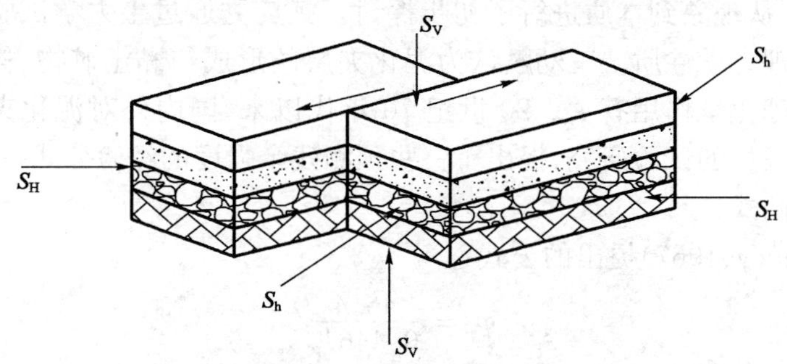

图 1-7　平移断层应力状态示意图

平移断层是地壳岩体在地壳运动过程中，在区域动力作用下发生断裂而沿断层面走向水平滑移形成的，其断层面一般陡峻甚至直立。在空间延伸上，平移断层面表面平直光滑，若断层面有擦痕和阶步，则表现出一定的粗糙度，但起伏度一般较小，此特性与逆断层是一样的。按照潘别桐(1990 年)根据地质成因将结构面分成的三大类中，平移断层面应属构造结构面类别。谷德振教授(1979 年)指出，岩体稳定性受结构面影响很大，而各种结构面随其发育的规模不同，在分析中所处的地位就不同。为此，杜时贵根据结构面的走向延展性、纵深发育和宽度(厚度)大小，将岩体结构面分为五个级别，平移断层面应属 III 级结构面，即在走向上和纵深方向上延伸有限(一般数百米)、宽度小于 1m 的断层、挤压或接触破碎带、风化夹层、原生软弱夹层和层间错动带等。

软弱夹层是此类结构面中最复杂的一种结构面，充填有不同的物质成分，具有不同的厚度及其接触关系，特别是经过一系列的机械和化学作用，性态迥异。由软弱夹层引起的工程难度增大和导致的工程地质灾害不胜枚举，如美国圣佛兰西重力坝、奥斯丁重力坝、得克萨斯重力坝、俄亥俄州 26 号坝、印度的提格拉坝的垮塌以及意大利的瓦依昂水库的巨大滑坡。我国由于大规模的水利与交通建设的需要，开始对软弱夹层的工程地质性质进行研究，以期减少由此而引发的地质灾害。人们利用室内和现场试验的方法对软弱夹层的力学特性及变形特征进行了大量研究，并取得了实质性的成果，以长江科学院和黄河水利委员会设计院最为卓越。

在平移断层带中，软弱夹层是力学性质最差的单元，也是变形最大、优先破坏的地质单元。泥化夹层作为软弱夹层的一种特殊形式已引起人们的高度关注，我国学者于20世纪70年代末80年代初，以长江科学研究院、中科院武汉岩土力学研究所和长春地质学院为代表，以葛洲坝岩基中存在的泥化夹层为背景开展研究。曲永新在野外调查的基础上，借助于偏光显微镜和扫描电子显微镜观察样品来研究其结构特征，对葛洲坝水利工程泥化夹层形成的内因和外因，从宏观到微观、从现象到本质进行了初步探讨。戴广秀通过土力学试验研究了泥化夹层的物理力学性质。王幼麟认为泥化夹层的形成与黏土矿物、构造破坏作用与水的物理化学作用有关。20世纪70年代以来，国内外对泥化夹层的残余强度进行了大量的试验研究，提出了一些预测残余强度的经验公式，目前引用较多的有如下两式：

(1)Kenney(1967)提出的公式：

$$\varphi_r = \frac{46.4}{0.446 I_p} \tag{1-4}$$

式中，I_p 为塑性指数。

(2)Kanji(1974)提出的公式：

$$\varphi_r = 453.1[W_L^{0.85}] \tag{1-5}$$

式中，W_L 为液限。

我国李青云、王幼麟通过理论分析和计算机逐步回归分析的方法，得出影响泥化夹层错动带残余强度的主要因素为比表面积 B 和胶结物含量 C，并建立了如下经验公式：

$$f_r = \begin{cases} 0.745 - 0.072\ln B + 0.000\,858C & (1\text{-}6) \\ \dfrac{1}{0.513 - 162.04/B} & (1\text{-}7) \\ 0.832 - 0.088\,4\ln B & (1\text{-}8) \end{cases}$$

$$f_r = \tan\varphi_r \tag{1-9}$$

其中式(1-6)适用于灰岩类页岩、泥灰岩类泥化夹层；式(1-7)适用于黏土岩类泥化夹层；式(1-8)适用于页岩、泥灰岩类泥化夹层。

虽然平移断层与正断层和逆断层都是由于地壳的构造运动形成的，但由于形成的力学机制不同，平移断层区域有着与正断层和逆断层区域不同的应力状

态。当地下一定深度的各向同性的地质体于一定的应力场中，并且两个水平主应力一个增加、一个减小，即附加的水平应力一个是压性的、一个是张性的，此时最大主应力 σ_1 和最小主应力 σ_3 都是水平的，中间主应力 σ_2 是围压应力，并且剪切破裂将在应力差最大的 σ_1 和 σ_3 所在的平面发生，亦即在水平面上发生，平移断层由此而产生。

同样假设 S_v 为地壳应力状态中的一个铅直主应力，S_H 为最大水平主应力，S_h 为最小水平主应力。对平移断层而言，$S_H > S_v > S_h$，如图 1-7 所示。平移断层一般直立或近于直立，走向与最大主应力方向斜交，往往显示一定的水平错动。当平移断层属于扭性断层时，其断层面（扭裂面）产状平直、整齐、光滑，若断层中充填有泥化夹层并在水的作用下，其强度则大大降低。

1.1.4.1　地质灾害类型

平移断层面是由剪切破坏造成的。在形成过程中由于受挤压破碎和长期的风化作用，断层面不可避免地存在有软弱夹层。在平移断层区域进行隧道工程建设时，工程体的变形破坏多从断层面开始，尤其是软弱夹层中含有泥化夹层时。此特性结合平移断层的应力状态特征，决定了隧道开挖过程中的灾害类型，即应变型破坏。

虽然在正断层和逆断层区域有时也存在类似泥化夹层的软弱夹层，但由于断层区域存在较大的剪应力，使平移断层区域在工程扰动下应力释放或应力重新调整极易引起断层错动或变形，因此，在隧道开挖的扰动下，由泥化夹层在平移断层中引发的地质灾害，较在正断层和逆断层区域更具有典型性。对泥化夹层的研究需按下述图 1-8 中的程式进行系统的分析和总结。

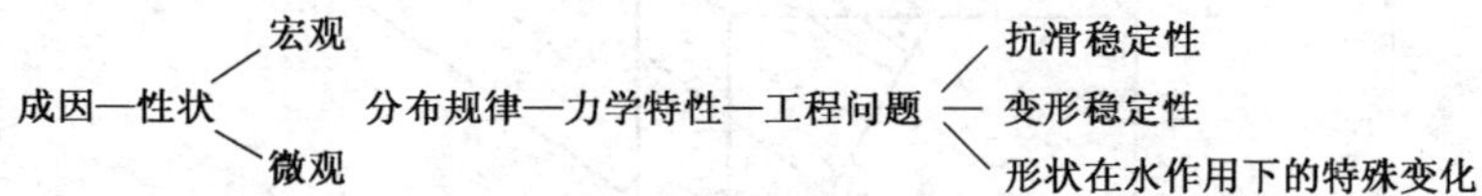

图 1-8　泥化夹层的研究程式

综上所述，由于泥化夹层其特殊的成因，分布规律极不均匀，又由于受到原岩岩性组合、块体厚度、层面起伏度及构造运动影响，工程性质的复杂性绝不是少数几个试验成果可以表征的，只有根据其分布规律进行工程地质分区，按区取样进行试验研究，通过合理的数据处理，所得结果才有较大的可信度。因此，泥化夹层分布规律的研究是灾害强度预测的前提。

1.1.4.2　平移断层区域隧道灾害及防治

平移断层区域的原岩应力状态特征、泥化夹层的物理力学作用、水膜面的水膜效应及断层两盘的岩体结构决定了隧道灾害的特征为应变破坏。

(1)隧道开挖期间应变破坏的两种表现形式

当断层两盘岩体较完整时,隧道开挖穿越断层时多引起错位,隧道轴线出现断点,断面严重变形。

当断层两盘岩体节理较为发育时,泥化夹层中的水膜效应会首先引起隧道的局部变形或掉块,进而波及到整个隧道,造成一定范围的坍塌,或岩层顺断层滑移而形成大范围坍塌,破坏的岩层会向洞内挤压,造成喷射混凝土层脱落。

(2)从机制入手,扼制灾害发生

水是泥化夹层强度明显降低的最主要因素,防治水首当其冲。疏排水阻止泥化夹层水膜面形成,保持断层中泥化夹层的原始强度;减小隧道开挖的扰动烈度,如采用先进的爆破技术,使泥化夹层水膜化的外部因素得到控制;超前支护与疏排水相结合;对成洞隧道进行不等强支护,尤其是当泥化夹层暴露时,及时对隧道局部进行集中加固,以防止隧道断面变形,保持隧道的整体稳定性。

1.1.5 断层存在的判别

(1)构造线标志

同一岩层分界线、不整合接触界面、侵入岩体与围岩的接触带、岩脉、褶曲轴线、早期断层线等,在平面或剖面上出现了不连续,即突然中断或错开,则形成断层,参见图 1-9。

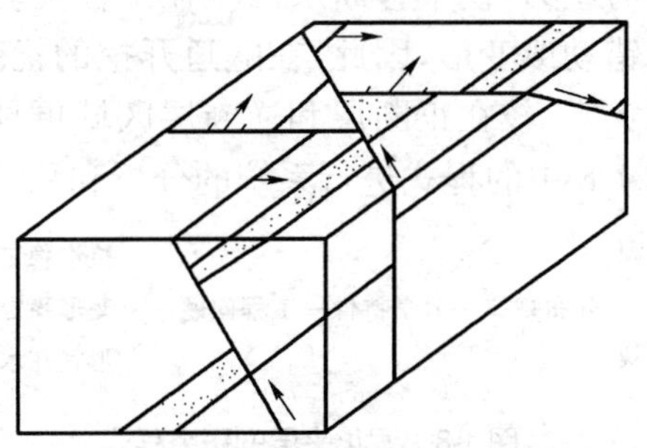

图 1-9 断层引起的构造不连续现象

(2)岩层分布标志

一组顺序排列的岩层,由于走向断层的影响,常造成部分地层的重复或缺失现象。其原理是断层岩层发生错动,经剥蚀夷平作用使两盘地层处于同一水平面时,会使原来顺序排列的地层出现部分重复或缺失。造成地层重复或缺失的原因通常有 6 种情况,如表 1-2 和图 1-10 所示。

(3)断层的伴生现象

当断层通过时,在断层面(带)及其附近形成一些构造伴生现象,也可作为断层存在的标志。

走向断层造成的地层重复和缺失 表 1-2

断层性质	断层倾斜与地层倾斜的关系		
	两者倾向相反	两者倾向相同	
		断层倾角大于岩体倾角	断层倾角小于岩体倾角
正断层 逆断层	重复[图 1-10a)] 缺失[图 1-10d)]	重复[图 1-10b)] 缺失[图 1-10e)]	重复[图 1-10c)] 缺失[图 1-10f)]
断层两盘相对动向	下降盘出现新地层	下降盘出现新地层	上升盘出现新地层

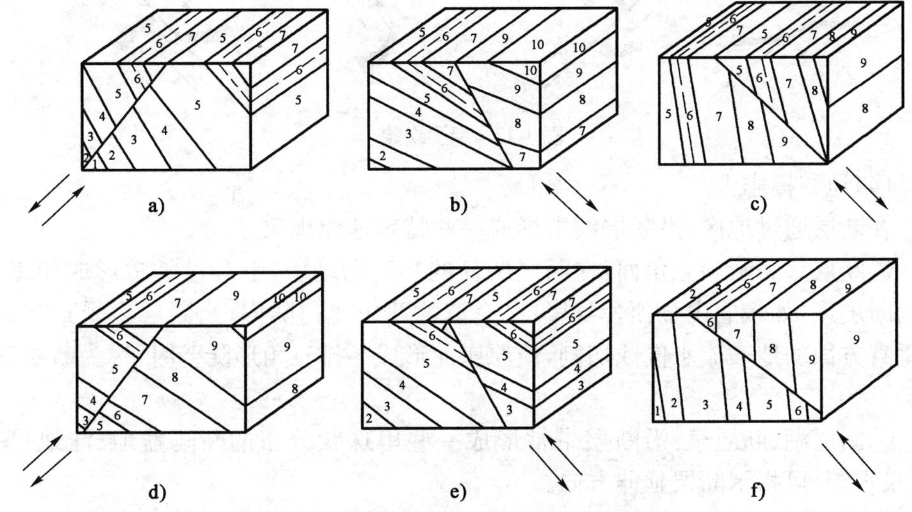

图 1-10 走向断层造成的地层重复和缺失

①擦痕、阶步和摩擦镜面：断层上、下盘沿断层面作相对运动时，因摩擦作用，在断层面上形成一些刻痕、小阶梯或磨光的平面，分别称为擦痕阶步和摩擦镜面，见图 1-11。

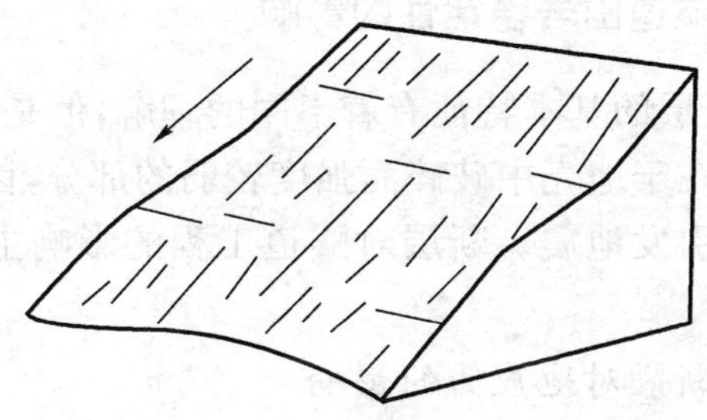

图 1-11 擦痕与阶步

②构造岩：因地应力沿断层面集中释放，常造成断层面处岩体破碎，形成一个破碎带，称之为断层破碎带。破碎带宽几十厘米至几百米不等，其内碎裂的

岩、土体经胶结后称构造岩。构造岩中碎块颗粒直径大于 2mm 时叫断层角砾岩；当碎块颗粒直径为 0.01～2mm 时叫碎裂岩；当碎块颗粒直径更小时叫摩棱岩；当颗粒均研磨成泥状时叫断层泥。

③牵引现象：断层运动时，断层面附近的岩层受断层面上摩擦阻力的影响，在断层面附近形成弯曲现象，称为断层牵引现象，其弯曲方向一般为本盘运动方向，见图 1-12。

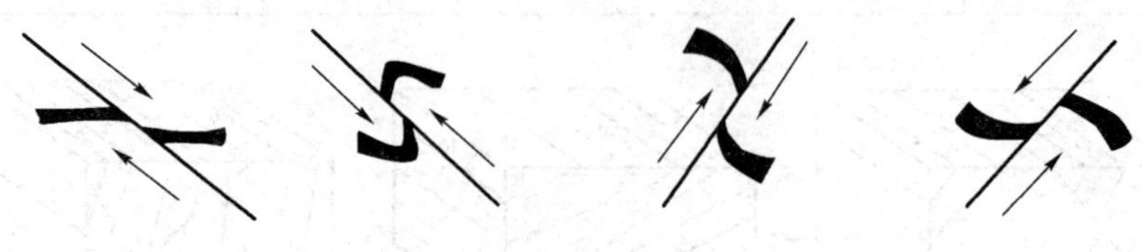

图 1-12　牵引现象

(4)地貌标志

在断层通过地区，沿断层线常形成一些特殊地貌现象。

①断层崖和断层三角面：在断层两盘的相对运动中，上升盘常常形成陡崖，称为断层崖，如峨眉山金顶舍身崖、昆仑滇池西山龙门陡崖；当断层崖受到与崖面垂直方面的地表流水侵蚀切割，使原崖面形成一排三角形陡壁时，称为断层三角面。

②断层湖、断层泉：沿断层带常形成一些串珠状分布的断陷盆地、洼地、湖泊、泉水等，可指示断层延伸方向。

③错断的山脊、急转的河流：正常延伸的山脊突然被错断，或山脊突然断陷成盆地、平原，正常流经的河流突然产生急转弯，一些顺直深切的河谷，均可指示断层延伸的方向。判断一条断层是否存在，主要是依据地层的重复、缺失和构造不连续这两个标志，其他标志只能作为辅证，不能依此下定论。

1.1.6　断层对隧道围岩稳定性的影响

国内外学者对断层的基本特征有着不同的理解，但是，普遍认为断层是孕育地震的场所，它存在于地壳中破碎而强度较弱的部分，因受大地构造力的作用而容易产生错动，引发地震。断层对隧道工程的影响主要表现在以下两个方面。

1.1.6.1　活动断裂对地应力的影响

地层本身存在着应力场，未受扰动地层内的应力称为原岩应力，亦称地应力或初始应力。一般把初始应力分为重力应力和构造应力两类，实际应力等于两类应力的叠加。严格说来，还有温差应力和渗水应力，但一般不予考虑。断裂的存在，会使岩体的初始应力在断裂附近产生应力集中和应力重分布，在工程开挖的一定范围内，将会使岩体的初始应力场变得更为复杂。黄醒春等研究了复杂断裂扰动下的初始应力场的变化，给出了断裂附近应力集中的特点以及主应力分布规律。苏生瑞认为，无论是活动断裂还是非活动断裂均对初始应力场有明显的影响，非活动断裂在断裂附近使初始应力的方位发生变化，而活动断裂在断裂附近使初始应力大小和方向均发生变化。在此基础之上，苏生瑞等应用离散元法，具体研究了断裂的物理力学性质对初始应力场的影响，并且认为断裂的内摩擦角对断裂附近的应力场的变化影响最大。

除了断裂自身的物理力学性质，岩体的物理力学性质(包括岩石内摩擦角、弹性模量、泊松比、黏聚力等)也对断裂附近的初始应力场的变化产生很大的影响。其中，断裂两侧岩石的弹性模量对应力变化的影响最大。宋惠珍、曾海容等以逆冲断裂为例，论述应力场特征与断裂运动方式之间的对应关系，讨论了用块体接触模型模拟断裂应力场的意义，并分别用二维显式有限差分法和三维隐式有限单元法计算了逆冲断层应力场，说明断裂应力场性质和分布仅与断裂的构造模式和运动方式有关。

由于影响初始应力的因素复杂多样，实测初始应力实例有限和研究方法不成熟，目前仍存在断裂对应力场转换的机理模式和断裂数学力学模型建立等尚未解决的难点，没有定量或半定量的方法可供工程应用。

1.1.6.2 断裂运动模式对隧道围岩稳定性的影响

断裂的运动模式是影响工程稳定性及安全性的重要因素。运动形式可分为黏滑和蠕滑两种运动。地震时断层快速破裂就是一种黏滑错动，蠕滑是不伴随地震的断裂缓慢错动，它是弹性应变积累和地震形式的抑制因素。对地下工程的影响主要表现为：岩体振动引起的破坏(即抗震问题)和断裂活动引起的破坏(即抗断问题)。

许多学者认为，地下工程的地震破坏往往随着工程埋深的加大而衰减，对于深埋隧道工程来说，工程的抗震问题不大。F. Kirzhner 等人的研究也表明了这一点。F. Kirzhner 同时指出：地面对地震波的反射作用，因场地条件不同，结果千差万别，应该引起人们的关注。陈健云、胡志强等采用阻尼影响抽取法研究了围岩动刚度的动力特性，提出了岩石中地下结构抗震分析的实用算法，并在此基础上对洛溪渡超大型地下洞室群的抗震安全性进行了评价。潘昌实指出边界条件是有限元地震反应分析的一个重要因素，不同的边界条件对分析的结果有很大影响。Prater 认为，隧道工程抗震的最大问题是侧向边界，若侧向边界按刚性处理，则在边界上会产生假反射，使计算结果恶化。

1.1.7 断层破碎带坍方的地质因素

在地下工程施工的坍方灾害中，断层破碎带坍方是最常见的坍方，占坍方的绝大多数。对断层破碎带坍方的预报，主要包括断层位置预报和坍方可能性的判断及预报，这里主要对坍方发生可能性的判断和预报进行分析研究。断层破碎带坍方的判断和预报，主要包括断层破碎带坍方的影响因素的正确分析、断层破碎带围岩级别的准确判断及坍方发生前兆的及早发现。

影响断层破碎带坍方的地质因素主要有断层上下盘岩性和岩石力学性质、断层的力学性质、断层复合与复合特征、断层破碎带厚度、破碎带物质组成和固结程度、破碎带的围岩结构、破碎带的产状及其与隧道的空间关系、地下水及地应力等。

(1)断层上下盘岩性和岩石力学性质

在其他地质因素相同的前提下，断层破碎带稳定性降低的顺序是：上下盘为相同岩性硬岩→上下盘为不同岩性硬岩→上下盘为相同岩性或不同岩性软岩→上下盘为不同岩性软硬岩组合。

(2)断层的力学性质

以张滑正断层为主的断层破碎带，主要由断层角砾岩组成。角砾特点是：胶结疏松，多为泥质胶结，易于风化，棱角明显，杂乱无章，大小悬殊。所以以张性正断层为主的断层破碎带最易造成坍方。以压冲逆断层为主的断层破碎带，主要由断层泥、碎糜岩、构造透镜体、片理化揉皱化岩石组成，尽管岩石也很破碎，但由于角砾之间结合较紧密，相对于以正断层为主的断层破碎带来说，造成坍方的难度稍大。以扭性平移断层为主的断层破碎带，主要由厚度不大的碎糜岩及分布较广的劈理带岩石组成，所以与前两者相比，造成坍方的难度更大。

(3)断层复合与复合特征

根据地质力学的基本知识，断层复合有两种情况：其一是同一条断层复合，即断层多期复合；其二是两条或两条以上断层交汇复合。无论哪种断层复合，对断层破碎带稳定性影响都极为明显，即复合式断层破碎带的稳定性远远小于一般断层破碎带的稳定性。

(4)断层破碎带厚度

断层破碎带的厚度是直接影响断层破碎带稳定性的地质因素。断层破碎带厚度越大，越易产生坍方。而断层破碎带的厚度还取决于断层的规模、断层的力学性质和断层的复合特征。

(5)断层破碎带的物质组成、固结程度

断层破碎带的物质组成，主要指的是断层角砾之间的胶结物及其含量。从

胶结物来看，泥质、铁质胶结的断层破碎带最常见，稳定性也最差；钙质和硅质胶结的破碎带较少见，稳定性较好。从含量看，泥质、铁质胶结物含量越多，破碎带稳定性越差，越容易发生坍方。固结程度越差，断层破碎带的稳定性也越差。占大多数的泥质、铁质胶结的断层破碎带固结程度很差，少数钙质、硅质胶结的断层破碎带固结程度较好。

(6)断层破碎带的岩体结构

断层破碎带的岩体结构主要有三种：碎石状压碎结构、角(砾)碎(石)状松散结构和散体状松软结构。碎石状压碎结构，多为扭性平移断层、规模较小的压性逆断层和张性正断层，稳定性较差；角(砾)碎(石)状松散结构，多为规模很大的、以压冲逆断层为主和张滑正断层为主的多期活动断层或者两条及两条以上断层交汇形成的断层，稳定性很差；散体状松软结构，则多为规模宏大的、以压冲逆断层为主和张滑正断层为主的多期活动断层活者两条或两条以上规模很大的断层交汇形成的断层，稳定性极差。

(7)断层破碎带产状及其与隧道空间的关系

包括断层破碎带走向与隧道中心线的夹角和断层破碎带倾向、倾角与隧道的空间关系。在断层破碎带其他性状相同的条件下，其走向与洞中心线的夹角越大越稳定，越小越不稳定，在两者近于平行的情况下，即使破碎带宽度不大，也会给施工造成很大的威胁。一般而言，破碎带位于拱顶比位于边墙更危险；多数情况下倾角越大越危险；倾向洞内比倾向围岩内部更危险。

(8)地下水、地应力的影响

地下水对断层破碎带的稳定性起着至关重要的影响，地下水往往对断层破碎带失稳破坏起着激发和加速的作用。在高地应力地区，特别是水平构造应力明显地区和隧道轴线与最大主应力轴线垂直的隧道，地应力对断层破碎带能否坍方的影响也很大，一般可使断层破碎带的围岩级别升高1～2级。

1.2 岩溶隧道施工地质灾害

水对可溶性岩石(在我国以碳酸盐岩为主，局部尚有硫酸盐岩、卤化物岩等)进行以化学溶蚀为主要特征(并包括水的机械侵蚀和崩塌作用以及物质的携出、转移和再沉积)的综合地质作用，使地表岩石形成洼地、槽谷、漏斗、落水洞、溶沟溶槽、石芽、石柱、溶峰等；在地下则为各种形态的溶洞、溶隙、管道等，统称为岩溶(国际通用术语 Karst，译名喀斯特)。由于岩溶作用受着地下水流系统的控制，因而各种岩溶现象也往往组成一定的系统，称为岩溶系统。岩溶(喀斯特)在中国分布广泛，在建和已建成的许多深埋隧道大多穿越岩溶区。岩溶地区发育形成复杂的洞穴—管道系统，使得岩溶水文地质条件与一般孔隙—裂隙性水文地质条件存在明显差别。岩溶系统中，最普遍的是 $CaCO_3$—H_2O—CO_2 复相平衡体系中的物理化学过程，该过程气相、液相和固相都参与反应，因此，研究岩溶区深埋隧道的水岩相互作用机理有助于剖析隧道施工带来的水动力场改变、水力劈裂作用及其对石灰岩溶蚀平衡的影响，揭示隧道岩溶突水、涌泥的机理。

岩溶的发育开始于水流对可溶岩石原有狭小通道的溶蚀扩展，岩溶体系中地下水通道包括岩体中各种规模的构造裂隙和原生孔隙。隧道开挖使得地下水的排泄有了新的通道，破坏了原有的补给循环系统，加速了径流循环，同时也促进了地下水对岩体的改造作用。

由于深埋隧道的水头压力高，这种力学改造作用尤为显著。在隧道掘进过程中，现在常见的是先进行超前地质钻孔，然后进行钻爆。对于深埋的岩溶系统来说，一般未贯通的岩溶管道都有一定的隔水层，如黏土层或粉砂泥岩层。如果在施工过程中，破坏了隔水层，使得地下水向隧道方向排放，在水头很大、水补给丰富的情况下，就会对隧道施工造成巨大的危害。更有甚者，如果补给源连通了地表水系，会造成地表水源枯竭，这不仅会对隧道施工造成严重影响，而且也会造成大的环境地质灾害。动水压力作用能够使岩体裂隙面上的充填物发生变形和位移，导致裂隙再扩展，可能使高水压岩溶管道连通，在特殊的地质构造条件下，造成重大涌水、突泥事故，给隧道施工带来重大损失。因此，岩溶地质灾害是指隧道施工对稳定岩溶系统的破坏而引起不良后果的总称。

1.2.1　岩溶地质灾害的种类与特点

1.2.1.1　岩溶隧道地质灾害的种类

隧道施工中，岩溶地质灾害的种类有：岩溶涌突水、突泥、坍方、隧道变形、地表塌陷。

(1)岩溶涌突水

岩溶涌突水是浅埋隧道建设过程中最为常见的地质灾害。隧道开挖后改变了隧道所在地区地下水原有的运移、排泄条件，开挖的隧道成为新的排水廊道。

隧道施工期间岩溶涌水主要是揭穿型和突破型，运营期主要为常年型和雨季突破型。岩溶涌水补给来源为大气降雨，从时间特性上来看有突发性、阵发性、滞后性三种。

涌水和突水多发于节理裂隙密集带、构造形成的风化破碎带；突水灾害多发于岩溶洞穴、溶隙发育地段、含水层与隔水层交界面。据统计，我国已建成岩溶区隧道中，几乎都发生过岩溶涌突水灾害。京广复线大瑶山隧道穿越 9 号断层时突水量达 30 000m³/d，衡广铁路复线南岭隧道因洞内大量突泥涌水，共发生大小陷穴 52 处，最深达 20m。成昆线沙木拉达隧道（长 6.383km）曾发生 52 000m³/d的多次突水，造成停工 32d，通车后严重漏水，多年的整治耗资近千万元。浅埋岩溶区隧道地下水与地表水系统联系更为密切，往往表现为隧道内发生大的涌突水后在地表出现大大小小的陷坑、陷穴，地表水位下降，地表植物枯死，地表河流断流等现象。

(2)溶洞涌突泥

溶洞涌突泥往往发生在隧道开挖过程中，隧道开挖掘穿了溶洞或岩溶管道，使溶腔内赋存的填充物突然涌出。溶洞涌突泥的发生具有突发性，所以危害较大。溶洞涌突泥既可能造成洞内人员伤亡，机械设备掩埋、破坏，隧道营运的中断，又可能导致地表塌陷的发生。表 1-3 为部分典型岩溶区隧道涌突泥灾害情况。

部分典型岩溶区隧道涌突泥灾害情况　　表 1-3

序号	线　别	地　名	危害情况	危害原因
1	渝怀线	圆梁山隧道	阻止隧道施工正常进行	多次发生涌水、涌泥
2	衡广铁路复线	南岭隧道	稻田井泉疏干，工期延长	洞内大量突泥涌水，共发生大小陷穴 52 处，最深达 20m
3	京广复线	大瑶山隧道	DK1994 + 637 发生突泥砂 250m³，淹没轨道，上行线中断行车 16h，下行线中断行车近 2h，后有涌水与泥砂，中断行车，经济损失已超过 1 000 万元	地下水涌升、涌水、涌泥
4	渝怀线	歌乐山隧道	对隧道施工和周边环境造成了危害	洞内与掌子面后方出现严重的涌水，而洞顶失水
5	合肥至芜湖高等级公路	试刀山右线隧道	溶洞内充满堆积物，塌落高度达 40m 以上，大量堆积物从拱部塌落下来堆满掌子面，按常规方法三次清理千余方，仍是随清随坍，形成大型坍体，三块巨石卡在掌子面顶部难以处理而被迫停工	溶洞内涌泥且发生堆积物塌落
6	引黄工程国际 II 标	6 号隧洞青羊渠至温岭区段	溶洞接连出现，影响隧洞围岩稳定性，严重削弱管片的承载能力和防渗性能，影响过流能力	充填物多为黏土及碎屑岩，多数具有弱至中等膨胀性，个别具有高膨胀性

续上表

序号	线 别	地 名	危害情况	危害原因
7	达万铁路	田家坡隧道	溶洞大部分已坍塌堆积，左侧长 200 余米，纵向 40 余米，严重影响了施工进度，增加了成本	溶洞溶蚀严重，洞内有渗水，堆积体较厚，深度难以探测
8	贵州水(城)柏(果)铁路	嘎多隧道	地表梯状农田出现数条沿线路方向的平行裂缝，最长 39m，最宽 30cm。给施工及当地人民的财产造成极大的危害	涌泥特别严重

(3)岩溶坍方

坍方是指围岩失稳而造成的突发性坍塌、堆塌、崩塌等破坏性地质灾害，常发生于断层破碎带、膨胀岩(土)第四系松散岩层、不整合接触面、侵入岩接触带及岩体结构面不利组合地段，是隧道施工中最常见的灾害现象之一。据统计，围岩的坍方、围岩的局部失稳破坏在Ⅳ级围岩中占总坍方的 36%；在Ⅲ级围岩中占总坍方的 62%；在Ⅱ级围岩中占总坍方的 75%。这说明坍方的产生与岩体的结构特征关系密切。浅埋岩溶隧道上覆岩层较薄，受到风化作用和岩溶水的侵蚀作用，一般岩体结构较差，多为裂隙块状结构、碎裂结构，甚至散体结构，所以一旦发生坍方，小的坍方可能诱导成为冒顶坍方，坍塌范围可能连至地表，这种情况极易发生在断层破碎带或与地表水系交叉处等位置。

坍方是破坏性很强的地质灾害，日本于 1984～1997 年间，在隧道施工中死亡的 220 人中，因崩塌而死亡的占 26%；意大利和瑞士之间的勒奇山隧道(14.6km)因坍塌死亡 25 人；我国成昆铁路 415 座隧道施工中有 25%曾发生过大规模的坍方；大秦线西坪隧道(0.298km)一次坍方量达 9 000m^3，塌通地面；靠椅山隧道发生大“通天”坍方，而使地表出现一个长 71m、宽 51m、深 21m 大坑，估计坍方量约为 20 000m^3，在隧道内形成长达 188m 的坍方体。成昆线红庙隧道因大量涌水和严重坍方被迫改线，元磨高速公路大风垭口隧道也曾发生冒顶坍方，坍方后在地表形成一直径达 25m、深 8m 的大坑，施工中断达两个月，经济损失高达上百万元。

1.2.1.2 岩溶区隧道涌水灾害发生的特点

岩溶区隧道涌水与岩溶矿床涌水或矿井岩溶涌水的成因和机制相似，但同一数量级的涌水对隧道和矿井的危害相差很大。矿井一般在地面以下几十米至几百米，任何涌水都必须靠水泵不间断的排水疏干，完全不能自然排水。因此任何一次涌水，哪怕涌水量只有每天几千立方米，也将给排水带来很大负担。如突然遇到很大的涌水，造成淹井事故就很难避免。

隧道则不同，大多数隧道都是穿越分水岭或河间地块，至少有两个施工口，至少有一面可以自然排水，另一面如果是逆坡施工，用水泵排水，其扬程也不过几十米。因此，对隧道而言，一般在 $10^4 m^3/d$ 以下的涌水对工程不会造成很大的危害。特别是裂隙状涌水、小股溶洞水，一般都不会构成很大危害。

据我国30余座岩溶区长隧道的统计(韩行瑞，2004)，约40%发生过 $10^4 m^3/d$ 以上的大型涌突水，其中约30%发生过 $5\times10^4 m^3/d$ 以上的重大型涌突水，约20%发生过 $10\times10^4 m^3/d$ 以上的特大型涌突水。真正对施工、运营安全造成危害的是单个涌水段涌水量 $10^4 m^3/d$ 以上的大型涌水，特别是 $5\times10^4 m^3/d$ 以上的重大型涌突水，其中涌水量 $10\times10^4 m^3/d$ 以上的特大型涌突水往往造成灾害性后果。因此，对于岩溶区隧道涌水问题，应当与矿井涌水加以区分，前者应重点抓大型涌突水，特别是重大型及特大型涌突水。

(1)隧道涌水与岩溶水系统的关系

我国南方岩溶区、特别是西南岩溶区岩溶水系统按其含水介质及水流特征，一般分为两种类型，一是地下河系统，二是岩溶泉系统。由干流与支流组成的地下河系统，其特征是地下水流集中于地下通道或管道，具有紊流运动状态，有时具有河流特征，其动态变化受当地降水影响明显，具有河水快涨快落的特点。岩溶泉系统的特征是地下水分散于岩溶裂隙及小型管道之中，以层流运动为主，其动态变化较地下河平稳，含水介质可以发育成渗透性大的强径流带，但不具备地下河形状。

根据调查分析，我国岩溶区长隧道的重大型涌突水($\geqslant 5\times10^4 m^3/d$)、特大型涌突水($\geqslant 10\times10^4 m^3/d$)都是由于隧道贯穿地下河系统的主通道、支通道或者有相当大涌水能力的溶洞管道而引起的，像地表河道一样，不仅涌水而且涌泥沙。

因此，在岩溶区隧道涌突水研究中，对水源的判断应分清是岩溶泉系统还是地下河系统，而后者才是造成重大和特大涌突水的根源。对与隧道有关的地下河系统的调查研究，是隧道岩溶涌水研究的重点。

(2)隧道的涌水量及含泥沙特征

目前隧道涌水量的概念和提法较混乱，当涌水量对施工影响不大时，一般既不观测也不通报，当涌水量对施工有重大影响时，才测一下最大涌水量，一般也仅给出一个最大流量值。但这最大流量延续多长时间，是静储量还是动储量都不明确，这一点与矿井涌水量的清晰概念形成对比。矿井生产必须用水泵排干矿井全部的涌水，一刻都不能停止，这样用排水量的记录很容易查清矿井实际的长期涌水过程。

造成上述情况的原因，一方面反映了隧道涌水研究水平不高，另一方面也说明了人们对地下河系统及岩溶泉域造成隧道涌水的特点认识不足。地下河造成的涌突水,不同时期其水量构成也有所不同。

①在枯水季节或非降雨期间,造成隧道涌水的地下河溶洞,涌水量由两部分组成,即静储量和地下河枯水期动储量。静储量来势凶猛,但一般在 5～10d 内排完。之后,地下河动储量,即正常流量是隧道主要的涌水量。

②在降雨期间,特别是强降雨过程中,造成隧道涌水的地下河溶洞,涌水量由静储量及洪水期地下河动储量组成,可能形成最大涌水量。降雨停止后,延续一段时间,涌水量减至暗河正常流量。

③如果因隧道涌突水,地面塌陷并引起地表水灌入,则隧道涌水量还要考虑地表水涌入量。为此,在涌水量评价时,应计算动态涌水量。

岩溶涌水是岩溶区隧道地质灾害最常见的现象之一,岩溶区长隧道的开挖及隧道内的岩溶涌水,改变了隧道所在地区地下水原有的运移、排泄条件,开挖的隧道成为地下水新的排泄廊道。岩溶涌水主要有以下规律。

a. 隧道施工期岩溶涌水主要是揭穿型和突破型,运营期主要是常年型和雨季突破型。

b. 岩溶涌水补给来源为老水(1951 年前的大气降雨,氚同位素含量为 0～5Tn)、新水(当年大气降雨)和现代水(近年大气降雨),涌水主要以混合水的形式出现。

c. 时间特性:突发性、滞后性、阵发性。

d. 空间特性:长隧道所处岩溶地下水动力剖面分带位置决定了隧道岩溶涌水在空间上的分布。垂直渗流带中的隧道涌水,施工阶段主要是雨季施工贯穿垂直岩溶致使垂直岩溶下渗雨水向隧道倾泻,旱季主要以拱顶或边墙渗水为主。在混流带,因岩溶发育,涌水多为贯穿含水岩溶管道或岩溶管道水突破隔水层涌水。在深部缓流带,隧道涌水属岩溶裂隙水,但因涌水具较大静水压力,涌水在隧道衬砌周边均匀分布。

隧道施工期,在开放型岩溶地区,涌水一般经历由大到小而后趋于稳定的水量变化过程;在封闭型岩溶地区,涌水量由大到小直至枯竭。在运营隧道中,常年型岩溶涌水因雨季大气降雨造成的涌水量变化经历增大—稳定—减小并随着降雨的结束最终趋于常年恒定的过程;突破型岩溶涌水量由大—稳定—减小,降雨结束一段时间后涌水枯竭。

据 26 座岩溶地区长大隧道岩溶涌水调查结果,岩溶涌水中多含泥沙,泥沙随着涌水速度的下降而沉积,严重者掩埋施工隧道、坑道、运输轨道、施工机具等设备。岩溶地区长隧道涌泥沙在时间上和涌水一样,具有突发和阵发特性,在空间分布上主要与隧道涌水岩溶管道、充填饱和泥沙物质的封闭岩溶洞穴相关。

因涌水造成地表塌陷的影响范围取决于隧道所在地区的地质结构、岩溶分布及隧道埋深等。

应深入研究岩溶地质灾害的时间、空间特点，详细了解灾害体的内容，并在隧道施工中尽可能避免岩溶灾害的发生。

1.2.2　岩溶含水介质的划分

一般而言，岩溶化岩体是由裂隙发育的岩体演化而来，故其结构或多或少残留有裂隙岩体的特征。岩溶化岩体为广义上的多重介质，其中既有岩块中的孔隙，分割岩块的裂隙，还有孔隙受岩溶化改造形成的溶孔、溶穴，甚至还有宏观巨大的岩溶管道网络、溶潭、地下暗河、大厅等。由于岩溶化岩体中不同层次和不同规模的空隙和空间控水能力不同，地下水流态各异，按地下水在其中流态的不同，可以将岩溶化岩体分为快速紊流系统和缓慢流渗流系统。快速紊流系统在岩体中控水能力强、动态变化快，其运动多呈紊流状态，运动和传输类似于管道流体或地表水体。在岩溶管道网络中运移的地下水可以采用混联管道网络系统中管道水力学理论进行模拟，而在地下暗河及转入地下的伏流中，地下水运动则具有地表水系统的特征。缓慢渗流系统系相对于快速紊流控水系统而言，也在岩溶化岩体中广泛存在，由于其中地下水具有层流的特征，符合达西定律，只是渗透性和储水性优于一般裂隙岩体，可以采用一般的地下水渗流理论来描述和解释。

E. T. Shuster、W. B. White（1969 年，1971 年）、Qwinlan Ewers（1985 年）、T. C. 阿特金森（1985 年）、J. F. Quinlan（1990 年）、陈雨孙、边际（1988 年）、邹成杰（1994 年）、陈崇希（1995 年）、何宇彬（1997 年）等都深入研究过岩溶含水介质的多重性。从供水角度论述岩溶蓄水构造，可将岩溶蓄水构造分为裂隙岩溶蓄水构造、断层岩溶蓄水构造、地下河及管道蓄水构造、层间岩溶蓄水构造、侵入体岩溶蓄水构造、膏溶角砾岩蓄水构造、覆盖岩溶蓄水构造和隐伏岩溶蓄水构造。

1.2.2.1　裂隙岩溶蓄水构造

裂隙岩溶是指地下水沿可溶岩层面裂隙和节理裂隙流动，由于地下水的溶解作用，扩大了这些裂隙的宽度，使得可溶岩岩层具有比较高的透水性和富水性，其特点是岩溶在岩层中分布比较均匀，岩层中没有大的岩溶管道和溶洞，但岩溶在岩层的某些部位比较发育，在岩层的拗折部位和背斜构造的轴部，裂隙岩溶比较发育。在褶皱形成过程中，岩体产生了大量具有方向性的破碎构造和层间错动等供地下水的储存和运移的空间和通道，地下水对上述空间和通道的溶蚀、改造产生了大量大型空间和连通的管道网络，形成局部富水构造。

1.2.2.2 断层岩溶蓄水构造

断层面两侧岩石破碎，不仅是蓄水的空间，更是汇集附近岩体中孔隙水、裂隙水和岩溶水的通道。阻水断层分隔补给源和富水性不同的含水介质，常常形成断层分隔型蓄水构造。张性断层的断层带和两侧的影响带是地下水导水的通道和赋集的空间，压性和扭性断层的断层泥和糜棱岩及胶结紧密的影响带属于隔水层或弱透水带，而裂隙密集带则有利于地下水的赋集。

1.2.2.3 地下河及管道蓄水构造

岩层的层面和破碎带在地下水的溶蚀和侵蚀作用下，经过漫长的地质年代可以形成规模巨大的岩溶管道网络和地下河蓄水构造。地下河及岩溶管道蓄水构造富水性往往很不均匀，转入地下的地表水和汇集到岩溶管道及地下河系统中的地下水在管道网络及地下河系统中的运动多呈紊流。如广渝高速公路华蓥山隧道穿越碳酸岩地层的岩溶管道，局部被施工揭露后，蓄水构造中的地下水大量涌入，严重地威胁着隧道的运营安全。

1.2.2.4 层间岩溶蓄水构造

层间岩溶溶蚀后形成的蓄水构造称之为层间岩溶蓄水构造。这种构造层间可溶岩的厚度有限，它的顶板及底板一般是隔水的页岩和砂岩，也可能是相对隔水的泥质灰岩、白云质灰岩或硅质灰岩。层间可溶岩包括顶板和底板岩层，在构造作用下常形成褶皱和单斜构造。与断层分隔型蓄水构造类似，可溶岩与非可溶岩接触部位也是对岩溶地下水具有控制作用的水文地质边界，在此附近常形成地下水富水带。

1.2.2.5 其他蓄水构造

其他类型的蓄水构造在水工隧洞、矿山井巷等地下工程中也都普遍分布，较为常见。由于矿山井巷不但要像隧道及水工隧洞那样水平掘进，还要随矿体的走向及分布向地下深部开采，所以揭露和遇到的蓄水构造也更为多样。

1.2.3 岩溶突水模式的水文地质分析

根据已有的地下工程(广义)岩溶突水现象，可以概化出其发育的一般模式(王建秀、杨立中、何静，2001年)。

1.2.3.1 渗(漏)水型

这种模式在各种地下工程中较为常见，即地下工程穿越地层在地下水位影响带内，而隧道围岩为缓慢流渗流系统，且岩溶蓄水构造的水头不高，主要表现为地下水沿地下工程的隧(巷、坑)道壁汇集，成股或成点滴落或流下，一般不会对地下工程造成很大的排水压力，对地下工程的衬砌也不会产生很大的水压力，且大多数为静储量消耗型，排水量呈衰减趋势。这种模式会对施工环境产生破坏，对施工机具设备和混凝土衬砌具有腐蚀作用或不良影响。

1.2.3.2 施工揭露充水岩溶管道网络型

这种模式在成灾的地下工程突水中最为常见。当隧道施工揭露了充水的岩溶管道网络时，地下水从揭露的一个或几个溶洞中突出，涌入隧道内。如果突水岩溶管道连通了岩溶管道网络或接近地表浅埋溶洞部位时，还会将大量溶洞充填物(泥沙)和开口溶洞在地表土层中搬运的土体带入洞内，淤塞隧道，掩埋施工机具，甚至会造成人员的伤亡。

1.2.3.3 施工穿越阻水断层型

阻水断层在水文地质学上具有重要的控水作用，它的存在可能使断层两盘存在巨大的水头差，一旦隧道施工掘穿断层，连通了两个水文地质单元，在巨大水头差的作用下，会使得大量地下水甚至携带大量泥沙涌入隧道，威胁施工安全。比较有代表性的如日本的旧丹那隧道1981年开工后曾发生6次大规模突水，其中最大的一次断层突水达3.3m^3/s，水头压力高达1.4～4.2MPa，贯通涌水量达1.68m^3/s。

1.2.3.4 水力劈裂型

一般从理论分析可知，当高水头管道或裂隙网络和施工隧道之间存在着相对弱导水的水力屏障时，在巨大水头压力作用下，可能导致局部岩体变形甚至劈裂破坏，从而使水头压力得到释放。如雅砻江锦屏水电站勘探导洞在大型突水点(PD_1 平洞2 848m，和3 580m)附近发现水力劈裂的导水裂缝，裂缝的扩展导致隧道涌水量的增大。

1.2.3.5 底膨破坏型

这种情况在矿山井巷底板突水中比较常见。在巷道施工中，其底板下存在着相对隔水层和隔水层下赋存有承压水时，当承压水突破巷道底板时，在洞底发生膨鼓的同时，地下水可能突入，这种类型和水力劈裂型都与水头压力密切相关，且都伴随着隧道洞壁围岩的破坏。底膨破坏型岩体破坏的机制和程度与前者略有不同，且多在矿山井巷中存在，故而将其单独划分为一类。

底膨破坏型突水在我国岩溶充水矿山中广泛存在，如华北二叠系岩溶煤田矿井，经常发生底板突水和淹井事故，突水前底板一般会出现底膨现象，水沿底膨裂隙处涌入矿井。

岩溶涌(突)水灾害由于其出现的难以预见性，很难准确给出隧道涌突水的具体部位，但通过以上岩溶含水介质和蓄水构造的分析，通过分析隧道走向与以上两点的关系，基本可以确定施工过程中可能出现的涌(突)水模式。在该模式确定后，就可以在设计中有针对性地防治水害，在施工中对重点类型进行超前地质预报，加强物探工作，对可能出现的突水模式有针对性地准备防水和救灾措施，最大程度地减小突水灾害造成的损失。

1.2.4 岩溶地质灾害的成因分析

研究一个具体工程所在位置的岩溶是否发育，需从岩性与层组(时代、岩性结构、单层厚度、化学岩性、层组类型)、地质构造(节理裂隙、断裂、褶皱构造、构造的组合形态)、地形地貌(地形高差、地形坡度、覆盖层厚度、覆盖层性质与类别、植被覆盖率、河流下切、阶地、大地貌单元)、岩溶作用环境(正态岩溶面积率、负态岩溶面积率、岩溶作用强度、岩溶类型)、古岩溶的复合性(古岩溶时期、古岩溶充填、古洞穴规模、古洞穴深度、古洞穴充填、地下水活动)、洞穴的活跃性(规模、形状、层次、发育程度、稳定性、沉积、性质类别、受层面或断层的控制、与阶地的对比性、发育时期)、岩溶动力特性(地下水分水岭、地下水力坡降、岩溶水动态参数、岩体渗透性、水力联系性、越流联系性)、岩溶水的赋存及运移(水化学类型、岩溶水矿化度、岩溶水温度、水环境同位素、老水年龄)等各个方面综合考虑分析。这里首先研究工程所在位置的区域性岩溶发育规律，一般以一个完整的水文地质单元为准，研究包括补给、运移至排泄的完整水动力系统的情况。在此基础上进一步研究工程所在位置岩溶发育的情况。

由于岩溶影响因素众多且复杂，各影响因素间相互制约，且其影响程度又具有很强的模糊性，任何一种预报方法都不可能准确定量。张清等(1992 年)将岩溶危害粗略分为四级：

(1)具有极活跃岩溶危害：一个或多个大通道，大流量活跃岩溶水突入常伴有泥沙，长期涌水后可诱发更多通道突水，并引起地表严重塌陷。

(2)具有活跃岩溶危害：一个或一个以上岩溶通道，活跃岩溶水先是少量突入，随后不断加大，诱发大通道涌水，可伴有泥沙，如长期涌水也可引起地表塌陷。

(3)具活跃—封闭性岩溶水危害：一个岩溶通道活跃水突出，不同地带也有封闭性岩溶水涌入，并挟带封闭通道中的泥沙。封闭水强入后，流量可逐渐减少，但活跃水量可能增加，长期涌水也可部分引起岩溶塌陷。

(4)封闭岩溶水危害：封闭岩溶通道涌入封存岩溶水，并不断涌入封闭的泥沙，封存水会逐渐减少，但需注意，如果处理不当，也有逐渐诱发岩溶水涌入的可能。

1.2.5 岩溶隧道涌水预测的联合简化模型

长隧道施工岩溶涌水的地质条件及其简化模型主要包括岩石和构造两部

分。岩溶地区长隧道岩石就组成矿物来看，89.9%以上是方解石和白云石，加上石膏和硬石膏，这几种矿物构成岩溶区域的优势矿物。构造水文地质条件的简化：选取单斜构造作为研究的简化地质模型，基本上代表了北方岩溶区岩溶水文地质系统大多数的情况。而南方长隧道岩溶水文地质结构也主要为单斜型，只是相对于北方径流途径较短，且多为发育不规则管道型。

1.2.5.1 长隧道水文地球化学简化模型

曹玉清、胡宽容（1994 年）在北方岩溶地区大量工程实践基础上总结并提出岩溶化学动力学理论，见图 1-13。

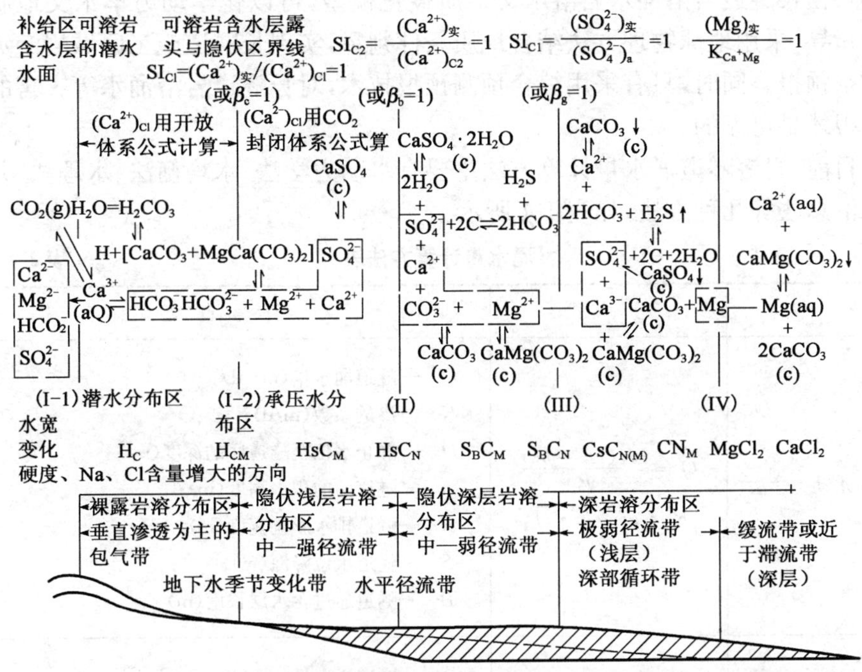

图 1-13 岩溶地质—水文地球化学概化模型（曹玉清、胡宽容）

根据南方大量岩溶隧道施工地质预报的实践经验，南方长隧道施工区域主要适合于模型中的第一和第二种情况（即碳酸盐岩裸露于地表的补给和补给径流区，以及隐伏岩溶浅层区）。该模型中指出，岩溶水化学作用是在碳酸盐岩矿物（白云石、方解石）—水溶液（H_2O 等）—气体[CO_2(g)]三相平衡体系中进行的。在裸露岩溶分布区，以垂直入渗为主，该区水文地球化学环境为 CO_2 开放体系，区段上限为潜水面（图 1-13 中 I-1），下界为方解石饱和指数为 1 的界线（$SI_{c1}=1, \beta_c=1$）。在隐伏岩溶浅层区，水文地球化学环境为 CO_2“封闭体系”，系统内岩溶水化学作用实质仍是中和作用，区段上限为方解石饱和指数为 1 的界线，下界为白云石或"闭型"饱和指数为 1 的界线（$SI_{c2}=1$，$\beta_d=1$）。

1.2.5.2 长隧道施工岩溶涌水量预测的数学模型

岩溶预测的数学模型，主要是针对涌水量预测而言的。隧道涌水量预测计算主要有水文地质比拟法、水均衡法、井泉补给法等。实践表明，水均衡法计算结果较符合实际。

岩溶地区长隧道岩溶特性与一般岩溶特性不同。岩溶涌水、涌泥及地表塌陷灾害的发生有突发、滞后、阵发等时间特性，空间上则有垂直渗流带、混流带。深部根据长隧道岩溶涌水岩溶水文地质概化模型，可以化学动力学水文地质理论为指导，采用地球物理方法结合地质条件判释，实现长隧道施工区域岩溶灾害的时空预报。同时，只有采用综合预测预报技术，对长隧道岩溶涌水等灾害的预测预报才是可靠的。

目前，岩溶隧道涌水量计算方法主要有水动力学法、水均衡法、水理法、井泉沟水汇总法等几种方法，如表 1-4 所示。

涌水量计算方法表　　表 1-4

方　法	公　式	符 号 意 义
地下水动力学法	$Q=\dfrac{BK(H^2-h^2)}{R}$ $R=2S\sqrt{K\cdot H}$	Q——隧道涌水量（m^3/d）； K——渗透系数（m/d）； H——静止水位至隧道底的深度（m）； h——隧道内的积水高度（m）； R——隧道排水影响宽度（m）； S——隧道水位降深（m）； B——隧道通过含水层长度（m）
水均衡法	$Q=2.74F\cdot\alpha\cdot x$	Q——隧道涌水量（m^3/d）； F——汇水面积（km^2）； α——入渗系数； x——年降雨量（mm）
水理法	$Q=86.4M\cdot F$	Q——隧道涌水量（m^3/d）； M——径流模数（$l/s\cdot km^2$）； F——汇水面积（km^2）
井、泉、沟水汇总法	$Q=\sum Q_i$	Q——隧道涌水量（m^3/d）； Q_i——汇水范围泉、暗河、沟水的流量（m^3/d）

续上表

<table>
<tr><th>方　法</th><th>公　式</th><th>符 号 意 义</th></tr>
<tr><td rowspan="2">工作面前方水源的潜在涌水量</td><td rowspan="2">$S=\frac{v^2 y}{g}$</td><td>S——炮眼水平喷射距离；
v——炮眼水流速(射速)；
y——炮眼距隧洞底面距离；
g——重力加速度</td></tr>
<tr><td>一般情况下，可以用喷射距概略预测涌水级别：$S<5$m，相当涌水量小于$100m^3/h$；喷距$S=5\sim9$m，相当涌水量$100\sim300m^3/h$，为小型突水级；喷距$S=9\sim12$m，相当涌水量$300\sim400m^3/h$，为中型突水级；喷距$S>12$m，相当涌水量大于$400m^3/h$，为大型突水级</td></tr>
</table>

1.2.6　岩溶水动力分带模式与岩溶涌水

岩溶水动力分带与隧道涌水预测有密切关系，但目前认识较混乱，通常分带模式(韩行瑞，2004)如图1-14所示。

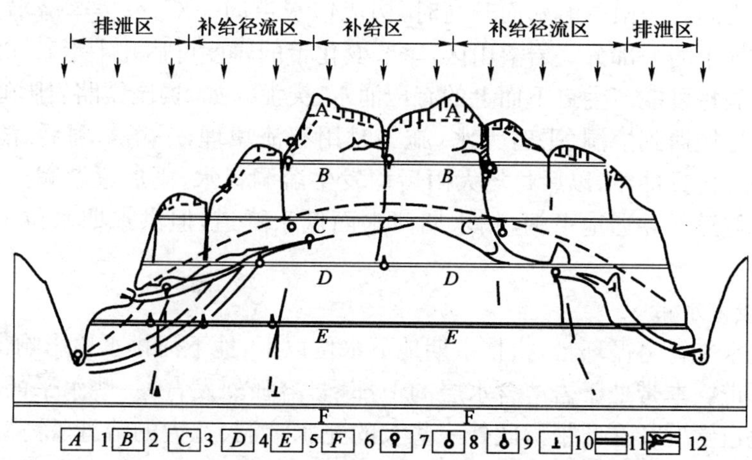

图1-14　岩溶水动力分带模式

1-表层岩溶带；2-包气带；3-季节交替带；4-浅饱水带；5-压力饱水带；6-深部缓流带；7-季节性下渗管流水；8-季节性有压管流涌水；9-有压管流涌水；10-有压裂隙水；11-隧道；12-地下河

1.2.6.1　岩溶水动力垂向分带

(1)表层岩溶带

表层岩溶带水是岩溶山区储存于可溶岩地表强岩溶化的溶隙及溶孔中的岩溶水，其下界面是溶蚀相对微弱的完整可溶岩面，一般厚度为5～30m，表层岩溶带水可形成表层岩溶泉，一般流量较小，但分布广泛，出露高程随地形而变。在森林植被好的地区，表层岩溶泉流量稳定，成为山区人畜用水和农田灌溉的重要水源。表层岩溶泉与饱水带之间没有直接水力联系，但与包气带有一定关系。当隧道埋深浅时可能影响表层带，对人畜用水及生态造成影响。

(2)包气带

即垂直下渗带，位于表层岩溶带以下、丰水期区域地下水位以上的地带。包气带通过溶隙、溶蚀管道、竖井与地表的洼地、漏斗、槽谷相通，可以将大气降水及地表水导入地下。在暴雨期间，大量洪水携带泥沙通过包气带进入地下。与碎屑岩区不同，岩溶区的包气带可以很厚，从十余米到几百米，此带水流在时空方面是不连续的，一般不具静水压力，但在管道中短时间的灌入压力有时很大。本带中多有垂直状态的溶隙及溶洞，但也存在一些水平干溶洞，有时被黏土、碎石充填。当隧道通过此带时，由于受到季节性地表水灌入的威胁，洞穴充填物塌陷经常形成破坏。

(3)季节交替带

又称过渡带，由于季节变化而引起的地下水位升降波动的地带，位于包气带与饱水带之间。当雨季潜水面升高时，构成饱水带的一部分；旱季潜水面下降，则成为包气带的一部分。岩溶山区，季节变化带的厚度可达几十米。在此带，雨季时节隧洞将可能产生自下而上的有压涌水、突泥。如，贵昆铁路岩脚隧道的出口段平行导坑遇到溶洞，平时无水，施工时用石渣填埋，一场暴雨后，溶洞冒大水，将石渣、机具冲溃，以后每场大雨后均发生溶洞冒水，雨后逐渐减少；贵昆铁路梅花山隧道平导遇地下河，枯水期河水面低于隧道，但洪水期水位上涨淹没隧道。

(4)浅饱水带

又称水平管道循环带，指枯水期地下水位以下，地下河排水口影响带以上的饱水含水带。本带处于岩溶含水层的上部，岩溶强烈发育，一些水平的洞穴、地下河主通道常发育在此带。此外一些大的充水溶洞、宽大的溶缝、深潭、地下湖均发育在此带，对隧道涌水的威胁很大，一般会有压突水、突泥。此带厚度各地不同，取决于补给区至排泄区的相对高差、水力坡降及构造条件，其厚度可达500m以上。

沪蓉西高速公路的很多隧道处于这一带。如野三关隧道区的高丝洞，白岩洞地下河，在补给区水位高程 1 125m，在排泄区出口高程 480m，高差达 600 余米，隧道洞身在暗河补给区处于地下水位以下 50～60m，处于浅部岩溶发育带。这里存在一个认识上的错觉，认为隧道处于地下河口以上，就是处于包气带或季节变化带，不会产生大的涌水，事实上，补给区地下水位往往比排泄区高很多，特

别是在西南岩溶山体的向斜汇水区，这种情况更为多见。

(5)压力饱水带

在浅饱水带之下，即暗河口排水面以下，当地主要河流排水基准面影响带以上的含水层。在我国南方岩溶区，岩溶地下水多以泉水或暗河形式在槽谷、坡立谷或河谷陡壁上的出口排泄，高出附近主要河流的河水面几十米或几百米，人们往往误认为在暗河口以下的含水层岩溶发育微弱，属于"深部缓流带"，不会产生严重的溶洞涌水。事实上，这部分含水层不属于"深部缓流带"，而是受当地主要河流排水基准控制的岩溶水循环带。尽管本带岩溶洞穴化强度不如浅饱水带，但沿着断裂带和各种结构面，岩溶可以发育很强，也可以发育很深。并且由于水头高、压力大，隧道涌水威胁很大，很多特大型突水、突泥都出现于此带。如襄渝铁路大巴山隧道北口 1 500m 处的大突水(最大涌水量 $15\times10^4 m^3/d$)，就是发生在当地暗河口以下 110m 深处的断层带溶洞部位；京广线大瑶山隧道 DK 1194+213 竖井突水点在当地岩溶泉口以下 170m 的断裂带，涌水量达 8 200m^3/d，并产生突泥，隧道洞身高于当地主要河流水 80m，勘测阶段有人曾认为暗河口是当地岩溶水排水基准，暗河口以下岩溶不会发育。

(6)深部缓流带

指饱水带之下，受当地排水基准面影响比较弱的含水带。该区一般情况下岩溶发育较弱，但在大的构造断裂带处亦可形成溶洞或溶蚀断裂带；有时膏溶作用、混合溶蚀作用、古岩溶都能在深部形成溶洞。这种情况对水电工程很重要，但交通隧道一般不会涉及此带。

上述各带均应引起特别注意，并应采取不同方法评价其涌水量。

1.2.6.2　*岩溶水动力水平分带*

岩溶水系统的水动力水平分带对隧道涌水也有重要影响，从河间地块的分水岭至河谷可以分为补给区、补给径流区、排泄区。

补给区地下水位高，季节变化带厚度大，但饱水带岩溶发育相对弱，发育深度也较浅。

补给径流区的地下水埋深增大，浅饱水带管道发育强烈，岩溶发育深度较浅。

排泄区，包气带厚度大，饱水带水平管道发育。特别是岩溶发育深度加大，可以在暗河口以下或河水面以下形成倒虹吸循环带。在暗河口或河床岸边，随钻孔深度加深，钻孔水头不断升高，说明地下水有向上运动的趋势。此带岩溶发育深度可达暗河口以下一百米至数百米。隧道在暗河排泄区下面通过，往往会遇到高压涌水。如大巴山隧道、华蓥山隧道都是在暗河排泄区下面遇到特大涌水，并导致暗河口干涸。

1.2.6.3 水动力剖面分带

根据岩溶地区铁路隧道岩溶水害分布、岩溶发育、含水介质结构、地下水流态及我国岩溶地区铁路长隧道出口总是高于河流最高洪水位，并且隧道坡度一般缓于水力坡度等特点，可将岩溶地区铁路长隧道岩溶地下水动力剖面分成垂直渗流带、混流带和深部缓流带见表 1-5(何发亮、李苍松、陈成宗，2001 年)。

岩溶地区长隧道地下水动力剖面分带表 表 1-5

序号	名称		含水介质结构	地下水流态	相应岩溶基准面
1	垂直渗流带		大溶隙—溶道	垂直 $K_n \gg K_h$	最高潜水位
2	混流带	季节变动带	大溶隙—溶道	垂直水平共存 $K_n > K_h$	最低潜水位
		水平径流带	小溶隙—裂隙	水平 $K_n < K_h$	
3	深部缓流带		小溶隙—裂隙	层流	河面或海面

注：K_n——垂直方向上的渗透系数；K_h——水平方向上的渗透系数。

据岩溶地区长隧道平剖面上可溶岩与非溶岩的分布，地质构造特征及其与隧道地质的关系，可将长隧道岩溶水文地质结构划分成五类：单一可溶岩平缓褶皱型，上伏非可溶岩平缓褶皱型，下伏非可溶岩褶皱型，双侧或单侧非可溶岩褶皱型，可溶岩与非可溶岩间夹条带状单斜型。

1.2.7 溶洞大小及空间位置对隧道工程的影响分析

根据对岩溶灾害的形成、循环机理、分带特点、发生规律及各种储水构造模型的研究，探索岩溶灾害地质上的分带性和规律性，以及它对隧道如何影响及影响程度。而多大的岩溶、性质如何、与隧道的空间位置怎样才能对隧道开挖造成影响？这属于岩溶地区隧道施工超前地质预报的范围和内容。

1.2.7.1 溶洞大小、空间位置对隧道围岩变形特性的影响

围岩变形特性的主要表述内容是变形速率、变形量和变形的时空效应。下面根据试验研究和数值分析成果，就溶洞对隧道围岩变形特性的影响进行探讨。

(1)两侧结果分析

试验及计算结果表明(赵明阶、徐容、许锡宾，2004 年)，在开挖进入到测试断面之前，溶洞的存在使围岩的变形增大，有溶洞的负空间效应，位移释放率为 15%～35%，无溶洞为 10%～25%；对于图 1-15 所示正空间效应段，实际上是由开挖瞬时释放位移和后续相邻几个断面(间距一般为 2～3 倍隧道直径)的释放位移组成，试验和数值分析结果显示，在有溶洞的断面正空间效应段主要是开挖瞬时释放位移，其开挖瞬时位移释放率为 40%～50%，而无溶洞的断面开挖瞬时位移释放率一般在 30%～40%之间。根据上述规律，可得出如图 1-15 所示的

含溶洞的围岩断面变形特性。

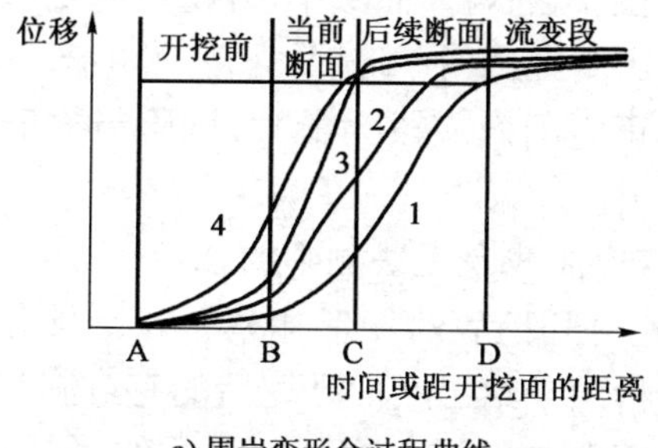

a) 围岩变形全过程曲线

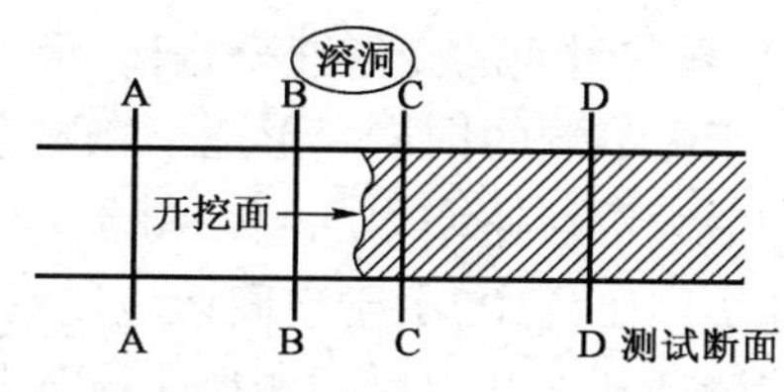

b) 溶洞位置与开挖断面示意图

图 1-15 岩溶区全断面开挖隧道的围岩变形特征

图 1-15a)中曲线 1 表示无溶洞的时空曲线；如果围岩中存在溶洞，则围岩变形速率将增大，变形历时曲线将变陡；如果溶洞尺寸再增大或溶洞与隧道周边的距离减小，则围岩变形速率继续增大，变形历时曲线也将继续变陡；但当溶洞尺寸增大到一定值时，围岩变形速率反而减小，此时变形历时曲线将有所减缓。这 3 种情况反映了溶洞尺寸和溶洞与隧道周边的距离对围岩的变形历时曲线形态的影响，分别用曲线 2、3、4 表示，其影响规律如下：

①溶洞尺寸不变，溶洞与隧道周边的距离增大时，溶洞断面的位移曲线将从曲线 3 逐渐向曲线 1 过渡，变形速率由大变小。

②当溶洞与隧道周边的距离不变，溶洞尺寸不断增大时，溶洞断面的位移曲线将从曲线 1 逐渐向曲线 3 过渡，变形速率由大变小；但当溶洞尺寸增加到一定值时，位移曲线又开始变缓(如曲线 4)，变形速率由大变小，此时的曲线和无溶洞的曲线的主要差别是在开挖前释放的位移很大。

隧道围岩的变形速率是进行围岩稳定性推断的主要参数之一，前述已知含溶洞的变形速率明显比无溶洞的变形速率要大。为了进一步定量分析，由数值分析和模型试验结果分别对隧道周边不同距离、不同大小溶洞断面的平均变形速率进行计算，如表 1-6 所示。

含溶洞断面在开挖瞬间和开挖后的最大变形速率　　表 1-6

溶洞与隧道距离(m)	1.13	3.36	4.48
开挖瞬间最大变形速率(mm/d)	0.48,0.40	0.42,0.38	0.39,0.36
开挖后续断面最大变形速率(mm/d)	0.11,0.13	0.15,0.16	0.19,0.22
溶洞直径(m)	3.5	4.3	6.6
开挖瞬间最大变形速率(mm/d)	0.47,0.43	0.48,0.40	0.56,0.38
开挖后续断面最大变形速率(mm/d)	0.19,0.17	0.13,0.16	0.12,0.15

表 1-6 中的数据表明,含溶洞的围岩断面变形速率在开挖瞬间为最大,并随溶洞直径的增大而增大,随溶洞与隧道间距离的增大而减小;开挖后的变形速率较小,与开挖瞬间的变形速率相比,最大比值可达到 5 倍。

对于无溶洞的围岩变形速率在整个正空间效应段为最大,试验与数值分析的平均最大位移速率为 0.29～0.34mm/d。

在实际工程中,由于空间效应段的变形曲线是无法测到的,对于含溶洞的断面只能测到断面开挖后的变形曲线,因此对开挖后的变形速率研究更具有实际意义。为此利用模型试验和三维数值分析结果给出断面开挖后的有溶洞和无溶洞的最大变形速率的比值与溶洞直径和溶洞与隧道距离的关系曲线,如图 1-16 所示。

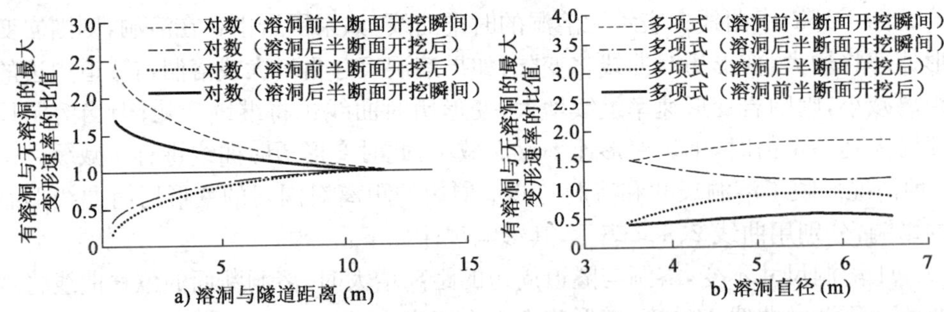

图 1-16　有岩溶和无岩溶最大变形速率比值与溶洞与隧道的距离和溶洞直径的关系曲线

图 1-16a)中曲线是根据试验与数值分析结果按照对数关系拟合的曲线,可以看出,开挖瞬间的有溶洞和无溶洞的围岩最大变形速率的比值与溶洞与隧道的距离成反比关系,而开挖后与溶洞的直径成正比关系;在溶洞与隧道的距离达到 12m 时,比值趋近于 1,这表明隧道与溶洞之间的岩体厚度达到 1 倍的隧道直径时,溶洞对围岩的变形速率几乎没有影响。图 1-16b)中曲线是根据试验与数值分析结果(赵明阶、徐容、许锡宾,2004 年),按照二次函数关系拟合的曲线,可以看出,开挖瞬间和开挖后的有溶洞和无溶洞的围岩最大变形速率的比值与溶洞的直径呈二次函数关系;在溶洞的直径达到 5.5～6.0m 时,比值趋近于极值。这说明当溶洞的直径为隧道直径的一半时,开挖后的围岩位移速率受溶洞的影响最小。

(2)溶洞在隧道上方(吴梦军、许锡宾,2003 年)

①计算模型与计算参数

根据相关工程计算经验,模型计算范围水平方向两边各取 3 倍洞跨宽;垂直方向,上边界取隧道净高的 3 倍,下边界为隧道净高的 2 倍。模型边界条件采用位移边界,其下边界固定垂直位移,左右边界固定水平位移,岩体单元采用程序

中的 PLANE42 四边形等参单元，划分网格后的模型如图 1-17 所示。

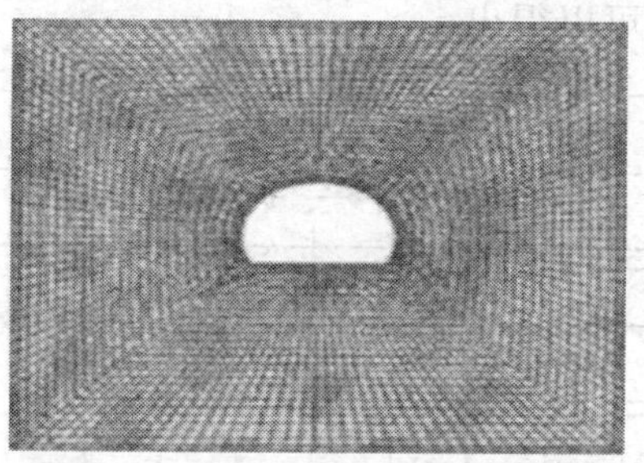

图 1-17　有限元计算模型及网格图

岩体本构模型采用 Drucker-Prager(D-P)模型，计算时采用弹塑性非线性有限元法。由于岩体自然状态的离散性及便于计算结果与模型试验结果的比较，计算中，岩体的物理力学参数采用模型试验材料的力学参数，见模型物理力学参数表 1-7。

模型物理力学参数　　表 1-7

重度 γ(kN/m³)	泊松比 μ	弹性模量 E_e(GPa)	内聚力 c(MPa)	内摩擦角 φ(°)
15.5	0.16	0.327	0.043	40

②计算结果与分析

通过模拟计算，可得出隧道围岩在不同溶洞大小情况下的应力、应变等值线图及矢量图。图 1-18 为溶洞半径分别为 $R=0.04$cm、$R=0.1$cm、$R=0.14$cm、$R=0.22$cm 时的塑性应变矢量图。

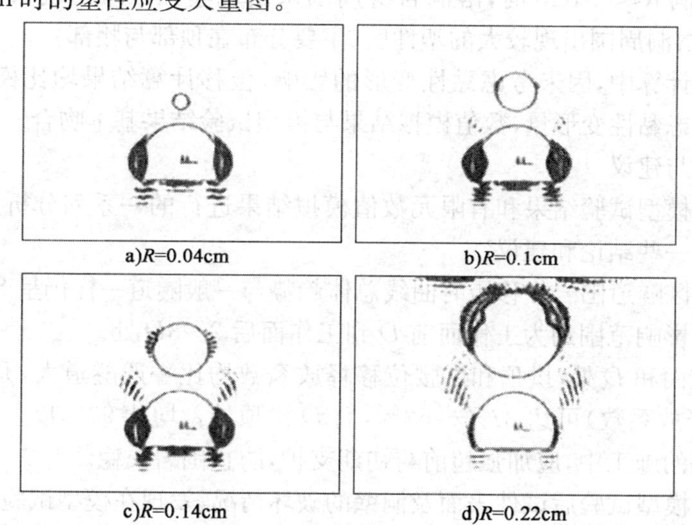

a)R=0.04cm　b)R=0.1cm　c)R=0.14cm　d)R=0.22cm

图 1-18　塑性应变矢量图

另外，根据模拟计算得出的拱顶与拱腰径向位移绘制成径向位移曲线，如图1-19所示。从计算结果可以得出：

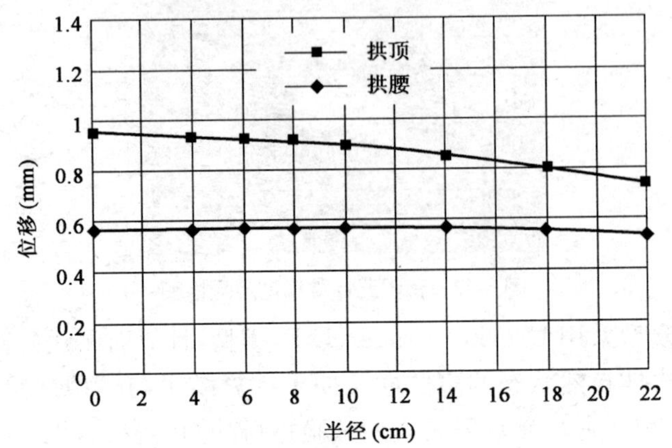

图 1-19 模拟计算径向位移曲线

a.随着溶洞大小的变化，塑性区的分布位置与范围均发现了显著变化。溶洞较小时，塑性区主要分布在拱腰及拱脚处；而溶洞较大时，则主要分布在溶洞自身周围，拱腰与拱脚处分布范围相对变小。

b.受塑性区分布位置及范围的影响，隧道拱顶位移随着溶洞大小的增大，呈非线性减少，溶洞越小，位移减少量越小。而拱腰位移随溶洞大小的变化较小，仅当溶洞 $R>0.14$cm 时，拱腰位移才稍有减少。

c.当溶洞 $R\leqslant 0.1$cm 时，溶洞自身周围未出现塑性区或出现很小；当 $R\geqslant 0.14$cm时，溶洞周围出现较大的塑性区（主要分布在顶部与腰部）。

d.模拟计算中，因未考虑黏性变形的影响，位移计算结果均比模型试验结果小。如考虑黏性变形量，数值模拟结果与模型试验结果基本吻合。

③结论与建议

由相似模型试验结果和有限元数值模拟结果进行的一系列分析与研究，可以得出以下一些结论和建议。

a.岩溶区隧道围岩位移历时曲线总体趋势与一般隧道一样仍呈S形。其开挖空间效应影响范围约为工作面前 D 到工作面后 2～3D 处。

b.开挖面和 D 处，拱顶和拱腰位移释放系数均比一般隧道大，开挖面拱顶处 λ（位移释放系数）可达37%～52%，而 D 拱顶处 λ 均达90%以上。因此，在岩溶区隧道的施工中，应加强超前与初期支护，防止围岩失稳。

c.根据模型试验后试件表面及洞壁的破坏情况，发现在模型试验条件下，隧道围岩基本能自稳。

d. 塑性区的分布位置与范围均随着溶洞大小的变化而发现显著变化。溶洞较小时，塑性区主要分布在拱腰及拱脚处，溶洞自身周围未出现塑性区或塑性区很小；而溶洞较大时，则主要分布在溶洞自身周围（顶部与腰部），拱腰与拱脚处分布范围相对变小。因此，当隧道拱顶上溶洞较大时，设计与施工应加强溶洞本身稳定性的处理。

e. 隧道拱顶位移随着溶洞大小的增大，呈非线性减少，溶洞越小，位移减少量越小。而拱腰位移随溶洞大小的变化较小，仅当溶洞 $R>0.14$cm 时，拱腰位移才稍有减少。这说明当溶洞位于隧道拱顶时，对拱腰处围岩稳定性影响较小。

f. 如考虑黏性变形的影响，数值模拟结果与模型试验结果基本吻合。

（3）溶洞在隧道下方（吴梦军，2004 年）

当隧道底部存在有溶洞时（图1-20），因受岩溶发育及其与隧道间距离等因素的影响，隧道开挖引起的应力、应变重分布将与无岩溶隧道有着极大的区别。为了研究岩溶发育的空间关系与隧道不同距离下的围岩应力、应变、塑性区等的分布特征，从而得到围岩位移与溶洞大小、溶洞与隧道间距离等关系，为隧道施工提供一定的依据与指导。

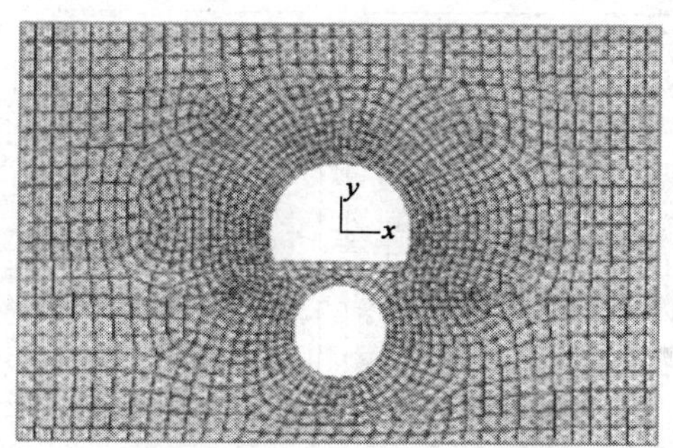

图 1-20 有限元计算模型及网络图

①模型与参数

对于地下工程开挖后的应力应变，仅在洞室中心点 3～5 倍隧道开挖宽度（或高度）范围内存在实际影响。在 3 倍宽度处的应力变化一般在 10%以下，在 5 倍宽度处一般在 3%以下。

②模拟结果分析

共模拟了 10 种工况计算，分别模拟了不同溶洞大小及溶洞与隧道间不同间距条件下围岩的应力、应变情况；通过模拟计算，可得到围岩的位移、应力场、应变场及塑性区分布等的等值线及矢量图；对隧道拱顶、拱腰及拱脚处位移进行分析后，得到了竖向位移曲线；通过对各工况下围岩应力、应变、塑性区等的分析比较，可得到隧道底部岩溶对隧道围岩稳定的一些影响规律，如图 1-21、图 1-22 所示。

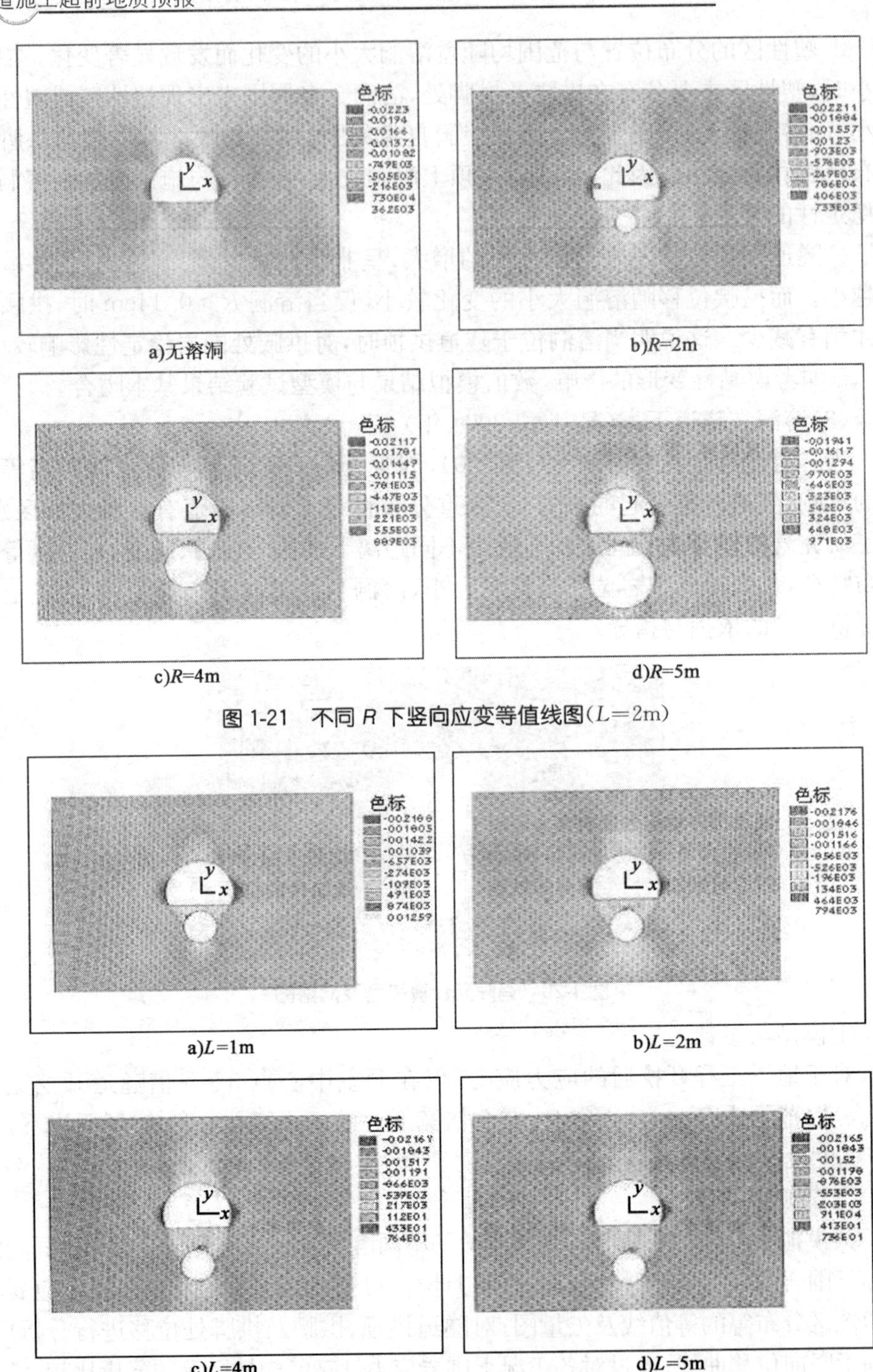

a)无溶洞　b)R=2m

c)R=4m　d)R=5m

图 1-21　不同 R 下竖向应变等值线图(L=2m)

a)L=1m　b)L=2m

c)L=4m　d)L=5m

图 1-22　不同 L 下竖向应变等值线图(R=3m)

a. 从图 1-23 中可以看出，所有工况最大压应变均发生在拱腰至拱脚部位，其值随溶洞半径的增大而减小，而最大拉应变发生在隧道底板与溶洞之间，其值随溶洞半径的增大而增大。最大压应变随溶洞与隧道间距离的变化不大，但最大拉应变明显大于无溶洞时的值，且随距离的增大而减小；但当距离达 5m 以上时，其变化已很小，溶洞对隧道围岩稳定的影响基本可以不予考虑。

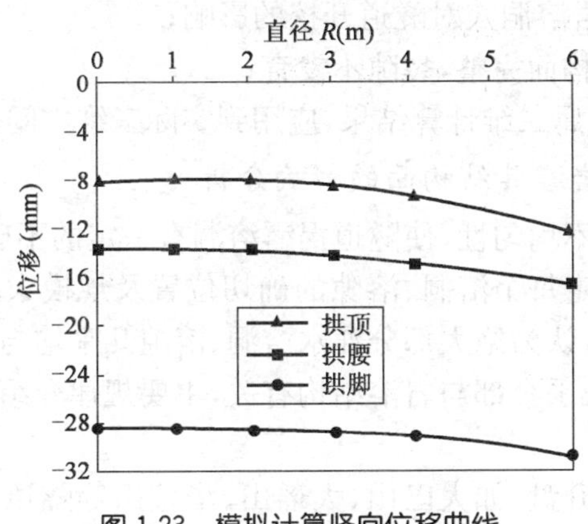

图 1-23　模拟计算竖向位移曲线

b. 拱顶、拱腰及拱脚竖向位移均随溶洞的增大呈非线性增加，当半径达于 4m 时，增加趋势明显加快。

c. 随着溶洞的增大和溶洞与隧道间距离的减小，溶洞自身周围的应变呈增大趋势。这意味着当溶洞大到一定程度或其与隧道间距离小到一定的程度时，应加强溶洞自身的处理，以保证隧道结构的稳定性。

d. 隧道距岩溶的安全距离确定：模型试验和数值分析研究表明（赵明阶、徐容、许锡宾，2004 年），当隧道顶部或正侧面有溶洞存在时，隧道径向位移随溶洞与隧道周边距离的增大而减小，当隧道与溶洞之间的岩体厚度达到 2～3 倍的溶洞直径时，溶洞对围岩变形的影响甚微，可以忽略不计。而对于隧道侧 45°方向的溶洞，当溶洞离隧道的距离达到 4 倍溶洞直径时，其对围岩的影响可以忽略不计。当溶洞在隧道两侧时，隧道与溶洞之间的岩体厚度达到 1 倍的隧道直径时，溶洞对隧道围岩的变形速率几乎没有影响。

有溶洞和无溶洞的隧道围岩最大变形速率的比值与溶洞与隧道距离的关系曲线表明，隧道与溶洞之间的岩体厚度达到 1 倍的隧道直径时，溶洞对围岩的变形几乎没有影响。

综合考虑上述两种因素，给出如下溶洞安全距离的确定依据。

i. 对于隧道顶部、正侧面及两侧的溶洞，当溶洞离隧道的距离达到 2～3 倍的溶洞直径，并且隧道与溶洞之间的岩体厚度达到 1 倍的隧道直径时，可以不考虑溶洞对隧道的影响。

ii. 对于隧道侧45°方向的溶洞，当溶洞离隧道的距离达到4倍的溶洞直径，并且隧道与溶洞之间岩体厚度达到1倍的隧道直径时，可以不考虑溶洞对隧道的影响。

以上安全距离的确定基于以下条件：

i. 仅适合于单个岩溶洞穴对隧道开挖的影响；

ii. 岩溶洞穴的结构面完整，裂隙不发育；

iii. 对岩溶的模拟属二维计算结果，应用到实际三维空间仍有局限性。

1.2.7.2 洞身岩溶其结构面的影响分析

由于岩溶发育的不均匀性，使隧道揭露溶洞有一定的不确定性，现行的勘探技术没有完全把握确定每个溶洞、溶隙的确切位置及规模大小。但据国内典型岩溶隧道的施工实践，认为绝大部分涌水溶洞、溶隙几乎均与各种岩溶结构面有关，特别是深部岩溶几乎全部与岩溶结构有关，主要规律介绍如下(韩行瑞、白山云，2004年)。

①逆冲断层的上升盘，如大巴山、大瑶山、华蓥山等隧道。我国很多隧道穿越背斜分水岭，往往产生逆冲挤压断层带，断层带的下盘受压，虽破碎但挤压紧密，不易透水，而上盘(即主动盘)由于牵引作用，张裂隙发育，多成为导水通道，岩溶极为发育。

②张性及张扭性断层，如大巴山隧道第2含水段，山西引黄工程隧道、紫金山隧道、岩脚隧道以及北方的大水矿井，横张断裂溶蚀带几乎全部导水。

③碳酸盐岩层间滑动面。我国西南岩溶区，在地质构造应力作用下坚硬的厚层石灰层、白云岩层面之间多产生层间滑动裂面，由于地层错断位移不明显，地表很难发现，但极易发生强烈溶蚀生成溶洞，很多沿地层走向发育的地下河都是沿层间滑动面。

④可溶岩层与非溶岩层界面。在石灰岩、白云岩与碎屑岩或煤系地层的接触面上最易汇集地下水形成溶洞、溶蚀带及地下河，这种情况屡见不鲜。

⑤石膏溶面。我国西南有些地层中含石膏层，如三叠系石灰岩中夹多层石膏，溶蚀后形成溶塌角砾层，沿该层可发育溶洞、溶蚀带，在深部会有较多的硫酸根离子，对隧道衬砌有腐蚀作用。

⑥混合溶蚀带。根据最新的研究，我国西南地区深部岩溶相当发育，已突破所谓“侵蚀—溶蚀基准面”的概念。原因之一是地下发生混合溶蚀作用，即不同温度、不同矿化度、不同水化成分的地下水混合后，溶蚀能力加强，形成强溶蚀带，有时可形成深1 000m的深岩溶。

⑦古岩溶面。在西南、华北岩溶区都存在多期古岩溶，在西南岩溶区存在

4～5期古岩溶面，往往在深部有古溶洞，一般多被充填，但在隧道揭露时，充填物坍方漏水，造成危害。

因此，在确定岩溶对隧道开挖影响时应考虑围岩及岩溶结构面的发育情况，通常，岩溶发育区段都是围岩的薄弱处。所以，在确定岩溶预报范围、内容时应适当扩大范围，考虑一定的安全系数（2～3D）。

1.2.8 岩溶隧道地质灾害的研究方法

1.2.8.1 理论与研究方法

从1975年第一次成为国际性水文地质大会的主题开始，岩溶水的研究逐渐成为一个独立的学科。岩溶含水介质的研究从单一论到潜水说（即连续水流说），从孤立水流论到岩溶水循环论，直到目前普遍接受的三重介质模型，即岩溶水系统同时存在着孔隙、微裂隙、岩层面等扩散流介质及溶蚀大裂隙和溶管流介质。尤其是结合我国实际提出的汇流理论，从岩性、地质构造和溶管连通性等许多方面丰富了岩溶含水介质的内涵（黄书汉、钱孝星，1997）。同时由于地球物理技术的发展使得岩溶区隧道地质灾害的预测技术全面提高，也使岩溶区隧道超前地质预报进入定量化阶段。

1.2.8.2 示踪试验和钻孔监测等探测技术细化了传统定性理论

岩溶水资源的评价多数依赖于均衡理论。岩溶水空间分布特征和渗流特征的描述随局部探测工作的深入和完善更加清楚，均衡域的划分可以更加确定。但是大多数探测结果更加明确地证明了，岩溶地下水系统以介质分布的极不均匀性和流态多变、流场极其复杂性为显著特点。而且，岩溶地下水系统在不断地演化发展中使得系统描述参数也在不断变化，传统定性评价结果不能作为长期预报结果。

1.2.8.3 传统理论从思维方式和哲学本质上讲是属于还原论

传统理论的各种方法多是让实际对象来符合某种理论框架，归纳的模型要得到它的认可才行。各种方法的数学本质都是线性化处理，即简化研究对象。从每一个侧面出发去线性细化或还原都可以得出一种模型。这里只论述几种主要的理论及其数学模型。

(1)确定性系统模型

确定性系统模型一般都是用常微分方程、偏微分方程及其差分方程来描述的，方程中的各个变量都是确定的，对于给定的初值，应给出一个确定解。以下介绍最新出现的几种方法。

①岩溶含水层系统参数识别模型

岩溶含水层系统参数识别模型(简称 NOPRI 模型)是利用不规则有限网格差分形式,处理岩溶含水层系统所具有的多层结构特性及其水力联系。根据研究区域水文地质条件特点将整个岩溶含水层系统划分为 N 个面元,概化为 M 个参数区,将时间域分为 T 个时段,以能量守恒原理为基础,分时段在节点均衡域求其差分形式。为使不均衡水量误差平方和各时段在各个子域的和最小,采用非线性有约束条件的可变误差多面体求解方法。这种方法从侧面反映了传统岩溶地下水研究也在向非线性优化技术等现代科学方法靠近。

②单元网络数学模拟方法

单元网络数学模拟方法即用大单元块及管道网络分别代表岩溶区相对均匀的裂隙化区域及非均匀分布的岩溶管道区域,地下水流特征按渗流运动规律及管流运动规律分别表达,耦合求解。该法可对难以用常规数学方法解决的复杂岩溶区含水介质及其裂隙流与管道流并存、快速流与慢速流并存、线性流与非线性流并存以及非连续流等特殊水流规律的水文地质特性的水量进行评价。这种方法是先将岩溶地下水系统分解为裂隙水亚系统和管道流亚系统两大部分,然后,根据裂隙水亚系统在平面和剖面上水文地质特性的变化,划分出大单元;对管道流亚系统,根据其发育分布的趋势,得出分布网络。将裂隙水亚系统的剖分单元与管道流亚系统的分布网络叠加,并考虑系统的边界条件,即可得出系统单元网络概念模型。

③多层网格法

用有限元法或有限差分法等传统解法,将地下水运动的基本方程离散成线性代数方程组后的迭代矩阵中,其大的特征值对应低频率的特征向量,而小的待征值对应高频率的特征向量;在迭代过程中特征值大时收敛慢,待征值小时收敛快。基于此特性,将迭代网格分为粗、细两层,将收敛快的高频率向量置于细网格层进行,将收敛慢的低频率向量放在粗网格层来计算。

④汇流理论

汇流理论以比流速 U_{I} 与水力坡度 I 的相关关系式为理论核心,不使用渗透系数为主要特点,依赖现场示踪试验结果或对流态及其运动空间的清晰分析。

(2)非确定性研究方法

岩溶地下水系统中存在着许多种不确定性,如确定结果的出现具有随机性、需求评价的模糊性、所需条件部分未知而产生的灰色性、认识上的未确知或估算性等,相应地,有许多种研究方法或数学模型可以用来描述它们,而侧重于某一个方面就可得出一种岩溶地下水系统数学模型。

20 世纪 90 年代以来,随着地质统计学等的不断深入发展,使经典理论在解决岩溶地下水系统问题上有所突破。岩溶水研究中的许多变量可看成区域化变

量，即随空间点坐标分量变化的向量随机场。任意一个区域化变量，其观测点样本值即是该点的一次具体实现。区域化变量以随机性与结构性的双重性质显著区别于一般空间变量。地质统计学中的变异函数（又称为变差函数）能够较好地描述区域化变量的上述双重特性。变异函数是区域化变量的结构函数，也是刻画岩溶地下水含水介质渗透性空间变异规律的数学模型，它通过距离函数形式反映具有随机性与结构性特征区域化变量空间的自相关特性。运用地质统计学的理论与方法去定量研究隐伏岩溶含水介质渗透性的空间变异规律，探讨地质统计学分析岩溶含水介质渗透性的具体方法、原理和步骤，可以解决确定性模型的许多缺陷。

1.2.8.4 实际应用中最有效的方法及其结果都是唯象性的

唯象论观点强调由对象的行为或功能数据去描述它们，注重从整体上把握对象的演化机制。它不研究对象子系统行为参数的变化机理和模型，只考虑对对象行为有控制作用的协变量或序参量。

通过原形观测和示踪试验等技术得到的水位、流量以及水文气象资料等构成的时间序列值反映了相关水资源系统的行为，由此直接分析而得的模型可以引入动态适应性，真实描述水资源演化规律。

1.2.8.5 现有理论和模型存在极大的缺陷

①理论及模型的依据，即建立在多孔介质均质化物理模型及连续性线性化描述的渗流理论和地下水基本微分方程本身存在先天不足：忽略了岩溶地下水系统这一客观对象的非均质特点和流态的非线性本质，用表征体元等简化了微观上不能在岩溶地下水运动中忽视的不规则和随机性。

②理论及模型的解法受所用数学手段的限制，无法精确求解。较新的地质统计学方法只是对其在宏观上的不规则性和随机性的适应要求做了一点改进。

③理论及模型只从水位、流量及以层次去理解地下水动态演化是不够的，必须引进可反映地下水动态演化的层次结构和变化幅度的概括性参数。

1.2.8.6 现代综合理论方法及其应用探讨

最近几年趋于成熟的现代综合理论极大地促进了数学模型的发展，非线性数学模型（混沌动力学模型、分形几何模型以及相空间的 LYapnov 指数等）的应用越来越广泛。描述混沌系统的复杂程度或自由度的分形维数与耗散结构，是最近一个时期非线性科学研究中取得的重要成果。作为混沌理论中的一个重要科学方法——分形，它揭示了一大类自然界中不规则形体的内在规律性——标度律。

混沌现象是一种无周期性的有序态。其特征具有四种性质：(1)随机性：内部动力学的随机性产生;(2)分维性:系统运动轨迹在相空间无穷缠绕、折叠和扭结,构成具有无穷层次的自相似结构,即奇异吸引子;(3)普适性:表征参数是费根包姆倍周期普适性常数;(4)标度律:存在无标度区,只要数值计算的精度或试验的分辨率足够高,则可从中发现更小尺度混沌的有序运动现象。表征参数是费根包姆标度律普适性常数。

由物质不灭定律和能量守衡原理的微积分方法描述,以及以非均质的线性化连续性处理为基础的确定性系统中,不可避免地存在着非线性项,因而也具有内部随机性。许多结构不同系统的非线性迭代系统在变化中往往通过一连串倍周期的转变走向混沌。费根包姆普适性常数深刻揭示了决定性系统走向混沌的规律,利用它可以预测混沌的发生。混沌是决定性系统和随机性系统的联系桥梁。

地质现象中分形结构的存在已经得到证实,岩溶系统属于非线性力学所描述的自然汇集体,也必然存在分形结构。

从地质统计学出发求解分形维数的方法,立足于原型观测时间序列数据,侧重于在分形维数和 LYapnov 指数的计算结果基础之上,对比已知数据对应的地质结构,探讨岩溶水文地质及地下水运动原型观测数据所构成的时间序列的分维结构所反映出的岩溶地下水动力学意义上的空间结构和演变机制,最后,借助于分形结构存在以及整体演变的奇异吸引子、不动点和极限环的岩溶水文地质意义清晰化结果,利用费根包姆常数预测岩溶地下水的演变。

1.2.9 不同岩溶类型及相应的地球物理模型

以上列举了岩溶地质灾害的成因及分带规律的传统理论与研究方法,它是岩溶区隧道超前地质预报的基础。而众多的岩溶地质灾害涌水研究方法仍需地球物理探测的数据作支撑,因此能满足岩溶区隧道施工超前地质预报要求的主要方法仍是隧道地球物理探测法。但是,岩溶区隧道地球物理探测法只是对岩溶体系的局部探测,对岩溶的预报分析离不开对岩溶水系网络的宏观掌握。隧道属线性结构体,穿越岩溶区仅为一条带范围,隧道开挖仅需详细了解隧道周围约 1～3D 范围的岩溶及围岩地质情况。下面根据不同岩溶地质的类型说明如何建立地球物理预报模型。

岩溶的发育通常由岩溶洞穴、岩管、破碎带、地下暗河等组成。对隧道施工危害最大的是岩溶洞穴的涌突水、突泥等,岩溶洞穴、岩管及地下暗河的探测方法类似。

岩溶洞穴为不规则三维形状体,以球体模型模拟;岩溶管道作为水系通道,以细长圆柱体模拟;而岩溶破碎带也作为水系通道,以二维平面模拟;地下

暗河为不规则三维形状体，以半无限空间模拟。由于岩溶最具有代表性且比较复杂，通常以寻找岩溶洞穴为主研究地球物理探测模型。其他的岩溶管道、地下暗河雷同，而断层破碎带相对较简单，以下所说的探测岩溶主要指岩溶洞穴。

岩溶洞穴按照地球物理探测通常可分为以下几种类型。

(1)完全坍塌型洞穴或岩溶陷落柱

此类构造的异常体一般充水，与围岩有较大的物性差异，通常与围岩相比表现为低电阻率、低波速(弱波阻抗、泊松比差异大)、高介电常数、密度相对低等。各种地震波在此发生变化，在地震剖面上，有一个很强的反射波同相轴，其形态多表现为抛物线或漏斗状，而面波的能量增加，其频率和速度低，同时在异常体下方往往有多次波。由于电阻率低，电法和电磁法测量都将出现明显的低阻异常。

(2)半坍塌型洞穴

此类构造的异常体一般部分充水、部分为空洞，其地球物理异常较为复杂。通常与围岩相比表现为较低的波速，而电阻率的变化较为复杂，有时表现为忽高忽低跳跃变化，低密度、介电常数的特征为电磁波频率低、同相轴错动、反射强等特点。

(3)空洞型洞穴

此类构造的异常体一般为干枯空洞，与围岩相比通常表现为高电阻率、低波速、低密度、低介电常数等。

(4)完全充水型洞穴

此类构造的异常体为完全充水溶洞，如有一定规模则对隧道施工的危险性最大，与围岩相比通常表现为低电阻率、低波速、低密度、高介电常数等。

以上列举了各种岩溶类型的地球物理参数特征。通常典型的异常主要有两种:完全充水型洞穴、干枯型空洞。常规的地球物理参数搭配:水洞为低阻低波速，空洞为高阻低波速。

1.2.10 岩溶区隧道超前地质预报的技术难点

1.2.10.1 岩溶区隧道宏观规律预测的复杂性

岩溶区隧道涌水预测是非常复杂的问题。基于岩溶水文地质学的最新理论和国内外工程实践，通常岩溶涌水宏观预测的复杂性可通过以下几方面说明。

①要准确地确定隧道工程剖面洞身是否揭露区域强岩溶层需要做大量的水文地质调查及钻探工作。西南杨子地台区和华南褶皱带的强岩溶层均具有广泛的区域分布，尽管有岩相变化，但基本都具有厚度大、分布广、质地纯的特点。我

国南方90%以上的地下河系统均分布在这些岩层中，隧道洞身是否揭露这些岩溶层，揭露宽度多少，是判断突水的首要条件。

②岩溶层确定后，必须从区域角度调查该层中的岩溶水系统及类型，此时必须通过扩大调查范围及专门性工作，查清岩溶水系统的来龙去脉。有时远离隧道线的暗河也会在地下深处与隧道连通，对隧道施工造成很大的威胁。因此，岩溶水系统及类型的确定也有一定的难度。

③要通过钻孔水文地质观测，确定洞身所处的水动力分带，这是决定涌水特征及涌水量评价方法的重要因素。但准确地掌握岩溶的局部分带规律具有相当的复杂性。

④最后通过综合调查岩溶结构面，三维分析判断隧道揭露溶洞、溶隙的规模、位置。

以上预测主要是结合前期的区域岩溶勘察资料说明隧道所处区域岩溶水系统的纵向、横向及动力学分带，掌握岩溶的成因及特点，但这些特点的准确掌握具有一定的复杂性。由于隧道工程属线状体，跨度大，常常会穿越岩溶网络的各个分带，这对岩溶分带规律的动态掌握将更加困难。

1.2.10.2 岩溶区隧道施工超前地质预报技术难点

对岩溶预报具体采用的技术方法仍要依靠地质、物探、化探及钻探的资料作支撑，而地质及化探方法由于受其预测精度的影响，只能定性预测局部岩溶涌水灾害。因此，目前研究岩溶区隧道施工超前地质预报仍主要依靠隧道地球物理探测方法。

(1)隧道施工超前地质预报范围确定的难点

由于隧道超前地质预报的范围为隧道开挖1～3倍洞径范围，从地面(洞外)预报，有时隧道埋深较大，受地面预报方法精度的限制，很难准确探测隧道周围1～3倍洞径范围的岩溶具体分布。而掌子面探测又受隧道空间条件的限制，各种探测方法很难能满足隧道超前地质预报的要求。通常探测形状体都需在岩溶体的周围按一定的测线进行移动或面积性的测线布置，但隧道内的现场条件不允许。

(2)隧道施工超前地质预报内容确定的难点

隧道施工超前地质预报的内容要求探测岩溶的空间位置、大小、形状及充填物的性质及与周围岩溶的水系联系。以上内容的准确探测是很困难的，原因是各种探测方法的条件限制，如岩溶异常体的耦合问题、连通情况的探测、充填物具体性质的探测等，能用的方法较少，组合或多参数方法不能使用。

(3)提高岩溶预报可靠性和精度的难点

目前对隧道超前地质预报方法的可靠性和精度研究的很少、也较笼统，但隧道施工对岩溶体的预报精度要求较高，目前还难以满足。就目前的技术现状，提高探测方法的可靠性要通过参数组合或方法组合，但隧道现场的具体条件限制了许多方法的使用。提高探测方法的精度主要靠提高仪器的分辨率和采集信号的信噪比。

1.2.11　岩溶区部分长大隧道施工地质灾害情况

岩溶区隧道地质灾害的发生，除可能造成重大人员伤亡外，还往往造成洞内隧道、施工机具和运输轨道被掩埋或淹没，施工中断、工期延误，洞外因洞内岩溶涌水、涌泥、涌沙造成地表塌陷和地表水源枯竭，进而引发地表生态环境灾害；运营期会造成掩埋或淹没隧道，中断行车。表 1-8 是岩溶区部分长大隧道在施工期和运营期间发生严重涌水、涌泥、涌沙、泥石流、地表塌陷、地表水枯竭等岩溶地质灾害。有的隧道如南岭铁路隧道等岩溶地质灾害已经对当地生态环境造成重大影响。

岩溶区部分长大隧道地质灾害情况　　表 1-8

隧道名称	地质灾害描述
大瑶山铁路隧道（14 294m）	施工期涌水量：4 000～15 000m^3/d；运营期涌水量：3 000（旱季）～22 000m^3/d（雨季）。平导 DK1994＋213 涌水造成竖井被淹、洞内机具被淹达数月；正洞 DK1994＋600 涌水淹没隧道 200 余米，水深 1.4m，隧底淤积泥沙厚 1m，中断施工长达 1 年之久；DK1994＋636～＋637 处发生涌泥、涌沙 80m^3，掩埋轨道，造成短时中断行车；地表斑古坳地区生产生活用水枯竭；地表坍塌约 413 个次
南岭铁路隧道（6 062m）	DK1935＋745.4 处发生涌水淹没导坑，淤塞导坑 177m，涌水量为 81 000m^3/d； DK1935＋518 处发生涌泥 3 次，共 1 539m^3，淤塞导坑 44m；DK1935＋745 处发生涌泥 3 次共 10 689m^3，淤塞导坑 177m； DK1935＋467 处发生涌泥 4 次共 2 130m^3，淤塞导坑 60m； DK1936＋269 处发生涌泥 1 次共 2 000m^3；地表连溪河两次断裂，河水倒灌；地表坍塌约 40 个次
圆梁山铁路隧道（11 068m）	施工期涌水量：110 000m^3/d（出口 DK361＋764）；DK354＋450～＋510 溶洞发生涌水为 9.6×10^4～1.656×10^6 m^3/d，伴随涌沙涌泥，淤积长度 130m，高度 2.5m，涌沙量约 1 300m^3；DK354＋879 溶洞发生涌水，伴有涌泥涌沙（总量约 6 000m^3），最大涌水量达 7.2×10^4 m^3/d，造成人员伤亡事故，被迫采用迂回导坑通过。DK360＋873 掩埋导洞近 200m；DK361＋764 处发生涌水涌沙涌泥，涌水量为 240 000m^3，涌泥沙覆盖整个掌子面，淤积量约 15 000m^3
彭水铁路隧道（9 028m）	施工期涌水量：25 000m^3/d；2001 年 4 月 11 日，DK239＋911 处发生涌水淹没平导和正洞，洞口下方 319 国道交通被迫中断，此后，共发生 5 次较大涌水，2001 年 6 月 11 日淹没平导和正洞，全面停工，与此同时，地表九股水、老瓦屋暗河近于断流；DK239＋117 处发生涌泥，淹没平导洞 65m，涌泥量约 800m^3

续上表

隧道名称	地质灾害描述
武隆铁路隧道（9 418m）	2号、3号暗河暴雨后最大连续涌水量 $7.186\times10^6 m^3/d$；2002年雨季先后出现6次较大涌水，造成洞口施工场地被毁，施工风机、配电房被冲入乌江，洞内装渣设备受损，施工中断近两个月；2003年6月25日发生涌水把横通道口房屋设施被冲入乌江，涵洞被冲毁
大巴山隧道（5 334m）	平导刘家坡断层上盘隧道发生涌水，涌水最大值为 205 518m^3/d，涌水淹没导坑，泥沙淤积；发生以岩溶泉为中心的塌陷，直径大于20m，地表泉水因塌陷而枯竭
华鉴山公路隧道（4 705.95m、4 684m）	西段左线最大突水量达 686 900m^3/d，右线达 25 100m^3/d，伴有严重的突泥涌沙出现，累计量已达 27 000m^3；YK34+669 发生涌水，涌水量为 1 329.6～51 048m^3/d，含泥砂量最高达到 36%；YK34+518 处发生突水涌泥涌沙，涌水量为 142.4～40 224m^3/d，含泥沙量最高达到 16.8%
新寨铁路隧道（4 409m）	1999年7月9日 DK1+791 处发生涌水，最大峰值 $2.1\times10^5 m^3/d$，造成多部机械设备被淹，运输轨道被冲毁，致使平导被迫停工；此外，涌水还使新华村后山坡泉水干枯，造成新华村人畜饮水困难；2000年5月12日 DK365+740 处发生涌水，涌水量 $1.2\times10^4 m^3/d$，淹没工区 200m，施工被迫停止20日，6月22～26日，发生特大涌水，水量 $5.52\times10^4 m^3/d$，淹没整个工区，施工被迫停止
荆竹铁路隧道（4 428m）	DK109+810 涌泥：掩埋隧道近 100m；DK109+826（断层带）发生涌泥，涌泥量 2 400m^3
歌乐山隧道（4 050m）	DK2+619.6 处发生涌水量 14 400m^3/d，涌水泥沙含量达 20%～30%
中梁山铁路隧道（3 984m）	施工期岩溶涌水量：14 138m^3/d，运营期岩溶涌水量：10 863（旱）～27 000（雨）m^3/d；施工期隧道地表灰岩地槽区水井、泉眼干枯，农田脱水，溪沟断流；运营期隧道两侧一定范围内泉水及地表水干枯，目前原已近半泉水干枯的状况仍有继续发展的趋势；地表坍塌约64处
梅花山铁路隧道（3 968m）	1号溶洞发生涌水，涌水量 55 000m^3/d，淹没导洞和运输轨道，造成停工；运营期岩溶涌水量 6 920（旱）～16 219（雨）m^3/d；1991年雨季：造成隧道边墙衬砌倒塌开裂 12m，中断行车 7d

岩溶洞穴对隧道围岩稳定性的影响，取决于洞穴的规模、充填物形状、含水程度、洞穴走向与隧道轴向之间的关系、洞穴与隧道的距离。岩溶洞穴的存在状态及其对隧道围岩稳定性的影响有以下几个方面。

①隧道周围存在隐伏溶洞，在施工阶段可能不会对施工产生影响，但对隧洞围岩的稳定性和运行期的稳定性会有不同程度的影响，如运营期隧道底板塌陷，雨季大暴雨造成岩溶涌水、涌泥、泥石流或围岩坍塌等灾害。

②隧道施工中遇到暗河、岩溶管道水和各种充填溶洞，特别是充填沙、淤泥

的溶洞，不仅会影响隧道的稳定，而且由于大量涌水、涌泥、泥石流，对人民生命财产造成巨大威胁。充填溶洞对隧道施工与运营的影响，取决于岩溶充填物的性质和隧道涌水量的大小。

③隧道开挖中遇到大岩溶洞穴，但无充填物和地下水，对地下洞室稳定性的影响相对较小。其影响程度，取决于洞穴的规模、溶洞周围岩体的稳定性和岩体的质量及其与隧道的位置关系、隧道断面尺寸、隧道施工技术等众多因素。

1.2.12 小结

通过对岩溶成因、分带规律及特点的研究，结合隧道工程的特点，分析了岩溶灾害与隧道空间位置、大小的关系。通过对目前岩溶灾害模型预测方法的分析，提出了岩溶区隧道施工超前地质预报的具体内容与任务。

①在岩溶地区进行超前地质预报应深入研究该区的岩溶成因、分带规律及特点，它是隧道施工超前地质预报的基础。

②通过对隧道围岩随岩溶大小及空间位置变化的变形特性研究，论述了隧道超前地质预报的具体范围为：隧道与溶洞之间的岩体厚度达到 1 倍隧道直径，同时溶洞距隧道的距离达到 4 倍的溶洞直径，且溶洞结构面不发育的情况下，可不考虑岩溶对隧道的影响。拓展范围为：如岩溶结构面发育，其预报范围可根据岩溶结构面的发育程度考虑一定的安全系数（1～3D）确定拓展范围。提出了岩溶隧道施工超前地质预报的具体内容为：

a. 在要求预报范围内的岩溶空间位置、大小、形状；

b. 岩溶体充填物的性质（是否为空洞、充水、含泥沙等）；

c. 在充水情况下，岩溶与周围岩溶构造之间、岩溶与暗河之间、岩溶与破碎带等在拓展范围内的连通情况。

1.3 软岩

软岩通常指软弱岩体，表现为岩体的抗压强度小、遇水膨胀、易风化等特点。在隧道勘察期间通过地质、物探方法及钻探岩芯室内试验确定。常见的岩性有泥页岩、泥岩等含泥炭质高的岩类。软岩对隧道施工中影响较大，其物性差异主要表现为低波速。常见的地面预报方法主要为浅层地震勘探、地质钻探等。

从工程地质角度来说，软弱围岩隧道的施工过程受多种因素控制，在不同的工程地质条件下，各因素所起的作用主次不同。分析软弱围岩隧道的施工过程，判断在隧道施工过程中哪些因素是影响软弱围岩稳定性的主要因素，有针对性地选择隧道开挖、支护方式，将最大限度地减少隧道施工过程中软弱围岩的变形，避免造成重大经济损失和安全事故。

从影响软弱围岩隧道变形的力学作用而言，主要有松动压力、形变压力和膨胀压力。软弱围岩隧道，因其围岩强度低，抗扰动能力弱，容易出现大变形，故在施工过程中，为了保证围岩的稳定性和隧道安全，都必须对其进行加强支护。

1.4 岩爆

深埋长隧道以其延伸长、埋藏深、工期长、工程地质问题较多，而成为众多线性工程建设中的控制性工程。长隧道多穿越高大山岭，跨越海峡、江湖地带，因其山高林密、水面覆盖、交通条件差、岩石露头少，而成为地下洞室中最为隐蔽、最难以评价和预测预报的工程地质问题。虽然如此，但由于长隧道能缩短高大山岭的交通里程，仍成为了高速公路、铁路、交通等工程的重要组成部分。而岩爆作为深埋长隧道的重大工程地质问题之一，也越来越受到人们关注。目前基于岩爆理论和岩爆破坏机制而提出的各种理论预测方法，在工程应用中尚存在困难。而在生产实践中，对岩爆又常要求一些具体的、切实可行的现场预测预报方法、指标和解决岩爆的防治对策。因此，对岩爆问题的研究，具有重大的实用价值。

岩爆是指当岩石积聚的应变能大于岩石破坏所需消耗的能量时，多余的能量导致岩石碎片从岩体中爆裂松脱、剥落、弹射甚至抛掷性破坏现象。随着地下工程规模的不断扩大，岩爆问题日益突出。岩爆具有滞后性、延续性、衰减性、突发性、猛烈性、危害性等特点。岩爆是一种不容忽视的地质灾害，已引起国内外研究者的广泛关注，并取得许多重要研究成果。但至目前为止，岩爆机制研究、预测、预防仍未从理论上取得重大突破。

岩爆作为一种机理十分复杂及其影响因素千变万化的自然灾害，给传统的岩爆分析和施工设计带来了极大的困难。但岩爆作为一种围岩失稳破坏现象，尽管其发生过程短暂，但仍然经历了孕育、发生和发展这一岩石破裂所具有的共同特征，研究岩爆的发生过程将为岩爆预测、预报理论提供依据。

岩爆是隧道开挖过程中围岩的一种非正常破坏现象，主要表现为大范围的岩体突然破坏，破裂围岩的动力抛掷，并伴有不同程度的爆炸、撕裂声，围岩释放大量能量，使几米至几百米的洞室瞬间破坏。严重的岩爆可将巨石猛烈抛出，甚至一次岩爆就能抛出数以吨计的岩块和岩片，常常造成人员伤亡和设备损失。岩爆不仅使人产生恐惧感，而且直接威胁施工人员和设备的安全，严重的会诱发地震，造成地表建筑物的破坏。所以对岩爆发生的可能性及其危险程度的预测是隧道设计、施工企业在高地应力区岩质隧道建设过程中所必须解决的问题。

广义岩爆是多出现在完整硬岩中的隧道施工地质灾害，包括围岩的动力破坏(dynamic failure)和静力破坏(static failure)。片剥(spall or slab)是静力破坏的基本形式。狭义的岩爆(rock burst)只包括围岩的动力破坏。岩爆通常的破坏模式有岩石弹射、岩石冒落和岩石突出。通常，随着开采深度的增加，尤其是超过 600m 时，岩爆灾害发生的频率和严重程度会显著增加，尤其是花岗岩、石英岩、部分片麻岩以及非常致密、呈玻璃状的火成岩等地层。岩爆发生有两个基本条件：一是岩体处在能使其变形和破裂的高地应力场的作用之下；二是岩体本身要坚硬、完整且强度高，能储存高的弹性能。岩体在变形破坏过程中，因变形和破裂所消耗掉部分弹性能，其剩余能量会转化为动能，并以岩体弹射或突然飞崩的形式释放，形成岩爆。

岩爆的主要特征可以归纳为以下七点(徐林生、唐伯明、慕长春等，2002 年)。

①围岩坚硬、质脆，岩爆岩石单轴抗压强度 R_b 大于 50MPa。

②岩爆活动既不发生在非常完整的岩体中，也不发生在节理很发育的 V、IV 级围岩中，主要发生在 III、II 级围岩中，具有明显的岩体结构效应。

③岩爆洞段岩体表面较为干燥，有地下水存在或断裂部位不发生岩爆。

④掘进过程中，掌子面至 3 倍洞径范围内岩爆活动一般较为频繁，且多发生在断面周边不圆顺处及壁面凹凸不平处等洞室周壁应力易集中部位。距掌子面 3 倍洞径之外的范围，岩爆则逐渐减少。

⑤岩爆洞段的埋深可大可小，埋深不是判定岩爆发生与否的重要依据。例如，秦岭隧道埋深 77m 就有两次岩爆发生。

⑥岩爆发生的时间迟早不一，有的在开挖爆破稍后就会发生，有的则要滞后若干时日或一个多月才会发生。

⑦岩爆随时间的延续有向深部累进性发展的特征，因而岩爆地段应及时采取合理有效的喷锚初期支护措施，否则后患无穷。

国内外在岩爆预测预报方面做了大量的研究工作，目前用来预测岩爆的方法包括微重力法、流变方法、回弹方法、钻筒屈服法、微地震法等，光弹模拟技术、岩石冲击倾向性指标预测的钻屑法、刚度法、位移测试法、水分法、温度变化法、统计方法以及区域地质和应力测试的动力区划法等，人们还从强度、刚度、稳定、断裂、损伤、突变、分形和能量等诸多方面对岩爆现象进行了分析，提出了各种假设和判据，如 Rusesenes、Turchaninov、陶振宇、贾愚如、王元汉等人的岩爆判别准则，徐林生等人的施工超前地质预报。

1.5　煤系地层(瓦斯、CO)

隧道施工过程中遭遇瓦斯燃烧、爆炸或瓦斯突出的教训是比较深刻的。1959年1月27日和6月26日,贵昆铁路岩脚寨隧道施工中发生过两起瓦斯爆炸,曾造成惨重的人身伤亡事故(70余人遇难),并烧毁支撑131排,引起坍方堵道,被迫停工76天;炮台山隧道的瓦斯爆炸也死亡13人。2005年四川都玟高速公路董家山隧道瓦斯爆炸死亡44人的场景也让国人触目惊心。在这些瓦斯隧道中,有的处于煤系地层,有的则处于非煤系地层。对煤系地层的瓦斯监测和防治研究,国内外不少专家都曾做过大量的工作,取得了不少成果。但很多时候,隧道虽穿过了煤层,却在煤层之间岩层内遭遇瓦斯爆炸。对于非煤系地层瓦斯,由于其分布规律极其复杂,瓦斯涌出(或溢出)的部位随机性较大,带有很大的偶然性,目前尚无有效的勘察方法。因瓦斯本身的特点,隧道施工期也很难做到准确定位预测,给施工安全带来很大隐患。为此,瓦斯隧道超前地质预报是一个很值得探讨的问题。

1.5.1　基本概念

瓦斯是一种易燃、易爆、易扩散的有害气体,它是在开挖坑道时,由煤层或岩层内涌出的以CH_4(甲烷,也称沼气)为主要成分的各种有害气体的总称,它由英语gas译音转化而来。瓦斯具有以下主要特点:无色、无味的气体,较空气轻,易聚积在隧道的顶部;渗透性高,扩散速度快,容易透过裂隙发育、结构松散的岩石;瓦斯浓度过高时,相对降低空气中的氧气含量,使人窒息;瓦斯极易燃烧,但不能自燃,在一定条件下遇火源即燃烧或爆炸。

隧道内遇有瓦斯对安全施工威胁很大,并有可能引起重大灾害。鉴于瓦斯爆炸的突然性、复杂性和严重性,根据规定,在任何时间、任何部位、任何自然条件下,只要在隧道内有一次测得瓦斯(未规定定量指标),就应作为瓦斯隧道处理。

瓦斯浓度:瓦斯在空气中按体积计算占有的比率,以百分数表示。

瓦斯突出:瓦斯从煤、岩层涌出的一种异常的动力现象,表现为大量瓦斯向开挖空间突然喷出。当有破碎的煤、岩随瓦斯一起喷出,即称煤岩与瓦斯突出。喷出的瓦斯成分主要是CH_4,个别坑道是CO_2。

瓦斯爆炸:瓦斯与空气混合,在高温下急剧氧化,并产生冲击波的现象。

1.5.2 瓦斯的赋集

1.5.2.1 瓦斯的产生

煤层瓦斯的主要成分是甲烷，它是植物残骸在成煤过程中伴生的产物。瓦斯的形成与成煤过程和成煤物质有着密切的联系，而成煤作用本身就是各种地质作用的综合结果。因此，瓦斯是地质作用的产物，瓦斯的赋存和运移受各种地质因素的影响。成煤过程可以分以下两个阶段。

第一阶段，硬结成岩阶段。植物的有机物质经积聚、分解形成泥煤及褐煤，同时生成甲烷，大都放散在大气中。

第二阶段，变质或炭化阶段。在地层温度、压力的作用下，由泥煤、褐煤不断转化为烟煤、无烟煤，此时煤中挥发分减少，固定炭增加。挥发分在变质过程中转化为甲烷，部分向大气涌出，部分保存在岩石和煤层中，还有部分吸附在水中。

1.5.2.2 瓦斯的储存

(1)瓦斯存在的状态

瓦斯在煤层中主要有游离、吸附和吸收三种赋存状态。

游离状态是指瓦斯以自由的气体状态赋存于煤和岩石的孔隙中，可以自由运动，并遵循一般的气体运动规律，从压力大的地方向压力小的地方运移。煤和岩石中的游离瓦斯含量取决于孔隙度、裂隙度和它所承受的压力。

吸附状态是指由于瓦斯分子和固体分子之间的分子引力，瓦斯分子被吸附在煤体和岩体的微孔隙表面，形成一种瓦斯薄膜。吸附瓦斯就是滞留在煤或岩石微孔隙表面的气体；保存在煤中的瓦斯有 80%～90%以上呈吸附状态；吸附瓦斯不能自由运动，不服从气体定律，吸附量的大小取决于煤对瓦斯的吸附能力，而吸附能力又取决于煤的孔隙率、变质程度和外界温度以及压力。

吸收状态是指瓦斯分子进入煤的分子团中，与煤分子紧密地结合在一起，形成固溶体，这和气体被液体溶解的现象相似。

包含在煤层中的瓦斯主要处在游离状态和吸附状态。瓦斯在煤层中的赋存状态并不是一成不变的，在一定的压力和温度下处于动态平衡，当瓦斯压力小于 10MPa 时，吸附瓦斯占 80%～90%，游离瓦斯占 10%～20%。

(2)瓦斯储存的条件

地层岩性及地质构造是瓦斯储存的两个最主要条件。

①地层岩性条件

瓦斯常伴生于有机黏土、油页岩、煤层、含碳及沥青质页岩、泥灰岩等岩类中，且集中分布于石油、天然气、煤炭、褐煤分布地区及富含有机物的泥炭层、腐殖土等地区。通常将煤层中的瓦斯称为煤系地层瓦斯，而储存于一般岩石中（不含煤层）的瓦斯称为非煤系地层瓦斯。在隧道施工过程，两种类型地层的瓦斯都经常会遇到（表1-9，李苍松、何发亮）。从表1-9可以看出，瓦斯隧道多数穿越地层为煤系地层，少数非煤系地层，但仍然与附近的煤系地层有关。

国内部分瓦斯隧道地质条件统计 表1-9

隧道名称	地层及构造条件	瓦斯特征或危害情况	瓦斯出露部位或地层
华蓥山隧道	岩性为灰岩、白云岩、泥岩、页岩及含煤地层	煤层中甲烷涌出量最大达17.86m³/min，压力1.87MPa	煤系地层
云台山隧道	全长8 144m，穿越石岩系含煤地层和二叠系下统石盒子组（P_1）压煤地层。瓦斯地段长4 017m（DK86＋143～DK90＋1），其中穿越煤层地段长1 860（DK86＋186～DK88＋046），共7次穿越煤层	大量瓦斯，气体压力0.32MPa，瓦斯含量4.42m³/t	煤系地层
岩脚寨隧道	含煤地层	瓦斯压力达0.406MPa	煤系地层
引黄入晋输水隧洞	穿越石炭系太原组、侏罗系大同组含煤地层	有害气体主要为N_2、CO_2、CH_4等	煤系地层
沙木拉达隧道	白垩统红色砂岩、泥岩	突出大量瓦斯	煤系地层
家竹箐隧道	全长4 990m，穿越玄武岩、火山凝灰岩、局部夹薄层页岩和煤线。二叠系上统煤系地层为砂岩及砂质泥岩，洞内长约1 000m，煤层多达26层，最后达16m，主要煤层15层，煤厚为0.54～4.3m	瓦斯含量6.92～14.17m³/t，最大达34.5m³/t，瓦斯压力0.54～1.3MPa，高达15.58MPa	煤系地层
黄家阱隧道	岩型主要为砂岩、灰质砾岩、泥灰岩	施工中有CO_2气体涌出	非煤系地层
长梁山隧道	长12.78km，洞身下伏约1km为煤系地层	隧道存在超级瓦斯灾害现象	煤系地层
炮台山隧道	岩性主要为侏罗系红色地层，下伏三叠系煤系地层。洞身穿过龙泉山箱形背斜东翼转折处，出口段临近背斜轴部两翼，地层产状平缓（4°～7°），进口段地层明显变陡，倾角为60°～70°，并伴有F_1、F_2断层（破碎带宽30～59m）及小型背斜、向斜或褶曲	施工中出现大量瓦斯，曾发生爆炸，死亡13人	非煤系地层

续上表

隧道名称	地层及构造条件	瓦斯特征或危害情况	瓦斯出露部位或地层
中梁山隧道	隧道通过地段有丰富的龙潭组煤系地层	施工曾发生严重的瓦斯突出	煤系地层
朱嘎隧道	全长 5 194m，在 DK444＋140～DK444＋210 段揭露 P_2(梁山组)煤系地层，共计 6 层煤，最大埋深 355m	瓦斯压力为 1.34～1.7MPa，厚度为 0.2～2.1m，含量为 11.5～12.74m³/t。根据超前地质预报结果采取措施，最终顺利通过煤层	煤系地层
上清河隧道	全长 4 238.29m，横穿普洱山背斜，轴部为断层，断层裂缝下约 40m 伏有超级瓦斯煤层，隧道穿越 P_2L 煤系地层	开挖至 DK1＋216 即进入断层带时坑道四周有大量地下水涌出，并伴有瓦斯溢出，其中大量瓦斯喷出两次	煤系地层
新寨隧道	全长 4 409m，进口段及中部主要为泥盆系、石岩系和二叠系石灰岩、白云岩等可溶性岩层，在中部穿越石炭系下统大塘阶旧司组(C_{1dj})系地层。隧道穿过篝门倒转背斜轴部与 NW 翼，C_{1dj} 系地层处于背斜的轴部，厚 50～160m	实际施工至 DK365＋290 是遇到煤系地层，确认煤层共 5 层，煤厚 0.8～1.5m，瓦斯压力 0.86～1.58MPa。对设计掘煤措施作了一些调整，安全通过煤系地层	煤系地层
金洞隧道	全长 9 180m，进口段穿过两处瓦斯与煤层地层，在 DK337＋480～DK337＋520 穿越吴家坪组含煤地层，煤层厚 0.2～1.05m；在 DK338＋600～DK338＋650 穿越梁山组层含煤地层，煤层厚 0.05～0.15m	研究制订了瓦斯与煤系地层施工技术及安全措施，收到了良好效果，确认了施工安全	煤系地层
歌乐山隧道	全长 4 050m，隧道近垂直穿越中梁山脉，属剥蚀低山地貌，最大埋深 280m。穿越地层主要有砂黏土、砂岩、泥岩夹砂岩及灰岩及薄层煤等	进口段煤层瓦斯压力 0.23MPa，瓦斯涌出量 0.1～0.2m³/min；出口段瓦斯压力 0.519MPa，瓦斯涌水量 0.398m³/min。灰岩地层中甲烷含量 0.6%、0.18%，甲烷绝对涌出量为 0.06m³/min	煤系地层
曾家坪 2 号隧道	全长 2 478m(DK293＋790～DK296＋268)，DK295＋480～DK295＋450 所穿过地层内含有瓦斯，岩性主要为页岩	估算瓦斯含量为煤含量的 20%(游离瓦斯)，页岩层瓦斯含量为 0.052m³/t	煤系地层

续上表

隧道名称	地层及构造条件	瓦斯特征或危害情况	瓦斯出露部位或地层
天生桥隧道	全长2 450m，隧道穿越砂岩、白云岩、页岩、石灰岩和煤等层岩。其中在DK656＋830～DK657＋210段穿越10层煤，部分有突出危险，被列为瓦斯防范段	最大瓦斯压力为1.2MPa，瓦斯含量为10.43m^3/t，属高瓦斯隧道	煤系地层
新苏家寨隧道	全长698m，DK134＋756～DK134＋794穿越30号煤层，厚0.4～0.8m，深浅且隧道位于瓦斯风化带内，属瓦斯隧道，无瓦斯突出现象	采用分段防爆及瓦斯综合治理措施，将瓦斯浓度降到0.25%以下，安全顺利通过瓦斯段	煤系地层
正阳隧道	全长3 364m，隧道中部有2段煤系地层；距进口端1 100m处煤系地层为泥岩、页岩夹煤线，埋深230m；距出口端1 590m处煤系地层为灰岩夹煤、黏土岩，紫红色泥岩中间夹3m左右煤层，深埋180m	由于采取了合理的通风方式，有效地控制了隧道内瓦斯浓度，为安全、优质完成隧道的施工任务奠定了基础	煤系地层

②地质构造条件

煤化过程中产生的各种气体中，甲烷仅有部分能保持在煤层内，大多数气体则流失到大气中或溶解于循环的地下水中而被转移。在有利的地质条件下被保存下来的甲烷将转移到煤层周围高孔隙率的沉积岩层内适当部位富集。因此，决定有害气体储存的主要因素是地质构造及覆盖层厚度、岩性等因素。最适合有害气体储存的是背斜构造（或穹窿构造），有害气体常分布于成层的盖、底板之间（图1-24）。

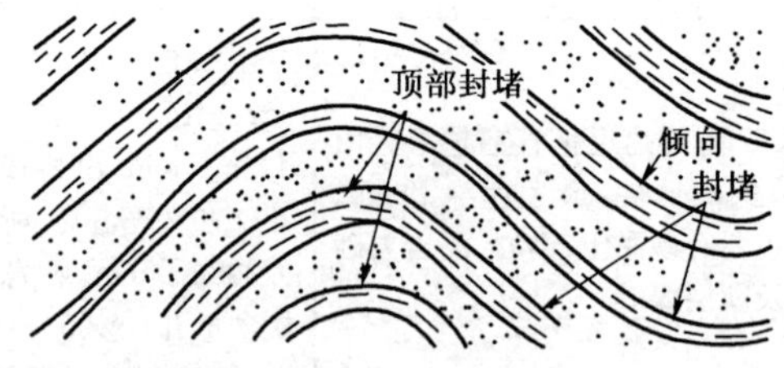

图1-24　背斜构造的核部

除背斜构造外，岩体中断裂带尤其是深部岩体断裂带、节理裂隙密集带、活动火山活动源处或剧烈的地表活动区，也常成为有害气体运移和富集场所。但有害气体能否富集主要取决于在断裂带上发育的覆盖层厚度与岩性条件。研究

表明，对渗透率低于 10～3m/s、厚度大于 3m 的泥质岩即可成为中低压气体有效盖层下限。而能够作为有害气体的盖层的岩性较广，如岩盐、泥页岩、泥灰岩、灰岩、火成岩等。因此，对深埋长大隧道，因埋深大、延伸长，往往具有良好的储存封闭条件，有利于地下有害气体的储存赋集。

1.5.3 瓦斯运移及涌出特点

多数隧道瓦斯是在煤层成煤过程中形成的，经断层、裂隙运移至断裂带，以游离状态存在于裂隙和溶洞内。各地层段瓦斯涌出是不均匀的，隧道穿过充满瓦斯的裂隙和溶洞时，会出现短时间的异常瓦斯涌出（瓦斯涌出量很大，甚至发生瓦斯喷出），在其他地层区段，瓦斯涌出量不大。

1.5.4 瓦斯突出的条件

1.5.4.1 煤层瓦斯参数及预测结果

主要煤层的瓦斯含量为 1.28～4.42m³/t；瓦斯成分主要有 CH_4、CO_2、N_2、C_2H_4 等多种气体；瓦斯压力为 0.090～0.32MPa。煤质属于无烟煤，变质程度较高；煤的硬度属于中等，f=0.4%～0.8%；煤的破坏性较小，瓦斯放散速度 ΔP 为 2～15；瓦斯涌出量为 0.037～0.42m³/min；褐煤时涌出量为 0.37～4.2m³/min。煤层埋深(H)为 173～370m。

根据“防止煤与瓦斯突出细则”中综合指标 D、K 公式（李苍松、何发亮）：

$$D = \left(0.0075\frac{H}{f} - 3\right)(P - 0.74) \tag{1-10}$$

$$K = \frac{\Delta P}{f} \tag{1-11}$$

1.5.4.2 突出危险判定原则

①D>=0.25，K>=15 时有突出危险；

②D>=0.25，K<15 时为非突出或突出威胁；

③D<0.25 时为非突出或突出威胁；

④如果式(1-10)中两个括号中的计算值都为负值时，则不论值大小，都为突出威胁区域。

1.5.5 小结

瓦斯隧道施工地质预报应根据瓦斯发育段的地质条件选择合适的预报方法，通常建议采取“以地质法为基础、物探法为主要手段，结合超前钻探和瓦斯浓度监测相结合的综合方法”实施瓦斯超前地质预报。首先，采用地质素描和超前钻孔实施掌子面瓦斯现状观测；然后采用防爆地质雷达或 HSP 声波反射、防爆地震反射法（锤击）实施掌子面前方的断层、破碎带预报；同时选用专用的瓦斯检测仪检测瓦斯浓度。

1.6 不整合接触带

岩层在沉积时间上间断，没有按照沉积次序连续的堆积成平行层次，各层的走向和倾斜不一致，称不整合接触带。根据形成的条件和原因，不整合可分为下列三种：(1)平行不整合（假整合）；(2)角度不整合；(3)倾角度不整合。

不整合接触带由于较老地层经过构造运动发生褶皱与错动，再经长期侵蚀作用后，新的沉积物覆盖其上。隧道穿过不整合接触带通常岩性的力学性质都要发生较大的变化，隧道的围岩级别也要发生变化。因此，准确预报不整合接触带与前方的岩体的地质情况，对隧道施工具有重要意义。

在隧道施工过程中经常会遇到围岩岩性变化，不同岩性的交界面导致断裂韧性变化、弹性性质变化、地应力变化，交界岩石断裂性质对水力裂缝的延伸能力有影响，断裂处也是富含地下水的地方。围岩岩性交界面隧道施工中可能发生重大工程灾害，一方面岩层间会出现贯穿节理、角度接触；另一方面不同岩性围岩物理性质、力学性质差异很大。

在岩性变化段施工，两侧岩石物理性质不同，整体性很差，岩体自身承载能力弱，也是隧道衬砌变形或不均匀变形较大段。若岩性交界段在隧道洞口处，隧道洞口围岩应力重分布后没有稳定，同时隧道洞口边坡的变形也会受到很大的影响，这样会给隧道稳定性与安全性带来更大的危害。

1.7 地下水

通过地面探测隧道前方的水文地质情况，进一步确定地下水的分布、潜水位的深度、水的流向，从而确定地下水与隧道结构的关系，它对隧道施工指导意义重大。

1.7.1 地下水对岩石的作用

水的作用主要表现为溶蚀岩石和结构面中易溶胶结物，潜蚀充填物中的细小颗粒，使岩石软化、疏松，充填物泥化，强度降低，增加动、静水压力等，这些作用对岩体的影响，有的可在基本质量中反映出来，如对岩石的软化作用，采用单轴饱和抗压强度。水的其他作用在基本质量中得不到反映，需采用修正措施来反映它们对岩体质量的影响。目前国内外在围岩分级中考虑水的影响主要有四种方法，即修正法、降级法、限制法、不考虑。现行规范采用修正法，并给出定量的修正系数，这一方法不仅考虑了出水状态，还考虑了岩体基本质量级别。这是由于水对岩体质量的影响，不仅与水的赋存状态有关，还与岩石性质和岩体完整程度有关，岩石越致密，强度越高，完整性越好，则水的影响越小；反之，水的不利影响越大。基本质量为 I、II 级的岩体，且含水不多，无水压时，认为水对岩体质量无不利影响，取修正系数 $K_1=0$；基本质量为 V 级的岩体，呈涌水状出水，水压力较大时，不利影响最大，取 $K_1=1$(即降一级)；对其他中间情况，考虑了在同一出水状态下，基本质量越差的岩体，对其影响程度越大，修正系数也随之加大[见《工程岩体分级标准》(GB 50218—94)]。

水在岩石中渗流时，不仅作为流体介质冲刷孔隙或裂隙的充填物，造成孔隙率的增加，而且作为一种力直接作用在岩石上，影响岩石的稳定性。具体表现在以下五方面。

(1)连接作用

束缚在矿物表面上的水分子通过其吸引力作用将矿物颗粒拉近、拉紧、起连接作用，这种作用在松散土中是明显的，但对于岩石，由于矿物颗粒间的连接强度远远高于这种连接作用，因此，它们对岩石力学性质的影响是微弱的，但对于被土充填的结构面的力学性质的影响则很明显。

(2)润滑作用(白玉华，2002 年)

由可溶盐、胶体矿物连接的岩石，当有水浸入时可使溶盐溶解，胶体水解，使原有的连接变成水胶连接，导致矿物颗粒间力减弱，摩擦力减低，水起到润滑剂的作用。

(3)水楔作用

当两个矿物颗粒靠的很近，有水分子补充到矿物表面时，矿物颗粒利用其表面吸附力将水分子拉到自己周围，在两个颗粒接触处由于吸附力作用使水分子向两个矿物颗粒之间的缝隙内挤入，这种现象称水楔作用。

当岩石受压时，如压应力大于吸着力，水分子被压力从接触点中挤出；反之，如压应力减小至低于吸附力，水分子就又挤入两颗粒之间，使颗粒间距增大，这样便产生两种结果：一是岩石体积膨胀，如岩石处于不可变形的条件，便产生膨胀压力；二是水胶连接代替胶体及可溶盐连接，产生润滑作用，岩石强度降低。

以上三种作用都是与岩石中结合水有关，而岩石含结合水的多少主要和矿物的亲水性有关。岩石中亲水性最大的是黏土矿物，故含黏土矿物多的岩石受水的影响最大。如黏土岩在浸湿后其强度降低可达 90%，而含亲水矿物少(或不含)的岩石如花岗岩、石英岩等浸水后强度变化则小得多。

(4)孔隙压力作用

对于孔隙和微裂隙中含有重力水的岩石，当其突然受载水来不及排出时，岩石孔隙或裂隙中将产生很高的孔隙压力。这种孔隙压力，减小了颗粒之间的压应力，从而降低了岩石的抗剪强度，甚至使岩石的微裂隙端处由于受拉状态从而破坏岩石的连接。隧道修建前，山体中地下水因流动而形成初始渗流场。

裂隙水压力不仅降低了摩擦力，而且会将软弱结构面中的充填物带走或饱水，这就使结构面上的内聚力几乎消失，促使有滑塌趋势的块体发生沿软弱结构面滑塌坍方。因此，在正常干燥情况下不会发生破坏的岩石，在孔隙或裂隙水压力作用下可能要发生破坏，环山坪隧道在 F_1 断层富水段多次发生坍方是一个很好的例证。

(5)水化学作用

①水对岩石的作用不仅是从有效应力原理简单考虑的水对受力岩石的力学效应，它还是一种复杂的应力腐蚀过程。地下水化学(水文地球化学)异常，是指地下水因溶解矿体或其他原因而使其所含的某些组分显著不同于周围水体背景特征的现象，地下水化学异常对隧道围岩、混凝土衬砌的影响及防治具有十分重要的意义。对于岩石力学，水岩化学作用指水溶液与岩石(体)在岩石固相线下的温度、压力范围内进行的所有化学反应和物理化学作用。

②地下水沿着岩石的孔隙、裂隙或溶隙渗流过程中，能溶解岩石中的可溶物质，从而使水具有复杂的化学成分，对隧道围岩以及支护结构的混凝土产生腐蚀作用。

同时还应当指出，除了上述五种作用外，孔隙、微裂隙中的水的软化作用和在冻融时的胀缩作用对岩石力学强度破坏也很大。

1.7.2 地下水的类型及特征

埋藏在地表下的岩土孔隙、裂隙或溶隙中的水称为地下水，根据含水层的岩石空隙性质和埋藏条件，可将地下水分类如表 1-10。

地下水的类型及特征　　表 1-10

类型	分布	含水层状态	水量	特　征
孔隙水	松散层	层状	受颗粒级配影响	具有统一地下水面，其透水性、给水性及分布埋藏条件，主要受岩土成因类型和地貌条件控制
构造裂隙水	基岩裂隙破碎带	带状层状	较小	由于岩石中的裂隙大小相差悬殊，裂隙分布的很不均匀，所以裂隙水的埋藏、分布和水动力性质都非常不均匀

续上表

类型	分布	含水层状态	水量	特　征
岩溶水	碳酸 岩溶蚀区	层状脉状	较大	岩溶水具有水量大、运动快、在垂直和水平方向上分布不均匀的特性，其动态变化受气候影响显著，由于溶隙较孔隙、裂隙大得多，能迅速接受大气降水补给，水位年变幅可达数十米
多年冻土带水	冻结层上或层间	不规则	不大	
火山活动区	含气温热水	不规则	不大	裂隙张开度大，连通性好，发育程度比较一致，具有良好的导水性和含水条件

1.7.3 隧道施工中地下水的致灾机理

隧道岩体结构失稳与水的作用关系密切，地下水对岩体强度的影响不仅与水的赋存状态有关，还与岩石的性质和岩体的完整程度有关。有的岩体浸水后强度降低或丧失强度主要是胶结物被水溶解，充填物中的细小颗粒被水潜蚀，岩石软化、疏松，充填物泥化等所致；有的岩体浸水后强度降低是由于水起润滑剂作用加速岩体变形于破坏；有的岩体浸水后强度降低是水与矿物发生化学反映的结果。

地下水的改造作用有静水压力作用和动水压力作用。这两种作用都使岩体发生水力劈裂，使裂隙的连通性增加，张开度增大，从而增加渗透能力。除此之外，动水压力作用还能使裂隙面上的充填物发生变形和位移，尤其是剪切变形和位移，由此导致裂隙的再度扩展。从地下水作用致灾机理看，有静水推力、有效应力变化、渗透压力增大、水力楔入、冰劈、水的加载、水化、水击、土体冻融、淋溶和沉淀等作用。

岩石在一定的水压力下所产生的物理的、化学的和力学的作用过程是导致工程岩体发生变形破坏的根本原因之所在。其结果是：第一，在降低结构面及岩体强度的同时，削弱岩块之间的联系，增加岩块的自由度及活动度，加快岩体向破碎—松散介质转换的进程，从而使岩体的强度和变形特性发生根本性的变化；第二，由于化学作用主要发生于不同成因、不同规模的结构面及其附近，因此可以显著提高岩体的有效空隙度，增强其储水和导水能力，从而提高岩体应力场及稳定性对渗流场变化的敏感度。化学作用是地下水动态剧变诱发岩体失稳的前提与基础。

水—岩之间的力学作用对工程体的影响主要是通过地下水水量动态剧变使工程体应力环境恶化来体现。在绝大多数情况下，岩体浸水后强度降低与孔隙水压力作用是分不开的。通常情况下，岩土体中渗流场和应力场通过某种方式维系着一种动态平衡关系，当其中任何一方发生变化时，另一方都会通过它们之间的联结方式自动调整，以达到新的平衡。如果某一方的变化超过一定幅度，这个平衡体系就有可能被破坏，从而诱发工程体地质灾害的发生（黄润秋，2002年）。

已有的研究成果表明，岩土体的失稳破坏机理可以采用突变理论来加以解释。当结构的演化已经处于临界状态时，微小的扰动便可诱发结构失稳，这种结论可以很好地解释隧道围岩失稳的发生与外界因素的相关性。如隧道围岩经过水的软化等作用后，处于临界稳定状态，在应力调整、放炮扰动等外界因素的影响下，极易发生坍方或层状围岩地下洞室的弯折内鼓破坏。

地下水引起的隧道灾害后果严重，危害巨大，开挖停工短则几个月，长则半年甚至几年，降低了经济效益，造成不良的社会影响，严重的会造成生命财产的损失。地下水在隧道岩体失稳过程中起重要的作用，特别是有结构面存在的软弱围岩。从隧道坍方监控资料来看，满足两个物理条件，一是围岩较破碎，二是地下水的大量存在，有了这两个条件，开挖过程中在围岩地应力重分布、放炮振动等外界因素的作用下，加速了原来的失稳演化进程。

参 考 文 献

[1] 金美海. 高速铁路隧道穿越富水大断层施工灾害控制研究[D]. 重庆交通大学. 硕士论文，2007，12.

[2] 李苍松，何发亮. 关于瓦斯隧道施工地质超前预报的探讨[J]. 第二届全国岩土与工程学术大会论文集：30-36.

[3] 杜炜平. 隧道开挖地质灾害规律与防治对策研究[D]. 中南大学博士论文，2001，10.

[4] 叶英. 岩溶隧道施工超前地质预报方法研究[D]. 北京交通大学博士论文，2006，12.

[5] 张朋. 云雾山隧道浅埋岩溶段地质灾害研究. 重庆大学硕士学位论文，2007，11.

[6] 中华人民共和国国家标准. GB 50218—94 工程岩体分级标准. 北京：中国计划出版社，1994.

[7] Wong R H C. leung W L. Wang S W. Shear Strength Studies on Rock-link Models Containing Arrayed Open joins[M]. Rock Mechanics in National Interest. Elsworth. Tinucci. Heasley(eds). Swets&Zeitlingerlisse. 2001：843-849.

[8] 张有天. 岩石隧道衬砌外水压力问题的讨论[J]. 现代隧道技术，2003，40(3).

[9] Bellier J.. Londe P.. The Malpasset dam. Engineering Foundation Conf. Proc[J]. The evczlucztio of dam safety. 1976.

[10] 陈先国. 隧道结构失稳及判据研究[D]. 西南交通大学博士研究生学位论文，2002. 12：

58-68.

[11] 孙家奇,罗国煜.工程地质[M].武汉:武汉理工大学出版社,2003:60-62.

[12] 韩行瑞.岩溶隧道涌水及其专家评判系统.中国岩溶.2004,23(3)

[13] 张清,田盛丰,等.隧道及地下工程岩溶危害预报的专家系统.岩石力学与工程学报,1992,11(3).

[14] 韩行瑞,白山云,等.我国典型岩溶隧道突水分析及专家评判系统的探讨.2004年岩溶地区隧道修筑技术专题研讨会.北京:人民交通出版社,2004.

[15] 赵明阶,徐容,许锡宾.岩溶区全断面开挖隧道围岩变形规律及其监测.同济大学学报(自然科学版),2004,32(7).

[16] 赵明阶,徐容,许锡宾.岩溶区全断面开挖隧道围岩变形特性模拟.同济大学学报(自然科学版),2004,32(6):710-715.

[17] 吴梦军,许锡宾,刘绪华,等.岩溶对公路隧道围岩稳定性的影响研究.地下空间,2003,23(1).

[18] 吴梦军.隧底岩溶对围岩稳定性影响的数值模拟研究.2004年岩溶地区隧道修筑技术专题研讨会.北京:人民交通出版社,2004.

[19] 何发亮,李苍松,陈成宗.岩溶地区长大隧道涌水灾害预测预报技术.水文地质工程地质,2001(5).

[20] 黄书汉,钱孝星.岩溶地下水研究的回顾与展望.水利水电科技进展,1997,17(4).

[21] 王建秀,杨立中,何静.大型地下工程岩溶涌(突)水模式的水文地质分析及其工程应用.水文地质工程地质,2001(4).

[22] 曹玉清,胡宽容.岩溶化学环境水文地质[M].长春:吉林大学出版社,1994.

[23] 徐林生,唐伯明,慕长春,等.高地应力与岩爆有关问题的研究现状.公路交通技术,2002(4):48-51.

第2章 广义的隧道施工超前地质预报方法

隧道掘进的主要难题是了解掌子面前方地质情况和岩土力学参数。在复杂岩土条件下修建的地下工程越来越多，其中隧道轴线的地质界面可能会在施工掘进中发生严重的问题，如大断裂、坍方、突涌水等灾害，尤其是当这些灾害交叉突发时，问题会更加严重。隧道掌子面前方地质条件多变、高的覆盖层和既有稠密的基础设施等也会导致地面勘察钻孔或地面地球物理探测预报结果不准确。

隧道超前地质预报是指对隧道开挖掌子面前方的地质情况及不良地质体的工程性质及位置、产状进行探测、分析解释及预报。目前国内外采用的主要预报方法可分为设计阶段勘测(较粗)资料(包括:地面电测深法、地面浅层地震法、地面地质调查、验证钻孔等)、施工阶段的 TSP、VSP、HSP、TRT、USP 地震预报法、GPR 地质雷达法、TEMT 瞬变电磁法、BEAM 激发极化法、掌子面超前取芯钻孔预报及掌子面地质编录法预测等。各种预报方法比较见表 2-1。

隧道超前地质预报常用方法比较 表 2-1

内容＼方法	设计阶段勘测(地面)			隧道施工阶段(掌子面)			
	电测深法	浅层地震	钻探	TSP 法	地质雷达	超前钻孔	地质编录
勘探范围	200m	1 000m	1 000m	200m	<30m	200m	10m(粗略)
勘探布置	地面	地面	地面	掌子面 50m	掌子面	掌子面	掌子面
勘探时间	1 点/3h	1 点/0.5h	1 个月	1.5h	1.5h	240h	0.5h
解释人员	物探专业人员	物探专业人员	地质人员	现场人员	专业人员	地质专业人员	地质专业人员
解释精度	精度不高	精度高	精度高	精度高	精度高	精度高	精度较差
局限性	地形条件、多解性	地形条件、多解性	地形条件	多解性	多解性	效率低、难度大	地质专业技术要求高
费用预算	1 点/500 元	1 点/300 元	700 元/m	200 元/m	300 元/m	1 000 元/m	50 元/m
岩土力学信息	非直接、类比	好	好	好(纵横波)	非直接类比	好	好

对隧道掌子面前方的地质情况进行预报，应结合掌子面前方的具体情况，如地形情况、地上有无建筑物、林地及高压线等地上附着物、隧道围岩地质环境，不良地质体与围岩的主要物性差异(一种或几种)，并应详细了解各种物理探测方法、地质方法、化探方法等外业布置要求，尽可能满足外业布置的各种条件，保证获取可靠的第一手资料。因此，隧道超前地质预报的方法选择应从广义的角度去理解，不论是物探方法还是地质或化探方法，只要能对隧道掌子面前方(预报要求范围内)的地质情况作出预测并能指导动态设计与施工，都可作为超前地质预报方法。作者曾在山西省汾柳高速公路薛公岭隧道遇到一个问题，隧道洞口处原设计围岩为泥灰岩，在施工单位开挖后，隧道出口处实际围岩上覆为粉性土(3～4m)，下卧为黏性土(原勘察设计为泥灰岩)，地表为林区，详见图2-1。隧道设计的洞口地质资料主要参考距洞口最近的勘察钻孔资料(ZK7距洞口80m和ZK8距洞口140m，以上两个地质钻孔在两米以下均见到泥灰岩)。因此，勘测土体与岩体围岩接触面的位置及产状成为隧道超前地质预报的任务。此时采用地面联合剖面法(两个极距)，非常容易确定土体与岩体的结合面，并能确定其产状、位置及含水破碎情况等。而其他的预报方法，如TSP地震预报法显然不适用，地质雷达法也不适用(在土体中探测深度较小)，掌子面地质编录法无法预测；电测深法可行，造价高没有必要；浅层地震法可行，造价高且林地难以布置；其他的物探方法虽然可行，但大多受地面条件限制。

图2-1 山西省薛公岭隧道左线进口

以上仅为一实例，但说明隧道超前地质预报方法的选择，不可局限在某些固定的方法，而要结合工作现场的实际情况及具体任务，优选一种或几种组合方法或组合参数法对隧道掌子面前方进行超前地质预报。以下根据预报位置不同分别讨论地面(洞外)和掌子面(洞内)超前地质预报的常见方法。

2.1 隧道地面(洞外)超前地质预报

作者认为隧道超前地质预报应以物探方法为主,辅助以地质、化探方法。物探的各种方法各有其特点和应用前提,且各种方法都有多种野外布置方式,不同的布置是为探测不同的地质体而设计,没有"包打天下"的一种方法和一种布置模式。另外,物探的种种方法其探测精度受到多种因素的限制,即使一套组合的综合方法可能对某一个工作任务是最优化的设计方法,但地质情况发生变化后还需重新试验、设计。各种物探方法及地质方法的多解性,要求采取多种方法不同参数的组合来减少多解性,达到解释的唯一性。

2.1.1 常见的地面物探方法及适用范围概述

(1)地面物探方法简述见表 2-2。

地面物探方法简述 表 2-2

方法名称		适用范围
电法	自然电场法	隐伏断层、破碎带、地下水流速、流向
	充电法	地下洞穴、地下管线、地下水流速、流向
	电阻率测深法	基岩埋深、划分松散沉积层、基岩风化带、隐伏断层、地下洞穴、含水层分布
	电阻率剖面法	基岩埋深、隐伏断层、地下洞穴
	激发极化法	隐伏断层、破碎带、划分松散沉积层、基岩风化带、地下洞穴、含水层分布
电磁法	频率测深	基岩埋深、划分松散沉积层、基岩风化带、隐伏断层、地下洞穴、河床水深及沉积泥沙厚度、地下管线
	电磁感应法(如地质雷达、瞬变电磁法)	基岩埋深、划分松散沉积层、基岩风化带、隐伏断层、地下洞穴、地下管线
	无线电波透视法	隐伏断层、地下洞穴、地下管线
地震法	折射波法	基岩埋深、划分松散沉积层、基岩风化带、潜水面深度和含水层分布、河床水深及沉积泥沙厚度
	反射波法(如 TSP 地震预报系统)	基岩埋深、划分松散沉积层、基岩风化带、隐伏断层、破碎带、地下洞穴、潜水面深度和含水层分布、河床水深及沉积泥沙厚度
	直达波法(单孔法和跨孔法)	划分松散沉积层、基岩风化带
	瑞雷波法	基岩埋深、划分松散沉积层、基岩风化带、隐伏断层、破碎带、地下洞穴

续上表

方法名称		适用范围
声波法	声波法	基岩埋深、划分松散沉积层、基岩风化带、隐伏断层、破碎带、地下洞穴、滑坡体的滑动面
	声纳浅层剖面法	河水水深及沉积泥沙厚度、地下或水下隐埋物
地球物理测井法	电测井	地下洞穴、划分松散沉积层、基岩风化带、潜水面深度和含水层分布、地下或水下隐埋物
	电视测井	
	放射性测井	

(2)地面地质及化探方法详见表2-3。

地面地质及化探方法简述 表2-3

	方法名称	适用范围
地质方法	地面地质调查法	基岩出露
	地质界面地质投影技术	基岩出露、多种岩性、地表有断层迹象
	断层参数预测法	隧道掌子面岩性特征、构造规律
化探方法	汞气测量	寻找隐伏断裂构造具有明显的效果
	二氧化硫、二氧化碳	寻找隐伏断裂构造具有明显的效果
	氡气测量	寻找隐伏断裂构造具有明显的效果

2.1.2 常见地质灾害体的预报方法

在隧道施工过程中,常见的地质灾害体有:断层破碎带、岩溶及陷落柱、岩爆、瓦斯、岩性界面及不整合接触带、软岩、地下水等。以下根据不同灾害体的物性特点说明常见的地面探测方法。

2.1.2.1 *断层破碎带*

断层破碎带是隧道施工最为常见的地质现象之一,它通常分为:活动性断层、低阻充水型破碎带、高阻干燥型破碎带。将第四纪(240万年)以来,以阿尔卑斯—喜马拉雅运动以来再次有过活动或者新产生的断层称为活动断层。其他为非活动断层。根据断层破碎带的充填物含水不同,可分为低阻破碎带或高阻破碎带。活动断层探测和评价工作,可以分为如下三个阶段:①断层位置、形态参数的探测与确定;②活动性探测及研究;③活动断层分段性研究和危险性评价。在活动断层的探测中,不同探测阶段采用不同的地球物理方法。例如在第一阶段一般采用重磁、电法、放射性、遥感和浅层地震等方法探测;活动性的探测主要采用人工地震方法、地质雷达、放射性、井中地球物理等方法。在最后阶段,采用的地球物理资料一般是深部地震、天然地震、深部电法(大地电磁测深)等。

在场区内选取普查活断层的有效物探方法，不仅要考虑岩石的物性、断层构造面的形态特征及其引起的物性差异，而且还要考虑场区环境对物、化探方法的干扰和限制。

城市地震活断层地球物理探测的目的是准确查明地表附近活动断层的空间分布，确定其深部延伸的情况，探测可能存在的隐伏活动断层，揭示地下介质的特性和深部构造环境，为活断层的地震危险性评价提供依据。城市活断层探测的地球物理方法主要包括浅层地震勘探、人工地震测深、微重力测量、高精度磁测、电法勘探和天然地震观测等。

(1)地面浅层地震勘探

浅层高分辨地震勘探是城市活断层浅部探测中最为有效的探测方法之一，可以提供断层的位置、几何形态、断层带宽度、断层活动和在资料完整的条件下研究地层变形时代等有关参数，对了解断层构造活动历史，研究强震发生的可能性等具有重要作用。

浅层地震勘探一般采用24道或48道浅层地震勘探仪进行观测，震源主要可选用锤击震源、震源枪、可控源、电火花源和炸药等，其中炸药震源主要适合在野外工作地区进行。目前高质量的浅层地震勘探可以提供1～3m的水平分辨率，垂直分辨率可控制在深度的10%以内。图2-2为某隧道勘察活动断层探测中地震勘探剖面图。图2-3为该剖面采用工程揭露的剖面素描图，图中F_2为推断的断层位置。由图可见，在断裂带上，地震勘探反映为强反射信号。很容易识别断层和确定断层的位置(崔国柱、李恩泽、曾昭发，2003年)。

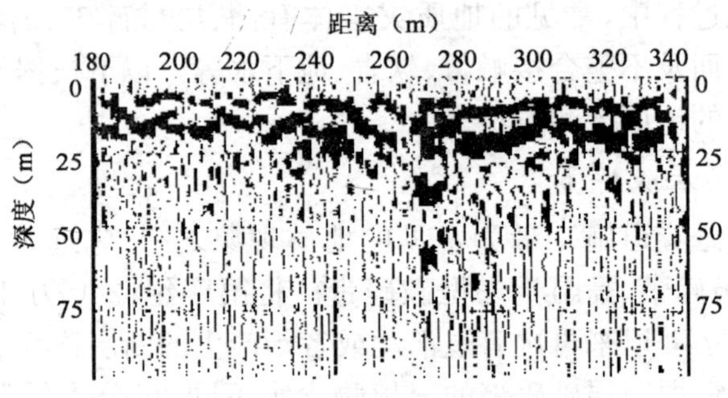

图2-2 某工地浅层地震剖面

(2)电法勘探

电法勘探的种类繁多，其中适用于地震活断层探测的方法主要包括联合剖面法、高密度电法、大地电磁测深、瞬变电磁法等。其原理是利用地下介质的电性特征，对活动断层的不同深度进行研究；缺点是分辨率较低，但可以用于宏观特征的研究。高密度电法、瞬变电磁法、可控源电磁法、联合剖面法是应用较广的方法，可

对地表以下百米深度范围内的断层进行调查，并提供活动断层的宏观特征，与浅层地震勘探相配合，可以提高浅层地震勘探在某些特殊部位解释的可靠性。

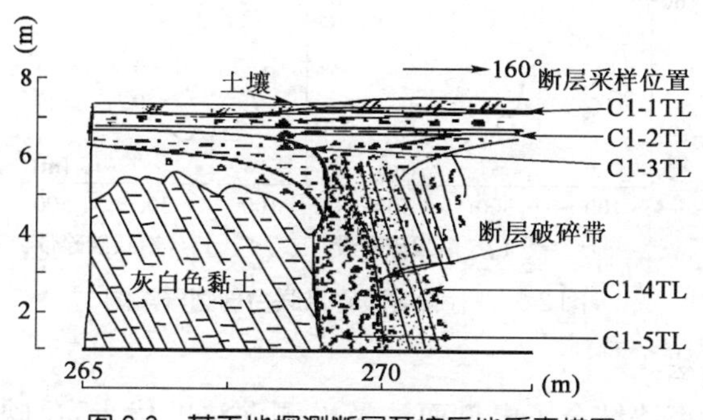

图 2-3　某工地探测断层开挖后地质素描图

①联合剖面法

联合剖面法在寻找追踪直立低阻充水型破碎带非常有利，在寻找高阻干燥型断层破碎带时不利，特点“低阻正交点”。

实例：某隧道在勘察时采用联合剖面法发现断层破碎带（金东淳、崔天日，2003 年）。

场区内含煤盆地的主体是第三纪珲春组，由泥岩、细砂岩、粗砂岩、砂砾岩及煤层组成，是无磁性体，沿断层破裂面可形成弱电性差异面；覆盖层是第四纪砂层、含砾砂层及黏土层，无磁性；基底是侏罗纪流纹岩、凝灰岩、安山岩等组成的较强磁性体。已知活断层位于场区西北侧边缘附近的煤矿开采区，为钻探和井下坑道确定的活断层，呈东西向展布，向东延伸至场区北部老城区内；实测结果虽然受到一些干扰，但断层仍反映为较明显的低阻正交点。活断层 F_6 是场区北部龙王庙断层，呈东西向展布，属钻探和地质调查确定的活断层；在该断层东段及其延长线上分别布设了两条电剖面，在断层及其延长线上获得了明显的异常反应（图 2-4），F_{13} 断层破碎带如图 2-5。上述实测结果表明，在已知的几条断层上，电剖面结构均有较明显的异常反应；其地质及环境条件与场区南部相同，亦为台级阶地。

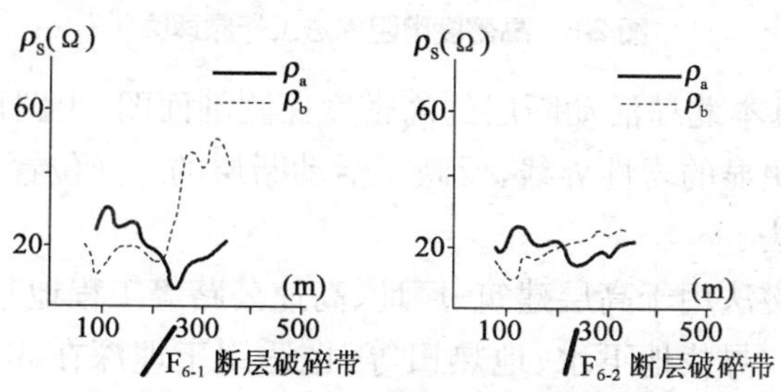

图 2-4　F_6 断层破碎带联合剖面异常图

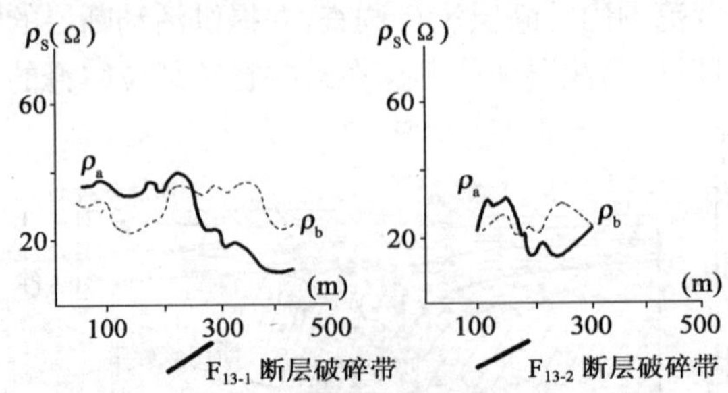

图 2-5　F_{13}断层破碎带联合剖面异常图

②高密度电法

高密度电阻率法结合了电剖面法及电测深法的优点，反映了沿测线下方垂直断面上纵、横两个方向的电性变化特征。该方法采样密度高、样本数据量大、所含信息丰富。再将先进的数据处理技术与现场地质工作相结合，正确布设测线，则可达到对隐伏断层性质的定量解释。

高密度电法进行二维地电断面测量，兼具剖面法与测深法的功能，有点距小、采样密度高的特点，在敷设一次导线后可进行数千个记录点的数据观测，其信息量大、施工效率高。由此，近年来高密度电法在管线调查、物探找水、采空区、岩溶、滑坡等灾害物探调查等方面得以广泛应用。

工作方法简述：高密度电法供电为低频交流电，测量结果为地层视电阻率。因此实际上属于直流电阻率法。其工作框图见图 2-6。

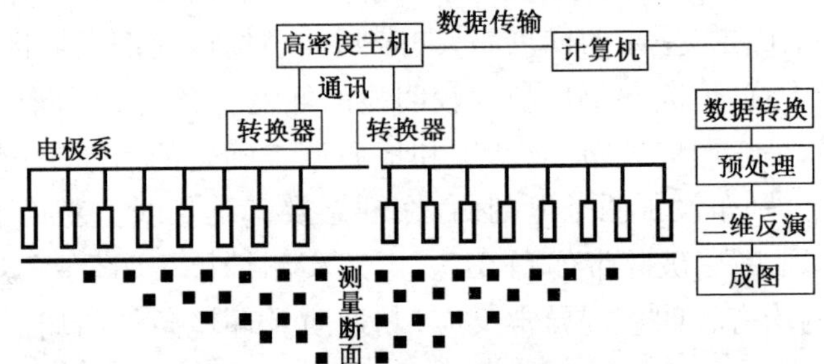

图 2-6　高密度电阻率法工作原理图

如图 2-7 为日本北岛活动断层的高密度探测剖面图，由图可见，在黏土和砂砾岩之间有一个明显的岩性界线，反映了活动断层的空间位置。

③瞬变电磁法

瞬变脉冲电磁法用于高层建筑、厂址、高速公路等工程地基勘察，溶洞、地裂缝、防空洞的探测，寻找地下水、地热田等；也适用于埋深在 300～500m 以内的煤田及金属矿产勘探，在水面、沙滩、基岩裸露地区比其他物探方法能取得更好

的效果。该方法广泛应用于有色金属、煤炭、工程地质等许多行业进行地质构造评价。

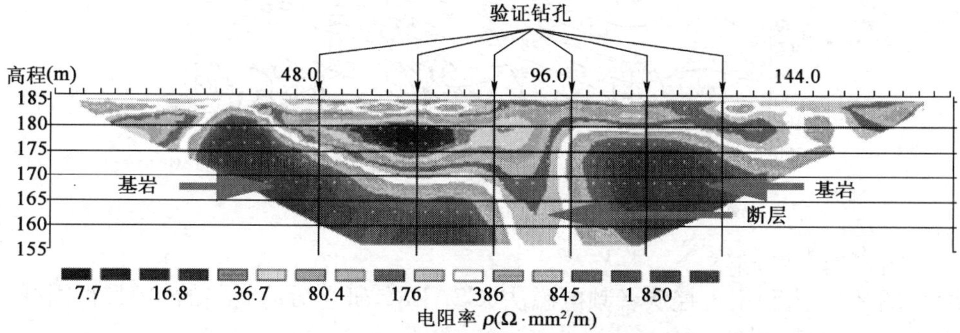

图 2-7 高密度电阻率法探测断层剖面图

实例(郁万彩,2001年):某工作区位于山东省微山湖区,湖水深1～3m,第四系厚130m。调查的断层两盘均被第四系覆盖,其底部的黏土隔水层厚度较大,隔断了第四系内部含水沙层同下伏地层的水力联系。断层上升盘为奥陶系石灰岩、白云质灰岩,下降盘为石炭二叠系含煤地层,断层落差360～800m,矿区内水平延展长近8km,主采煤层和奥陶系石灰岩直接接触(图2-8)。

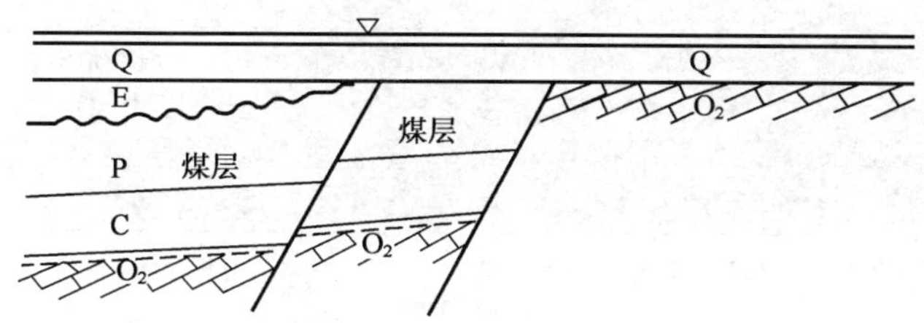

图 2-8 测区地质剖面示意图

仪器工作布置:数据采集使用国产SD-2型瞬变电磁仪,通过试验确定使用重叠回线工作方法;

回线边长:200m(正方形);

工作电压:60V;

叠加次数:200次;

工作频率:6.25Hz;2.5Hz(双频观测);

测量道数:40道;

供电电流:8～11A。

沿断层走向选择两处进行跨断层布线测量,完成测线7条(线距100m,点距50～100m),测量的效果见图2-9。

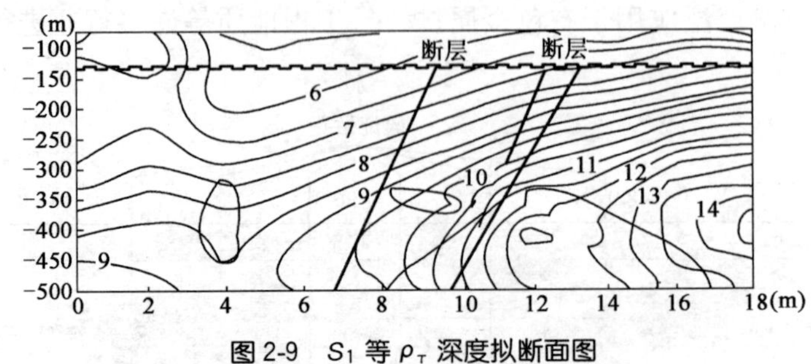

图 2-9 S_1 等 ρ_T 深度拟断面图

④大地电磁测深

图 2-10 为利用可控源音频电磁法(CSAEM)研究活动断层的实例(崔国柱、李恩泽、曾昭发,2003 年)。

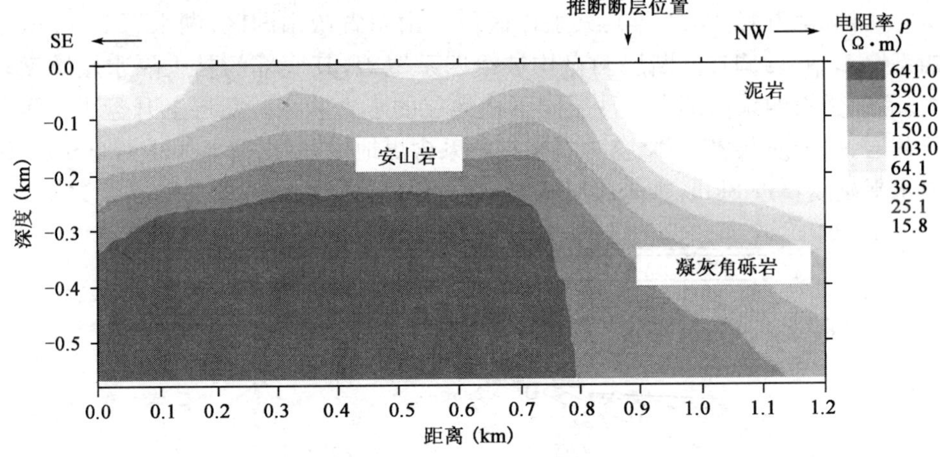

图 2-10 可控源音频电磁法(CSAEM)研究活动断层的实例

在电法勘探中,要特别注重针对城市地区干扰大的特点,采取必要的技术措施提高观测系统的抗干扰能力。

⑤地质雷达

地质雷达是用高频电磁脉冲确定地下介质分布的一种方法。该方法是利用介电常数不同的介质交界面会产生电磁波反射进行探测。其主要特点是具有较高的分辨率和较高的工作效率。由于该方法的探测深度受限制,在研究有覆盖层的隐伏断层时不作为首选方法,但该方法在判断断层活动性方面应用效果较好,具有观测精度高、信息丰富的特点,能够反映活动断层的位置和地下形态。

(3)重力探测

随着高精度重力仪的出现,微伽级的高精度重力仪在小断层探测等方面得

到了越来越多的应用。在地震活断层探测的总体设计阶段，应充分利用本地区现有的重力资料，对工作区内的重力异常进行认真的分析，研究该地区主要断裂构造与重力异常的关系，推断可能存在的隐伏断层，为地震活断层探测的总体设计提供基础资料。利用长期的重力场测量资料，通过重力反演还可以对孕震体密度场变化、断层对地震发生与迁移的作用和流体对断层活动的作用等进行深入研究。

(4)磁法勘探

磁法勘探在大地构造分区、断裂带、接触带、破碎带和基底构造的探测，沉积岩、侵入岩、喷出岩以及变质岩的分布范围划分等方面有着广泛的应用。断裂带的磁异常因不同的构造作用以及其后发生的地质过程而具有不同的特征。其异常特征包括岩石在经受外力作用，尤其是因岩石破碎后出现的磁性降低引起的负异常；因深断裂内伴有岩浆活动或热液侵入带来的磁场增强所表现的正异常；或因热退磁作用引起的负异常等。另外，由于断裂切断了地质构造的连续性，使与构造有关的磁场形态出现不连续变化，从而表现出异常走向改变以及磁场陡变等特征。通过磁测，查明磁异常分布特征即可判定断层位置、走向及断层性质。

根据不同的研究对象，磁法勘探既可探测从地表到数百米深度的浅部构造，也可研究深部地质构造，估算居里点深度等。

(5)放射性测量方法

放射性方法是一种介于地球物理方法和地球化学方法之间的一种方法。活断层，尤其是在隐伏活断层的勘探中，通常很难找到判断活断层的地质依据。分析研究活断层的放射性特性为地球物理探测活断层的一个重要方法。新构造断裂带有微弱的天然放射性显示。从地球物理角度讲，它是新构造断裂中某些放射性物质的储存和逸出造成的。在活动的老构造断裂带的天然放射性与新构造断裂的天然放射性一样有增强显示，而非活动的构造没有这样的异常产生。

实例(金东淳、崔天日，2003 年)：在某场地的隐伏断层调查中，使用了 FD-3017RaA 测氡仪。在 4 条剖面上，共测试 222 个点，点距为 10m，出现异常时加密到 5m 或重复测试。取气深度 35cm，多数穿透表层土，测试工作在 4 月中旬的几天内进行，土层已完全化冻，因此没有考虑土壤的微弱温度变化。氡射气含量以脉冲数/2min 表示，测试结果见表 2-4。在工程场区进行了工程地质钻探和探槽揭露工作，钻孔深度为 15～30m。测试结果表明，活动断层带上氡气含量分布有以下特征：

①沿断层带各测点的氡值含量超过平均值，构成了断层氡晕带。

各剖面测试结果表　表 2-4

剖面	测点数	剖面长度(m)	平均值(脉冲/2min)	最高值(脉冲/2min)	最低值(脉冲/2min)
1	47	470	54.41	339	0
2	62	580	35.21	326	0
3	59	590	51.82	413	0
4	64	540	18.92	118	0

②在每条剖面上,氡值的峰值出现在断层带之上。

③沿断裂带氡射气异常值的高低与断层带的岩性有一定的关系。工程场地张性正断层的作用构成南北向展布的断陷区。在断陷区内堆积了白垩纪紫色泥岩和矽质砂岩块的残积物、河床相砾石、含黑色炭质条带的沙层,以及更新世黏土层。在测试剖面上氡射气异常峰值处都出现在断陷区两侧断层带上。黏土与泥岩相接触的断层带氡射气含量高;而砂砾层与硅质砂岩接触带则较低(图 2-11)。

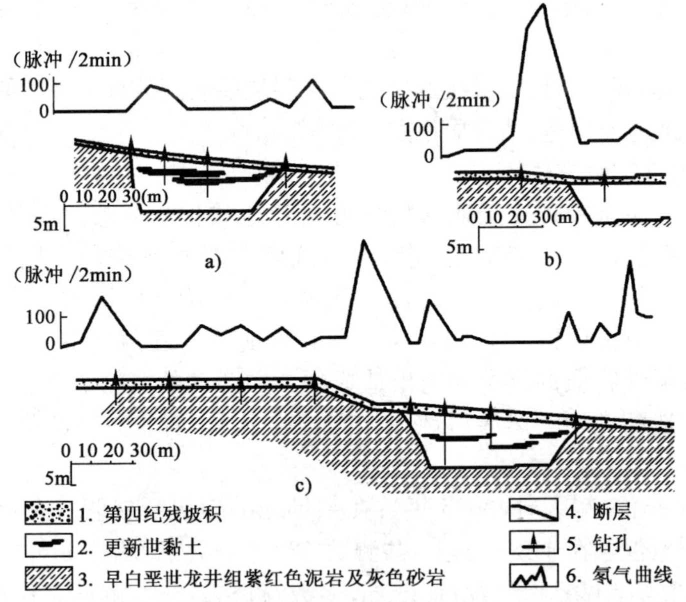

图 2-11　某场地氡气测量异常剖面图

(6)地面方法预报断层总结

以上通过实例介绍了各种单一方法探测断层的原理及效果,下面简述各种方法的应用前提、方法特点,并说明优化组合方法的必要性。

①常用各种探测方法评价,见表 2-5。

常用各种方法评价及特点 表 2-5

方法		应用前提	方法特点	应用效果	备注
1. 地面浅层地震勘探		1. 波速差异； 2. 场地条件	反射波法	1. 精度高； 2. 反映异常形状	
2. 电法	联合剖面法	1. 电阻率差异； 2. 地形条件许可	1. 轻便简单； 2. 对低阻直立断层有利； 3. 存在最佳极距	定位准确，能反映断层产状	
	高密度电法	1. 电阻率差异； 2. 地形条件许可	1. 轻便简单； 2. 资料丰富	精度高	
	瞬变电磁法	1. 电阻率差异； 2. 地形条件许可	1. 轻便简单； 2. 场地条件	精度中等； 体积效应	
	大地电磁测深	1. 电阻率差异； 2. 地形条件许可； 3. 干扰小	1. 对大地构造探测有利； 2. 对浅部小异常不明显	精度中等	
	探地雷达	介电常数差异	1. 探测深度 < 30m； 2. 解释应有参照	精度高	
3. 重力探测		密度差异	1. 对大地构造探测有利； 2. 对浅部小异常不明显	工程上不常用	
4. 磁法勘探		磁性差异	1. 对大地构造探测有利； 2. 对浅部小异常不明显	工程上不常用	
5. 放射性（测氡）		放射性差异	间接方法	常用，定性	
6. 地质及化探方法		地质构造变化规律	直接方法	常用，定性	

②方法组合的必要性

通过以上资料的研究表明：虽然应用物探方法探测断层通常采用单一方法进行，但其误报率较高，目前的发展趋势为组合方法进行预报，如经常采用的组合方法有："联合剖面＋测氡"、"高密度电阻率＋浅层地震反射"等一系列方法组合的断层预报模式。

活动断层的探测具有重要的意义，可为预测地震活动、城市建筑有效地避开活动断层提供重要的资料。地球物理方法在城市活动断层的探测中具有重要的作用，它能为活动断层的空间位置、形态参数和推断活动性提供可靠的依据。不同的地球物理方法在活动断层的探测中具有不同的特点。重磁方法和直流联合剖面法可以用于确定断层的地表位置和前期的研究；高密度电法、电磁法、浅层地震、地质雷达、井间层析成像等方法是研究断层的形态特征、近地表活动规律的重要方法；浅层地震、地质雷达、放射性方法可以进行断层的活动性研究；深部地震、大地电磁等方法一般用于研究活动断层的深部规律。

可见，还需要进一步加强地球物理方法在活动断层探测中的研究，并确定探测活动断层的不同内容所需要采用的不同地球物理方法组合和解释中的不同地球物理信息组合，为开展城市活动断层探测提供指导。

2.1.2.2 岩溶、采空区与陷落柱

岩溶地质灾害是隧道施工过程中主要的地质灾害之一。准确地预报岩溶的类型、位置及规模是可溶岩地区隧道安全施工的基础。由于岩溶的产生受多种因素制约，其中的构造因素，特别是断层及其破碎带是控制岩溶产生的主要条件。

(1)岩溶产生的地质基础

岩溶的产生受岩性、构造和可溶岩与非可溶岩的接触界面(构造和非构造因素)等因素控制。大型溶洞、暗河主要发育在下述的构造部位。

①可溶岩，特别是强溶岩(纯灰岩和盐岩)中的断层破碎带，胶结疏松；宽度大的断层破碎带(有利于侵蚀性水的流动)。

②可溶岩与非可溶岩的接触界面，如灰岩与泥灰岩、泥岩、页岩的接触界面，再如，灰岩与岩浆岩，特别是玄武岩、辉绿岩等的接触界面。可溶岩位于界面上盘时，更有利于岩溶溶洞的形成，原因是差异溶蚀。

③大型背斜、向斜的核部等较破碎部位。

④高倾角背斜(纵弯褶皱)的两翼在裙皱形成过程中由于层间滑动而形成的破碎带(地表一般为负地貌)。

⑤发育于侵蚀基准面之上的垂直循环带(包气带)，水平循环带(饱水带)及其之间的过渡带。

(2)基于岩溶产生条件的预报方法

采用地面物探与井下物探相结合进行地质勘探的方案，主要查明隐伏基岩的岩性、顶板起伏及其中的构造分布、岩溶发育情况，第四系土层厚度与隐伏土洞的发育情况。应根据不同地层的地质条件、物性条件及拟解决的地质问题，选择有效的物探方法，要尽可能采用效果好的新技术新方法，如地质雷达、浅层地震、高密度电法、瞬变电磁法等。

①地面地质调查

地面地质调查的工作方法分为地质测绘法和地面地质界面和地质体投射技术。其中前者采用的主要技术手段有穿越、追索和全面踏勘三种；后者主要是利用调查的结果运用投射公式进行计算。利用这种方法进行如下工作：

a. 弄清楚隧道线路经过地区可溶岩（灰岩、盐岩），特别是强溶岩（纯灰岩、白云岩、盐岩）的地层层位和展布范围；

b. 查明隧道线路经过地区及其邻近地区，在可溶岩分布的规模较大断层的产状及其与地表隧道线路中心线的相互关系；特别注意那些两条或两条以上断层交汇的位置（它们是侵蚀性地下水的有利通道）；

c. 查明可溶岩与非可溶岩接触界面的位置及其与地表隧道线路中心线的相互关系；

d. 结合上述有利于岩溶发育的岩层层位和构造位置，在大小封闭的洼地内，寻找大型溶洞或暗河的入口；

e. 根据断层产状或可溶岩与非可溶岩界面的产状，用地面地质界面法和投射公式，求得可能出现的大型溶洞、暗河与隧道的相互关系；

f. 查明暗河的入口和出口的位置及高程，并结合可能成为暗河通道的较大断层或较紧闭背斜褶皱核部的位置、产状，推断暗河大致通道，确定能否与隧道相遇或与隧道的大概位置关系；

g. 依据岩溶发育的分带性和隧道的相对高程和季节的变化，判断那些可能与隧道相遇的溶洞、暗河的水量；或推断那些不与隧道相遇的有水溶洞或暗河对隧道施工的影响程度；

h. 搞清隧道所在位置岩层所属的构造体系和地表具体的构造行迹。

②浅层地震预报

浅层地震探测岩溶及陷落柱通常采用反射波法。岩溶裂隙发育带的存在使地震波发生绕射、散射，吸收系数增大，并影响水平叠加效果，反射波能量减弱。在时间剖面上可以根据反射波振幅及波形特征来识别致密灰岩区和岩溶裂隙发育带，在奥灰岩反射时间间隔中可以有条件地划分以下四种有一定动力学特征的反射波。

a. 地震反射波具有稳定的能量反射度和相干性，连续性好；

b. 反射波能量较弱，连续性较好；

c. 反射波具有不连续的特性，出现垂直位移和不同倾斜的反射段以及波形拉宽、压窄和极性反转等现象；

d. 反射波呈扭曲状断续杂乱分布或完全缺失反射同相轴。

第一、第二类反射波特征对应致密或较致密灰岩区，第三、第四类反射波特征对应岩溶裂隙发育或较发育区。图 2-12a）是某隧道区的勘查资料（陈家联，2003 年），用浅层地震探测溶洞的部分资料。通过物探工作，发现了多处异常，分别为溶洞、土洞及软弱透镜体引起。图 2-12b）为地震波时间剖面图，从图中可看出有明显的异常，经钻探查证，为溶洞引起的异常。

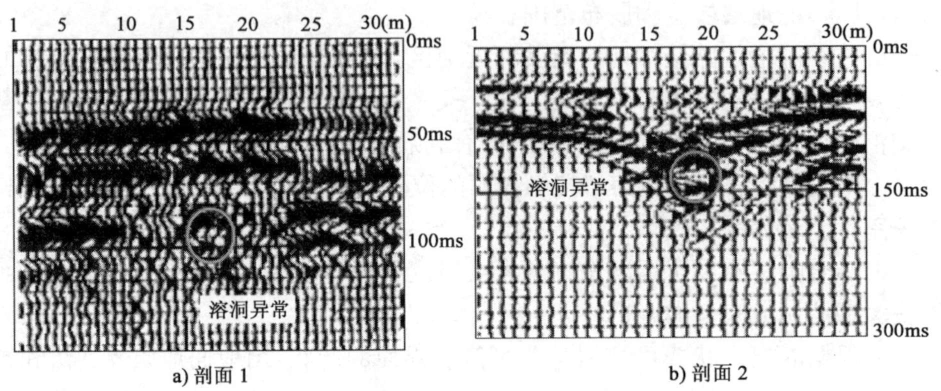

图 2-12　某隧道勘查资料浅层地震探测溶洞的效果

图 2-13 是山西某区的地震时间剖面（倪新辉、刘天放，1997 年），奥灰岩顶界面反射波连续性好，奥灰岩内反射波能量强，反射波特征明显。该区灰岩埋深 >600m，岩溶裂隙不发育，曾在邻近打过一个干孔。根据时间剖面上 IV 类区确定 8 536 孔，成孔后单位涌水量 0.24L/s. m，岩溶裂隙发育。

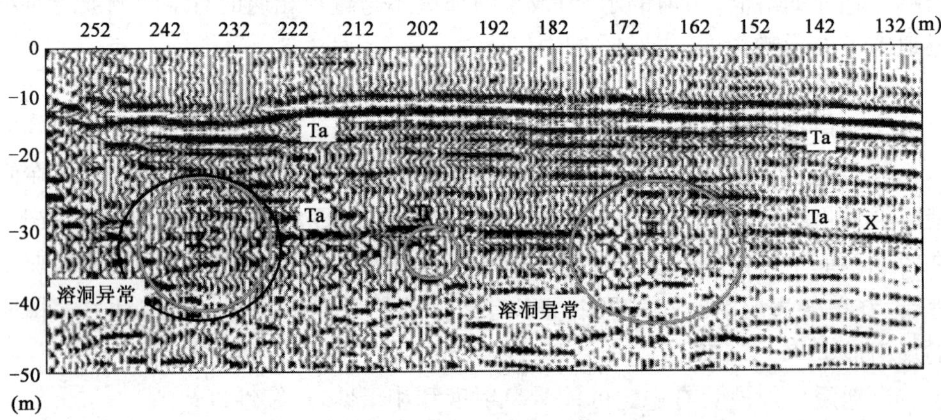

图 2-13　某区勘察资料浅层地震探测溶洞的效果

③电法

常用的方法包括：电测深法、高密度电阻率法、偶极法、充电电位法、自然电位法、激电中梯、地质雷达法、瞬变电磁法等。以下介绍主要常用方法。

a. 电测深法

电测深 ρ_s 曲线类型取决于地电断面的性质，同时，根据地质和电性资料作出不同类型 ρ_s 曲线和地电断面的对比，可以说明不同类型 ρ_s 曲线变化的地质原因。因此，通过 ρ_s 曲线类型的分布和变化可以了解地下介质的电性结构。通常，ρ_s 曲线类型发生变化的原因是某岩层缺乏或出现新地层：由于探测区段地层电性结构简单，在无溶洞的正常地段，仅有电阻率较低的浮土覆盖层和 $\rho_s \to \infty$ 的基岩～灰岩2层电性结构。电测深 ρ_s 曲线为G型，其尾支呈45°渐近线上升。当地下有溶洞存在时，如果溶洞规模不大，且埋深较浅，充填物多为水、泥沙或砾石时，则 ρ_s 曲线大多为KH型；如果溶洞埋深较大，则 ρ_s 曲线为A型或KA型。

图2-14为某场地电测深 ρ_s 曲线等值线图(敬荣中、林剑、肖志强，2002年)。

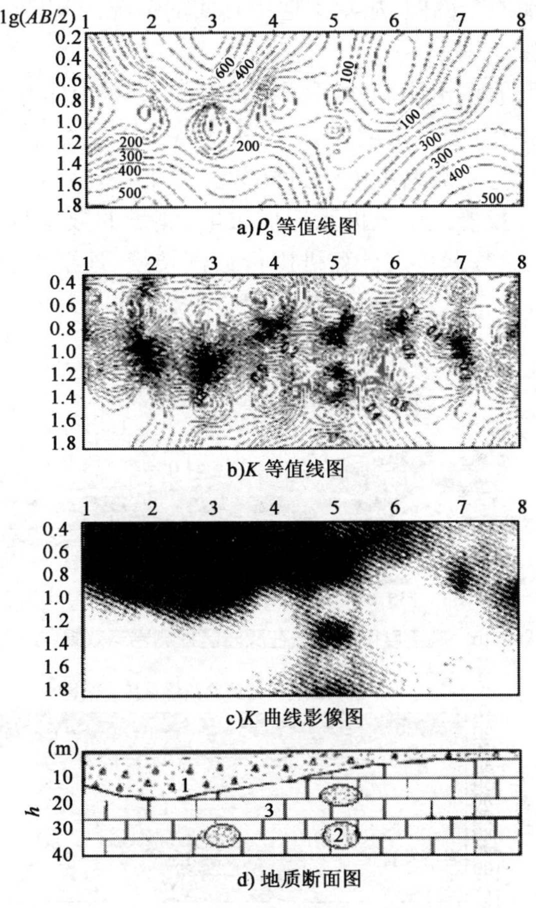

图2-14 某场地电测深探测溶洞综合剖面图

1-浮土覆盖层；2-溶洞；3-灰岩

断面图大致反映了浅部覆盖层沿剖面的电性变化和底部基岩的分布情况。1～4号点 $AB/2$ 约 15m 左右的低阻带即为基岩与覆盖层接触部位的富含水带，l～7号测点浅部出现较大面积的低阻异常，此为充填的泥沙。但是，此剖面图未能把强干扰、复杂地质条件下隐伏的溶洞分辨出来。图 2-14b)为 K 等值线断面图。图中除了清晰地分辨出基岩上的含水带外，将 3 号点、5 号点深部隐伏的溶洞也分辨出来了。图 2-14c)即为 K 曲线影像断面图。图中 1～7 号点浅部大面积阴影表示充填的泥沙，在 3 号点、5 号点的深部明显地反映了溶洞的存在，尤其是 5号点，存在两个阴影，应存在两个溶洞。据此，对 5 号点解释深度分别为：覆土层厚度为 4.5m，第一个溶洞深为 15～18m，第二个溶洞顶板深为 27m。经验证，浮土层厚度为 4.8m，第一个溶洞深为 15.5～18.8m，第二个溶洞顶板深为 28m：图 2-14d)为此剖面地质断面图，显示了地中真实的情况。

b. 高密度电阻率法

高密度电法属直流电阻率法，测量结果为二维视电阻率断面(图 2-15)。高密度电法具有点距小、数据密度大、工作效率高的特点，能较直观、准确地反映地下电性异常体的形态。高密度电法野外数据采集是在确定采集参数后，通过主机控制多路电极转换器经由电极系形成供电、测量的数据自动采集系统。数据采集完成后，将原始数据传入计算机进行数据转换、地形校正、二维反演后输出二维地电断面图，即完成整个采集与处理全过程(图 2-16)。它与电测深法的探测机理相同。

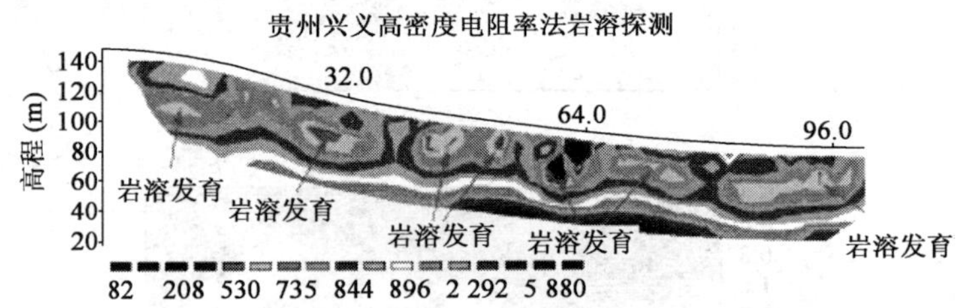

图 2-15　高密度电阻率法在灰岩区探测岩溶效果(断面图)

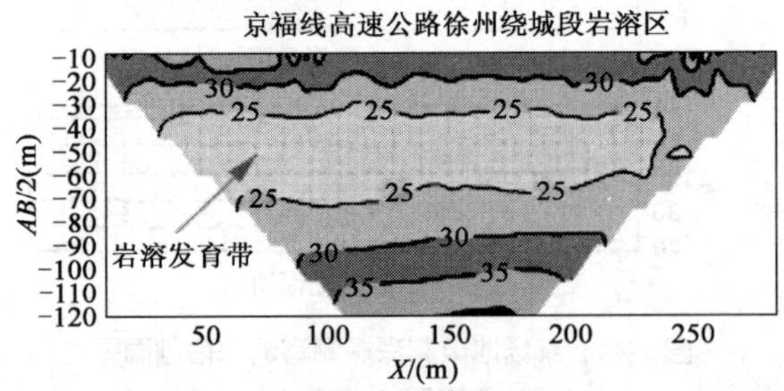

图 2-16　高密度电阻率法在灰岩区探测岩溶效果(位置图)

c. 瞬变电磁法

实例(朱正国、卿志,2004 年):宜万线高坪车站岩溶探测。工点内属山区地形,灰岩基本裸露,局部覆盖层厚度约 1～3m,任务要求查明地下 0～100m 范围内溶蚀发育情况。从地质要求及地形地质情况看,使用常规的物探方法不适合。分析上述情况,采用 TEM 法无疑是最恰当也是最有效的方法。沿中线方向布置物探测线,图 2-17 是测线实测数据的多测道感应电压曲线图及实际推断验证图。

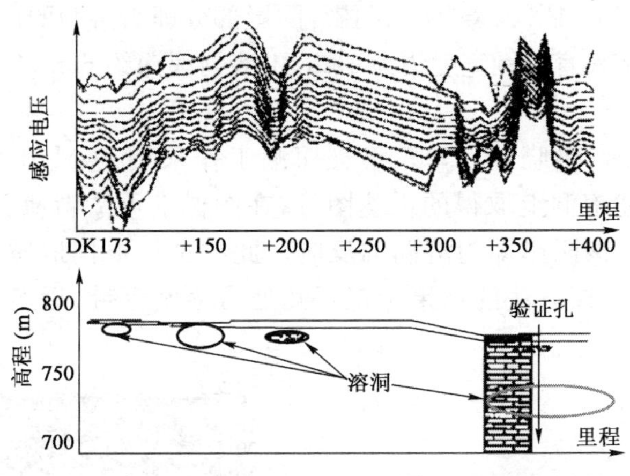

图 2-17　多测道感应电压曲线图及实际推断验证图

d. 地质雷达

地质雷达探测岩溶的机理:我国各地区不同地质时代的可溶性岩层,在漫长的地质作用下形成的岩溶形态千差万别,如溶洞、溶沟、溶槽、地下暗河等。地质雷达沿用了对空雷达的基本原理,但两者的本质区别在于前者使电磁波在岩石、土壤等介质中传播,而后者是在空气中传播。通常,岩溶与其周围的介质存在着较明显的物性差异,尤其是溶洞内的充填物与可溶性岩层之间存在的物性差异更明显。这些充填物一般是土壤、水和空气等。这些介质与可溶性岩层本身由于介电常数不同形成电性界面。无疑探测出这个界面的情况,也就知道了岩溶的位置、范围、深度等内容。事实上,电磁波在地下介质中传播,其能量将因介质的吸收而损耗,特别是在高电导岩性介质中。如含水多、含盐度高的岩石或土壤中损耗更大。岩石和土壤对电磁波的吸收就成了影响地质雷达探测深度的主要因素。一般岩石和土壤的电导率与其含水量、湿度、密度及矿物成分等有着密切的关系。通常,两种介质间的相对介电常数差别越大,则反射的电磁波能量越多。但是,在同样的介质中,电磁波的频率越高，穿透的深度越小，而分辨率越高，反之则相反。在实际工作中，介质的相对介电常数是一项非常重要的参数，而且很难准确得到。雷达探测的原理方法见 2.2.2.1 节。

实例一（李纬、梁晓园，1995 年）：探查工作采用频率为 120MHz 的雷达天线。在获得的雷达图像上可以清晰地看到白云岩和泥灰岩之间的倾斜层面，见图2-18。根据层面在图像上的位置和在路堑边坡测得的地层倾角，计算出雷达在此处的埋深可达十余米。从而也求得该处地层的相对介电常数约为 8.0。在图像中可清晰地看到一团“云雾”状的阴影，阴影部分即为溶洞的反应。经过分析计算，认为该岩溶发育范围宽度约为 15m，主溶洞埋深约 60m，后经施工验证结果正确。

实例二（李纬、梁晓园，1995 年）：探测工作采用 80MHz 雷达天线。图 2-19 便是在上述溶洞上取得的雷达图像，在图像上可清晰地看到似“虎皮花斑”一样的阴影，该阴影即为溶洞的反应。此次工作根据地质雷达探测的异常，并参照其他物探方法的结果确定了几处岩溶发育带，后经施工单位验证吻合。

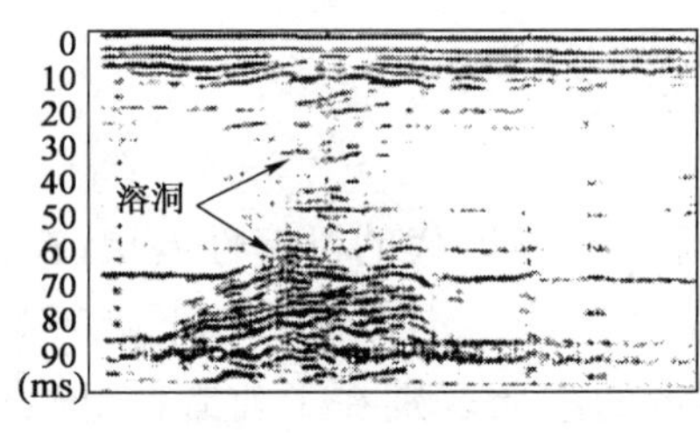

图 2-18　地质雷达探测溶洞的效果

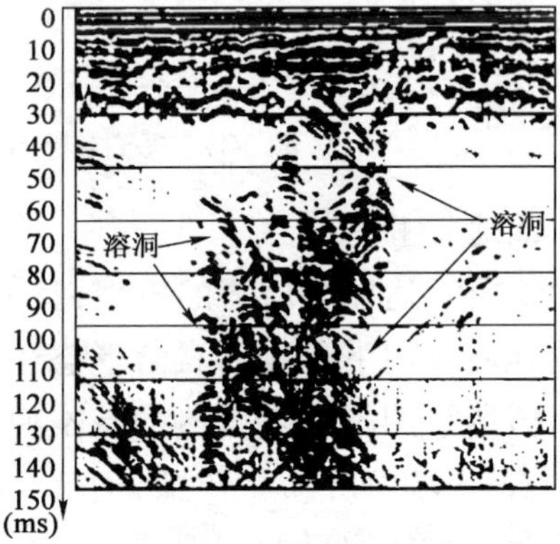

图 2-19　溶洞上取得的雷达图像

实例三：某隧道位于内蒙古准格尔旗境内的黄河西岸，地形起伏较大，气候干燥。在施工过程中发现规模大小不等的溶洞，且大多是空洞，最大的溶洞犹如一座会议厅。在隧道开通后也曾进行了雷达探测，隧道通过地层为奥陶系白云质灰岩和石炭系砂岩、泥岩互层，岩层近似水平。图 2-20 是在该隧道进行雷达探测所取得的图像的一部分。从图像下部可以看到相距很近的 3 处呈“云雾”状的阴影异常，这些异常便是溶洞的反应。溶洞的规模较大，与施工验证结果完全吻合。

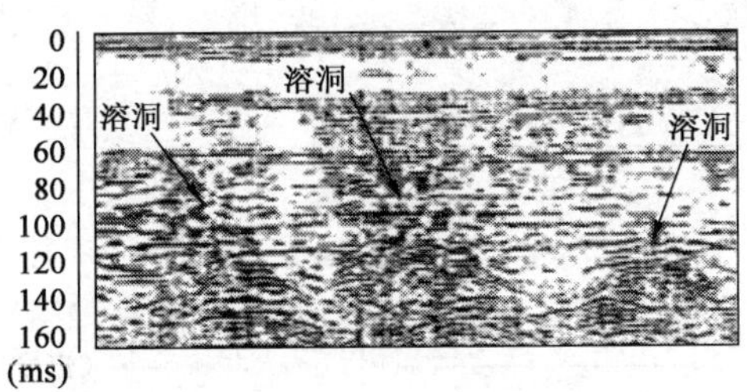

图2-20 龙王渠隧道岩溶探测结果

④重力勘探

国外应用重力法探测岩溶始于20世纪60年代初期，到70年代末80年代初，Dresen. L. 等人应用重力垂直梯度技术探测浅埋溶洞获得成功。在我国以探测岩溶为目的的重力法起步于70年代末，由原地质部物探研究所应用地面重力方法寻找山东泰安火车站铁路塌陷的浅部岩溶，取得了一定的效果。但当时受重力仪观测精度等因素的限制，影响了重力异常的解释精度，之后的十多年中，国内此项工作基本处于停滞状态。“七五”期间，地矿部岩溶地质研究所在“隐伏岩溶探测方法的研究”项目中，在国内首次系统成功地应用重力垂直梯度测量技术探测浅埋溶(土)洞等隐伏岩溶地质体，从而开辟了我国隐伏岩溶探测的新途径(陈贻祥，1992年)。

a. 浅埋土洞探测

在可溶岩分布地区，土层中空洞的分布十分也普遍。探测和查明土洞的分布规律，对于评价建筑基地的稳定性，防治地质灾害是一项非常重要的工作。桂林市某建筑工地的土洞探测是重力垂直梯度测量技术在这方面应用的一个实例。该工地位于桂林市中心区的西南，工业与民用建筑物林立，人口密集。拟建楼房之地基，多年前经钻探揭露基岩为上泥盆统桂林组灰岩，岩溶较为发育。其上覆有10～50m的松散第四系岩层，据建筑工地东北方向约55m处的地基开挖中，曾挖掘出土洞。为了搞清本次建房地基的地下情况，而进行了工程物探工作。投入的方法有地面高精度重力及垂直梯度测量，其测量结果见图2-21。$\Delta g_{布}$和V_{zz}剖面曲线在36号、38.5号测点均出现了明显的G_1、G_2两个重力低异常，由$\Delta g_{布}$剖面曲线可见，G_1和G_2是叠加在一线性重力低的区域背景场之上的两个局部异常，推断该线性重力低异常由表土下隐伏基岩面起伏所致。V_{zz}剖面曲线压制了线性重力低区域背景场，突出了局部场。根据V_{zz}剖面曲线的异常特征，推断G_1和G_2两个异常分别由土层中局部密度不均匀体产生。

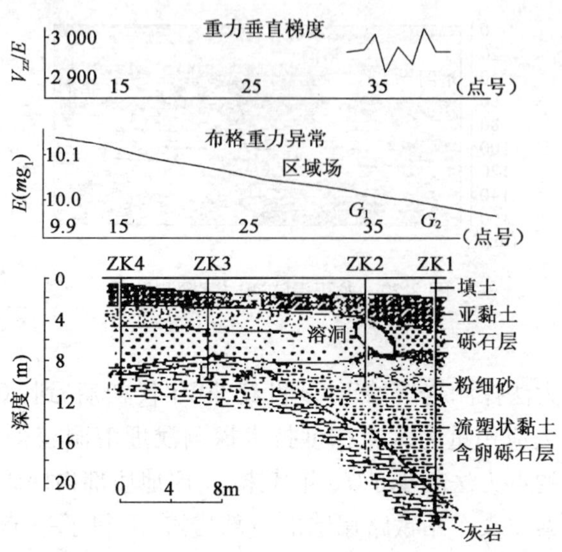

图 2-21 桂林某建筑工地重力勘探溶洞综合剖面图

重力异常的推断解释结果由钻探工程得到证实，ZK2 孔在地下 4～6.7m 深处见到了 2.7m 高的土洞，ZK2 孔在地下 11.6～12m 深处见到了另一个土洞；基岩面的起伏情况是西浅东深，推断结果与钻探揭露结果相吻合。

b. 岩溶塌陷或岩溶漏斗探测

岩溶塌陷或岩溶漏斗是岩溶区常见的地质现象之一。下面以桂林市唐家湾测区充填型岩溶漏斗为例，讨论重力垂直梯度测量技术在探测岩溶塌陷或漏斗方面的应用效果。图 2-22 所示为唐家湾测区（充填型岩溶漏斗）某线物探地质综合剖面图。图中剖面曲线在 84 号点附近出现了明显的重力低异常。

高精度重力垂直梯度测量技术是当前工程地质、环境地质工作中重要的技术手段，是探测隐伏溶（土）洞空间位置的有效物探方法之一。除探测隐伏岩溶外，它还可用于人防工程探测、矿山老窑探测、考古等。

重力垂直梯度测量技术对于埋藏浅、规模小的岩溶形态反应灵敏、分辨率高，具有较强的压制低频异常场、突出纵向或横向复杂叠加异常场的能力，并且不受场地导电管线等因素的干扰，可以说该方法是城镇岩溶区溶（土）洞探测最具优势的物探手段之一。

由于溶（土）洞的重力异常较微弱，提高仪器观测精度及降低野外观测误差是重力垂直梯度测量技术探测溶（土）洞成败的关键。实测重力垂直梯度值观测质量的好坏，除受重力仪观测精度影响外，还与仪器高差选择合理与否有关。实

践证明，重力垂直梯度测量的仪器高差约 1.5～2.5m 为宜。

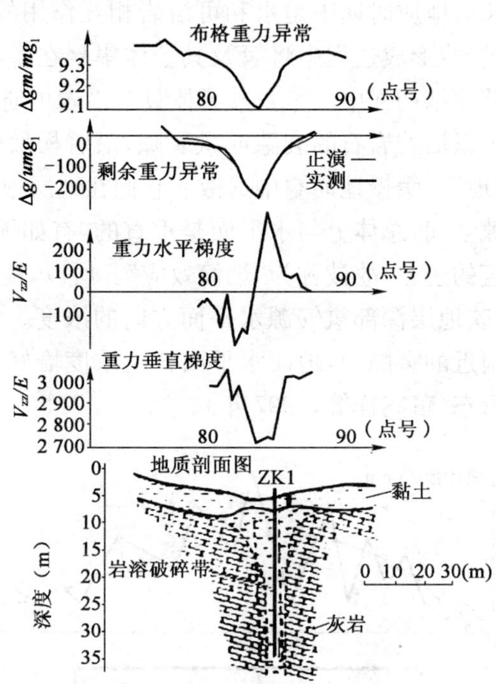

图 2-22　桂林市唐家湾测区充填型岩溶漏斗重力异常剖面

⑤放射性测量——测氡法

采空区上氡异常的形成：由于在采煤过程中，地层将不断受到破坏，在地应力的作用下，采空区必然会产生塌陷，由力学原理可知，当塌陷区呈现拱形时，承受力为最大。所以没有填充的采空区在经过一段时间后，必定会形成拱形，这就是常说的“老塘”。采空区上方形成氡异常的示意图见图 2-23。由受力分析可知，在开采层上方的岩层中，将形成一对方向相反的平衡张力（σ），张力（σ）作用的结果使采空区上覆岩层的裂隙增加，增大了岩层的透气能力，有利于氡向上运移。采空区形成的空陷区，由于其致密性差，通气性能好，氡气不断地在此聚积，形成放射性元素的赋集。塌陷区很像一个大的集气杯，收集到的氡气将向上运移，由于采空区上部岩层的裂隙度增加，微通道丰富，对氡气运移非常有利。若再考虑到地温的差异，地下压力的差别，地下水的对流作用，其他气体的携带作用等，将在采空区上方形成一股不可忽视的向上运移的气流，从而将在采空区上方出现氡正向高异常（段鸿杰等，1999 年）。

岩溶氡异常：从岩溶塌陷形成机理中可知，尽管有多种因素可在岩溶塌陷的孕育过程中起作用，但在它的发生和发展过程中，甚至使它萌发和生长的温床——岩溶的各种地质形态始终离不开水的参与及其所产生的作用。正是因为岩溶地质体在较长的地质时期中是水和可溶岩相互作用的产物，而水又是氡及其子体的载体，使岩溶形成过程中将氡及其子体集聚在各种形态的岩溶空间及其周围的裂隙和其他结构面中。氡及其子体具有沿着可通过的空间垂直向上运动的特点。它们可以沿着岩石的裂隙或微裂隙，沿着松散介质的孔隙不断地垂直向上运动，直至地表，缓慢地向空中逸散。它们在地层中的运动轨迹透过岩石中互相连通的微隙空间，总体上与水平面是垂直的，有如无风的天气，烟囱所冒的烟与水平面垂直的迹象，故被称为"烟筒效应"。所以，地表附近氡气水平面方向的浓度，可以反映地层深部氡气源水平面方向的浓度。氡气主要集聚在岩溶体岩石表面及其附近的裂隙中，地面水平面方向浓度恰好反映出岩溶地质体在水平面上的投影形态(董兆祥等，1997 年)。

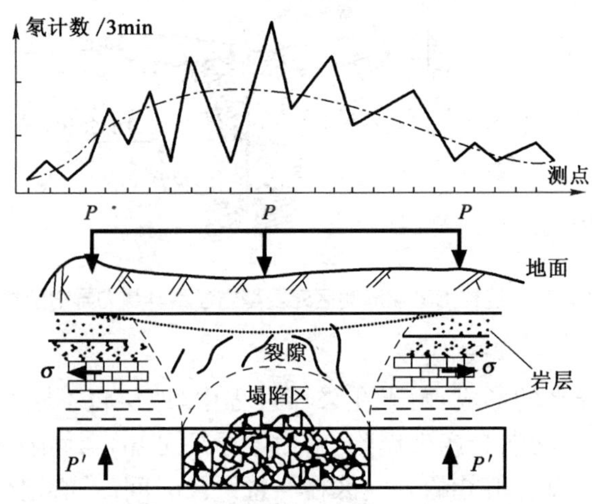

图 2-23　测氡法探测岩溶塌陷原理图

P,P'-代表岩层压力和煤层支撑力；σ-代表横向张力

陷落柱氡异常：岩溶陷落柱在煤矿又称为"无炭柱"，其形成的主要原因是由于地下碳酸盐岩在水的溶蚀下产生喀斯特溶洞，溶洞的塌陷造成其上部地层垮落，从而形成在剖面上看呈柱状的陷落体。因柱体内岩石的破碎程度较大，且裂隙发育，碎粒间的连通性较柱外正常地层好，有利于氡气的释放和向上运移，因此形成柱体内外的氡气浓度差异。此外，岩溶陷落柱大都为上小下大的形状，如同一个大"集气杯"，加上柱体内外存在着压差及氡气自身所具有的向上运移能力，在柱体内外顶部的地表附近形成较高的氡气浓度差异。因此无论是对干燥的柱体还是无水的柱体，其体内外均可产生氡气浓度差异，这便为在地表面进行

氡气测量提供了物理前提。

实例(唐岱茂等,1999 年):现场试验采用 α 杯测氡方法,使用的仪器为 FD-140 型野外高灵敏测氡仪(仪器 15 个计数为 1 个爱曼)。试验发现不同类型的岩溶陷落柱(开放型:陷落柱已塌至基岩顶部;封闭型:陷落柱未塌至基岩顶部)在地表附近产生的氡异常特征也不同。图 2-24 是开放型柱体(该柱体位于太原市东山煤矿大窑头一带,地表可见其出露,且井下采掘也已揭露)的试验结果。由于该类型陷落柱的柱体"天窗"在基岩顶部,所以氡气异常在柱体顶部呈多峰状异常,这是柱体内地层杂乱无章、地下通道不均匀所致。图 2-25 是封闭型柱体(该柱体位于阳泉矿务局五矿,地表除部分为黄土覆盖外,可见完整的基岩出露,且井下采掘也已多处揭露)的试验结果。由于该类型陷落柱的柱体"天窗"未塌到基岩顶部,所以柱受压实作用较小,体内空间应大于开放型柱体,加之其顶部的凸起空间为很好的氡气聚集空间,其柱体顶部岩石裂隙与开放型柱体不同,故在地表附近为氡气异常幅值较高的单峰状异常,其峰面特征大体为封闭的等值圆圈簇,且极大值对应在柱体的中部。

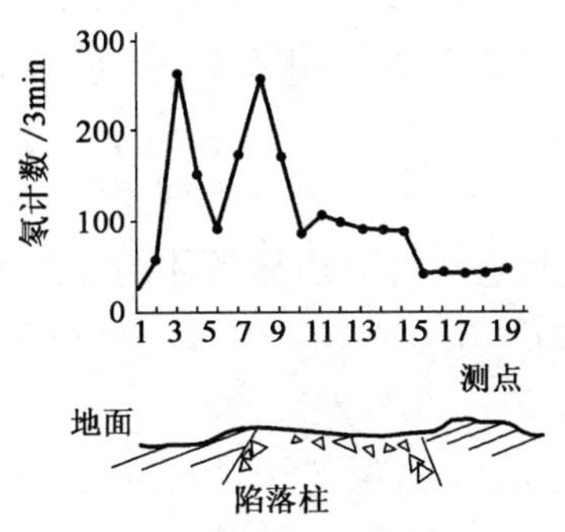

图 2-24 开放型陷落柱实验剖面图

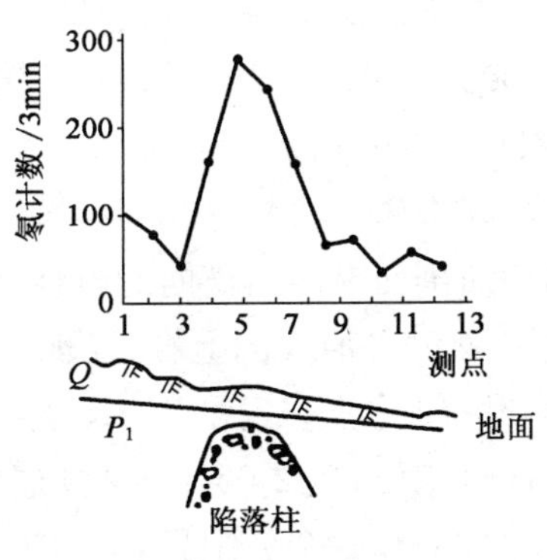

图 2-25 封闭型陷落柱实验剖面图

结论:地下岩溶陷落柱体内外必然存在着氡气浓度差异,加上地气氡可从地下深部迁移至地表,因此无论是开放型还是封闭型的岩溶陷落柱,均可在地表形成氡异常。由于柱体本身岩石的破碎程度、柱体的大小及是否已塌至地表等因素不同,氡气异常的特征也不相同,因此根据氡气异常的峰值状态可确定岩溶陷落柱的位置与范围。测氡方法以其经济、简捷、快速、易于操作等优势在确定地下岩溶陷落柱的位置与范围方面具有广阔的应用前景。应当指出的是:上述岩溶陷落柱的试验与实地探测均是在气象条件、地表类型基本没有变化的条件下进行的。然而氡气迁移受气象因素及地表介质类型的影响较大,因此在实际工作中应根据不同的影响进行必要的校正。

⑥综合方法："中间梯度法＋联合剖面法＋电阻率测深法"

实例(罗鉴凡等)：叶竹山 2 050m 中段迎头坑道长约 340m，物探的主要目的是寻找含水的低阻溶洞，以便堵水。但也要考虑寻找不含水的高阻溶洞，因旱季时的不含水溶洞到了雨季时可能成为含水溶洞。该坑道分别开展了中间梯度法、联合剖面法和电测深三种方法勘察。结果发现，三种方法在已知裂隙上都有不同程度的反应。20 号点为已知裂隙，目前不含水，属高阻裂隙，中间梯度法在该处有明显的高阻反应(图 2-26)。49 号点裂隙目前含水比较丰富，属低阻裂隙，联合剖面法在该处有一个明显的低阻正交点。电测深 ρ_s 等值线发现的高、低阻异常均与中梯、联剖异常吻合。以上充分说明，所投入的三种方法寻找含水与不含水溶洞裂隙是很有效的。

在该坑道开展的中间梯度法测量，除已知的 20 号点为高阻溶洞外，还发现一个较突出的高阻异常(7～13 号点)及一个范围很宽的低阻异常(50～59 号点)。

联合剖面法是一种寻找低阻体含水溶洞、裂隙的有效方法，在该坑道的未知地段，发现了 2 个正交异常(17 号点和 33 号点)及 3 个低阻异常(38 号点、6 号点和 50～59 号点)。

电阻率测深法是寻找溶洞裂隙相当有效的一种方法，ρ_s 不但非常直观地反映出地质剖面纵向与横向的电性变化情况，而且还可计算出异常体的大致埋深。从电测深 ρ_s 等值线图上看，发现 2 个高阻异常区(3 号点、9～12 号点)和 5 个低阻异常区(6 号点、17 号点、33 号点、38 号点和 50～59 号点)。

通过工作，在 2 050m 中段迎头坑道未知地段发现 2 个明显的高阻异常(A34、A33)和 5 个低阻异常(A32、A27、A29、A26、A24)。根据坑道地层露头、岩层、构造、裂隙产状，结合各种物探方法出现电阻异常的强弱、曲线交点位置及电阻率大小等，认为高阻异常由不含水溶洞裂隙引起；低阻异常由含水溶洞、裂隙引起。

2 050m 中段各坑道经物探测量，结果显示低阻含水溶洞主要位于迎头坑道地段。在 1 750m 中段坑道，物探主要寻找高阻排水溶洞。在该中段，采用了电阻率中间梯度法和联合剖面法进行了勘探，并在异常地段开展电测深法进行检查。用中间梯度法，在该中段发现了 2 个高阻异常和 3 个低阻异常。高阻异常分别在 59 号点(C2)和 63～64 号点(C3)(图 2-26)，低阻异常分别在 61 号点(C4)、69 号点(C5)以及 74 号点(C6)，这 3 个低阻异常均处于已揭露的含水裂隙上。从联合剖面法曲线上看，其高、低阻异常基本上与中间梯度法曲线反映的高、低阻异常相对应。综合中梯、联剖和电测深三种方法，在 1 750m 中段发现了 2 个高阻异常，分别为 59 号点(C2)和 63～64 号点(C3)。上述高阻异常为不含水溶洞裂隙引起。

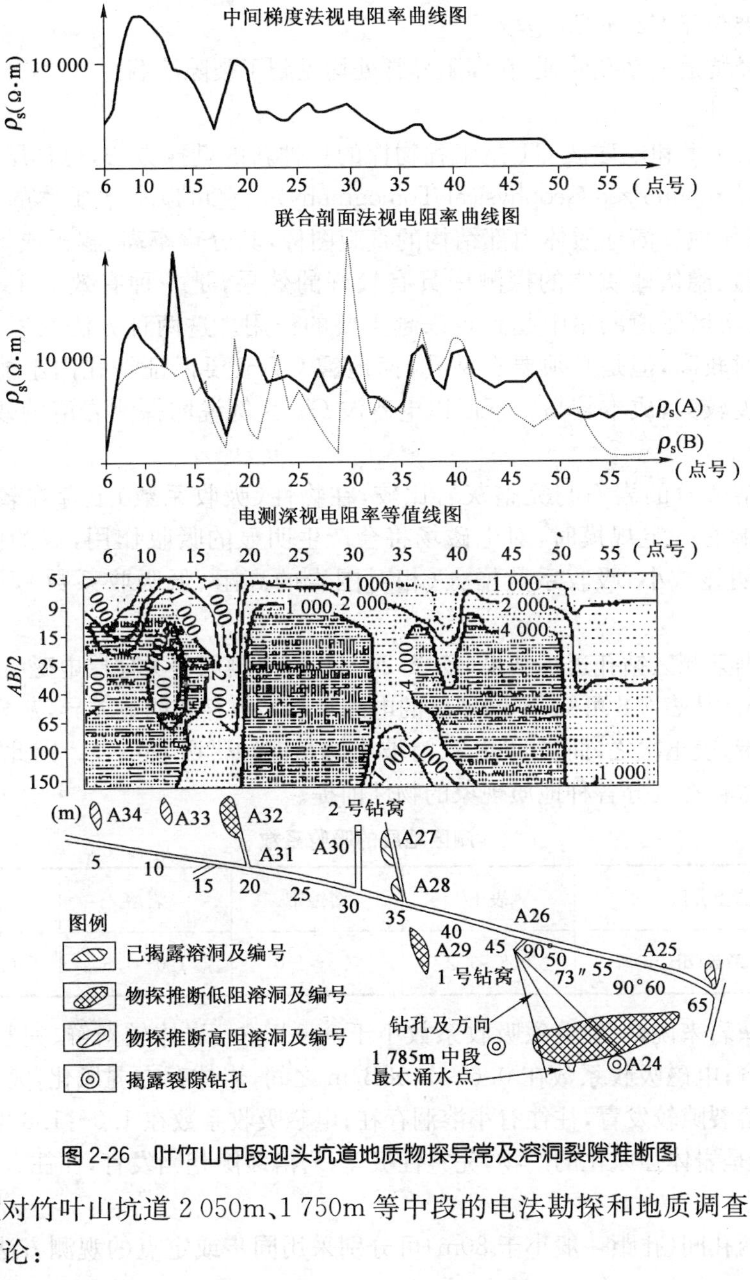

图 2-26　叶竹山中段迎头坑道地质物探异常及溶洞裂隙推断图

通过对竹叶山坑道 2 050m、1 750m 等中段的电法勘探和地质调查工作，得出以下结论：

a. 在该区所投入的电阻率中间梯度法、联合剖面法及电测深法在寻找含水和不含水溶洞裂隙是有效的，综合物探在寻找溶洞裂隙中起到了快速、经济的作用。

b. 2 050m 中段主要含水溶洞位于迎头坑道地段，1 750m 中段的高阻排水溶洞主要位于 C2 和 C3 地段。

c. 经坑道及钻孔验证，在高阻异常处均见到了裂隙溶洞。

⑦测井

地震 CT 和电磁波 CT 是工程物探的一种新的勘探方法，也称层析成像方法 CT(Computerized Geophysical Tomography)。它可以从地质体的外部测量数据、可靠地反演地质体内部结构的直观图像，其分辨率高、解析成果直观，在精细构造、隐伏地质体的探测中具有较好的效果，是一种有效的工程勘测方法，在岩溶区隧道勘察中起到越来越重要的作用。这两种方法对岩溶区勘探精度相对较高，但是必须要有钻孔，而地震 CT 又要保证钻孔内不能漏水，故开展难度较大，成本较高。下面以电磁波 CT 为例说明探测岩溶的效果（详见第 6 章）。

岩溶发育的岩石与完整灰岩比较，在物性（吸收系数）上存在较大差异，只要溶洞有一定规模时，对电磁场将会产生明显的吸收作用，观测的电磁场强幅度明显减小，吸收系数增大（相对围岩的高阻、低吸收系数），形成高吸收异常。

根据某测区钻孔透视结果（杨峰，2004），所得测区各类地层电磁吸收系数列于表 2-6。从表 2-6 可知，不同地层的电磁吸收系数存在明显差异，灰岩最小，断层破碎带、表土次之，而炭质页岩、滑坡土体与溶蚀带吸收最强。因此利用钻孔电磁波法存在区分各种地质现象的物性前提。

测区地层的吸收系数 表 2-6

岩土分区	表土	溶蚀带	岩溶	灰岩
吸收系数(dB/m)	0.8～1.2	0.6～1.0	1.0～1.6	0.3～0.6

对灰岩来说，一般电磁吸收系数小于 0.6dB/m，岩体较新鲜、完整，岩溶裂隙不发育；电磁吸收系数在 0.6～1.0dB/m 之间，岩体存在弱风化，完整性比较差或岩溶裂隙较发育，往往有小溶洞存在；电磁吸收系数在 1.0～1.6dB/m 之间的岩体，是岩体强风化的产物，完整性极差，岩溶裂隙相当发育，往往有大型岩溶存在。

在两孔间（孔距一般小于 80m）可分别采用同步或定点的观测方法，亦可采用全扫描的观测方法，现场点绘各次观测曲线，并作一定的检查观测。观测频率通过现场试验确定。

现场电磁波跨孔使用仪器为JWQ-3A无线电波透视仪，工作频率8MHz。采用水平同步、斜向同步及定点三种观测方式，点距为1m，斜向同步分发高和接高两种(高差5～10m)，定点一般选在有异常的孔深附近，每条剖面实测曲线为5～10条，孔距17.24～43.62m。

图2-27即为对钻孔BZK46和钻孔BZK47进行的钻孔电磁波CT反演图像，图2-28为综合各种资料的地质剖面图。钻孔BZK46和钻孔BZK47间距为39m，发射点距2m，接收点距为2m。从反演图中可以很明显地推测溶洞的形态和空间位置，且电磁CT探测结果与地质推断的岩溶发育相一致，基本查清了该区的岩溶发育分布情况，从而快速确定探测区域的岩溶构造情况。

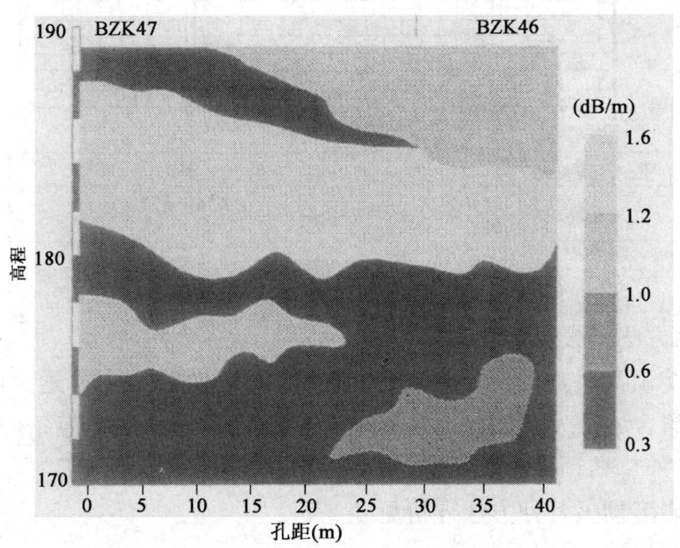

图2-27 BZK47～BZK46电磁波CT图

通过应用电磁CT技术探测岩溶，认为孔距最好控制在30～50m范围内，以保证对异常有足够的分辨率。此外，现场透视最好采用多频系统进行扫描，以便对异常进行对比分析。

结论：测井解释成果与地质勘探资料吻合较好，说明用钻孔电磁波测井求取井壁的岩性变化是非常有效的。从无线电波透视的应用实例上看，该方法不仅可以定性划分岩溶发育区和非发育区，而且还可以半定量地求出隐伏溶洞的空间分布以及已知溶洞的延伸范围。

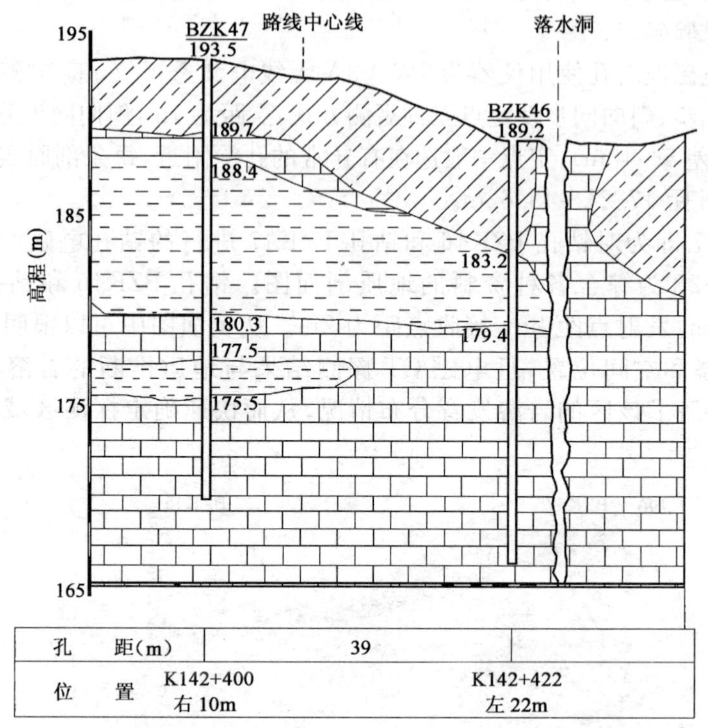

图 2-28　BZK47～BZK46 地质剖面图

(3)地面方法预报岩溶总结

地面岩溶预报通常较断层预报要复杂得多,其方法也各异,通常已由单一的预报方法向组合方法发展。下面对目前常用的预报方法从适应条件、特点进行综合评价,另外总结预报岩溶的方法步骤。

①地面岩溶预报各种方法评价见表 2-7。

②岩溶预报的方法与步骤

a. 首先根据工程所在地的区域地质资料,说明岩(土)溶洞是空洞高阻型还是充水低阻型,选用电性方法(主要为:电测深、高密度电阻率法、瞬变电磁法)进行探测工作;

b. 然后选用浅层地震做针对性的探测工作,进行岩溶详查;

c. 对所在区发现的岩溶进行钻探验证,并进行必要的测井验证(包括:单孔和跨孔 CT),确定本区的岩溶具体分布。

以上情况应具体分析现场情况,考虑隧道掌子面与地面的位置关系。特殊地区可考虑一些特殊或其他方法。

地面岩溶预报各种方法评价　　表2-7

<table>
<tr><th colspan="2">预报方法</th><th>适应条件</th><th>特点</th></tr>
<tr><td colspan="2">1.浅层地震预报</td><td>地形起伏小、无障碍、振动干扰小</td><td>精度高</td></tr>
<tr><td rowspan="4">2.电法</td><td>电测深法</td><td>地表无障碍、电性干扰小、工作量大</td><td>普适性</td></tr>
<tr><td>高密度电阻率法</td><td>地表无障碍、中性干扰小</td><td>浅层普适</td></tr>
<tr><td>地质雷达法</td><td>探测深度浅、电性干扰小</td><td>浅层普适(<50m)</td></tr>
<tr><td>瞬变电磁法</td><td>现场条件限制,有树林线框不能移动;受地形影响</td><td>普适性</td></tr>
<tr><td colspan="2">3.重力勘探</td><td>区域性岩溶勘探;要求测试精度高</td><td>方法简便</td></tr>
<tr><td colspan="2">4.放射性测量——测氡法</td><td>方法具有普适性;氡异常与构造通道有关,岩溶与氡异常没有直接关系;氡异常与气象条件有关</td><td>精度中等</td></tr>
<tr><td rowspan="2">5.测井</td><td>单孔</td><td>测试孔周围的岩溶裂隙情况</td><td>孔周围一定范围</td></tr>
<tr><td>双孔(跨孔)</td><td>测试双孔之间的岩溶裂隙情况;并根据交会法半定量确定岩溶的位置</td><td>精度高</td></tr>
<tr><td colspan="2">6.综合方法</td><td>各种电性方法的组合</td><td>有一定的效果;会遗漏异常</td></tr>
<tr><td colspan="2">7.综合参数</td><td>“电阻率＋波速”;“瞬变脉冲电磁法(电测深)＋浅层地震”;
浅层也可“高密度电阻率＋浅层地震”</td><td>根据工程要求和地形条件选择</td></tr>
</table>

2.1.2.3　软岩

软岩通常指软弱岩体,表现为抗压强度小、遇水膨胀、易风化等特点。隧道勘察期间通过地质、物探方法及钻探岩芯室内试验确定。常见的岩性有:泥页岩、泥岩等含泥炭质高的岩类,它对隧道施工影响较大。它的物性差异主要表现为低波速。通常的地面勘探方法主要为浅层地震勘探、地质钻探等。

2.1.2.4　岩爆

岩爆是岩体具有高地应力的一种重要地质标志,是深埋越岭隧道通过高地应力区时常遇到的一类施工地质灾害。岩爆的预测预报非常复杂,目前国内外主要有以下几种方法(张斌等,1999年):

(1)用某种特殊的地质现象定性地预测岩爆

钻孔岩芯饼裂现象;现场大剪试验或表面应力解除时(岩体四周被解除),底部会自动断裂,甚至会被弹起,并伴有断裂声等;应力—应变曲线异常等。

(2)σ_θ/R_b 判据法

国内外学者多将有限元计算的开挖断面切向应力 σ_θ 和岩石单轴抗压强度 R_b 之比值作为岩爆判据。如挪威的 B. F. Russeness 于 1974 年就应用有限元计算和 Kirsch 方程($\sigma_{\theta max}=3Q_1-Q_3$)计算出 $\sigma_{\theta max}$(最大切向应力),并绘制出岩爆烈度与隧道洞壁的 $\sigma_{\theta max}$ 和 I_S(点荷载强度)关系图,用于预测岩爆和判定岩爆等级。

具体的判别标准和烈度划分界限不尽相同,前苏联 H. A. 多尔怡尼诺夫等提出的判别标准为:$\sigma_\theta/R_b<0.3$,无岩爆、剥落;$\sigma_\theta/R_b=0.5\sim0.8$,岩爆、剥落;$\sigma_\theta/R_b>0.8$,岩爆、强烈岩爆。

王兰生教授等提出的标准:$\sigma_\theta/R_b=0.3\sim0.5$,轻微岩爆;$0.5<\sigma_\theta/R_b<0.7$,中等岩爆;$0.7<\sigma_\theta/R_b<0.9$,强烈岩爆;$\sigma_\theta/R_b>0.9$,剧烈岩爆。

美国学者 C. H. Dowding & C. A. Andersson 提出的标准为:$\sigma_\theta/R_b=0.35$,可能发生剥落或岩爆;$\sigma_\theta/R_b=0.50$,低~中等岩爆;$\sigma_\theta/R_b>1$,发生大岩爆。

(3)弹性应变能指数(Wet)判据法

波兰学者 Kidybinski 提出,岩石单轴抗压强度试验时将试件加载到$(0.7\sim0.8)R_b$,然后再卸载到 $0.05R_b$,卸载所释放的弹性应变能(Φ_{SP})和耗损的弹性应变能(Φ_{SP})之比值,定义为岩爆倾向性指数(W_{et}),用于判定岩爆。根据波兰国家标准:$W_{et}\geqslant5.0$,将发生严重岩爆;$W_{et}=2.0\sim4.9$,将出现中、低烈度岩爆;$W_{et}<2.0$,则不产生岩爆。

(4)岩爆临界深度法

侯发亮教授(1989)认为,岩爆虽多发生在水平构造应力较大的地区,但如果洞室埋深较大,即使没有构造应力,由于上覆岩体效应,洞室围岩也可能发生岩爆。同时,侯教授推导出了仅考虑上覆岩体自重情况下岩爆发生最小埋深 H_{cr}(即岩爆临界深度)的计算公式:

$$H_{cr}=\frac{0.318R_b(1-\mu)}{(3-4\mu)\gamma} \tag{2-1}$$

式中:μ——岩石波松比;

γ——岩石重度。

(5)声发射现场监测预报法

根据李强(1994 年)和 Langstaff(1997 年)的研究,无论是室内试验成果,还是现场初步监测成果,都表明声发射信号急剧增加昭示超前岩体(石)的变形破坏。据此,可将岩体声发射技术推广到岩爆监测预报中。该方法目前尚处于试验阶段。

(6)地震波预测法

①结合超前地质预报工作，利用单道地震仪对掌子面及前方岩体进行监测。如沿水平线每隔 1m 逐点测试岩石弹性波速度，采用准强度概念，以如下计算公式推测发生岩爆的可能性：

$$\sigma_t = \sigma_0 \cdot \left[\frac{V_{pm}}{V_{pd}}\right]^2 \tag{2-2}$$

式中：σ_t——准岩体抗压强度(MPa)；

σ_0——岩石单轴抗压强度(MPa)；

V_{pm}——现场岩体纵波速度(m/s)；

V_{pd}——岩体试件纵波速度(m/s)。

当准岩体抗压强度 $\sigma_t>80$MPa 时，即有可能发生岩爆。

②岩爆是储存在岩体中的应变能突然释放的一种表现形式，故岩爆实际是开挖所诱发的地震，可采用开挖过程中的岩爆地震数据来预测未来开挖过程中发生的岩爆，建立岩爆事故次数、大小、分布与地震转移的场量关系，从而预报大中型岩爆的时空位置及数量大小。

(7)电磁辐射监测预报法

该方法是依据完整岩石(煤)压缩变形破坏过程中，弹性范围内不产生电磁辐射，峰值强度附近时电磁辐射最强烈，软化后又无电磁辐射这一原理，用特制的仪器现场监测岩(煤)体变形过程中发出的电磁辐射“脉冲”信号，通过数据处理和分析研究，来预报岩(煤)爆。目前该方法主要应用在煤爆监测预报领域。

(8)模糊综合评判法

谭以安(1988 年)、王元汉(1998 年)等认为，岩爆是受多种因素制约的模糊问题，其内在联系很难用一个精确的数学公式加以表达，故可选取影响岩爆的一些因素，对岩爆的发生与否及烈度级别进行预测。

(9)神经网络预测法

通过控制岩爆发生的特征参数，建立神经网络模型，并用工程实际中已发生的岩爆实例样本数据对网络进行训练，让模型掌握输入与输出的映射关系，从而用来预测岩爆。陈海军等(2001 年)、白明洲等(2002 年)、丁向东等(2002 年)和孟陆波、李天斌等(2003 年) 分别建立了岩爆的神经网络预测模型，对岩爆的预测预报问题进行了研究和探讨。

(10)数值模拟预测

A. Zubelewicz 等(1983 年)，W. Mueller(1991 年)分别利用有限元法和动力有限差分法(dynamic finite differencemethod)对坚硬围岩中采矿时的岩爆进

行了数值模拟研究。

(11)其他预测法

谢和平教授使用损伤力学和分形概念从理论上分析了岩爆的分形和物理机理(分形预测法),认为岩爆的发生虽然是一个复杂的物理过程,但数学上,它仅是一个分形集聚的几何过程。分形预测法认为:在岩爆发生之前,微地震地压事件几乎均匀地分布于高压应力区,对应着高的分形维数的值;岩爆发生时,微地震事件积聚式地发生,对应于低的分形维数。此外还有利用计算机辅助预报系统进行预测预报。乔春生教授等(1998 年)利用计算机模拟的方法对秦岭隧道的岩爆进行了预报研究,所用岩爆判据为:$S\geqslant1$;$E_e\geqslant E_{ec}$;$E_r\geqslant E_{rc}$。式中,S 为破坏应力接近系数,表示围岩应力接近破坏的程度;$S<1$ 不破坏,$S=1$ 正好满足破坏条件,$S>1$ 时围岩将发生破坏;E_e、E_{ec}分别为单位体积的弹性应变能和岩爆弹性应变能指标;E_r、E_{rc}分别为单位体积内的释放应变能和岩爆释放应变能指标。

2.1.2.5　瓦斯

隧道开挖所形成的临空面为封闭的瓦斯提供了新的运移和聚积空间,瓦斯主要沿裂隙、破碎带向隧道内溢出,因瓦斯本身的物理、化学特性,溢出的瓦斯主要聚积在隧道拱顶部位、靠掌子面附近的拱腰部位以及局部通风难以达到的死角部位等。

一旦隧道开挖揭露瓦斯,就应加大通风力度,对可能聚积瓦斯的地方加强空气流通。瓦斯宜散不宜聚,尤其是在破碎带附近,为防止坍方及时封闭掌子面是必要的,但这也为瓦斯在掌子面上部及背后的聚积提供了条件。为此,在掌子面打孔排放瓦斯是非常重要的一项措施。

(1)瓦斯隧道施工超前地质预报的主要特点

①瓦斯溢出的随机性增大了预报的难度。因节理、裂隙的发育具随机性,瓦斯作为比空气轻的气体,将见缝就钻、见隙就溢,并且溢出的时间和部位都表现出明显的随机性。

②正因为瓦斯随机溢出的特点,要准确预报瓦斯,首先应对掌子面前方的裂隙、破碎带位置、规模和性质进行准确预报。裂隙、破碎带是瓦斯预报必要条件,但不是充分条件。

③瓦斯预报的充分条件是瓦斯浓度的变化,因此,要准确预报瓦斯,还应对隧道开挖揭露的裂隙、破碎带附近的瓦斯浓度变化进行监测,根据隧道内裂隙、破碎带和瓦斯浓度变化的时空分布预报掌子面前方的瓦斯聚积情况。

④瓦斯无色、无味、易燃、易爆,这就对瓦斯地质预报提出了严格的要求。首先是预报的仪器系统不能激发火花或电火花,仪器系统应为防爆设备,预报工作人员禁止挟带易燃、易爆设备如火机、火柴、手机等。

(2)瓦斯地质预报方法的选择

在现有隧道超前地质预报方法中,可选方法主要有两种:地质法和物探法。

地质法是最基本的地质预报方法,主要包括地表及洞内地质调查、隧道开挖掌子面地质素描和钻孔。该方法是最简单、最直接的方法。尤其是在掌子面打超前钻孔,也是瓦斯地质预报非常重要的、必不可少的预报方法。

有关地质预报的物探方法很多,如地震法、TSP系统、HSP声波反射法、电磁波反射法、电法等。这些不同的物探方法,各有其适用条件和优缺点,由于不同的隧道具有不同的地质条件,在方法选择时应根据具体情况确定,且不可一概而论。

在这里,首先应避免地震反射法在洞内打孔放炮,可考虑使用符合防爆要求的地震仪器,采用锤击法激震。

其次,电磁法和电法也同样存在激发电火花问题,防爆技术难度大,这两种方法应用于瓦斯地质预报应慎重。当然,如果能达到很好的防爆要求,地质雷达的应用也是可以的。

HSP声波反射法属于弹性波法,其原理与地震法基本相同,但最主要的区别是激发信号和接收信号的方式不同。HSP声波反射法采取大锤敲击人工激发信号的方式,测试仪器系统均采用直流电源,现场测试时间一般15～30min。

另外,对瓦斯浓度的监测应选择专用的瓦斯检测仪。

根据以上分析,建议采取"以地质法为基础、物探法为主要手段,结合超前钻探和瓦斯浓度监测相结合的综合方法"实施瓦斯超前地质预报。为此:

①采用地质素描和超前钻孔实施掌子面瓦斯观测。

②采用防爆地质雷达或HSP声波反射、防爆地震反射法(锤击)实施掌子面前方的断层、破碎带预报。

③选用专用的瓦斯检测仪监测瓦斯浓度。

(3)实例:凉风娅隧道瓦斯地质预报(李苍松、何发亮)

凉风垭隧道位于贵州省桐梓县境内,为崇(溪河)—遵(义)高速公路特长隧道之一。隧道北起桐梓县新场乡的桃园村,南至桐梓县楚米镇。隧道右线K44+750～K48+835(长4 085m),左线K44+770～K48+855(长4 085m)。凉风娅隧道原设计并未指出有瓦斯存在,在掘进1 145km后,隧道炭质页岩(无煤层)地段发现有瓦斯出露,随着隧道的掘进,瓦斯溢出量逐渐增大。经检测,在采用185kW大功率通风机24h不间断通风的条件下,隧道回风流中瓦斯浓度保持在0.11%～0.17%之间,隧道单洞平均瓦斯涌出量约为2.2m^3/s。但瓦斯涌出地段极不均匀,瓦斯集中溢出点、爆破残孔及超前探孔内瓦斯浓度往往超过5%。爆破作业时,已装入炮眼内的炸药卷被溢出的气流推出炮眼,曾发生数次因爆破作业产生的火花引燃瓦斯气体的事件。

根据现场调查，所揭露的瓦斯主要出自于志留系五峰组页岩(SO_w)中，厚约5～15m。凉风垭隧道穿越区域构造为穹隆构造，五峰组页岩层大致处于该构造的核部，为一典型的封闭还原环境，因此炭质成因的物质在还原环境下可能以甲烷气体的形式储存于此。

根据以上的分析，凉风垭隧道瓦斯段地质预报实际综合采用三种方法：即以地质法为基础、HSP声波反射法为主要手段，结合超前钻探和瓦斯浓度监测相结合的综合物探方法进行瓦斯地质预报。探测实例如图2-29。

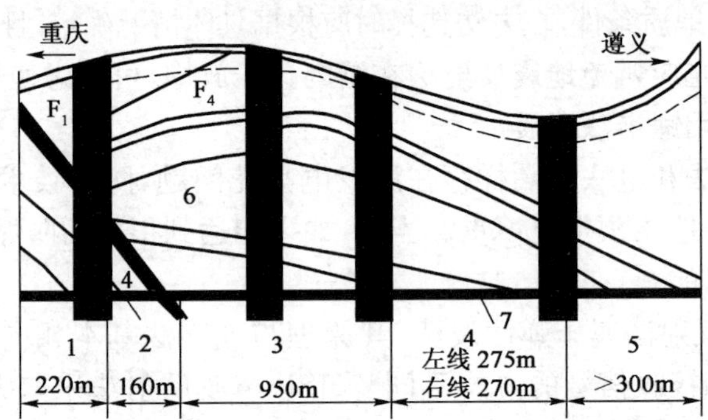

图2-29　凉风垭隧道炭质页岩瓦斯段纵断面地质图

1-灰岩地段；2-断层破碎带；3-隧道穿越F_1断层；隧道轴线基本与压扭性断层F_4平行，局部小角度相交，地层产状为110°～120°∠15°～26°，厚层灰岩、中至厚层细晶灰岩，受构造影响严重，节理裂隙发育；4-炭质页岩(瓦斯出露带)；5-地层产状为120°∠24°，受构造影响严重，节理裂隙发育；6-泥质页岩地段；7-隧道纵断面线

测试掌子面里程：出口段左线ZK47+280测试掌子面岩性为灰色页岩，岩体较破碎，层间夹白色方解石晶体，掌子面左下部岩体破碎，为瓦斯集中冒泡部位，面积约90cm²，浓度5%。对掌子面进行超前地质预报，测区及剖面布置如图2-30。

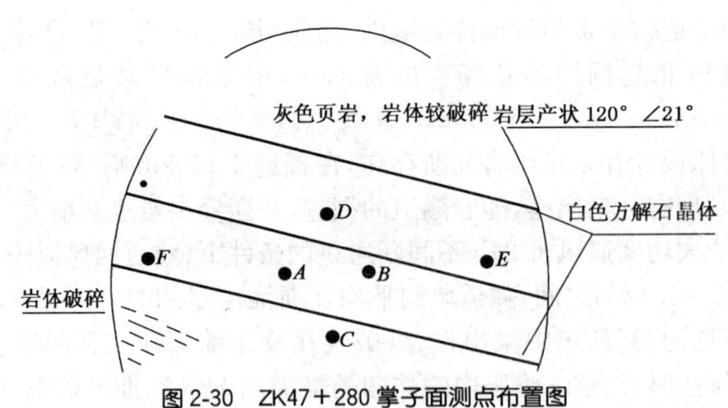

图2-30　ZK47+280掌子面测点布置图

A、B、C、D、E、F-单点测试点

对 ZK47＋280 掌子面向前方预测，图 2-31 为测试典型波形曲线的时域、频域分析成果图。测试结果如下：

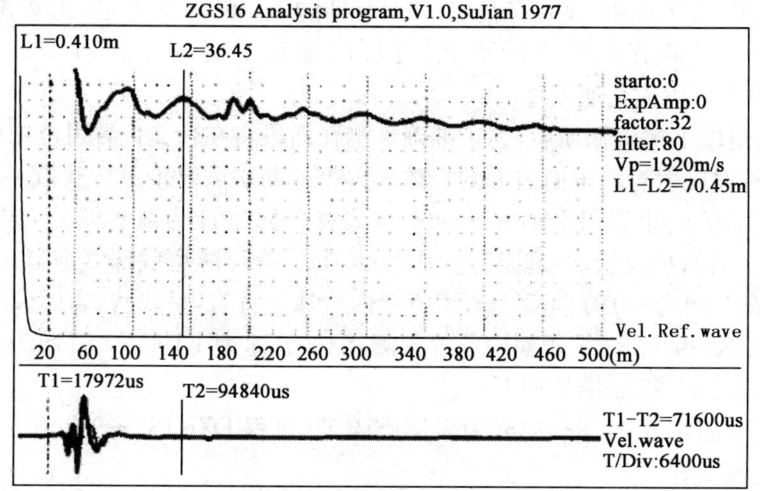

图 2-31　ZK47＋280 掌子面测试分析成果图

掌子面前方 150m 范围内存在 3 个岩体破碎带：①目前掌子面至水平前方 31.3m，为岩体破碎带，为瓦斯涌出区段，里程 ZK47＋280～＋248.7；②掌子面水平前方 55.970m，为岩体破碎带，可能仍然有瓦斯现象，里程 ZK47＋224.1～＋209.3；③掌子面水平前方 122.9～141.3m，为岩体破碎带，瓦斯段基本结束，注意岩溶裂隙涌水，里程 ZK47＋157.1～＋138.7。

验证情况：经组织煤炭部门踏勘，判定凉风娅隧道为“局部裂隙地段有较大瓦斯涌出的低瓦斯矿”。根据地质钻探资料，含瓦斯的炭质页岩段分为两处（图 2-31），中间间隔 30 余米，总范围长达 700m 以上，无法采用其他临时措施穿越，在补充强有力的通风系统和严格的施工组织管理下，隧道施工安全通过瓦斯段，虽有几次燃烧，但未发生爆炸，未发生重大人员及财产损失。

(4)实例：武隆隧道进口段瓦斯地质预报（李苍松、何发亮）

武隆隧道全长 9 418m，为渝怀铁路第二长隧。隧道进口位于重庆市武隆县土坎镇，洞口下穿武（武隆）丰（丰都）公路，为回填土、松散沙黏土、碎石土地层，厚 5～8m。洞身位于土坎古滑坡体中，主要为块石土、松散沙黏土，下伏志留系下统罗惹坪组页岩、泥岩，岩性为碳酸岩和碎屑岩，属浅埋软弱围岩段；洞身围岩以泥岩、页岩为主，设计围岩级别 V、IV 级。

隧道进 A 段原设计为无瓦斯隧道（工区），2002 年 11 月 21 日凌晨 3 时，隧道掘进至里程 DZK189＋915，进行锚杆钻孔和钢筋焊接的初期支护施工时，突然引发瓦斯燃烧，后经设计院专业技术人员现场测定，瓦斯涌出量约为0.8m^3/min，围岩裂隙瓦斯浓度40%～60%。工作面前方瓦斯压力较大，推测瓦斯为隧底下埋深约500m的瓦斯煤层通过断层裂隙而溢出，根据《铁路瓦斯隧道技术规范》(TB 10120—2002)和《煤矿安全规程》对瓦斯隧道(矿井)的界定，武隆隧道属瓦斯隧道且不排除瓦斯突出的可能，之后的施工变更设计：DZK189＋865～DZK190＋150段为瓦斯处理段。

在隧道施工揭露瓦斯后，为了准确预测瓦斯段将在什么位置可能结束，采用了HSP声波反射对掌子面前方的岩体破碎带或断层破碎带进行预报。

测试掌子面里程：DZK189＋923测试掌子面岩性为灰色页岩，岩层产状121°∠22°，岩石呈块状，节理发育。在DZK189＋910隧道底部气泡冒出现象较强烈，分布范围为＋910前后3m，该范围内岩性为页岩，呈块状，岩体破碎。

对DZK189＋923掌子面向前方预测：测试波速为1 190～1 911m/s，平均波速为1 616m/s。探测结果如下：

①掌子面前方31.8～36m为岩体破碎带(里程DZK189＋954.8～＋959)，但围岩逐渐变好。

②掌子面前方70.577m可能为岩体破碎带(里程DZK189＋993.5～DZK190＋0.4)。

根据预报结果，建议从目前掌子面至前方30m范围内，继续采用现施工方法进行施工，加强通风和洒水，严格控制火源，可适当增大每循环的进尺。

验证情况：隧道施工开挖至DZK189＋954.8里程后，瓦斯基本结束，表明本隧道施工揭露的瓦斯段确实是属于局部发育。因通风及防治措施得力，尽管局部发生瓦斯自燃，但由于未形成高浓度聚积，隧道施工安全通过。

(5)小结

瓦斯隧道施工地质预报应根据瓦斯发育段的地质条件选择合适的预报方法，通常建议采用"以地质法为基础、物探法为主要手段，结合超前钻探和瓦斯浓度监测相结合的综合方法"实施瓦斯地质预报。首先，采用地质素描和超前钻孔实施掌子面瓦斯观测；然后采用防爆地质雷达、HSP声波反射、防爆地震反射法(锤击)实施掌子面前方的断层、破碎带预报；同时选用专用的瓦斯检测仪监测瓦斯浓度。

通过几座瓦斯隧道施工超前地质预报的实践表明，应用综合预报方法是可行的。但由于瓦斯的特殊性，尚需在大量的工程实践中总结提高。

2.1.2.6 不整合接触带

不整合地层主要分为三种：①平行不整合(假整合)；②角度不整合；③假角度不整合。通常采用的探测方法主要有地质方法、物探方法与钻探，物探方法主要有电性方法和浅层地震反射法。

2.1.2.7　地下水

通过地面探测隧道前方的水文地质情况，进一步确定地下水的分布、潜水位的深度、水的流向，从而确定地下水与隧道结构的关系，它对隧道的施工指导意义重大。

(1)岩石电阻率与所含水分的关系

因地下水及其他天然水之电阻率均较低，通常小于 100Ω·m(表 2-8)。并且含盐分越多，电阻率值越低。岩石中所含水分的多少(或湿度大小)对电阻率值有较大影响。

几种常见天然水电阻率　　表 2-8

名　称	ρ(Ω·m)	名　称	ρ(Ω·m)
雨水	＞1 000	地下水	＜100
河水	0.1～100	矿井水	1～10
海水	0.1～10	深成盐渍水	0.1～1

一般含水量大的岩石电阻率较低，而含水量小或干燥岩石则电阻率较高。岩石含水量的大小，主要决定于岩石本身的孔隙度及当地的水文地质条件。在潜水面以下，通常岩石孔隙中几乎充满了地下水，此时岩石含水量便等于岩石孔隙度。

(2)常用探测地下水的方法

常用的地面找水方法有：电法(电阻率法、激发极化法、瞬变电磁法、CSAMT 法、甚低频电磁法、自然电场法等)、地面核磁共振法、γ 射线找水及综合方法的找水模式。目前对地下水的探测主要采用的是综合参数或综合方法进行。单一的方法使用较少。

①模式一："电阻率 ρ_s＋极化率 η_s"，"联合剖面＋激电测深"。特征："电阻率联合剖面有正交点，激电测深有异常反应"。

"电剖面法＋激电测深"的找水模式。电剖面法主要确定岩溶或构造区域，通常采用的方法有：联合剖面法、中梯法、CSAMT 法等。激电测深主要是对剖面已发现的异常进行详细探测过程，采用的方法有：激电测深、高密度电阻率法、瞬变电磁法等。这方面国内外已有许多成功的实例。

理论基础：视电阻率 ρ_s、极化率 η_s、激发比 J_s、衰减度 D_s 的计算公式如下：

视电阻率
$$\rho_s = K \cdot \frac{\Delta V_1}{I} \tag{2-3}$$

式中：K——装置系数；

ΔV_1——供电时的一次场的电位差；

I——供电电流。

极化率
$$\eta_s=\frac{\Delta V_2}{\Delta V_1}\times 100\% \tag{2-4}$$

式中：ΔV_2——供电 30s，停止供电后 0.25s 时的二次场的电位差。

激发比
$$J_s=\frac{\Delta \overline{V}_2}{\Delta V_1}\times 100\% \tag{2-5}$$

式中：$\Delta \overline{V}_2$——供电 30s，停止供电后 0.25～5.25s 时域内的二次场的电位差衰减平均值。

衰减度
$$D_s=\frac{\Delta \overline{V}_2}{\Delta V_2}\times 100\% \tag{2-6}$$

利用激电衰时法找水，通过实验室和野外试验发现，常规的直流激电法的观测参数（η_s）与地下含水情况的关系不密切；而激电二次场的衰减特性可较好地反映地下含水情况。还通过试验对比得出结论，在描述激电二次衰减特性的各种参数中，以衰减时 S 和含水因素 M_s 反映地下含水情况最好。S 是指二次电位差的归一化放电曲线 $\Delta U_2(t)/\Delta U_2(0.25'')$ 从 100％衰减到某一百分数所需要的时间。常常将该百分数定为 50％，并称此时的 S 为半衰时。在做激电测深时，通常用线性笛卡儿坐标绘制 S 随电极距$\frac{AB}{2}$的变化曲线，称为衰减时 S 测深曲线，它与横轴包围的面积称为含水因素 M_s。大量的野外试验表明：在相同或相近的地下水赋存条件下，实测衰时 S 和含水因素 M_s 的增高，反映地下水的相对富集。其中，衰减时 S 反映静水量（S 与含水量正相关），而含水因素 M_s 反映动水量（M_s 与涌水量正相关）。

在衰减时测深曲线上，S 大于背景值 S_0 表示地下含水，S 值越大，含水量越大；S 随电极距的变化，则反映含水量随深度的变化。根据从衰减时测深曲线上计算出的含水因素，还可按事先统计出的回归函数，估算地下水的涌水量。

实例（王聿军，1999 年）：某场地在第四系半覆盖区找水，下覆地层主要有沙层和灰岩，地下水主要存在于 NW 断层富水带。在工作区采用电法勘探，布测 NE 向剖面线 6 条。因出 NW 向断裂 1 条，其中 4、5 线 ρ_s^A、ρ_s^B 分离明显，加大极距 AO＝170m、210m 异常依然明显存在。为了解释该断裂的富水性，在正交点附近进行了激电测深工作，最大 $AB/2$＝400m。经筛选认为 135/5 点异常明显，应具有较好的富水性（图 2-32）。

$AB/2$＝2.5～15m 处，电阻率 ρ_s 在 500Ω·m 左右，该段主要反映覆盖层沙层。在 $AB/2$＝10～15m 之间，极化率 η_s、激发比 J_s、半衰时 S_t 和衰减度 D_s。同步升高出现小峰值，推测为基岩面上部沙层赋水。$AB/2$＝25～45m 处，ρ_s 在原 45°上升基础上变缓，η_s、ρ_s、J_s、D_s、S_t 也在降至极小值的背景上升高，该处地下岩层，似乎有挤压破碎现象，推测可能为一含水层。后经钻探证实，基岩埋深在

11.8m，下伏灰岩中 52.85～54.25m，143.11～143.91m，281～283.5m，分别出现 0.5m、0.8m 和 2.5m 富水溶洞，且在 143.91～152.93m 见到 9m 断裂破碎带。该类异常联剖曲线两翼分离越好涌水量越大。

另一场地也在侏罗系砂砾岩中打出了 $70m^3/h$ 和 $200m^3/h$ 的优质地下水（图 2-33）。

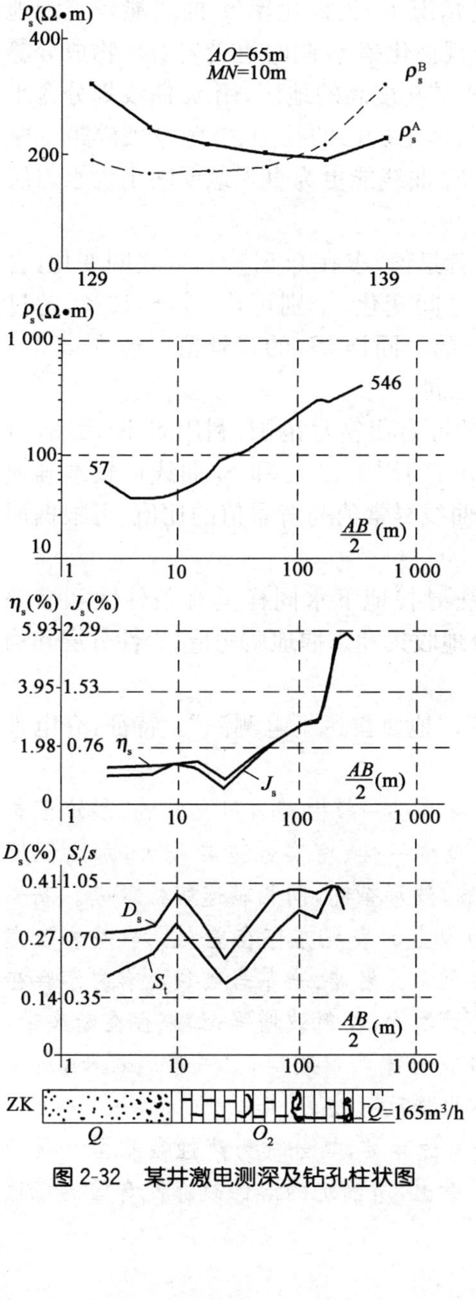

图 2-32　某井激电测深及钻孔柱状图

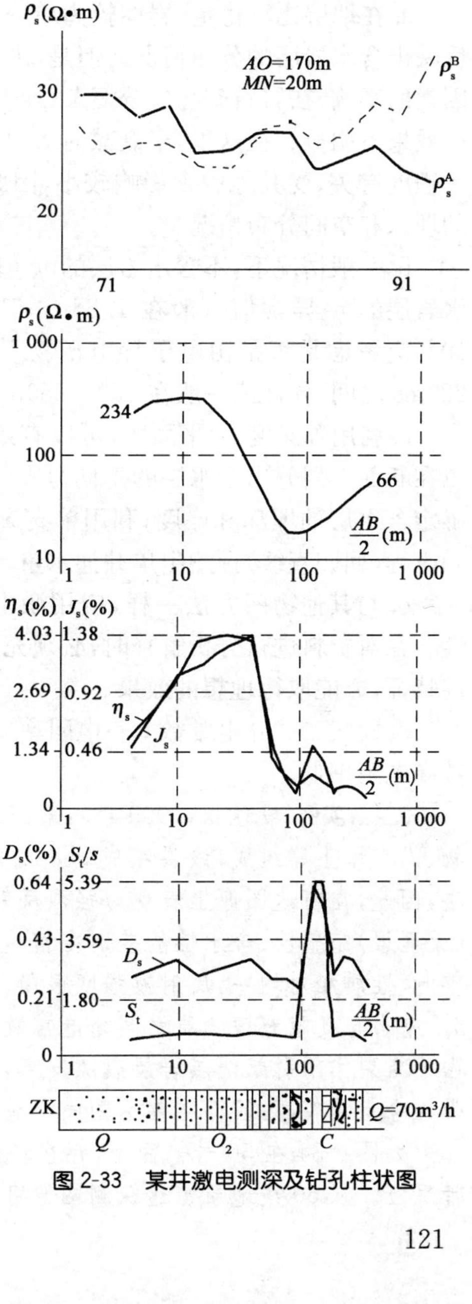

图 2-33　某井激电测深及钻孔柱状图

结论：电阻率联合剖面测量和激电测深相配合，在预测地下构造水方面效果是明显的。电阻率联合剖面曲线呈现低阻正交点或在高背景上相对同步下降呈"V"或"U"形，是推断是否存在含水断裂带或岩溶发育带的重要标志。激电测深参数 η_s，ρ_s，J_s，D_s，S_t 相对背景出现异常是判断地下某深度富水性的重要标志。

a. 在地层比较稳定、岩性较为单一的情况下，视极化率 η_s 曲线能较直观地反映出含水岩层的分布情况。但是，由于视极化率 η_s 同时也受岩石矿物成分等因素的影响，在岩石矿物成分复杂、地表水矿化度高的地区，用 η_s 曲线划分含水层效果不明显。在这里，半衰减时 S_t 只与地下岩层的孔隙、裂隙及破碎带的赋水程度有关，受其他因素影响较小，因此 S_t 曲线能更为直观地反映出含水岩层的埋深和空间分布情况。

b. 一般情况下，不含水岩层的 η_s 值（背景值）多在 0.5%～1%之间变化，含水岩层的 η_s 异常值一般在 1.5%～5%之间变化，个别可达 5%～10%，超过 10%应考虑是否是由电子导电矿物引起的。同样，S_t 的背景值一般在 200～220ms 之间，异常值一般在 230～350ms 之间。

c. 利用等深度 S_t 平面图，可以有效地圈定出富水范围；利用 S_t 断面图，可以在断面上划分出含水层的垂向分布情况；利用单支 η_s 和 S_t 曲线可较准确地确定含水层的埋深和厚度；利用单支 S_t 曲线异常值与背景值的比值，可根据回归方程（回归直线）预测出单井涌水量。

d. 与其他物探方法一样，应用激电法寻找地下水同样具有条件性和多解性。在对资料进行分析解释时，必须充分地收集和掌握地质构造、岩性分层和物性特征，方能取得理想的效果。

②模式二："介电常数 ε_r + 电阻率 ρ_s"，"地质雷达＋电测深"。特征：介电常数高电阻率低。

实例（段佳松，1999 年）：第四系覆盖层一般由基岩风化产物、洪流汇集物、人工填土等组成，该层组成物质的颗粒均一性、密实性差异较大，加之深度浅，因此，在雷达图像上表现为强烈反射波，波形杂乱，同相轴连续性很差。基岩（大理岩）完整性、含水性的差别在雷达图像上的表现亦存在差别。当基岩较完整时，性质相对均一，反射波强度很弱，甚至无反射波；当基岩破裂或有岩溶存在时，基岩与孔隙充填物质之间介电常数差异增大，反射波增强；如果存在断裂带，由于断裂作用引起两层岩层裂隙发育，造成岩体严重破碎，且一般情况下，断裂带内含水量较高，因而在雷达图像上显示为强反射波。

如图 2-34 在 50 号剖面下，存在多处雷达异常，其分别为溶蚀裂隙区及破碎带反应。从 50 线地质雷达探测图像可以看出，所圈定的溶蚀裂隙发育区的雷达

反射波较其同边完整灰岩的雷达反射波明显增强。同样，在推断的破碎带，雷达反射波亦较周边完整灰岩的雷达反射波明显增强。所不同的是，溶蚀裂隙区的强反射波则一直从表面向下部延伸，形成一个较大的区域，而破碎区的反射波同相轴连续性一般较溶蚀裂隙发育区的连续性更差。

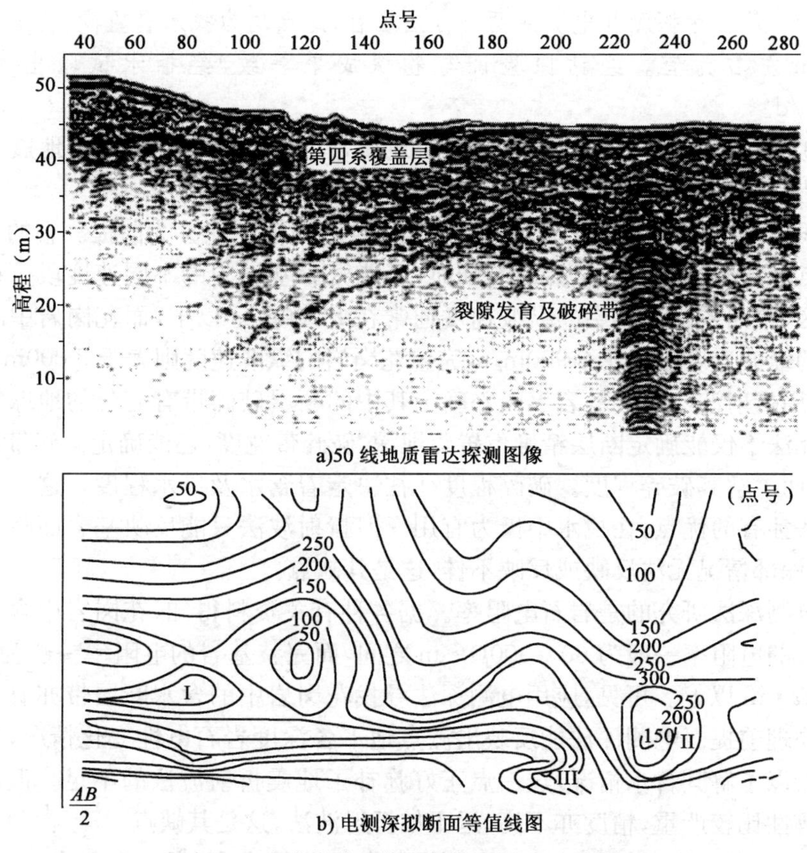

图 2-34 “介电常数＋电阻率”探测地下水的效果

推断的破碎带分别位于 95～120m 点位，220～250m 点位。其形态为上部较宽大，中下部宽度相对一致，呈开口状。

结合地质雷达探测，在 50 线配合电测深探测，其目的一是进一步确定破碎带位置，二是弥补地质雷达探测深度的不足。从 50 线 ρ_s 断面[图 2-34b)]可见，在浅部 ρ_s 等值线从小到大号点由密集变稀疏，在 180 号点以前等值线大致平行分布，经 180 号点以后向大号方向陡倾斜，形成起伏大的梯度带，在 140～180 号点的 15～14m 之间及 240 号点的 20～80m 之间各存在一个低 ρ_s 闭合圈，我们将这两个低 ρ_s 异常分别定为 I、II 号异常，同时在 220 号点的 15～22m 处亦存在一个较小范围的低阻异常。综观横向，在该层位上形成一条断续的低 ρ_s 带，至 240 号点附近向深部延伸。在 220 号点的 60～80m 亦存在一个低 ρ_s 扭曲异常，将此定为 III 号异常。

根据本次物探工作成果所布设的 ZK1 验证孔即位于破碎带上，具体点位 235/50。从雷达探测和电测深两种方法来看，此点均为找水有望段，验证深度应以 70m 左右为宜。经钻探验证与物探成果一致，经抽水试验出水量达 $300m^3/d$。

③模式三："波速＋电阻率"，"浅层地震＋电测深"。特征：浅层地震寻找储水构造，电测深详查地下水情况。

浅层地震折射波法以基岩与上覆地层存在波速正差异为前提。它的一个重要特点是在勾绘基岩起伏界面的同时，还能区分基岩中的不同速度段。在花岗岩地区，第四系及风化层的纵波速度通常在 2 500m/s 以下，而花岗岩中断层破碎带的纵波速度则小于 3 900m/s，完整花岗岩的纵波速度则大于 5 000m/s。可见，应用折射波法勾绘基岩界面并确定其中的断层破碎带有充分的地球物理前提。此法不仅能确定断层精确位置与埋深、破碎带宽度，还能确定破碎带波速大小，从而了解其破碎程度。破碎程度往往决定着含水及导水程度。这一点是折射波法独有的优点，在找水中极为有用。但折射波法只能反映基岩面附近的情况，对深部情况无法反映或反映不佳，这是其缺点。

电测深法研究的是岩石电阻率。据各种有关资料得知，花岗岩中含水断层破碎带的电阻率一般为 60～500Ω·m 之间，而完整基岩的电阻率一般为 500～1 000Ω·m 以上。可见，应用电测深法寻找花岗岩中的含水断层带亦有充分的地球物理前提。电测深法能反映出测点地下各深度岩石电性变化情况，从而使我们借以了解其含水情况，这一点正好弥补了地震折射波法的不足。但电测深的多解性比较严重，精度亦不高，远不如折射波法，这是其缺点。

由上可知，地震折射波法和电测深法各有优缺点，两者结合起来，在探测预报地下水方面则能优势互补。

④模式四："自然电位(V)＋电阻率"，"自然电位法＋电测深"。特征：电位低电阻率低。

根据自然电场理论，电化学电场与天然电子导体有关，扩散电场及过滤电场系胶体矿物电动现象所产生，地下水富集地段以过滤电场为主。在地下水富集地段，由于所受水压力不同产生水的流动，水带动水化离子沿水流方向移动，由于岩石颗粒表面具有吸附负离子的作用，所以随水移动的水化正离子相对增多，而在静止的岩石颗粒表面相对聚集许多负离子。由于水的流动及过滤作用，使水化正离子和水化负离子分离并达到动态平衡，因而在富水地段与周围介质产

生了一定的电位差，形成了过滤电场。

实例（李爱华，1994 年）：某场区主要分布为侏罗系高家田组（J_{2g}）砂岩、二叠系斗岭组（P_{2dl}）砂岩及当冲组（P_{1d}）硅质岩无水地层。场区北侧白垩系红层（K_{2d}）覆盖区，分布有一层第四系砂砾岩层。为探测该区的地下水富集地段，物探采用了自然电位法扫面（网度：50m×10m）、"8"字形自然电位及视电阻率测深（$AB/2 \geqslant 340m$）等。

如图 2-35 所示，"8"字形自电反映地表水流向为北西。自电平剖图反映出测区东部和西部为电位（V）低值区，中部为电位高值区，且从北往南自电值逐步减小。由于测区内地形平坦，无山地电场影响，根据过滤自然电场理论，推断东部和西部电位低值区为地下水赋集地段。

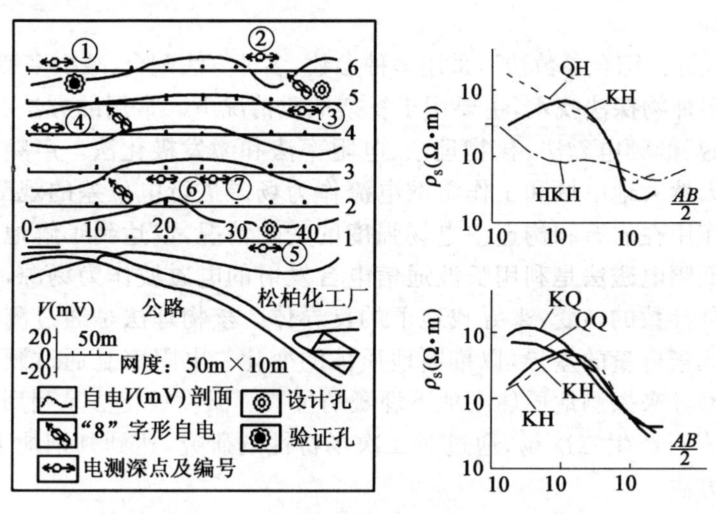

图 2-35　自然电位扫面测深详查地下水效果图

图 2-35 为视电阻率测深曲线类型图。从图上可以看出，测深曲线类型多以"KH"和"KQ"形为主。测深曲线的中尾支均出现下降，说明深部存在低阻层。推断在第四系砂砾层相对高阻层下伏红层中，裂隙发育，且含水性较好。

在物探推断的富水地段设计了 3 个钻孔，选择了靠近场区的钻孔进行验证。经揭露：5.80～10.20m 为第四系（Q）砂砾石层孔隙水（微承压），10.20～100m 为红层（K_{1d}）基岩裂隙水（主要含水层，承压），静止水位 4.1m。水量达653.76t/d。

在地面上观测到的电化学作用引起的自然电场异常强度和特征与许多因素有关。这些因素有：地质体与围岩水溶液的成分、地质体的形状、大小、产状、埋藏深度以及地质体与围岩的电阻率的大小和均匀程度等。

有渗流作用引起的过滤电场其方向与地下水流向有关。在地下水埋藏不深、流速大、地形较为平缓的条件下，应用自然电场法可以确定地下水的流向。

野外观测方法常采用环形观测法，即在一测点上，用两个不激化电极沿直径 2 倍于地下水埋深的圆周，在不同方位上进行电位差的测定，然后将观测结果绘制成电位差方位图。正常情况下，在地下水流方位上测得的电位差最大，在其垂直方向上，电位差值应为零。在自然条件下，由于地下水运动的不均匀性，观测结果多为椭圆形，其长轴方向便为地下水运动的轴向。再根据所观测的电位差极性确定地下水运动方向，即运动方向是由负电位指向正电位。

⑤模式五："综合参数法"，采用多种参数、多种方法配合，减少多解性。

综合多种物探法找水，主要用于复杂地质情况下。常用的方法有：声频大地电场法、甚低频电磁法、核物理法、电阻率法和激发极化法。声频大地电场法是利用天然大地电场和工作游散电流作为场源进行电位差的观测，了解大地电磁场作用在岩石和构造中电场强度的变化情况，以达到了解地质构造的目的。甚低频电磁法是利用长波通信电台发射的电磁波作为场源，通过测量甚低频各种参数的畸变，来寻找地下的良导体。核物理法是通过测量地下天然放射性元素含量的差异，以推断地质体的变化。电阻率是通过测量地质体电阻率的差异来探测地质体在地下埋藏的位置。激发极化法是利用人工电场激发地下岩石产生二次场，通过对二次场特性的研究，达到判别地下岩性、赋水程度的方法。

声频大地电场法、甚低频电磁法、核物理法，仪器设备简单、操作方便、成本低、工效高，且受地形影响较小，可以快速进行普测，但测量精度较低，受干扰较大，只能进行剖面测量，不能准确测定地质体的埋深和含量。电阻率法理论比较完整、成熟，能够明确区分地层结构和断裂破碎带的位置，但受地形影响较大，山丘地区地形高低起伏，往往造成一些假地质异常。该法测量有别面法和测深法两种。激发极化法较其他方法仪器复杂，测量费时费事，耗电较大，成本较高，但它能解决其他方法不能解决的问题，能比较准确地判定地下含水层的含水量。其基本参数通常选用：电阻率(ρ_s)、半衰时(S_t)、衰减度(D)、含水因数(M)。任何一种物探找水方法，都有其相应的适用条件和局限性，受干扰因素较多，定井把握性不大。综合多种物探找水方法的优点，可以从不同的侧面分析研究地下岩层的性质和含水情况，做到互相补充、互相验证、去伪存真、得出比较准确的结论，使成井率大大提高。

实例(姬广柱等,2001年):某场地出露地层为上寒武系,无断裂构造。经地质勘察,发现一组290°的裂隙带,布设了联合剖面。裂隙带反映在联剖曲线上虽为低值异常,但旁侧有反交点。于是又布设了声频和甚低频D倾角剖面,做了电测深和激电测深。声频剖面为尖底异常,幅度值为100%,D倾角曲线过坐标轴有零点。电测深90m后变水平段,激电测深参数$S_{0.5}$、D在90～135m段为高值异常,异常值为正常值的2倍,推测是含水裂隙带的反应。经钻孔验证,87m处漏水,87～135m段裂隙发育,孔深173m,出水量在80m³/h以上,探测结果见图2-36。

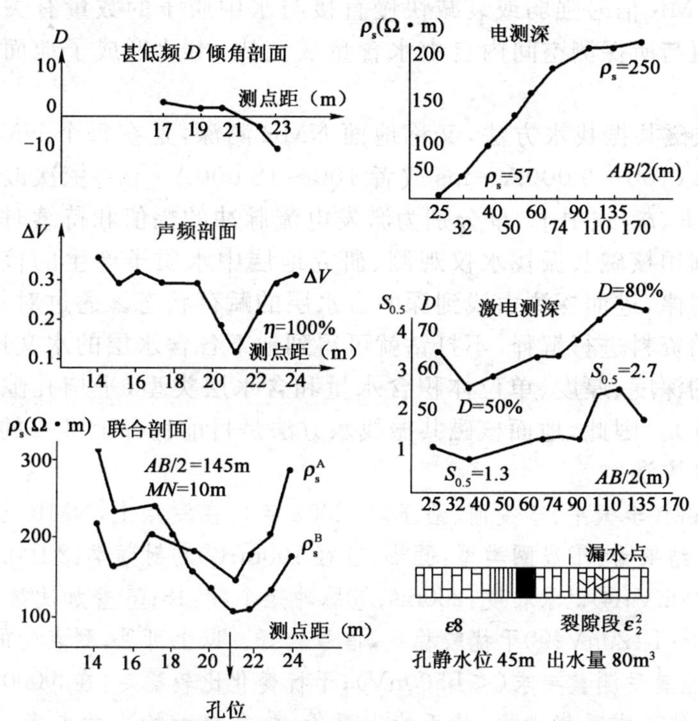

图2-36　多参数多方法探测地下水的效果

除以上模式外,尚有以下特殊方法。

①核磁共振法

地面核磁共振找水方法原理:地面NMR核磁共振(Nuclear Magnetic Resonance)找水方法是利用不同物质原子核弛豫性质差异产生的NMR效应,即水中氢核(质子)的弛豫特性差异。核磁共振是一个基于原子核特性的物理现象,系指具有核子顺磁性的物质选择性地吸收电磁能量E_{1J}。从理论上讲,应用NMR技术的唯一条件是所研究物质的原子核磁矩不为零。水中氢核具有核子顺磁性，其磁矩不为零。氢核是地层中具有核子顺磁性物质中丰度最高、磁旋比最大的核子。在稳定地磁场的作用下，氢核像陀螺一样绕地磁场方向旋进，其旋进频率（拉摩尔频率）与地磁场强度和原子核的磁旋比有关。

通常向铺在地面上的线圈（发射线圈）中供入频率为拉摩尔频率的交变电流（交变电流的包络线为矩形），在地面交变电流形成的交变磁场激发下，地下水中氢核形成宏观磁矩。这一宏观磁矩在地磁场中产生旋进运动，其旋进频率为氢核所特有。在切断激发电流脉冲后，用同一线圈（接收线圈）拾取由不同激发脉冲矩激发产生的 NMR 信号，该信号的包络线呈指数规律衰减。NMR 信号强弱或衰减快慢直接与水中质子的数量有关，即 NMR 信号的幅值与所探测空间内自由水含量成正比，由此形成了地面核磁共振找水方法。

地面核磁共振找水方法，又称地面 NMR 测深，是在每个 NMR 测深点上由小到大（100～9 000A·ms 或者 100～18 000A·ms）依次改变激发脉冲矩 q（$q=I_0$、t_P，式中 I_0，t_P 分别为激发电流脉冲的幅值和持续时间），然后在地面上利用核磁共振找水仪观测、研究地层中水质子产生的核磁共振信号的变化规律，进而探测由浅到深的含水层的赋存状态。通过对每个 NMR 测深点原始资料进行解释，不打钻就可得到地下各含水层的水文地质参数，各含水层的深度、厚度、单位体积含水量和含水层类型（平均孔隙度和含水层的导电性）。因此，地面核磁共振找水方法是目前世界上唯一的直接找水地球物理新方法。

实例（李振宇、李俊丽、潘玉玲，2002 年）：在测点上，NMR 方法的技术参数和测量结果为：①线圈类型：圆形，直径 100m；②发射频率：2 100.9Hz；③测量范围：5 000nV；④记录长度：250ms；⑤脉冲矩个数：18；⑥叠加次数：128；⑦噪声水平：570～1 120nV；⑧干扰较稳定，信号较好。以上可见，测点处的噪声水平偏高，但尚能满足测量要求（<1 500nV）；干扰变化比较稳定，在 5 000nV 的测量范围内仪器能正常采集数据；从干扰水平看，信号叠加的次数再多一些效果会更好。

图 2-37 是 NMR 测量的解释结果。由图可见，在 NMR 测点的勘探范围内，地下的主要含水层有 4 个，分别位于：2.0～3.0m，9.0～14.5m，23.5～38.2m 和 79.2～100m。其中，前两个含水层为地表潜水，后两个含水层为承压含水层。由图可见，地电断面主要由两个电性层构成，电阻率为 11～32Ω·m 的低阻层覆盖在高阻（ρ_s>330Ω·m）基岩之上，基岩的起伏形态如图中所示。从电测深工作结果看，后两个含水层处在高阻（ρ_s>330Ω·m）基岩中。联合剖面法工作结果表明，工作区内无明显的断裂反映。

根据 NMR 测量反演结果并结合电法资料解释结果，认为测点所在部位富有开采价值的地下水，孔隙较大，连通性好，类型为高阻基岩中含水。建议布置钻探验证，设计孔深 120m，钻探目的层在 30～40m 和 100m 左右。经过钻探(终孔深度 130m)证实，在 33～42m 深度和 77～130m 深度见石炭系、二叠系灰岩、白云质灰岩，岩芯中可见溶洞和裂隙发育，含水性及连通情况均好(图2-37)，单井日出水量超过 1 000t，并且水质较好，证实了 NMR 方法的找水效果。

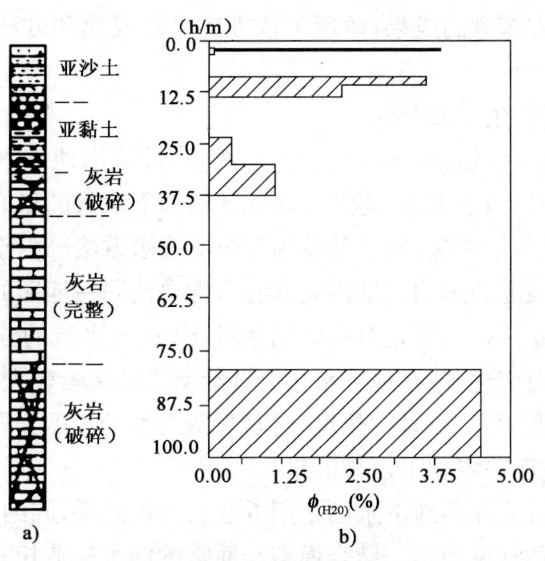

图 2-37 核磁共振法找水效果

结论：

a. NMR 找水方法应成为水文地质调查的首选方法。将 NMR 找水方法应用于水文地质填图，快速圈定找水远景区、对地下水资源进行评价以及确定出水井位，具有直接找水、量化程度高、快速、经济等特点，有利于获得地下水资源三维分布的信息。

b. 在水环境监测上发挥作用。NMR 找水方法除了可以探查各种类型的地下水外，还可以与电阻率法、激发极化法等其他地球物理方法配合，根据地下水电阻率等物性参数的变化来区分淡水和咸水。此外，NMR 找水方法也可以用来圈定含有氢核(烃类)污染物的水的范围和污染程度。

c. 在工程无损检测方面的应用。用 NMR 方法，通过剖面或面积性测量对工程地基和堤坝隐患进行无损检测，可以圈定地下水入侵范围、评价堤坝及坝基有无地下水作用等。

d. NMR 找水方法在探查 100～150m 深度的地下水中取得了明显的效果，

有广泛的发展前景。

②高频大地电磁系统(罗洪发,2002年)

本方法是以卡尼尔大地电磁理论为依据,以天然或人工电磁场为工作场源,通过相敏技术实现同步扫频作为采样方式,进行高频高密度大地电磁测量,有着较高的垂向和侧向分辨率,是一种较可靠的地球物理勘察手段,在较广的应用范围内,具有较高的成功率和性价比。在找矿、找水及查找地质灾害隐患方面,该方法取得了令多方满意的成果,体现了该方法日趋成熟和方法本身所蕴藏的巨大市场潜力。

③测温法(李凡生,1997年)

测温法找水是通过对山区河流水温的测量,计算出地下水向山区河流的排泄量,从而达到寻找地下水源、定性定量地评估地下水量的目的。该方法技术原理可靠,操作过程易于掌握,是一种较为有效的找水方法。由于大气温度对地表水温度和地下水温度的影响差别很大,因而,常常使同一地区的地表水温度与地下水温度有所差异。在气温相对稳定的条件下,地面水流的温度随地下水排泄补给的数量大小而变化着,在地下水排泄补给河水的水量较大的地段,河水的温度便出现较大幅度的异常。按"热量守恒"原理分析,便可以圈定地下水聚积排泄的富水地段,进而确定地下水排泄量。

以上罗列了目前探测地下水的常用方法及实例效果,归纳总结了目前方法,并上升归纳了几种常见模型。结合模型与通常的储水构造相对应研究各种方法的适用条件,将各方法相互验证,以减少多解性,提高预报精度。

2.1.3 地面超前地质预报深度确定

只有当隧道埋置不是很深的情况下(<100m),才可考虑地面超前预报方法。地面超前预报方法以包括电法、电磁法、地震波法、声波法和地球物理测井法等地面物探方法为主,辅助以地质方法(地面地质调查法、地质界面地质投影技术、断层参数预测技术)、化探方法(与不良地质体有关的化学成分或气体等沿构造或其他通道形成化学异常,可采用如测氡、测汞等方法圈定异常,进而推断地质构造)。地面地质预报是通过物探、地质或化探等方法探测、分析、推断地下某一深度的地质情况,进一步指导隧道的动态设计与施工。

研究地面物探方法的探测能力,对于隧道工程超前预报来说很有意义。因为隧道在地下通过的截面很小,如果地面探测的深度过大,相应的解释精度就低,很有可能由于解释的误差导致隧道施工灾害。因此很有必要确定某一深度作为采用地面物探方法的界限。当然,方法不同、地点条件不同、物性差异的大

小，以及地面条件、地质噪声、干扰水平等因素都决定着解释精度及探测深度。以下以几种主要方法为例说明确定探测深度的原理。

(1)用中间梯度法寻找球形良导体的探测深度

根据球体上中间梯度法的视电阻率表达式

$$\rho_s=\rho_1\left[1+2\frac{\rho_2-\rho_1}{2\rho_2+\rho_1}\gamma_0^3\frac{h_0^2+y^2-2x^2}{(h_0^2+y^2+x^2)^{5/2}}\right] \tag{2-7}$$

可写出相对异常的表达式

$$\frac{\Delta\rho_s}{\rho_1}=\frac{\rho_s-\rho_1}{\rho_1}=2\frac{\mu_{12}-1}{2\mu_{12}+1}\cdot\gamma_0^3\frac{h_0^2-2x^2}{(h_0^2+x^2)^{5/2}} \tag{2-8}$$

根据误差要求(ρ_s 的均方相对误差为±5%)，$\frac{\Delta\rho_s}{\rho_1}$应大于3倍均方相对误差方能认为是可靠异常，故取$\frac{\Delta\rho_s}{\rho_1}\geqslant 0.2$。

再利用 $\mu_{12}\to 0$ 的最有利(异常最大)条件代入上式得关系式：$h_0=2.15\gamma_0$，若以球顶埋藏深度 h 计算，则有：$h=1.15\gamma_0$。

可见，用中间梯度法寻找球形良导体时的探测深度，在简单条件下，除与球体大小有关外，还与球体相对围岩的导电性好坏有关。在最有利条件下($\rho_2\to 0$)，其探测深度以球顶计算埋深，约为球体半径的1.15倍。

(2)瞬变电磁测深方法的探测能力

瞬变电磁的探测深度与发送磁矩覆盖层电阻率及最小可分辨电压有关。瞬变电磁场在大地中主要以扩散形式传播，在这一过程中，电磁能量会因直接在导电介质中传播而消耗，缘于趋肤效应，高频部分主要集中在地表附近，较低频部分传播到深处，且分布范围逐渐扩大。

传播深度： $$d=\frac{4}{\sqrt{\pi}}\sqrt{t/\sigma\mu_0} \tag{2-9}$$

传播速度： $$V_z=\frac{\partial d}{\partial t}=\frac{2}{\sqrt{\pi\rho\mu_0 t}} \tag{2-10}$$

式中：t——传播时间，$t=2\pi\times 10^{-7}h^2/p$；

σ——介质电导率；

μ_0——真空中的磁导率。

在中心回线下，时间与表层电阻率之间的关系可写为

$$t=\mu_0\left[\frac{(M/\eta)^2}{400(\pi\rho_1)^3}\right]^{\frac{1}{5}} \tag{2-11}$$

式中：M——发送磁矩；

ρ_1——电阻率；

η——最小可分辨电压，它的大小与目标层几何参数和物理参数，还与观测时间段有关。

联立解得：

$$H=0.55\left(\frac{M\rho_1}{\eta}\right)^{\frac{1}{5}} \tag{2-12}$$

式(2-12)为野外工程中常用来计算探测深度的公式。

(3)探测深度综合评价

波在介质中传播距离的影响因素包括：

①仪器精度(相当于眼睛本身的视力，视力越高看的有效距离越远)；

②环境噪声(介质的环境噪声)；

③物性差异(目标体与所处介质环境的物性差异，差异越大探测深度越大)；

④激发波振幅随传播距离衰减，衰减越快探测深度越小。

2.1.4 地面预报的精度评价(深度与精度和工程要求的关系)

提高预报精度是隧道工程施工的要求。但很难用定量的公式来说明地面超前预报的精度，我们只能根据现场的地质条件，通过采用一些方法组合或参数组合来提高预报的可靠性。由于各种方法各有优缺点，利用方法的优缺点互补提高解释的精度。只有确定到某个具体的地区，在某些具体的条件下，已知一些地电参数，才能确定具体的预报精度，包括对预报目标体的产状、位置与大小的界定。

由于各种预报方法的物性差异不同，不同方法地面测试异常推断的精度不同，因此，要正确看待地质预报的精度和隧道工程施工要求的关系。下面以瞬变脉冲电磁法为例说明每种方法均有其探测和解释方面的影响因素，例如，影响瞬变电磁法探测深度的因素很多，这些因素之间彼此联系又相互制约，只有在假定了某些条件之后，才能得出该条件下确切的探测深度和预报精度。通常影响瞬变电磁法探测精度的几种主要因素如下：

(1)瞬变电磁系统中的电磁噪声

电磁系统的噪声主要来自外部的电磁噪声，如天电干扰，这种噪声限制了观测信号的传播能力，从而限制了探测深度。一般情况下，外部噪声来源于天电及工业电的干扰，平均值为 $0.2\mathrm{nV/m^2}$ 左右。在干扰强的地区，噪声电平增大到 $5\mathrm{nV/m^2}$ 以上。

(2)功率灵敏度

电磁系统中，功率—灵敏度是衡量仪器系统探测能力的一个重要指标。尽可能大的发送磁矩，就可能在较长的时窗范围内以足够大的信噪比观测到可靠的数据，以区分各种地质体的响应。

(3)回线边长

对于某一固定的仪器系统、测道及目标体的综合参数而言，推荐选择回线边长约等于寻找目标体的极限深度。当回线边长与目标体的埋深的比值 $L/h=0.9\sim1.5$ 时，所得到的响应值大于 $0.8V_{\max}$，即使是取 $L/h=0.5$，对于线性尺寸与回线边长相近的目标体已能够有把握地探测出来；随着回线边长的增大对于小的地质体的横向分辨能力变差。

(4)目标体的电性及几何参数

异常的幅值与目标体的电性及几何参数大小有关，它将影响方法对目标体的探测能力，使得一些小的地质体探测不到。而这些小的局部的地质体的位置、大小及性质很可能对隧道的施工具有重大的影响。

如此多的影响因素，使得单个方法的外业布置及解释精度等存在诸多缺陷，必须有弥补措施，方能达到隧道施工的精度要求。

2.1.5 地面(洞外)预报总结

前面已详细论述了隧道工程超前预报的地面方法，并针对隧道常见的地质灾害如掌子面前上方的断层、岩溶、软岩、陷落柱及采空区、不整合接触面、岩爆及地下水等，列举了大量预报实例。一方面，需说明隧道超前地质预报方法的多样性，单一方法在某个局部地区、小范围的可行性。另一方面说明为了提高预报精度所必须采用的一些综合方法，尤其在地下水的勘测过程中，目前已有大量采用两个参数的预报模式，并取得了成功的经验。特别是在复杂地区已采用3个以上参数较准确地进行地质预报。因此，为了提高对灾害体的预报精度，避免对目标异常体的遗漏，很有必要利用综合参数提高预报精度。

2.2 隧道掌子面超前地质预报方法

隧道掌子面的超前地质预报方法和地面(洞外)探测方法相比具有如下特点：

①可看到出露的岩体，与地面相比具有更多的已知条件；

②由于掌子面空间小，且要探测前方的地质情况，因而，许多物探方法现场

布置受到限制；如电极难以布置，地面的各种装置不能排布；线框大小受限，许多依靠线性连续测量的方法不能使用；

③通常掌子面的干扰因素包括：各种电缆引起的电性干扰噪声、各种风钻、隧道施工机械的振动噪声等；

④洞内超前预报的目的是了解掌子面前方一定范围的地质情况，而地面物探的许多方法是测试地下半无限空间场的分量，当需测试掌子面前方地质情况时失效。

由于掌子面超前地质预报相对地面超前预报有许多的优点，已知条件较多，精度相对较高。因此，它是目前隧道施工超前地质预报的主要方法。

国内对洞内超前预报的方法分类仍没有统一标准，作者将掌子面超前地质预报方法按距离分为：长距离预报、短距离预报与临近预报。长距离预报（＞100m）方法包括：TSP 地震预报法、VSP 垂直地震剖面法、USP 地下工程地震预报（角度偏移技术）、TRT 反射地震层析成像方法、水平超前钻探；短距离预报（＜30m）方法包括：GPR 地质雷达法、TEMT 隧道瞬变电磁法、BEAM 法、HSP 水平声波剖面法、陆地声纳法、红外探水法、超前平行导坑（隧道）法、超前水平钻孔法等；临近预报（＜10m）方法包括：掌子面地质编录法、灾害征兆预报、掌子面实时监测预报等。

2.2.1 长距离超前地质预报

长距离超前地质预报包括：隧道地震预报（TSP、VSP、TRT、USP）、水平超前钻探等。

2.2.1.1 TSP 隧道地震预报法

TSP（Tunnel ahead Seismic Prediction）隧道地震预报法是隧道超前地质预报的主要方法，使用的仪器有：瑞士 Amberg 公司生产的 TSP202、TSP203、TSP200 及我国自主生产的 TGP12、TGP206 等仪器。TSP 超前预报系统能够对掌子面前方地质体的地层界线、断层挤压破碎带、含水带、大的溶洞、水化泥岩和淤泥带等性质、位置和规模，进行较准确的探测和判定，为隧道工程的快速掘进、支护材料的提前准备以及灾害事故的有效预防提供可靠的地质资料与信息。TSP 是目前掌子面超前地质预报采用的主要方法，其探测距离为 250～500m（硬岩 300～500m，甚至更远；软岩 250～400m），有效解译距离为 150m。

适用条件：隧道已开挖、岩体隧道、不良地质体走向与隧道轴线垂直最佳，专门设计用于隧道掌子面超前地质预报。

（1）TSP 方法原理

TSP 的排布方式如图 2-38 所示，炮点与接收器均在隧道侧墙。由微型爆破引发的地震波信号分别沿不同的路径以直达波和反射波的形式到达接收器，与直达波相比反射波需要的传播时间较长。TSP 地震数据处理是由测得的从震源直达接收器的纵波传播时间换算地震波的传播速度 V_p。

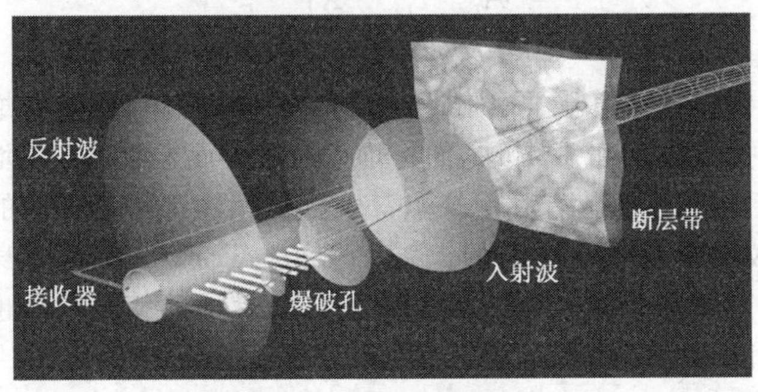

图 2-38　TSP 测量原理

$$V_p = \frac{X_1}{T_1} \tag{2-13}$$

式中：X_1——爆破孔与接收器的距离(m)；

T_1——直达波的传播时间(s)。

已知地震波的传播速度就可以通过测得反射波传播的时间推导出反射界面与接收器的距离以及与隧道断面的距离。整个推导过程可由下式导出：

$$T_2 = \frac{X_2 + X_3}{V_p} = \frac{2X_2 + X_1}{V_p} \tag{2-14}$$

式中：T_2——反射波传播时间(s)；

X_2——爆破孔与反射界面的距离(m)；

X_3——接收器与反射界面的距离(m)。

准确判定反射界面的前提是通过某种方式将反射波从含有直达波和其他的干扰信号的总体混合信号中清楚的分离出来。与直达波相比，反射波的振幅非常小，它一方面取决于反射界面与接收器的距离，另一方面取决于地震波在反射面的反射系数。反射系数的定义如下：

$$R = \frac{\rho_2 V_{p2} - \rho_1 V_{p1}}{\rho_2 V_{p2} + \rho_1 V_{p1}} \tag{2-15}$$

式中：ρ_1、ρ_2——反射界面内外侧的岩石密度；

V_{p1}、V_{p2}——反射界面内外侧的地震波传播速度(m/s)。

由上式可以看出，反射系数的大小直接与界面两侧的对比度有关，即地震波传播速度差别越大，则反射系数也越大。

对于球面波而言，地震波振幅还随传播距离的增加而成反比衰减。

综上所述，有关反射波振幅 A_r 与直达波振幅 A_d 的比值可以用下式表示：

$$\frac{A_r}{A_d}=R\frac{X_1}{X_2+X_3} \tag{2-16}$$

隧道地震预报在隧道掌子面附近的排布方法有多种，通常将炮点与接收器均放在侧墙的排布方式称 TSP 法，而将炮点在掌子面接收器在侧墙的排布方式称 VSP 法。不同的方法各有其优缺点。大部分仪器都有其自身的现场布置方法，通常是由仪器自身软件决定的。如 TSP202、TSP203 有其自身固定的布置方法，TGP12、TGP206 同样有自己的布置方法，其他的相关仪器也雷同。有些仪器在设计时已考虑可同时适用几种排列。

下面分别介绍 TSP202、TSP203 及 TGP12 仪器的探测方法及特点。

(2)TSP 仪器介绍

①TSP202 测量系统简介

由于 TSP202 已被新一代测量系统 TSP203 所替代，所以这里只对它作简要介绍，以更好地理解其配置。如图 2-39 为 TSP202 测量系统布置示意图，爆破孔内的炸药通过起爆器、触发盒和记录单元连成一体；其传感器为二分量，软件在 DOS 操作平台。

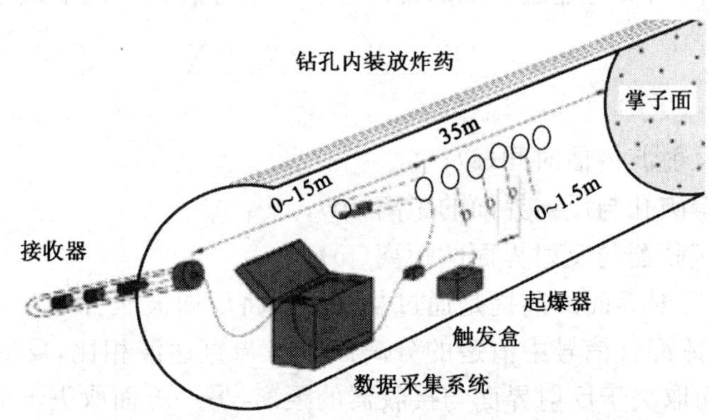

图 2-39　TSP202 探测系统布置示意图

通过在软件上交互有选择的处理过程，可挑选出最具代表性的反射信号，然后绘制出震源界面图像。在最后的交互式投影过程中，以隧道轴线定位的震源界限在平面上得到确定，操作员根据操作结果提出有意义的反射界面显示在隧道轴线上，绘制成图。图 2-40 给出地震图像和推断结果汇总图。

②TSP203 测量系统简介

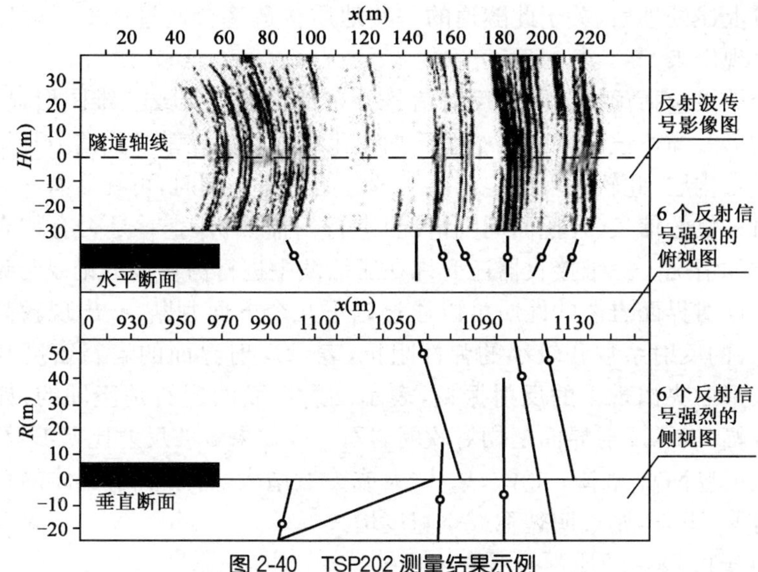

图2-40 TSP202测量结果示例

TSP203测量系统是对TSP202进一步的发展和完善,它在软、硬件设计方面作出了许多的修改和改进,相应地对地震接收系统(图2-41)和配置的计算机进行了改进。

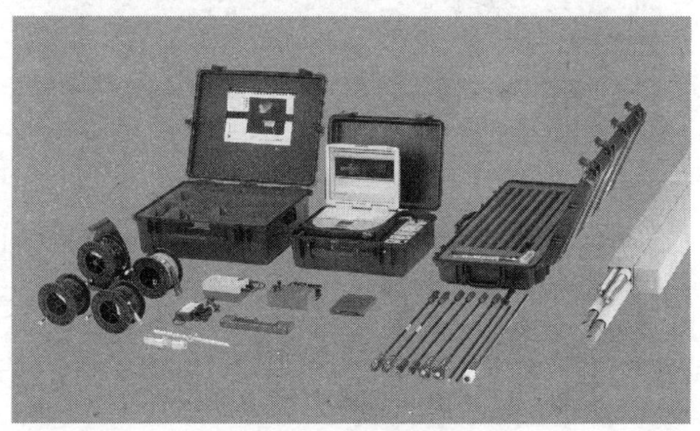

图2-41 TSP203探测系统

接收单元在特制钢套管内接收地震波信号。套筒与岩石之间采用水泥灌注或双组树脂牢固地结合。接收单元由一个极灵敏的三分量地震加速度检波器组成,检波器可在频宽约10~5 000Hz动态范围将地震信号转换为电信号。由于采用了能同时记录三分量加速度的传感器,因此,可以确保三维空间范围的全波记录,并能分辨出不同类型的声波信号,如压缩波(P波)和剪切波(S波)信号。此外,三分量记录按正常顺序排列,可以计算出声波的入射角。隧道内测量结束后,测量数据要进行包括11个步骤的数据处理,这11个步骤按顺序依次进行。

数据经过上述处理后，关于此隧道的一些地质构造将会通过评价子程序以图表的形式呈现出来。

评价结果包括预报范围内反射信号分布情况的二维或三维图形显示，同时以图表的形式描述该区域内岩石性质的变化情况。如在掌子面前方探测到较厚的断层或结构层，此软件可确定出断层的起始位置。同时，可在装有三分量接收系统处对采集的信号(开挖面周围情况)进行扫描分析，查看是否有如岩体结构改变之类的情况。三维接收器还允许在压缩波中进行剪切波的记录与记录结果的处理。反射界面岩体的性质可以通过以下几个方面判断：a. 出现较高的反射振幅、较大的反射系数和较小的弹性阻抗，表示反射界面的岩石密度和波速较高。b. 波形中央出现正的反射振幅，表示反射界面的岩石是坚硬的；如果是负的反射振幅，表示反射界面是相对软弱岩石。c. 如果S波反射比P波反射更强，这表示反射界面富含水。d. V_p、V_s 增大或突然增大，常常由于流体的存在而引起。e. 若 V_p 下降，则表明裂隙或空隙度增大。

③TGP12 隧道地质预报系统

北京市水电物探研究所结合 TSP 预报特点通过多年的研究，开发出 TGP12 多功能隧道地质超前预报系统，仪器样机见图 2-42。

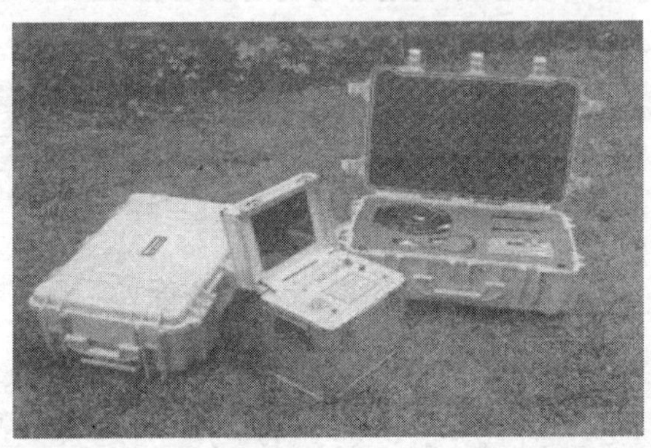

图 2-42　TGP12 隧道地质超前预报系统

TGP12 长距离超前地质预报的工作原理与 TSP 系统相同，是利用弹性波在三维空间传播遇到岩性变化界面、构造破碎带、岩溶发育带等声阻抗界面产生反射回波，通过传感器接收及软件后处理，达到预报前方地质情况的目的。该公司随后又推出 TGP206，其原理相同。

(3)TSP 预报应用实例分析

①实例一：京珠高速公路石门坳隧道岩溶预报(张勇、张子新等)。

a. 工程概况：京珠高速公路石门坳隧道位于乳源县东 7km 的石门坳，西起侯公渡镇杨光明村东至邹屋村。隧道为上下行、左右分离的双洞单线行车隧道，

进出口桩号为 LK92＋680～LK93＋810 和 RK92＋680～RK＋970，左线隧道长 1 130m，右线隧道长 1 290m。石门坳隧道所处山体为构造剥蚀地貌，地表发育有溶沟、溶坑、石芽。其山体主要为第四系残坡积亚黏土和石炭统石橙子组灰岩、炭质灰岩。区段内地下水为岩溶裂隙水，接受大气降水补给，含水层多数在山体上部弱风化灰岩中，裂隙发育属潜水类型，在山体东西两端低凹处多出现泉水，水量较小。隧道区段除进出口段为 IV 类围岩，洞身主体基本上以 II～III 级围岩为主。

石门坳隧道右线 RK92＋954 地段，爆破后，揭露出一溶洞，轮廓尺寸2.4m×5m，涌水量很大，造成 40 多小时的停工。为了避免再次遇到类似的地质灾害，特采用 TSP202 系统在左右线两条隧道进行了超前地质预报。

超前地质预报施作地点在石门坳隧道右线进口端右边墙工作面，里程为 RK92＋955，接收器位于 RK92＋900。24 个炮眼均匀分布在 RK92＋920～＋954.5，离隧道底部 1.0m 的地方，预报范围为工作面前方 300m，即 RK92＋955～RK93＋255。

b. 预报结果

RK92＋955～RK93＋255 段隧道穿过的地层为下石炭统石炭组，岩性为灰岩和炭质灰岩。灰岩：灰～深灰色，中～厚层状构造，致密坚硬；炭质灰岩：灰黑色，薄～中层状构造，石质较软。

据 TSP202 超前地质预报探测，右线隧道 RK92＋955～RK93＋013 段长大贯通节理发育，从而造成岩溶发育区，施工时应注意防治溶洞突泥、突水等灾害的发生，图 2-43 为 TSP202 在石门坳隧道右线 RK92＋955 处的测量结果，具体预报结果说明如表 2-9。

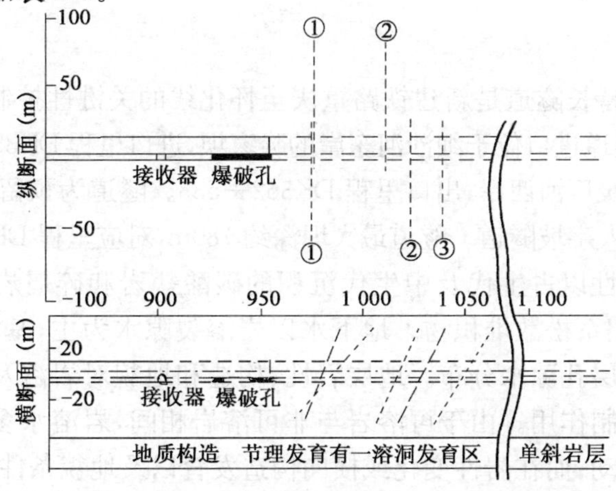

图 2-43　TSP202 在石门坳隧道右线 RK92＋955 处测量结果

预报结果与设计对照　　表 2-9

<table>
<tr><td rowspan="5">原设计</td><td colspan="2">地层岩性</td><td colspan="2">下石炭统石炭组灰岩、炭质灰岩</td></tr>
<tr><td colspan="2">地质构造</td><td colspan="2">单斜岩层</td></tr>
<tr><td rowspan="3">围岩分类</td><td>里程</td><td>RK92+955～RK93+200</td><td>RK93+200～RK93+255</td></tr>
<tr><td>级别</td><td>II</td><td>III</td></tr>
<tr><td>长度(m)</td><td>245</td><td>55</td></tr>
<tr><td rowspan="5">地质预报</td><td colspan="2">地层岩性</td><td colspan="2">下石炭统石炭组灰岩、炭质灰岩</td></tr>
<tr><td colspan="2">地质构造</td><td>节理发育～溶洞发育区</td><td>单斜岩层</td></tr>
<tr><td rowspan="3">围岩分类</td><td>里程</td><td>RK92+955～RK93+200</td><td>RK93+200～RK93+255</td></tr>
<tr><td>级别</td><td>III</td><td>II</td></tr>
<tr><td>长度(m)</td><td>245</td><td>55</td></tr>
</table>

工作面至 R93+043 段有多条较弱的反射信号，并夹杂一些无规律的反射信号，此段发育有几条长大贯通的节理。长大贯通节理为地表水的下渗和地下水的流动提供了很好的通道，为灰岩的溶蚀创造了条件，从而形成一岩溶发育区，溶隙、溶洞发育，且溶洞中多充填有黏土、水及石笋、钟乳石等。此段可按 III 级围岩施工，但必须注意防治溶洞突泥、突水等灾害的发生。

在随后的施工中发现地质预报结果与实际的状况较为吻合。当掘进到此处时遇到一溶洞发育区，由于事先有了准备，没有发生上一次遇到溶洞所带来的灾害，保证了工程的正常施工。这里应注意，该资料对岩溶的预报其实质是间接预报。由于岩溶发育与长大贯通节理有关，TSP 直接预报的是节理发育带。

②实例二：TSP 超前地质预报在圆梁山隧道施工中的应用(朱宝龙等，2003 年)。

a. 工程概况

圆梁山深埋特长隧道是新建铁路重庆至怀化线的关键性控制工程。隧道全长 11.068km。隧道进口位于细沙河东岸的瞻家坝，进口里程 DK351+465；出口位于麻旺河源头的炭厂河西岸，出口里程 DK362+533。隧道为预留复线条件、平导超前施工的单线人字坡隧道。隧道最大埋深约 780m，对应里程 DK353+035。

本区地层岩性以古生代及中生代沉积的碳酸盐岩和碎屑岩等两大岩类为主，并有少量第四系松散堆积物。地下水以岩溶裂隙水为主，基岩裂隙水次之，并有少量松散岩层孔隙水分布。地层岩性、构造和地貌对岩溶及岩溶水分布发育有着明显的控制作用。由于可溶岩与非可溶岩相间，岩溶水多沿岩层与纵向构造线作顺向运动；而在岩性变化或横向构造发育以及地貌条件限制的地段，岩溶水则作横向运动。岩溶大泉及暗河的展布多与岩性组合、构造和地表水系的

展布有着密切的关系，其流量大小与岩溶发育程度和接受大气降水的补给汇聚有关。经初测认为，该隧道的主要工程地质问题为毛坝向斜段岩溶及大规模高压涌(突)水、煤层瓦斯、硬质岩岩爆与软质岩大变形等。

本次超前地质预报施作地点是出口端左边墙(面对掌子面)，掌子面里程为PDK353＋442，接收器位于PDK353＋378，24个炮眼均匀分布在PDK353＋398～＋432.5，离隧底1.0m的地方，预报范围为掌子面前方150m，即PDK353＋442～＋567。

b. 预报结果

PDK353＋442～＋567预报段隧道穿过二叠系栖霞组、梁山组灰、深灰色中厚层状灰岩与灰黑色沥青质泥岩，呈不等厚互层。底部梁山组为灰黑色薄层泥岩、铝土质泥岩，含豆状菱铁质结核。据TSP超前地质预报探测，此段节理裂隙发育，施工时应注意防治突水、突泥的发生。TSP202在PDK353＋442～＋567段采集的地震波信息，经处理得到成果图2-44。图内圆圈(可看作点)表示岩石强度较周围高的岩石点(硬岩)的反射信号；加粗的圆圈表示较周围岩石强度低或软化、破碎岩石点的反射信号；左上角带箭头的圆圈及箭头表示TSP系统的搜索方向；6条由各点连成的直线为软弱、破碎面或异常带。下半部分中5条竖向曲线与上半部分的6条直线相对应，第6条因超出图幅在不影响结果的前提下略去。具体预报结果如下：

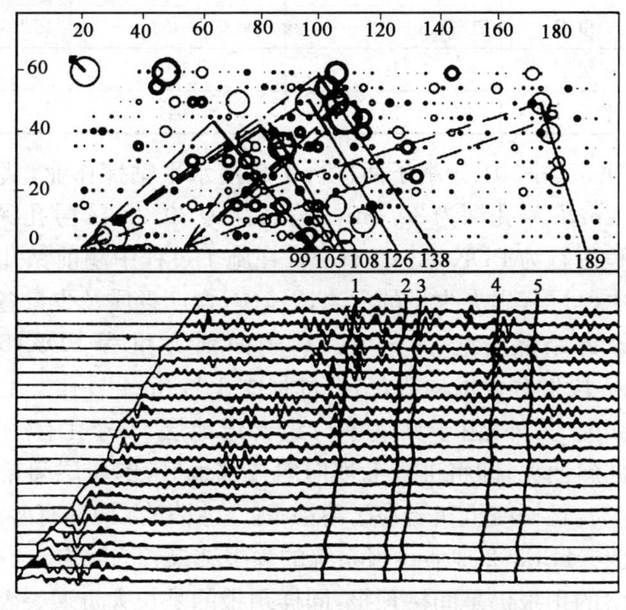

图 2-44 TSP202 超前预报系统信息处理成果图

PDK353+442～+452 段无明显的反射信号，岩性比较完整单一，围岩级别为 II 级。

PDK 353+452～+516 段有几条明显强反射信号，节理裂隙发育，为节理密集带或软硬岩接触面，富含地下水；几条长大贯通裂隙为地下水的运动提供了通道，有溶蚀现象，发育一些小溶隙、溶洞，此段存在突水、突泥的可能性，施工时应予以高度重视，围岩级别为 III 级。

PDK353+516～+567 无明显的反射信号，岩性比较完整单一，无破碎带和影响围岩类别的长大节理，亦未见溶隙、溶洞等岩溶现象，围岩级别为 II 级。

PDK353+567 往大里程方向虽有一条较强反射信号，但从预报精度考虑，不作预报分析。原设计与 TSP202 预报结果的围岩分类见表 2-10。

预报结果与设计对照 表 2-10

<table>
<tr><td rowspan="5">原设计</td><td colspan="2">地层岩性</td><td colspan="3">二叠系下统灰、深灰色中厚层状灰岩与灰黑色沥青质泥岩</td></tr>
<tr><td colspan="2">地质构造与不良地质</td><td colspan="3">毛坝向斜西翼、节理裂隙发育</td></tr>
<tr><td rowspan="3">围岩分类</td><td>里程</td><td colspan="3">PDK353+442～+567</td></tr>
<tr><td>类别</td><td colspan="3">II</td></tr>
<tr><td>长度(m)</td><td colspan="3">125</td></tr>
<tr><td rowspan="5">地质预报</td><td colspan="2">地层岩性</td><td colspan="3">二叠系下统灰、深灰色中厚层状灰岩与灰黑色沥青质泥岩</td></tr>
<tr><td colspan="2">地质构造与不良地质</td><td>毛坝向斜西翼</td><td>节理裂隙发育</td><td>存在突水的可能</td></tr>
<tr><td rowspan="3">围岩分级</td><td>里程</td><td>PDK353+442～+452</td><td>PDK353+452～+516</td><td>PDK353+516～+567</td></tr>
<tr><td>级别</td><td>II</td><td>III</td><td>II</td></tr>
<tr><td>长度(m)</td><td>10</td><td>64</td><td>51</td></tr>
</table>

在隧道 PDK353+501.5 掌子面进行了超前水平钻探作业，共钻 4 孔，其中 1 号孔深为 30.2m，2 号孔深为 30.3m，3 号孔深为 30.2m，4 号孔深为 30.1m，超前钻孔终孔里程位置为 PDK353+531.5。在施工过程中超前钻孔钻进正常，为栖霞组下部的中厚层灰岩夹少量的泥岩透镜体，含沥青质及少量燧石结核，节理裂隙发育，部分为结晶方解石充填。掌子面前方里程 PDK353+501.5～PDK353+531.5 段发育含水构造，钻进过程中 1 号孔、4 号孔发生大量涌水，水量约为 700L/min。另外，由于钻进茅口组含煤地层，3 号孔有少量瓦斯溢出。此段处于毛坝向斜西翼，即将进入毛坝向斜核部地区，围岩层间错动发育，较破碎，钻进较为容易，且栖霞组灰岩易于溶蚀，地下水发育，局部有溶蚀现象。由此可见，超前钻孔与 TSP202 地质预报系统的预报结果较为吻合。

这里对岩溶的预报仍是间接预报，同样预报的是长大贯通裂隙发育带。

③实例三：武隆隧道岩溶地质施工超前地质预报（李卫华，2003 年）。

a. 工程概况

武隆隧道位于重庆市武隆县境内，全隧长 9 418m，是渝怀铁路第二长大隧道。隧道划分为进口、横洞、出口 3 个工区组织施工，其中横洞工区担负施工任务 4 667m。横洞向出口方向计划掘进 2 817m，该隧道埋深为 800～1 000m，穿越岩层依次为二叠系下统茅口组、二叠系上统吴家坪组、二叠系上统长兴组、二叠系下统飞仙关组，均为可溶性碳酸盐岩，岩溶地质十分发育。

在施工至岩溶地段前，利用 TSP202 系统进行长距离超前地质预报。武隆隧道横洞工区岩溶地段平面位置见图 2-45。

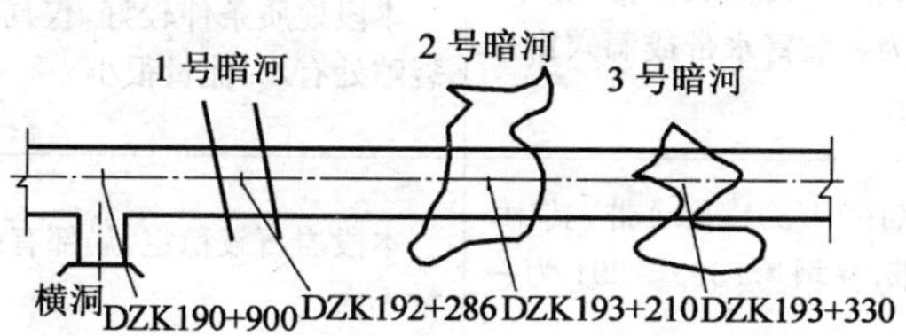

图 2-45　武隆隧道横洞工区暗河平面示意

b. 预报结果

武隆隧道横洞工区在揭露 1 号暗河和 2 号暗河前分别利用 TSP202 系统进行了超前地质探测，并对隧道开挖后实际地质情况与超前地质预测作了对比。

1 号暗河地质预报范围自 DZK192＋235～DZK192＋535，共 300m。其中，前 150m 为较准确预报区段，后 150m 为参考性预报区段。选取前 150m 的预报结果与隧道实际开挖情况对比列于表 2-11，2 号暗河和 3 号暗河的探测结果雷同，这里不一一列出。

1 号暗河地质预报结果与隧道开挖情况　　表 2-11

地质预报结果	实际开挖情况
DZK192＋235～DZK192＋245(10m)带，其中 235～239 和 242～245 为两个断层破碎带，易坍塌	DZK192＋235～DZK192＋245(10m)带岩石十分破碎，易坍塌
DZK192＋249～DZK192＋273(24m)带，其中，249～252 为断层破碎带，易塌垮；252～256 为一般富水带，可有较大涌水；256～273 为断层破碎带，易坍垮	本段岩石破碎，DZK192＋249 拱顶坍塌约 3m 高；255～265 段有较大水流从拱顶及边墙涌出，雨季流量增大
DZK192＋282～DZK192＋295(13m)带，其中，282～285 为一般富水带或溶洞富水带，可有大股涌水或突水；285～288 为断层破碎带，易塌垮；288～295 为一般富水带或洞穴富水带，可有大股涌水或突水	DZK192＋281 处揭露 2 号暗河，暗河位于隧底以下，走向与隧道接近垂直，宽度 10～12m，水流量很大，雨季最大流量超过 30 万吨/天

续上表

地质预报结果	实际开挖情况
DZK192+309～DZK192+326(19m)带，其中，309～315 和 321～326 为断层破碎带，易坍垮	DZK192+310 处有断层，厚度约 1m，其余地段岩石较好
DZK192+337～DZK192+349(12m)带，其中，337～341 为一般富水带或洞穴富水带，可有涌水或突水；346～349 为断层破碎带，易坍垮	DZK192+336～DZK192+339 处有一断层，厚约 0.8m，有水流出，水量不大，其余地段较好
DZK192+352～DZK192+359(7m)带，其中，352～354 和 356～359 为一般富水带或洞穴富水带，可有大股涌水或突水	本段地质条件较好，仅局部有很薄的裂隙发育，裂隙处有水，流量很小
DZK192+385～DZK192+391(6m)带，其中，385～389 为断层破碎带，易坍垮；389～391 为一般富水带，有大股涌水	本段岩石较稳定，局部有裂隙发育，有水流出，水量不大

这里对岩溶的预报也为间接预报，主要预报富水断层破碎带。

④实例四：雁门关隧道施工超前地质预报（叶英，2003 年）。

根据雁门关隧道工程施工进展情况，结合隧道围岩的地质条件，我们分别在隧道的右线 K108+887～K109+040、左线 K109+440～K109+600、K111+697～K111+487 安排了超前地质预报工作，详见图 2-46。在提交了预报报告后，我们分别对 3 个区段进行了跟踪验证工作。

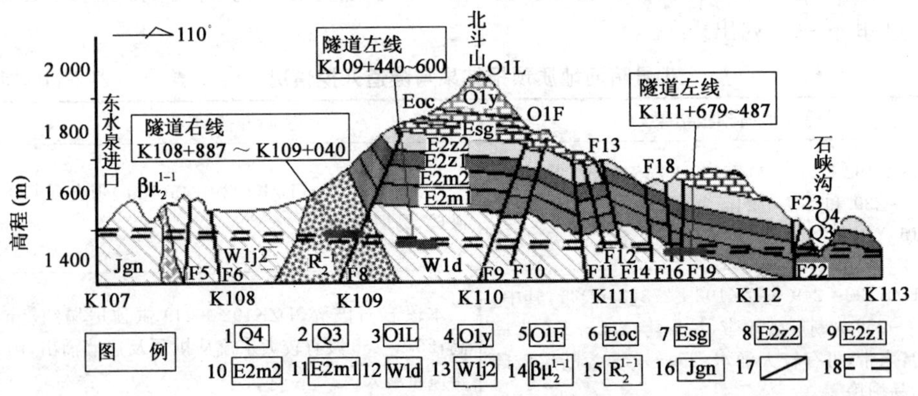

图 2-46 TSP203 在雁门关隧道预报布置区段

1-第四系全新统；2-第四系上更新统；3-奥陶系甲山组；4-奥陶系冶里组；5-奥陶系风山组；6-寒武系长山组；7-寒武系上统崮山组；8-寒武系中统张夏组二段；9-寒武系中统张夏组一段；10-寒武系中统馒头组二段；11-寒武系中统馒头组一段；12-五台群店房台组；13-五台群金刚库组二段；14-吕梁晚期辉绿岩脉；15-吕梁早期变质花岗岩；16-五台中期斜长片麻岩；17-正、逆断层；18-洞线

在雁门关隧道 TSP203 系统的数据处理过程主要包括：a. 对原始波形（X、Y、Z）的初步选择；b. 波谱分析窗口选择；c. 对原始波形进行波谱分析；d. 进行带通滤波处理；e. 调节、选择、捡取初至波；f. 确定纵横波初至波的位置；g. 各炮点的资料进行能量平衡；h. 经 Q 值评价提取反射波；i. 纵横波分离处理；j. 将波速分析的结果显示成像图；k. 从二维速度模型出发将时间断面转换到实际空间；l. 根据选择的主要反射界面个数提取反射界面；其过程详见图 2-47。

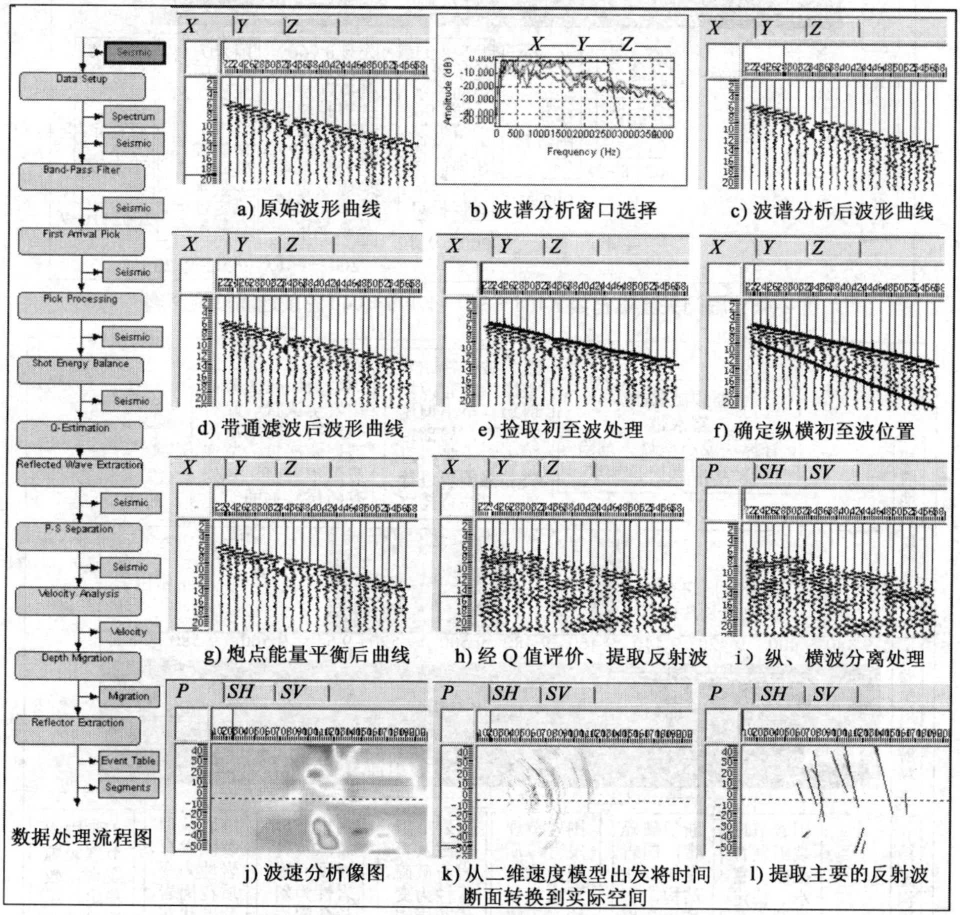

数据处理流程图

a) 原始波形曲线　b) 波谱分析窗口选择　c) 波谱分析后波形曲线

d) 带通滤波后波形曲线　e) 捡取初至波处理　f) 确定纵横初至波位置

g) 炮点能量平衡后曲线　h) 经 Q 值评价、提取反射波　i）纵、横波分离处理

j) 波速分析像图　k) 从二维速度模型出发将时间断面转换到实际空间　l) 提取主要的反射波

图 2-47　TSP203 超前地质预报（雁门关隧道）数据处理流程图

雁门关隧道右线 K108＋840～K109＋040 超前地质预报资料如图 2-48，左线 K109＋400～K109＋600 超前地质预报资料如图 2-49，左线 K111＋532～K111＋682 超前地质预报资料如图 2-50。

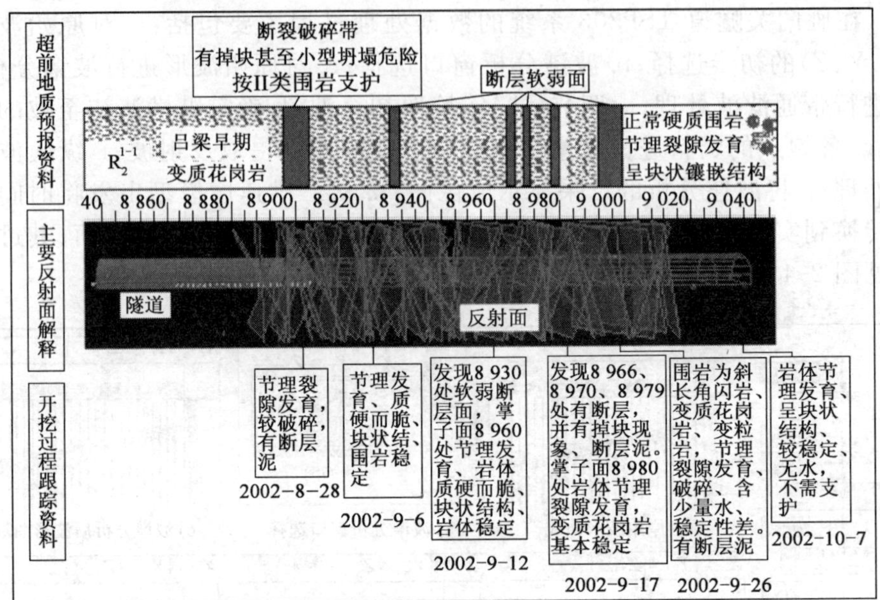

图 2-48　雁门关隧道右线 K108＋840～K109＋040 超前地质预报资料

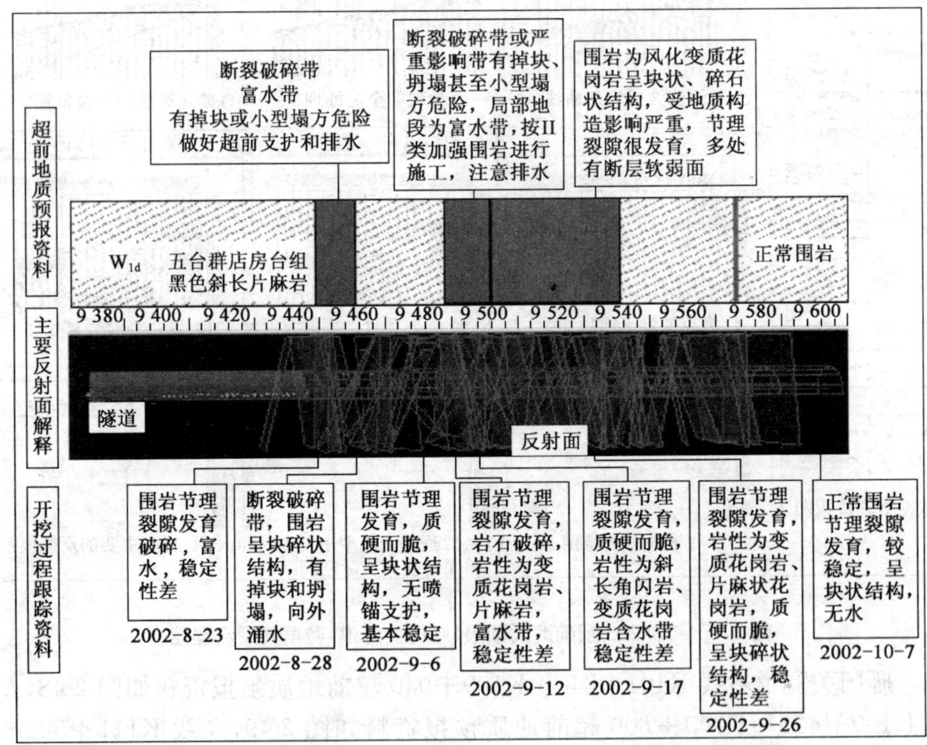

图 2-49　雁门关隧道左线 K109＋400～K109＋600 超前地质预报资料

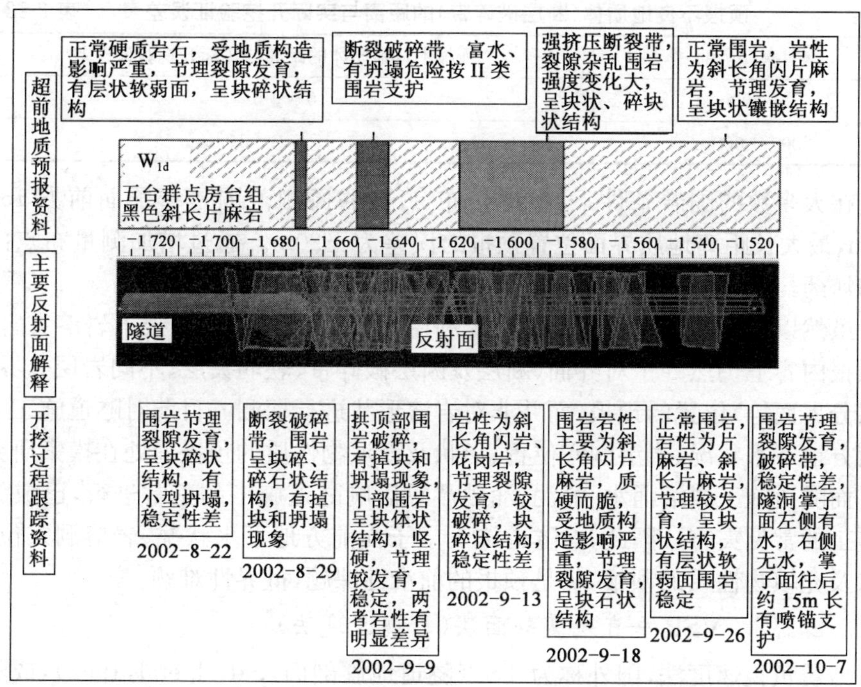

图2-50 雁门关隧道左线K111+532～K111+682超前地质预报资料

通过对雁门关隧道3个断面进行超前地质预报，并进行了开挖隧道掌子面围岩情况的连续跟踪调查，其预报结果经验证与实际围岩开挖情况吻合。因此，TSP203地质超前预报系统是一个较好的隧道长距离地质预报方法。由于地震资料数据量大、信息丰富，在数据获取过程尤其要注意避开各种振动干扰，保证获取第一手资料的可靠性。在数据处理及解译过程中，必须要结合前期勘察资料，如有必要还可配合围岩及岩石的波速测试，只有这样，才能准确有效地解释推断隧道掌子面前方的不良地质体及断层带的富水情况，从而为隧道工程的快速掘进、支护材料的提前准备以及灾害事故的有效预防提供可靠的地质资料与信息。

(4)TSP的局限性及误差

TSP是目前隧道施工中长距离地质超前预报中的主要方法，但它仍存在一定的局限性。通常TSP地震预报法存在的问题及局限性如下：

①不能严格区分岩体强度，难以分辨渐变岩体；

②预探测的地质体与隧道轴线的夹角缓比陡更难探测；

③对岩穴或非线性(有一定形状)的地质体比成层的连续体更难探测。

TSP探测的推断误差见表2-12。事先已考虑到隐伏岩石界线断层偏差、曲线或不规则界面等会带来的误差等。

预报不良地质体(断层破碎带)的距离与实际开挖验证误差表 表 2-12

勘 探 范 围	预报不良地质体的距离与实际开挖验证误差
0～200m	0～+5%
200～1 000m	+5%～+10%

在大多数的围岩条件下，标准排布 TSP 的探测范围是掌子面前方 150～200m，最大长距离地质界面位置预报的误差为±20m。通过增加测量布点的长度和炸药药量，勘探范围可延长至 1km，当然误差也相应增大。

虽然以上列出了一些实例说明了利用 TSP 系统成功的预报了岩溶灾害，但在预报内容上仍然处于对界面(断层及断层破碎带、软弱夹层、不同岩层分界面、地层分界面等)位置的预报，而并非对岩溶形状进行探测。目前对隧道施工掌子面前方地下水状况、岩溶洞穴位置、形状及充填物性质的预报尚处在摸索研究阶段。而隧道施工岩溶涌水、涌泥、涌砂严重影响隧道施工的正常进行，已成为隧道施工的常见灾害。因此，对隧道施工掌子面前方地下水状况、岩溶洞穴位置、形状及充填物性质的预报，仍是预报的前沿性课题，世界性难题。

2.2.1.2 VSP 垂直地震剖面法(负视速度法)

地震负视速度法，国外称为 TSP(隧道地震剖面，Sattel. etal，1992)，或隧道 VSP(垂直地震剖面)，是一种测试面与被探测面互为垂直的观测系统，两种方法原理相同，方法相似，只是外业排布不同，其原理如图 2-51。

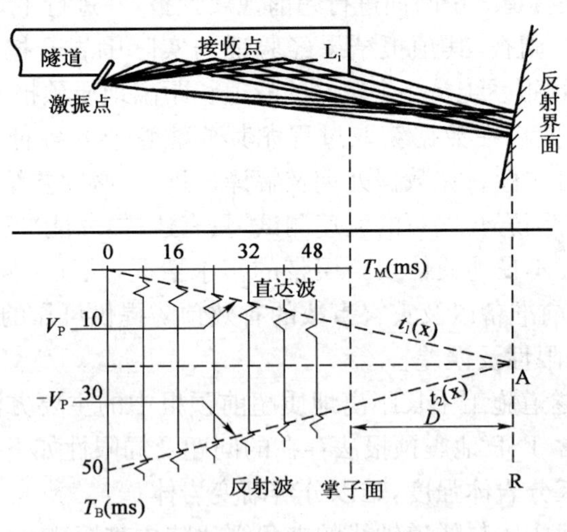

图 2-51 地震负视速度法工作原理图

地震负视速度法是将常规地震勘探中的钻孔垂直地震剖面法应用于水平状态的隧道中。其基本原理是：在隧道掌子面的前方一定距离，沿边墙布置一激振

点和一系列接收点;激发时产生的地震波信号在围岩中传播,当遇有断层和岩层变化的界面时产生反射波,返回的信号被接收点的检波器接收,由此即可确定反射界面的位置。反射界面的距离可由下式求得:

$$D = (T_{双程} \times V) \div 2 \tag{2-17}$$

纵、横波共同分析还可了解反射界面两侧的岩性、密实程度。地震负视速度法具有明显的方向特征,可以有效地将开挖面前方反射信息与周围干扰相区分,提高了识别不良地质体界面的精确度,能对其进行准确定位,预报距离可达100m 以上。预报探测时不占用开挖工作面,对施工干扰很小,是常用的预报方法之一。

资料处理:记录仪所记录的一系列经过常规处理的信息还要进行以下处理(VSP 处理):波场分离→拾取直达波→确定反射波校正时、滤掉直达波→将反射波拉平(静态时移和排齐)→将拉平的反射波叠加成一道→重复显示 12 道→确定第一个反射波→恢复直达波与反射波→将直达波延长线与反射波延长线交会于一点(反射界面位置)→利用反射波速及反射时间计算反射面的距离→利用相同方法找出掌子面前方的一系列反射界面并计算出其间的围岩速度。

图 2-52 显示了 VSP 震源点、反射界面及接收点的坐标变换。坐标原点在震源点和接收点的中点,在转换的坐标系统中:

$$L_w = V \times T_R \tag{2-18}$$

式中:V——弹性波的平均速度;

T_R——记录的传播时间;

L_w——震源点到反射界面到接收点的距离。

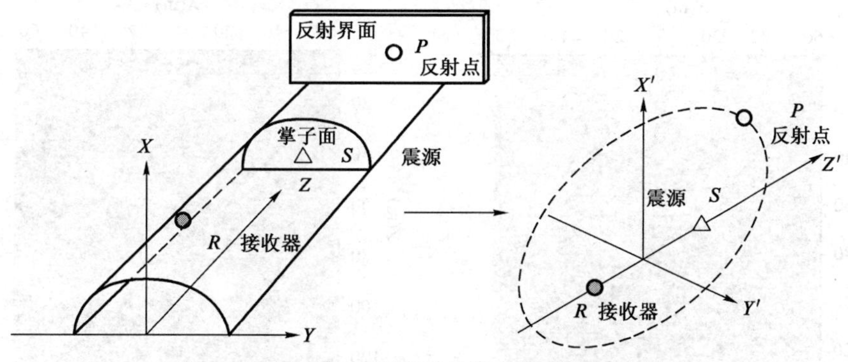

图 2-52 震源点、反射点及接收点的坐标变换示意

设反射点、震源点、接收点分别为 $P(x_p, y_p, z_p)$,$S(x_s, y_s, z_s)$,$R(x_R, y_R, z_R)$,那么,上式可表示为:

$$L_w=\{(X_p-X_s)^2+(Y_p-Y_s)^2+(Z_p-Z_s)^2\}^{1/2}+\{(X_p-X_R)^2+(Y_p-Y_R)^2+(Z_p-Z_R)^2\}^{1/2} \tag{2-19}$$

展开得到：

$$\frac{X_P^2}{L_W^2-4Z_S^2}+\frac{Y_P^2}{L_W^2-4Z_S^2}+\frac{Z_P^2}{L_W^2}=\frac{1}{4} \tag{2-20}$$

上式为一椭圆，S 和 R 为椭圆的焦点。它说明 P 点为椭圆上一点，也是在等时间传播平面上。单分量原理图详见图 2-52，二分量传播接收原理见图2-53，多分量接收原理雷同。

Y. Ashida(2001)对图 2-54 的岩性界面模型进行三分量的数值模拟计算，详见图 2-55、图 2-56。计算的结果说明，VSP 在隧道掌子面的排布对岩性界面以及断层破碎带有较好的反映。

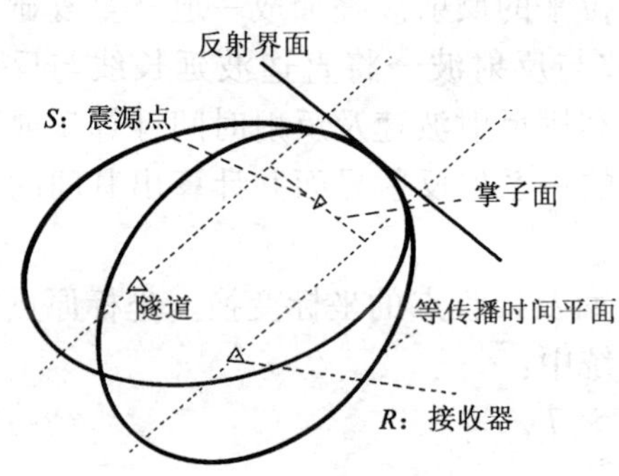

图 2-53　相互正交的两个分量接收反射波的原理图

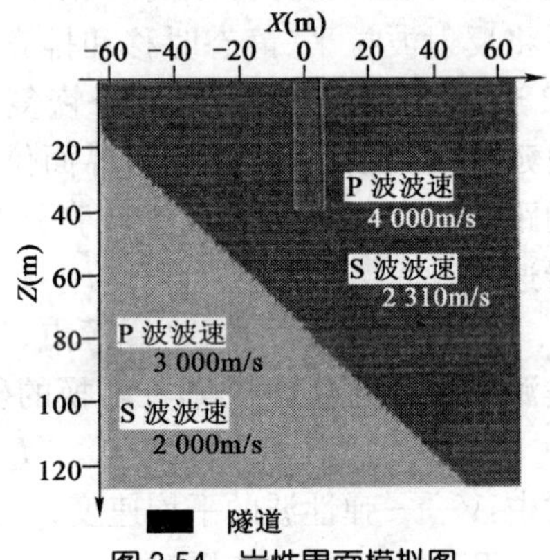

图 2-54　岩性界面模拟图

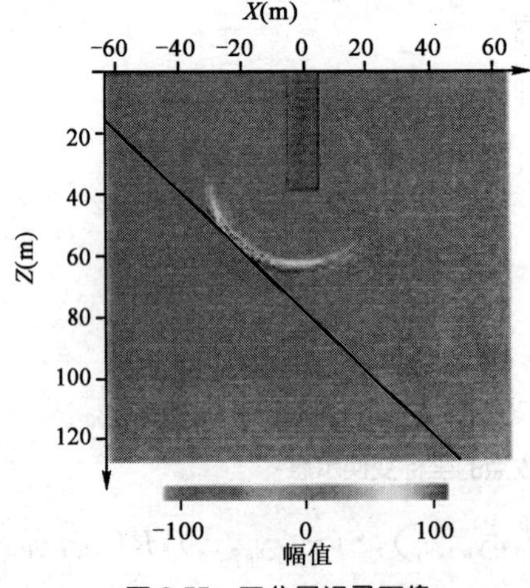

图 2-55　三分量记录图像

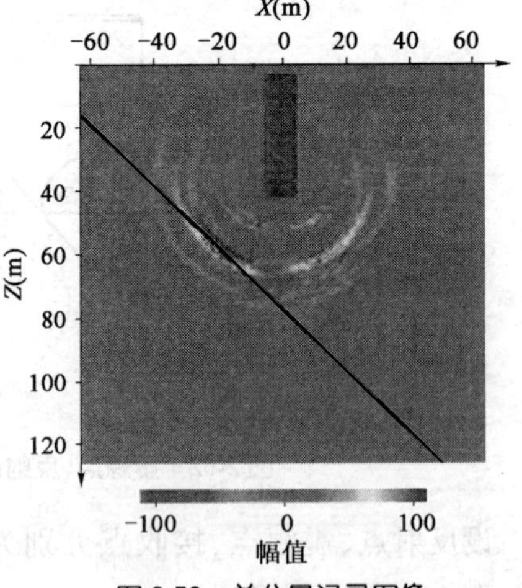

图 2-56　单分量记录图像

在渝怀铁路圆梁山隧道正洞、平导和迂回导坑施工中，采用负视速度法，沿隧道壁布置 12 个检波器，间距为 3～4；震源炮孔间距 5～8m；数据采集系统为美国 GEOMENTTICS 公司制造的 R24 型工程地震仪；预报掌子面前方约 100m 范围内的不良地质体的位置和规模性质。在已完成的 13 次预报中 11 次比较准确，与施工开挖揭示情况基本一致。另外，该方法在朔黄线长梁山隧道 F_{12} 断层预报、福州飞鸾岭公路隧道预报，分别取得了好的预报效果。

2.2.1.3 TRT(True Reflection Tomography)

TRT 技术的全称是“真正的反射层析成像”，是由美国 NSA 工程公司提出的一种新方法。该方法在观测方式和数据处理上与 TSP、VSP 法均有很大的不同。TRT 虽然也是利用反射地震波进行超前探测，但该方法采用的是空间多点激发和接收观测方式，其检波器和激发的炮点呈空间分布，以便获得足够的空间波场信息，从而使前方地质缺陷的定位精度大大提高。TRT 法不仅在接口定位、岩体波速及其类别划分等方面具较高的精度，而且有较大的探测距离。实验表明：TRT 法在结晶岩体中的探测距离可达 100～150m，在弱的土层和破碎的岩体中可预报 60～90m。TRT 法在实践中成功的例子很多，较典型的是奥地利阿尔卑斯山的双线铁路隧道的超前预报。

它的传感器布点采用立体方式，在隧道两边分别布置了 4 个传感器，然后在隧道顶上布置 2 个传感器，从而获得真实的三维立体图，直观地再现了异常体的位置、形态、大小。其现场布置如图 2-57。

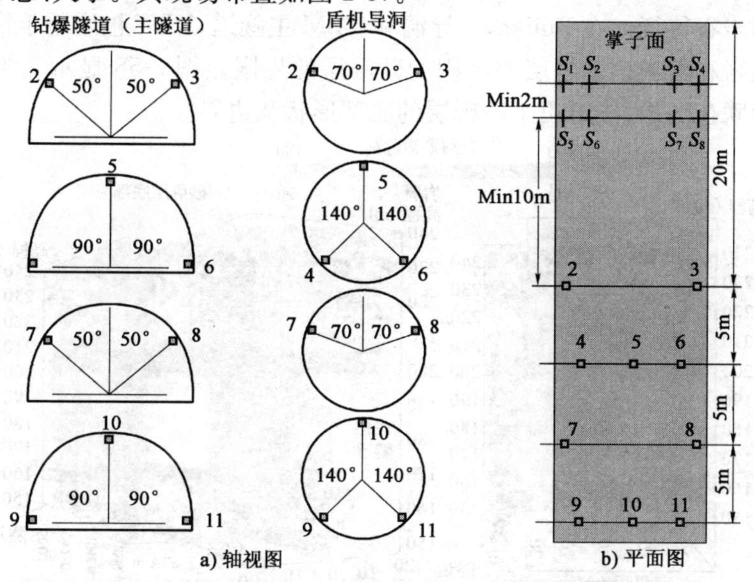

图 2-57 TRT6000 超前预报震源及传感器的典型布置

由于构成三维数据空间结构，TRT6000 还采用了层析扫描的图像处理方式，使得图像更加清晰，易于理解，从而更加轻松地进行缺陷诊断。

(1)数据采集

由于 TRT 传感器分布在隧道的三维空间内，必须在隧道的两个边墙及拱顶布置传感器接收点，因此需要使用升降设备上升到隧道拱顶安装传感器。共需安装 11 个传感器，采用测量设备(经纬仪或者全站仪) 测量传感器相对于隧道中轴线的位置及激发点的精确位置。设备采用>10kg 的重锤激发地震波。地震波信号可以叠加采集，提高数据的有效性。采用无线传感器接收地震信号，使用工业级便携笔记本电脑接收及存储地震数据，以备室内分析处理。当震源激发地震波时，11 个无线传感器同时收到地震信号，在传感器内部直接进行模数转换后发送到总采集基站，再由基站传输给笔记本电脑，实现信号的采集接收工作。

(2)原理

TRT(三维反射追踪)是一种层析扫描成像系统，用于隧道掘进过程中"看穿"地层。TRT 技术使用与能量射线穿过介质完成计算机层析扫描相类似的概念，采用多种地震源产生沿隧道传播的信号。这些信号在岩体性质发生改变的地方反射，被用来构建描述隧道工作面前方及高于或低于隧道走向的不同地质状况(如异常岩体、岩性和喀斯特特征等)的三维结构图。

(3)TRT 的隧道工程项目实例

NSA 工程公司和 Kajima 集团已经在一起使用 TRT 方法描述日本一些隧道的不同岩石特征。在 Fujikawa 导洞和 TBM 主隧道，TRT 被应用于描绘隧道上方安山岩和凝灰角砾岩层上沉积的砂砾层的界限。图 2-58 显示三维导洞和主隧道的联合图像，描绘出了砂砾层的底部形状和边界。

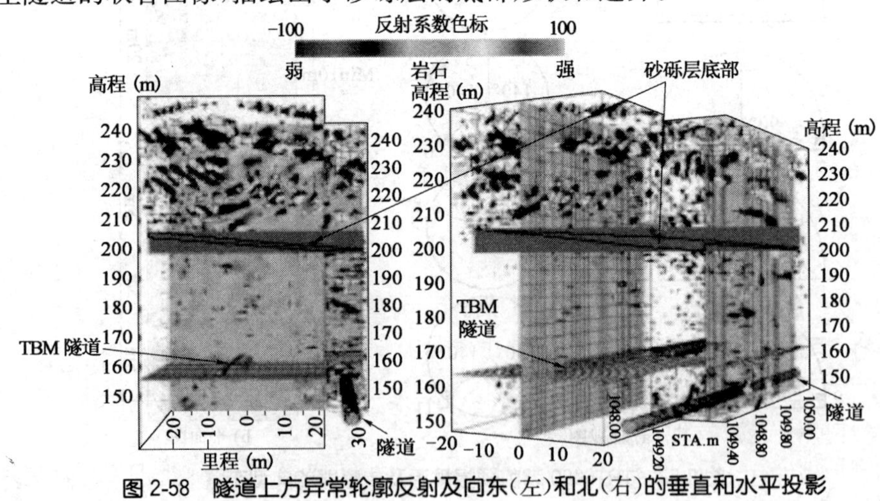

图 2-58 隧道上方异常轮廓反射及向东(左)和北(右)的垂直和水平投影

在日本的 Kamaishi 附近的另一个高速公路双洞隧道工程，采用 NATM 和钻眼爆破技术，隧道开挖通过有花岗岩的破碎的、软弱的喀斯特石灰岩层。采用冲击破碎机产生震源，探测到一个在工作面前方 85m 处横在主隧道上的花岗岩体。该岩体与工作面的低波速黏土(图 2-59 中的深色部分)相区别，已被掘进所证实。数据通过由机械冲击破岩钻机作为震源。

TRT 也被用于澳大利亚的一些隧道工程，包括一个采用 TRT 探测隧道前方破碎区的应用例子，该隧道正要穿越充满喀斯特石灰岩的山谷。图 2-59 显示在隧道工作面的前方 30m 和 55m 有两个软弱裂隙区域，它们已被随后的钻孔检查和掘进所证实。

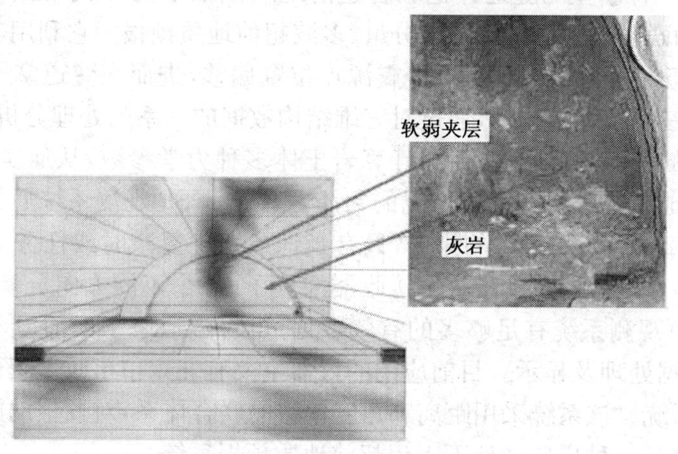

图 2-59　主隧道的工作面和底板图

2.2.1.4　TST (Tunnel Seismic Tomography)

TST 超前预报系统是北京同度工程物探技术有限公司自主开发的，它通过可视化地震反射成像技术预报隧道掌子面前方 150m 范围内的地质情况，可准确预报断裂带、破碎带、岩溶发育带以及岩体工程类别变化等地质对象的位置、规模和性质。该法数据采集用多道数字地震仪，处理软件为三维地震分析成像系统。它充分运用地震反射波的运动学和动力学原理，具有岩体波速扫描、地质构造方向扫描、速度偏移成像、吸收系数成像、走时反演成像等多种功能，从岩体的力学性质、岩体完整性等多方面对地质情况进行综合预报。

测试时 TST 可在隧道内掌子面、两侧、上顶和下底面布置，也可在隧道外山顶上布置。洞内观测时检波器埋入岩体 1～1.5m，以避免声波和面波干扰。可采用爆炸或锤击激发地震波。

TST 软件包括地震数据预处理和偏移成像等功能。预处理功能包括：

①噪声和干扰切除;②滤波和面波清除;③小波分析与信号加强;④地震波能量吸收谱分析;⑤地震波走时拾取。偏移成像功能包括:①速度扫描分析与岩体工程类别判别;②方向扫描与构造产状分析;③地质界面速度偏移成像;④岩体完整性吸收偏移成像;⑤地震波走时地质界面反演成像;⑥断裂与破碎带智能识别。

该技术在云南明珠隧道应用取得了良好的效果,所得成果包括:①地质界面波速偏移成像;②岩体吸收特性偏移成像;③地震波走时反演成像。

2.2.1.5 USP 角度偏移超前地质预报技术

USP 是一种新型的隧道开挖综合超前地质预报系统,该系统采用"角度+位置偏移"的联合体系进行空间多分量、多波超前地质预报。它利用三维的空间排布、多达 256 通道的数据采集、多震源点位置偏移,进而在隧道掌子面前方构成高密度的三维数据结构体,通过对三维结构数据的一系列处理分析,形成三维空间地震波的各种图形图像,最终计算岩土体多种力学参数,从而实现对隧道、坑道及各种地下工程前方地质情况的判译、预报。USP 观测系统通常采用 2 个接收器如图 2-60 中 R1、R2 的排布,只有当地质条件复杂时或任务要求精度较高时,采用 4 个接收器。由于每个接收器配置了 64 个不同方向分量的检波器,使得构建 3D 观测系统有足够多的有效数据,可对隧道掌子面前方不良地质体进行三维数据处理及显示。目前应用的仪器主要有北京市市政工程研究院研制的 USP11 系统。该系统采用距离和角度偏移的联合体系,对预报的施工现场没有严格要求,是一种广普的地下工程超前地质预报系统。

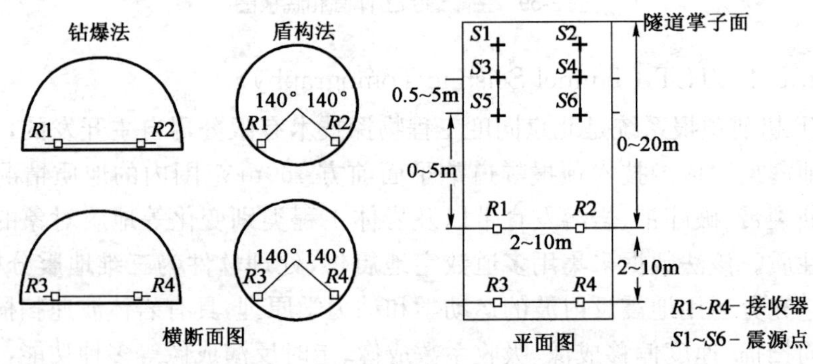

图 2-60 USP11 的 3D 观测系统常用排列

2.2.1.6 水平超前钻探

掌子面超前钻探(冲击钻探和取芯回转钻探)是直接获取地下地质信息最常用的勘探技术。

(1)冲击钻探

冲击钻探是指借重钻头产生的冲击力穿透地层,而取芯回转钻探是通过施加于钻头向前压力和泥浆的作用力而钻进的,可配合测孔法为超前地质预报提供资料。

(2)取芯回转钻探

钻孔取芯法是一种迫不得已的直接方法,该方法造价高、时间长,且仅为掌子面前方一个点的反映,但取得的岩芯可进行各种室内试验,以确定最佳的施工方法、最佳的支护方式、防水处理、衬砌结构等。

回转取芯钻是勘探钻孔最常用的技术。由于多种因素影响钻探,因此它并不能提供足够信息(一孔之见),尤其受隧道掌子面条件限制,费时费力。由于隧道内空间非常有限,开挖工程设施多,障碍大,所以除非特殊情况,大多数承包商不愿进行水平超前钻探。

几十甚至几百米的长距离勘探钻孔,需要有特殊钻探设备和经验丰富的操作人员,所以,只有在需要进行详细调查等几种特殊情况下才进行水平勘探钻探。

适用条件:地质情况非常复杂,虽有其他探测资料但鉴于工程的重要程度必须做。

2.2.1.7 超前导坑

按导坑与正洞的相互位置分为平行导坑和正洞导坑。其中,平行导坑与正洞平行,断面小且和正洞之间有一定距离,通过对导坑开挖中遇到的构造、结构面或地下水等情况作地质记录与分析,进而对正洞地质条件进行预报。该法的优点是:预报成果比较直观、精度高、预报的距离长、便于施工人员安排施工计划和调整施工方案,还可以起到减压放水、改善通风条件和探明地质构造的作用,同时,还可用作排除地下水、断层注浆处理、扩建成第二条隧道之用。正洞导坑布置在正洞中,是正洞的一部分,其作用与平行导坑相比,效果更好。超前导坑的缺陷为:一是成本太高,有时需要全洞进行平导开挖;二是施工工期较长。

2.2.2 短距离超前地质预报

短距离超前地质预报是指预报范围小于100m且在30m以内精度较高的预报方法。由于短距离预报是在长距离预报的基础上进行,所以,预报的精度一般要高于长距离预报,特别是对不良地质性质的预报更是如此。短距离超前地质预报技术主要适用于复杂地质地段,一般不需要在全隧道进行。以下根据应用情况侧重介绍几种方法。

2.2.2.1　地质雷达法(微波法)

地质雷达系统主要由加拿大的 Sensor&Software Inc.、瑞典的 Mala GeoScience Inc.、美国的 Geophsics Survey System Inc.、英国的 ERA Technology Ltd.、意大利的 Ingegneria Dei Sistemi、法国的 SATIMO、日本的 Koden Electronic Co. Ltd. 等公司开发生产。目前在隧道掌子面超前(短距离)地质预报中广泛应用。

(1)地质雷达原理

地质雷达(简称 GPR)是一种用于探测地下介质分布的广谱电磁技术,地质雷达发射机发射电磁波信号到地下介质中,当遇到存在电性差异的地下目标体如空洞、分界面等时,电磁波便发生反射,返回到地面由接收天线接收,根据接收到的电磁波波形、强度、双程走时等参数便可推断地下目标体的空间位置、结构、电性及几何形态,从而达到对地下隐蔽目标物的探测。地质雷达所发射的高频电磁波在地下介质中的传播速度主要由介质中的相对介电常数确定。电磁波在传播过程中,遇到不同的阻抗界面时将产生反射波和透射波,其反射与透射遵循反射与透射定律,反射波能量大小取决于反射系数。反射系数的数学表达式为:

$$r=\frac{\sqrt{\varepsilon_1}-\sqrt{\varepsilon_2}}{\sqrt{\varepsilon_1}+\sqrt{\varepsilon_2}} \tag{2-21}$$

式中:ε_1、ε_2——反射界面两侧的相对介电常数。

由上式可知,预报过程中反射系数的大小主要取决于反射界面两侧介质相对介电常数的差异。

(2)地质雷达探测效果的影响因素

地质雷达探测效果的影响因素决定地质雷达的探测深度、分辨率及精度。影响因素包括内在与外在两方面,内在因素主要是指探测对象所处环境的电导率、介电常数等,常见介质的介电常数如表 2-13。表中是相对介电常数和速度的近似值,相对介电常数随介质中的含水量多少而急剧变化,含水少的介质其介电常数值较大。外在因素主要与探测所采用的频率、采样速度等与探测方法有关。在实际应用中,综合考虑这些因素,采用适当的方法和技术是探测成功与否的关键。

(3)探测频率的影响

表 2-14 是地质雷达设置的采样频率经验值。探测时所采用的天线中心频率称为探测频率,而其实际的工作频率范围是以探测频率为中心的频带。探测频率主要影响探测深度和分辨率,当地质雷达工作在介电极限条件时,高频电磁

波的衰减几乎不受探测频率的影响。比如,电磁波在空气中传播,由于不存在传导电流,电磁波不发生衰减。但实际上,由于大地电阻率一般都比较低,其工作条件达不到介电极限条件,由于传导电流的存在,高频电磁波在传播过程中发生衰减,其衰减的程度随电磁波频率的增加而增加。因此,在实际工作时,必须根据目标体的探测深度选用合理的探测频率。探测频率同时也决定了探测的分辨率。一般是探测频率越高,探测深度越浅,探测的分辨率越高。探测频率和介质的介电常数是决定分辨率的两个主要因素。电磁波的传播是以一个圆锥体区域向前发送能量,当目标体的水平尺度小于反射区尺度时,雷达是难以分辨的。电磁波频率越高,波长越短,反射区的半径越小,水平分辨率高。其天线频率与分辨率、最大测深的关系见表2-14。

常见介质电性参数和电磁波传播参数 表2-13

介　质	电导率(ms/m)	相对介电常数	电磁波速(m/ns)	衰减系数
空气	0	1	0.3	0
洁净水	0.5	81	0.033	0.1
海水	3 000	81	0.01	103
冰	0.01	3~4	0.17	0.01
花岗岩(干-湿)	0.01~1	5~7	0.5~0.1	0.01~1
灰岩(干-湿)	0.5~2	4~8	0.11~0.12	0.4~1
砂(干-湿)	0.01~1	3~30	0.05~0.06	0.01~3
黏土	2~1 000	5~40	0.06	1~300
页岩	1~100	5~15	0.09	100
淤泥	1~100	5~30	0.07	1~100
土壤	0.1~50	3~40	0.13~0.17	20~30
混凝土		6.4	0.12	
沥青		3~5	0.12~0.18	

天线频率与分辨率、最大测深及盲区 表2-14

参数	天线频率(MHz)						
	2 000	900	500	300	150	50	25
分辨率(m)	0.04~0.08	0.2	0.5	1.0	1.5	2.0	4.5
最大测深(m)	1.5~2.0	3~5	7~10	7~10	10~15	10~15	15~30
盲区(m)		0.08	0.25~0.5	0.5~1.0	1.0	2.0	4.0

注:采样频率的设置不得小于天线频率的6倍。

表 2-13 所列常见的介质电性参数和电磁波传播参数，是某一种介质在一定条件下获得的。自然界介质变化很大，即使同一种岩石这些参数也有很大差别，表中的参数只是一个参考值，较精确的值需要进行测定。电磁波速与介质的相对介电常数可用下式表示：

$$V = C/\sqrt{\varepsilon_r} \tag{2-22}$$

式中：C——光速（3×10^8 m/s）；

ε_r——相对介电常数。

电磁波由地面向下入射，遇到界面反射回到地面往返所需时间可用下式表示：

$$t = 2D/V \tag{2-23}$$

式中：D——反射面的深度；

V——波速。

由式(2-22)、式(2-23)可以看出，相对介电常数是计算被测目标深度的必不可少的参数，一般情况下可以选择已知目标，通过试验取得。在无已知目标的情况下，可参考表 2-13 中给出的数值。

(4)电磁波的探测深度和有效范围

地质雷达探测到的地下反射物，并不一定只是处于发射天线发射电磁波的传播直线方向上。地质雷达的探测存在一个有效区域，如图 2-61 所示，阴影所包裹的“椭圆锥台”就是电磁波探测的有效范围。由于这个有效范围的底部椭圆像一个脚印，因此又被称为“足印”。只要是在这个范围内就能够被探测到。构成电磁波有效区域的要素为：探测深度 d、底部椭圆长轴 a、椭圆短轴 b。

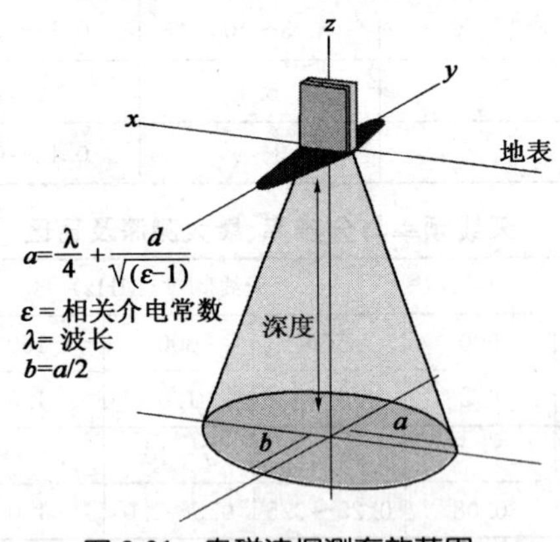

图 2-61　电磁波探测有效范围

(5)探测深度

通常是指电磁波振幅衰减为 0 时电磁波所对应的深度 d,它等于衰减系数 S 的倒数,即:

$$d=\frac{1}{S}=\frac{1}{\sqrt{\mu\varepsilon\omega\left\{\sqrt{1+\left(\frac{\sigma}{\omega\varepsilon}\right)}-1\right\}^{2}}} \tag{2-24}$$

式中:ω——角频率(圆频率)。

由式(2-24)可以知,影响探测深度的主要因素有 3 个。第一是天线的中心频率;第二是介质的相对介电常数;第三是介质的电导率。对于磁导率,由于一般的非铁磁性物质的值都比较相近,可以认为它对探测深度没有显著的影响。电导率是指物体传导电流的能力,或者说是电荷在介质中流动的难易程度。金属、海水、水等的电导率很高,岩石和干燥的土壤的电导率很低,有关介质的电导率值可参见表 2-13 所示。电导率影响了电磁波在介质中的穿透深度,其穿透深度随着电导率的增加而减小。对金属而言其穿透深度为 0。也就是说,地质雷达探测并不适用于任何地层,当地下介质的电导率大于 10ms/m,例如金属矿物地层,地质雷达法并不是一个合适的方法。

(6)雷达探测的分辨率

地质雷达探测的分辨率是指对多个目标体或单个小目标体的分辨能力。也就是说,地质雷达所能够清晰分辨的两个或者多个目标体之间的最小距离或者是单个小目标体的最小限度。影响分辨率的主要因素有探测的深度、介质特性、天线频率以及介质和目标体之间的差异等。分辨率通常又分为纵向分辨率和横向分辨率。通常采用菲涅尔带半径来表示横向分辨率,即:

$$R_{\mathrm{F}}=\sqrt{\lambda L_{0}+\frac{\lambda}{4}} \tag{2-25}$$

式中:R_{F}——菲涅尔带半径;

L_0——目标深度(或反射截面)。

(7)预报方法与成果解释

测试剖面布置根据掌子面情况,一般水平方向布置 1～3 条测线,垂直方向沿中心布置 1 条测线,如图 2-62 所示。

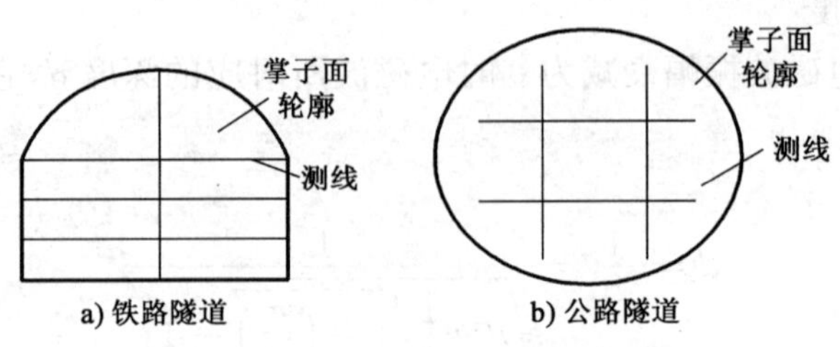

图 2-62　掌子面测线布置示意图

由于施工过程中掌子面不平整，现场测试时应对测试剖面进行一定的修整。为提高测试准确性，测试过程中每条剖面至少重复测试 2 遍。天线在每个剖面上至少应进行 1 次点测和 1 次连续测试，点测的叠加次数≥64 次。对测试的图像进行异常分析，根据异常的形态特征及电磁波的衰减情况对测试范围内的地质情况进行推断解释。一般来说，反射波越强则前方地质情况与掌子面的差异就越大，根据掌子面的地质情况就可对掌子面前方的地质情况作出推断。解释过程中，电磁波的传播速度主要根据岩石类型进行确定，由地质人员对测试剖面上的地质情况进行现场描述，结合已开挖的围岩地质情况和设计资料，对掌子面前方的地质情况作出预测。最后把符合实际地质条件的预测结果同雷达测试的结果进行对比分析，做出合理的预报。

①实例一：风梅垭隧道岩溶预报（代高飞、夏才初、毛海河，2004 年）。

风梅垭隧道是崇遵高速公路的咽喉工程，为分离式路基接近平行的双洞。隧道长 2 740m，穿越主要围岩类别为 V、IV、III 级，主要地质构造为 F_3、F_5 和 F_7 断层破碎带。隧道岩性变化复杂，局部石灰岩风化较强，地下水丰富。为加快隧道施工进度，避免坍方等事故，必须详细了解掌子面前方的地质情况。在风梅垭隧道里程 K1＋980m 处掌子面进行雷达探测，掌子面为灰岩，岩石较为破碎，但胶结较好，含水量较大。进行雷达图像处理时发现掌子面前方 1.2m 附近有一较强的弧形反射界面，如图 2-63 所示，经现场多次测试，重复性极好。根据图 2-61 推断掌子面前方1.2m附近将出现明显岩性弱化，岩性弱化区域为近似圆形，结合4 条测线的图像，推断在宽 11m 左右的掌子面中部存在一球形

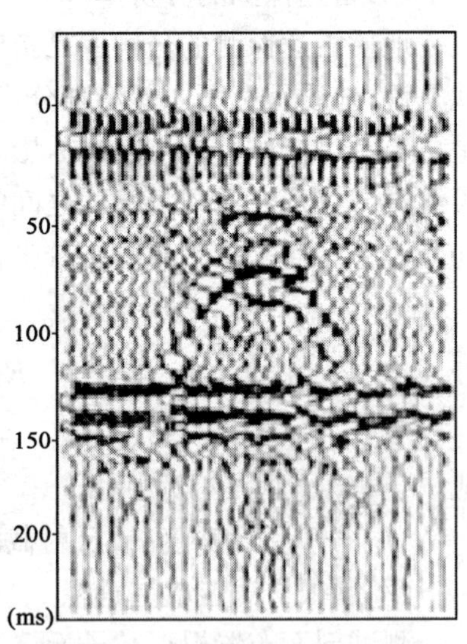

图 2-63　地质雷达探测溶洞图像

岩性弱化区，考虑到掌子面岩石较为破碎，含水量较大，进一步推断该球形区域含水量丰富。现场立即撤出机械设备，在掌子面中部打眼放水，打眼时探测到掌子面前方 1m 左右为一空腔。开始时地下水呈喷射状，水压很大，水质清澈，无异味。3h 后，涌水逐渐减小，7h 后涌水停止。随后通过缩小进尺，加强支护，顺利通过了该溶洞。

②实例二：黄石市某湖底隧道岩溶预报（余中明，1999 年）。

黄石市某湖底隧道工程概况如图 2-64，工程前期的初勘查明隧道所处地质条件复杂，施工风险性也比较大。因此，查明隧道掌子面前方岩层的裂隙、溶蚀、溶洞、断裂等不良地质现象，保证隧道安全顺利地掘进就显得十分重要。

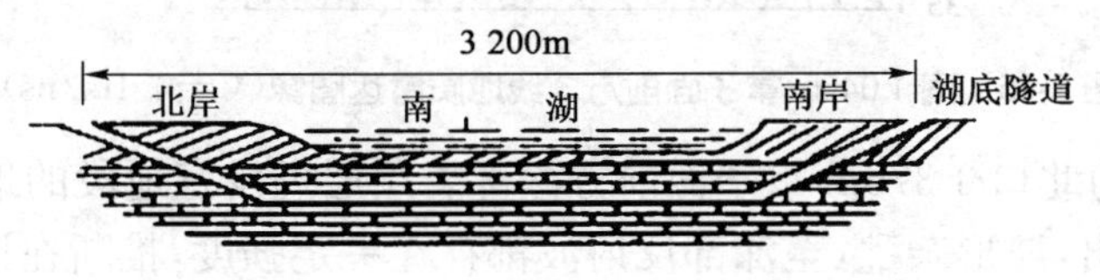

图 2-64　湖底隧道工程概况示意图

a. 隧道掌子面前方雷达图像特征。拟建隧道贯穿于大冶灰岩，当灰岩致密完整无溶蚀特征时，介质相对均一，无雷达反射波或反射波很弱；反之，当灰岩内存在充填溶洞、溶蚀区、断层或裂隙发育、层理发育时，这些不良地质现象与完整灰岩介电常数差异增大，反射波明显增强。通过分析雷达图像，就能了解掌子面前方不良地质情况的分布，为安全掘进提供预报。

b. 现场布置。由于隧道呈拱形，依据实际情况，在掌子面上布设 5 条探测剖面（图 2-65）。

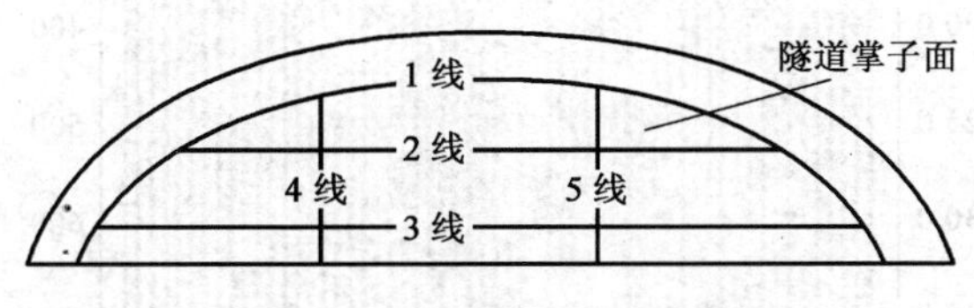

图 2-65　雷达测线布置示意图

c. 资料解释。图 2-66 为南口 1 045m 掌子面前方溶洞探测剖面雷达图像。从图像可以看出，由于溶蚀区与其周围完整灰岩的介电常数差异较大，在其相应的溶蚀地段反射波形强度较大，且波形杂乱，推断掌子面前方 7～20m 范围内存在溶洞。后经掘进证实，在里程 1 055m 左右隧道内大量涌水，立即采用喷浆处理，避免了事故发生。

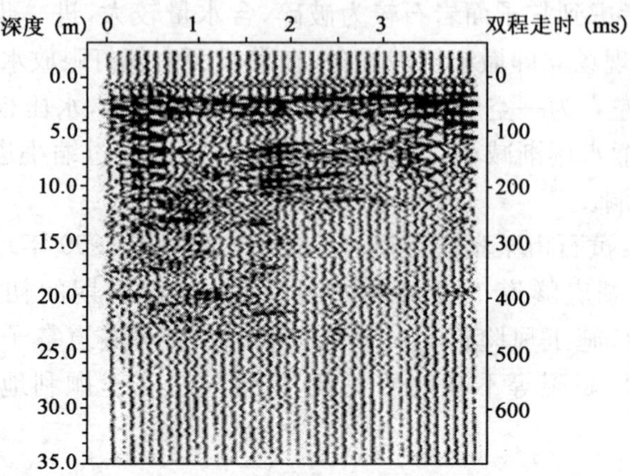

图 2-66 南 1 045m 掌子面前方 3 线地质雷达图像(V=0.1m/ns)

图 2-67 为北口 1 376m 掌子面前方深部岩层层理发育地段的地质雷达探测图像,可以看出,波形杂乱,至深部反射波都存在一定强度,推断在该掌子面前方地质情况复杂,岩体较破碎,层理发育且含少量水。爆破掘进时进度较快,经掘进证实,该地段岩体强度差,呈层状。

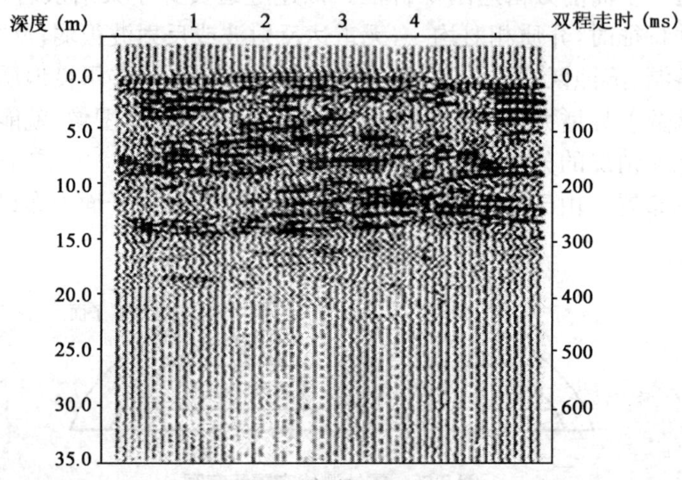

图 2-67 北 1 376m 掌子面前方层理发育地段地质雷达图像(V=0.1m/ns)

图 2-68 为南口 1 108m 掌子面前方浅部裂隙发育地段的地质雷达探测图像,可以看出在掌子前方 15m 以内雷达反射波强烈,与 20m 以外完整灰岩的微弱反射波形成鲜明的对比,推断在掌子面前方 0～15m 存在裂隙,而在前方 20～35m 岩石较完整,可以安全掘进。另外,在图像浅部存在较强的反射波,这是因为浅部爆破掘进后的岩石产生松动,且距掌子面近。

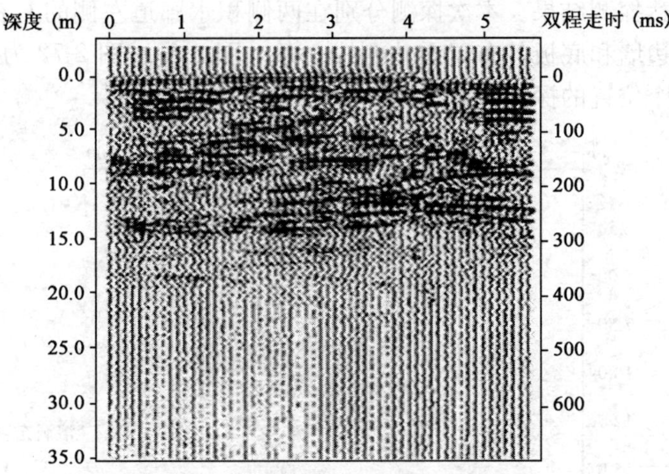

图 2-68　南 1 108m 掌子面前方裂隙发育地段地质雷达图像（$V=0.1$m/ns）

③实例三：武隆隧道岩溶、暗河超前地质预报（苏会锋、陈进杰，2004 年）。

渝怀铁路武隆隧道全长 9 418m，为我国单线隧道第三长隧，工程地质、水文地质条件十分复杂，施工中揭穿了 3 条暗河，其中 2～3 号暗河段（DZK193＋170～＋378）发育特大型溶腔暗河，两暗河之间存在一定的水系联系，施工期间雨季多次发生特大涌水，最大涌水量达到 $7.18\times10^{6}m^{3}/d$。该段隧道所穿过的地层绝大部分为二叠系下、上统吴家坪组、茅口组灰岩，灰色中厚层灰岩地层，位于武隆向斜北西翼，为单斜构造。通过前期钻探探明的溶洞内充填物类型大致为：黏土厚 0～8m；碎块石土厚 2～14m；卵石土厚 0～9m。

a. 已揭示的岩溶暗河特征。

2 号岩溶暗河：位于 DZK193＋185～DZK193＋210 段，平面上呈“T”形分布，沿隧道纵向长约 18m，在 DZK193＋205 向隧道左侧发育延伸约 16m，暗河溶腔最高约 18m，线路右侧暗河及坍塌体宽 24m，向外岩溶管道形态呈裂隙状，未见较明显的暗河通道，暗河呈裂隙状。暗河底堆积卵石及粗砂，呈半胶结状。经钻探揭示暗河下部充填碎石土厚 5～7m，其下为一层 0～3m 黏土。该暗河平时流量较稳定，约 1 000m^{3}/d，雨季时流量猛增。

3 号岩溶暗河：位于正洞 DZK193＋320～DZK193＋370 右侧的溶洞下，溶洞基本发育在隧道右侧边墙外，平面上呈矩形，长约 50m，宽 8～18m，高 4～17m。暗河在 DZK193＋340～DZK193＋375 横穿线路，水位高程 216.6m，较路肩设计高程低 11.6m，雨季时地下水位上升至路肩高程，涌入隧道内向外排泄。根据历次涌水情况分析，2 号、3 号暗河存在水力联系。

b. 雷达探测结果。本次探测分别在两侧积水廊道左侧的左右边墙和底板、右侧的左边墙和底板各布置雷达测线 1 条。图 2-69～图 2-72 为左侧积水廊道右边墙 4 个位置的探测图像。

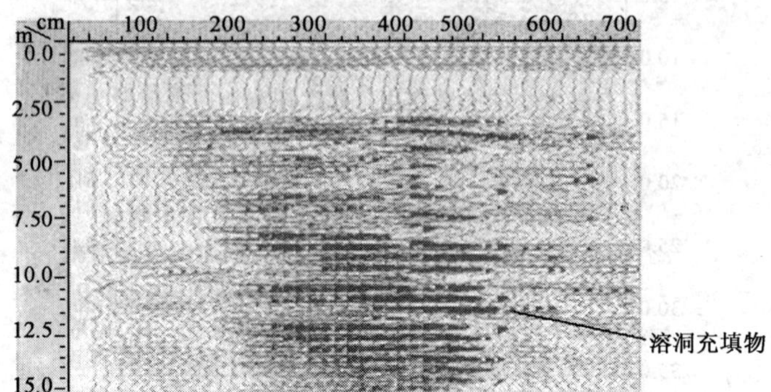

图 2-69　左侧积水廊道右边墙 263～265 处雷达剖面

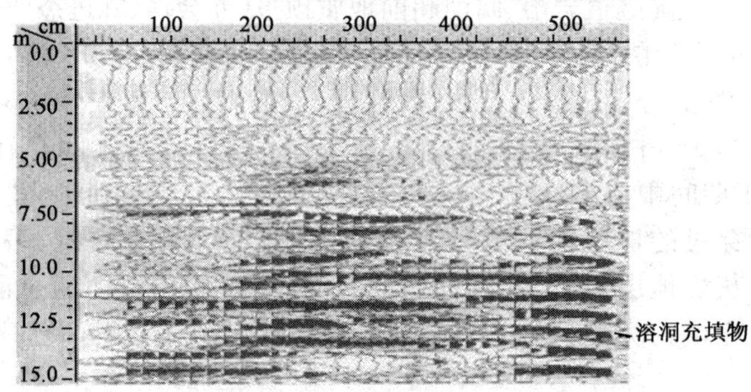

图 2-70　左侧积水廊道右边墙 270～285 处雷达剖面

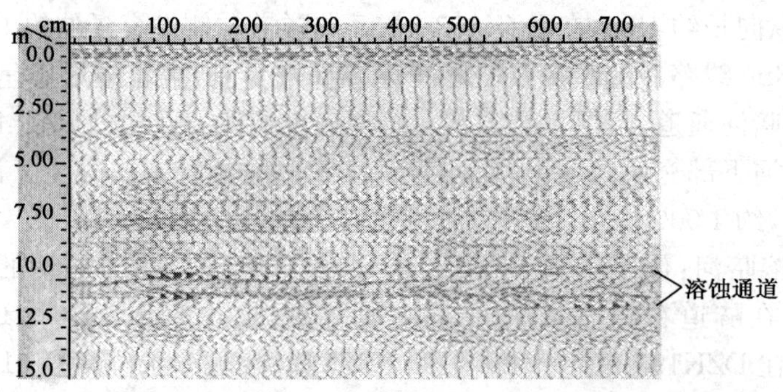

图 2-71　左侧积水廊道底板 293～295 处雷达剖面

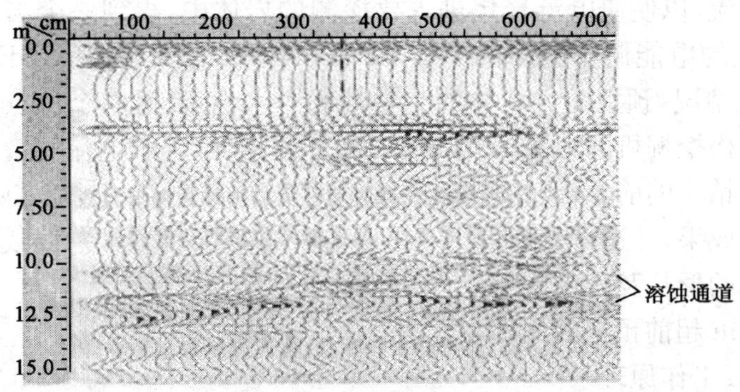

图2-72 左侧积水廊道底板308～312处雷达剖面

成果分析：由图2-69中知，在右边墙往右3m位置雷达波表现出强衰减异常特征，与两侧较强的电磁波反射形成明显对比，同向轴中断，且在图像中部电磁波强度衰减区有向两侧侵入的迹象。异常图只知雷达所能探测深度范围15m以内。因为右边墙越往右靠近正洞，此段正洞正好从溶洞穿过，所以此反射波应为碎石、黏土的反应。图2-70情况类似，只是溶洞边界较前一位置更靠近正洞。

相对来看，右侧积水廊道右边墙和底板围岩较好，而左边墙除DZK193＋250～DZK193＋253处和307处外，没有发现其他异常，这和以往历次涌水点位置大都在隧道左侧的实际情况相符。

(8)小结

①使用地质雷达进行隧道掌子面前方不良地质预报是比较理想的方法，既快速又经济。雷达能对岩溶的分布范围、埋深、大小及连通情况进行形状探测。

②对地质雷达图像的识别和判读依赖于各种不良地质体的图像特征，因此对雷达图像特征的掌握尤为重要。

③隧道掌子面的平整与否，对探测结果的准确性有一定影响。在实际操作中应特别注意天线的定点和贴壁，否则会使探测结果产生畸变。

④提高雷达数据处理和解释水平，使反映地质情况的雷达图像清晰、真实且易于判读。

2.2.2.2 BEAM(Bore-Tunnelling Electrical Ahead Monitoring)

BEAM法是当前国际上唯一的一种电法超前预报方法，是德国GEO-HYDRAULIKDATA公司推出的产品。该方法是一种聚焦电流频率域的激发极化方法，其最大特点是通过外围的环状电极发射一个屏蔽电流和在内部发射一个测量电流，以便使电流聚焦进入要探测的岩体中，得到一个与岩体中孔隙（空隙）有关的电能储存能力的参数 PFE(Percentage Frequency Effect)，根据 PFE 的变化情况，预报前方岩体的完整性和含水性；其另一个特点是所有装置可安装在盾构挖掘机的刀头（测量电极）和外侧钢环（屏蔽电流）上，也可安装在钻爆法施工钻头的前方（测量电极）及两侧钢架（屏蔽电流）上，随着隧道掘进，连续不断获得成果，并适时处理得出掌子面前方的 PFE 曲线。从曲线推断前方不良地质岩体的形状及含水情况。

(1)Beam 超前预报的原理与方法

①Beam 工作原理

Beam 测试技术的原理是通过对岩层电阻率进行测试的电法（激发极化法）来探知岩石质量、空洞和水体。地下岩体、矿石在人工电场作用下发生着复杂的电化学过程，并形成一个随时间增加而增长的极化电场，它叠加在人工电场以及由于电性差异而产生的异常电场之上。习惯上把人工电场以及因电性差异而产生的电场称为一次场，而把极化电场称为二次场，它们的叠加称为总场。总场经数分钟后趋于饱和。如果切断电源，一次场随即消失，但二次场仍然存在，并随时间增加而逐渐衰减，几十秒至几分钟后衰减至零。激发极化法就是通过研究激发极化电场的分布以达到找矿、找水或解决其他地质问题的一种物探方法。应用激发极化法来勘探矿石和地下水实际上在 20 世纪 50 年代就已经开始，最早把激发极化法用于野外找水实践的是瓦克尔(V. Vacquier)，50 年代他在美国新墨西哥州克累通南部的冲积层上通过测量断电后极化电场的衰减速度发现了埋藏在地下的古河谷。前苏联的库兹明娜和奥基尔维于 1965 年在克里米亚的不均匀沙黏土冲积层上进行了激发极化的找水试验工作，他们按极化率大致划分出了地下含水层。早期激发极化法主要以直流激电法为主，但是由于直流激电法的装备比较笨重，且断电后的二次场易受外界电磁干扰，后来激电法发展为以交流激发极化法为主，德国 GD 公司开发研制的 Beam 测试系统就是一种以交流激发极化法为探测手段的全新技术。

②Beam 系统组成、安装及应用

Beam 系统由主机、数据采集解译软件、连接线路、数据转换盒、A0 电极、A1 电极和 B 电极组成。Beam 测试系统能够将整个极化过程中岩层电阻系数的变化频率过程记录下来。特殊水体或空洞、高孔隙率的地下介质譬如洞穴等对激发极化的参数有相当大的影响，因此 Beam 测试技术能够对这些工程地质问题做出准确的预测。相对传统的电法探测，Beam 测试技术的核心在于改善了电法测试的灵敏度和稳定性，利用同性电极相排斥的原理，通过在隧道掌子面环形

布置的正电极 A1 建立的保护电场，使正电极 A0 产生的电流呈放射状向隧道纵深传播得更远(图 2-73)。B 极一般作为接地电极(负极)。

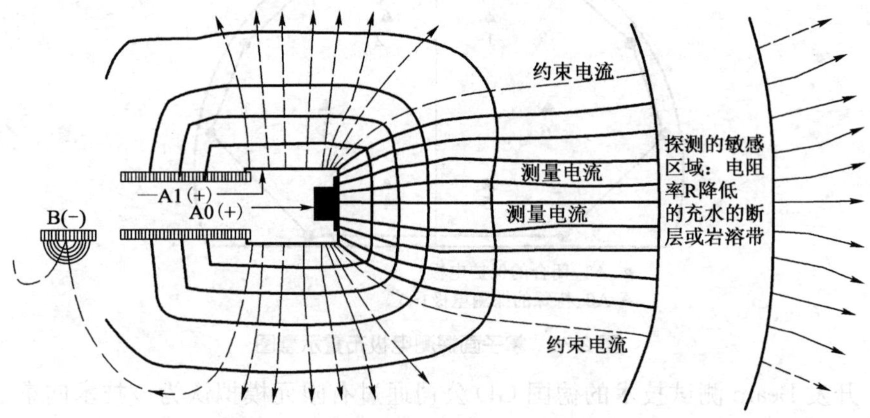

图 2-73　Beam 低电阻率带探测电流传播形式示意图(Geohydraulik Date Corp，2004 年)

将返回的测试电流通过数据转换盒接入测试系统主机当中(图 2-74)，由主机按一定程序进行控制测量，从而得到一组与该掌子面前方一定范围内电阻率和极化率的空间分布情况。供电电流采用多频方式供电，以测量不同频率下的观测数据。

图 2-74　系统主机接口

A0 电极作为测量电极向前发射探测电流，保护电场通过 A1 电极在掌子面呈环形布置来实现，具体布置如图 2-75。

不同的电阻率会对应不同的岩体情况，干燥致密的岩体电阻率较高，孔隙大的含水岩体电阻率较低。Beam 系统采用交流激发极化法进行超前预报获得百分频率效应 PFE 和电阻率 R 两种参数，以这两种参数为基础，对前方地质情况进行预报。

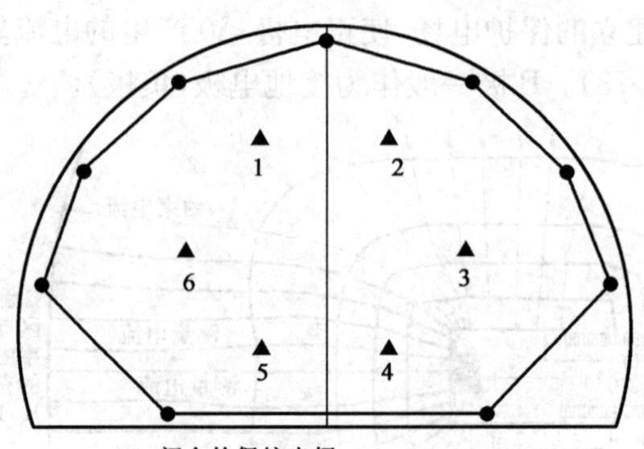

图 2-75　掌子面探测电极布置示意图

开发 Beam 测试技术的德国 GD 公司通过有限元模拟认为该技术向掌子面前方的预测距离可达到隧道断面直径的 5 倍。通过定义 PFE(Percentage frequency effect,频率效应百分比)这一与岩体储存电能能力相关的岩石特性指标,通过测取前方不同岩体以及孔隙、水体、洞穴、断层等介质的 PFE 和电阻率数据制定出具体的解译指南,就可对隧道前方 5 倍洞径内的岩体构造、不良地质情况(水体、洞穴、断层等)进行综合预测。在 TBM 隧道掘进施工中,Beam 测试在国外已有很多应用实例,包括意大利的 Ginori 隧道、Prisn 隧道,西班牙的 Guadarrama-North-Tunnel、德国的 Nuremberg-Ingolstadt 铁路隧道等。在钻爆法隧道施工中,Beam 测试也有应用,如瑞士的 Gotthard Base Tunne、Lotschberg Base Tunnel。图 2-76 给出了在钻爆法隧道施工中,用 Beam 做超前预报的工作方法示意图。

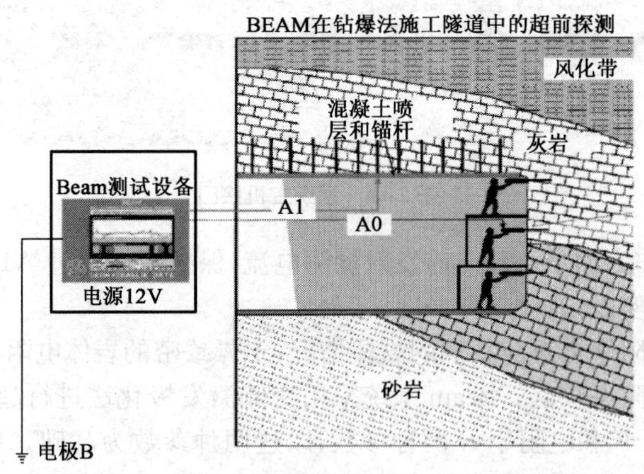

图 2-76　在钻爆法隧道施工中 Beam 工作示意图

③Beam 系统构成和工作方法

完整的 Beam 系统如图 2-77 所示。其中 I_L 表示 Al 电极和 A0 电极之间的电流；R_{G0} 和 R_{GI} 分别表示 A0 和 Al 电极接地电阻率；R_L 表示 Al 电极和 A0 电极之间的电阻率。

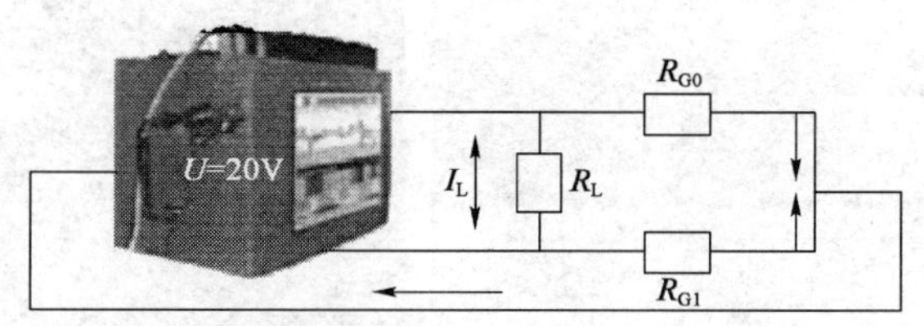

图 2-77　Beam 工作回路示意图（Geohydraulik Date Corp，2006 年）

这是 Beam 系统的基本构成，由 Al 环状电极形成保护电场，迫使 A0 发出的探测电流向前流动，在无穷远处安放接地的 B 电极接收返回电流，以图 2-77 所示的回路完成对探测电流的样本采集，由主机完成对采集数据的分析并最终形成超前预报可视化成果。如前所述，Beam 系统虽然具有完全相同的基本组件，但是针对隧道的探测，为适应不同的施工方法和探测目的，Beam 还具有几种不同的工作方法。

a. 钻爆法是国内应用最广泛的一种施工方法。Beam 系统的 Al 电极接入锚杆，A0 电极接入风钻钻杆，对前方形成小范围的探测。探测范围根据设置的电极数量和范围而定，如果要对整个掌子面范围进行探测需要在整个掌子面布置数个电极。对隧道壁进行径向的放射状探测如图 2-78、图 2-79 所示。

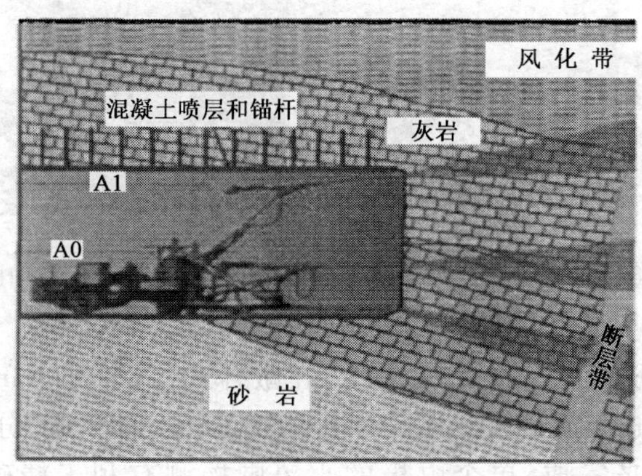

图 2-78　在钻爆法隧道施工中 Beam 工作示意图（Geohydraulik Date Corp，2004 年）

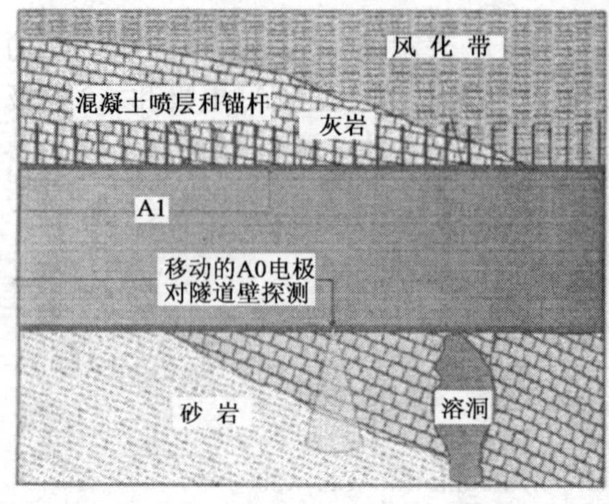

图 2-79 隧道壁 Beam 探测示意图和现场工作照片(Geohydraulik Date Corp,2004 年)

b. 岩溶地区隧道地质条件复杂,施工环境多变,已经开挖成形进行初期支护的隧道,为考虑今后运营安全仍然需要对隧道径向范围内潜在危险地段进行探测,这也是 Beam 应用的一个重要方面。在盾构法隧道施工中,对掌子面进行部分范围的超前探测(以敞开式 TBM 机为例),如图 2-80 所示。

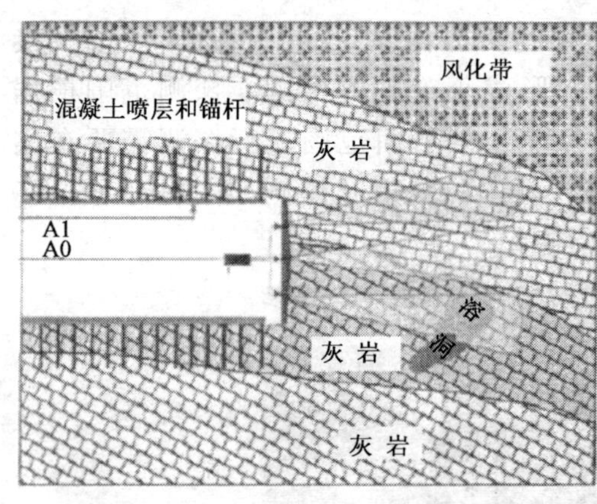

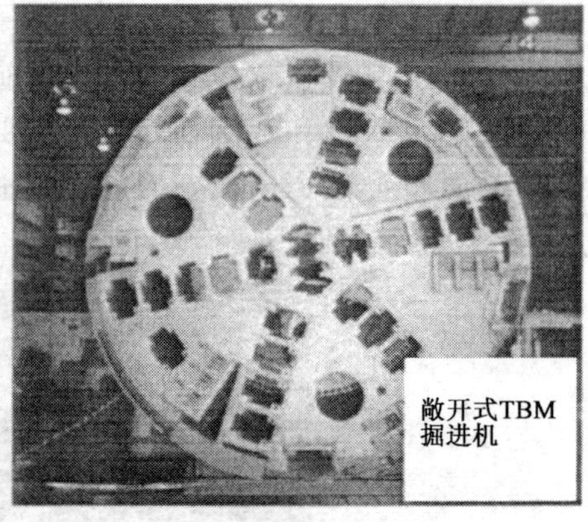

图 2-80 Beam 在敞开式 TBM 隧道掘进中对掌子面进行超前探测
(Geohydraulik Date Corp,2004)

Al 电极可以连接在锚杆和刀具上,在敞开式 TBM 机(GriPPerTunnelBoringMachine)的掘进工具上安装的 A0 电极,对掌子面前方部分超前探测,需要由几个 A0 电极来完成,单个电极的小范围探测有利于精确定位不良地质构造。

c. 在 TBM 隧道施工中，对掌子面进行整体超前探测（以护盾式 TBM 机为例），Beam 的 A1 电极连接在护盾上，A0 电极连接在整个刀具头和切割轮上，探测范围将覆盖整个掌子面。这种超前探测方式探测效率最高，Beam 安装在 TBM 机上，整个超前预报过程与 TBM 掘进有机结合，联动工作，随 TBM 机不断掘进，Beam 超前预报也不断开展（图 2-81）。

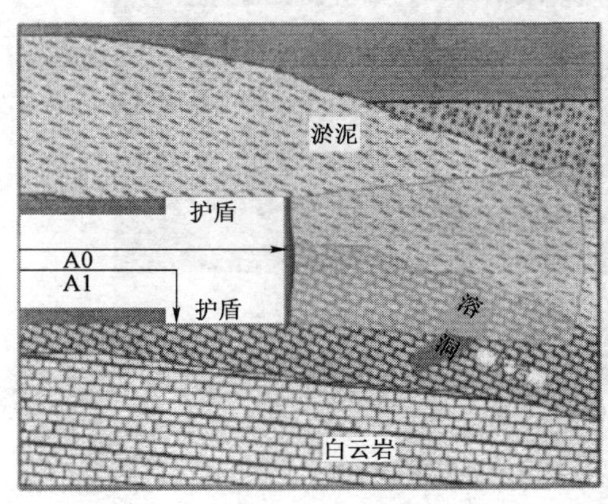

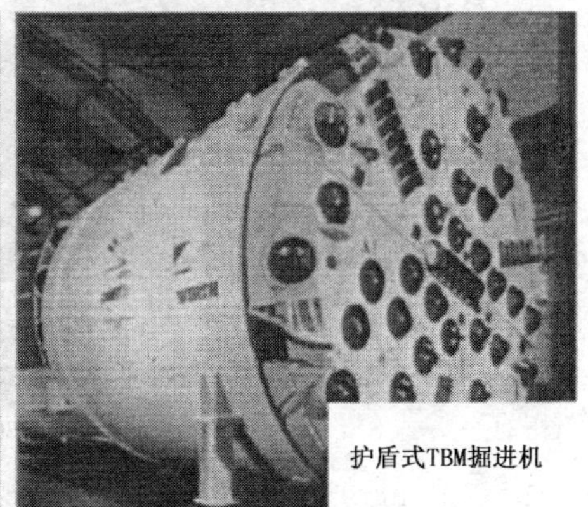

图 2-81　Beam 与 TBM 结合对掌子面进行超前探测（Geohydraulik Date Corp，2004 年）

以上几种工作方式在国外隧道中都有过成功应用的先例。但是值得注意的是，简单比较几种工作方式可以明显看出，Beam 系统与 TBM 机高效地集合在一起，是一种效率很高的超前探测技术，掘进和超前探测工作互不干扰，可以不间断地实时进行超前预报。而在钻爆法隧道施工中，预报工作会对掘进稍有影响。

（2）Beam 的典型地质情况解译

Beam 系统配备有数据采集和解译软件，采集完的数据直接进行分析形成可视化图像反映在主机显示屏上，可采用截图的方式对成果进行保存。每次探测数据采集得到的是掌子面前方 30m 的综合电性解释，因此如果需要精确定位不良地质体，应在不断的掘进过程中叠加重复探测。

如图 2-82 所示，在 Beam 可视化数据分析成果中，不同里程数测得的 PFE 值以自身为纵坐标，以隧道里程为横坐标连接成曲线，其中横坐标 0 表示掌子面的位置，正方向代表掘进方向。

Beam 系统在隧道超前探测成果中的百分频率效应（PFE）是一种反映本地地质情况极其重要的参数，解译的标准在技术开发初期由模拟试验得出，尔后在不断的应用中得到修正，再结合电阻率变化，能够较为准确地反映目标体的地质

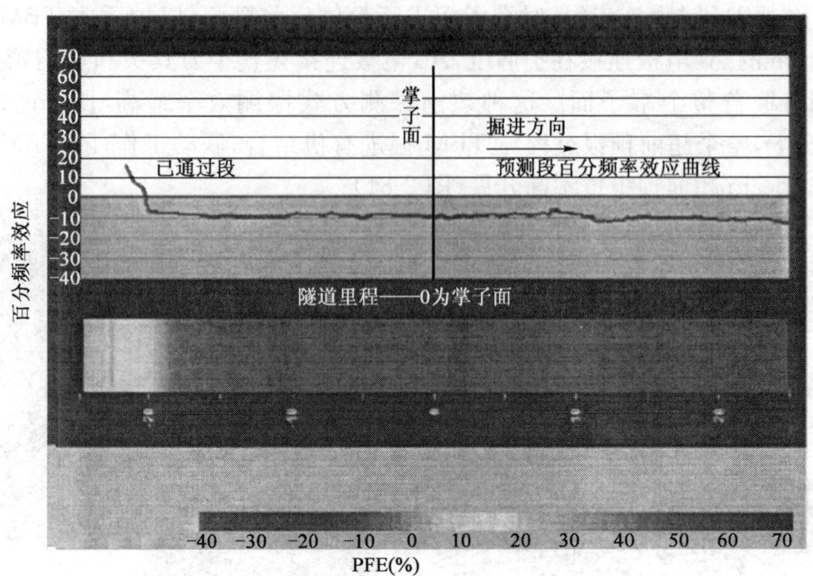

图 2-82　Beam 可视化数据分析成果示意图
(Geohydraulik Date Corp,2004)

情况。对于硬岩和软质岩土的典型地质情况预测,Beam 成果中也会有一些典型的反应特征。

Beam 在软质岩土的预测中综合应用电阻率和百分频率效应,对各种不同情况给出了相应的参数对照(图 2-83)。

		百分频率效应(%) -40 -30 -20 -10 0	10 20	30 40	50 60 70
电阻率(Ω·m)	低		废弃频段	黏土以及含黏土、沙的有机土	
	中		湿润的沙或砂砾层	有机物质	
	高		干燥的沙或砂砾层	漂石、块石	

图 2-83　Beam 探测软质岩土百分频率效应和电阻率组合分类示意图
(Geohydraulik Date Corp,2004)

在硬岩地区 PFE 和电阻率具有以下典型反应特征：

①PFE 曲线在−30～10 区间不规则跳动呈现非均质变化时，表明该段处于充水断层带中。

②在 10～20 区间，PFE 曲线一直保持水平时，表明该段基本地质情况没有太大变化，并且不具备赋存水的条件。

③PFE 曲线一段保持水平状态，然后出现较均匀的线性上升，表明该段地质情况有所改变，岩体整体性逐渐趋好并且不具备赋存水的条件。

④PFE 曲线保持较均匀的变化，出现线性的下降，并且下降幅度不大，表明该段地质情况有所改变，岩体整体性逐渐变差并且不具备赋存水的条件。

⑤PFE 曲线在 10～40 区间不规则跳动呈现非均质变化时，表明该段处于裂隙含水层中。

⑥PFE 值与岩体孔隙率相关，它与孔隙率成反比，低 PFE 值的岩体意味着高孔隙率，反之同理；但高孔隙率是干燥同时也可能是富水的，因此引入电阻率对高孔隙率岩体进行含水情况的判断。

(3)Beam 法在铜锣山隧道超前预报中的应用

铜锣山隧道穿越了三叠系须家河组、雷口坡组和嘉陵江组以及侏罗系地层，隧址区岩溶发育，在其富水地段存在严重涌(突)水或突泥、突砂的可能。2006 年 4 月针对这些可能存在的不良地质情况，经过深入考察、调研，业主引进了德国 GD 公司研发的目前较为先进的 Beam 技术，与同时使用的地质雷达、TSP 相互印证补充来开展超前综合预报工作。

Beam 超前预报工作的开展，首先是对掌子面前方岩体的电阻率和频率效应百分比(PFE)进行测量。Beam 系统提供了两个供电频率的电流分别是 I_1 和 I_2，测量之后通过下列公式计算视电阻率 R(Ω · m)和频率效应百分比 PFE(%)：

$$R_{f_1} = U_1/I_1 R_{f_2} = U_2/I_2 \tag{2-26}$$

$$PEF = (R_{f_1} - R_{f_2})/R_{f_1} \times 100\% \tag{2-27}$$

岩体含水量以及空洞的存在将会影响测量得到的电阻率和频率效应百分比。图 2-84 给出了隧道 YK35+706～676 段 Beam 超前预报成果图，根据该可视化解译图形，结合 GD 公司在大量实测数据基础上建立的岩体类型与电阻率及 PFE 的对应关系表，即可对掌子面前方地质情况做出超前预报。

由图 2-85 可以看出，Beam 可对测取数据进行自动解译，并且以可视化的形式将岩体质量以及是否含水以颜色深浅来表示，直观、清晰，非常便于现场技术人员操作使用。

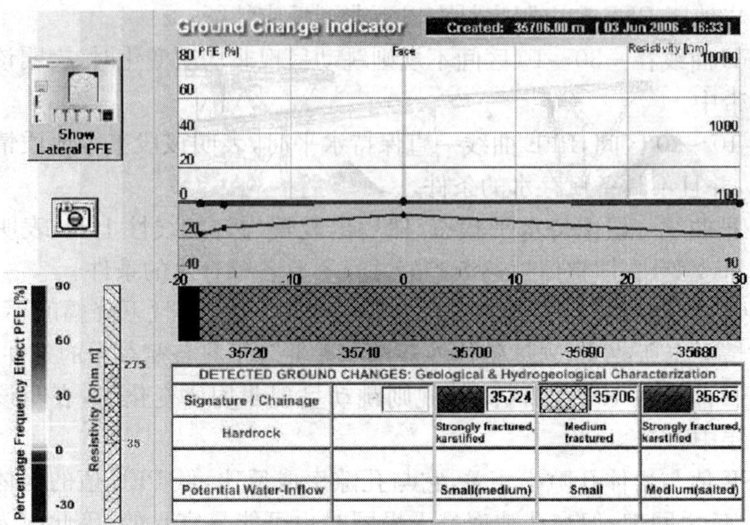

图 2-84　Beam 自动解译的可视化形式

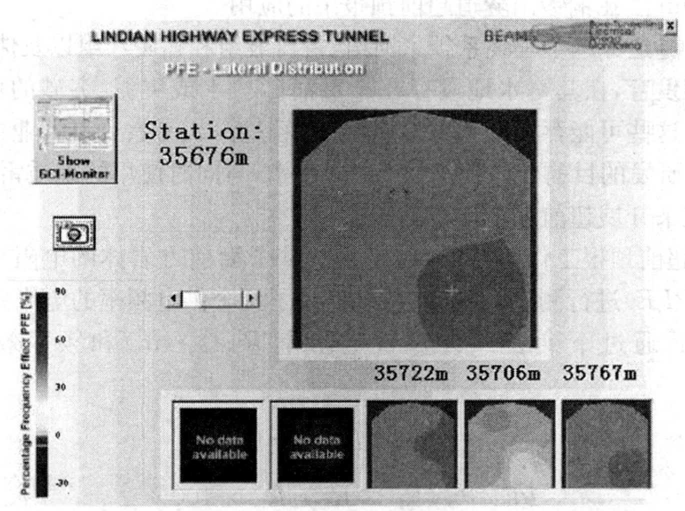

图 2-85　YK35＋706～676 段 Beam 超前预报成果图

表 2-15 列出了铜锣山隧道不同里程段 Beam 与地质雷达、TSP 预报结果及实际开挖情况的对比。通过对比可以发现，Beam 预测的出水情况与实际开挖揭露的情况相当接近，可见 Beam 对隧道掌子面前方水体具有良好的探测效果。而且该手段可与地质雷达和 TSP 配合使用，形成相互补充、互为印证的超前预报工作体系。需要补充的是，截至目前为止，铜锣山隧道施工过程中尚未出现大

的岩溶涌(突)水现象,因此 Beam 对掌子面前方大规律水体的预测预报效果还有待国内实践的进一步验证。

Beam 预报成果与其他预报方法及实际开挖情况对比 表 2-15

里程	Beam 预测	地质雷达预测	TSP 预测	开挖情况
YK33+807～83	少量涌水	岩体呈碎裂结构,潮湿～渗水	岩体较为破碎	地下裂隙水呈渗水～滴水
YK35+736～70	岩体较为破碎,出水量较大	岩体较为破碎	可能存在股状涌水	有大面积淋水状出水,岩体呈碎裂结构
YK35+706～67	岩体较为破碎出水量较大	岩体呈碎裂结构稳定性差	岩体较为破碎,可能存在裂隙水	岩体呈碎裂结构,有点状出水
YK35+671～64	岩体中等破碎有浸润～点状出水	岩体呈碎裂结构,潮湿～渗水	围岩较为破碎,可能存在裂隙水	裂隙发育,地下水为裂隙水,呈渗水～滴水
YK35+601～57	岩体中等破碎,有少量涌水	围岩稳定性差,潮湿～渗水	局部可能存在股状涌水	裂隙发育,地下水为裂隙水,呈渗水～滴水
YK35+562～53	岩体中等破碎,有少量涌水	围岩稳定性一般,潮湿～渗水	岩体较为破碎	地下水呈浸润状滴水,局部有线状水

另外,在 Beam 应用过程中还发现有测试设备安装、测试时间过长影响施工进度的问题。这主要是由于 Beam 是针对国外 TBM 掘进隧道而设计的。据笔者了解,Beam 在锦屏水电站辅助隧洞超前预报的使用过程中也存在同样的问题。Beam 在国内应用极少,而且国内隧道以钻爆法施工为主,要在国内推广应用 Beam 技术,还需对其测试设备的安装操作方式进行适当改进。

(4)小结

①Beam 是一种新型的电法超前预报技术,目前在国内应用很少。铜锣山隧道超前预报的实践表明,Beam 对隧道掌子面前方水体具有良好的探测效果,而且可与地质雷达和 TSP 配合使用,形成相互补充、互为验证的超前预报工作体系。

②由于 Beam 主要针对 TBM 掘进隧道设计的,而国内隧道以钻爆法施工为主,应用过程中存在测试设备安装时间过长的问题。要在国内推广应用 Beam 技术,还需对其测试设备的安装操作方式进行适当改进。

③在国内激发极化法已经被广泛应用在找矿找水中,在这一领域的研究也

取得较多的成果。但是激发极化法在隧道施工期超前预报领域仍然是一张陌生的面孔，虽然目前被很多专家一致认为是较有发展前途有必要做深入研究的一种隧道超前地质预报新技术，但各种基础理论、应用技术等相关研究工作尚未真正全面展开。

④Beam 超前探测系统由德国开发研制，其操作应用模式适应于欧洲等发达国家隧道掘进模式，针对国内的隧道施工环境其各种操作方式尚有待修正。在铜锣山隧道的应用中存在 B 电极移位后不能一次性安装成功的问题。

⑤A0 电极在掌子面的安装需钻孔，过于耗费时间等。针对这些实际情况，应有 Beam 系统标准的安装规程，利用或者开发便携的检测设备对 B 极导电能力做出快速检测，A0 电极也应改进为饼状电极包裹盐水浸泡的厚海绵棉套（保证与掌子面充分耦合），采用绝缘杆支撑附着在掌子面上进行探测。

就目前而言，Beam 对 PFE 值和电阻率的分类定义是在物探解释中较为先进的概念。在众多的物探手段都还没有很好地解决在探测成果中定量解译的问题的前提条件下，Beam 技术提出了定量解译的概念是各种物探方法都值得借鉴的。但是反观 Beam 超前预报技术，它的应用还处在初期阶段，基础理论的研究尚欠深度，针对解译标准的研究还应该进行大量的物理模拟试验和数值计算，对各种不良地质体进行有针对性的响应特征研究，也是激发极化法和 Beam 需要进一步进行的工作。

另外，Beam 超前预报技术现阶段的应用思路应进行调整。在国内钻爆法施工隧道，Beam 若作为常规预报手段有如前所述诸多问题，但是可以作为针对岩溶水问题预报的补充手段，与各种超前预报手段相互配合验证，结合地质分析，综合应用达到最好的预报效果，这点也是在铜锣山隧道应用当中得到肯定的。而且，目前国内隧道建设也朝着深、大、长的方向发展，TBM 掘进方式越来越多地应用到新开工的隧道，应将 Beam 现阶段的应用重点放在这些先进的机械化施工隧道中。一些常用的方法如地质雷达和 TSP 都无法像 Beam 那样与 TBM 机紧密结合，就目前国内外的应用实例看，Beam 直接安装在 TBM 机进行超前预报是可行而且可以达到很好效果的。

2.2.2.3 UEP 地下工程瞬变电磁法超前预报

在隧道掌子面采用瞬变电磁法重叠回线进行井字形测线扫描或进行框内法测试，主要用于探测掌子面前方围岩的电阻率差异，即含水体分布情况，详见第 5 章。

2.2.2.4 HSP水平声波剖面法

该方法和地震波探测原理基本相同,声波传播过程遵循惠更斯—菲涅尔原理和费马原理。其物理前提是岩体间或不同地质体间有明显的声学特性差异。观测时在隧道的两个侧壁分别布设震源和检波器,按其相对位置设计成两种观测方式,即固定震源点(或接收点)和激发与接收相错方式。震源在预报目标体的远端,接收点间距采用小道短距,多道接收,构成“水平声波剖面”。其特点是各检测点所接收的反射波路径相等,反射波组合形态与反射界面形态相同,图像直观(图2-86)。该方法的另一优点是对反射界面倾角没有限制,适用的范围比负视速度法广泛。目前探测仪器有中铁西南科学研究院新近研制的ZGS1610-3型智能工程探测声波仪。

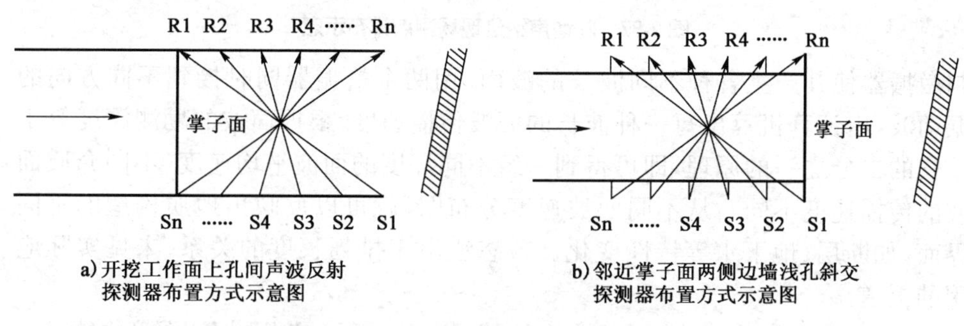

a)开挖工作面上孔间声波反射探测器布置方式示意图
b)邻近掌子面两侧边墙浅孔斜交探测器布置方式示意图

图2-86 HSP声波反射法测试原理示意图

2.2.2.5 陆地声纳法

陆地声纳法是“陆上极小偏移距超宽带弹性波超短余震接收系统单点连续剖面法”的简称。其实质是垂直地震波反射法。陆地声纳法是钟世航1992年提出的,该方法采用极小偏移距、锤击激发、高频超宽带接收反射弹性波进行连续剖面探测。它的特点是在隧道掌子面上设测量剖面,剖面上每30cm左右设一测点,用锤击方式激发弹性波,在激震点旁设检波器接收被测物体的反射波。然后将各测点的时间曲线拼成时间剖面,根据同相轴和频谱解释圈定断层、大节理、岩层分界面、岩脉、涌水层、溶洞等不良地质体。为确定反射体的空间位置,通常布置水平和铅垂的两条测线(见图2-87)。主要仪器有铁道部科学研究院的LDS-1陆地声纳仪。

据报道,此方法在羊寨隧道和铝厂隧道超前探测时,成功地探查出掌子面前方40～80m距离范围的溶洞。

2.2.2.6 面波法

分为稳态法和瞬态法。稳态法在掌子面上放置一个激振器,用计算机控

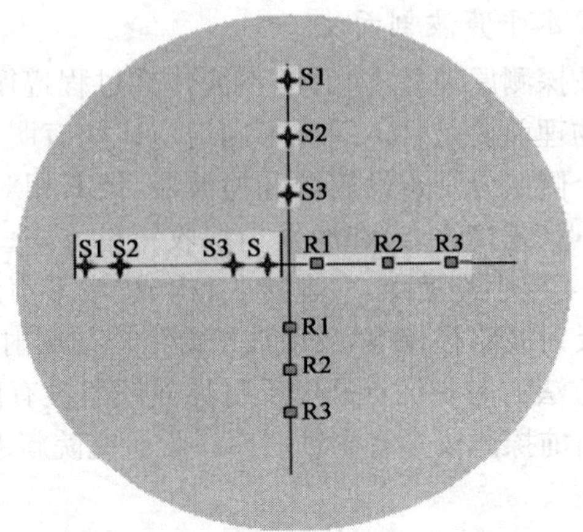

图 2-87 陆地声纳法现场测点排布示意

制激振器使其产生各种不同波长的波面，用两个拾振器同时接到不同方向的振动波，由计算机算出每一种波长的面波传播速度，根据面波的勘测深度等于波长的二分之一的原理，即可得到一组不同深度的面波平均速度（不同介质面波的传播速度不同），从不同面波速度分布图，就可以反映出地质构造的不同界面，如断层、地下水等特性变化。瞬态法由于排列长度的关系，未见实际应用的报道。

面波法需要的场地较小，适合在地下洞室开挖面上使用，探测深度也能满足施工预报的要求，对资料的分析判断可在现场进行，操作简便。在南岭隧洞中应用面波法，很清楚地发现距工作面几米处的断层破碎带。但该法在开挖面上能探测多远的距离，尚需进一步试验研究。

2.2.2.7　红外探水法

地下水的活动会引起岩体红外辐射场强的变化。红外探水仪的原理就是根据围岩红外辐射场强的变化值来确定掌子面前方或洞壁四周是否有隐伏的含水体。该方法在渝怀线圆梁山隧道中取得了较好的效果。

地球上部岩体的温度要受地球地热场的影响，地热场的平均变化为每公里深度增加 30℃。而在水平方向，地热场的平均变化远远小于该值。因此，隧道开挖深度的岩体，可视为位于一均匀温度场中。当开挖掌子面前方存在含水地层（溶洞、裂隙水等），且该含水层与岩体存在温差时，岩体中将产生热传导和对流作用，温度场不再为恒温场，而将产生温度异常场，在一定的距离和观测精度条件下，如果掌子面上存在着温度差异，利用红外辐射测温方法测定这种温度变化差异，可为含水层的超前预报提供依据，这就是红外辐射测温超前预报含水层的物性基础。因此，研究岩体含水层温差引起的温度异常场的分布规律，对该方法的探测能力、资料解释都是极其重要的。该方法在渝怀铁路圆梁山隧道超前地质预报中取得了较好的效果。

由于所有物体都发射出不可见的红外线能量，该能量大小与物体的发射率成正比。而发射率的大小取决于物体的物质和它的表面状况。当掌子面前方及周边介质单一时，所测得的红外场为正常场，当存在隐伏含水构造或有水时，它们所产生的场强要叠加到正常场上，从而使正常场产生畸变，据此判断掌子面前方一定范围内有无含水构造。

现场测试有两种方法：一是在掌子面上，分上、中、下及左、中、右6条测线的交点测取9个数据，根据这9个数据之间的最大差值来判断是否有水；二是在已挖洞段按左边墙、拱部、右边墙的顺序进行测试，每5m或3m测取一组数据，共测50m或30m，并绘制相应的红外辐射能量曲线，根据曲线的趋势判断前方有无含水。

掌子面上9个数据的最大差值大于$10\mu W/cm^2$，就可以判定有水；红外辐射能量曲线上升或下降均可以判定有水，其他情况判定无水。红外探测的特点是可以实现对隧道全空间、全方位的探测，仪器操作简单，能预测到隧道外围空间及掘进前方30m范围内是否存在隐伏水体或含水构造，而且可利用施工间歇期测试，基本不占用施工时间。但这种方法只能确定有无水，至于水量大小、赋存形态、具体位置没有定量解释。

2.2.2.8 超前平行导坑法

利用已有平行隧道地质资料进行隧道地质预报是隧道施工前期地质预报的一种常用方法。利用超前施工的平行隧道或导坑所遇地质情况推测隧道将遇到怎样的地质情况是隧道施工期地质预报的一种重要方法，特别是当两平行隧道间距较小时预报效果更佳。

2.2.2.9 水平钻速法

水平钻速法是根据台车水平钻速（一般指每钻进20cm所需的时间）的快慢及钻孔中回水的颜色来判断前方掌子面围岩的岩性、构造及岩石的破碎程度。测出同一断面至少3个不在同一直线的钻孔速度，运用实体比例法投影可确定结构面的形状并实施预报。该方法简单、快速、实用，不占用施工时间，是一种较受欢迎的预报方法。同时，该方法的预报效果也受到诸如钻机钻压的不稳定、钻孔的平行性、钻孔过程中卡钻现象等一些因素的影响。现已对近百个掌子面的钻速与开挖后的岩性、结构面比较得出了此间的关系。

2.2.2.10 充电法、自然电位法

充电法、自然电位法可预报隧道涌水或小股渗流水源体，其原理是渗流作用

引起的过滤电场的方向与地下水流向有关。在地下水埋藏不深、流速大、地形较为平缓的条件下，应用自然电场法可以确定地下水的流向。

充电法是在水文地质调查中应用较多的一种人工直流电法。水相对围岩为良导体或导电性较好的地质体。实际工作中，在隧道掌子面接上供电电极(A)，另一供电极(B)置于远离充电体的地方，供电后，充电体为一等位体或似等位体，通过测量电场的分布特征推断充电体的形态、大小和产状等。在水文地质调查中，充电法可测定地下水的流速和流向。

2.2.2.11 隧道及井巷电磁导弹超前预报技术

电磁导弹(李貅、薛国强，2002)是均匀、线性、非色散媒质中有限尺寸能量源在瞬态窄脉冲的激励下，在一定方向上辐射的一种慢衰减电磁波。与其他慢衰减电磁波比较，电磁导弹有独特的优点：①电磁导弹是线性问题，它是线性麦克斯韦方程的渐近解，不涉及媒质的非线性问题。②电磁导弹携带有限的总能量，从而克服了诸如聚焦波模、贝塞尔束等严格要求携带无限大能量而致工程上难以实现的缺点。③电磁导弹是由一定能量源所辐射的电磁波，不存在逆源问题。该技术目前还没有进入实质性的应用阶段。

2.2.2.12 掌子面地质编录预测法

隧道施工掌子面是施工前方岩体唯一的暴露面，岩体内的节理、裂隙、断层、岩脉等都在施工掌子面上有所反映，如实记录施工掌子面上的信息对施工前地质预报有很高的价值。

(1)地质素描基本原理

在隧道开挖过程中，暴露出的地质状态才是客观的、真实的，据此再对围岩进行地质描述和地质评价，采取最符合实际的支护设计和施工方法。地质素描法是利用地质理论和作图法，将隧道所揭露的地层岩性、地质构造、结构面产状、地下水出露点位置及出水状态、出水量等准确记录下来并绘制成图表，结合已有勘测资料，进行隧道开挖面前方地质条件的预测预报。

掌子面素描可以对掘进方向一定范围内的岩层岩性和层位进行预测预报，基本原理是当掌子面和隧道(洞)两壁出露的岩层与地表某段岩层为同一或确认标志层时，可用地表岩层的层序预报掌子面前方将要出现的岩层。当然，这需要与设计资料和长期的地面地质调查相配合。另外，对不良地质体的预报，其基本原理是在长距离超前地质预报得出的不良地质体厚度的基础上，依据掌子面已揭露的不良地质体的产状和单壁始见的位置，经过一系列的三角函数运算，求得条带状不良地质体在隧洞掌子面前方延伸和消失的位置。

(2)地质素描特点

①地质素描法理论基础牢固,设备简单,操作方便,不占用或很少占用隧道施工时间,提交资料及时,成本低。

②对操作人员地质知识水平要求较高,一般要求地质专业人员来完成。

③靠有限之“见”,预报范围有限,特别是在地层岩性变化极为复杂的隧道中,预报的准确率更是如此。

(3)地质素描主要内容

地质素描主要包括:基础地质资料、地表地质调查资料、掌子面地质素描。基础地质资料主要是区域性地质资料、隧道勘测资料、隧道设计资料。所有这些资料,在预设计阶段,勘测设计单位都会有成套、系统资料,无需再费力气收集。地表地质调查资料是在隧道野外勘测时,调查到的地面水系分布、露头岩石的岩性、地层产状,岩石的风化程度等地质资料,可依此地质资料推断隧道的地质状况。地表地质调查资料是施工作业时重要参考资料。掌子面地质素描是在隧道开挖作业过程中,不间断地记录开挖洞段和掌子面实际地质情况,包括围岩岩性、结构、产状、断层、节理、溶洞、岩石风化、水文实况,并附以草图,这是判断围岩级别的最直接资料,也是用以推断掌子面前进方向围岩状况的主要参照物,也是推断前进方向地质状况的边界条件。

掌子面地质素描中应当具体地记录以下各项内容,并描绘出掌子面素描图。常见记录见表 2-16。

隧道开挖工作面地质记录表　　表 2-16

隧道:________ 日期:________ 记录人:________

<table>
<tr><td>里程</td><td></td><td colspan="3">隧道中线方向</td><td></td><td colspan="4">埋深</td><td></td><td colspan="5">地下水状态</td></tr>
<tr><td rowspan="3">工程地质</td><td rowspan="2">岩性</td><td colspan="4" rowspan="2"></td><td colspan="4" rowspan="2">产状</td><td rowspan="2"></td><td rowspan="2">地下水类型</td><td>无水</td><td>渗水或滴水</td><td>线流</td><td>股流</td></tr>
<tr><td></td><td></td><td></td><td></td></tr>
<tr><td>强度</td><td colspan="2">极硬岩 $R_b>60$MPa</td><td colspan="2">硬质岩 $R_b=30\sim60$MPa</td><td colspan="4">软质岩 $R_b=5\sim30$MPa</td><td>极软岩 $R_b<5$MPa</td><td>涌水量</td><td colspan="4"></td></tr>
<tr><td rowspan="4">主要结构面</td><td rowspan="2">组数</td><td rowspan="2">产状</td><td rowspan="2">间距(m)</td><td>力学性质</td><td>长度(m)</td><td colspan="4">节理张开程度(mm)</td><td rowspan="2">充填物</td><td rowspan="2">含泥沙情况</td><td colspan="4" rowspan="2"></td></tr>
<tr><td></td><td></td><td><0.5</td><td>0.5~1</td><td>1~3</td><td>>3</td></tr>
<tr><td>1</td><td></td><td></td><td>节理</td><td></td><td></td><td></td><td></td><td></td><td></td><td rowspan="2">开挖工作面素描图</td><td colspan="4" rowspan="2"></td></tr>
<tr><td>2</td><td></td><td></td><td></td><td></td><td></td><td></td><td></td><td></td><td></td></tr>
<tr><td colspan="3">注意事项</td><td colspan="13"></td></tr>
</table>

①岩性：是最基本的地质资料，主要描述岩石名称、颜色、结构、构造、矿物成分、风化程度等。

②断层：是地壳上主要的构造痕迹，它的形成、特性及规模决定地区地质构造复杂程度，对隧道施工影响极大，是开挖时发生坍方的主要地质原因之一。主要描述断层位置、产状、断层破碎带宽度及构造类型、断层性质及其与其他断层的关系、派生节理产状、密度及充填物。描述断层破碎带的产状与洞轴线的关系；洞身穿过断层破碎带和拱顶及边墙的稳定状况，破碎带的坍拱高度及坍落发展情况；断层破碎带及其软弱结构面的产状、组合关系；临近掌子面的破碎带延伸情况。

③岩溶：岩溶洞穴的形态和连通情况及对围岩稳定和渗漏的影响；岩溶地下水的活动情况；岩溶堆积物的性质及其稳定状况。

④节理裂隙：对拱顶及边墙稳定不利的节理裂隙产状、充填物质、延伸及节理面起伏情况；节理裂隙的张开程度及其发展变化情况；各组节理裂隙组合及围岩松动状况。贯穿性节理是造成块体坍方的主要原因之一，主要描述节理产状、密度、宽度、延伸情况、节理面特征（光滑、粗糙、起伏不平）、出露位置等。

⑤岩脉及软弱岩层：主要描述岩脉的岩性、出露位置、宽度、接触关系、破碎情况、风化程度等。岩脉侵入的位置往往是地壳的薄弱点。

⑥地下水：地下水增加了隧道施工难度。地层渗水影响喷射混凝土的质量。如在断层带内岩体破碎，或节理被次生黏土充填地段有水，则会大大降低围岩的自稳能力，增加坍塌甚至突水的可能。主要描述出水点位置、出水状态（滴、流、涌）、水量、出水点附近有无沉淀物等，同时了解水对混凝土的侵蚀性；对于地下水与地表水可能存在水力联系的地方进行了地下水动态观测，提前确定施工中的排水措施，以防止造成涌水事故。

(4)地质素描的要求

①素描必须现场进行，不得根据回忆绘制和编写，宜采用坐标纸进行记录，以便能比较准确地显示出结构面的位置。

②素描一律采用写实方法，记录方式、比例、图例应统一。

③素描不占用开挖时间，最好在出渣工作完成后钻车就位前进行，因为此时浮渣都已被清理掉，信息比较真实。

参考勘察设计资料，通过掌子面已揭露地质体（岩层、不良地质体）进行观测与编录，以开挖的地质情况变化规律为依据，对掌子面前方岩体延伸情况进行有据的推断和预测。预测方法有岩层岩性及层位预测法，条带状不良地质体影响隧道长度预测法，不规则地质体影响隧道长度预测法等。

(5)可视化处理技术

掌子面编录法可利用数码相机现场拍摄(每隔3m拍摄一次)代替掌子面的地质素描,然后在室内计算机进行分析预报,一方面指导施工,另一方面为隧道工程积累详细的地质资料,便于隧道在运营期间的维护与养护。具体做法如图2-88。

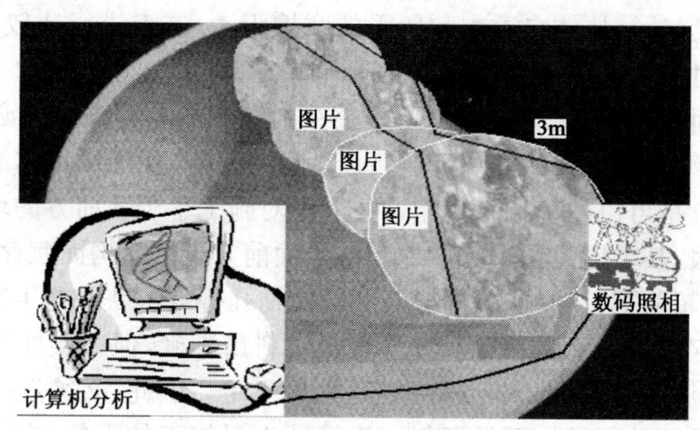

图2-88 掌子面围岩地质编录计算机分析

(6)地应力场的数值模拟预测法

在隧道施工中,为了对隧道整体原始地应力状态以及二次应力场的发育分布规律进行宏观预测,常采用数值模拟的方法来进行反演分析和研究,如徐林生等在地应力现场测试的基础上对二郎山隧道的原始地应力状况进行了数值模拟研究,张志龙对雪峰山隧道开挖后的二次应力场发育分布进行了模拟研究。

(7)随机不连续面三维网络模拟技术

块体失稳判定的基本理论(代树林、肖树芳、陈剑平,2003):目前对节理裂隙与开挖面组合形成的块体失稳与否的判断主要采用石根华和Goodman的块体理论,理论通过寻找控制岩体的开挖临空面上的关键块体来研究岩体结构模型的破坏机制,这在岩体失稳研究上是一个突破。该理论主要包括有限性定理、可动性定理和块体失稳的计算判定。

①有限性定理

有限性定理用来判断块体是有限块体还是无限块体。有限块体是指被结构面和开挖面切割成与母岩完全分离的块体;无限块体是指未被结构面和开挖面完全切割成孤立体的块体。根据有限性定理,块体被确定为无限块体,则不可能产生滑动,如果为有限块体,还要用可动性定理进一步分析有限块体的可动性。

②可动性定理

可动块体指可沿空间某一个或若干个方向移动而不被相邻块体所阻的块体，不可动块体指沿空间任何方向移动均受相邻块体所阻的块体。可动性定理仅从几何学方面对块体可否产生滑动作出判断。而可动块体是否是不稳定块体还需进一步的判定。判定时，首先判断块体可能的运动形式，即冒落、单面滑动、双面滑动，然后计算块体自重力和所受的摩擦阻力，二者进行比较，当自重力大于摩擦阻力时，此块体将可能产生塌落。

通过上面的介绍可以知道，块体理论在判定块体是否失稳时必须是在开挖面、岩体中的结构面已知的情况下进行。因此，该理论用于已揭露洞段块体稳定性分析和评价是可以的。如果使用这一理论对施工掌子面前方的块体失稳与否进行超前预报，其关键是预先获取施工掌子面前方岩体结构面赋存状况的资料。目前，可采用超前平行导洞、超前导洞和超前钻孔等方法获取施工掌子面前方岩体结构面赋存状况的资料。这些方法获得资料虽准确，但在实施过程中都存在影响工期、增加工程投资、实际运用难度大等不足。因此，必须选择其他方法来获取施工掌子面前方结构面的资料。为了减少对施工的干扰，少占或不占施工时间，可采用不连续面三维网络计算机模拟技术对施工掌子面前方岩体结构面进行模拟。

(8)断层参数预测技术

为掌握区域地质构造变化规律，熟悉地质构造成因，可应用经验公式（刘志刚，2003）超前预报隧道掌子面前方隐伏断层的位置和破碎带厚度（宽度）；并且通过断层产状与隧道走向和隧道断面的高度和宽度资料，预测其影响隧道的长度。

适用条件：随时掌握隧道掌子面的地层产状、岩性、构造等的变化情况，要求有高水平、经验丰富的地质工作者。

(9)TBM 开挖掌子面围岩描述

TBM 掘进过程中将围岩破碎成大小不同的岩块，通过对皮带机上岩渣的观察可以获得岩性及其特征，根据这些地质信息综合确定围岩类型，预测前方岩体情况。

①可以获得围岩节理、构造，是因为 TBM 开挖将岩体挤压破碎，而破裂面往往是岩体薄弱面、节理面，通过观察可知围岩情况、岩块上有无附着物等，并可据此判断出节理张开程度，也可看出节理组数和岩体的结构情况。

②TBM 开挖的渣料一般由片状、块状和粉状岩渣构成，围岩类型不同，各部分所占比例不同，岩块的粒径大小也不同，渣料的地质编录可以对渣料成分及含量、节理面情况、渣料风化及含水情况等作出定量、定性描述。

2.2.3　洞内预报方法总结

目前，能用于隧道掌子面超前地质预报的方法还比较少，大部分的方法仍处于试用和推广阶段，虽然已有许多成功的文献报道实例，但仍有许多问题存在。由于能用的方法较少，使得隧道长距离超前地质预报只能采用 TSP 地震预报系统进行，而该方法的局限性无法克服。目前还没有采用组合方法或多参数法，使得预报结果难免会出现这样那样的问题，遗漏灾害体是难免的。虽然，用长短结合法可避免一些事故发生，但目前的短距离预报主要是采用地质雷达法，而地质雷达法主要是探测掌子面前方，对掌子面上方及周围的情况探测不到，也会使得一些灾害体在隧道开挖后从上方出现，从而威胁隧道施工。因此，很有必要研究新的隧道掌子面预报方法与 TSP 地震预报法配合使用，减少多解性，提高预报的可靠度和精度。表 2-17 是目前掌子面常用的预报方法比较。

隧道掌子面超前地质预报常用的主要方法比较　　表 2-17

内容＼方法	TSP 法	USP 法	VSP	地质雷达	陆地声纳法	超前钻孔	地质编录
勘探范围（m）	200	200	100	<30	<50	200	10（粗略）
勘探布置（m）	掌子面 50	掌子面 0	掌子面 30～50	掌子面	掌子面	掌子面	掌子面
勘探时间（h）	1.5	1	1.5	1	1.5	240	0.5
解释人员	现场人员	现场人员	专业人员	专业人员	专业人员	地质专业	地质专业
解释精度	精度高	精度高	精度高	精度高	精度高	精度高	精度较差
局限性	多解性	多解性	多解性	多解性	多解性	效率低、难度大	地质专业，技术要求高
费用预算（元/m）	200	200	200	300	200	1 000	50
岩土力学信息	好（纵横波）	好（纵横波）	好（纵横波）	非直接类比	好（纵横波）	好	好

参 考 文 献

[1] 崔国柱,李恩泽,曾昭发.活动断层与地球物理方法.世界地质.2003.22(2):185-190.
[2] 金东淳,崔天日.物探方法在探测隐伏断层中的应用.世界地质.2003,22(1).
[3] 郁万彩.瞬变电磁法在断层含水性评价中的应用.山东地质.2001,17(1).
[4] 陈家联.浅层地震技术在工程勘察中的应用效果.南方国土资源,2003(12).
[5] 倪新辉,刘天放.地震勘探技术预测奥灰岩溶裂隙发育带.中国煤田地质.1997,9(1).
[6] 敬荣中,林剑.肖志强.K剖面法在岩溶勘查中的应用.地质与勘探.2002,38(2).
[7] 朱正国,卿志.时域瞬变电磁法在裸露灰岩地区岩溶探测研究.铁道勘察.2004(1).
[8] 李纬,梁晓园.对地质雷达探测岩溶的方法和实例的探讨.勘察科学技术,1995(2).
[9] 董兆祥,等.应用直接测氡法对唐山岩溶塌陷的测试研究.中国地质灾害与防治学报,1997,8(4).
[10] 罗鉴凡,等.综合物探方法在竹叶山坑道寻找溶洞裂隙的应用.云南有色地质调查院.
[11] 杨峰.岩溶地区路基病害勘察技术及处理方案研究.中南大学硕士论文,2004.
[12] 张斌,等.深埋长隧道岩爆的预测预报及防治初探.地质灾害与环境保护,1999,10(1).
[13] 李苍松,何发亮.关于瓦斯隧道施工地质超前预报的探讨[J].第二届全国岩土与工程学术大会论文集:30-36.
[14] 王聿军.电法在某山区的找水效果.物探与化探,1999,23(5).
[15] 段佳松.浅层地震折射波法配合电测深法在花岗岩地区找水.地质与勘探,1999,5(3).
[16] 姬广柱,等.综合多种物探方法在贫水山区找水的实践.地下水,2001,23(4).
[17] 罗洪发.被动源高频大地电磁系统的应用.地质与勘探,2002,38(6).
[18] 李凡生.测温法在基岩山区找水工作中的应用.岩土工程技术,1997(2).
[19] 王良奎.多种超前地质预报方法在隧道施工中的应用.金属矿山,2001,305(11).
[20] 刘志刚.概论岩溶或地质复杂隧道隧洞地质灾害超前预报技术.铁道建筑技术,2003.
[21] 朱宝龙,陈强,魏有仪,等.TSP超前地质预报在圆梁山隧道施工中的应用.水文地质工程地质,2003(1).
[22] 张勇,张子新,等.TSP超前地质预报在公路隧道中的应用.东北公路,24(2).
[23] 李卫华.超前地质预报技术在武隆隧道岩溶地质施工中的应用.隧道工程,2003(增).
[24] 代高飞,夏才初,毛海河.地质雷达在隧道超前预报中的应用.西部探矿工程,2004(9).
[25] 余中明.探地雷达技术在隧道掘进预报中的应用.地质与勘探.1999,35(3).
[26] 苏会锋,陈进杰.探地雷达在武隆隧道岩溶、暗河探测中的应用.2004年岩溶地区隧道修筑技术专题研讨会.北京:人民交通出版社,2004.
[27] 钟宏伟,赵凌.我国隧道工程超前预报技术现状分析.人民长江,2004,35(9).
[28] 李貅,薛国强.一种有发展前景的隧道及井巷超前预报技术-电磁导弹探测技术.西安工

程学院学报,2002,24(1).

[29] 代树林,肖树芳,陈剑平. 隧道掘进块体塌落灾害超前预报方法研究. 探矿工程,2003(2).

[30] Y. Ashida. Seismic imaging ahead of a tunnel face with three-component geophones. International Journal of Rock Mechanics & Mining Sciences 38 (2001) 823-831.

第3章 空间(点、线、面与角度)预报方法

眼睛堪称生命进化十大奇迹之一。在生命进化史上,眼睛的出现改变了生命的“游戏规则”。正如一位科学家所说,“眼睛引发了一场足以改变整个地球的进化军备竞赛”。眼睛出现前,生命更加温顺、驯服。眼睛的出现宣告一个更为无情、竞争更加激烈的时代到来。距今5.43亿年前,一种名为莱氏虫的三叶虫身上长出了地球生物的第一只眼睛。此前的一些生物体仅有感光细胞。但眼睛不仅要感知光线,还需要有一个能聚焦光线形成图像的晶状体。一旦有了晶状体,生物的视觉效果就从1%骤然上升到100%。

地球物理勘探的发展历史如同眼睛进化一样,但远远没有像进化过程的择优规则那样科学合理,往往所走的弯路会更多一些。而目前的地球物理勘探技术还非常落后,致使人类对地下介质的认识还很粗糙,对地下空间的开发利用仍感茫然。而传感器如同眼睛感知光线,还需要一个能聚光成像的晶状体。因此,地球物理技术的发展,其一是传感器(感光)技术;其二是成像(晶状体)技术。一旦勘探技术发生了革命性的进展,人类对地下空间的开发利用将会突飞猛进,人对地下的想像力将更为丰富,而且这种进步带来的变化会呈幂指数式的改变我们的生活。

动物嗅觉是很特殊的一种感官,经常与呼吸同在。每一次呼吸,这个世界的一些气味分子就飘荡进入鼻孔……在漫长的适应自然的过程中,很多动物的嗅觉器官发育得相当完善,其中有些种类的动物的嗅觉器官敏锐和精巧程度令人惊叹不已。

动物之间通信的信号必须通过感觉器官才能被接收,其中应用得最广泛的通信渠道是化学感觉器官,主要有嗅觉和味觉两种。由于嗅觉具有远距离和持久性等优点,因此在通信中更为重要。它可以帮助动物进行通信联络,寻找食物、配偶,辨认自己的幼仔,进行种间识别、标志领地、选择产卵场所以及躲避敌害等活动。

嗅觉器官一般位于动物的头部,昆虫的嗅觉器官大多长在可以运动的触觉上,使它能在立体空间内探测出气味。在触觉的表面上,有许多微小的孔洞,有

些孔洞里藏着能够感受气味的细胞，单靠着这种特殊的构造就能使它们辨别气味。

3.1 装置与排列

在地球物理勘探中，装置是探测目标体的最基本排列。装置的种类很多，但大多都是为了某一类型目标体的探测而设计的。

3.1.1 基本概念

探测的装置是地球物理探测的最基本排列，装置一定是结合具体探测任务、目标体的具体特点和现场条件进行设定的，因此装置是可以变化的。目前我们采用的装置大多都是固有装置，固有装置有其优点，且有大量的模拟试验来说明简单规则体形状的异常形态，这就极大地方便了人们认识所获得的异常。但如要自行设计排列装置就需要做一些理论推演工作或模拟试验等来掌握该装置探测的基本规律。目前现有的直流电法装置已基本涵盖各种电极组合排列，地震勘探中的大多排列，可推演与发展的也不多。不同的排列装置将具有不同的特点，对相同目标体的探测中异常形态将有所不同。不要迷信某种装置，所有装置有优点就有缺陷，这一点是相辅相成的。当然也有应用范围大的装置，没有明显特点。

比如，地面勘探中经常采用的联合剖面装置，已有许多理论推演，也有各种规则体的模拟试验，其主要特点是对直立低阻板状体效果明显，同样对水平低阻板状体反应不明显。这样的例子还有很多，这里不一一列举。

3.1.1.1 地球物理场的概念

在地球物理探测中，总要与引力场、稳定电场、稳定磁场、时变电磁场、地震波场等各种各样的物理场打交道。这些场的分布变化规律是与场源实物的物理、几何特征密切联系的，通过测定、分析场来推断场源，是许多物探方法的一个共同特点(图 3-1)。为了提高推断的可靠性与精度，除需研究地质情况外，还必须掌握场的物理学，即对场这种物质的时空变化规律进行深入研究，了解场与场源的内在联系，掌握分析场的数学方法。

通常我们不能观测到地下空间所有位置的实测场值，仅能获得出露工作面上的有限数据，要利用有限的数据来分析研究地球物理场与场源的内在关系，不仅要掌握各种场的分布变化规律，而且要有一定的数学方法。最重要的是要研究地球物理场的观测技术，物探的实测数据是我们分析研究的基础，而对场的观

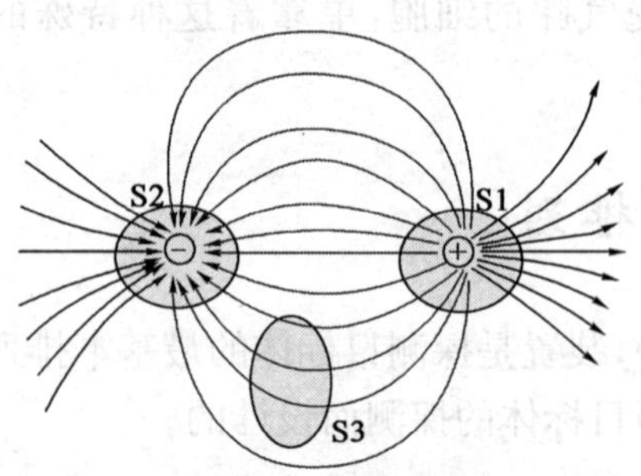

图 3-1　矢量场

测方法与排布是确保研究成功的最关键一步。

在地下空间有电磁场分布的情况下，我们在不同的位置进行观测所得的实测异常数据是不同的。但是有一点是肯定的，激发源空间位置和激发方式不变，那么激发源与地下空间内介质所构成的地球物理场的规律是不变的。有些场是很复杂的，如果仅依靠少量的数据是很难把握和描述场和场源的关系。因此，研究地球物理场的观测方法非常重要，尤其是测点的布置和装置排列，它直接决定探测技术的成功与失败。

(1)电磁波与电磁场

麦克斯韦电磁场理论的基本内容就是电场和磁场的相互激发。一方面，在电场中不仅静电荷可以激发静电场，而且变化的磁场也可以激发出涡旋电场，即空间中变化的磁场与电场同在。另一方面，在磁场中不仅传导电流可以激发磁场，而且位移电流(即变化的电场)也可以激发磁场，即空间中变化的电场与磁场同在。可见变化的电场和变化的磁场不是彼此孤立的，而是交织在一起互相激发的一个统一的电磁场整体。

①电磁场

麦克斯韦电磁场理论集中体现在麦克斯韦方程组上，D、E、B、H 满足：

$$\nabla \cdot \vec{D} = 4\pi\rho_{\mathrm{f}} \tag{3-1}$$

$$\nabla \cdot \vec{E} = -\frac{1}{c}\frac{\partial \vec{B}}{\partial t} \tag{3-2}$$

$$\nabla \cdot \vec{B} = 0 \tag{3-3}$$

$$\nabla \cdot \vec{H} = \frac{4\pi}{c}\left(\vec{j}_{\mathrm{f}} + \frac{1}{4\pi}\frac{\partial \vec{D}}{\partial t}\right) \tag{3-4}$$

式中：ρ_{f}——自由电荷密度；

c——光速；

$\vec{j}_{\mathrm{f}}$——自由电流密度。

电磁场的衔接条件：

$$\vec{n}_{12} \cdot (\vec{D}_2 - \vec{D}_1) = 4\pi\omega_f \tag{3-5}$$

$$\vec{n}_{12} \cdot (\vec{E}_2 - \vec{E}_1) = 0 \tag{3-6}$$

$$\vec{n}_{12} \cdot (\vec{B}_2 - \vec{B}_1) = 0 \tag{3-7}$$

$$\vec{n}_{12} \cdot (\vec{H}_2 - \vec{H}_1) = \frac{4\pi}{c}\vec{j}_f \tag{3-8}$$

以上称为麦克斯韦方程组。利用该方程组就对各向同性介质构成了完整的电磁场方程,结合初始和边界条件,原则上就可以解决经典电磁学的所有问题,因而麦克斯韦方程组被称为“自牛顿以来物理学上经历的最深刻和最有成果的一次变革”。

②电磁波的发射和传播

由电磁场理论可知,只要有变化的电磁场就可能发射电磁波。但这还不够,像前面所讲的由LC组成的振荡电路就不行,它只能在电路内往复振荡而不能向外发射。电磁理论告知我们,要增大振荡电路的发射必须做到两点,一是振荡频率要高,二是电磁场要开放。电磁波发射后将以球面波形式向周围传播,在远离波源时,可视为平面波。

电磁波的主要性质有：

a. 电磁波是横波,E 和 H 互相垂直,且构成右螺旋系统；

b. E 和 H 皆周期变化,且位相相同；

c. E 和 H 振幅成比例,$E/H=c$；

d. 真空中为 $c=3.0\times10^8\text{m/s}$ ；

e. 波的频率与波源振荡频率相等,E 和 H 振幅都正比于频率的平方,因此短波易于发射(图3-2)。

电磁波波动方程：

$$\nabla^2\vec{E} - \frac{1}{c^2}\frac{\partial^2\vec{E}}{\partial t^2} = 0 \tag{3-9}$$

$$\nabla^2\vec{B} - \frac{1}{c^2}\frac{\partial^2\vec{B}}{\partial t^2} = 0 \tag{3-10}$$

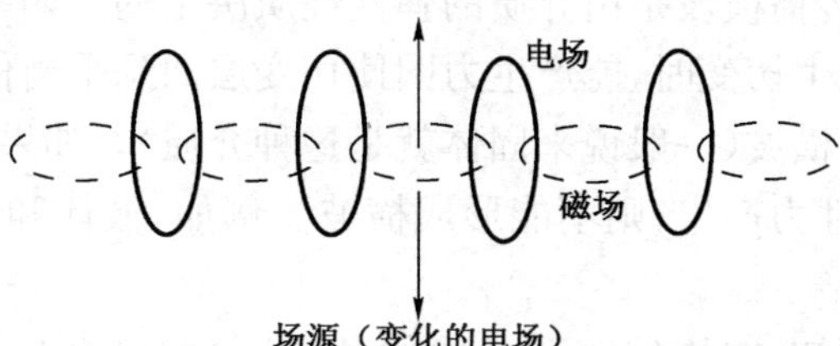

图3-2 电磁波的传播

(2)弹性波与波场

波动是振动的传播过程。机械振动在介质中传播可以形成诸如水波,声波等等。由连续不断的、无穷个质点构成的系统，若其各部分间有相互作用力，且可以有相对运动，则该系统称为连续介质。如果介质各质点间的相互作用力是弹性的，则称该介质为弹性介质。弹性介质可以是气体，也可以是液体或固体。

在弹性介质中，可以设想各质点均有一个平衡位置。如果其中某一质点在外力作用下偏离平衡位置，它将受到邻近质点给予的弹性力的作用，这些力的合力指向平衡位置。由于质点具有惯性，它就在平衡位置附近振动起来。另一方面，这个质点在受到邻近各质点的作用力的同时，对邻近各质点会产生反作用力，使它们也离开平衡位置振动起来。这样，振动便由此向四周传播出去。这种机械振动在弹性介质中的传播过程为弹性波。

为了讨论的方便，引入以下一些假设：

①波在弹性介质中传播时，相邻两质点间的位移是无限小的。

②介质是完全弹性的，即应力是应变的齐次线性函数，因而一般适用普遍形式的虎克定律。完全弹性的假设还意味着忽略介质对波的吸收作用。

③介质是完全同性的，弹性参数与空间坐标无关。

④外力如重力、摩擦力等可忽略不计。

波在介质中传播时，按其质点振动方向与波传播方向的关系，可分为纵波和横波。纵波传播时，质点的振动方向与波的传播方向相同，因而形成了疏密相间的波动图象。横波传播时，质点的振动方向与波的传播方向垂直。纵波和横波的波动图象如图 3-3。

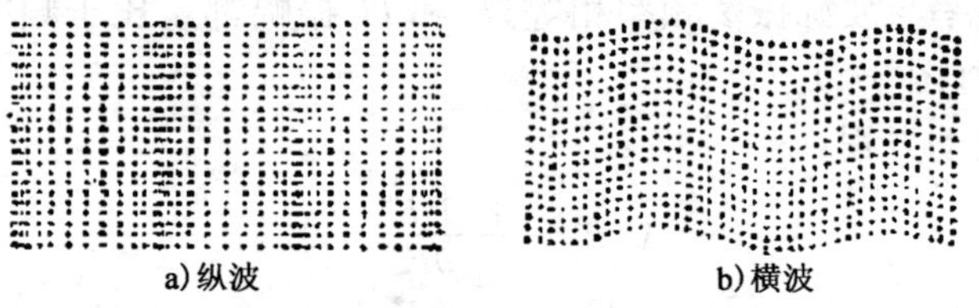

a)纵波　　b)横波

图 3-3　纵波和横波的波动图像

介质中，能否传播横波是由介质的弹性性质决定的。如果在某一种介质中，当一层对另一层发生切变时，能产生力图使切变层回到平衡位置的弹性力，则在这种介质内能传播横波(一般说来固体就是这种介质)。如果各平行层间相互发生切变时，没有弹性力产生，则不能形成横波。例如，液体和气体就是不能传播横波的介质。

由弹性理论可知，在均匀完全弹性的各向同性介质中，波动方程的向量形式为：

$$\rho\frac{\partial^2 \vec{u}}{\partial t^2} = (\lambda+\mu)\mathrm{grad}\theta + \mu\nabla^2\vec{u} + \rho\vec{F} \tag{3-11}$$

$$\nabla^2=\frac{\partial^2}{\partial X^2}+\frac{\partial^2}{\partial Y^2}+\frac{\partial^2}{\partial Z^2} \tag{3-12}$$

$\vec{u}$ 为空间位移向量，它可表示为：$\vec{u}=u\vec{i}+v\vec{j}+w\vec{k}=\{u,v,w\}$

θ 为体变系数：$\theta=\frac{\partial u}{\partial X}+\frac{\partial v}{\partial Y}+\frac{\partial w}{\partial Z}=\mathrm{div}\vec{u}$

$\vec{F}$ 为作用在单位体积上的体力，λ、μ 为拉梅常数。

如果令 φ 和 $\vec{\varphi}$ 分别表示位移场的标量位和向量位（我们统称为位移位）；令 ϕ 和 $\vec{\psi}$ 分别表示力场 $\vec{F}$ 的标量位和向量位，经推导后得：

$$\frac{\partial^2\varphi}{\partial t^2}-V_p^2\ \nabla^2\varphi=\phi \tag{3-13}$$

$$\frac{\partial^2\vec{\varphi}}{\partial t^2}-V_s^2\ \nabla^2\vec{\varphi}=\vec{\psi} \tag{3-14}$$

上式就是用位移位和力位函数表示的纵波和横波波动方程。V_p 和 V_s 分别表示纵波和横波的传播速度。

一般说来，由于震源作用的时间很短，因此，如果在离震源足够远处研究波动传播特点，在波传播到该处时，震源的作用已停止，于是可以认为 $\varphi=0,\vec{\psi}=0$。这样，上式表示的非齐次方程可以简化为齐次方程式：

$$\frac{\partial^2\varphi}{\partial t^2}-V_p^2\ \nabla^2\varphi=0 \tag{3-15}$$

$$\frac{\partial^2\vec{\varphi}}{\partial t^2}-V_s^2\ \nabla^2\vec{\varphi}=0 \tag{3-16}$$

(3)电磁波与弹性波

①电磁振荡

与机械振动类似，电路中的电场和磁场作周期性变化就叫电磁振荡。一个电容器和一个电感器（线圈）组成的简单振荡电路。当 $t=0$ 时，电容器上电荷最多，在静电力作用下，电容器放电，到 $T/4$ 时，放电结束，电流达最大值 I_0，电能全部变为磁能储存在线圈中。但由于自感作用，电路中电流不会立即消失，继续按原方向流动而使电容器反向充电，达最大时，线圈中磁能消失，全部变成电能。继而电容器反向放电，电感线圈储能，又因电磁惯性而对电容器正向充电，如此周期性地充放电，电能和磁能交替变化，就像弹簧振子往复振动一样振荡起来。

可见在无阻尼自由振荡电路中，尽管电能和磁能周期性变化，但总能量保持不变，这和机械振动中机械能守恒完全一样，电能对应于势能，磁能对应于动能。当振荡电路为非理想状态而有电阻时，电阻发热，成为阻尼振荡；当振荡电路中有外加的周期性电动势作用时，将成为受迫振荡；当外加电动势的频率与电路自由振荡的固有频率 ω 相同时，振幅达最大值，叫电磁共振。无线电“调谐”就是利用电磁共振的原理。

②电磁波

像机械振动向周围传播形成机械波一样，电磁振荡也会向周围传播而形成电磁波。麦克斯韦曾预言：当空间某一区域有周期性变化的电场时，在其邻近的区域就要产生周期性变化的磁场；反之，这些周期性变化的磁场，在其邻近的区域又要产生周期性变化的电场。如此变化的电场与变化的磁场交替产生，由近及远地向周围传播，这种变化的电磁场在空间中的传播过程称作电磁波。这一预言在 20 多年后的 1888 年被赫兹所证实。电磁波就其描述方式和机械波完全相同，但却有本质的区别，电磁波是变化的电场和磁场交替产生并由近及远而无需借助于媒质就能在真空或介质中传播的一种波。

3.1.1.2　多波多分量地震

这里所说的地震波，是一个含有纵波、横波和转换波等多种不同类型的复杂的地震波场集合体。对于这样一个复杂地震波场集合体的理解与应用，人们经历了一个渐进的过程。

起初，人们利用纵波频率高、速度快以及穿透能力强的特点，在地震勘探中，激发纵波向地下传播，并在地表安放接收垂直振动的检波器，用以记录纵波反射资料，形成了目前最为广泛的纵波反射法地震勘探技术。

此后，为了提高勘探精度以及适应岩性勘探的需要，人们开始将目光投向横波。因为横波传播速度低，它可能会取得比纵波更高的分辨率，而且利用横波与纵波之间的速度差异，可能有助于对地下岩性的识别。

但在对横波的实际研究中，人们发现，横波勘探需要专门的震源装备，要求施工作业环境开阔，更重要的是横波衰减比纵波快，很难得到深层高品质的横波资料，而对深层的分辨率也没有像当初想像的那样高。

不过，虽未达到最初的理想结果，但在进行纵波与横波资料的对比中，却取得了一些重要成果。其中最为成功的是对纵波资料中真假“亮点”的识别方面。所谓“亮点”，就是纵波“振幅异常”现象。当这些“亮点”出现时，往往意味着该处有油气存在的可能。

实际上，由于纵波资料本身的局限，这类亮点往往有真有假(这是单一波场始终存在的一个多解性问题)。但是，当人们使用横波勘探时，发现它有助于准确识别真假“亮点”，这与横波速度在地层中传播性质有关。

采用横波的“另眼”观察，竟会收到如此效果，这大大增强了人们对横波的兴趣，也提高了人们的期望值。但由于横波的勘探深度不够深，且采集成本较高，因此没有得到广泛的应用。

那么能不能利用另一种地震波场，既能到达一定的勘探深度，又能够像横波一样有效“观察”地层呢？

转换波可以同时满足这两个要求。所谓转换波，就是当地震波中的纵波倾斜入射到地层界面时，除了出现正常的纵波反射外，同时还会反射出一个横波。由于这个横波是由入射的纵波自动“转换”出的，所以称之为“转换波”。

这样，波的前半程是纵波性质，可以达到较横波更大的勘探深度；波的后半程是横波性质，可以充分满足研究者的愿望。

与常规纵波勘探相比，利用转换波勘探所需要的特殊装备，仅仅是沿水平方向振动的横波检波器，这使得勘探成本大大降低。不过，转换波反射点的非对称性使得这种资料的处理相对复杂。目前，随着处理方法的不断完善，转换波法得到较广泛的应用，已经成为勘探和开发地震预测技术中的研究热点。

由于纵波、横波和转换波等勘探方法各具特色，人们产生出利用多种波场联合勘探的想法。并在野外数据采集中，采用纵波震源或横波震源激发以及相互正交的三分量检波器接收，从而获得多分量的地震资料，用以解决构造、岩性和不良地质等勘探技术难题。

因此，所谓多波多分量地震勘探技术，就是采用多分量激发和接收，综合利用纵波、横波和转换波等多种地震波信息，实现改善构造成像、进行岩性分析、储层裂缝检测以及直接探测异常体等目的的地震技术。

20 世纪 80 年代初，当国际上兴起纵波与横波联合勘探的热潮时，中国石化石油勘探开发研究院南京石油物探研究所率先在国内开展了纵波和转换波联合勘探技术的研究和二维数据采集试验，最早在国内完成了转换波地震资料的横波速度分析、转换波动校正、转换波共转换点叠加和叠后偏移技术，并在国内各大油田推广普及这项技术，为该技术的发展奠定了基础。

随后，国内多家研究机构、高等院校、生产单位纷纷开展了采集技术、采集方法、资料处理和资料采集的研究和试验。如胜利油田和大庆油田开展了颇具实用性的纵波和转换波联合勘探。国家“863”计划将海上多波勘探技术列为一级子课题，进行海底电缆和海底三分量检波器研制，以及资料采集和资料处理系统的研发等。进入 21 世纪，国家“十·五”科技攻关项目又将矢量地震技术纳入研究课题。

目前，国内多波多分量勘探已经进入大范围的试用阶段，各大油气田针对勘探开发需求，利用该技术进行了大量的资料采集、资料处理和解释工作。基于微电子技术的 MEMS(Micro Electro Mechanical Systems)数字检波器的研制和应用也取得很大进展。

近年来，由于勘探设备的迅速发展和性能的不断提高，特别是 MEMS 数字检波器的应用，大大推动了多波多分量地震技术在数据采集、数据处理和解释等方面的发展。目前，以转换波勘探技术为主的海上多波多分量地震技术已进入生产实用阶段，成功解决了纵波资料粗糙地区的成像问题，提高了储层识别和油气预测的精度。

随着多波多分量地震技术的日益发展，人们逐渐认识到，多波是一个矢量地震波场，比单一波场含有更多的运动学和动力学信息，能更好地揭示地层岩性和储层内流体性质，不同分量的横波资料不仅携带了反映油气藏构造形态的信息，还携带了直接反映储层性质、类型、规模、油气水分布等直接用于油气藏评价和开发的重要信息。

基于这样的认识，为了全方位地揭示地震波与岩石结构之间的复杂关系，人们开始采用三分量激发和三分量检波器接收，最多可以得到包括全部波场的 9 个分量的地震波资料。所以又有人将多波多分量地震称为全波地震。

如何对这种爆炸般数据的全波地震资料进行处理和解释，是我们面临的新的技术挑战。与常规的纵波勘探的发展现状相比，目前多波多分量地震勘探技术远未达到实用化的水平，需要研究人员一步一个脚印，逐个攻破技术难关。

可以预见，在完善多波资料处理方法和解释技术的基础上，多波多分量地震技术必将在构造成像、岩性划分、裂缝检测、四维地震、流体识别和含水体预测等方面发挥更大作用。

地震震源激发以后，在地质介质中产生的振动之和就是波场 $u(x,y,z)$。震源的性质以及地质介质中的弹性参数分布情况决定了波场的特点。在陆地地震勘探时广泛使用浅井、炸药震源，这时主要激发出纵波，但是由于震源附近地表介质的不均匀性，炸药包和它在井中安置的不对称性，也会产生一定强度的横波和面波。当采用非炸药震源时激发的波场更加复杂，有的主要激发纵波，有的主要激发横波，但这些震源也不会是纯的，它们总是激发出两种体波以及面波。

各种震源之中，有些是脉冲型的，激发出很短的(约 50ms)不超过 3～4 个周期的振动。有的产生变频正弦振动，其延续时间达若干秒。震源激发的振动形状对波场的总形态有重大影响，它会改变不同类型和不同形式的波所引起的振动之间的关系。当波从震源传播到具有大量界面的地质介质中时，产生许多次生波(各种类型的一次波和多次波)。波场是由若干强一次波和部分二次波加上许多弱的一次波和多次波构成的；当存在折射界面时，除了反射波外还有折射波。除了地震震源引起的振动外，波场中还包括外部震源激发的振动——微振。

由于传导介质吸收的影响，波在传播过程中它的振幅逐渐减小，主频逐渐降低。反射波法在勘探深度达 4～5km 时，纵波的主频一般为 30～70Hz，最高频率达 150～200 Hz(在坚硬的岩石出露地表以及在坑道、井中、工程地质勘察时)。反之，当进行偏移距达数百公里的区域工作时，纵波的主频一般不超过

3～5Hz。横波的主频一般较相同路径的纵波的频率小约1.8～2.2倍,瑞雷面波和勒夫波的频率比纵波的小3～5倍。

为了定量估计波场振幅随时间的变化程度,采用自然动态范围的概念。所谓自然动态范围指的是为解决所提出的地质任务必须记录的最强振动$g_1(t)$与最弱振动$g_2(t)$的振幅比,用分贝(dB)表示。自然动态范围由记录的时间及地质剖面决定,当记录时间达3s时,所有波的现有动态范围可达100～120dB;当记录折射波时,自然动态范围大大减小,一般不超过20～40dB。

实际观测的振动脉冲形状由震源特点、介质的吸收作用、界面的影响、接收和记录仪器的特性等决定。为了用解析式表达所观测的振动形状,已有不同学者提出了不同的公式,别尔拉格地震脉冲由表达式

$$f(t)=at^{n}e^{-\alpha t}\sin\omega_0 t \quad (t\geqslant 0) \tag{3-17}$$

描述,其中a和n是决定包络函数具体形式的参数。该脉冲波前有n阶连续性间断。

此外,较常用的还有以钟形包络函数来描述的地震波:

$$f(t)=ae^{-\beta^2 t^2}\sin(\omega_0 t+\varphi) \quad (t\geqslant 0) \tag{3-18}$$

参数β^2和φ选择的不同,能得到不同包络变化的振动,借助于这两个公式或其他类似的表达式即可足够精确地逼近实际反射波的形状。

在地震勘探野外测量中,地震仪器可接收到观测点处的所有扰动,在这些扰动中,只有可用于解决所提出的地质问题的波才称为有效波,所有妨碍有效波识别和追踪的其他波称为干扰波。由于地震勘探方法及其解决地质问题的不同,所需要记录的波的种类和形式亦不同,有些波在其他场合成为有效波,而在另外的场合被划为干扰波。例如,在反射波法勘探中,一般只有反射纵波是有效波,其他波都属于干扰范畴;而在折射波法勘探中,反射波一般被划为干扰。

3.1.1.3 观测方法

在基本掌握地球物理场和场源的关系后,最重要的就是观测技术。如何通过观测空间场来推测场源,地球物理勘探的大多技术都在研究此问题。不同的地质问题、不同的技术要求,观测的方法不同。只有方法合理,才有可能得到有效的异常解释。另外,不同的工程现场条件,能提供的观测面、空间位置也不同,探测永远都是场到场源的推测,很少是能在场源的范围内进行探测。下面简单说明两种常见的观测方法,一是地面勘探;二是地下工程探测。

(1)测点

在地球物理勘探中,激励场一种是天然场,另一种是人工场。对天然场观测,所有的排列移动都是观测点。人工场又分为变化场和不变场,变化场指激励

场随着测量点一起移动构成装置或排列；不变场主要指激励场的空间位置和参数不变，测量点移动。

观测点是地球物理探测的最小单元，它具有某些属性，如测点的物理参数、位置、方向、幅值大小等。

通常，测点是为了完成某个任务的最小测试单元，分为等间隔测点和不等间隔测点。如果对目标探测体不详或基本不知，尽可能选择等间隔测点；如对目标体已知情况较多，可考虑选择不等间隔测点进行有针对性的探测。合理的布置测点是完成勘测任务的重要保证。

(2)特征点

特征点选择本身就是减少测点的基本方法，也就是考虑在不丢失物理场特征的情况下安排的最少测点。特征点法在监测技术中常用，而在地下工程实际探测中很难做到也很少使用，主要原因是大多数情况，我们对目标体一无所知或知之甚少，这将无法选择特征点。但在地球物理探测详查时可以使用。

(3)观测属性

通常主要指观测电位、电位差、感应电压、极化电位差；一次场、二次场等。

①电位与电位差观测

电位观测装置如图 3-4a)，电位差观测方式如图 3-4b)。两种观测方式在地面和地下空间的布置雷同。

②感应电压观测

感应电压观测是根据电磁感应原理，由电磁场变化切割磁力线进而在线圈中产生感应电流。常见的接收装置如图 3-5 所示。

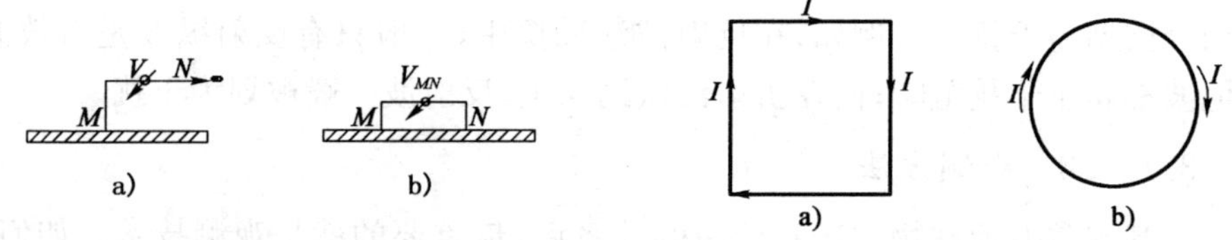

图 3-4　电位与电位差观测装置

图 3-5　感应电压观测装置

③激发极化观测

激发极化极罐(Induced Polarization Method)是根据岩石、矿石的激发极化效应来寻找金属和解决水文地质、工程地质等问题的一组电法勘探方法，见图 3-6。它又分为直流激发极化法(时间域法)和交流激发极化法(频率域法)。常用的电极排列有中间梯度排列、联合剖面排列、固定点电源排列、对称四极测深排列等。

④地震检波器

检波器是安置在地面、水中或水下以拾取大地振动的地震探测器或接收器，

它实质是将机械振动转换为电信号的一种传感器。现代地震检波器几乎完全是动圈电磁式(用于陆地工作)和压电式(用于海洋和沼泽工作)的。这里只介绍接收纵波的垂直检波器。

图3-6 激发极化极罐

a.动圈式检波器

这类检波器结构如图3-7所示,其机电转换通过线圈相对磁铁往复运动而实现。线圈及线枢由一个弹簧系统支撑在永久磁铁的磁极间隙内,组成一个振动系统。当线圈在磁极间隙中运动是线圈切割磁力线,同时在线圈两端产生感应电势,感应电势的大小与线圈切割磁通量的速度成正比。也就是说,与其相对于磁铁的运动速度成正比。因此,动圈式地震检波器也称为速度检波器。大地作垂向运动时,磁铁随之运动,但线圈由于其惯性而保持固定,使线圈和磁场之间有相对运动。对于水平的运动,线圈相对于磁铁是不动的,所以,这种检波器的输出为零。

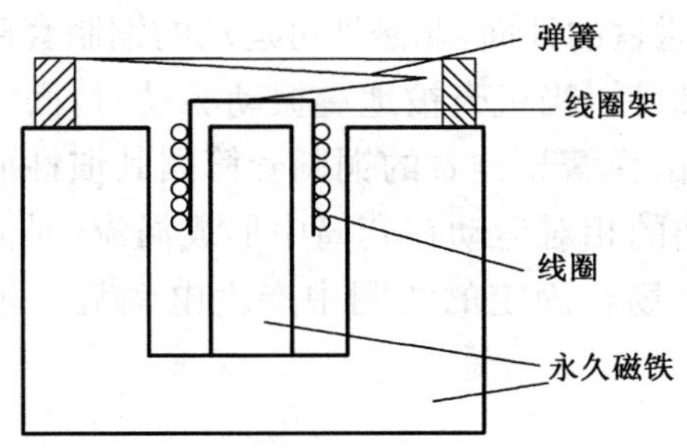

图3-7 动圈式检波器结构

b.动磁式检波器

这种检波器主要用于地震测井,因此生产的数量很少,其结构见图3-8。它是由磁铁及固定在磁铁上的线圈、弹簧垫片、软铁隔板组成。地震波到达时使水压发生变化,水压变化引起软铁隔板相对磁铁发生位移,进而导致磁路的长度变化，引起磁路中磁阻差改变，磁阻变化使磁通改变，结果在线圈中产生感应电势。

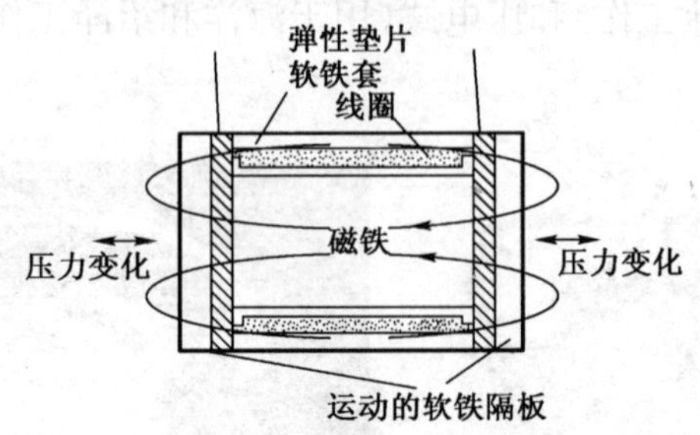

图 3-8　动磁式检波器结构

c. 压电式检波器

这种检波器使用压电晶体或类似的陶瓷活化元件作为压力传感元件，当这类物质受到物理形变时（如水压力变化），它们产生一个与瞬时压力（和地震信号有关）成正比的电压，因此，这种检波器称作压力检波器或水下检波器，可用于水下一定深度接收地震波。

还有一种压力检波器，通常安置在注满油的塑料软管内，油的作用是将水的压力变化传给检波器内的敏感元件。这类检波器包在海洋电缆（称拖缆）内。

d. 涡流地震检波器

这是日本 OYO 公司 1984 年研制成的一种新型检波器，其结构见图 3-9。它是利用惯性部件和固定在机壳里的永久磁铁作相对运动产生涡流，涡流又使固定在机壳里的线圈感应出电流的原理而制成。一个固定的圆柱形磁铁沿中央轴安装在机壳内，线圈固定地绕在永久磁铁的外面，非磁性可运动的铜制套筒由弹簧悬挂在磁铁和线圈之间构成惯性部件。当机壳被地震振动驱动时，固定在机壳里的永久磁铁和机壳一起运动，但由弹簧悬挂着的铜制套筒因其惯性而滞后运动，于是，永久磁铁和铜制套筒之间的相对运动在套筒中形成涡流，涡流的变化率引起变化的次生磁场，变化的磁场在固定的线圈中产生电动势而输出电压。

⑤超声波换能器

超声波换能器即是与超声频率谐振的压电陶瓷，由材料的压电效应将电信号转换为机械振动。它的功能是将输入的电功率转换成机械功率（即超声波）再传递出去，而它自身消耗很少的一部分功率。超声波换能器的种类：可分为压电换能器、夹心换能器、柱型换能器、倒喇叭形换能器等等，如图 3-10 所示。

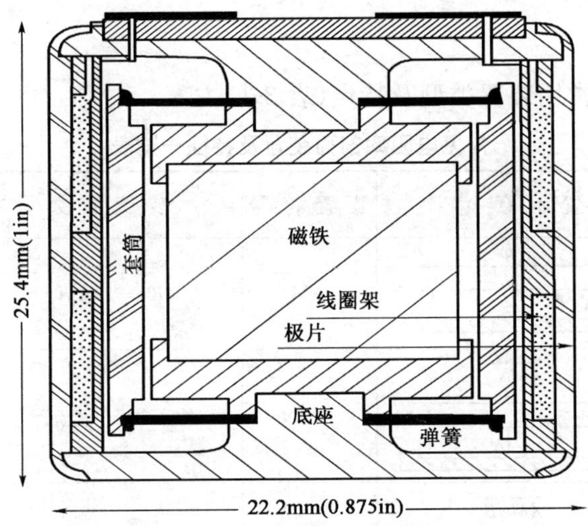

图 3-9 涡流地震检波器的结构图

图 3-10 超声波换能器

3.1.2 地面常见排列装置

在地球物理探测时，装置和排列的概念基本不分。通常来说，排列用的更广泛些，而装置指固定的排列，即发射和接收的空间位置不变，且一起移动的排列称为装置。下面分别叙述常见的排列装置及探测特点。

3.1.2.1 电法

电法主要有直流电法，其排列和装置较多，几乎遍及供电和测量的各种电极组合；交流电法，排列装置相对固定。这里仅列举常见排列，以说明地下空间的探测方法。

(1)直流电法

①剖面法的常用装置类型及特点(表 3-1)

常见电阻率剖面装置及特征一览表 表 3-1

装置名称	装置示意	装置符号	装置系数	装置特点
二极装置	A M B N ∞ ∞	AM	$K=2\pi AM$	一种测量电位装置,可转换
三极装置	$\overrightarrow{AMN}$ A M N B ∞	AMN	$K=2\pi\frac{AM\cdot AN}{MN}$	横向分辨率高,地形影响大
四极装置	$\overrightarrow{AMNB}$ A M N B	AMNB	$K=\pi\frac{AM\cdot AN}{MN}$	异常简单,勘探深度大
偶极装置	$\overrightarrow{ABMN}$ A B M N	ABMN	$K=\pi na(n+1)(n+2)$ $a=AB=MN$; $n=BM=1,2\cdots$.	横向分辨率高,异常形态复杂
联合剖面	$\overrightarrow{AMN\infty MNB}$ A M N B C ∞	AMN&MNB	$K=2\pi\frac{AM\cdot AN}{MN}$	横向分辨率高,地形影响大
中间梯度装置	$\overrightarrow{MN}$ A M N B	MN	$K=\frac{2\pi}{\frac{1}{AM}-\frac{1}{AN}-\frac{1}{BM}+\frac{1}{BN}}$	在相同的 AB 极距下,勘探深度大,异常简单,工作效率高

电剖面法是将极距保持固定,沿一定测线观测,以了解在某一深度范围内地质情况沿水平方向的变化。

$$\rho_s = K\frac{V_{MN}}{I} \tag{3-19}$$

式中:K——装置系数;

V_{MN}——观测电极 MN 间的电位差;

I——AB 电极供电电流。

电剖面法特点:剖面法基本属于位置偏移法,因此,应符合目标体的异常变化是空间位置的函数。如有其他因素影响极易引起虚假异常,则需要进行很多

步骤的校正工作。通常不适合下列情况：

a. 地形切割剧烈，悬崖峭壁，河网发育以及通行困难地区；

b. 覆盖层厚度大或地表盐渍化，电阻率低，形成低电阻率的屏蔽效应而无法观测信号的地区；

c. 无法避免或无法消除工业游散电流干扰的地区；

d. 接地电阻过大，又无法改善接地条件的地区，如大面积卵砾分布区、风化石堆积区、地表冻土达1～2m的地带。

②断面法

以不同的极距观测同一测点在不同深度处介质的视电阻率。是在同一测点上逐次扩大电极距，使探测深度逐渐加大，这样便可得到观测点沿垂直方向由浅入深的视电阻率变化情况。常见排列如表3-2。

常见电阻率测深装置及特征一览表 表3-2

装置名称	装置示意	装置符号	装置系数	装置特点
三极装置	$\overrightarrow{AMN}$ B→∞ A M N 测深点	AMN	$K=2\pi\frac{AM\cdot AN}{MN}$	可用于地形有障碍地区
四极装置	$\overrightarrow{AMN\infty MNB}$ C→∞ A M N B	AMN、MNB	$K=\pi\frac{AM\cdot AN}{MN}$	工作简便，为常见形式
偶极装置	$\overleftrightarrow{AB\cdots MN}$ A B M N a na a	AB…MN	$K=\pi na(n+1)(n+2)$ $a=AB=MN$; $n=BM=1,2\cdots$	可用于地形障碍区，受极距影响，勘探深度较小

断面法主要特点：不能用于接地困难、覆盖层厚、电流干扰大、地形改正困难等地区。

③高密度二极法(无特点法)

高密度二极视电阻率测量的方法兼有剖面和测深的效果(图3-11)。由于采用了多道连续测量技术，将增强克服干扰的能力，提高实际观测精度和野外工作效率。

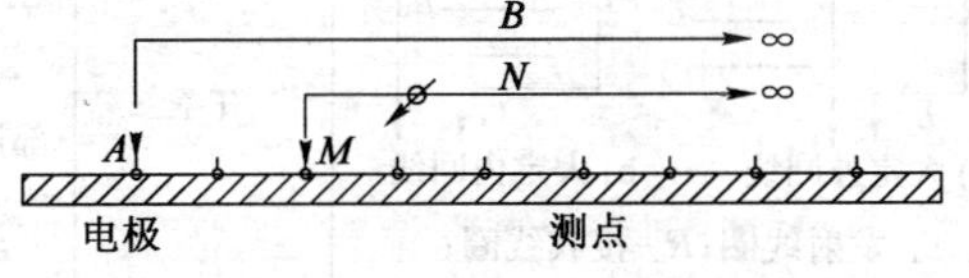

图3-11 高密度二极法排列

充电法、自然电场法、激发激化法的排列均可利用图 3-11 的装置。

以上装置还有许多的变种，如单极梯度、五极法、环形测量、定深度勘探等。具体使用时，还应考虑许多参数。如供电时间或频率制式、供电电源、装置展布等的合理选择。

（2）电磁感应法，其各种装置特点见表 3-3。

常见电磁感应法装置及特征一览表　　表 3-3

观测方法		装置示意	装置符号	装置特点
音频大地电场法		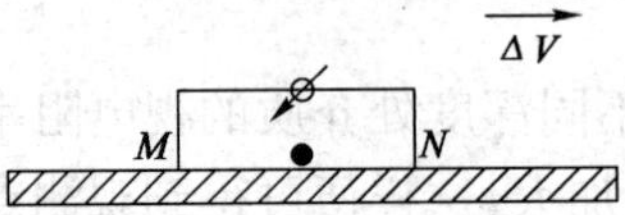 $\overrightarrow{\Delta V}$ M N	MN	$E_x=\dfrac{\Delta V}{MN}$ 对陡立条带状地质体有利
大定源回线法（不接地回线法）		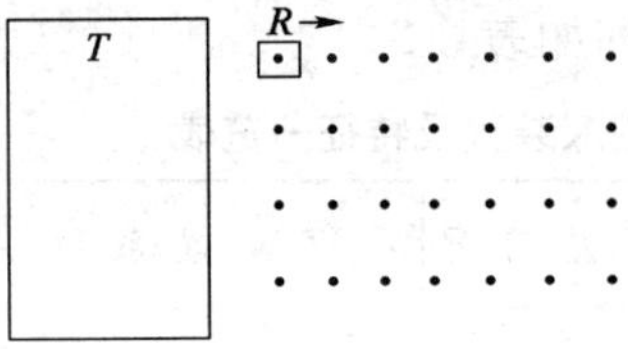 T R→	T-R	测量磁场振幅及虚分量。 电磁剖面-虚实量振幅，还有水平线圈法、倾角法、对消倾角法
甚低频电磁法		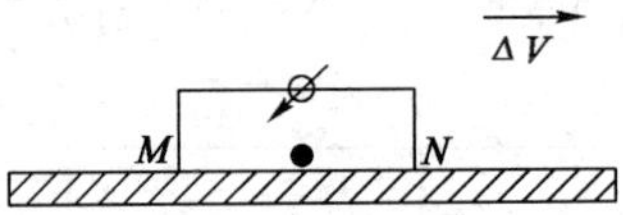 $\overrightarrow{\Delta V}$ M N	VLF	$\rho_s=\dfrac{1}{5f}\left\|\dfrac{E_x}{H_y}\right\|^2$ 电场水平分量 E_x；磁场垂直分量 H_y； 对陡立条带状地质体有利，工作效率高、成本低
频率域电磁测深法	音频 AMT	电场水平分量 E_x； 磁场垂直分量 H_y；	AMT	视电阻率 $\rho_s=\dfrac{1}{5f}\left\|\dfrac{E_x}{H_y}\right\|^2$ 趋肤深度 $\delta\approx 503\sqrt{\dfrac{\rho_s}{f}}$
	可控源 CSAMT		CSAMT	
瞬变电磁法	动源组合	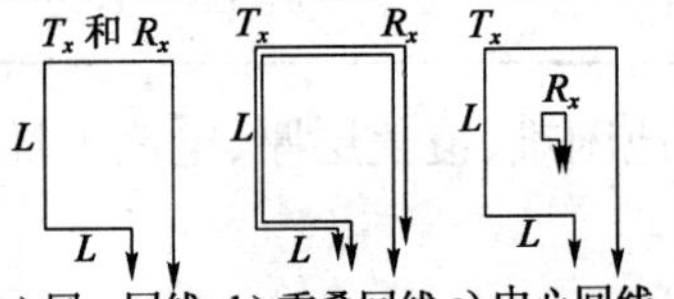 T_x和R_x L L　T_x R_x L L　T_x R_x L L a) 同一回线　b) 重叠回线　c) 中心回线 T_x-发射线圈；R_x-接收线圈；L-回线边长	T-R	线框边长视探测深度而定
	定源组合	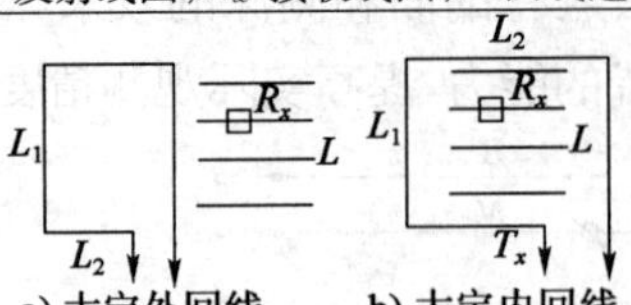 L_1 L_2 R_x L　L_2 L_1 R_x L T_x a) 大定外回线　b) 大定内回线 T_x-发射线圈；R_x-接收线圈； L_1、L_2-回线边长	T-R	大场源激发，适合探测深部地质构造

续上表

观测方法		装置示意	装置符号	装置特点
探地雷达	剖面法	T_x R_x→ 反射界面	GPR	是一种广谱的电磁勘探方法，方便快速，探测深度较小
	宽角法	接收位置 4 3 2 1 步长 1 2 3 4 发射位置	GPR	$t^2=\frac{x^2}{v^2}+\frac{4h^2}{v^2}$ x——发射与接收天线的距离； h——反射界面的深度； v——电磁波的传播速度。 共中心点法

无激励场源法装置没有特点。

3.1.2.2 弹性波法

弹性波法常见装置及特征见表 3-4。

常见弹性波法装置及特征一览表　　表 3-4

装置名称		装置示意	装置方法	装置特点
浅层地震		激发点 x 接收点 反射界面	反射波法、折射波	三维勘探是基本排列的面积型组合； 单边放炮，直观形象
瑞雷波法	稳态法	信号采集器→求 Δt 或 $\Delta\psi$→频散曲线 激振器 检波器	反射波法	工作简便，为常见形式
	瞬态法	信号采集器→求 Δt 或 $\Delta\psi$→频散曲线 检波器 震源	反射波法	工作简便
声波法		T | R T R M-介质	表面测试反射波法	可测裂缝深度，混凝土和岩石强度测试
地震波勘探组合与多次覆盖法		以基本排列分别变化激励源和接收点	反射波法、折射波	通过互换原理实现多次叠加提高信噪比，抑制地质噪声
多波多分量		激发纵波和横波；接收采用三分量；排布上没有变化	反射波法、折射波	更精细探测岩土体介质的特性

3.1.2.3　重、磁、放射性及其他方法

重、磁、放射性及其他方法都属于天然场测点式测量，基本上没有排布，主要是测点式分布，通常都是剖面或面积性测量。大多属于位置偏移，个别也有测量方位角变化。位置偏移测量法都需要进行地形改正处理。

3.1.3　测井常见排列装置

常见测井法装置及特征排列见表3-5。

常见测井法装置及特征一览表　　表3-5

装置名称		装置示意	装置符号	适合的方法	装置特点
单孔法	地面-孔中	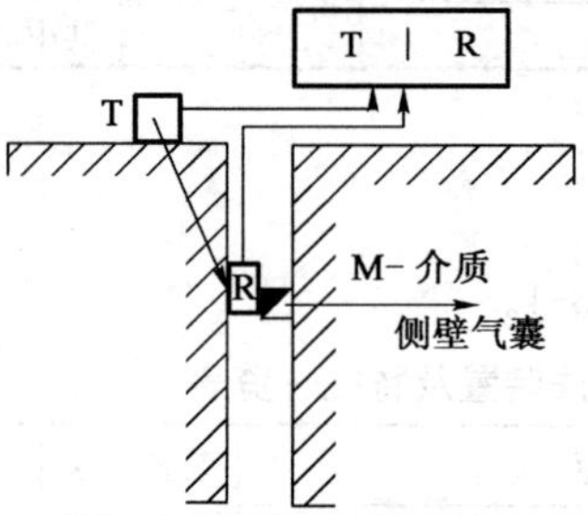 T｜R；T；R；M-介质；侧壁气囊	T震源可增加，构成方位激发，接收器R可增加，两者相互组合变化	声波、电磁波法、电位法、放射性法、核磁法、地震波（*VSP*）	适合方位探测
	单孔一发双收	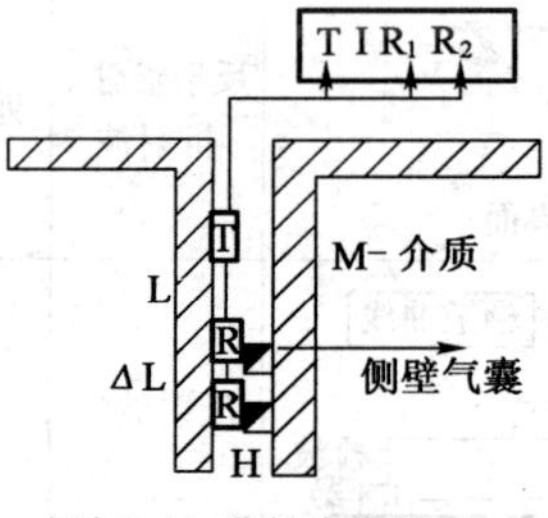 T I R_1 R_2；T；R；R；M-介质；侧壁气囊；L；ΔL；H I-声波仪；T-发射换能器；R_1、R_2-接收换能器；M-岩体；H-钻孔；	一发双收	声波、地震波法、电磁波法、电位差法	没有方向性，针对已有异常很难确定其方向
双孔法		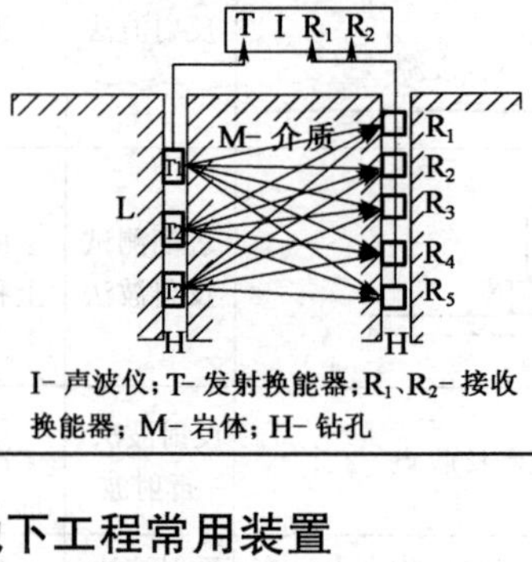 T I R_1 R_2；M-介质；T1；T2；T2；L；H；H；R_1；R_2；R_3；R_4；R_5 I-声波仪；T-发射换能器；R_1、R_2-接收换能器；M-岩体；H-钻孔	跨孔法	声波法、地震波法、电磁波法、电法	主要测试两孔之间的介质情况

3.1.4　地下工程常用装置

地下工程常用装置指在地下工程开挖的工作面现场开展系列探测技术的方

法排布，主要分为电性方法、弹性波法、其他方法。

3.1.4.1 电性方法

地下工程电性方法装置及特征见表3-6。

常见地下工程电法装置及特征一览表　　表3-6

装置名称	装置示意	工作原理	装置特点
探地雷达(GPR)	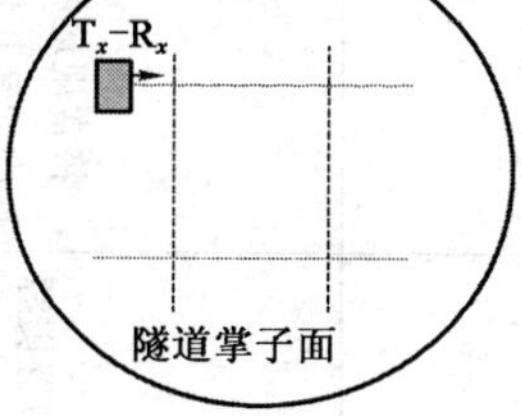 T_x-R_x 隧道掌子面	通过位置偏移探测，反射波法	一发一收无明显特点，有广泛的适用性。在隧道掌子面可探测前方三维空间地质情况
充电法、自然电位法	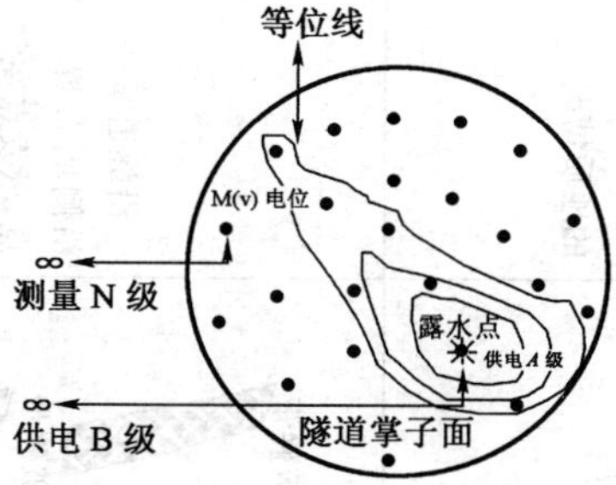 等位线 M(v)电位 ∞ 测量N级 露水点 供电A级 ∞ 供电B级 隧道掌子面	等电位体测试法	适合于低阻有出露处的探测
瞬变电磁法	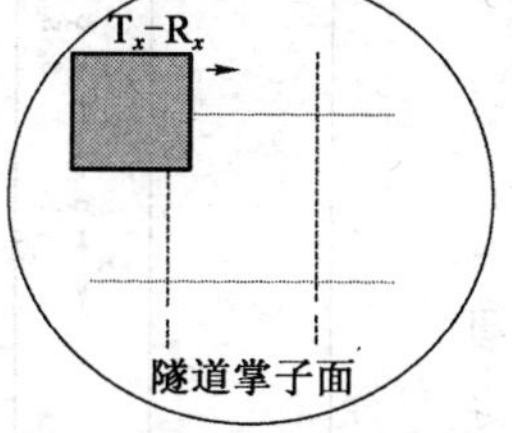 T_x-R_x 隧道掌子面	通过位置偏移探测，测二次场	一发一收无明显特点，有广泛的适用性。在隧道掌子面可探测前方三维空间地质情况。与雷达类似，只是频率更低，测试的是二次场
*BEAM*法	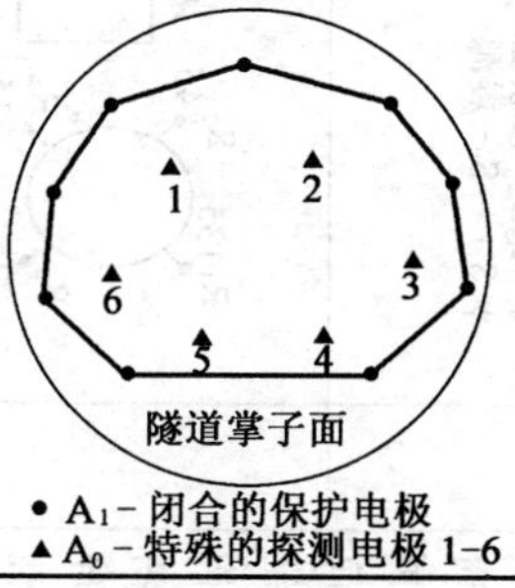 1 2 3 4 5 6 隧道掌子面 ● A_1－闭合的保护电极 ▲ A_0－特殊的探测电极1-6	激发极化法原理	地下工程激发极化法，由于掌子面空间所限，其探测距离较浅

3.1.4.2 弹性波法

目前隧道常用的施工超前地质预报弹性波法的装置及特点见表3-7。

常见地下工程弹性波法装置及特征一览表

表 3-7

装置名称		装置示意	基本原理	装置特点	适用条件
2D 装置（2D 观测系统通常主要预报较为简单的二维地质构造，如断层破碎带、岩性界面等）	TSP	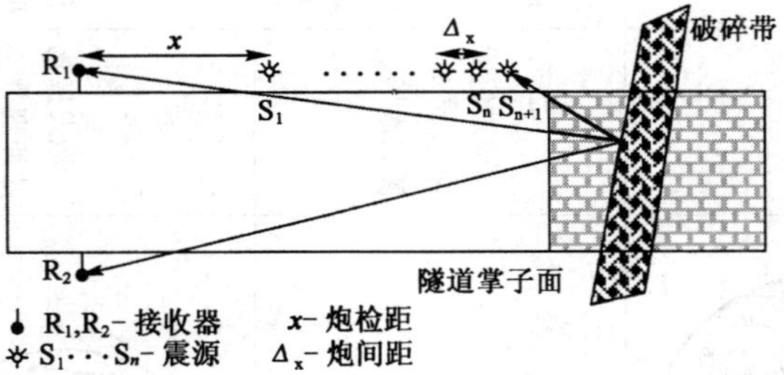 破碎带 隧道掌子面 R_1, R_2；S_1 … S_n S_{n+1}；x；Δ_x R_1,R_2－接收器　x－炮检距 S_1···S_n－震源　Δ_x－炮间距	在隧道掌子面的前方一定距离，沿侧墙布置一系列震源，同时在侧墙一定距离布置接收点，通过地震反射法确定掌子面前方的地质情况	炮点与接收器均在隧道侧墙。属于二维探测	隧道已开挖一定距离（能满足任务要求的距离偏移，通常大于 50m）、不良地质体走向与隧道轴线垂直最佳，缓倾角不利，岩溶等复杂性状体难于探测
2D 装置（2D 观测系统通常主要预报较为简单的二维地质构造，如断层破碎带、岩性界面等）	VSP	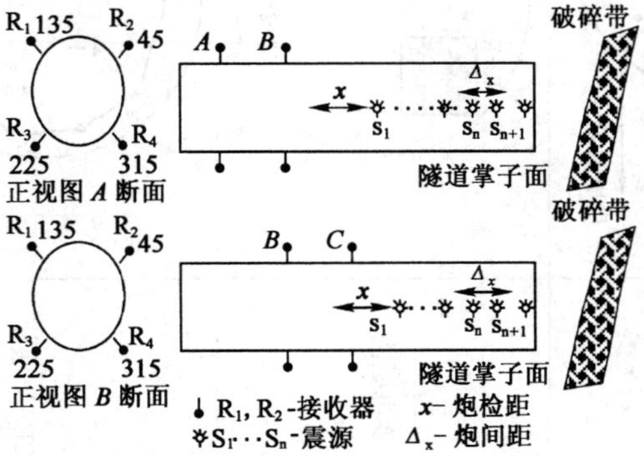 $R_1$135　$R_2$45　$R_3$225　$R_4$315 正视图 A 断面 A　B；x；Δ_x；S_1 … S_n S_{n+1} 破碎带 隧道掌子面 $R_1$135　$R_2$45　$R_3$225　$R_4$315 正视图 B 断面 B　C；x；Δ_x；S_1 … S_n S_{n+1} 破碎带 隧道掌子面 R_1, R_2-接收器　x－炮检距 S_1··S_n-震源　Δ_x－炮间距	沿隧道掌子面布置震源沿侧墙布置一系列接收点，激发点在掌子面，利用地震反射法确定掌子面前方的地质情况	将常规地震勘探中的钻孔垂直地震剖面法应用于水平状态的隧道中，属于二维探测	隧道已开挖一定距离（能满足任务要求的距离偏移）

续上表

装置名称		装置示意	基本原理	装置特点	适用条件
2D装置（2D观测系统通常主要预报较为简单的二维地质构造，如断层破碎带、岩性界面等）	HSP	破碎带 Δx S_n …… S_3 S_2 S_1 Δx R_1 R_2 …… R_n 隧道掌子面 R_1, R_2－接收器 $S_1 \cdots S_n$－震源 x－炮检距 Δx－炮间距	测试时，在隧道施工掌子面或边墙一点发射低频声波信号，在另一点接收反射波信号。构成“水平声波剖面”	其特点是各检测点所接收的反射波路径相等，反射波组合形态与反射界面形态相同，图像直观	隧道已开挖一定距离（能满足任务要求的距离偏移）
	陆地声纳法	S_1 S_2 S_3 S_4 S_1 S_2 S_3 S_4 R_1 R_2 R_3 R_4 R_1 R_2 R_3 R_4 $S_{1,2,3,4}$－震源点 $R_{1,2,3,4}$－接收器 隧道掌子面	陆上极小偏移距超宽带弹性波超短余震接收系统单点连续剖面法	地面测线法	地面勘探方法在隧道掌子面的简单使用，受掌子面空间所限，探测距离较小

续上表

装置名称		装置示意	基本原理	装置特点	适用条件
3D 装置（只有三维观测系统才能进行诸如形状体的地质灾害探测）	TRT	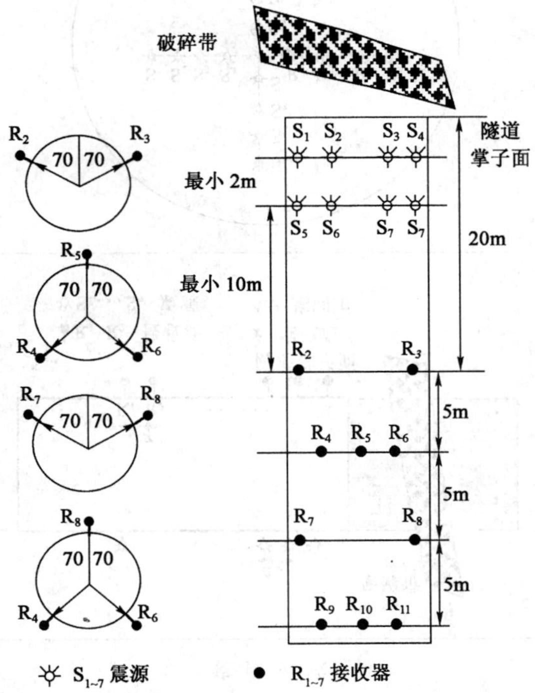 破碎带 隧道掌子面 S_1 S_2 S_3 S_4 最小 2m S_5 S_6 S_7 S_7 最小 10m 20m R_2 R_3 5m R_4 R_5 R_6 5m R_7 R_8 5m R_9 R_{10} R_{11} R_2 R_3 70 70 R_5 70 70 R_4 R_6 R_7 R_8 70 70 R_8 70 70 R_4 R_6 $S_{1\sim7}$ 震源　$R_{1\sim7}$ 接收器	采用空间多点激发和接收观测方式，其检波器和激发的炮点呈空间分布，以便获得足够的空间波场信息，从而使前方地质缺陷的定位精度大大提高	它的传感器布点采用立体方式，可获得真实的三维立体图，直观再现异常体的位置、形态、大小	隧道已开挖一定距离（能满足任务要求的距离偏移）

续上表

装置名称		装置示意	基本原理	装置特点	适用条件
3D 装置（只有三维观测系统才能进行诸如形状体的地质灾害探测）	USP	a）掌子面布置：S1S2S3S4S5、R1 R2 R3 R4、隧道掌子面；* S1-7 震源，● R1-7 接收器 b）纵向排布一：S1 S2 S3 S4、隧道掌子面、S5 S6 S7S8、R1 R2 R3 R4、0~20m b）纵向排布二：S1 S2 S3 S4、隧道掌子面、S5 S6 S7S8、R1 R2、R3 R4、0~20m	由于每个接收器配置了64个不同方向多分量的检波器，使得构建3D观测系统有足够多的有效数据，可对隧道掌子面前方不良地质体进行三维数据处理及显示	USP观测系统通常采用2个接收器 R_1、R_2 的排布，只有当地质条件复杂时或任务要求精度较高时，采用4个接收器	是一种广谱的地下空间探测方法

3.1.4.3　其他方法

红外法探水属无源测点法，水平超前钻探、掌子面地质编录均属地质观察法。

3.1.5　装置与排列的适用性

通常，装置特点越明确的，其适用性就越窄；装置越没有特点，其适应性就越广泛。电法与弹性波法的各种排布原理相同。因此，在地下工程普查时，要尽可能选择广谱性的方法，以最大可能发现较多的异常，它可为后期的详勘提供全区更多的资料。除非已知目标体的大体情况或目标任务体已经明确，可采用一些装置特点明显的排列。

在电法中，直流电法的二极法探测就是一种适用性很强的排布，目前应用的很少。高密度电阻率法其实是二极法的发展而已。联合剖面法是一种特点极强的装置，中梯装置原则上属于定源排列，特点一般。在电磁法中，重叠回线装置是一种适用性很强的排布。

在弹性波法中，地面的三维地震勘探有广泛的适用性；而在地下工程勘探中，角度偏移法有广泛的适用性，适合于各种情况的探测。

3.2　位置偏移

位置偏移法在地球物理勘探中最常见的有：测点、测线、测面。

3.2.1　测点

测点是勘探、勘测最基本的单元。测点通常包含了很多属性，测点的属性规定了我们要勘探、勘测、预报的内容。通常设计的探测点都具有代表性，不同的空间测点位置的布置将代表不同的测试结果；同时，测点具有空间上的方向性。

(1)测点的空间位置属性

主要指针对要勘测的对象(目标体)测点所布置的空间位置，从不同位置探测目标体，所得的结果差异很大。测点的位置属性是位置偏移法探测的前提和基础。

(2)测点的方向属性

主要指测点在某个空间位置上的传感器方向。测点的方向属性和位置属性同样重要，不同方向测试的结果同样差异很大。方向属性是角度偏移探测的前提和基础。

(3)测点的代表性

测点的位置、方向针对不同性质的岩土介质结构所代表的范围是不同的。同时，它与实际的勘测、预报任务的详细程度分不开，比如，测点与测点之间间距过大，那么测点间的数据就有断续；若测点间距过小，就会浪费，没有必要。

(4)测点的地质、物理、化学属性

各测点的性质属性主要指要预报的目标体的物性差异，需要明确是电性、振动、放射性、重力、磁性等测点。

3.2.2　测线

测线是根据具体的预报任务，由一系列标准的测点构成，分为等间隔测线和不等间隔测线(图 3-12)。对于位置偏移的测线而言，最基本的探测原则是所有测点具有完全相同的性质与条件，测试结果的变化只与所测试的介质结构变化有关。但通常情况下很难做到测线所有点都具有同等的条件和属性。如在有地形起伏的山地进行探测，各个测点的实测值不仅与地下介质结构变化有关，还与测点的空间位置(地形)有关，因此，在做进一步处理时，需进行必要的地形改正或其他预处理，消除除介质变化的其他所有影响。

图 3-12　测线排列

(1)等间隔测线

以固定排列的装置沿着等间隔的测点移动测量而获得有效数据。等间隔测线比较简单，只需要确定测点间距和测线长度即可，实用性强，应用广泛，但工作量大。

(2)不等间隔测线

以固定排列的装置沿着设计好的预定测点移动测量而获得有效数据。不等间隔测线设计较复杂，大多受现场条件限制时或对所探测目标了解较多时或对测区详查时采用。

3.2.3 测面

指在地面勘探中测线构成的面(图 3-13)。对剖面法而言,通常也叫勘察的扫面工作。对测深剖面构成的面称为三维勘探。三维勘探比二维勘探成本要高得多。测面观测系统是位置偏移最明显的体现。

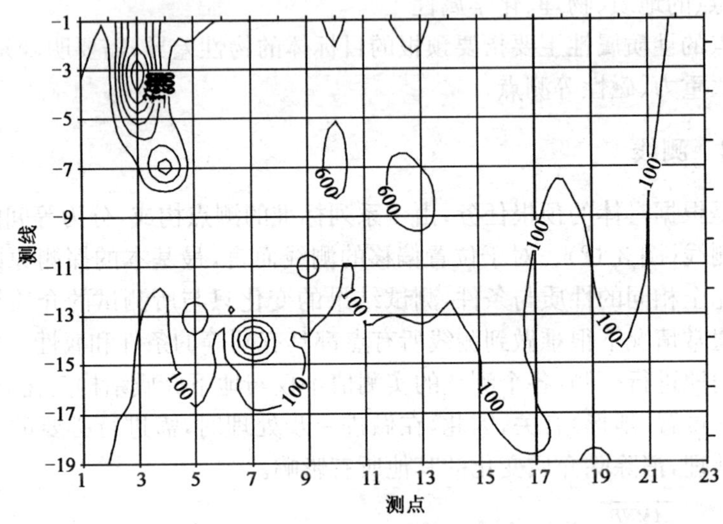

图 3-13 剖面排列

测面观测指所有的测点分布在一个平面上,测点在面上的位置及间隔分布满足地质勘探任务的要求。这样的测面有多种组合,常见的是方格型等间隔测点分布。该测试排布没有特点,没有特点即是适用性较强的排布。另一种是不规则的测面,主要考虑节省工作量或现场条件所限制而布置的不规则网格面(图 3-14)。

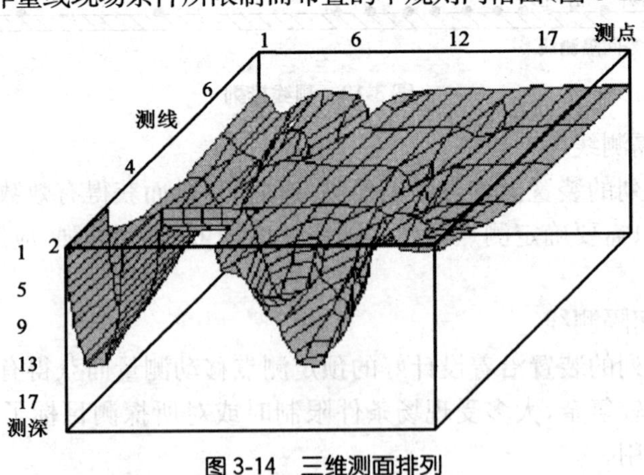

图 3-14 三维测面排列

3.3 角度偏移

由于我国现有的以单分量纵波为主的地球物理勘探技术在构造成像、裂缝检测以及地下工程超前地质预报等还难以满足工程的具体要求，因此，加快发展多波多分量地震勘探技术，成为地下工程技术发展的当务之急。

单个分量观测靠的是位置偏移探测方法；多个分量就必须依靠角度偏移探测。图 3-15 是角度偏移探测三维空间成像（等值面与矢量叠加）。下面分别介绍以角度偏移为主的测量工作。

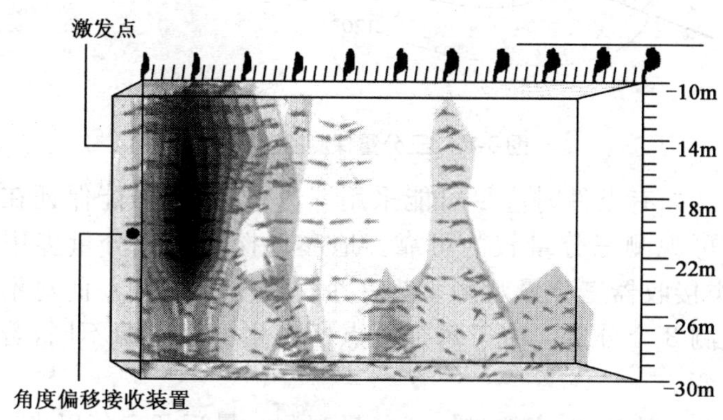

图 3-15 角度偏移探测成像实例

3.3.1 三分量测量

最常见的地面测量系统，多属于单分量测量，即垂直分量测量。地面测井系统通常为三分量测量（图 3-16）。目前应用最普遍的还是单分量测量与分析，测井和地下工程探测中的三分量大多仍是以单分量分析为主，另外两个分量为辅助分量加以应用。

如地震波有纵波和横波及其他波；电磁波同样有电场和磁场以及电场与磁场的相互作用产生其他波，大多勘探技术都是以观测地球物理场为主来推演场源的，场源的交互场仅靠单一分量测量是很难推测其场的分布规律的。因此，地球物理界对多分量的测量一直是非常重视的。在多分量测量中，最大的问题莫过于传感技术的发展，许多方法由于传感技术的限制，在进行多分量观测时存在很多困难。

三分量测试也分为定源观测和不定源观测。对定源观测可采用单个分量分别测试，构成多分量资料；也可制作三分量传感器，在一个激励场下同时观

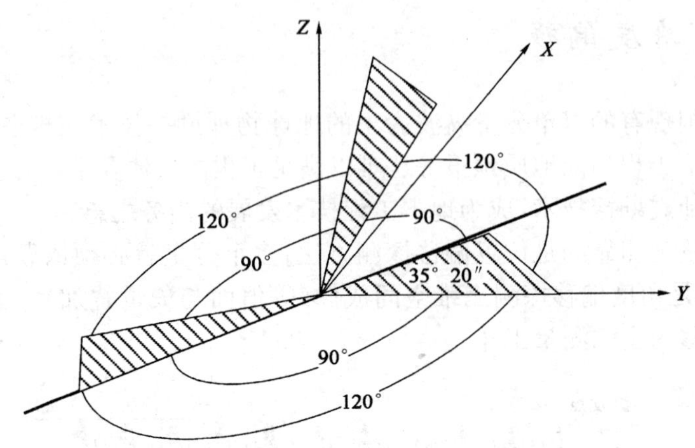

图 3-16 三分量探测的空间分布

测 3 个分量。如有条件时应尽可能采用三分量传感器,能保证在场源不变的情况下同时可观测三分量较为可靠。地震勘探测量三分量多用三分量传感器;而电磁类接收器三分量观测多为 3 个分量分别观测。而对不定源观测则必须同时观测 3 个分量。由于每个测点所产生的激励源不同,若不同时观测场源已经改变。

在地震发展的初期,主要进行三分量观测。最近几十年以来三分量的观测方法和技术实质上没有发展。同时三分量观测的特殊困难和技术的不完善,极大地限制了利用地震波进行地面测量的研究工作。目前 TSP、TGP、VSP、TRT 等主要采用三分量接收器。

常用的三分量装置是由一个垂直的(Z)和两个在水平方向互相正交的(X、Y)地震检波组成。对称的三分量装置也是由 3 个相互正交的与水平面成相同倾角的检波器组成。通常垂直检波器记录纵波,水平检波器记录横波,其记录的特点很明显。

对称的三分量装置由 X、Y、Z 方向三个检波器组成,它的最大灵敏度是与水平面成 35°20″夹角,相邻检波器方位角相差 120°。这种排列中所有检波器的轴相互垂直,检波器安装在不同结构的专用外壳中,如图 3-16。而目前的 TSP 等三分量接收器与隧道掌子面所成的夹角和相邻检波器方位角都不满足最大灵敏度原则。TSP、VSP 等是三分量相互垂直的装置,仪器的这种安排主要考虑到现场容易布设和资料容易解释,方便观测,但灵敏度不是最高。

3.3.2 方位测量

方位测量是指在某个锥形面下方位角沿着 0～360°变化以探测地震波场在不同时刻的传播规律。方位变化即波的相位敏感变化。图 3-17 是沿着锥形空间方位布置示意。

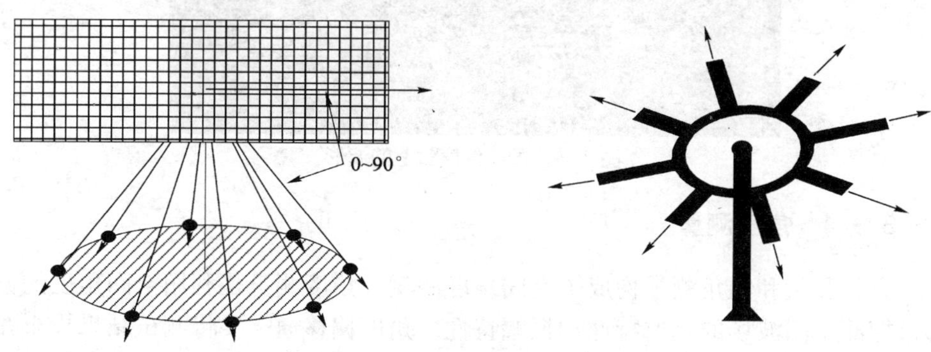

图 3-17 方位探测的空间分布示意

波的方位特性指波的相位特性和振幅特性;波的方位观测记录的同相轴形状变化与波传播的速度无关,而与波的极化性质有关。图 3-18 是不同锥形方位传感器实测波形曲线。

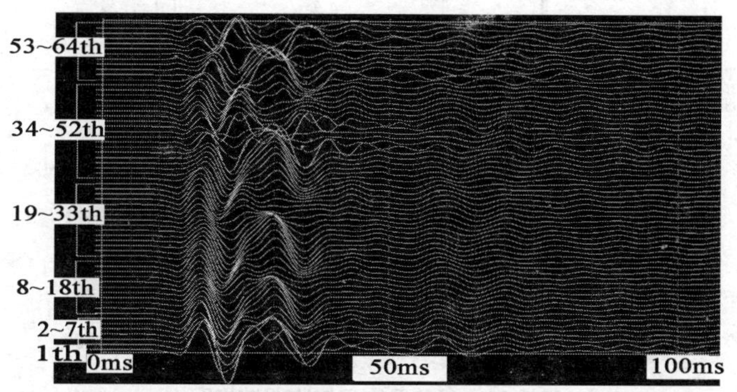

图 3-18 1～64 通道的波形曲线

3.3.3 倾角测量

倾角测量与方位测量相同,如果方位测量是沿纬度线上各测点的变化,那么倾角测量就是观测波场经度线上波的相位特性和振幅特性。图 3-19 是在同一经度线(0～180°)的波形。

图 3-19 同一经度线上的波形

3.3.4 角度测量

方位测量和倾角测量构成了空间角度测量。角度测量是利用空间角度的偏移来探测空间波场的相位特性和振幅特性。角度偏移通常要将测试结果投影在空间球面上,角度偏移测量对地下空间岩土介质的三维形状体的探测非常有利。它描述的是地下空间某点周围介质不同方向的波场随时间的变化规律。地震波角度测量的装置如图 3-20 所示。

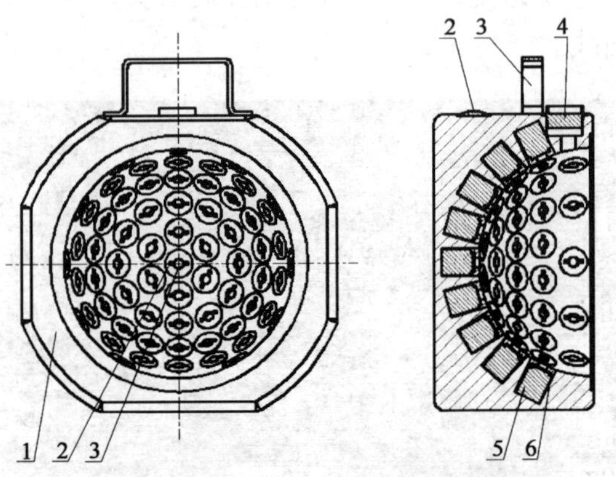

图 3-20 多分量空间接收器结构图

1-壳体;2-地震波传感器;3-丝堵;4-盖板;5-接头;6-气泡

3.4 空间排列

空间排列是指充分利用要探测岩土介质空间各个已展现的工作面,发挥各种地球物理方法的排列装置的探测优点进行空间探测。在目前的勘探中,一种是地面勘探排列,另一种是地下探测排列。

3.4.1 地面排列

地面勘探的空间排列，通常指利用地面作为主要的勘探布置空间来进行三维面积性测深工作。如常见电法的一系列测深剖面构成的面积性测量(三维空间排列);时间域电磁测深法构成的面积性测量;弹性波的面积性测量方法等等。同时，也可进一步由钻孔测井法获取三维空间数据，最终构成了对地下空间的三维空间探测。它的特点是所有的观测点都在地面上，最多也就是增加钻孔，进行钻孔勘探，如图 3-21 所示。实际上以上排列仍是通过有限个点的实测场值来进行场源的推测，对测量结果的判译需要非常丰富的经验和地球物理知识。但地面排列法，所能够实施的测量只能是在地面上，能做的最多就是测量点网度的疏与密。

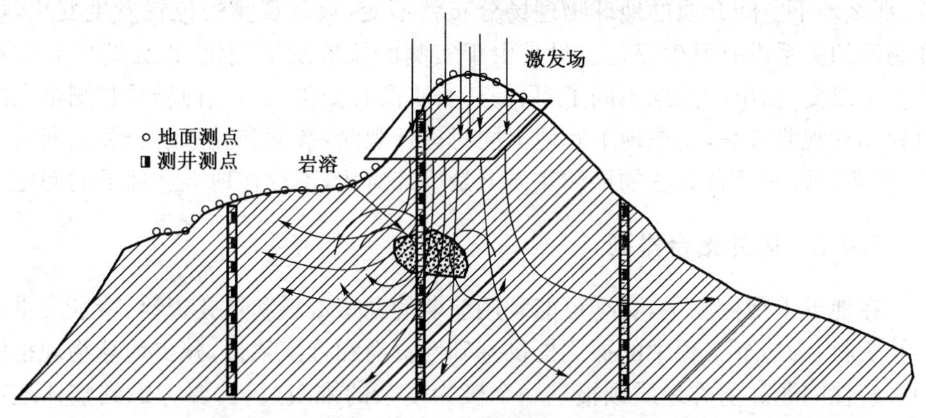

图 3-21 地面勘探观测点

3.4.2 地下排列

地下排列能够适用的观测环境更多，但工程本身要求的精度和技术参数也更高，同时，地下工程施工本身的风险很大，要求前方探测的可靠性和解译程度都很高。这实质上给地球物理界提出了更高的技术要求。地下工程探测的测量工作面如图 3-22 所示。

地下工程探测除了可借用地面勘探资料、测孔资料外，还可以借助地下工程的有限空间获取实测值进一步补充勘测资料。地铁工程由于埋深较浅，前方探测工作以地表为主。而大多数山岭隧道埋深大，浅则几十米，深则上千米，光靠地表资料很难也不可能提供工程所需的勘测资料。因此，隧道开挖前方的预报技术将以隧道掌子面的探测为主。地球物理界一直研究的地下半空间探测技术，在地下工程的探测中受到了质疑，原有的技术方法能否搬来就用，需要进行怎样的改进与转换，有待深入研究。通过上述分析，基本可以确定，如果场源不

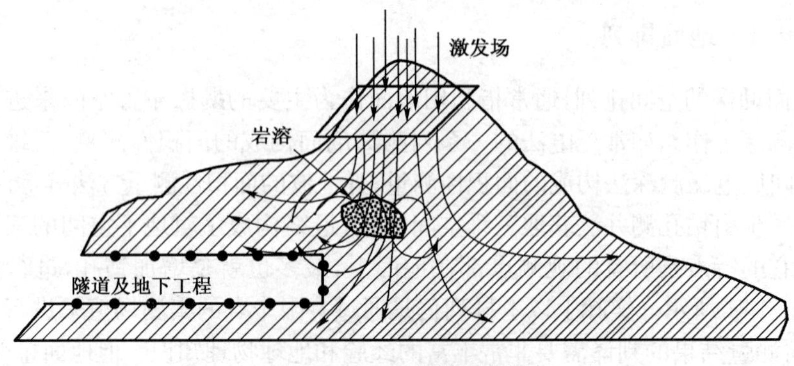

图 3-22　地下工程勘探观测点

变，那么地下空间介质的地球物理场分布就不变，只是观测的位置发生变化，场和场源的关系没有发生变化。只是由于实测的位置发生变化，也会造成异常形态发生改变，测出的数据不同了，只是其实质没有变化。另一种场源和测量点同时移动的观测方法，是在地下和地上同时进行观测，数据和异常解释关系变化不大，主要原因是这种方法的探测实质上是追踪对比，不存在地上和地下的问题。

3.4.3　内外结合排列

在地下工程探测中，要尽可能利用前期的勘察资料和钻孔资料，特别要重视钻孔资料，为地下工程中的探测提供基础性资料和推演依据，减少地球物理推测的多解性问题。前方地质预报是一个极为复杂的推演过程，要考虑到整体地球物理环境以及方法本身的缺陷、特点，尽可能在各方面证据都满足的情况下进行解释才能基本满足工程的需要。大多数的超前地质预报工作都是在施工中进行，预报完成后很快就得到验证，这也会促进预报技术的发展。内外结合的现场解释示意如图 3-23。

目前地下工程探测技术大多仍依靠位置偏移进行探测，由于地下空间场地所限，位置偏移技术将会受到地质等多方面条件的限制。角度偏移技术将是超前探测的发展方向。

3.4.4　角度和位置联合排列

在地下工程开挖面进行超前地质预报，首先是要获取前方的三维波场数据。如采用位置偏移，由于地下空间范围、场地所限，能够获取的有效数据(要求预报范围内)较少，受三维空间有效数据量的限制，对三维空间的详细预报很难做到。而角度偏移技术，基本不需要多大空间，它是站在一点上进行空间角度的数据采集，非常适合地下工程的前方探测工作。角度和位置偏移的联合体系如图3-24。

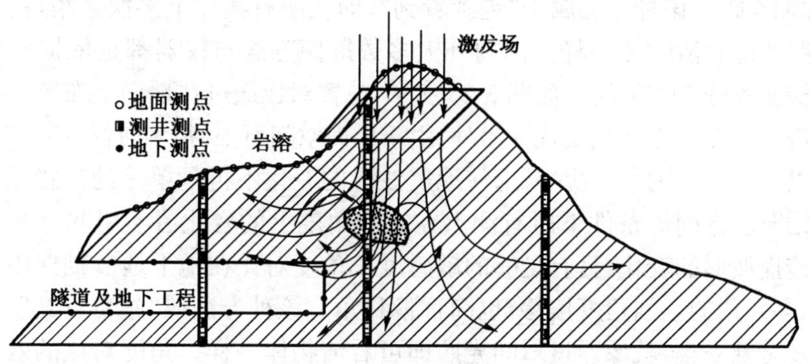

图 3-23 地下工程与地面勘探联合观测点

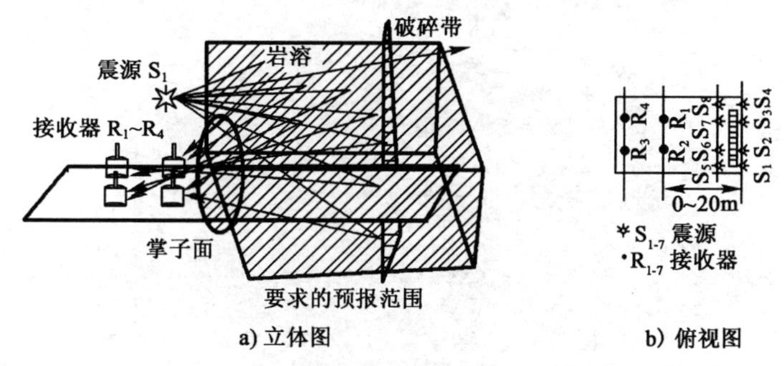

图 3-24 角度和位置偏移的联合体系

3.5 “照亮”地下

在地下工程开挖中进行前方探测时，常用地面的一些排布方法在地下空间进行有限范围的展布，以获得有限的资料进行解释判读。同时由于工程开挖要求探测的精度较高，鉴于单一方法的多解性，使得组合方法、综合参数法得以广泛使用。即使如此，目前的前方探测方法与技术仍远远不能满足地下工程开挖与支护的要求。

不论对地震或电磁勘探而言，要探测三维地质体，在地面上，通常采用三维震电探测技术，排布一系列平面的测点网络，以达到对三维地质体的探测(图 3-25)。

地下空间的探测方法分为两种：位置对比和角度对比。位置对比要求在同等条件下(为了方便对比追踪)所有测点在空间位置上的变化引起介质弹性或电磁波传播波形的变化。位置对比在地面地震勘探中主要是测线、测点的距离偏移，简称偏移距。该种方法属于“走到看到”，即在所有测点上多次采集，就像通过多次光照才能看清物体一样。国内外大多数勘探方法与仪器都是依据位置对比法进行探测和分析解释的。如图 3-25 所示，位置对比通过在地面上布置一系列测点测线进行测深工作才能实现。另外，由于地面空间所限（很多时候局部测点不能布置），以及测点周围的干扰等，都使地震波形的变化不再是单一的位置函数。角度对比则要求在同等条件下所有测点在空间角度上的变化必然引起介质弹性或电磁波传播波形的变化，且有足够的敏感度。角度对比在地下地震勘探中主要是多方位、多倾角的空间角度偏移，也简称偏移角。该种方法属“站着看到”，即通过一次激发全部采集，就像通过瞬间光照即可看清物体一样。角度对比的效果如图 3-26 所示，图中展示了在空间沿不同角度方向检波器随时间的波形变化。

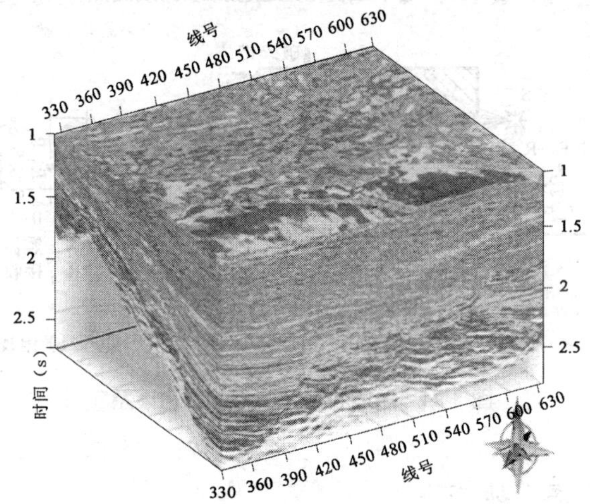

图 3-25　位置偏移“照亮”地下[3]

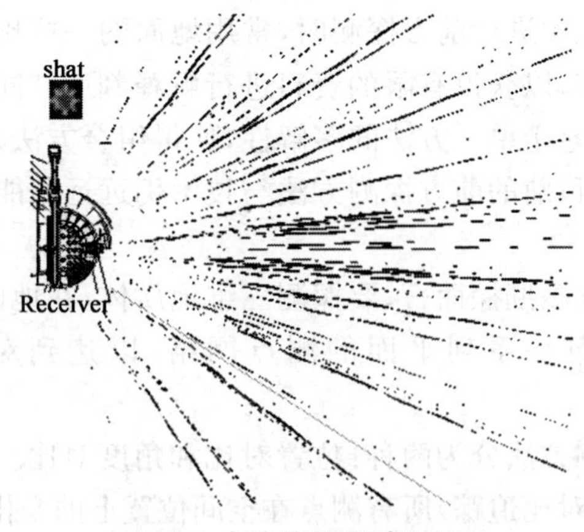

图 3-26　角度偏移“照亮”地下

3.5.1 “眼睛”的功能

视力是人们最熟悉的眼睛功能，即形觉功能。光觉是视觉器官对外界光线的感受能力，担负着夜视觉作用，是视觉的基本功能。色觉是指人眼分辨颜色的能力。立体视觉是具有三维空间的双眼视觉，是视觉的高级功能。具有这种立体视功能，眼睛才能辨别三维物体，才能认识微观及宏观的空间世界。立体视觉是建立在两只眼睛视力正常情况下，在具有同时知觉和融合基础上的一种较为独立的视功能。地下空间中介质的探测和眼睛的功能类似，只是两者所处的介质不同，用于照亮波的频率不同而已。眼睛是在相对均匀的空气介质中，而地下空间为极不均匀的岩土介质。而照亮的波一个是高频率的光波，另一个是低频率的振动波，均为反射法进行探测。以下通过详细的功能对比说明照亮地下的可行性与具体方法。

3.5.1.1 形觉功能（角度偏移）

人眼的形觉功能主要是角度偏移的对比追踪，是通过光波反射的角度偏移来实现对形状体的识别。

“照亮”地下的初级阶段是眼睛的形觉功能，即对三维地质体形状的探测。就目前对三维地质体的探测主要是采用地面的三维勘探（地震、电磁等）来实现，都是采用位置偏移的方法进行的，即“走到看到”。当然，对地下工程而言，大部分的地方是走不到的，位置偏移法当然就看不到了。但角度偏移法是“站着看到”，不需要走到即可观测前方和周围的地质情况。因此“照亮”地下主要是利用角度偏移理论，通过单次激发或少量的激发，采用角度偏移接收器的数据采集实现可视地下的眼睛形觉功能。目前对形觉功能的实现，也即对形状的探测，在地下工程中仍没有很好解决，仅有的方法主要是采用地质雷达三维扫描（位置偏移），但由于空间所限仅能解决少量问题。大量的形状探测（空洞、塌落体等）仍是世界级难题。而角度偏移研究的很少，应用的更少，当然也受各种因素所限制，理论相对较复杂，解译更困难。但角度偏移仍是形觉功能实现的主要方向和趋势。图 3-27 所示，是利用位置偏移法和角度偏移法的互换作用探测地下三维地质体。

3.5.1.2 光觉功能（分辨率）

人眼的光觉功能是指对光的分辨能力，与眼睛的感光细胞数量有关。当然，感光细胞越多，眼睛的分辨能力就越高，就能看清更细小的物体。

空间位置偏移的横向分辨率，取决于测点、测线的间距，间距越小分辨率越高。同样，角度偏移观测的分辨率取决于角度偏移接收装置上检波器的数量，如

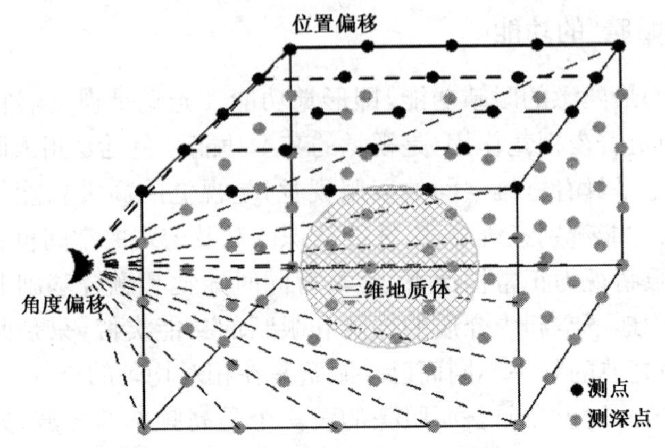

图 3-27 位置偏移与角度偏移的互换

图 3-28 所示，沿着空间分布的相位变化一周的检波器数量越多，角度偏移的分辨率越高。角度偏移装置的分辨率分为方位角分辨率和倾角分辨率。

(1)角度装置方位角的分辨率

空间装置中地震检波器的数量主要决定于方位(空间)观测所提出的问题的难易。方位相位对比主要是以应用相位标志为根据的，因此，空间装置中检波器的数量决定测定方向的精确度。在必须特别细致地分析波时，尤其是测定非线性极化波的参数时，最好应用的检波器更多些(图 3-28)。同样减小装置中相邻检波器方位间的距离也可以增加研究波的详细程度。

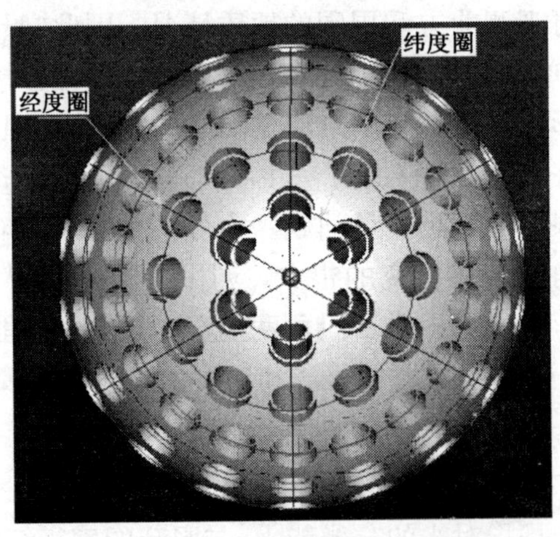

图 3-28 64 分量接收器内部结构示意图

(2)角度装置倾角的分辨率

不论线性极化波或非线性极化波方位地震记录的形式皆与空间地震装置中

检波器倾角有极密切的关系。地震接收装置中检波器倾角的选择主要决定于工作任务所必须解决的问题。

以上可说明空间地震装置(多检波器)具有广谱的探测效应。但要注意：①要保证多通道控制的灵敏度。②确保接收器中每个检波器有相同的灵敏度和技术指标。

3.5.1.3　色觉功能(综合参数)

眼睛的色觉功能是指对物体颜色的判断与识别。正是颜色让世界如此丰富多彩，不同的颜色、光线、环境条件构成了眼睛不同的色觉，进而有不同的认识效果。

地下空间探测的色觉功能是多参数组合探测的体现，是利用综合参数法(多参数优化)的空间探测及参数耦合效应的结果，是对三维地质体形状性质的探测。由于地质条件的复杂性，地球物理方法的多解性，只有采用“综合参数”法，才可提高预报可靠度。比如：根据目前地球物理方法的技术现状，考虑到方法的可靠性、探测精度及资料的可认识性，对地质灾害探测确定最佳的综合参数为“波速＋电阻率”。针对隧道掌子面长距离预报，利用地震反射法(参数1：波速)与瞬变脉冲电磁法(参数2：视电阻率)组合进行超前地质预报。两个参数说明一个地质目标体的两个性质，通常为断层破碎带低波速低阻(含水)，这样可提高预报的精度，减少多解性。

3.5.1.4　立体视觉功能(角度＋位置偏移)

立体视觉是根据两眼的位置偏移构成的视觉差来判断物体的立体形状及位置。立体视觉是采用“角度＋位置偏移”联合体系的空间定位功能。

在地下空间上利用角度与位置偏移对比法的配合实现立体视觉功能。

角度空间装置与位置对比法配合具有巨大意义。尤其是在解决复杂的地质问题时，作者研究的USP系统具有多个接收器、多震源的布置是基于此种功能，它可以完整地分析波的图形。观测的大量经验证明：这种配合是非常有效的和很有应用前途的。其原理是结合角度偏移和个别点的位置偏移来实现的。

两种对比方法的配合运用可以比较可靠地、有根据的分析地震记录上的波，甚至在较好的情况下可以解决距离偏移无法解决的复杂问题。

在解决专门问题时，特别是在复杂的地质构造条件下，在距离偏移完全没有对比性时，可以采用空间角度偏移装置进行资料弥补。波的分析可以应用位置对比法(距离偏移法)进行，如要分析波的干涉带时仍需利用角度对比法进行补充。

3.5.2 多眼定位

双眼定位利用的是交会法，但定位的准确度随着距离的增大逐渐降低，主要原因是当距离远时双眼的位置偏移小，且不能变化。如果多个眼睛，利用的是多点交会平差，就会大大提高定位的准确度。地震勘探"角度＋位置"偏移的联合体系，利用的是多眼定位法。

对角度偏移装置，初至波的运动方向接近于有最大振幅的偏振地震记录分量的方向（初至波最大振幅方向），从零振幅或最小振幅分量也能定性确定运动方向为零位移平面的法线方向（注意在许多情况下地震记录上观测不到零振幅）。

3.5.3 "照亮"地下的应用

作者在某隧道现场进行的4眼（四个角度偏移接收器）排布，实现隧道前方超前地质预报。现场排布及三维数据结构见图3-29。

图3-29 照亮隧道前方地质情况

通过对4个角度偏移接收器采集到的数据进行一系列处理后，将综合资料结果展布到空间如图3-30所示。项目研究组随后根据分析预报的资料对隧道开挖进行了跟踪，对每天的照片进行地质编录，并特别关注围岩有明显变化的AK12＋810、AK12＋830处。跟踪的结果，围岩在AK12＋810处明显变好（图3-30），而开挖到AK12＋830附近岩体整体变差，由于围岩变差工法没及时调整，致使施工至该处附近发生了小型坍方。以上与实际预报结果吻合较好。

虽然角度偏移的观测、处理、成像与判译技术有待于进一步发展，但角度偏移在地下空间的探测是必然趋势。如何利用地震波的角度偏移和位置偏移的联合体系"照亮"地下空间目前仍是世界级的难题。大量的岩溶超前探测与预报问题亟待解决，目前还没有更好的方法。作者提出的"照亮"地下的理论构想正在

通过一些科研项目逐一实现。通过对"照亮"地下系列技术的研究，仍需在以下技术层面上做大量的工作。

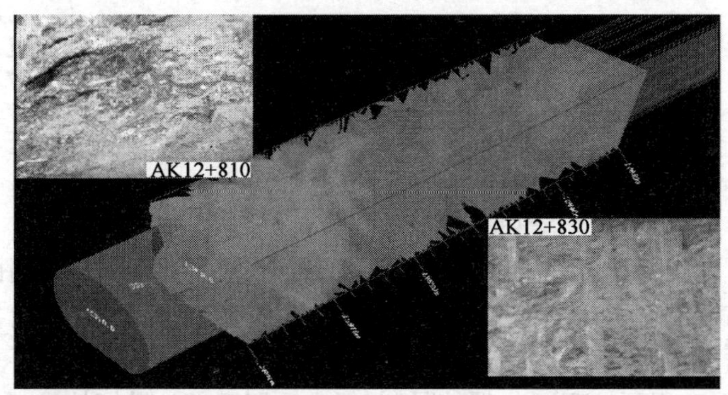

图3-30 地震反射波绕射叠加空间展布与实际开挖跟踪掌子面图片

①通过多通道、快速采集、高精度同步等措施，再加上相应的空间处理及显示技术探求地震波在地下空间的反射波场的变化和介质力学性质变化的规律。

②地震波检波器的小型化、微型化研究，使得角度偏移接收器的感应细胞可以更多的排布，以提高分辨率。

③大量物理模拟与理论正反演对比的波谱规律研究有待深入。

参考文献

[1] 郭建强. 地质灾害勘查地球物理技术手册. 北京：地质出版社，2003.

[2] 叶英. "照亮"地下. 地球物理学进展，2009，24(5).

[3] 叶英. 地下工程施工超前地质预报系统研究. 工程地球物理学报，2009，6(1).

第4章 隧道地震波角度偏移超前地质预报

在地下工程开挖过程中，施工人员普遍存在前方地质情况不明的困惑。虽然在施工前期已做了一定程度的设计勘察，但由于资金、现场条件、技术手段等多方面因素的限制，前期勘察资料很难满足地下工程开挖的技术要求。另一方面，由于地下工程开挖现场条件的限制，很难采用现有的勘探技术对开挖面前方一定距离进行超前地质预报。对岩体隧道，目前广泛采用隧道地震预报法进行预报，国内也有一些单位针对隧道地质预报做了相关的技术研究，但目前仍没有或不能满足地下工程的施工要求。为了提高施工超前地质预报的效果，本章基于观测点具有相同位置的条件下作为振动分量在空间取向的函数来追踪地震波相位的方法。探讨隧道及地下工程超前地质预报角度偏移的原理及方法。

4.1 概述

在介绍新型预报方法之前，先回顾一下目前隧道施工超前地质预报常用的地震反射法的装置特点及应用情况，以便说明本系统与其他方法的区别。这里只讨论隧道超前预报的方法及测点排布，而各种方法所派生的不同仪器不详细介绍。隧道地震预报测点在掌子面附近的排布方法有多种，即二维2D(测线)观测系统和三维3D(面积)观测系统。2D观测系统指震源与接收器沿测线排列，而3D观测系统是将震源点与接收器按空间排布，构成空间距离或角度偏移。常见的2D观测系统如：将炮点与接收器均在侧墙的排布方式，称TSP(Tunnel Seismic Prediction)；而将炮点布在掌子面、多个接收器布在侧墙的排布方式称VSP(Vertical Seismic Profiling)；将在隧洞的两个侧壁分别布设震源和检波器，按其相对位置固定激发点(或接收点)和激发与接收相错的排布称为HSP(Horizontal Sound wave Profiling)；把激发点和接收器按一定排列布置在隧道掌子面的排布称为垂直地震波排布(极小极距偏移法)。3D观测系统如：TRT(True Reflection Tomography)(特定震源点与接收器的空间排布，采用位置偏移法)、USP(Underground Seismic Prediction)(震源点与接收器空间排布，采用角度偏移法)。目前的隧道地震预报采用的主要方法为反射波法,对地震记录识别和追踪的对比原则主要是位置对比(距离偏移是位置偏移的特例)法。测点不同的排布方法各有其优缺点,因此大部分仪器都有其自身的现场排布方法,不同的仪器是结合某个具体的排布设计相应的解释处理软件。如TSP202、203有其自身固定的排布方法,其他的相关仪器也雷同。也有个别仪器在设计时同时考虑了几种排列。各种仪器主要技术指标对比见表4-1。

TSP203、TGP12、TRT、USP主要技术指标对比 表4-1

仪　器	TSP203	TGP12	TRT	USP
测量原理	地震反射	地震反射	地震反射	地震反射
预测范围	100～400m	100～400m	100～400m	100～400m
接收器	3D加速传感器、端口4个	3D加速传感器、端口4个	3D加速传感器、端口9个	64D传感器、端口4个
接收频率	0～5 000Hz	0.5～4 000Hz	10～75kHz	2.5～30kHz
记录通道	12个	12个	24个	256个
采样点数	14 468	8 192	16 000	65 536
A/D	24位	20位	24位	24位
动态范围	120dB	120～132dB	120dB	120dB
埋置方式	特制圆钢套筒2m、树脂或砂浆	黄油耦合剂、长度2m	表面耦合器套件	喷射混凝土固定或黄土埋实
适用范围	描绘几乎垂直于隧道的充满空气或水的裂隙方面性能好,对于斜交隧道(尤其是大角度斜交隧道)的裂隙可能没有反映,对于所描绘的倾斜裂隙,会低估它们的距离。设备也不能提供关于岩石和土壤的工程性质等信息	与TSP类似	TRT技术类似于CT扫描,可探测隧道工作面前方的不同地质状况,如异常出现的岩体和空洞等,并能形成三维的视图,对斜交隧道(尤其是大角度斜交隧道)裂隙也能很好地反映	USP系统由于不受震源排布的限制,适用于各种地下工程的开挖,是一种广谱的地下开挖超前地质预报系统

2D观测系统通常主要预报较为简单的二维地质构造,如断层破碎带、岩性界面等。只有三维观测系统才能进行诸如形状体的地质灾害探测。

4.2 地震波角度偏移理论基础

在地面地震勘探中常应用测线观测法。这个观测法研究的是振动向量的一个分量,通常为垂直分量。测线观测法在极大程度上与应用在地震记录上识别和追踪波的对比原则有关。而在空间观测法中,位移的总向量不止3个,而是有一组检波器来记录。空间地震记录是利用专门的空间装置在一个点上进行观测而获得的记录,这种装置包括所要研究地下工程开挖前方不同方向排布的检波器组成的接收器或为了研究复杂情况的接收器组组成。对于地震勘探来说,根据波形(空间、方位对比)来分辨波显然具有重要的意义。

空间观测法方位的相位对比是以地震观测为基础对比原则的进一步引申。对于每一个波来说,通过某种介质时,确定某点上质点位移性质的称第一种方向特性,而与波在空间传播方向有关的称第二种方向特性。

4.2.1 两种地震波对比追踪方法

4.2.1.1 位置对比(距离偏移)

在地震勘探中,位置对比是追踪波或波相位的手段。波或波的相位是观测点(沿一定方向的测线)的位置函数。位置对比是以规则波在某个追踪间隔内保持形状特点的性质为根据的。记录形状和波振幅随离开爆炸点的距离而平稳地变化是识别和对比单波的基本标志。TSP、VSP、HSP、TRT 等方法与仪器都是依据位置对比法进行超前地质预报分析的。

在地震记录上通过位置对比可以识别一定类型的波,并且在面上追踪它们。但是在地质条件复杂时,以及与其有关的地震记录上波形图复杂时,比如相近视速度波的干涉等,位置对比就不够了。虽然有时干涉波沿测线能得到较好的追踪,但用位置对比法来确定波的复杂性质并不总能成功。

4.2.1.2 方位对比(角度偏移)

所谓方位对比就是对波或波的个别相位的追踪,这种追踪是为了要在空间装置记录上识别纵和横的线性极化波以及极化一般为非线性的干涉波而进行的。因为空间对比是在一点上研究振动时仪器最大灵敏度轴方向的函数,并考虑到不仅可以改变方位,也可以改变地震检波器的倾角,因此,方位对比称为极性对比。

方位对比时保持随时间的极化规律是识别波的基本标志。研究波的极化性质可以在方位地震记录上识别地震波的基本性质。

4.2.2 基本类型地震波的极化性质

可将波的极化理解为质点位移的方向和这个方向随时间的变化。纵波(P)、横波(S)、勒夫面波(L)、瑞雷面波(R)和干涉波是在地震勘探中常遇到的基本类型地震波。

纵波和横波都是线性极化波,对于目前最感兴趣的纵波来说,在有分界面存

在时，位移的方向可以改变。但是，此时仍保持着线性极化的性质，位移方向的最大改变发生于大地—空气界面上。对于横波来说，位移向量的方向在垂直于波传播方向的平面内。横波入射到大地—空气界面上，除了入射角大于临界角外，极化性质不改变。在这种情况下，由于入射波和反射波之间的相位移，线性极化波可以成为椭圆极化波。

勒夫面波也属于线性极化波。在勒夫面波的作用下，质点沿垂直于波传播方向的水平直线移动。

瑞雷面波可以作为复杂极化波，其传播时，每一个振动的质点都描绘出椭圆。几乎所有的干涉波都是复杂极化波。

在地震勘探中，由于频率选择的原因，所记录的振动频率区域十分狭窄，并且记录的波频率差别不很大，因此分析椭圆极化振动是非常有意义的。

4.2.3 基本方程

波的空间记录决定于两个特性：相位特性和振幅（动力学）特性。相位特性确定空间地震记录上的相位移（β）与装置检波器轴的方向的关系，并确定空间地震记录上的同相轴。空间地震记录上同相轴形状的变化与波传播的速度无关，它只决定于波的极化性质。空间地震记录的同相轴决定于 $\beta=\beta(\omega,\psi)$，ω—— 传感器轴线的方位角；ψ—— 传感器与水平面(X,Y) 所成的夹角 。

空间地震记录的振幅（动力学）特性确定地震记录上相对振幅(A)与检波器轴的方向(ω,ψ)的关系。

同相轴方程式和振幅方程式完全决定着空间地震接收器的空间记录。相位特性和振幅特性的解析式可以作为空间相位对比的基本方程式。

角度偏移的空间接收器通常是利用乌尔夫投影网进行显示。乌尔夫投影网在地震勘探研究空间方向及其变化的规律非常方便。其原理是空间中的任意方向由两个角唯一地确定，即由方位角 ω 及方向线与铅垂线的夹角 φ 描述。前者是从 Z（北）顺时针方向计算的，变化范围从 0°到 360°；后者是从 0°到 180°变化。地震波的同相轴与振幅在此基础上推导。

4.2.3.1 同相轴方程式

讨论任意方向的、有不同振幅 A_0 和 B_0 以及起始相位 β_1 和 β_2 相同周期的两个线形极化振动。调和函数 $A(t)$ 和 $B(t)$ 值随时间的变化表示于下列公式（加尔彼林，1956 年）：

$$A(t)=A_0\sin\left(2\pi\frac{t}{T}+\beta_1\right) \tag{4-1}$$

$$B(t)=B_0\sin\left(2\pi\frac{t}{T}+\beta_2\right) \tag{4-2}$$

式中：A_0、B_0——不同振幅；

β_1、β_2——不同起始相位。

设检波器轴的方向决定于两个角：方位角 ω 和与 XY 平面所成的 ψ 角。在空间角度偏移中也称经度 ω 和纬度 ψ。其原理相同，主要是方便理解（图 4-1）。

经推导的方位地震记录的同相轴方程式如下：

$$\beta=\arctan\left\{\frac{\cot\psi\left[\cos\omega\left(\frac{A_0}{B_0}\sin\beta_1\sin\varphi_1\cos\omega_1+\sin\beta_2\sin\varphi_2\cos\omega_2\right)+\sin\omega\left(\frac{A_0}{B_0}\sin\beta_1\sin\varphi_1\cos\omega_1+\sin\beta_2\sin\varphi_2\cos\omega_2\right)\right]+\frac{A_0}{B_0}\sin\beta_1\cos\varphi_1+\sin\beta_2\cos\varphi_2}{\cot\psi\left[\cos\omega\left(\frac{A_0}{B_0}\cos\beta_1\sin\varphi_1\cos\omega_1+\cos\beta_2\sin\varphi_2\cos\omega_2\right)+\sin\omega\left(\frac{A_0}{B_0}\cos\beta_1\sin\varphi_1\cos\omega_1+\cos\beta_2\sin\varphi_2\cos\omega_2\right)\right]+\frac{A_0}{B_0}\cos\beta_1\cos\varphi_1+\cos\beta_2\cos\varphi_2}\right\} \tag{4-3}$$

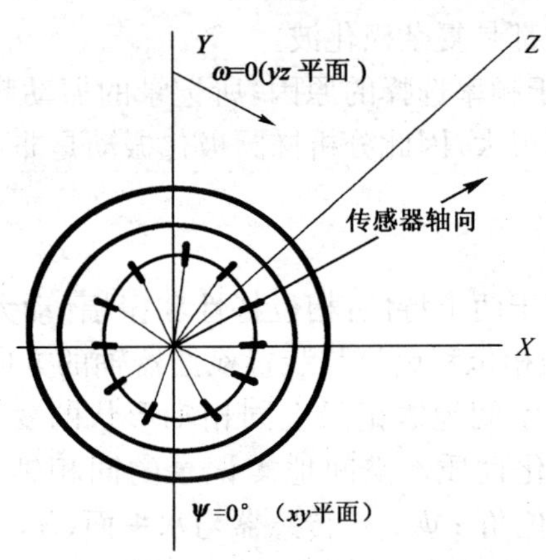

图 4-1 锥形方位示意图

式中：β——相位移；

ψ——传感器与水平面(X,Y)所成的夹角；

ω——传感器轴线的方位角；

ω_1、ω_2——第一、第二振动方位的开始方位角；

φ_1、φ_2——第一、第二振动方向与水平面(X,Y)的初始夹角。

常用相位方程如下（加尔彼林，1956 年）：

条件：$\omega_1=0;\beta_1=0;\beta_2=\pi/2;\sin\varphi_2\sin\varphi_1\cos(\omega_1-\omega_2)+\cos\varphi_1\cos\varphi_2=0$

$$\tan\beta=\frac{\cot\psi\cos(\omega-\omega_2)-\tan\varphi_1\cos\omega_2}{m\cos\varphi_1\left[\cot\psi\cos\omega\tan\varphi_1+1\right]\sqrt{\tan^2\varphi_1\cos^2\omega_1+1}} \tag{4-4}$$

式中：m——椭圆的半轴比。

4.2.3.2 振幅方程式

经推导方位地震记录的振幅方程式如下（加尔彼林，1956 年）：

$C_{\omega\psi}^2=\sin^2\psi(A_0^2\cos^2\varphi_1+B_0^2\cos^2\varphi_2+2A_0B_0\cos\varphi_1\cos\varphi_2\cos\beta_2)+\sin2\psi\times\{A_0\sin\varphi_1\cos$
$(\omega-\omega_1)[A_0\cos\varphi_1+B_0\cos\varphi_2\cos\beta_2]+B_0\sin\varphi_2\cos(\omega-\omega_2)[A_0\cos\varphi_1\cos\beta_2+$

$B_0\cos\varphi_2]\} + \cos^2\psi[A_0^2\sin^2\varphi_1\cos^2(\omega-\omega_1) + 2A_0B_0\sin\varphi_1\sin\varphi_2 \times \cos(\omega-\omega_1)\cos(\omega-\omega_2)\cos\beta_2 + B_0^2\sin^2\varphi_2\cos^2(\omega-\omega_2)]$　(4-5)

常用振幅方程如下：

条件：$\omega_1 = 0; \beta_1 = 0; \beta_2 = \pi/2; \sin\varphi_2\sin\varphi_1\cos(\omega_1-\omega_2) + \cos\varphi_1\cos\varphi_2 = 0$

$$C_{\omega\psi}^2 = A_0^2(\sin\psi\cos\varphi_1 + \cos\psi\sin\varphi_1\cos\omega)^2 + B_0\frac{[\cos\psi\cos\varphi_1\cos(\omega-\omega_2) - \sin\psi\sin\varphi_1\cos\omega_2]^2}{\sin^2\varphi_1\cos^2\omega_2 + \cos2\varphi_1} \quad (4\text{-}6)$$

4.2.4　空间装置波的方向性图解

我们讨论空间装置中纬度为 φ 角，同一个位移向量的方向性图解的形状如何随检波器与 XY 平面所成夹角 ψ 的变化而变化。以下分别分析每种情况(加尔彼林，1956 年)：

①当 $\psi=0°$(与 XY 平面平行，在地面上为水平装置)时，方向性图解是两个与位移矢量方向无关的相切圆，对应于有水平地震检波器的偏振地震记录的振幅方程(在水平装置中 $\psi=0°$)：

$$C_{\omega\psi} = A_0 cos\psi cos(\omega-\omega_1) \quad (4\text{-}7)$$

最大振幅将由最大灵敏度轴与位移向量方向重合的水平检波器记录下来，在轴垂直于位移方向检波器上记录的振幅为零。在方位差 180°的检波器上振幅彼此相等。在方位角与位移矢量方向重合的水平地震检波器上将记录到最大振幅。其轴与位移方向成直角的地震检波器的记录振幅将为零。在零振幅分量两侧的地震检波器的记录上，将观测到 180°的相位反转。所得的方向性曲线图是对称的，也就是方位差 180°的地震检波器的记录振幅彼此相等。

在水平装置中(图 4-2)，每道是不同方位水平地震检波器的记录。地震记录的特点是具有相位反转 180°铅垂的同相轴。在地震记录上振幅按余弦规律变

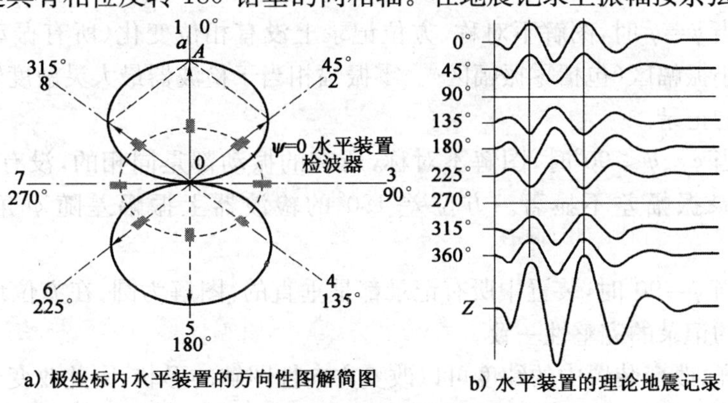

图 4-2　水平装置的地震记录特征

化，有零振幅和小振幅的区域。

②当 $0°<\psi<\varphi$ 时(圆锥形装置)，在倾斜地震检波器记录上的振幅取决于偏振装置检波器的方向及位移矢量方向。图 4-3a)说明在位移矢量方向(φ 角)固定时装置的方向性曲线图形状随检波器倾角 ψ 的变化而变化，给出 ψ 角的变化范围(阴影区)和方向性曲线图。当 $0°<\psi<\varphi$ 时，方向性曲线图成为非对称的。相位倒转和小振幅、零振幅区域是偏振地震记录的特点，方位相差 180°分量的振幅彼此已不相等。

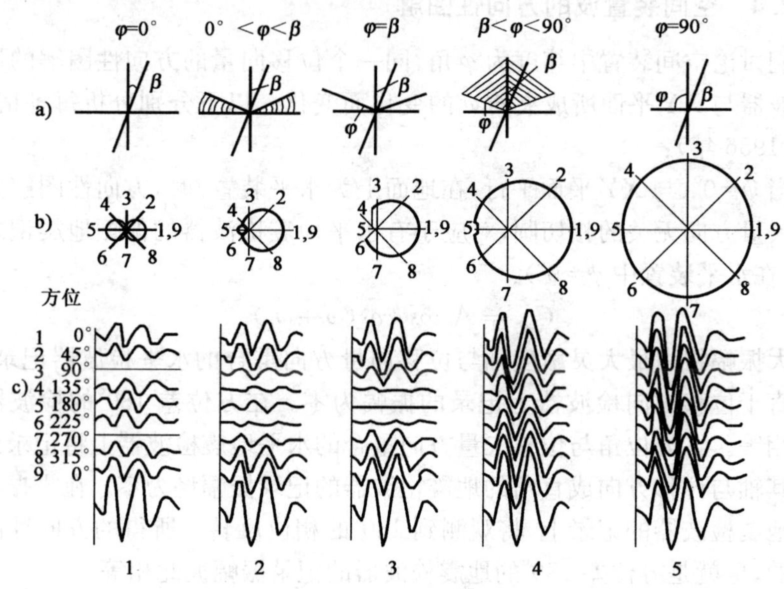

图 4-3 不同纬度圈下接收器方向性图解和其对应的方位地震记录

③当 $\psi=\varphi$ 时，图解不对称，方位记录上没有相位变化(所有振动都是同相的)，有小振幅区(包括零振幅区)。零振幅相当于检波器最大灵敏度轴垂直于位移向量的记录。

④当 $\varphi<\psi<90°$ 时，图解不对称，所有的振动都是同相的，没有相位变化。地震记录振幅差不显著。方位差 180°的检波器上振幅差随 ψ 角的增加而减小。

⑤当 $\psi=90°$时，装置中所有记录都是垂直的，图解为圆；在方位地震记录上观测到的记录的完整性一致。

这样，改变装置中的纬度可以改变方向性图解的形状，因此改变方位地震记录的性质。

4.2.5 两种同相轴

研究同相轴方程(4-3)对应的曲线极值。对式(4-3)求导,经三角变换后:

$$\frac{\partial\beta}{\partial\omega}=\frac{m\cot\psi[\cot\psi\sin\varphi_1\sin\varphi_2\sin(\omega_2-\omega_1)+\cos\varphi_2\sin\varphi_1\sin(\omega-\omega_1)-\cos\varphi_1\sin\varphi_2\sin(\omega-\omega_2)]}{[\cot\psi\sin\varphi_1\cos(\omega-\omega_1)+\cos\varphi_1]^2+m^2[\cot\psi\sin\varphi_2\cos(\omega-\omega_2)+\cos\varphi_2]^2}\tag{4-8}$$

令导数等于零和 $\omega_1=0$,经简化得:$a\sin\omega+b\cos\omega=c$

a、b、c 是与 ω 无关的三角参数:

$a=\cos\omega_2$;$b=\cos^2\varphi_1\sin\omega_2$;$c=\cot\psi\sin\varphi_1\cos\varphi_1\sin\omega_2$

方程的解由不等式 $c^2\leqslant a^2+b^2$ 确定,考虑到 φ_1,ω_1 和 φ_2,ω_2 方向正交的条件是:

$$\sin\varphi_1\sin\varphi_2\cos\omega_2+\cos\varphi_1\cos\varphi_2=0$$

得到 $\cos^2\varphi_1+\cos^2\varphi_2\geqslant\cos^2\psi$

设偏振平面的法线与铅垂线构成夹角 φ_n,则:$\cos^2\varphi_1+\cos^2\varphi_2=\sin^2\varphi_n$

进一步得:

$$\varphi_n\geqslant 90^\circ-\psi\tag{4-9}$$

不等式(4-9)确定了偏振地震记录的同相轴极值存在的条件。

在地震勘探中追踪对比同相轴是地震波研究的直观方法。空间装置的同相轴按其形状可分为两种:有极值的同相轴和无极值的同相轴。

如图 4-4,如果极化平面的法线 n_2 在由装置的倾斜检波器轴所形成的锥体之内,则同相轴将没有极值;反过来,如果这条法线 n_1 在锥体外,则同相轴将有极值。这样可以将方位装置想像为锥面,这个锥面将半空间分成两个区域:内部是没有极值的区域和外部有极值的区域。改变检波器倾角(ψ),从而可以改变两个

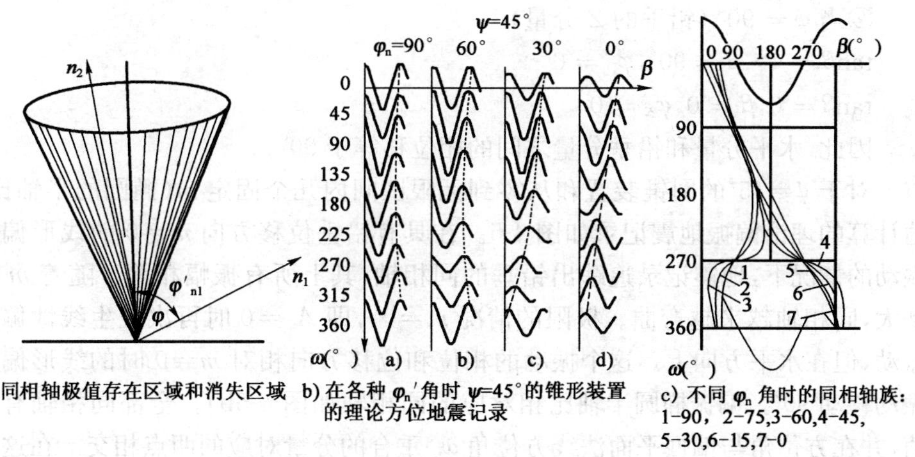

a) 同相轴极值存在区域和消失区域 b) 在各种 φ_n′角时 ψ=45°的锥形装置的理论方位地震记录 c) 不同 φ_n 角时的同相轴族:1-90,2-75,3-60,4-45,5-30,6-15,7-0

图 4-4 同相轴极值存在区域和消失区域

区域的关系：ψ 角越大，极值的存在区也越大，反过来，ψ 越小，没有极值的区域越大。同相轴上有没有极值的问题，对方位、相位对比具有很大意义。

4.2.6 同相轴形状变化与铅垂偏振椭圆半轴比的关系

偏振现象：横波只沿着某一个特定的方向振动，这种现象称为波的偏振。纵波没有偏振现象，只有横波才有偏振现象。根据波是否有偏振现象，可以判断该波是横波或者是纵波。在光学中，如果由于采用某种技术使振动方向受到限制甚至限于一个方向，这样的光叫做偏振光。

在铅垂的偏振平面情况下，ω_1、ω_2 相等或者相差 180°，则椭圆偏振振动同相轴的一般方程为（加尔彼林，1989 年）：

$$\tan\beta = \frac{m(\cot\psi\tan\varphi_2\cos\omega \pm 1)}{\tan\varphi_2 \pm \cot\psi\cos\omega} \tag{4-10}$$

其加号对应于 $\omega_2 = 0$，减号对应于 $\omega_2 = 180°$。

由方程(4-10)可见，同相轴形状实质上取决于代表振动（m,φ_2）和空间装置（ψ,ω）的许多参数。

椭圆为铅垂时，同相轴方程为：

$\tan\beta = m\cot\psi\cos\omega, \varphi_1 = 0, \varphi_2 = 90°$

$\tan\beta = -\dfrac{m}{\cot\psi\cos\omega}, \varphi_1 = 90°, \varphi_2 = 0$

①当 ψ=0 时，也就是在水平装置记录到的已知铅垂椭圆的某一个分量。

$\tan\beta = 0, \beta = 0, \varphi_1 = 0$

$\tan\beta = \infty, \beta = 90°, \varphi_2 = 0$

②当 $\psi = 90°$（铅垂的 Z 分量）

$\tan\beta = \infty, \beta = 90°, \varphi_1 = 0$

$\tan\beta = 0, \beta = 0, \varphi_2 = 0$

因此，水平分量和铅垂分量之间的相位移等于 90°。

对于 ψ=45°的圆锥装置和从零到无限区间内几个固定 m（椭圆的半轴比）值计算的理论偏振地震记录如图 4-5。在具有铅垂位移方向 m=0 的线形偏振振动的情况下，地震记录追踪出铅垂的同相轴，其上所有振幅相等。随着 m 的增大，同相轴越来越弯曲。极限的情况 $m=\infty$，即 $A_0=0$ 时再次发生线性偏振振动，但在水平方向上。这个振动的相位和位移方向相对 m=0 时的线形偏振振动移动 90°。偏振椭圆半轴比相对应的同相轴如图 4-5b)。全部同相轴有极值，并在方位角与偏振平面法线方位角 ω_n 重合的分量对应的两点相交。在这些分量上记录的振幅等于零。

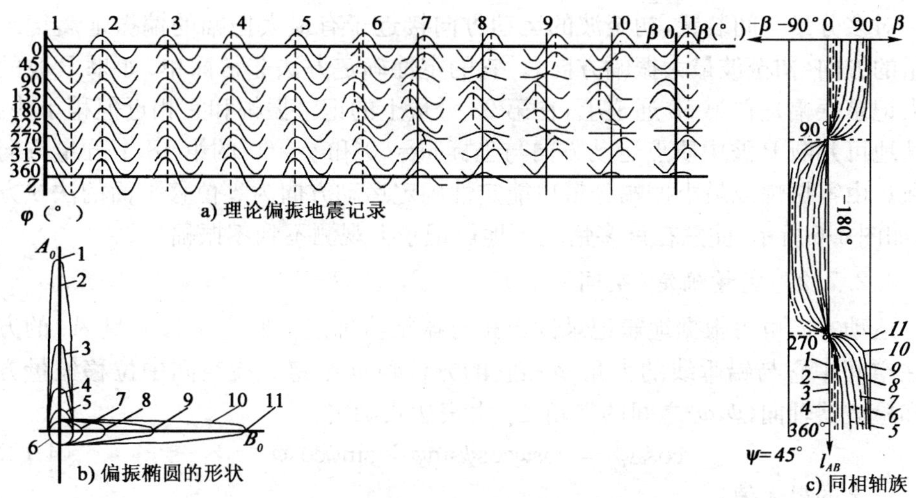

图 4-5　同相轴形状变化随偏振椭圆半轴比的关系

如果波在铅垂平面内偏振，则由方程(4-5)在 $\omega_1=0$，$\omega_2=0$ 或 $\omega_1-\omega_2=180°$ 的情况下得到振幅方程：

$$C_{\omega\psi}^2 = A_0^2(\sin\psi\cos\varphi_1+\cos\psi\sin\varphi_1\cos\omega)^2 + B_0^2(\sin\psi\cos\varphi_2+\cos\psi\sin\varphi_2\cos\omega)^2 \quad (4\text{-}11)$$

式中 φ_1，φ_2 呈直角且不等于零。

在圆偏振最简单的情况下($m=1$)：$C_{\omega\psi}=A_0\sqrt{1-\cos^2\psi\sin^2\omega}$

4.2.7　位移向量方向的确定

偏振地震记录能确定质点运动矢量在空间的方向。在均匀各向同性介质中质点运动方向与波的传播方向一致的纵波有着特殊的意义。下面介绍利用空间装置确定线性偏振波的质点运动方向的方法，并介绍采用多分量和三分量装置确定质点运动轨迹的定性和定量确定方法。定位的精确度取决于独立测量的地震检波器数目，在空间装置上决定于多分量数目。

4.2.7.1　定性确定

简要介绍三分量和多分量装置及其原理。

(1)三分量装置

经过检波器轴的 3 个互相正交的平面把全空间分为 8 个象限，每个象限的位移方向在三分量的地震记录上有不同的符号，在 XYZ 的装置中，4 个象限在上半空间，4 个象限在下半空间。在装置的所有 3 个检波器的记录上，相同的符号对应于包含在由地震检波器轴形成的棱锥体中的方向。对于其他方向，在一个或两个地震检波器的记录上波至符号不同。

(2)多分量空间装置

对多分量空间装置，初至波的运动方向接近于有最大振幅的偏振地震记录分量的方向（初至波最大振幅方向）。它的定性确定方法非常简单，如果P波的最大记录振幅是在第18通道上，在第23分量上的记录振幅和它相近但稍小些。定性地可判断P波中质点运动方向与坐标 $\omega=60°$ 和 $\varphi=60°$ 的第18个分量方向一致。由零振幅或最小振幅分量也能定性确定运动方向为零位移平面的法线方向，如图4-6所示（注意在许多情况下地震记录上观测不到零振幅）。

4.2.7.2 定量确定（空间装置）

运动方向也可根据地震记录读出相对振幅值确定。假定位移矢量 A_0 的方向在空间中它与铅垂线的夹角 φ 和它的方位角 ω 给定。在空间中位移矢量方向和检波器轴向 (ψ,ω) 之间的夹角 $\Delta\varphi$ 由表达式确定：

$$\cos\Delta\varphi = \cos\omega\cos\psi\sin\varphi + \sin\psi\cos\varphi \tag{4-12}$$

记录的最大值：

$$A_{\omega\psi} = A_0\cos\Delta\varphi = A_0(\cos\omega\cos\psi\sin\varphi + \sin\psi\cos\varphi) \tag{4-13}$$

注意：一般纵波的第一个极值畸变最小，因此应该用于定量确定第一个波的位移方向。但波在各向异性介质中传播时，位移方向可能和射线方向不一致。

4.2.8 偏振平面空间位置的确定

在许多情况下，没有必要精确地确定偏振平面在空间的位置，只要能用肉眼分析记录、定性地确定就够了。通常偏振平面的位置由下列标志：

(1)同相轴是否有极值

极值的存在只由偏振平面和偏振装置检波器的相互位置确定。如果偏振平面的法线在圆锥装置（空间装置的某个纬度圈）之内，则记录上将观测到同相轴的极值，这就能够根据偏振地震记录定性地确定偏振平面的位置。对于空间装置，就基本可以定量地确定偏振平面的位置。

(2)有最小振幅或零振幅记录

最小振幅分量的方向接近于偏振平面法线的方向，在零记录振幅的情况下这两个方向一致。

(3)对不同瞬间绘制的矢径集合

对任何瞬间经过零振幅记录检波器方向的零振幅平面可以绘制在投影网上。要确定矢径方向与零振幅平面的法线重合，这样的平面可按不同时刻绘制，相应矢径的位置能被确定。经过矢径的方向可绘偏振平面。

(4)与等相位平面的交线

根据其法线方向确定波的偏振平面位置，法线方向看作是与等相位平面的交线。等相位平面在空间中的位置可由具有等相位移的两对分量在空间中的方

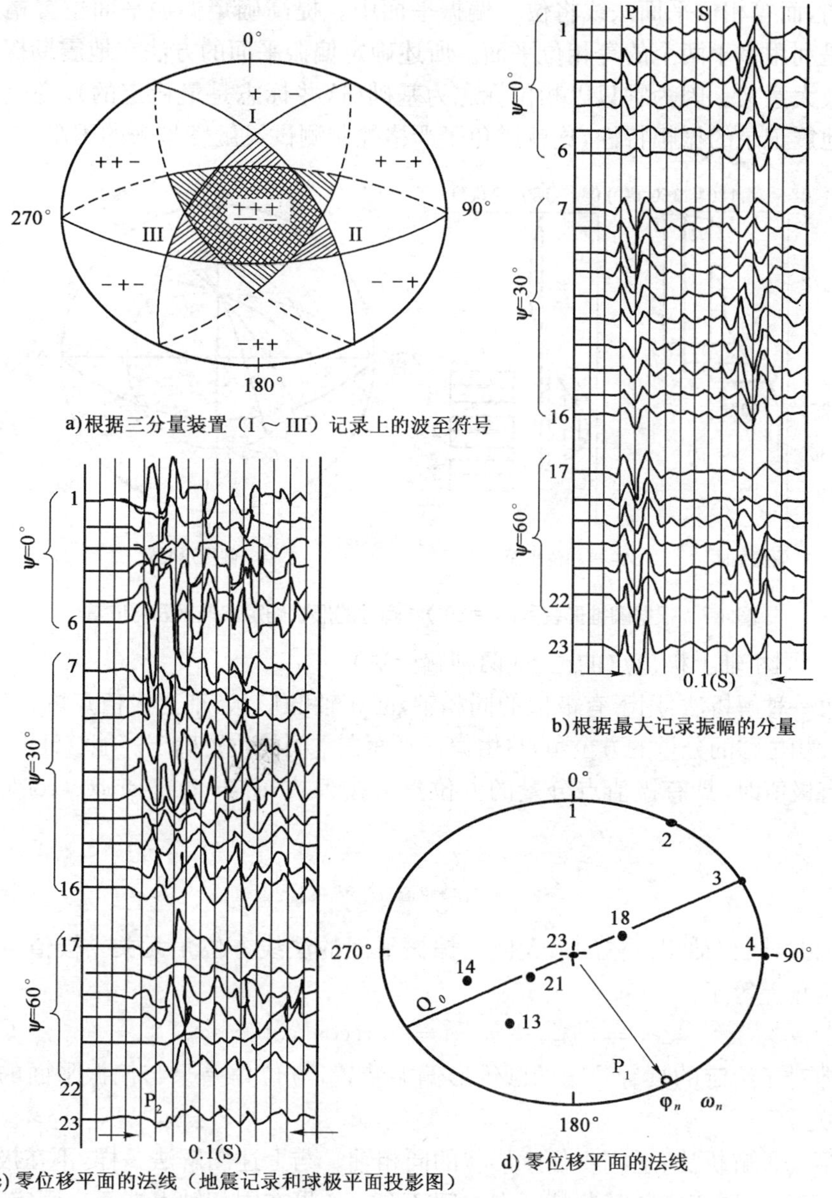

a) 根据三分量装置（I ~ III）记录上的波至符号

b) 根据最大记录振幅的分量

c) 零位移平面的法线（地震记录和球极平面投影图）

d) 零位移平面的法线

图 4-6　定性确定线性偏振振动的质点运动方向

向来确定。假设在偏振地震记录上有几个同相轴，如果同相轴上有极值，或者没有极值但有 180°的相位移，我们在同相轴上找出几对有相等相位移的点，同相轴上每一对这样的点对应于空间中的两个方向。如果在球极平面投影图上作平面（如图 4-7），可得到等相位面族，与它们相交的线确定为偏振平面法线在空间的方向,而等相位平面法线将位于偏振平面中。提高确定偏振平面位置精度的途径是利用多于两个的等相位平面。所述确定偏振平面的方法在地震勘探预报中有较大意义。因为它只以相位标志为基础(这些标志是最稳定的),完全不用偏振地震记录的振幅特性,这就避免了严格控制测试灵敏度带来的困难。

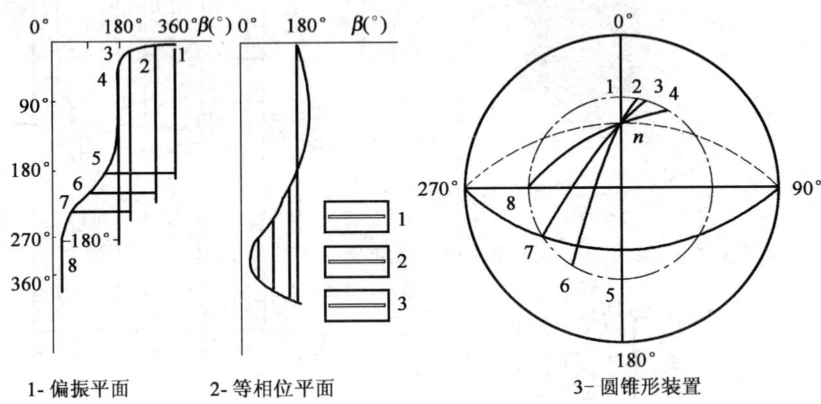

图 4-7 根据圆锥形装置($\psi=30°$)同向轴的形状确定偏振平面的位置

(5)同相轴上极值点的位置(两种解析法)

第一种解析法:用于有极值的同相轴,同相轴的形状、轴上极值点的位置(具有最大相位移的分量的方位角)只由偏振平面在空间的位置确定。能够证明,当同相轴有极值时,具有极值点分量的方位角可按公式 $\omega_a = \omega_n \pm \arccos(\cot\psi\cot\varphi_n)$ 求得:

$$\omega_n = \frac{1}{2}(\omega_{max} + \omega_{min}) \tag{4-14}$$

因此,同相轴相位移的最大值与偏振平面的法线方位角无关。极值点之间的方位角差等于:

$$\Delta\omega = [\omega_{max} + \omega_{min}] = 2\arccos(\cot\psi\cot\varphi_n) \tag{4-15}$$

即对于给定的具有 ψ 角的圆锥形偏振装置,方位角差只与偏振平面的倾角 φ_n 有关。

第二种解析法:适用于任意形状的同相轴。与上述图解法一样,不在极值间读取,而是在同相轴的某些特征点之间读取。如果在同相轴上选两个固定点(例如分量的方位角为 0°和 90°),我们就能够通过下列表达式确定法线的取向:

$$\cot\varphi_n = \tan\psi\left[\frac{(X-XY-1-Y)^2}{4Y^2+(X-1)^2(Y+1)^2}\right]^{\frac{1}{2}} \tag{4-16}$$

$$\tan\omega_n = \frac{2Y}{(1-X)(1+Y)}$$

式中：$X = \tan \frac{\omega_0}{2}$°；$Y = \tan \frac{\omega_{90°}}{2}$

这些公式能同时求得 φ_n 和 ω_n。

4.2.9　椭圆形状及其在偏振平面中取向的确定

研究在两个相互垂直地震检波器的记录上根据偏振地震记录的同相轴确定椭圆形状的方法。

(1)在同相轴上各点的相对相位移

同相轴可分为有极值和无极值。为了确定椭圆的形状，按照它们在方位角 $\omega=\omega_n$ 点处的倾角把同相轴分为两类更为方便。在这个点处所有的同相轴或者只是增函数(具有正导数的第一类)或者只是降函数(具有负导数的第二类)。任何同相轴只能属于一种类型，对于没有极值的同相轴这是显然的(同相轴或只是增或者只是降)。对于具有极值的同相轴，基于方程(4-13)，从点 $\omega=\omega_n$ 既不能是极大点又不是极小点，即可得出结论。

为了确定椭圆的形状($m = \frac{b}{a}$)，对同相轴上的某些点，即在极值处或在 ω_n 点处(假定 ω_n 已求得)，分析其相对的相位移，这些点能以最大精度确定其相位移。这时相位移的最大值 $\beta(\omega_{max})-\beta(\omega_{min})$ 由偏振平面法线的倾角(φ_n)和第一个分量的倾角(φ_1)确定，而偏振椭圆的形状 m 则和法线方位角 ω_n 无关，而取决于椭圆的形状。由于对两种同相轴所包含的计算极其麻烦和困难，可考虑利用诺模图(Nomograph)。诺模图是根据一定的几何条件(如三点共线)，把一个数学方程的几个变量之间的函数关系画成相应的用具有刻度的直线或曲线表示的计算图表。诺模图的种类很多，有共线图和共点图(也称网络图)等。通常说的诺模图是指共线图。

(2)两个相互垂直的检波器记录

处理资料时，往往由位于椭圆平面中两个相互正交地震检波器的记录来计算偏振椭圆，以及根据它们的最大振幅(C_x 和 C_y)以及相位差 $\Delta\beta$ 来计算。X 轴和偏振椭圆主轴 ξ 之间的夹角由表达式(加尔彼林，1989 年)：

$$\delta = \frac{1}{2}\arctan \frac{2CxCy\cos\Delta\beta}{Cx^2 - Cy^2} \tag{4-17}$$

而椭圆率系数：

$$m = \left(\frac{C_x^2\sin^2\delta - C_xC_y\sin^2\delta\cos\Delta\beta + C_y^2\cos^2\delta}{C_x^2\cos^2\delta + C_xC_y\sin^2\delta\cos\Delta\beta + C_y{}^2\sin^2\delta}\right)^{\frac{1}{2}} \tag{4-18}$$

在地震勘探中，由两个相互垂直的检波器的记录计算偏振椭圆，这个问题有很大意义。这样求得的偏振椭圆可用来计算在偏振平面中任何两个相互垂直方向(x,y)之间的相位移，它们的方向与偏振椭圆主轴并不一致（图 4-8）。相位移按公式：

$$\beta = \arcsin \frac{a_x}{C_x} = \arcsin \frac{a_y}{C_y} \tag{4-19}$$

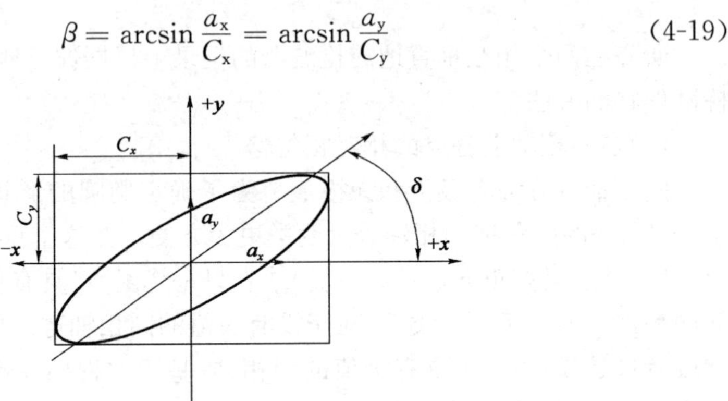

图 4-8　由两个相互垂直的地震检波器的记录确定偏振椭圆

式中：a_x、a_y——所选方向上偏振椭圆的矢径。

在椭圆附近描出一个矩形，矩形的边平行于所选方向。

(3)运动矢量的值

在偏振平面中椭圆的形状和它的去向能从计算的运动矢量值绘制的质点运动轨迹来确定。为了确定矢径的模和它的方向，可以采用与线性偏振振动相同的方法，依在矢径方向量取的模，在偏振平面中绘制椭圆轨迹。

4.2.10　三维偏振振动参数的确定

三维偏振振动不同于频率干涉的结果，这些振动到达地震检波器的方向不在一个平面上。三维偏振振动的矢径在空间描绘出一个面，而矢径的末端是复杂的空间轨迹。对于每个瞬间，三维偏振振动的偏振地震记录以任意给定的时间间隔计算偏振参数：唯一矢量的方位角 ω、它与铅垂线的夹角 φ 和全矢量的模 $|R|$。这时也采用与线性偏振振动相同的方法。

4.3　空间观测装置

将检波器布置在不同纬度和不同经度的装置上。检波器由多个锥形方位装置构成，同时具有水平和垂直分量。在解决各种地震勘探问题时，应用对称均布的多分量空间装置是合适的，每个纬度圈上的检波器构成的锥形装置各有特点。前苏联科学院对锥形方位装置进行了深入研究（加尔彼林，1989 年），指出这些结构之间在检波器的类型、数目、检波器最大灵敏度轴方向的变化方法各有不同。

在同一个纬度圈上可安装有 4、8、12、16 等多个分量的方位装置，随着电子技术的发展，纬度圈上的检波器数量根据任务不同还可以继续增加。USP 空间装置由 1、6、11、15、19、12 共 6 个锥形装置组成。在不同纬度圈上的检波器组，相当于多个不同倾角的检波器进行方位观测，特别要注意动圈式检波器的磁性发生的吸引现象，以防在倾斜位置上工作不稳定。

4.3.1 装置描述

空间角度偏移多分量装置是将多个（64 个）检波器按照一定规律排列在球极平面的空间上，考虑到应对预报前方各个方向都具有敏感性，整个装置基本按对称分布排列检波器，同时保证单个接收器的工作能力，使得单个接收器尽可能多地安排检波器，但也要保证接收器在隧道施工现场便于埋设。USP 系统最终设计的接收器为 64 个分量，分别布置在半球的不同纬度和经度上。

4.3.1.1 装置参数

（1）检波器（动圈式地震检波器）

选用旋转式线圈结构检波器—B 系列。B 系列数字地震检波器主要用于石油勘探，具有宽频带和较高的假频，各参数指标允差均在±5%以内，稳定性好，精确度高，信号采集丰富，双线圈结构提高了抗谐波干扰能力。线圈可在 360°内自由旋转，有效消除了面波干扰。因而该检波器信噪比高，相位差小，具有较高的动态分辨率，温度适应性强，适用于各种环境的地震勘探（图 4-9）。

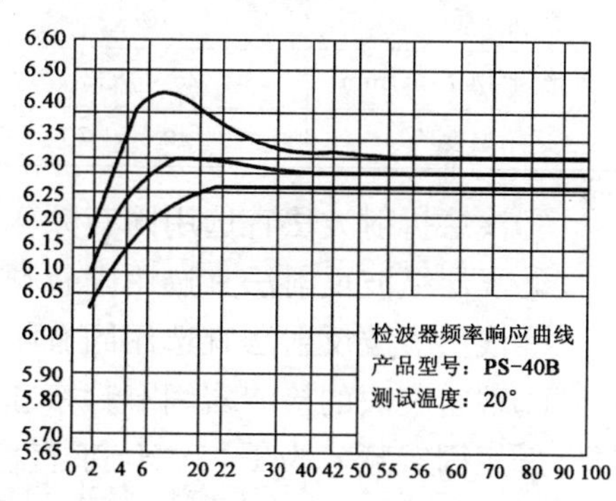

图 4-9 PS-40B 检波器及频率响应曲线

(2)不同频率检波器与岩土体及勘探方法的关系

现在,地震勘探所面临的对象越来越复杂,随之对地震分辨率的要求也越来越高。虽然有许多人关注信号处理,但若采集的信号本身质量不高,势必使信号处理困难且置信度降低,所以有许多人着眼于数据采集这一基础环节,力求采集到高质量的信号。在检波器接收方面,检波器与大地的耦合效应致使信噪比和分辨率降低,是信号采集方面的一大障碍。检波器大地耦合问题已经吸引了越来越多人的注意。表 4-2 列出不同频率检波器的主要技术指标。

为了达到提高分辨率的目的,对不同自然频率的检波器进行了多次试验。通过试验分析认为,检波器在自然频率方面有所差别,在单炮记录上表现为对低、高频干扰压制情况有所不同。但是资料通过处理后,几种检波器的频谱和能量均无明显的差别。高分辨率勘探不等于高频勘探,而是一种宽频带的勘探,所以选择自然频率低的检波器有利于高分辨率勘探。检波器固有频率可根据有效波的频率响应和提高分辨率的技术要求加以选择。

主要技术指标(20℃)　　表 4-2

参数指标/型号	PS-28B	PS-35B	PS-40B
自然频率(Hz)	28±5%	35±5%	40±5%
线圈电阻(Ω)	390±5%	560±5%	548±5%
灵敏度(V/m/s)	30±5%	32.5±5%	32.5±5%
并电阻灵敏度(m/s)	28.5±5%(7 500Ω)		
开路阻尼	0.60±5%	0.60±5%	0.615±5%
并电阻阻尼	0.632±5% (7 500Ω)		
谐波失真(%)	≤0.2	≤0.2	≤0.2
最大限位(mm)	1.8	1.8	1.8
惯性体质量(g)	10.1	9.3	9.3
外形尺寸($d\times h$)mm	25.4×32	25.4×32	25.4×32
适用温度(℃)	−40～ +70	−40～ +70	−40～ +70

①浅层折射波法宜选用固有频率为 10～40Hz 垂直检波器;

②浅层纵波反射法宜选用固有频率为 100Hz 垂直检波器;

③浅层横波反射法宜选用固有频率为 40～60Hz 水平检波器;

④瑞雷波法的检波器固有频率和频宽应与探测深度要求相符,探测覆盖层时宜选用固有频率为 1～10Hz 垂直检波器。

(3)接收器

根据任务要求,一定数量的检波器按照某种空间方位排布的检波器组称接收器。

USP系统的空间接收器由半球壳直径295mm球面上沿轴向分布有64个孔组成(图4-10)。具体分布如下：

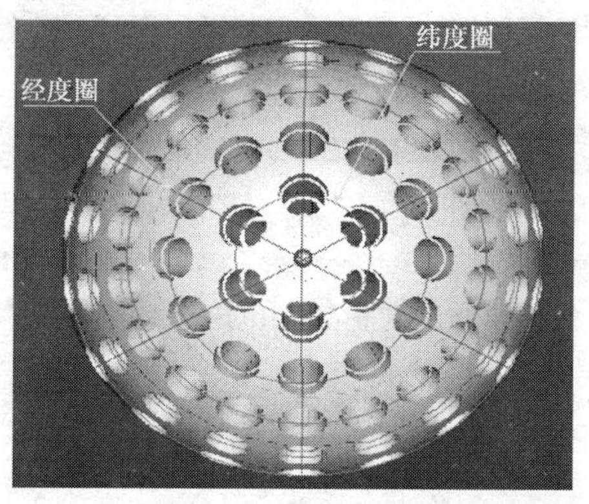

图4-10 USP系统64分量接收器内部结构示意图

第一层:1个(1),位于球顶正中心；

第二层:6个(2～7),与第一层成17°,此6个相互成60°；

第三层:11个(8～18),与第一层成33°,此6个相互成32°44′；

第四层:15个(19～33),与第一层成49°,此6个相互成24°；

第五层:19个(34～52),与第一层成65°,此6个相互成18°57′；

第六层:12个(53～64),与第一层成81°,此6个相互成30°。

4.3.1.2 装置结构描述

(1)三分量装置

三分量工作装置不论在地面还是在地下,不仅在地震波而且在电磁波探测中也都广泛使用。用三分量装置工作时,不能直接在每张地震记录上控制垂直和水平道的极性(二者在野外工作时是非常重要的)。如要利用三分量研究振动的偏振,由于分量过少会引起很大的误差(直到180°)。常见的三分量工作装置如图4-11,地震波三分量现场测试波形如图4-12。

(2)多分量空间装置

在研究复杂地质结构介质时,产生了使用空间观测系统和实行三维解释的必要性。研究复杂结构介质所指的是波场的三维研究,这是具有多次覆盖和信号叠加的全三维观测系统的发展。因而,传统的"线—平面"系统必须补充"空间"这个几何元素。USP系统就以一种可以表示为"点—线—平面—空间"形式的方案为基础的。它能够使观测系统统一,具有广泛的应用前景(图4-13)。而现在隧道施工超前地质预报大多数情况下资料处理是按"线—平面"方案安排的。

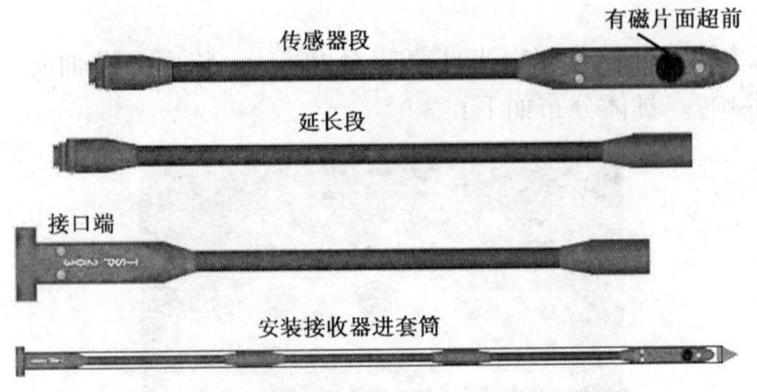

图 4-11　TSP 等相互垂直的三分量观测装置

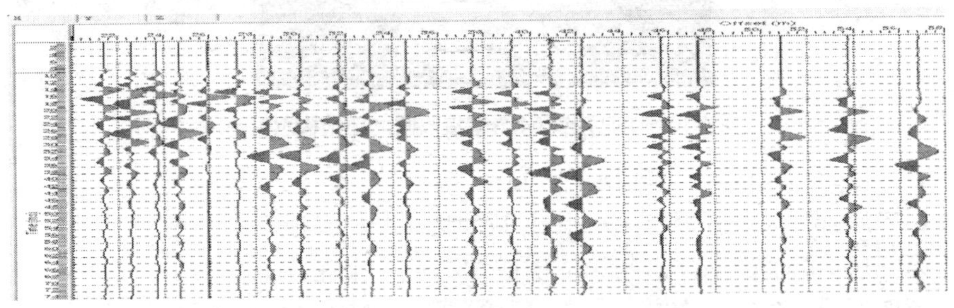

图 4-12　三分量地震观测波形图

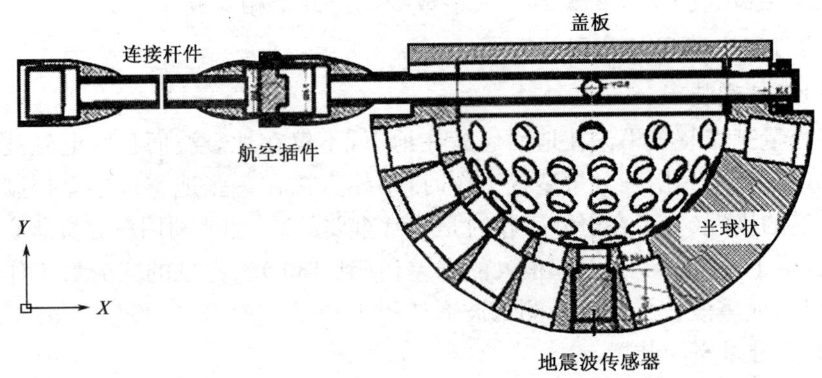

图 4-13　USP 系统多分量空间接收器结构图

随着电子技术的发展,多通道快速同步采集技术使得多分量空间装置的采集得以实现。尤其是在隧道超前地质预报中,应用固定在空间均匀分布的检波器记录多分量地震波,使得可测量形状体的接收器成为轮廓地震记录器(图 4-14、图 4-15)。它是实现隧道超前地质预报进行形状体探测的主要方法和必然趋势。

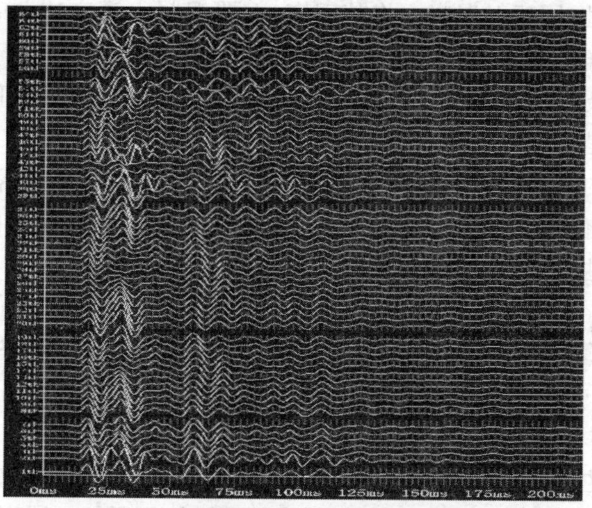

图4-14 64D沿纬度圈排布的实测波形图

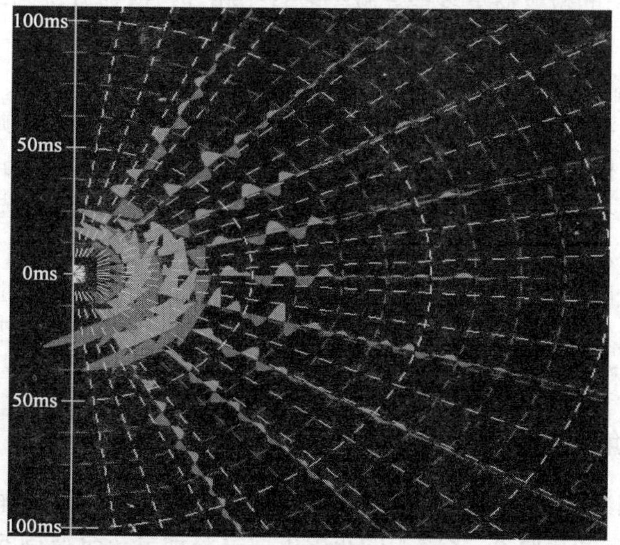

图4-15 64D沿经度线排布实测波形

4.3.2 空间装置的应用

将空间装置埋在地下工程开挖面的附近并调平，并将主轴对准需探测的前方，再调好方向和水准后，将它固定在土体或岩体里。空间装置通常直接埋置在土体里并保证接收器与土体密实接触，接收器以上覆土通常要达到30～50cm。在岩体隧道进行预报时，通常将接收器埋在掌子面的下台阶处，为了保证接收器与岩体紧密接触，用喷射混凝土将其固定，上覆混凝土深度达 50cm 以上。测试时应按方位来确定接收器轴的方向，可用罗盘或经纬仪将接收器定向，按接收器的水准泡进行调平。安放条件不好会造成地震记录的畸变，保证接收器与岩土体良好的接触是非常重要的。

其他任务的接收器布设可根据具体情况进行。地震勘探的空间观测主要解决：①用方位相位对比法分析地震记录上的波；②确定位移向量的方向；③测量形状体的轮廓地震记录。

4.3.3 观测的方法问题

(1)接收器中检波器的数量

空间装置中地震检波器的数量主要决定于方位(空间)观测所提出的问题，方位相位对比主要是以应用相位标志为根据的，因此，空间装置中检波器的数量决定测定方向的精确度。必须细致地分析波时，特别是测定非线性极化波的参数时，最好应用的检波器更多些。减小装置中相邻检波器方位间的距离，也可以增加对研究波了解的详细程度。

(2)接收器中检波器的倾角

线性极化波空间接收器地震波的记录形式随装置中检波器倾角的变化而变化。无论线性极化波或非线性极化波，方位地震记录的形式皆与空间地震装置中检波器倾角有极密切的关系。地震接收装置中检波器倾角的选择主要决定于工作任务所必须解决的问题。

以上可说明空间地震装置(多检波器)具有广谱的探测效应。但要注意：①要保证多通道控制的灵敏度；②确保接收器中每个检波器有相同的灵敏度及其他参数、技术指标。

4.3.4 角度与位置对比法的配合

角度空间装置与位置对比法配合具有重大意义，尤其是在解决复杂的地质问题时，多个空间接收器、多震源的布置可以完整地分析全波场的图形。通过对空间装置观测的大量资料证明：这种配合是非常有效的和最有前途的，其过程是结合位置偏移和个别点角度偏移来实现的。

两种对比方法的配合运用可以比较可靠地、有根据地分析地震记录上的波，在测试条件较好的情况下，可以解决位置(距离)偏移无法解决的复杂地质问题。

在复杂的地质构造条件下，位置(距离)偏移完全没有对比性时，可以采用角度空间装置进行资料弥补。这也是为什么在地质条件简单时采用 TSP、VSP、HSP 等距离偏移法观测，波的分析可以应用位置对比法(距离偏移法)进行。如

要分析波的干涉带时，仍需利用角度(方位)对比法进行补充。

4.4 USP地下工程超前地质预报系统

4.4.1 系统构成

整个系统由接收器、综合采集器、基站、上层处理分析软件构成。

4.4.1.1 接收器

为了得到信噪比高的地震资料，压制干扰、提高信噪比始终是贯穿地震勘探的一个关键问题。接收器接收介质振动是获得地震信息的第一步，是得到高质量地震记录的第一关(图4-16)。接收器的安置与地震记录质量有直接关系。为了减小介质表面疏松对波的吸收和微振干扰，应将接收器安放在一定深度(大于0.2m)的浅坑内。更重要的是要保证土壤表面和接收器有良好的接触，它们构成了接收器—岩土体振动系统，该系统的固有振动频率与土壤的弹性、接触的特点、检波器的质量有关。最好的安置条件是较致密的土壤或岩石。土壤的密度和波速越大，系统的谐振频率就越高。为了改变系统的谐振频率，可在接收器下面铺1～2cm的薄层湿砂或黏土。

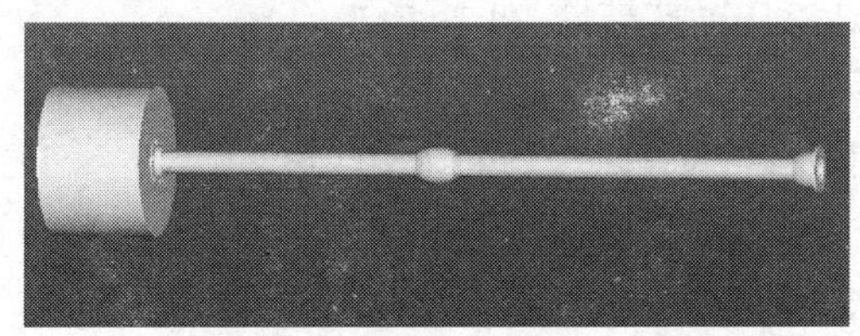

图4-16 USP的接收器外观

对于USP而言，位置对比和方位对比的有效结合，也就是该系统中的多震源、多接收器的情况。目前的USP系统提供256个通道，配置4个接收器(每个接收器由64个检波器组成)，其软件可以进行多震源、多接收器以及叠加次数不限的方法组合，可以解决复杂条件下的隧道施工超前地质预报问题。

4.4.1.2 MHHC多通道高精度高速同步信号采集器

MHHC采集器(Many channel High precision High speed Collection)是北京市市政工程研究院与北京索通紫蜂通讯工程有限公司自主研发的数据采集器，它是USP系统的重要组成部分(图4-17)。它具有一次或多次触发多通道接收的特点。MHHC采集器采用独立的256通道24位高精度、低功耗的A/D转换器，输入信号幅度可以经程控增益放大器调到合适的范围，保证最佳转换精度。MHHC 采集器采样频率高达 30kHz，并实现所有通道同步数据采集。高速的 USB2.0 接口可以让测量数据快速传输到计算机，ZigBee 无线接口可以实现计算机对采集器的遥控。MHHC 在设计时力求标准化、通用性，因此它可用于多种科学分析和工业测量领域。

图 4-17　USP 的综合采集器示图

(1)主要性能指标

①模拟输入通道：256 通道；16～256 通道可以任意组合，并可扩展，最大可达 1 024 通道；

②输入阻抗：>1MΩ；

③缓存容量：1Mbit/通道；

④程控增益：1、2、4、8、16、32、64 倍；

⑤采样频率：2.5Hz～30kHz；

⑥A / D 分辨率：24bit 高精度、低功耗 A/D；

⑦动态范围：> 120dB；

⑧输入电压范围：0～5V、±5V，可由软件设置；

⑨触发方式：无线触发、阈值触发、STA/LTA 触发、时间触发、程序触发(即时采集)；

⑩工作电压：6～12V，工作温度：－20～80℃；

⑪标准的输出数据接口：Segy 格式(地震标准数据)文件；

⑫通讯接口：串口、USB2.0 标准接口、ZigBee 无线接口；

⑬仪器箱体：300mm×280mm×250mm；高速通道数量可以选择，机箱可以定制。

(2)应用范围

MHHC 多通道高精度高速同步信号采集器主要应用于：天然地震记录、矿山振动、水工大坝结构振动的测试；路桥结构振动和大地脉动信号的振动测试；结构舒适度测试；精密温度、湿度测量；地质、声纳等小信号采集分析；电力信号采集，谐波分析；物探测井、测桩、声波及超声波、电磁探测、地震法探测；高校、研究所科研试验。

本采集器配套提供 MHHC-0 数据采集软件。MHHC-0 软件实现计算机对采集器的遥控，通过它可以进行参数设置、波形显示及标准 Segy 格式文件存储。根据用户需要连接传感器、采集器、计算机，配合 MHHC-0 软件，即可快速构建起多通道高精度同步数据采集系统，应用于科学分析及工业测量的各个领域。

4.4.1.3　USPWin11 软件

USPWin11(图 4-18)适用于地下工程超前地质预报，其震源点、接收器可灵活排布。整个系统包括文件操作(Segy)、对预报现场情况的编辑输入(工程描述、接收器和震源点的空间描述)、数据采集(实时采集和单次采集的各种参数描述)、数据处理(各种校正、频谱分析、带通滤波、速度分析、波场分离、绕射叠加、深度偏移、岩土力学参数计算)、图形显示[一维(按纬度、经度显示有：波形加面积、变面积、变密度、波形加变密度图)、二维(等值线、像图、阴影图、投影图、立体线图、立体面图，可进行组合显示)、三维(三维像图、等值面图、矢量图，可进行组合显示)。系统的运行环境为 WindowXP 下标准配置。

图 4-18　USPWin11 软件

4.4.1.4　系统现场展布

整个系统可进行现场直接采集和远程控制采集。通常，在钻爆法施工或 TBM、盾构机施工中采用现场直接采集即可。直接采集速度快、现场情况易掌控。对多个接收器时，由于数据量大常建议使用现场采集方式。如有特殊要求或存在现场安全隐患时，可采用远程控制采集。现场采集布置示意图见 4-19。

4.4.2　系统软件介绍

系统软件主要包括：文件及现场参数编辑、采集参数选择、数据处理、显示。

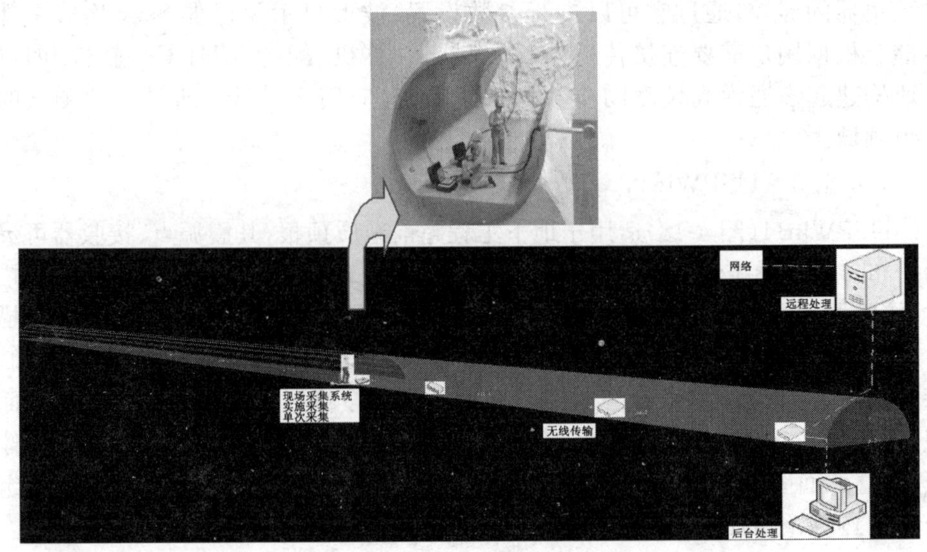

图 4-19　USP 现场布置示意图

4.4.2.1　文件格式(SEG-Y)

SEG-Y 格式是地震勘探数据采集常用的标准格式。USP 系统在数据采集中为了便于用户对采集数据进行后处理,特选择此种格式文件。

标准 SEG-Y 由卷头、道头 1、数据 1、道头 2、数据 2 组成。非标准 SEG-Y(无卷头,其余不变)有:道头 1 、数据 1 、道头 2 、数据 2。USP 系统采用标准 SEG-Y 格式。

(1)卷头(3600 字节)

①ASCII 区域:3200 字节(40 条记录 ×80 字节/每条记录);

②二进制数区域:400 字节(3201～3600);

3201～3204 任务识别码;

3205～3208 测线号;

3209～3212 卷号;

3213～3214 每个记录的数据道数(每炮道数或总道数);

3215～3216 每个记录的辅助道数;

3217～3218 该卷采样间隔(μs);

3219～3220 原始记录的采样间隔(μs);

3221～3222 样点数/每道;

3225～3226 数据样值格式码 1-浮点;

3237～3238 扫描时窗(ms);

3255～3256 计量系统：1-米，2-英尺；

3261～3600 无定义。

(2)道记录块

①道头字区：含 60 个字/4 字节整或 120 个字/2 字节整，共 240 个字节，按二进制格式存放；

②数据段区：浮点 4 字节(实型数) / 每个样值，按二进制格式存放。

4.4.2.2　现场采集参数选择

在现场采集前需要对采集参数进行不同要求的设置。

(1)传输方式

采集器与计算机的连接有四种方式，RS-232、USB 接口、无线 Wireless、宽带 Ethernet。用户可根据需要选择(图 4-20)。

(2)触发方式

采集器开始采集的条件包括：设定时间开始采集、设定阈值开始采集、外界震源、触发板、可控震源等、控制中心的控制采集。用户可根据需要选择(图 4-21)。

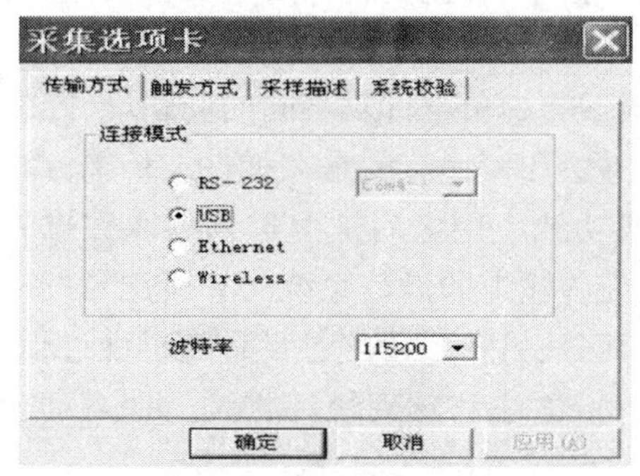

图 4-20　传输方式选择菜单

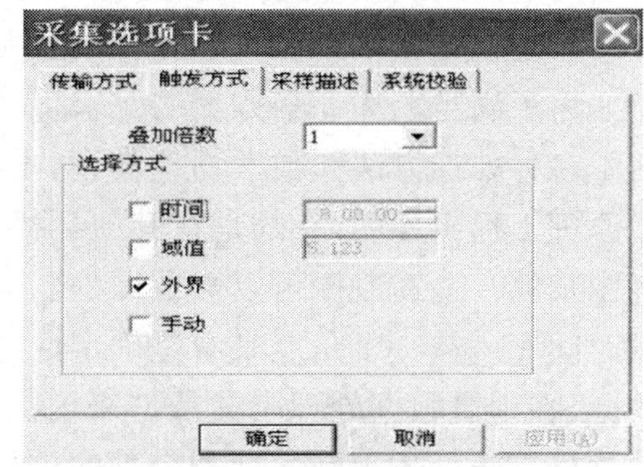

图 4-21　触发方式选择菜单

(3)采样描述

采样描述是对采样的窗口、采样率、数据位数、增益及通道数进行描述(图 4-22)。

(4)系统校验

系统校验是对采集系统进行复位、校正、归零等操作(图 4-23)。

4.4.2.3　数据处理

经过采样的人工激发的地震波，包括反射波或折射波，同时还包括绕射波、多次波和干扰波等以 Segy 格式记录在计算机内。

采集选项卡

传输方式 | 触发方式 | 采样描述 | 系统校验

时窗
采样延时 0.21 (ms)
系统延时 0.38 (ms)
采样速率 10000
采样点数 3000
采样位数 24
采样模式 1
缓冲开关 0

通道数

板号	增益
1	64
2	64
3	64
4	64
5	64
6	64
7	64

确定 取消 应用(A)

图 4-22　采样描述选择菜单

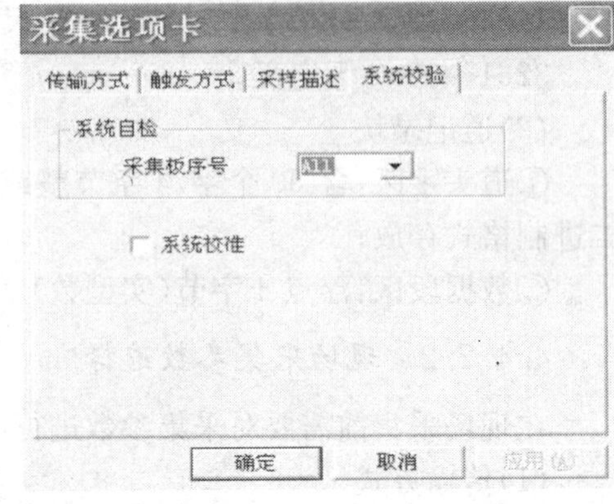

图 4-23　系统校验选择菜单

地震勘探数据处理应满足:①消除或削弱各种干扰波,保留和加强用于勘探目的的反射波或折射波,采用各种手段提高信噪比;②把反射波(或折射波)归位到产生反射(或折射)的地下反射点的位置上去;③提取地震波传播介质和界面的物理参数,用于定性和定量地解释地震层位的岩层物理特征;④提供地震正、反演问题的人机联作终端的各种处理方案和程序,以提高解释成果的精度;⑤使处理方案自动化,缩短处理周期,减少人工干预。

为了满足上述 5 个方面的要求,人们从不同的角度针对不同的问题,已经提出了多种处理方法和数学物理模型。这些方法和模型有的是在弹性波传播方程的原理上提出来的,有的是在其他学科中成功地应用之后被引进到地震数据处理中来的。地震勘探可以被看做是以地层为传输道的通信系统。它所记录的离散时间序列从一个角度来看是确定性过程,而从另一个角度看又是随机性过程。因此,在地震数据处理中常常是兼用数学分析方法和数理统计方法。地震勘探数据处理正处于不断发展和完善的进程中。

(1)各种校正

①能量平衡。USP 系统采用人工震源,常用锤击法和炸药爆炸提供震源。爆炸震源是通过雷管引爆,以雷管线断开作为爆炸计时信号,表明地震波已被激发开始传播。炸药量的多少、介质的岩性、药包形状及爆炸介质的耦合等因素对地震波的形状、振幅、频率等参数有重要影响。在均匀介质中爆炸时形成中心对称的膨胀性振动主要产生纵波。实验表明:炸药量影响地震脉冲的特征。假设一球形炸药包的炸药量为 Q,则地震脉冲的延续时间 t 与药量的关系:

$$t \propto Q^{1/3} \tag{4-20}$$

脉冲的振幅 A 与炸药量 Q 的关系服从下式:

$$A \propto Q^{k_1} \tag{4-21}$$

式中 k_1 当药量较少时，$k_1=1\sim1.5$；当炸药量较多时，$k_1=0.5\sim0.2$。

②球面扩散补偿。地震波在介质中传播，波前愈来愈大，前进着的地震波的振幅愈来愈小，这种现象由波前扩散所引起。地震波的波前是以震源为球心，按球面波的形式传播，这种随传播距离增加而引起振幅减小的现象称为球面发散效应。设某一时刻球面波的波前面为 S，总能量为 E，单位面积上的能量为 ε，球面半径为 r，则有：

$$\varepsilon = \frac{E}{S} = \frac{E}{4\pi r^2} \tag{4-22}$$

因为能量 E 与振幅 A 的平方成正比，则有：

$$A^2 \propto \frac{E}{4\pi r^2} \tag{4-23}$$

因而得：

$$A = c\frac{1}{r} \tag{4-24}$$

式中：$c=\sqrt{\dfrac{E}{4\pi}}$。

在均匀介质中，反射波的振幅与传播距离成反比，按照 $1/r$ 的规律衰减。

如图 4-24、图 4-25 是系统软件作的球面扩散补偿，球面扩散补偿后使得后期的信号得到有效增强（图中效果非常明显）。

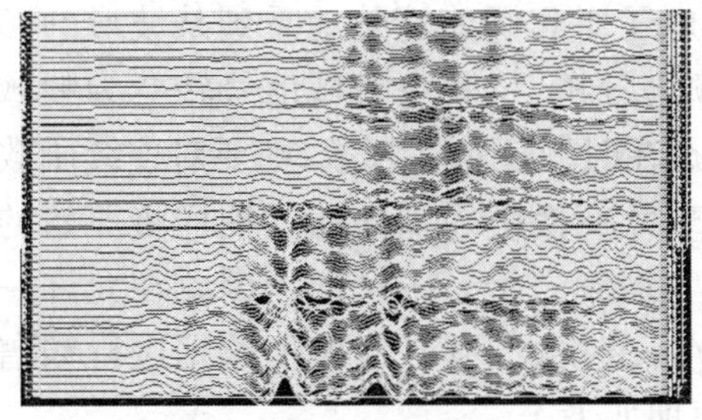

图 4-24 原图

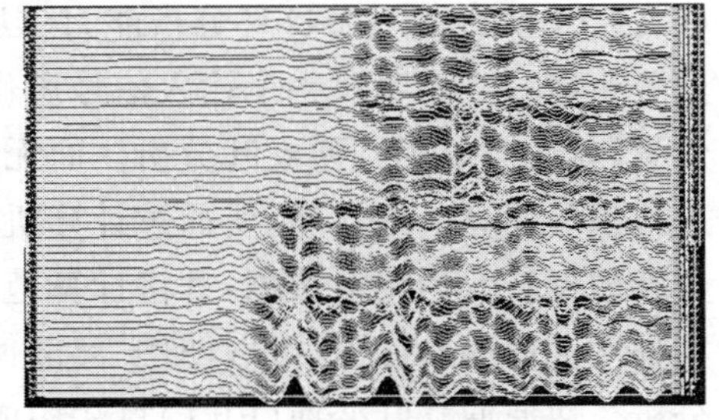

图 4-25 球面扩散补偿

③平均均衡补偿（图 4-27）。

平均均衡补偿：
$$\bar{A}_j = \frac{\sum_{i=1}^{N}|a_i|}{N} \tag{4-25}$$

补偿因子：$F_j = \frac{M}{A_j}$（M——期望平均振幅）

④均方根均衡补偿（图 4-28）

$$均方根均衡补偿：RMS_J = \sqrt{\frac{\sum_{i=1}^{N} a_i^2}{N}} \tag{4-26}$$

补偿因子：$F_j = \frac{RSM_e}{RSM_j}$（$RSM_e$ 期望平均振幅）

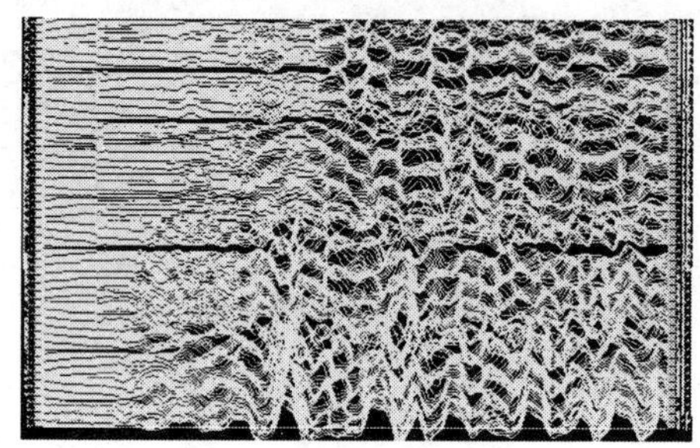

图 4-26　平均均衡补偿

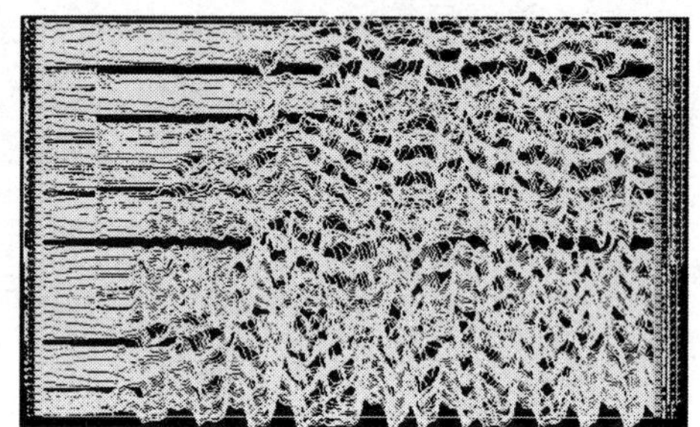

图 4-27　均方根均衡补偿

(2)频谱分析

地震波是一个随时间变化的函数，可以用傅里叶变换表示为频率的函数。地震波谱是反映地层性质的一种参数，波谱分析是提取频率参数的一种方法。在地震数据处理中，为了加速计算与相对保持波谱成分，常常在频率域进行数据处理。

频谱分析是电子工程上一个非常重要的手段，许多计算机辅助电路分析(CAA)类软件都具备这种分析能力，以便电子工程师能清楚地看到某波形的频谱分布情况。而要对一个输入信号源作频谱分析，将其由时域信号转变为频域信号，就必然要用到傅立叶分析。而无论是在时域还是在频域，都要对连续函数进行积分运算。很显然，要通过计算机实现此变换必须预先通过抽样将原始的连续数据转变为离散数据，并将计算范围收缩到一个有限区间。因此在允许一定程度近似的条件下，可以使用"离散傅立叶变换(DFT)"对波形数据进行频谱分析。快速傅立叶变换(FFT)算法构成原理如下：

要计算一个 N 点的离散傅立叶变换需要同一个 $N \times N$ 点的 W 矩阵（关于 W 矩阵请参阅信号与系统方面的书籍）相运算，随着 N 值的增大，运算次数显著上升。当点数达到 1 024 时，需要进行复数乘法运算 1 048 576 次，显然这种算法在实际运用中无法保证当点数较大时的运算速度，无法满足对信号的实时处理。

根据 W 矩阵中 W 元素的周期性和对称性，我们可以将一个 N 点的 DFT 运算分解为两组 $N/2$ 点的 DFT 运算，然后取和即可。为进一步提高效率，将上述两个矩阵按奇偶顺序逐级分解下去。当采样点数为 2 的指数次方 M 时，可分解为 M 级子矩阵运算，全部工作量仅为：

复数乘法：$M\times N/2$ 次

复数加法：$N\times M$ 次

而直接 DFT 需要的运算量为：

复数乘法：$N\times N$ 次

复数加法：$N\times(N-1)$次

当点数 N 为几十个点时 FFT 的优势还不明显，而一旦达到几千、几百个点时优势是十分明显的：

$N=1\,024$ 时：DFT 需 1 048 576 次运算，FFT 仅需 5 120 次运算，改善比 204.8。

$N=2\,048$ 时：DFT 需 4 194 304 次运算，FFT 仅需 11 264 次运算，改善比达到 372.4。图 4-28 为某现场采集数据的频谱分析结果。

(3)带通滤波

在接收地震波信号的同时也收到各种干扰波，既有高频干扰，又有低频干扰，需要设计带通滤波器(图 4-29)。其数学表达式为：

$$H_{\mathrm{b}}(f)=\begin{cases}1 & f_1<|f|<f_2\\ 0 & |f|>f_2,|f|<f_1\end{cases} \tag{4-27}$$

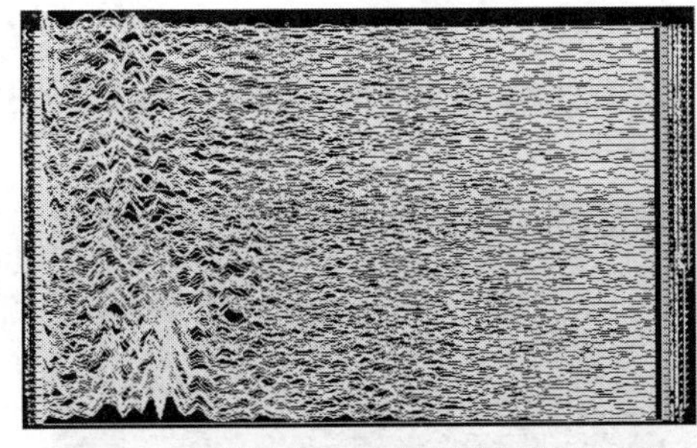

图 4-28　为某现场采集数据的频谱分析图

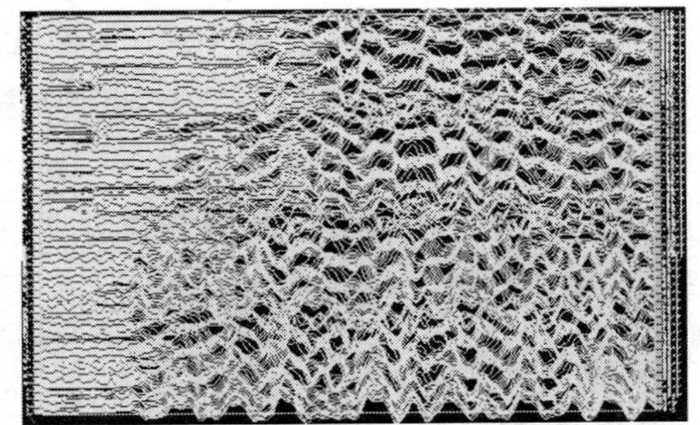

图 4-29　带通滤波处理图

(4)速度分析

地震波在岩石中的传播速度，是反映岩石性质的一种参数，也是进行时差校正不可缺少的处理参数，速度的应用几乎贯穿着地震勘探数据处理的全过程。

在地震勘探数据处理中常用的速度概念有：真速度(用于岩性解释)、层速度(岩性识别)、平均速度(小炮间距、用作时深转换、精度 5%)、均方根速度(用于偏移处理，要求精度 5%)和叠加速度(水平叠加处理，误差 10%)。这些速度概念既适合于地震纵波，也适用于横波，但二者量值是不同的。

①USP 系统求取真速度。

真速度：是无限小体积岩石所固有的性质，波以该速度走过无限小体积的岩石。其数学定义可以用微分式 $v=\frac{\mathrm{d}s}{\mathrm{d}t}$ 表示。它是真正反映岩性的一种速度。一般来说，地下介质是非均质的，岩石弹性参数和密度是空间坐标的函数，真速度也是空间坐标的函数，在纵、横向上都有变化，因此要严格精确测量它的值目前很难做到。

岩体的真速度是地下工程最为关心的问题。当然，波沿射线传播时是以真速度传播的，也就是说，如果站在射线的方向来观测波的传播，则观测到的速度应该是波在介质中传播的真速度 v。若不是从传播方向来观测而是与传播方向有一夹角 α，这时观测到的不是真速度而是视速度 v^*。其关系如下：

$$v*=\frac{v}{\cos\alpha} \tag{4-28}$$

USP 系统由于布设了多个方向检波器，因此可以观测分析求取岩体（相对均匀）的真速度。

具体求取方法：在初至波的平面内找到波振幅的极大值，从而求取直达波传播的方向，进而通过该检波器与震源的距离和到达时间计算某段岩体的真速度 v_P。它对判断岩体的强度及划分围岩级别有重要意义。图 4-30 是 USP 系统在初至波到达时利用图解法求取的振幅极大值。

下面举例说明，我们在某工作区，该区为粉质黏土，回填压实度约为 85%。图 4-31 为采用 64 个分量空间接收装置采样测得的粉质黏土真速度为 215m/s。

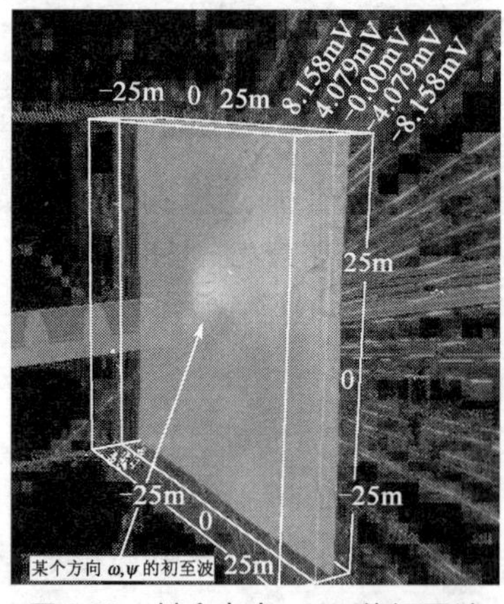

图 4-30 某个方向 ω,ψ 的初至波

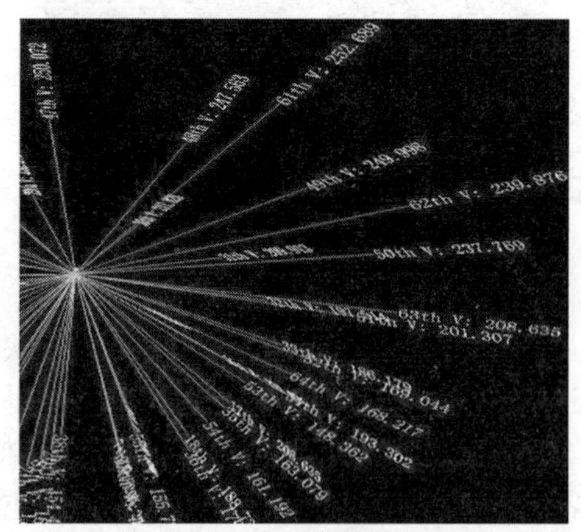

图 4-31 土体中真速度的求取

在石油地震勘探中，真速度一般是根据纵垂直剖面观测时所得的垂直时距曲线来求取，这时爆炸点位于所勘探钻孔的井口旁。如图 4-32 为某地区 5 号钻孔的真速度求取方法。垂直时距曲线是平缓的曲线，在 $V_k(H)$ 曲线上能够看到视速度值变化的部分。质点位移方向曲线 $\varphi(H)$［图 4-32c)］的特点是有更大的差异性和参差不平。质点位移方向的急剧变化与一般剖面岩相变化相对应，它们决定介质的弹性性质。相反，质点位移方向曲线 $\varphi(H)$ 上没有急剧跳跃则证明剖面弹性参数的稳定性。通过资料的综合分析，能够计算真速度曲线。如图 4-32在所研究沉积层剖面的真速度曲线上，出现几个速度跃变界面。

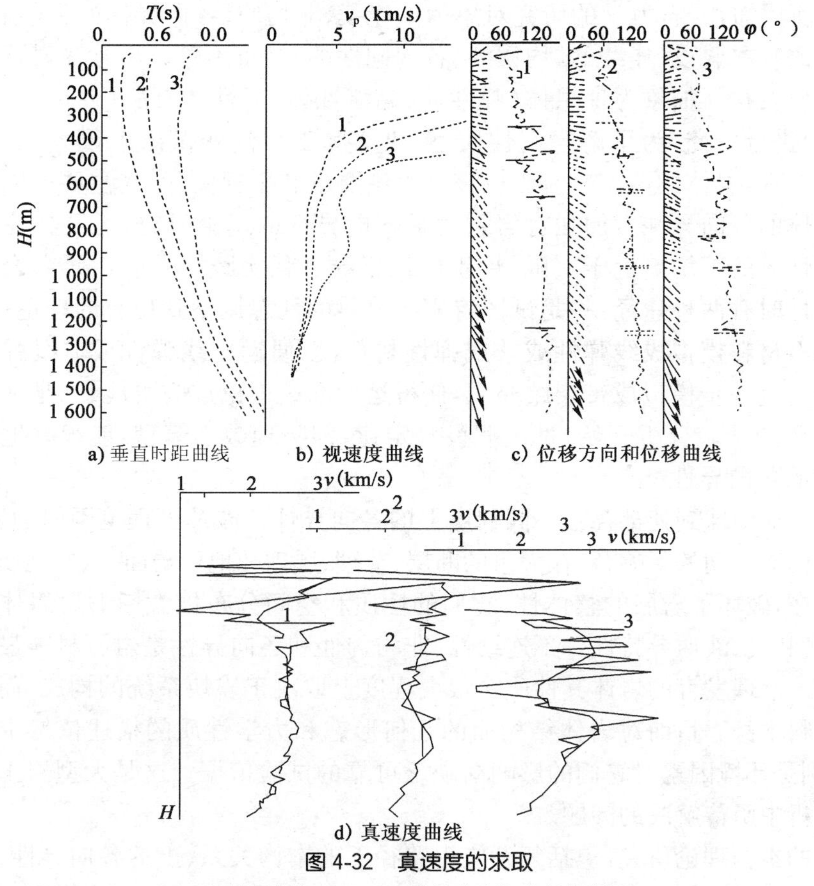

图 4-32　真速度的求取

（俄罗斯乌巴地区 5 号钻孔米尔佐扬资料）

②岩土体速度的各向异性。

地壳表面的岩体在经历形成与地质构造运动过程中，除造就了本身物质基础的不均匀性外，也导致了岩体的非连续性，由此两方面（物质和运动）因素从而决定了岩体的各向异性特征。我们考察岩体的意义在于研究岩体的工程性质，根据工程体的性质和规模，有些岩体可看作各向同性体，从工程应用角度考虑是正确合理的。但有些岩体则具有明显的各向异性，如大部分沉积岩、变质岩，几乎所有的层状、片状岩都显示较强的各向异性，它们的强度各向异性大小差别至少达 2 倍以上。E. Hoek 和 F. De Mendes 早已提出了岩体的各向异性对岩土工程建设的重要影响。E. J. Deklotg 认为在地下岩体工程的设计和施工中，岩体的各向异性可能在开挖阶段有被利用的有益的一面，而在支护阶段又存在着严重问题。与工程实际一样，在理论上研究岩体的各向异性也是必要的。

众所周知，岩石力学的研究对象为不连续、非均质、各向异性的天然岩体，与传统的基本假设(连续的、均质的、各向同性的)严重不符。尽管在岩石力学中常将岩石材料抽象为理想体(弹性体、黏滞性体、塑性体、黏弹性体、弹塑性体等等)进行研究，为了解岩石性质、解决实际工程问题做出了很大的贡献。但人们发现，岩体的性态有时难以满足理论要求和工程实际，其主要原因之一就是岩体的各向异性。加强对岩石力学各向异性的理论研究，无疑将使人门对岩石性质的了解更近于实际，更正确地指导工程实践。人们在研究岩体的各向异性时有两种途径：一是试图将岩石材料的性态调整到现有的理论中去，即将岩石材料模拟成线弹性或非线弹性材料，以便运用线弹性或非线弹性理论将岩石进一步模拟成带裂纹介质，使得运用断裂理论成为可能；二是从岩石材料性质的试验分析开始，推出假设与定律，即物理数学模型，能很好地表示所考虑的各向异性。

实际上地球到处都存在不同程度上的各向异性。涉及工程范围内的岩体，受地质构造运动的影响，存在大量的断层、节理、层理和地质弱面，这些地质结构面的存在，破坏了岩层的整体性，它们的性质和空间分布极大影响着岩体的变形、强度和气、液通导特性。不连续性、非均匀性和各向异性是岩石材料最主要的特性。节理发育的岩体其性质在很大程度上取决于岩块系统的构成，而不是岩石材料本身。目前对岩体结构面的几何形态和力学性质的描述依然十分粗糙，特别是环境因素对它们的影响尚缺乏可靠的试验依据。这是大型岩土工程力学分析中亟待解决的问题。

土的本构理论研究，包括复杂应力路径下的本构关系、土的各向异性、力学特征、主应力旋转时土的应力应变关系、不饱和土的变形特征、本构模型的实用化等。现代土工试验量测技术手段如剑桥式真三轴仪、空心扭剪仪、方向剪切仪、大中型土工离心机等，目前仍很难解决岩土体的各向异性问题。地质灾害中的土力学问题，如冲刷侵蚀、坍方、滑坡、泥石流的机制与防治等无不与岩土体的

各向异性有关。

在运用有限元塑性极限分析方法研究节理岩质边坡的稳定性，从宏观上将节理岩体视为均质各向异性体，但岩土体的各向异性参数如何选取及测试等问题是有限元计算与工程实际脱节的主要原因。

由于岩体具有不均质性和各向异性等特点，地震波传播速度有很大的方向差异。横波的偏振能够用来监测和研究介质的各向异性，这主要是横波对介质各向异性远比纵波敏感。当介质中存在波速各向异性时，可观测到两种类型的横波(SH 和 SV)，它们在不同方向上偏振并且有不同的传播速度。以不同速度传播的 SV 和 SH 在时间上相对有差异并互相干涉，形成椭圆偏振的振动状态。椭圆参数将根据干涉条件而变化。SV 和 SH 在时间上有相位移可证实在所用的频率范围内介质弹性的各向异性。具有明显层理特征的沉积岩具有最明显的各向异性，因为沿层理和垂直层理方向波的传播速度极不相同。USP 系统由于在某个方向上可测到岩土体的真速度，其他方向可测到岩土体的各向异性视速度。经对视速度进行变换处理后可求得各向异性岩体的纵、横波速度，进而可求取各向异性岩土体的实际力学参数，它对地下工程施工具有重要意义。

视速度的求法如公式(4-28) $v^* = \dfrac{v}{\cos\alpha}$。通过 USP 系统拾取各个分量方向的纵、横波到达时间和计算炮检距以及其空间角度可求取岩体介质的各向异性 V_p、V_s，进一步可计算不同方向的泊松比：

$$\upsilon = \frac{V_p^2 - 2V_s^2}{2(V_p^2 - V_s^2)} \tag{4-29}$$

其他相关参数的计算类推，详见岩土体力学参数章节介绍。岩土体各向异性的研究说明掌子面岩土体的量化数据指标是探讨地下工程前方未知地质情况的重要参考，也是超前地质预报从未知到已知的推衍基础。

下面举例说明。该试验在某区环形道路两侧肥槽注浆加固后效果评价中应用。该区回填为粉质黏土，压实度约为 85%。我们分别在注浆前、后进行试验。对测点排布做了大量的工作，见图 4-33、图 4-34 所示。首先对初至波进行拾取(自动拾取 + 手动调整)，用以计算各向异性土体介质的波速，它可对土性分析、地下工程设计参数的选取提供参考。

③速度分析。

速度分析目的是为波的叠加、偏移等处理提供处理参数，所用的方法以在共反射点道集上进行多道信号最佳估计为基础。地震记录是多道记录，多道信号的正常时差中隐含着地震波传播速度这一参数的信息。速度谱的概念是仿照频谱概念而来，频谱表示波的能量相对频率的变化规律，仿此将地震波的能量相对速度的变化规律呈现为速度谱。速度谱是地震勘探中应用最多、使用最普遍的速度资料。

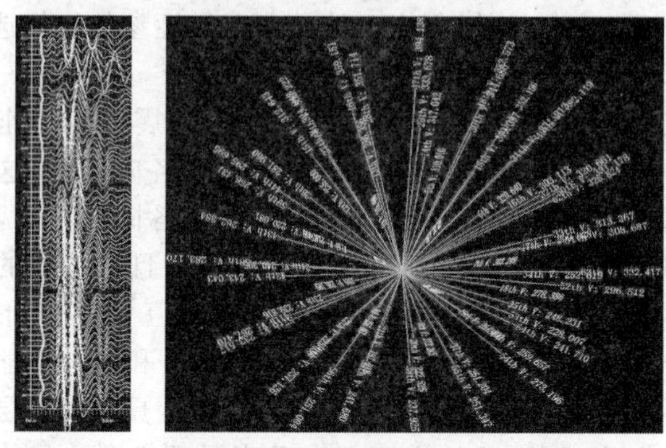

图 4-33　某测点 1 初至波拾取及各向异性岩土体介质波速

图 4-34　某测点 2 初至波拾取及各向异性岩土体介质波速

USP 系统是利用程序识别多通道的初至波的到达时间，再通过人工校正的方法将同相轴校正，选择一系列的试验速度然后进行各道取值叠加，一系列的速度就对应一系列的振幅值构成速度谱线。其叠加公式为：

$$A=\sum_{k=0}^{k}\frac{1}{N}\left|\sum_{i=1}^{N}g_i(t_{ij}+k\Delta)\right| \tag{4-30}$$

式中：$g_i(t)$——第 i 道 t 时刻的样值；

k——时窗大小；

N——试验速度取的个数；

A——平均振幅。

其初至波校正后，也是反射波提取后，空间装置的各通道的时距曲线是在接收器为球心的球面。其相邻通道的时间差 Δt 公式如下：

$$\Delta t=\frac{r\times\cos(\theta_{i+1}-\theta_i)}{V} \tag{4-31}$$

式中：$r = v_0 t_0$；Δt——只与角度有关而与位置(距离)无关的函数；

θ_i——第 i 个通道检波器轴向与震源点和接收器中心方向的夹角；

V——叠加速度。

图 4-35 是速度谱分析显示窗口，经过速度谱分析后，可显示任意通道纵波、横波各分量的曲线图、等值线图和等值像图，也可叠加显示(图 4-36)。同时可进行速度拾取，如此岩土体在空间各个方向上就有了视速度的空间分布。该分布可进行深度偏移及岩土体参数计算。

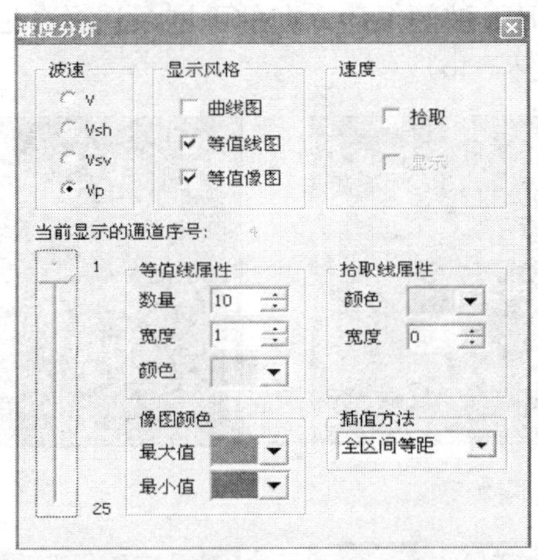

图 4-35　速度谱分析显示窗口

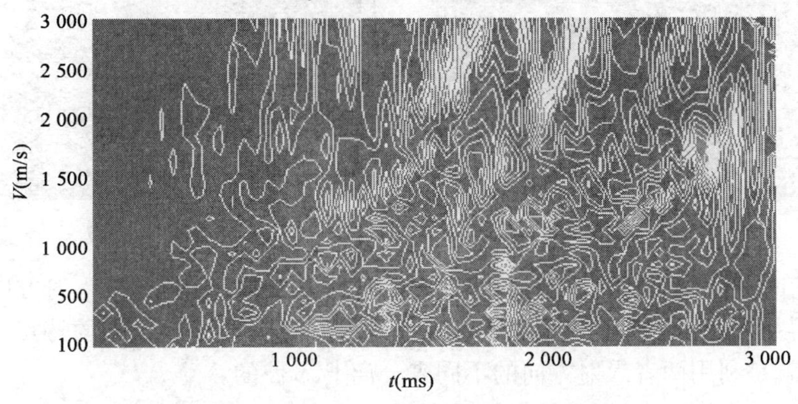

图 4-36　USP 速度谱分析图

(5)波场分离

多波多分量地震勘探与传统的单一纵波地震勘探相比具有许多优势，同时采集纵、横波资料可以分别形成叠加剖面，有利于构造成像。更可贵的是，它可以用来提取更多的约束岩性、储层、裂隙分布的地球物理参数以及应力场信息。波场分离是多波多分量地震资料处理的重要环节之一。P、S波的分离以往主要采用时差法来划分，即根据二者的速度之间的差别来估计P、S波的到时，从而分离出P、S波。这对于纯的P、S波较好，但对转换而来的P、S波分离就相对困难。石油地震勘探资料中还应用 F-K 法和 τ-p 法进行P、S波分离。尽管有一定的效果，但由于计算量大及方法应用的一些限制，应用于广角地震勘探资料的P、S波分离有一定的困难。USP系统采用相位法和极化滤波法进行分离。

①相位法是利用P、S波间振动方向的不同及选择合适的坐标系来分离P、SH、SV波（图4-37～图4-40）。

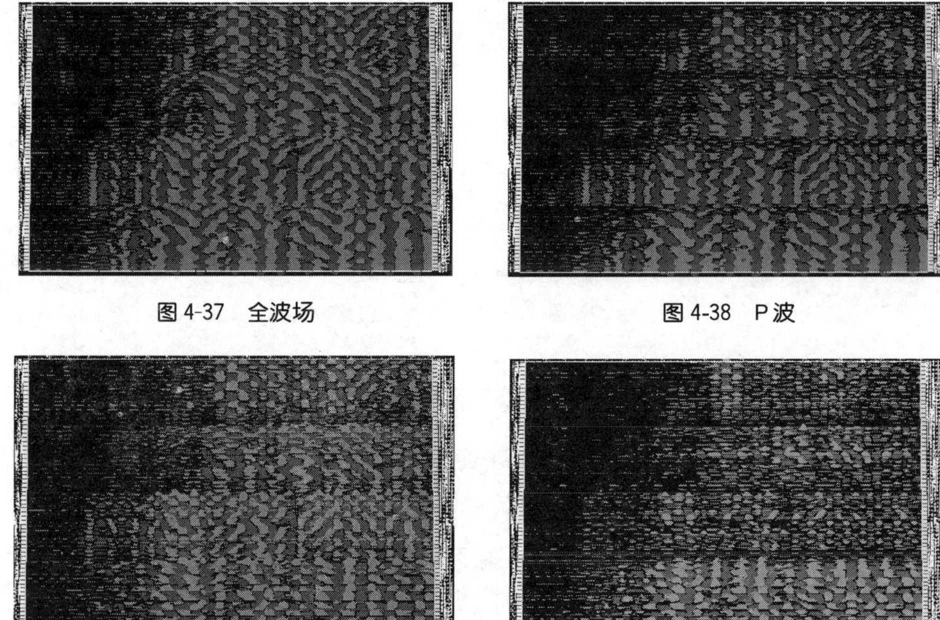

图4-37　全波场

图4-38　P波

图4-39　SH波

图4-40　SV波

②在相同的激发条件下，进行多波多分量接收时由于P、S波入射方向的差别，使得P、S波在各个方向上的分量具有能量（或振幅比例）不同的特点。极化滤波法就是利用两者入射方向的不同来分离P、S波的。

在直角坐标系中，振动的全矢量 A 在 x,y,z 轴上的投影：

$$
\begin{aligned}
Ax(t) &= |A(t)|\sin\varphi(t)\cos\omega(t) \\
Ay(t) &= |A(t)|\sin\varphi(t)\sin\omega(t) \\
Az(t) &= |A(t)|\cos\varphi(t)
\end{aligned}
\tag{4-32}
$$

(6)绕射叠加

绕射叠加是从绕射波归位到其顶点的几何地震学偏移方法。首先,将地下空间划分为网络,认为每个网络点都是绕射点。根据网络点的坐标计算出它所发出绕射波的时距曲线,然后按照此绕射双曲线给定的时距曲线在实际记录道上去对应振幅值,将它们相加后放置在绕射点处,作为偏移后该点的输出振幅。依次对每个网络点都作如上处理就完成了绕射扫描叠加偏移工作。

对角度偏移的绕射叠加,由于接收器到绕射点的距离几乎相等,这样距离偏移的作用不明显。因此,对角度偏移的绕射叠加就要在计算绕射点与接收器的方向上各个不同交角检波器在绕射点上的分量叠加来计算其绕射叠加。角度偏移的绕射叠加只与各个检波器法线方向与接收器到绕射点的法线方向有关。

设接收器到绕射点的距离 S_1,绕射点到震源点距离 S_2,那么,所有空间检波器在绕射点处的反射波幅等于 $(S_1+S_2)/v$ 时刻的值乘以绕射点与接收器连线的夹角余弦之和,详见图 4-41、图 4-42。

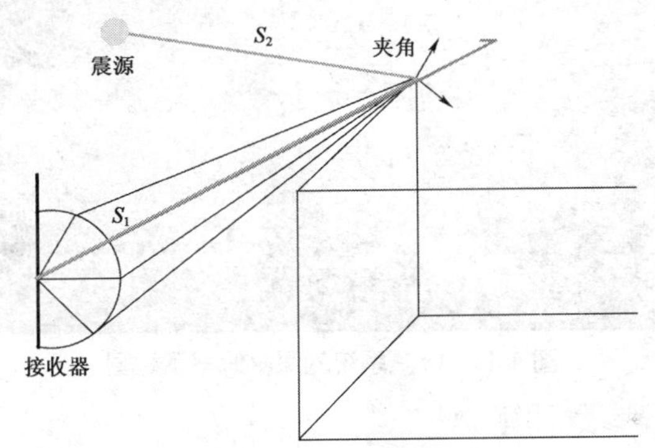

图 4-41 绕射叠加原理示意图

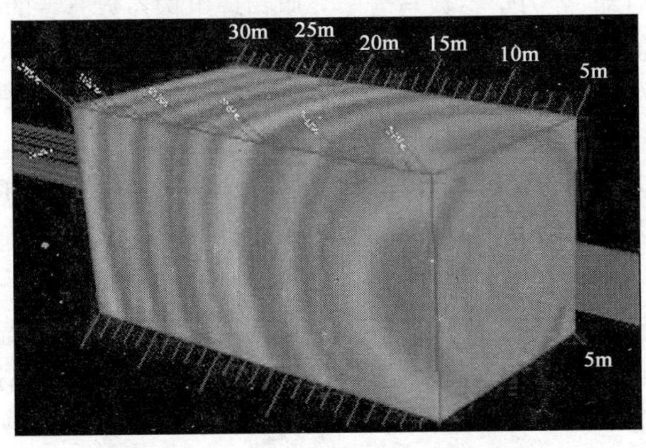

图 4-42 USP 系统的绕射叠加示意图

(7)深度偏移

地下岩土地质结构是用地震波形同相轴表示的，偏移(归位)处理在叠加剖面上使地震波更能接近或准确地反映地质结构。当地下地层为水平状态时，反射波形正好反映记录道正下方的地层。如果反射地层是倾斜界面时，地震反射同相轴就要向下倾方向移动。这时在叠加剖面上反射同相轴的视倾角 ϕ_0 与地层的真倾角 ϕ 是不等的。在均匀介质的条件下二者存在下列关系：$\sin\phi=\tan\phi_0$。为了使地震剖面能够真实地反映地下的构造情况，把由于地层倾斜而引起的反射波记录位置偏移归位到产生它的反射点位置上去，此即地震波的偏移处理。常用的处理方法为波动方程法和与绕射叠加法。USP 系统采用的是速度谱分析法和绕射叠加处理进行深度偏移处理地震剖面的(图 4-43)。

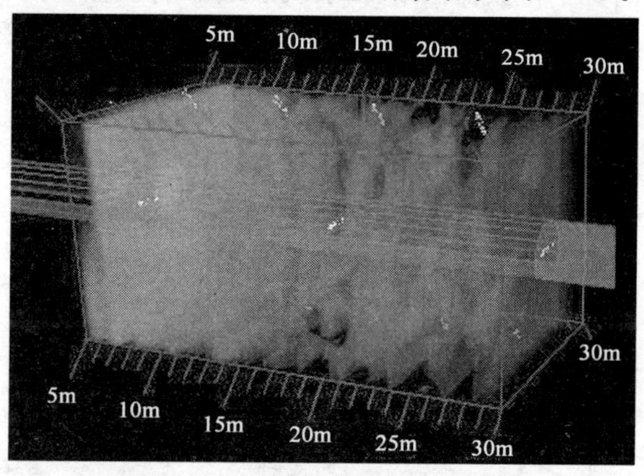

图 4-43　USP 系统的深度偏移示意图

(8)岩土体力学参数计算

岩土体有着特定的物质组分和结构构造，从而表现出复杂的工程力学性质。为研究岩土介质动、静力学参数与岩土介质物理组构参数三者的关系，结合工程岩土体勘察评价，对岩土介质进行了一系列反射波探测及处理，利用纵波波速 V_p、横波波速 V_s 进一步分析岩土介质的弹性波速与介质密度、泊松比等之间的关系，具体计算参见表 4-3。其公式的理论出处这里不一一列出。

用户可根据需要分别计算一种或一组参数来说明或描述超前地质预报的地质情况变化或灾害体的效果，见图 4-44～图 4-46。

4.4.2.4　显示

通过回放现场地震记录可以进行各种波形、处理图形显示，显示的方式根据具体的数据处理、现场情况有多种方式，USP 系统的数据显示包括：一维、二维、三维图形。每个维内又有多种具体显示方式。同时还可进行静、动态显示等。以下分别介绍各种显示图形。

弹性参数的数学关系 表 4-3

参数	动态杨氏模量 E	泊松比 σ	体模量 k	剪切模量 μ	拉梅常数 λ	P 波速 V_P	S 波速 V_s	波速比 $\frac{V_P}{V_s}$
(E,σ)			$\frac{E}{3(1-2\sigma)}$	$\frac{E}{2(1+\sigma)}$	$\frac{E\sigma}{(1+\sigma)(1-2\sigma)}$	$\left[\frac{E(1-\sigma)}{(1+\sigma)(1-2\sigma)\rho}\right]^{\frac{1}{2}}$	$\left[\frac{E}{2(1+\sigma)\rho}\right]^{\frac{1}{2}}$	$\left[\frac{1-2\sigma}{2(1-\sigma)}\right]^{\frac{1}{2}}$
(E,k)		$\frac{3k-E}{6k}$		$\frac{3kE}{9k-E}$	$3k\left(\frac{3k-E}{9k-E}\right)$	$\left(\frac{3k(3k+E)}{\rho(9k-E)}\right)^{\frac{1}{2}}$	$\left(\frac{3kE}{\rho(9k-E)}\right)^{\frac{1}{2}}$	$\left(\frac{E}{3k+E}\right)^{\frac{1}{2}}$
(E,μ)		$\frac{E-2\mu}{2\mu}$	$\frac{\mu E}{3(3\mu-E)}$		$\mu\left(\frac{E-2\mu}{3\mu-E}\right)$	$\left(\frac{\mu(4\mu-E)}{(3\mu-E)\rho}\right)^{\frac{1}{2}}$	$\left(\frac{E}{2(1+\sigma)\rho}\right)^{\frac{1}{2}}$	$\left(\frac{3\mu-E}{4\mu-E}\right)^{\frac{1}{2}}$
(σ,k)	$3k(1-2\sigma)$			$\frac{3k}{2}\left(\frac{1-2\sigma}{1+\sigma}\right)$	$3k\left(\frac{\sigma}{1+\sigma}\right)$	$\left[\frac{3k(1-\sigma)}{\rho(1+\sigma)}\right]^{\frac{1}{2}}$	$\left(\frac{3k}{2\rho}\left(\frac{1-2\sigma}{1+\sigma}\right)\right]^{\frac{1}{2}}$	$\left[\frac{1-2\sigma}{2(1-\sigma)}\right]^{\frac{1}{2}}$
(σ,μ)	$2\mu(1+\sigma)$		$\frac{2\mu(1+\sigma)}{3(1-2\sigma)}$		$\mu\left(\frac{2\sigma}{1-2\sigma}\right)$	$\left[\left(\frac{2\mu}{\rho}\right)\left(\frac{1-\sigma}{1-2\sigma}\right)\right]^{\frac{1}{2}}$	$\left(\frac{\mu}{\rho}\right)^{\frac{1}{2}}$	$\left[\frac{1-2\sigma}{2(1-\sigma)}\right]^{\frac{1}{2}}$
(σ,λ)	$\lambda\frac{(1+\sigma)(1-2\sigma)}{\sigma}$		$\lambda\left(\frac{1+\sigma}{3\sigma}\right)$	$\lambda\left(\frac{1-\sigma}{2\sigma}\right)$		$\left[\left(\frac{\lambda}{\rho\sigma}\right)(1-\sigma)\right]^{\frac{1}{2}}$	$\left[\frac{\lambda}{\rho}\left(\frac{1-2\sigma}{2\sigma}\right)\right]^{\frac{1}{2}}$	$\left[\frac{1-2\sigma}{2(1-\sigma)}\right]^{\frac{1}{2}}$
(k,μ)	$\frac{9k\mu}{3k+\mu}$	$\frac{3k-2\mu}{2(3k+\mu)}$			$k-\frac{2\mu}{3}$	$\left(\frac{k+\frac{4\mu}{3}}{\rho}\right)^{\frac{1}{2}}$	$\left(\frac{\mu}{\rho}\right)^{\frac{1}{2}}$	$\left(\frac{\mu}{k+\frac{4\mu}{3}}\right)^{\frac{1}{2}}$
(k,λ)	$9k\left(\frac{k-\lambda}{3k-\lambda}\right)$	$\frac{\lambda}{3k-\lambda}$		$\frac{3}{2}(k-\lambda)$		$\left(\frac{3k-2\lambda}{\rho}\right)^{\frac{1}{2}}$	$\left[\frac{3(k-\lambda)}{2\rho}\right]^{\frac{1}{2}}$	$\left[\frac{1}{2}\left(\frac{k-\lambda}{k-\frac{2\lambda}{3}}\right)\right]^{\frac{1}{2}}$
(μ,λ)	$\mu\left(\frac{3\lambda+2\mu}{\lambda+\mu}\right)$	$\frac{\lambda}{2(\lambda+\mu)}$	$\lambda+\frac{2}{3}\mu$			$\left(\frac{\lambda+2\mu}{\rho}\right)^{\frac{1}{2}}$	$\left(\frac{\mu}{\rho}\right)^{\frac{1}{2}}$	$\left(\frac{\mu}{\lambda+2\mu}\right)^{\frac{1}{2}}$
(V_P,V_S)	$\rho V_S^2\left(\frac{3V_P^2-4V_s^2}{V_P^2-V_S^2}\right)$	$\frac{V_P^2-2V_s^2}{2(V_P^2-V_S^2)}$	$\rho\left(V_P^2-\frac{4}{3}V_S^2\right)$	ρV_S^2	$\rho(V_P^2-2V_S^2)$			

图 4-44　USP 系统纵波波速参数计算示意图

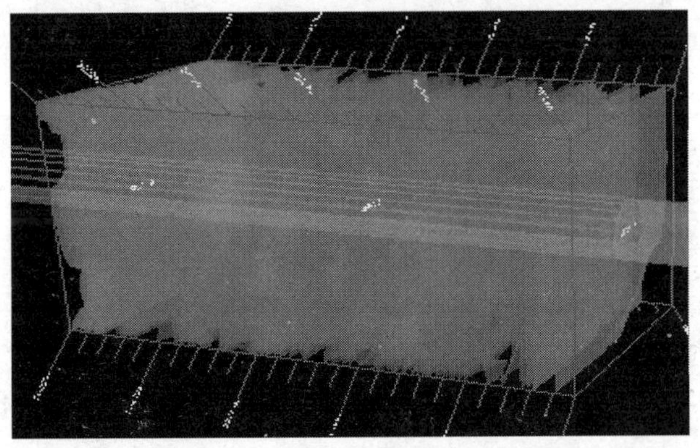

图 4-45　USP 系统体模量参数计算示意图

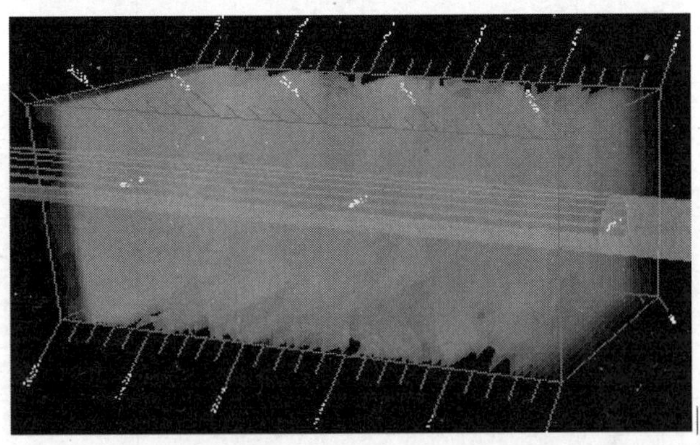

图 4-46　USP 系统剪切模量参数计算示意图

(1)一维显示

空间装置地震波记录的一维时距曲线的绘制形式可按不同纬度圈(ω变化，ψ不变)和不同经度圈(ψ变化，ω不变)来进行绘制。

①按纬度圈显示。

不同纬度圈显示说明地震波的振幅、相位随ω的变化而变化。在具体显示过程中用以下5种图表示，见图4-47～图4-51。

图4-47 波形加面积

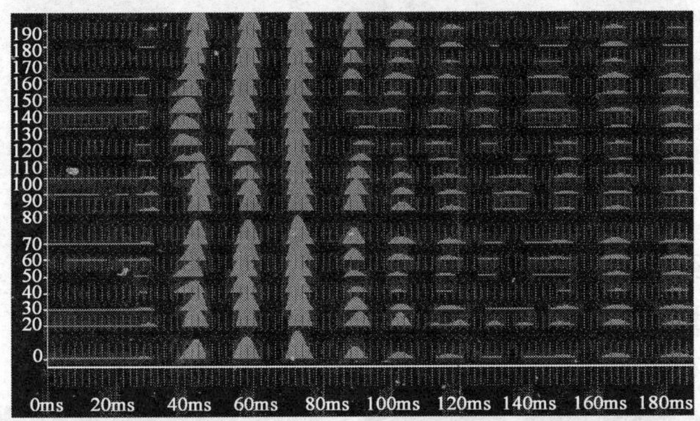

图4-48 变面积

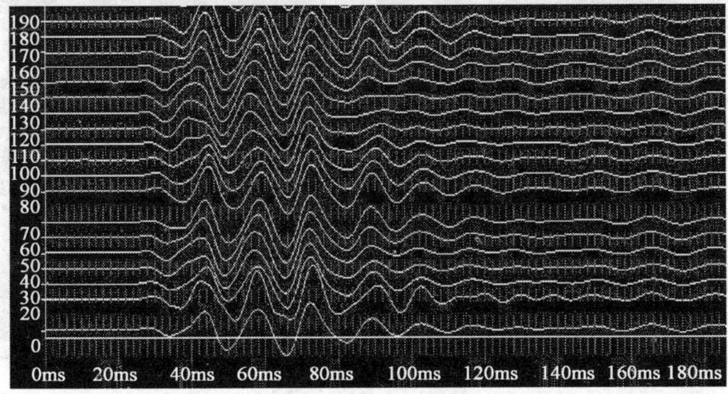

图4-49 波形图

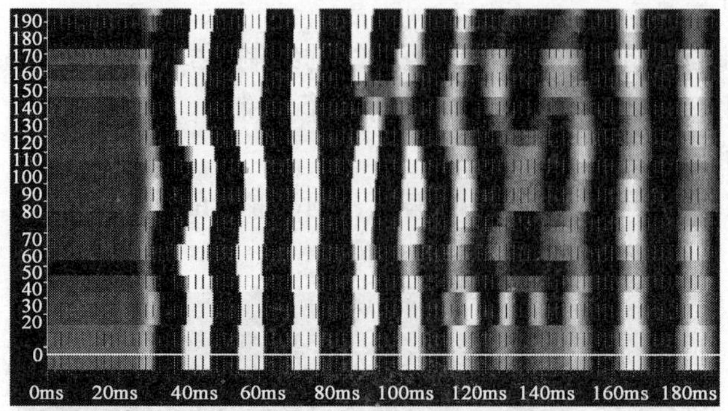

图 4-50　变密度

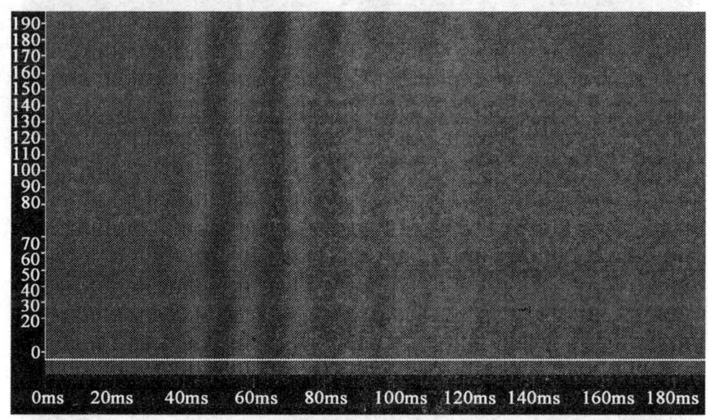

图 4-51　波形加变密度

②按经度线显示。

不同经度圈显示说明地震波的振幅、相位随 ψ 的变化而变化。在具体显示过程中有以下 4 种图表示，见图 4-52～图 4-55。

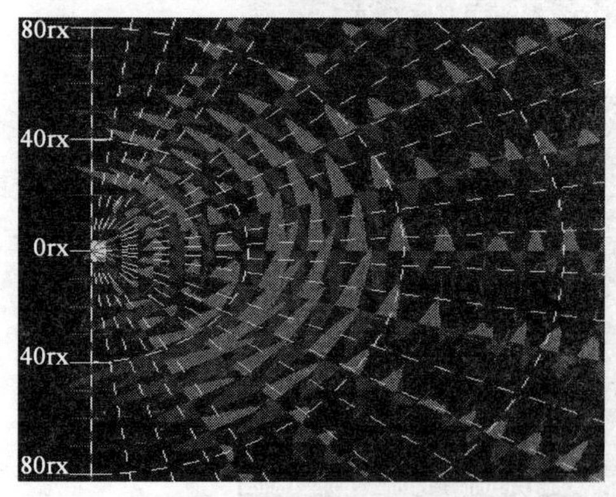

图 4-52　波形加面积

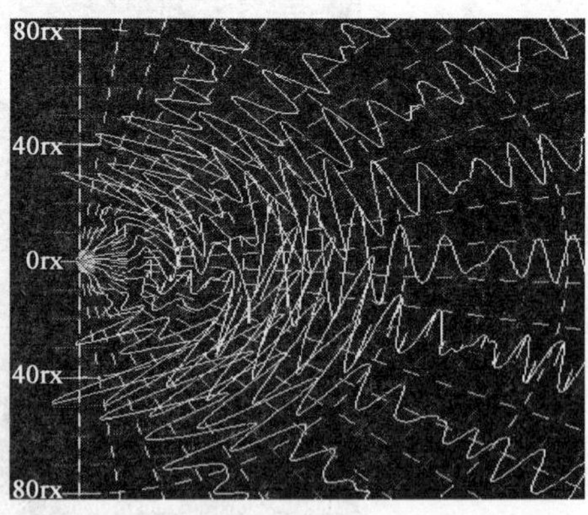

图 4-53　波形

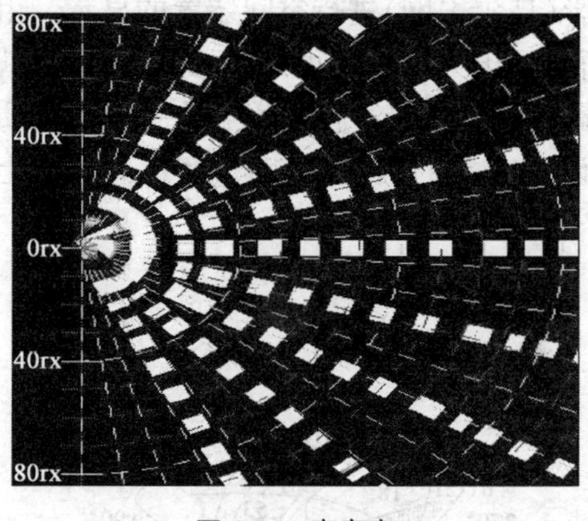

图 4-54 变密度

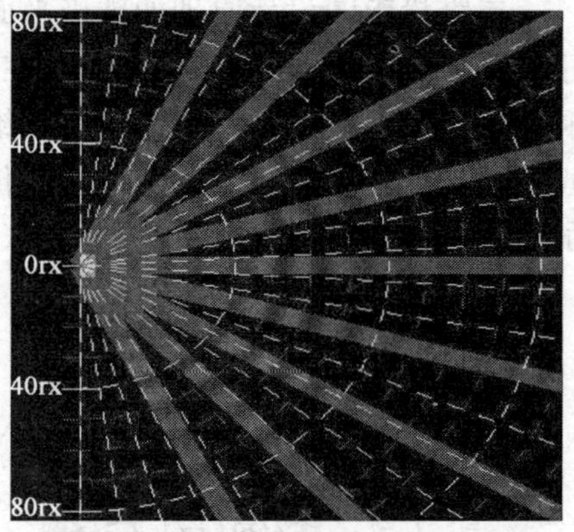

图 4-55 波形加变密度

(2)二维显示

二维显示包括在隧道某个里程时相切的地震断面和某个时刻到达的波场投影图。它们分别用等值线图、像图、影像图、立体线图、立体像图来表示,并可根据需要互相叠加显示,同时也可以沿里程方向移动。某一里程相切的地震断面如图 4-56～图 4-58。

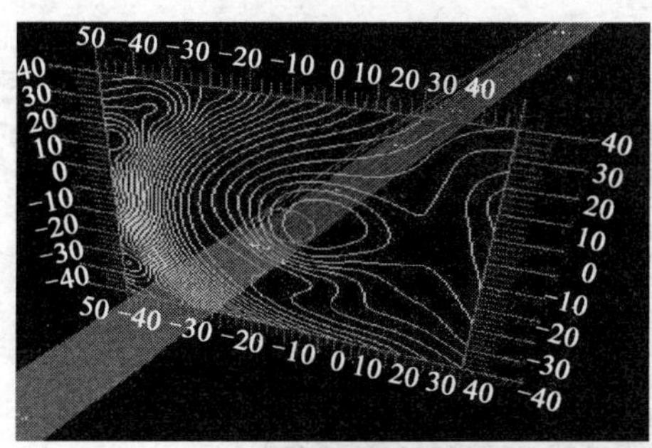

图 4-56 等值线图

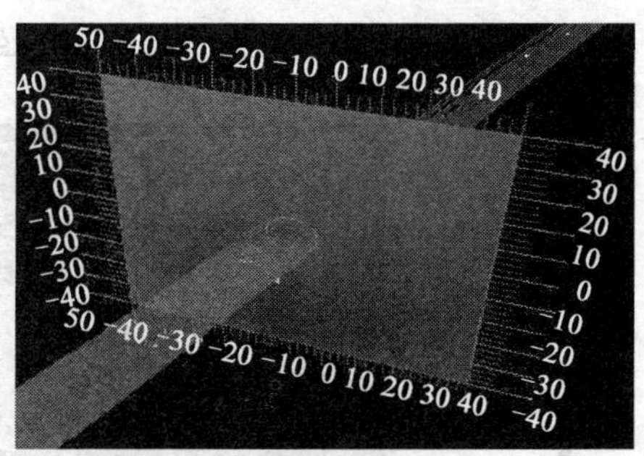

图 4-57 像图

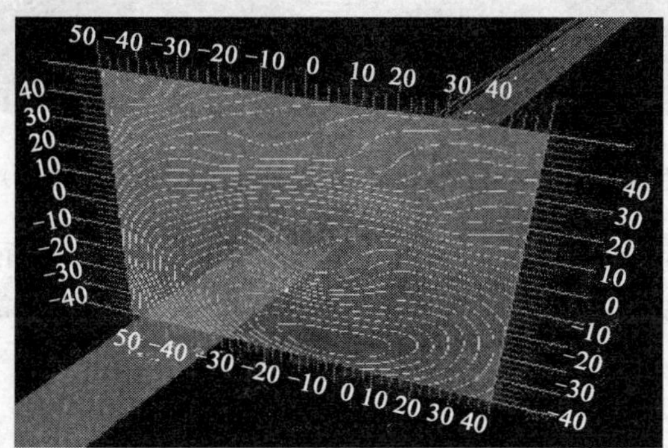

图 4-58 等值线＋像图

三维投影图设计原理如球极平面投影(乌尔夫网)进行空间装置的显示。由于在平面上表示这些空间轨迹,即在平面上画出天空困难很大,天文学家很早就利用球极平面投影来有效地研究三维投影。因为球极平面可以解决一个点处质点运动的轨迹和实质是三维地震波传播研究有关的问题,借助于变换到球面上的方法能在平面上研究空间的方向(图 4-59、图 4-60)。

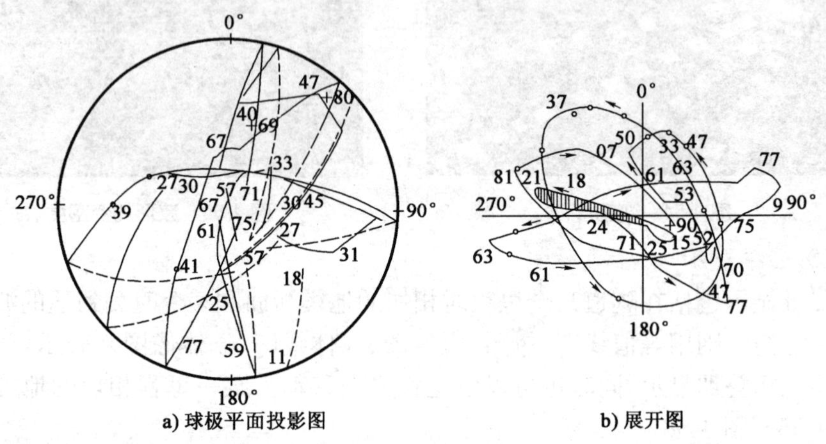

a) 球极平面投影图　　b) 展开图

图 4-59　在球极坐标中的爆炸地震记录

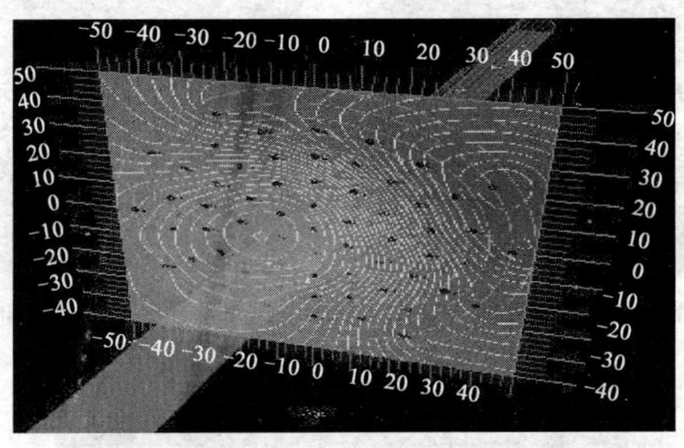

图 4-60　USP 系统的等时波场投影图(等值线＋像图)

球面上以刻度划分的网在平面上的投影称为球极平面投影网(图 4-61、图 4-62)。对地震勘探最有价值的子午线网,在研究空间方向和其变化的规律有重大意义。

(3)三维显示

三维显示包括:三维像图、三维等值面图、三维矢量图。

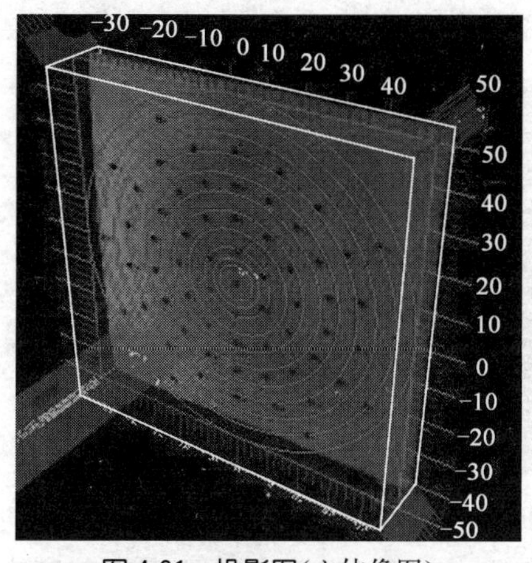

图 4-61 投影图(立体像图)

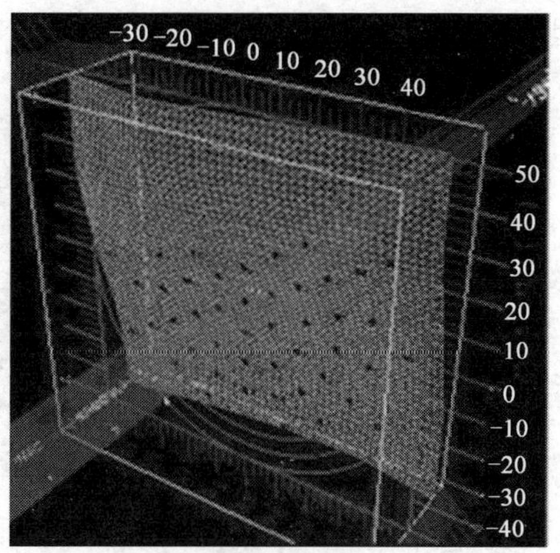

图 4-62 投影图(立体线图)

①三维像图。

USP 系统地质预报中的三维数据是空间采集的与深度有关的三维数据结构。如何恰当地表示三维数据,就目前物探工作的现状,通常的做法是由一系列断面图或一系列平面图来表示,且构造图形的过程很烦琐。即使使用目前流行的图形软件绘制,都不能充分地体现三维数据的真实图形结构。因此,对于物探异常的形态只能“片面”而论,而复杂的地质构造异常恰是三维形状体。三维数据图像显示能最真实地反映数据体的立体结构,具有整体性强、直观等特点,且能够从不同方向任意切割、安装,能对任意一个面作细化描述。整个过程可平移、放大、旋转,从而实现最佳显示,详见图 4-63、图 4-64。

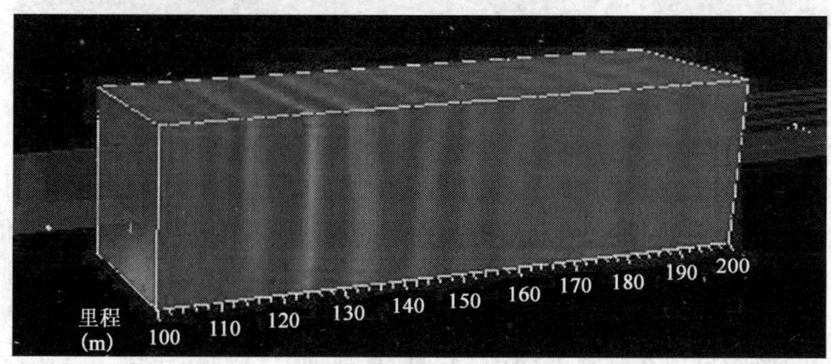

图 4-63 原像

在三维数据显示过程中,就物体的整体而言,当然是统一规定其灰度或伪彩色。这样在三维成像后,整个长方体显示的是一连续的物性。然而,为了方便观察者观看细节,很有必要配合切割、安装技术,针对某个面作细化处理。所谓细化处理,亦是对某个面重新进行灰度变换,在视觉上亦相当于调节焦距,细化处理能描述某个面的微细结构。

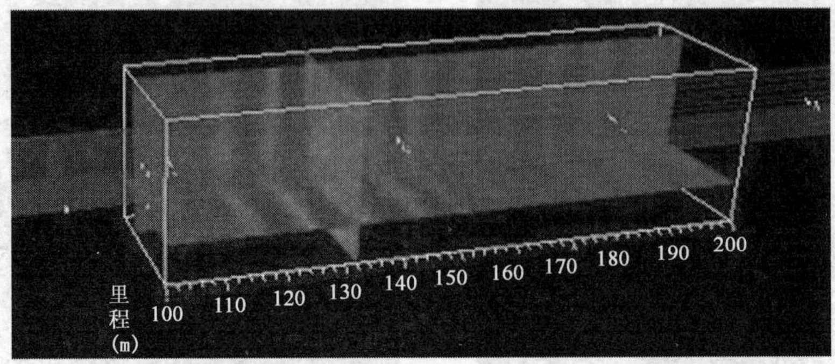

图 4-64　切割后像

细化处理的基本思路：在切割、安装过程中，针对任意一个外露面作灰度变换，其具体方法是在该面内寻找数据最大值，作为灰度最大值，使该面能最大可能地显示物性层次，详见图 4-65。

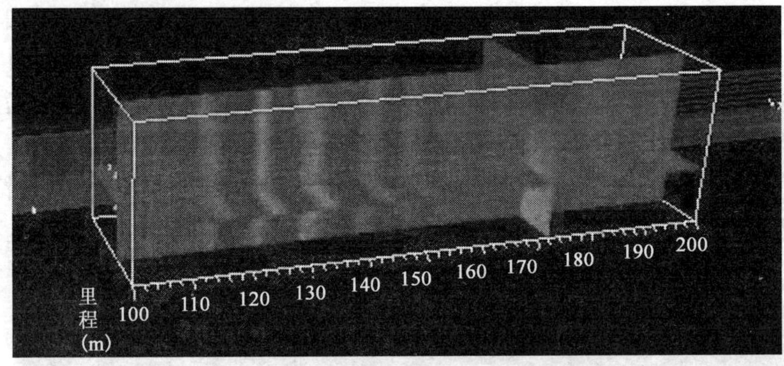

图 4-65　整体细化后影像

②三维等值面图。

该图能够恰当地反映三维数据的某种特性，也是一种真实的实物图。通常人们所说物体具有某种特性，是指该物体具有某种参数或某种性能的等值范围，其实质上是用物性参数的等体面图来描述的。而物探异常其实质是一种参数范围，因此，这里所说的等值面图可以作为三维预报数据体的实际推断结果，它以实物结构的形式呈现在观察者面前，方便、直观地解释物探异常。

物性特征图的绘制过程非常复杂，在整个图形制作过程中，大体上可分为以下几个过程。欲绘制一实物，首先要对实物用三维网格进行剖分，然后连接剖分网格棱线与实物的交点，分别从 X、Y、Z 方向网络实物，形成实物网络线。对实物网络线进行消隐处理，并逐一对各网格着色，最终形成实物图。网格剖分越细，越接近真实物体。整个绘图可通过下面几个部分描述：网格剖分、等体面的

绘制、隐藏处理。其图形的实际效果如图4-66所示。

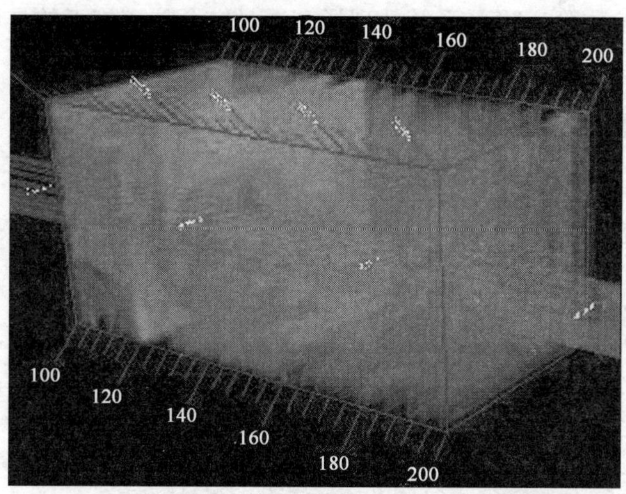

图4-66 10个等值面描述的地震波场值的不同等值面图

③三维矢量图。

在表示三维数据结构场时,离不开矢量图的表示(图4-67)。三维地震波场是一矢量场,图4-67是实际野外采集数据的矢量场示意图。

分析位移方向场可为研究波场和获得介质资料提供帮助,因为这能使我们了解在铅垂平面中方向连续变化的规律。大量的资料表明,质点位移方向变化规律的定量研究能够得到所记录波的性质和速度剖面细节的补充信息。

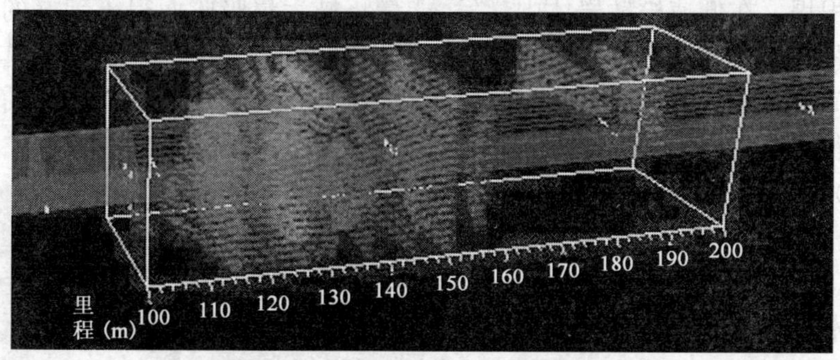

图4-67 所要求预报范围的地震波场矢量图

4.5 野外观测方法

地震勘探的现场采集形式是根据地质勘探任务、干扰波及有效波的特点、地震地质条件等诸方面因素确定的。为了能够得到系统地追踪目标体反射波的地震记录,在施工现场探测时必须适当地安排震源和接收器的相互位置、激发条件、记录仪器参数等。USP 系统的现场布置是结合隧道施工的具体方法进行安排的。

4.5.1 震源

人工震源有两大类:①炸药震源;②非炸药震源(锤击法)。

USP 系统可以使用两种震源方式;通常在岩体中使用爆炸震源,而在土体中采用锤击震源。

(1)爆炸震源

图 4-68 爆炸震源和经改造后的起爆器

为了提高爆炸效果,炮孔中应充水,以使有效波强度增加;声波干扰减小、炮孔不易坍塌。在低速松散岩体中激发,能量将被大量吸收而得不到好的测试效果,使得所产生的振动频率低、能量弱。爆炸震源与采集器是在起爆器炸断电子雷管瞬间同步启动的(图 4-68),由改造后的起爆器传给采集器的同步信号在计算机进行同步处理。

(2)锤击法

锤击法在工程地震勘探中经常使用,利用几磅重的铁锤冲击地面上的铁盘作为震源(图 4-69),铁盘中安装有振动开关,在重锤冲击到铁盘的瞬间振动开关把触发信号送给采集器,开始采集信号。锤击震源在地铁施工及浅层地质勘探中地质噪声不是很大的情况下使用非常方便。

图 4-69 锤击震源

4.5.2 现场布置

USP 系统结合隧道不同施工方法的现场布置如图 4-70 所示。

①台阶法(单洞、多导洞工法)开挖可如图 4-71 布置,该方法在施工中普遍采用。多台阶法同样可以进行更佳详细布置。

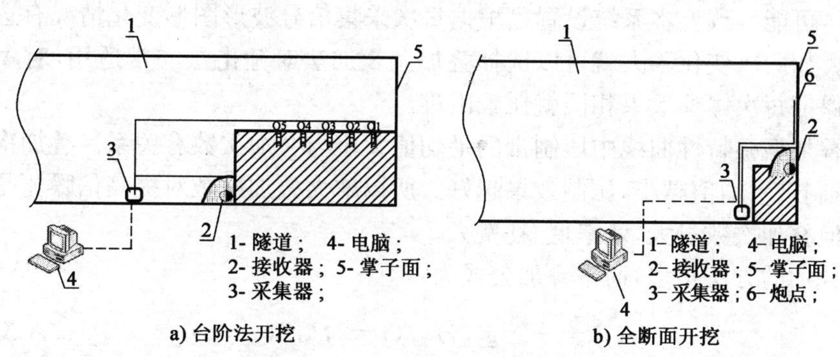

图 4-70 USP 现场布置纵断面图

其震源和接收器可根据现场具体任务和现场条件合理安排(接收器最多 4 个,震源点可多点,具体均可增减)。

②全断面施工法。即使是非常好的围岩,施工中也很少采用完整断面施工。USP 系统在全断面法施工时同样可以方便布设,如图 4-70b)所示。这时可将接收器直接布置到掌子面下方,可以在掌子面上安排炮点,只是炮孔应有一定的向下倾角,方便孔内灌水,其他做法和台阶法一样。

4.5.2.1 单震源布置

单震源现场布置通常是在确保单次信号采集数据可靠的条件下进行,通常不主张采用。单震源可能由于现场条件所限或其他安全原因等制约,但只要能保证采集到可靠信号单震源仍能保证软件分析要求。最好能启动采集系统中的叠加功能以保证信号的可靠性。也可以在同一个震源处,采集多个单个数据文件进行处理。

4.5.2.2 多震源布置

多震源数据采集是为了保证现场数据的可靠性,保证采集的三维空间数据有足够的密度,同时也是为了保证预报范围内能有足够的精度而采用的高密度地震信号空间密构技术。其原理就是在预报的范围内,通过多个接收器和多个震源,将位置对比和方位对比联合进行。这是 USP 系统整体设计的基础。

4.5.3 叠加采集

多次叠加(同向相加)的方法可以压制干扰波,提高信噪比,削弱多次反射波。叠加法还有频率滤波作用。USP 采集可以设置叠加采集,叠加次数可任意设定,可在同一个点上进行多次叠加采集。但必须保证震源点的条件在每次采集时尽可能一致。本系统设置是根据每次采集信号波形图形变化情况有选择地叠加。如两次变化不大就可以选择叠加。叠加法对锤击法非常适用,对爆炸震源要保证每次爆炸效果相同就比较困难。

叠加振幅特性曲线中压制带的平均值大小与叠加次数有关系。叠加次数越多,压制带平均值越小,压制效果越好。所以增大叠加次数对提高信噪比是有利的。但叠加次数过大,效率低、耗费大。

叠加的方法很多,通常叠加公式为:

$$y(j)=\frac{1}{n}\sum_{i=1}^{n}g_i(j)\quad (j=0,1,2,\cdots,L) \tag{4-33}$$

式中:$y(j)$——叠加结果;

$g_i(j)$——是叠加输入道集中第 i 道第 j 个样值;

j——采样序号;

i——记录道序号;

n——总道数;

L——每道的总采样点个数。

4.5.4 多个接收器的空间组合

多个接收器的组合,通常是根据隧道地质预报的任务和现场条件决定的。根据激发点与接收点的相对位置,USP 系统的接收器通常布置为两个,以隧道轴线为中心,分别对称布置在下台阶的两侧。在较复杂的情况下,接收器分两排在下台阶布置,有 3～5 个震源激发点。多震源、多个空间接收器组合的目的是为了在要求的预报范围内最大限度地构建三维高密度数据空间结构。

地震波距离偏移和角度偏移的综合特征和关系决定于波场的复杂性和勘测的任务。在波场比较简单和基于只利用一种波(例如纵反射波)的方法进行工作时且波容易对比的条件下,距离偏移起主要作用。在这种情况下,角度偏移只起补充作用,主要用来获取波场的一般概念和用于分析干涉带。

当观测主要是解决某些专门问题的条件下,波的空间角度偏移对比起主要作用。

在研究复杂波场时,俄国科学家甘布尔采夫提出了“波的位置对比和偏振对

比的综合”，这种理念在当时的地面地震勘探中起到了非常积极的作用。但受当时的技术条件所限，空间装置的研究非常困难，因此大多数研究涉及的只是某个锥体的方位偏振。当然所有的研究只是对地面地震勘探而言。而USP系统首先是面向地下工程，采用的是“角度＋位置”偏移的联合体系，其中的角度是空间角(由 W，ψ 构成)，位置是空间位置。因此USP系统的联合体系是进行复杂地质条件下地下工程超前预报的最佳方法。

由于地震波场越复杂要求位置对比的间隔越短、角度对比分布的角度偏移越小，因此，地震波的角度与位置偏移联合体系在分析很复杂的波场时，则有必要在每个观测点进行角度跟踪测量。

振动的跟踪测量分量在空间的取向有两个因素确定：沿测线波矢量方向在空间的变化规律和在每个观测点处干扰波的叠置条件。每点处在波矢量的方向由波的传播方向决定，它首先取决于震源和接收点的相互位置，又取决于介质结构。当从一个观测点移动到另一个观测点，波矢量方向有规律地变化，一般是逐渐地变化。

联合体系的重要特点是它能同时沿观测线或观测平面进行追踪，而与波的类型及传播速度无关。联合体系能同时利用所有类型的波(纵波、横波和转换波)来研究介质，并且能提高勘探的效果。联合体系的有效性还在于地震波空间全矢量的取向强烈依赖介质结构，它能不损失分辨力而提高信噪比。

4.5.5 实时采集方法

USP实时采集方法是在隧道施工现场采用非人工震源进行振动波数据采集，它是利用施工自有的振动噪声激发的振动信号通过叠加和信号的连续性判断掌子面前方的地质情况。同时为单次采集寻找最佳的采集时机，相当于摄像机中的摄像功能。而单次采集就相当于摄像机中的照相功能。摄像功能通常设置的采集参数配置较低，而反应较快。单次照相功能的参数配置较高，能获得较清晰的图像。另外，实时采集还有自动报警功能，它在采集到较大的反射信号并超过预设阈值时，系统会报警，引起施工人员注意，同时启动单次采集进行阈值触发预报。在预报过程中，可将实时采集和单次采集联合使用，以期获得更好的预报效果。

4.5.6 无线传输技术

USP系统将无线传输技术应用于超前预报设备中，以期在特殊的地下工程场景下使用。也可以在一些不安全的环境下，进行后台或远程的采集处理。整个系统仅需外加配套的基站和后台管理软件即可。在远程超前地质预报方面无线传输技术比较新颖，尤其是对实时采集系统而言，非常便利，可以随时采集数据进行相关分析。本系统在有电源的情况下，可以连续工作。在无外电的情况下，机内电池仍可连续工作3个小时以上。无线传输技术的引入，给隧道施工超前地质预报带来了新的契机。隧道内的无线传输网络示意如图4-71所示。

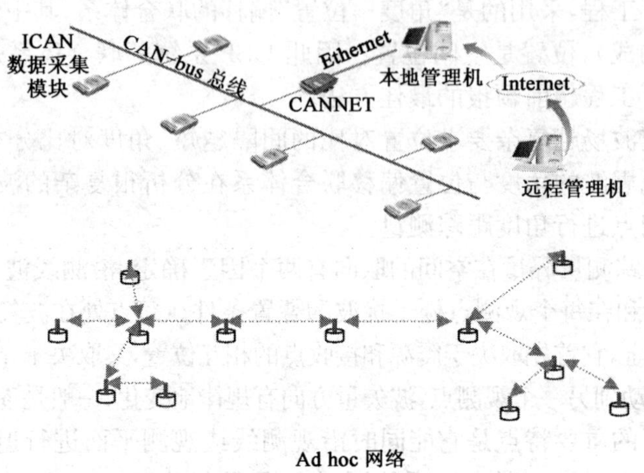

图4-71 地震预报中的无线采集技术

4.6 资料解释

地震预报的目的是解决各种地质问题，发现和了解施工面前方的地质情况变化和有无不良地质灾害体的存在以及它的空间位置、范围、性质相互关系等。就地下工程施工而言，前方地质预报犹如强光照射地下，让地下施工人员能够看到或掌握施工面前方的地质情况，也即“照亮”地下。“照亮”地下是一项伟大的有深远意义的综合性极强、应用面极广的复杂的系统工程，它需要一系列前沿的、多个专业的技术支撑。USP系统仅是其中的一个部分。地质预报技术一是要了解前方的地质变化情况，二是要掌握不良地质体的形状、位置、性质等参数。由现场采集到非常庞大的地震数据经数字处理后，得到前方地质体的有关信息，以便进行施工过程中的安全技术准备和施工管理。所以，就超前地质预报来讲，资料解释是获取地震勘探最终成果的阶段。

目前，前方地质预报的解释分为两部分：地质变化情况、不良地质体。前者主要研究地层及岩性的变化情况，后者是研究不良地质体的空间分布特征和几何形态。其成果是施工人员技术防范的基础，也是设计施工安全的重要依据，是本系统研究的重点。

下面从常见的各种地震波的传播对应不同灾害体的异常规律来讨论不良地质体的地震波异常特点。

4.6.1 物理与地质基础

研究复杂结构介质时，进行波场的空间分析及联合利用不同类型的波是提高地质勘探效果的两个主要方向。而地下工程前方地质预报的主要发展趋势是完善波场分析方法和相应的观测系统。波场分析方法的主要发展方向是按照波场特征参数的某些标志选择波来逐渐简化波，目的是在不同类型规则的、不规则的干扰背景下识别出有效波。所采用的波场分析方法原则上与观测系统和记录技术相适应。

在描述波场的两组参数中，一组与波通过处介质质点运动方向(第一类方向特性)有关，另一组与波在空间的传播方向(第二类方向特性)有关。

4.6.1.1 直达波

在地震勘探中，直达波有很重要的研究价值，因为它给出整个波动过程的开始，每个波的参数、次级波的数目、它们在地震记录上的相对位置，亦即整个地震记录的结构在很大程度上取决于直达波。直达波在介质内部传播时，它的形状和强度的变化规律是关乎介质吸收性质最可靠的资料来源。VSP垂直地震剖面法和USP法能得到关于直达波的严格概念，同时能在剖面上部畸变影响最小的条件下研究直达波，这是USP技术的一个重要成果。

直达纵波往往在地震记录上形成初至波。随着爆炸点与检波器之间距离增大，P波和S波到达的时间差增大。

直达横波对介质的不均匀性很敏感。特别是对反射横波、透射转换波和介质的各向异性的研究有重要意义。S波的偏振能帮助精确计算波至时间，在解决许多问题时S波的波至时刻有独立的意义。S波的偏振强烈依赖于介质的各向异性。

4.6.1.2 纵、横线性极化波

地震波的基本类型标志：同相轴垂直，所有道上相同的记录波形和振幅变化的余弦曲线都是地震方位的函数。

横波与纵波的频率：在所有记录上横波的频率(主频范围：18～26Hz)都低于纵波(主频范围：26～30Hz)。

(1)纵波

不论是在地表还是在隧道内的介质内部点上，纵波的位移向量的方向保持不变，而它的大小是可以改变的。对于线形极化波，振动的特点与空间中分量的取向无关，记录的波形不变并保持振动的同相轴。

在均匀各向同性介质的内部点上，纵波的传播方向和质点位移方向一致。在各向异性介质里观测不到这样的一致。纵波的特点如下：

①低速带使射线更接近垂线，振动有同相轴；

②相邻地震道上振动振幅的差别小；

③振幅变化的余弦定理为地震方位的函数。

研究工作表明：地面观测的质点位移方向与波至方向可以不一致。这种不一致的主要原因是剖面上部和低速带对振动偏振的强烈影响。剖面上部特别是低速带是剖面的最不均匀部分，而低速带底面通常是最显著的界面，在这里纵波的传播速度可变化 3～4 倍，同时位移方向也有剧烈变化。因此在低速带之下位移方向与波的到达方向一致，低速带能够剧烈地改变质点位移的方向并使波场大大复杂化。根据铅垂平面中质点位移的方向场可更明显地看出低速带的影响，见图 4-72，波场最显著的特点是当穿过低速带和在低速带中传播时，质点运动方向急剧靠近铅垂线并几乎与距离无关。从等时场的分析表明，在低速带之下的位移方向总和第一个波的传播方向一致。带下观测时记录非常规则，而优势反射纵波记录区的取向首先由波至方向决定，较小程度由干扰波的叠置条件所决定。

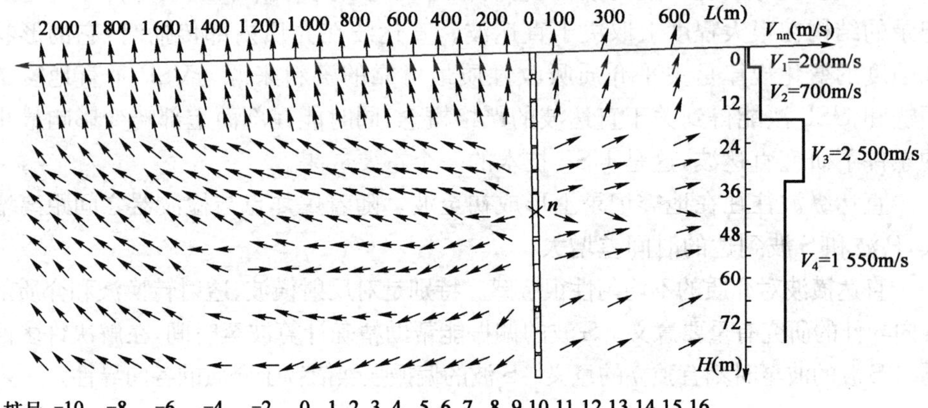

图 4-72　第一个波的位移方向场

(2)横波

地震波传播的一般规律对大多数纵波和横波都是正确的。对于横波，波在检波器上的作用取决于检波器的取向，也取决于在波传播方向在什么样的面上产生了横振动。震源作用力的取向确定了质点运动的特征。在垂直轴对称介质中有水平作用力震源激发的波将为 SH 型，它在与作用力相垂直的方向上传播，并产生水平偏振，即与力的方向平行。这类波的性质是质点运动方向随着力的作用方向改变而改变。在地震勘探采用浅孔爆炸激振的条件下，除了纵波外实际上经

常会激发出SV横波。SV波与SH不同,它可以由各种类型的震源激发。

与纵波不同,在同相轴垂直时,方位记录上到达方向与之接近的横波,在保持振幅按余弦曲线规律变化时,表现出两次180°的相位变化。

4.6.1.3 面波

瑞雷面波的振幅随深度而衰减,由瑞雷面波引起的扰动所穿透的深度主要决定于波长,波长越长穿透的深度就越大。瑞雷波的水平和垂直分量的振幅随深度有着不同的变化,这就造成了随深度改变的不仅是质点的运动轨迹形状,而且还有质点运动的方向。

在空间装置观测时,面波(瑞雷波)同相轴上有极值存在,在每个对比循环都闭合时,不会发生相差一个周期的相位移。同相轴是垂直的,相位移为90°,振幅按余弦曲线规律变化。最好用传感器轴向倾角接近零但不等于零的方位装置上所得的地震记录来研究。

勒夫波:是位移和波传播方向相垂直的水平方向中线性极化,应该具有相当于180°相位变化的两个断裂的垂直同相轴,与横波的Y分量接近。

4.6.1.4 干涉波

在多数情况下,波场是各种类型波干涉的结果,解释波场的困难很大程度上是由此引起的。干涉波是指到达方向接近的两个波。它的主要特点如下:

①两个纵波的干涉:解释到达方向相接近的纵波干涉是最难的问题(即使在相位移为90°的最有利情况下,方位地震记录上的波形和线性极化波的方位地震记录差别很小);

②两个横波的干涉:在相当大的ψ角时,同相轴为曲线或是倾斜的,在同相轴上没有极值,在同一个对比循环闭合时,观测到一个整周期的相位变化。

4.6.2 典型不良地质体的地震波特征

根据以上理论分析常见的不良地质体的地震波特征,方便地下工程现场的数据采集与解释。

4.6.2.1 断层破碎带

断层破碎带是隧道常见的不良地质体,它在现场探测中的特征图见图4-73~图4-75。

(1)当破碎带走向与隧道轴线平行时($\varphi=0°$)波谱图特征

①在一维图中[N(通道)$-V$(波幅)$-t$(时间)],从下往上($N\uparrow$),经度圈小的通道有同相轴,经度较大的相位有变化(由0到$-$再往$+$再到0变化);

②在二维图中,其图谱如图4-82中的$\varphi=0°$的情况;

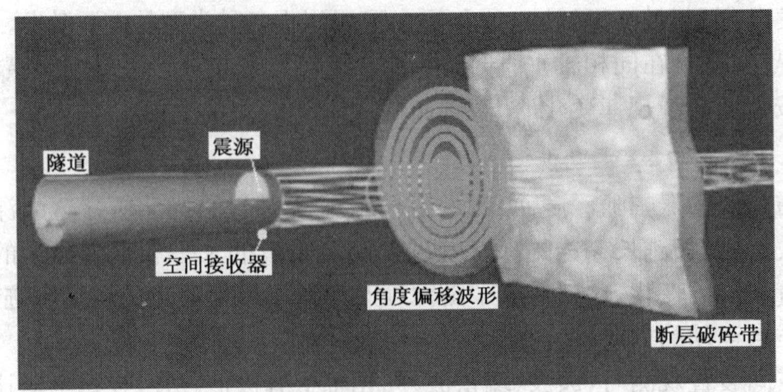

图 4-73　90°断层破碎带图谱

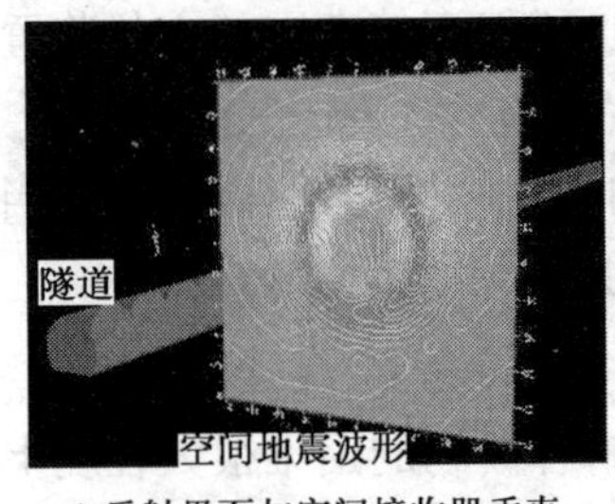

a) 反射界面与空间接收器垂直

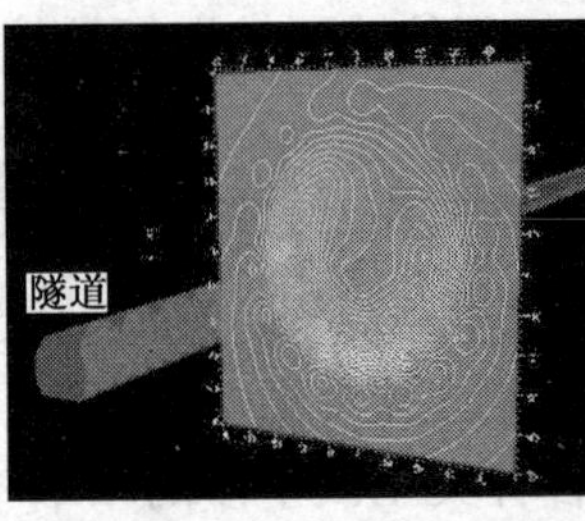

b) 接收器与反射界面呈一定夹角

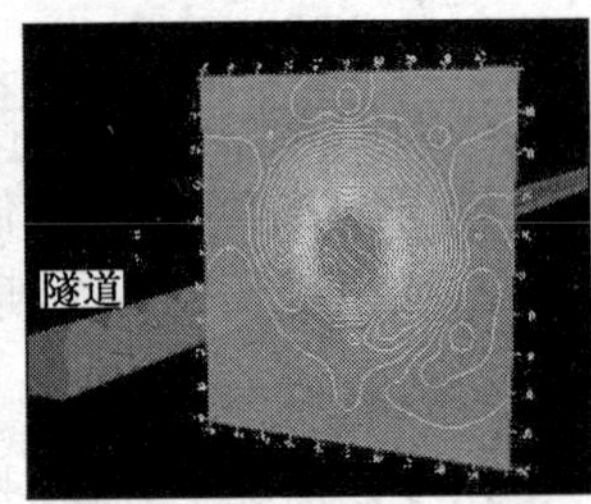

c) 接收器与反射界面呈一定夹角

图 4-74　隧道某里程实际采集的典型空间地震波形

③在三维图中，其图谱随时间有相位变化。

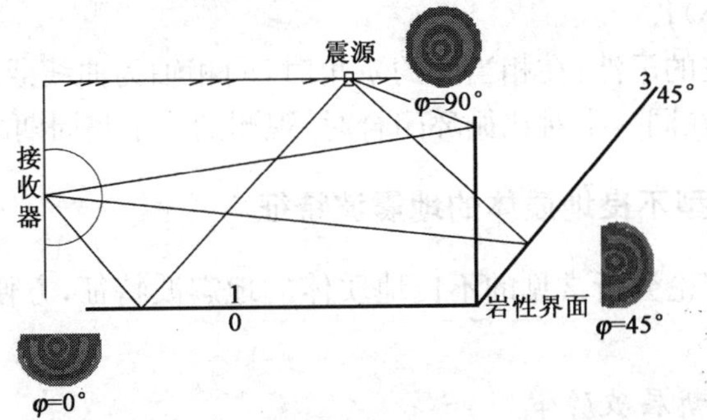

图 4-75　0°～90°不同倾角的断层破碎带图谱变化

(2)当破碎带走向与隧道轴线垂直($\varphi=90°$)时波谱图特征

①在一维图中[N(通道)$-V$(波幅)$-t$(时间)]，从下往上($N\uparrow$)，所有经度圈的各通道均有同相轴；

②在二维图中，其图谱如图 4-81 中的 $\varphi=90°$的情况；

③在三维图中，其图谱随时间没有相位变化。

(3)当破碎带走向与隧道轴线成一夹角($\varphi=45°$)时波谱图特征

①在一维图中[N(通道)$-V$(波幅)$-t$(时间)],从下往上($N\uparrow$),经度圈小的通道有同相轴,经度较大的相位偏移变化(不对称);

②在二维图中,其图谱如图4-82中的$\varphi=45°$的情况;

③在三维图中,其图谱随时间有相位偏移变化。

4.6.2.2 岩溶及不规则形状体

岩溶地区通常受水系统的影响可溶蚀成各种形状的地质体,再加上不同的充填物,使其异常形态更为复杂。下面仅以椭圆状解释说明,其他形状原理相同可类推,具体见图4-76。

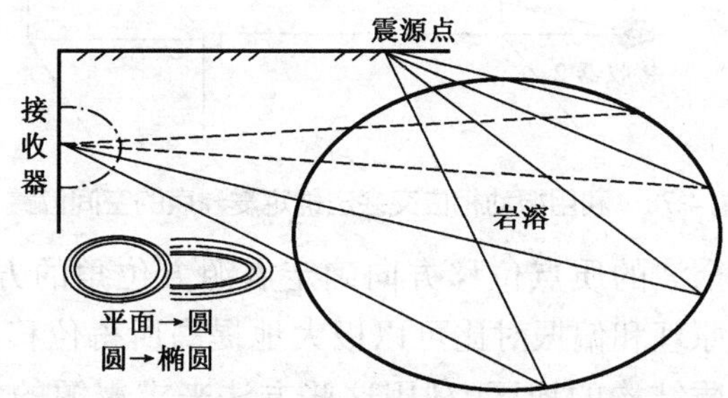

图4-76 椭圆状灾害体USP异常解释图谱特征

图4-77中仅以二维图说明椭圆的波谱特征,由于反射平面的波谱为一圆形斑马图,而圆的波谱为一变形椭圆斑马图,椭圆则为一扭曲的椭圆图。对于一形状体而言,其波形的变化在时间轴有延迟,相位也随着相应变化。

4.6.2.3 单点的反射情况

对隧道施工面周围局部的部位或者较小的异常体,可考虑按单点的波谱特征来考虑。图4-77已基本说明了单点反射时波谱将由正反射到负反射的过渡,其方向由正到负。

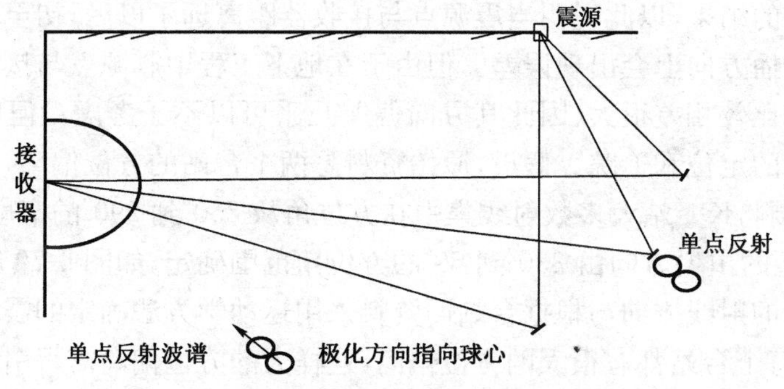

图4-77 局部点或小的形状体的反射波谱特征

4.6.2.4 振动点位置追踪法

第一个纵波的位移方向可以不同于震源的方向，这个偏离使人们能得到震源至接收器之间介质结构的某些概念，这在研究弱的震源激发时很有意义。但研究较为困难，主要因为振动的高频分量(15～30Hz)的较大衰减导致记录强度与距离的强烈依赖关系(图 4-78)。

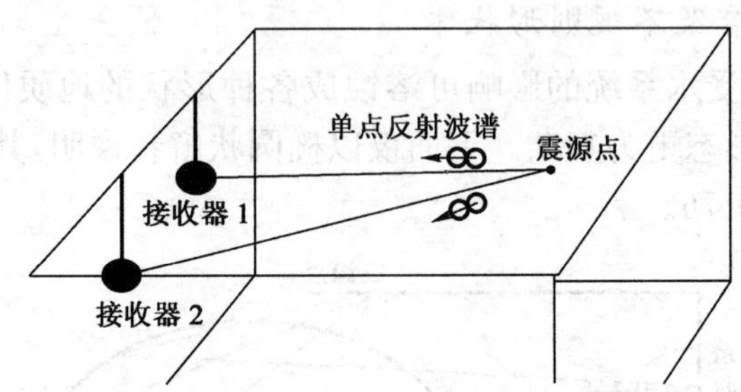

图 4-78 利用振动相位交会法确定震源点的空间位置

采用基于第一个波的质点位移方向确定震源方位角的方法也有一定的意义。虽然运用对比原理和偏振对比可以极大地提高所得位移矢量方向的精度，但对于具有复杂地质结构的地区，利用这些方法来求震源的方位角仍很困难。确定震源方位角的主要误差来源是它与射线方向不一致。由于记录振动比较高频的分量，方位角偏离比记录低频波时表现更明显。在地下埋深较大时还好些，而接近地表时，影响更为强烈。这就导致了必须考虑从震源传播到接收器时射线方向的改变。根据第一个波的位移方向能够得到接收器附近界面位置的方位。天然地震观测台站网就是利用多个多分量台站进行这方面研究的。

弱地震记录的空间解释可以分为两个阶段:研究观测射线方向的异常，根据观测异常检测引起异常的不均匀体，以便利用它们求得必要的校正，把观测的射线方向校正到震源方向。我们分析台站一(K-1)、台站二(K-2)，两个高灵敏度地震观测网的结果，以此说明当震源点与接收器距离远了以后，初至波从震源点到接收器传播方向上会出现误差。但由于在地下工程中震源点与接收器的距离与天然地震比较相差很大，因此其方向偏差几乎可以不予考虑。但以上原理可以进行空间的定位和追踪。假设，原始资料是两个台站的方位偏离，引用某地震观测站的资料，K-1 站大多数射线集中在方位角从 250°到 290°的窄扇形内，对于 K-2 站，波至的主要方向由 330°到 60°的方位角范围确定，如图 4-79 所示。

把观测的射线方向与根据台站网资料采用运动学方法确定的震中方向相比较，发现对每个台站都有很大的方位偏离，这样大的方位偏离需得引入方位偏离校正。如果两个台站为中心描绘半径 $R=\Delta t_{s-p}\cdot v$ 的圆，其中 v 是传播速度，那

么这些圆在空间的交线就是可能的震源线。这条线在水平面——观测平面的投影就是可能震中的几何位置。未知界面可能的法线方向由可能的法线交点确定。如果有几个台站(或接收器)一起工作,把台站设置在相互正交的测线上时,对于确定法线方向最为有利。同样用多个接收器共同观测隧道前方的反射波会提高测定的精度。

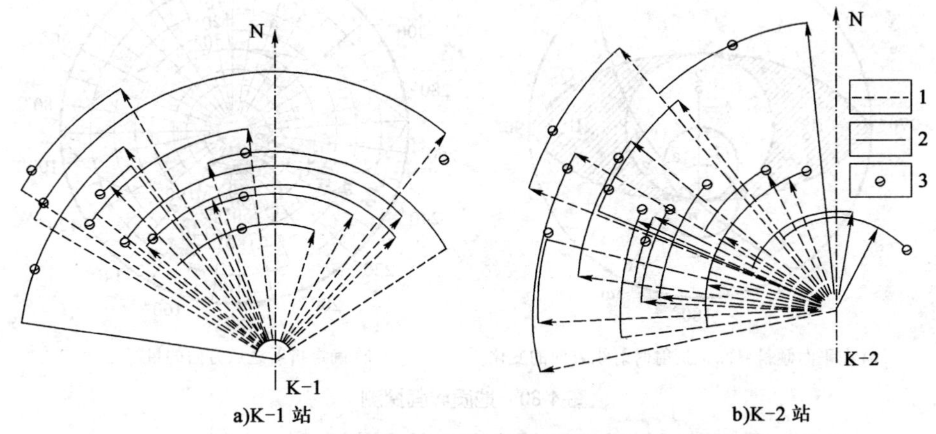

图 4-79 对 K-1 站和 K-2 站的方位偏差

1-观测的射线方向;2-方位偏离校正后的震中方向;3-根据台站网资料确定的震中

同样沿着经度圈射线方位角的交会方法类同,以此可确定反射波的空间位置。

4.6.2.5 *确定界面的产状要素*

当地震波通过倾斜界面时,它们的传播方向会改变,因此,第一个波的质点位移方向改变。这些改变(其特征和大小取决于界面在空间的取向和速度比)能用来确定钻孔附近界面的产状要素。当在大倾角和形态复杂界面的介质中研究质点位移轨迹时,分析位移的方位有重要意义。

讨论大倾角界面的 $\varphi(H)$ 和 $\omega(H)$ 的变化规律,令坐标 $\varphi_n=45°$ 和 $\omega_n=180°$ 的法线 n 表示界面(如图 4-80)。从界面上入射的所有方向上能够划分出区域Ⅰ和区域Ⅱ,每个区代表在界面上与速度比有关 φ 的变化特点。在Ⅰ区($\varphi<\varphi_n$)φ 角随着 v_2/v_1 的增大而减小。在Ⅱ区($\varphi>\varphi_n$)φ 角随着 v_2/v_1 的增大而增大。对于任何其他方向,当波穿过界面时皆可观测到上面所讨论的两种情况。对于界面任何倾角均能圈出类似的区域。考察这些区域时必须注意以后解释实测曲线时很重要的两种情况:第一,在等距而方向相反的爆炸点激发时[图 4-80a)],球极平面图上存在点 1 和点 2,垂直剖面任意点处所得的界面上的 $\varphi(H)$ 值在点 1 的情况下从 180°减小到 90°,在点 2 的情况下从 0°增大到

180°。第二，对于从一个方向激发但距爆炸点不同距离（点 a 和 e）的剖面上各观测点，在一种情况下观测到界面上 ϕ 角增大（点 a），另一种情况下（点 e）则观测到减小。

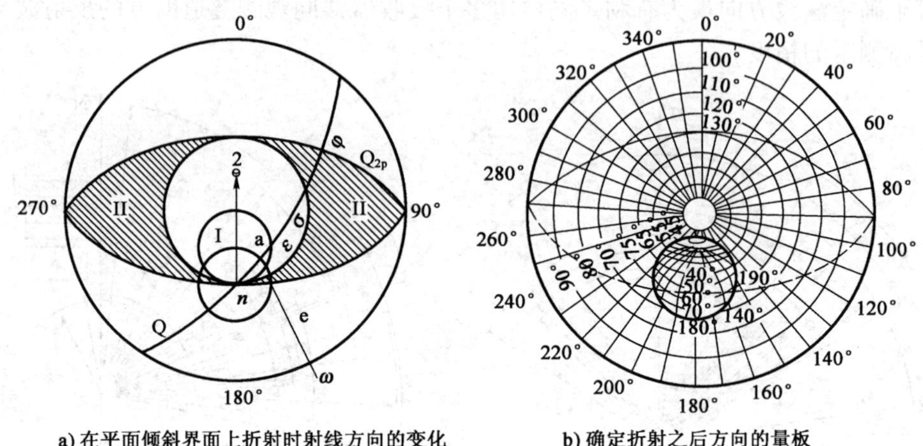

a) 在平面倾斜界面上折射时射线方向的变化　　b) 确定折射之后方向的量板

图 4-80　地质界面探测

(1)在平面界面上折射时地震射线方向的变化

地震波在空间中传播，当地面观测时这个空间明显地表现在所谓地震射线的方位偏离中。在垂直地震剖面的资料解释中，考虑射线方向的空间变化是重要的，这是根据空间到达的多分量地震检波器的方向必须绘制中间分界面。在许多情况下，图解和图解解析法更为优越，这就是 USP 系统在初期规划时特别注重空间资料可视化的重要原因。因为图解法使问题的解大大地简化并能得到对实际问题求解要求的足够精确的结果。作图的种类也分了很多种，其中包括在球极平面投影中进行。

如图 4-81 所示，临界边界区有两个球极平面网的线族覆盖，较大的球极平面网确定了从震源射出后射线在第一层介质中的方向，较小的球极平面网包含在临界边界之内并用于确定折射之后射线在第二层介质中的方向。所以，包含在临界边界之内区域的每一点都对应着两个方向——折射之前在第一层介质，折射之后在第二层介质。

分析方向的变化表明，对于在第一层介质中有相同方位的射线，射线向对于第二层介质中初始方向的方位角偏离减小，而随在第一层介质中与铅垂线的夹角增大射线对铅垂线的偏离增大。方位偏离强烈依赖于界面处波速的突变，速度突变越大，方位偏离越大；还取决于界面倾角增大，方位角偏离增大。界面倾角的变化并不改变量板的结构。当界面水平时（$\phi_n=0°$），界面的法线是铅垂的并通过投影网的中心。临界边界处射线的方位由折射之后与铅垂线夹角等于

90°的射线确定。这种情况下，所有的射线位于铅垂平面内，不出现方位偏离，只发生与铅垂线夹角的变化。这时，内部投影网的极点位于界面法线上。在第二层介质中的等方位线（径向直线）与在第一层介质中对应的等方位线一致，与铅垂线成等夹角的线在投影网上是同心圆。这种特性能用于以单个接收器进行地震记录的研究中。

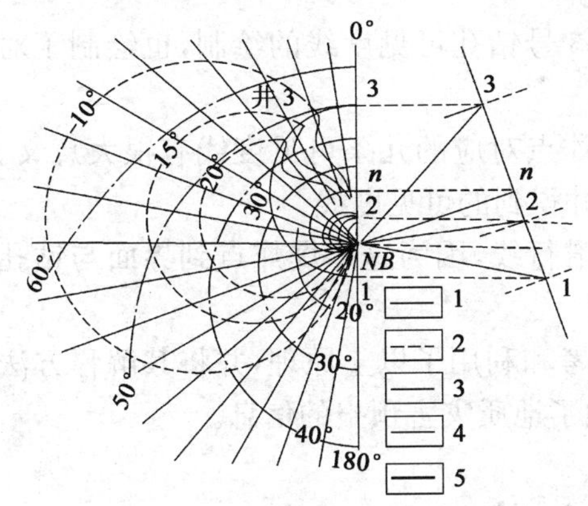

a) 方位偏离量板和沿倾向线的剖面
1- 透射波的方位偏离线；2- 滑行射线的方位偏离线；3- 临界边界；4- 圆锥面和界面的交线在水平平面上的投影；5- 界面与进入钻孔的射线之交线的投影

b) 3 号钻孔的球极平面投影网和可见度线
1- 可见度线；2- 临界边界；3- 圆锥射线面；4- 折射之后到达钻孔的射线所描绘的面

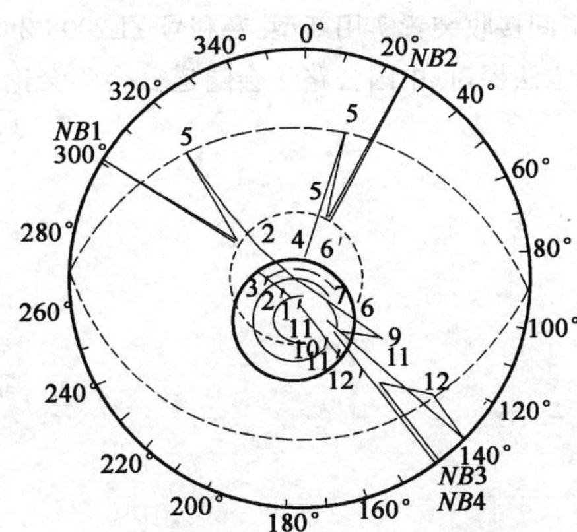

c) 对于 4 个爆炸点 3 号钻孔的可见度线

图 4-81　可见度线的绘制

（2）沿垂直剖面波到达方向的变化

这里规定“可见度线”的概念。在球极平面网上，对于“沿钻孔移动的”观测者而言，第一个波的到达方向与观测者能“看见”震源的方向一致。可见度线能够获得波到达方向的概念并用它解释地震资料。

对一个平面分界面且给定法线(方位角 $\omega_n=180°$，与铅垂线夹角 $\varphi_n=20°$)的介质，在一个爆炸点和 3 个钻孔(图 4-82)，当界面上下的速度比 $v_1/v_2=0.5$ 等条件下，绘制可见度线。爆炸点至钻孔方向的方位角分别为 $\omega_1=34°$，$\omega_2=234°$，$\omega_3=320°$。

球极平面网[图 4-81b)]上表示了对 3 号钻孔可见度线的绘制，也绘制了对 1 号、2 号钻孔的可见度线。

分析在一个钻孔中观测时与不同爆炸点对应的几条可见度线有很大意义。图 4-82c)上表示出 4 个爆炸点从 3 号钻井得到的可见度线。

对于 1 号、2 号、4 号爆炸点，观测到滑行线，因为这些爆炸点到界面与钻孔交点的方向位于临界边界之外。

USP 系统的多个接收器联合体系参考和利用了以上原理，并将其解释方法用于隧道超前地质预报，这无疑大大增加了地质灾害预报的信息。

参 考 文 献

[1] 加尔彼林. 地震观测方位法. 刘光鼎译. 北京：地质出版社，1956.

[2] 加尔彼林. 地震勘探偏振法. 何樵登，杨宝俊译. 北京：石油工业出版社，1989.

[3] 叶英，许鹏. USP 地下工程施工超前地质预报系统. 专利号 ZL2008 1 0305574.4.

[4] 叶英，等. 多分量地震波空间接收装置实用新型. 专利号 ZL2008 2 0301979.6.

[5] 叶英. 隧道超前地质预报方法探讨. 中国公路学会隧道分会年会论文集. 北京：人民交通出版社，2003.

第5章 隧道瞬变电磁法超前地质预报

5.1 概述

隧道电性预报方法目前主要有:GPR 地质雷达法、BEAM 激发极化法、TEMT 瞬变电磁法等。地质雷达法属广谱电磁法,应用较广泛;BEAM 法在国外应用较多,国内案例较少;瞬变电磁法在国内的研究与应用较多,作者认为该方法在隧道施工超前地质预报中将有广泛的应用前景。前两种方法在第 2 章已有详细介绍,本章将主要介绍隧道瞬变电磁法的原理、试验方法与应用。

瞬变电磁法是一种时间域电磁测量方法。它是在没有一次场背景条件下观测研究二次场,因而大大简化了对地质对象所产生的异常研究。以其分辨能力强、工作效率高等特点,广泛应用于资源勘探与工程勘察领域,成为引人注目的地球物理勘探手段之一。

5.1.1 瞬变电磁法发展概述

最早提出利用电流脉冲激发供电电偶极形成时域电磁场的是美国科学家 L. W. Blan(1933 年)。当时他利用不同电导率地层界面电磁波的反射与地震发射波信号的相似性,进行了大量的试验和比较。到了 20 世纪 50 至 60 年代,前苏联科学家成功地完成了瞬变电磁法的一维正、反演,建立了瞬变电磁法的解释理论和野外工作方法后,瞬变电磁法开始进入实用阶段。20 世纪 60 年代以后,这种方法有了一个快速的发展,“短偏移”、“晚期”、“近区”等一类方法迅速发展起来。

瞬变电磁法在西方被称为 TEM(Transient Electromagnetic Methods)。1951 年由 J. R. Wait 提出来利用瞬变电磁场法寻找导电矿体的概念,他在示波器屏幕上观测到瞬变场波形,这种快速增长(或减小)的磁场将使导电体激发起涡流场,可以观测到衰变电压。1958 年加拿大 Barringer 公司开始研制应用于航空的 INPUT 系统,于 1962 年投入使用,经过多次改进,至今已成为世界范围内应用的主要航电系统。地面仪器系统于 70 年代出现商品仪器,近些年不断涌现出智能化的仪器。

前苏联应用时域电磁法测深始于 20 世纪 50 年代，即建(立)场(测深)法。它主要采用电偶源(通以方波的接地导线)，在距源 r 处用接收线圈测垂直分量 Z，了解磁场的建立过程，这是一种以分析地层随深度变化特征的方法。此法主要用于地震探测油田效果不理想的地区。初期发接距 $r \geqslant (4 \sim 6)H$(H 为高阻基底上部沉积岩的总厚度)，称为远区建场法。60 年代又发展了 $r \leqslant 0.7H$ 的近区建场法。在同时期内，又创立了应用于勘察金属矿藏的过渡过程法。60 年代以后近区建场法和过渡过程法得到更广泛及成功的应用与发展，创造出了适用于钻井、航空和海洋等领域的变种方法。

在我国，对瞬变电磁法的研究始于 20 世纪 70 年代，投入研究的单位主要有中南工业大学、长春地质学院、地矿部物化探研究所、西安地质学院、有色金属工业总公司矿产地质研究院和中国地质大学等。较早开展这项工作的有朴化荣、曾孝篇、王延良等人，他们将脉冲式航电仪用于地质填图和找矿中；牛之琏等将瞬变电磁法用于金属矿勘探上，取得了明显的效果，并与长沙智通研究所合作研制并生产了 SD-1 型智能化瞬变电磁仪；作者较早(1987 年)参与了 PEM 瞬变电磁系统的研究和野外找矿工作；方文藻、李琳等用线性数字滤波技术实现了大回线源瞬变电磁测深的正演计算，并将大回线源瞬变电磁测深法广泛用于地热和地下水调查、工程调查和地质灾害调查；物化探研究所、中国有色金属工业总公司地质研究院、西安地质学院和中南工业大学等单位相继研制了瞬变电磁仪器，并开展了相关理论和技术方面的研究，获得了大量有价值的研究成果及成功的应用实例。

以前，瞬变电磁法只局限于金属矿勘探，1992 年以后随着仪器的智能化与数字化，瞬变电磁法开始步入工程、环境、灾害地质调查中，如探测地下采空区、陷落柱等煤田灾害，划分地下断层、寻找地下水，金属矿产勘探、石油、煤炭等非金属矿产调查、工程场地地质勘察、隧道超前地质预报等领域。目前，瞬变电磁法已经几乎涉足了地球物理勘探的所有领域，取得了良好的效果。

5.1.2 瞬变电磁法超前地质预报研究现状

在我国瞬变电磁法的研究、开发与实践虽然已经有 30 年的历史，但是仅在近几年才将其应用到隧道施工超前地质预报中，目前还处于起步和探索阶段。将瞬变电磁法引用到隧道超前地质预报中的工程有山西雁门关公路隧道、省道 201 线巫恩路奉节至石乳关段长子隧道、锦屏水电枢纽工程交通辅助洞、西安—汉中高速公路秦岭川号隧道等。瞬变电磁法最早用于地表勘探，在这一领域一些专家及技术人员对其现场工作方法及解译方法已经做了较为系统的研究，并通过大量的实际应用，效果很明显。但是隧道内的超前地质预报与地表的勘探又有着很大的区别，不能完全照搬已有的地表勘探经验，应将其作适当的改变。瞬变电磁法的解译方法也只是通过预报后得到的解译图件，由专业人员将其与隧道地质勘察资料、掌子面地质描述等相结合，进行综合分析后得到预报结果。虽然对现场工作和解译上作出了一定的改进，取得了较好的应用成果，但改进后的工作和解译方法仍不完善，也不统一，虽对解译图件有了一定的认识，但还未将其规律性进行系统总结，未得到较为系统的解译标志。

我国的科研机构以及专家正在试图将瞬变电磁法应用于更为广阔的领域。交通部2001年立项"雁门关长大公路隧道建设与运营管理成套技术研究"其中子课题"隧道超前地质预报与监控量测技术研究"中已对隧道瞬变电磁超前地质预报作过研究，首次提出并成功应用了"综合参数＋长短结合"的预报方法，采用"波速＋电阻率"的最佳参数组合、"TSP地震预报法＋瞬变脉冲电磁法"等总结出雁门关隧道不同灾害体的判译方法，提高了预报精度，有效保证了工程质量和进度。该项目被评为国际先进，获山西省2005年度科技进步一等奖。长安大学武军杰"瞬变电磁新技术在隧道超前地质预报中的应用研究"(2005年硕士论文)；蔡耀军、孙云志等在中国科协2005年学术年会中国水利工程地质勘察科技发展前沿上发表相关文章；作者在北京交通大学"岩溶隧道施工超前地质预报方法研究"(2006年博士论文)；李貅、薛国强在2007年中国地球物理学会第二十三届年会发表"隧道掌子面前方瞬变电磁全空间成像预报方法"；西南交通大学代刚"全空间瞬变电磁法及其在地下工程探水中的运用"(2006年硕士论文)；成都理工大学段铮"瞬变电磁法在隧道超前地质预报中的应用及解译分析"(2008年硕士论文)等，还有其他多篇有关瞬变电磁法应用于隧道超前地质预报的报道。

在施工中探测掌子面前方的地下水，尚是一个待攻克的难题。瞬变电磁法有对隧道水体反应灵敏的特点，而且接收探头中接收到的由激发涡流感应出的二次场，不论目标体产状如何，均能收到有用信号，并可对目标体进行成像。另外，瞬变电磁法的大定源回线、偶极、重叠回线、中心回线装置在地下工程开挖的不同现场将有广泛的用途。尤其在探测不良地质形状三维构造时，瞬变电磁法的不同排布探测将有更大的潜力可挖掘和利用。因此，很多专家都看好瞬变电磁法在隧道施工期超前地质预报的应用发展。而国内一些高校和科研院所也已开始在这方面进行探索，针对隧道的应用环境开发和改进了一些软件和硬件设备。瞬变电磁法正在逐步进入隧道施工期超前地质预报领域，目前已取得了一些效果很好的应用实例。如省道201线巫恩路奉节至石乳关段长幽子隧道，锦屏水电枢纽交通辅助洞以及西安—汉中高速公路秦岭三号隧道等都采用了瞬变电磁法对隧道地质灾害进行了预报。

5.2 瞬变电磁法理论基础

时间域电磁法（Time domain Electromagnetic Methods）或称瞬变电磁法（Transient Electromagnetic Methods），简写为TEM。它是利用阶跃波形电磁脉冲激发。瞬变电磁法的测量原理是利用不接地回线（或电偶源）向地下发送一次脉冲磁场（或电场），即在发射回线上供一个电流脉冲方波，方波后缘下降的瞬间，将产生一个向地下传播的一次瞬变磁场，在该磁场的激励下在地质体内产生涡流，其大小取决于该地质体的导电能力，导电能力强则感应涡流强。在一次场消失后，涡流不会立即消失，它将有一个过渡过程（衰减过程），该过渡过程又产生一个衰减的二次场向地下传播。在地表用接收线圈接收二次磁场，该二次磁场的变化，将反映地下介质的电性情况，在接收机中按不同的延迟时间测量二次感应电动势，得到二次场随时间衰减的特性。尽管TEM方法与频率域电磁法（FEM）都是同属于研究二次涡流场的方法，并且两者通过傅立叶变换关系相互关联着，在某些条件下，一种方法的数据可以转换为另一种方法的数据。然而，就一次场对观测结果的影响而言，两种方法并不具有相同的效能，TEM是没有一次场的情况下观测二次场（纯异场），大大地简化了对地质对象所产生异常场的研究，探测能力进一步提高。

5.2.1 瞬变电磁法的原理

用瞬变电磁法进行测量一般是用回线框接收二次感应电磁场的电压$U(t)$或感应磁场B_{0t}。其瞬态过程示意如图5-1。当发送回线中电流突然关断时，一次场的这一剧烈变化通过空气和地下导电介质传至回线周围的大地中，并在大地中激发出感应电流以维持发射电流断开之前存在的磁场。由于介质的阻电损耗，这一感应电流将迅速衰减，由它产生的磁场也迅速衰减，这种迅速衰减的磁

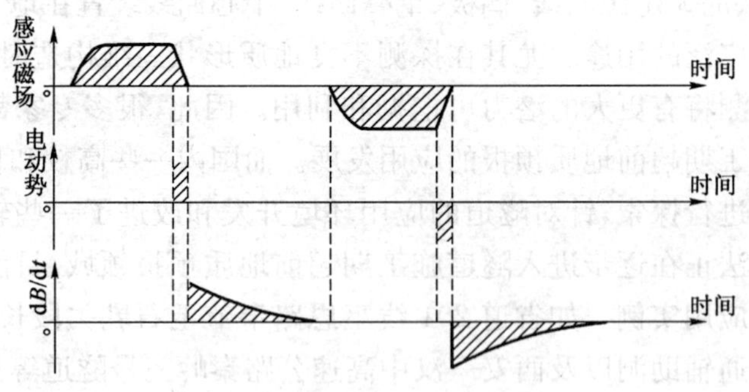

图5-1 TEM瞬态过程示意图

场又在其周围地下介质中感应出新的强度更弱的涡流。这一过程一直继续下去，直至大地的阻电损耗将磁场能量消耗完毕。此过程中由于电磁场在空气中的传播速度远大于在导电介质中的传播速度，因此最初激发的感应电流局限于地表。地表各处感应电流的分布也是不均匀的，随着时间的推移，分布趋于均匀。

因此，M. N. Nabighian 指出大地介质被激励起的感应涡流场在地表的电磁场值为地下各个"环带"涡流层的总效应，这种效应可以用一个简单的电流环等效。

在发射电流刚关断时，该环状电流紧挨发射回线，随后向下、向外扩散。人们将此过程称为"烟圈效应"。其扩散的半径 r、所在深度 d 和扩散速度 v 的表达式分别为：

$$r = 2.09(t/\sigma\mu_0)^{1/2} \tag{5-1}$$

$$d = 2.257(t/\sigma\mu_0)^{1/2} \tag{5-2}$$

$$v = 1.129(1/\sigma\mu_0 t)^{1/2} \tag{5-3}$$

式中：σ——电导率；

μ_0——磁导率；

t——时间。

在实测和数值模拟中，它反映的是电磁波向前方（或四周）传播距离，即探测深度。由等效电流环计算二次场的感应电压（对重叠回线框而言），其测量值为：

$$U_2 = \frac{\mu_0^{5/2} MQ}{20\pi^{3/2}\rho^{3/2}t^{5/2}} \tag{5-4}$$

再根据实测的 U_z 值，可换算出晚期视电阻率 ρ_τ，其表达式为：

$$\rho_\tau = \frac{\mu_0}{4\pi}\left(\frac{2\mu_0 MQ}{5tU_z}\right)^{2/3} \tag{5-5}$$

式中：M——发送磁矩；

Q——接收偶极矩；

U_z——接收线圈上的感应电压。

5.2.2　瞬变电磁系统的组成及工作过程

瞬变电磁系统由电磁发送机、发射线圈、接收机、接收线圈和计算机数据处理系统组成，如图 5-2 所示。

该系统的工作过程：是将发射线圈与接收线圈置同一平面内，开机后，发射线圈内有一电流流动，待其稳定（此时在大地半空间形成一磁场，也就是一次场），再突然关断此电流，根据法拉第定律，因为电流的急剧下降，一次场也相应地快速减弱，此时就会在周围的导体内产生感应电动势，该感应电动势的大小与一次场的衰减速度成正比。该感应电动势又会在周围导体产生涡流，涡流的强度随时间衰减，其大小与导体的电导率有关。此涡流又会产生一个强度与之成正比的电磁场(通常叫二次场)。该二次场又会在接收线圈内产生感应电流，该信号电流再送入接收机内，此时已完成第一次采样。然后下一地层产生涡流，涡流产生磁场，该磁场到达地面比上一层的晚 Δt。接收系统完成一次采样后，经 Δt 后完成第二次采样。就这样重复直到达到预定深度后完成一个测点的探测。继而到下一个测点再探测，如此重复，完成一条测线上的探测。

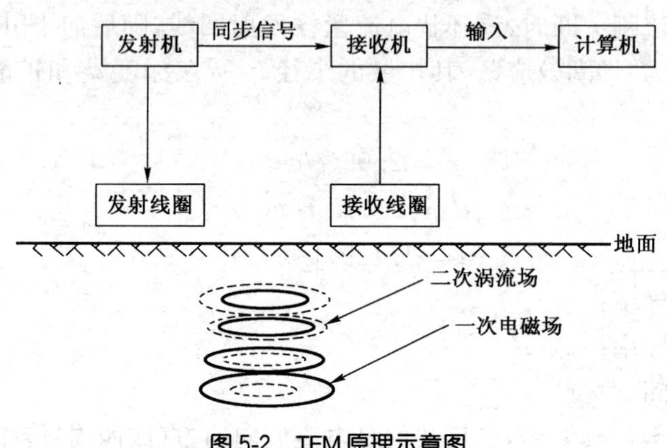

图 5-2　TEM 原理示意图

5.2.3　瞬变电磁法的野外工作方法

5.2.3.1　常规的地面瞬变脉冲电磁法装置

地面瞬变脉冲电磁法工作装置有多种，通常采用的有：重叠回线、分离回线、框一回线、中心回线等装置。各装置的特点：

①同点装置：如图 5-3，分为重叠回线和中心回线。它与地质探测对象有最佳的耦合，所得的异常幅度大、形态简单、受旁侧影响小，对地质体的横向分辨率较高。

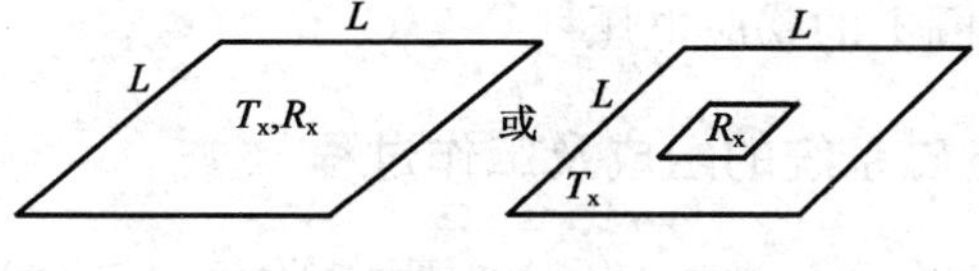

图 5-3　同点装置

②偶极装置：如图 5-4，与频率域水平线圈法相类似，测深工作常被采用。

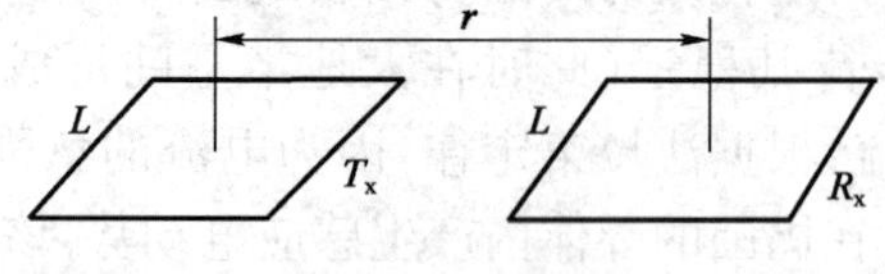

图 5-4　偶极装置

③大定回线源装置：如图5-5，在详查工作时，发射回线需要布置在对目标体激励最佳位置，接收线圈采用小的多匝探头或小接收线圈，所以除观测垂直分量(Z)外，还可以测场的水平分量(X 和 Y)。

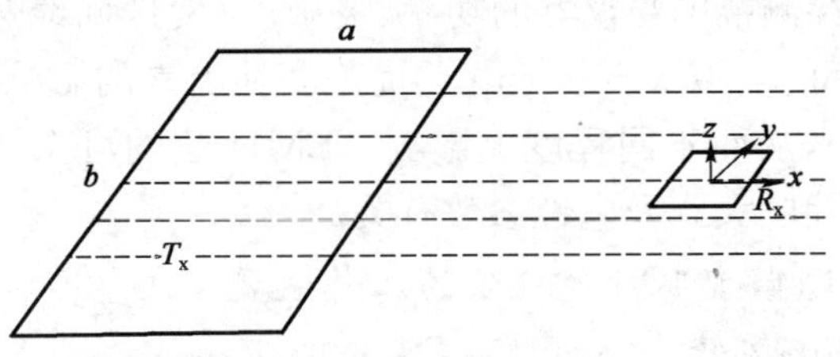

图5-5 大定回线源装置

5.2.3.2 井中瞬变电磁工作布置

TEMH井中瞬变电磁法(Transient Electromagnetic Methods in Hole)是地面瞬变电磁法的变种方法，它是为了勘察深部地质目标体而发展起来的现代物探技术。现有仪器能够测量的钻孔深度达2 000m左右，影响半径可达到200m以上。在勘探阶段，TEMH法不仅能够发现良导体，还可以获得有关地质目标体的纵向电导、形态大小、产状和方位的有用信息，并根据这些信息指导钻孔的布置、对矿产矿床储量的计算、确定建立竖井的位置以及在开采矿山寻找勘察阶段被遗漏的盲矿体。该技术在我国已经进行了一系列的野外试验和生产，取得了较好的地质效果，将列入常规物探测量。常用的野外工作装置类似于常规电法勘探中的地—井方案。井中观测到的任何异常都直接归因于地质导电性和几何参数的变化。但是，由于发送回线、导体、探头之间复杂的耦合关系，使得成果解释要比地面方法困难些(图5-6、图5-7)。

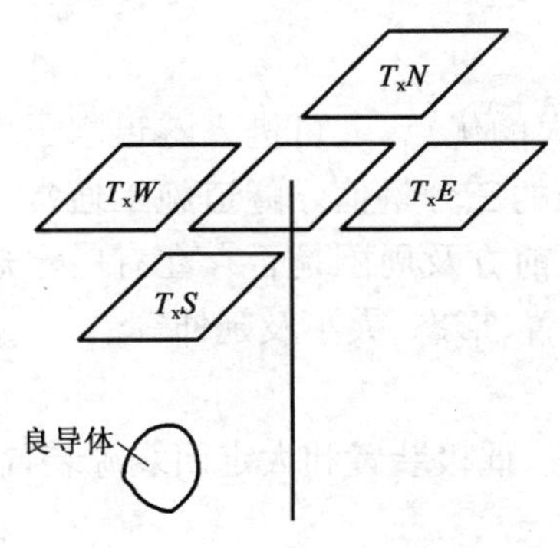

图5-6 单孔方位测量布置

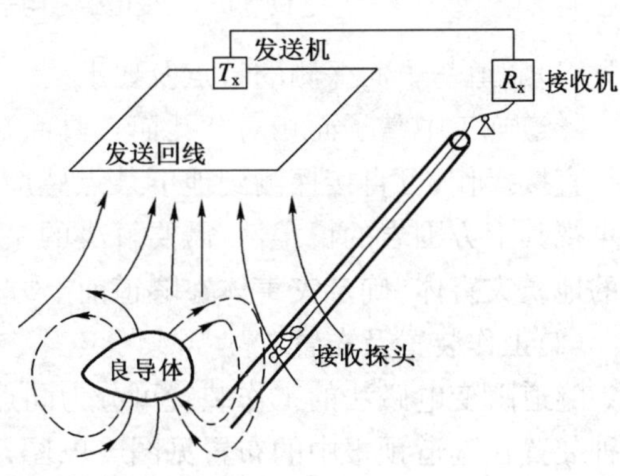

图5-7 单孔几组发送回线的工作装置

井中瞬变电磁法主要解决钻孔周围是否存在有一定规模的良导体，如果有，它在哪个部位，其次就是进一步确定良导体的位置、形态、大小及延伸等。解决这些问题需要建立起一套扎实的正、反演数据基础及方法技术。

TEMH 法可探测范围受仪器的功率、灵敏度、发送回线边长、人文干扰、地质噪声及来自外部的电磁噪声和天电干扰等多种因素的影响，这些因素都将影响到信噪比的大小，从而不同程度上影响 TEMH 法的可探测范围；此外，还直接与探测目标的形状、大小及电性参数有关。

5.2.3.3　隧道瞬变脉冲电磁法的工作装置

隧道瞬变脉冲电磁法 TEMT（Transient Electromagnetic Methods in Tunnel）是地面和井中瞬变电磁法的变种方法。它是为了满足隧道超前地质预报而提出的。由于目前隧道掌子面超前地质预报方法较为单一，受地质条件限制，其方法存在局限性，因此，很有必要发展综合方法进行预报。

通过对地面及井中瞬变电磁法各种装置的探讨，可以显然看出将瞬变电磁法用于隧道掌子面探测的可能性，它其实也是一种井中瞬变电磁法的变异，同时也是地面与掌子面结合起来布置发射—接收线框衍生出的系列新排布（图 5-8）。

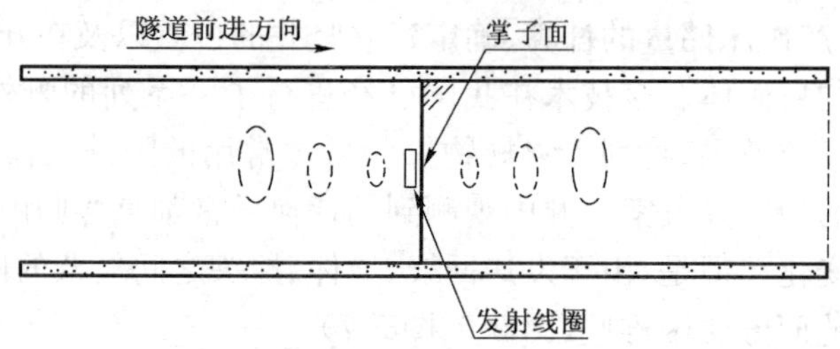

图 5-8　瞬变电磁法用于掌子面示意图

（1）隧道掌子面探测的特点及要求

隧道施工中掌子面相对井孔而言具有截面大的优点，人可进入隧道掌子面进行直接操作，可直接探测到地下某点感应电场的三分量值。隧道施工通常更加重视其上方围岩的稳定性，需要解决的是隧道前方及周围是否存在有一定规模的地质灾害体，确定灾害体在隧道前上方的位置、形态、大小及延伸等。

（2）工作装置及布置

隧道瞬变电磁法的工作装置可分为同点装置、偶极装置和大定回线源装置。各种装置在隧道预报中的布置见图 5-9、图 5-10。

①同点跟踪装置：分为重叠回线和中心回线，见图 5-9、图 5-10。

由于隧道掌子面的净空限制，同点法的回线面积大小受到影响，但可通过增

大发射接收线圈的匝数，增大接收信号。该装置具有轻便、快捷的特点，通常测试一个点仅需 5min，非常适合于隧道掌子面的预报。唯一的缺点是每次只能测试一个点，对分析资料、解释资料的可靠性难以把握。但它可以通过连续测量克服，可在预报初期每天进行或每 3 天进行一次测试，通过资料对比分析进行解释。另外，可通过一维电磁波的反演计算进行解释。其预报的距离可按下式计算：

图 5-9 隧道重叠回线装置　　图 5-10 隧道中心回线装置

纵向电导
$$S=\frac{16\pi^{1/3}}{(3Mq)^{1/3}\mu_0^{4/3}}\cdot\frac{[V_z^z]^{5/3}}{[\dot{V}_z^z]^{4/3}} \tag{5-6}$$

预报距离
$$h=\left[\frac{3Mq}{16V_z^zS}\right]^{1/4}-\frac{t}{\mu_0 S} \tag{5-7}$$

从上式看出隧道同点装置的预报距离受掌子面的截面积影响，同时与良导体的导电性及几何参数有关。

根据岩层的倾向及地质结构分别沿隧道的三个方向进行测试，沿前进方向每次应重复 3 次测试以保证数据的可靠性。同时，在初期测试后应连续 5 次，每隔 3～5m 沿前进方向进行跟踪测试，以保证测试数据的递推性和连续性，提高预报可靠性。同时应进行瞬变电磁资料的正反演工作。该装置适合在隧道掌子面进行测试。

②同点测线装置，见图 5-11。

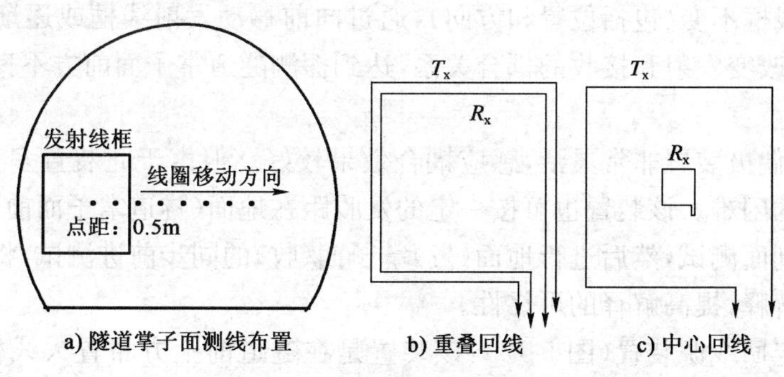

图 5-11 同点测线装置

根据隧道施工掌子面具体情况，如图 5-11 为掌子面测线布置示意图，测点点距通常为 0.5～1m，要结合掌子面大小布置，保证有足够多的测点。根据隧道内的实际工作环境，瞬变电磁工作装置可选用中心回线、重叠回线，发射线圈边长 1～5m，匝数根据试验确定，参考数 10 匝，同时结合仪器对发射线框的负载要求，兼顾发射电流大小配置。接收装置可选 SB-250KP0 瞬变场磁探头或接收线框。但需保证谐振频率和有效面积，另需注意对掌子面后方施工器械的电磁屏蔽，尽可能减小外部干扰的影响。另外，在隧道中部（前后 50m 内没有其他影响）垂直于隧道中轴作一测线，以测量隧道内的背景值。考虑到测量过程中线圈自身的感应，在进行实际测量后分别对发射线圈 10 匝和单匝情况下进行测量，然后根据两次测得的数据可以得到线圈自身的感应值。由于是探测岩壁前方的地质情况，所以发射线圈和接收探头、线圈可固定在发射架上。

③偶极装置（图 5-12）：发射回线与接收回线分离，发射回线在隧道上方地面上布置，接收回线在地面和隧道掌子面分别布置。由于发射与接收分离，因此可产生多种观测方法。

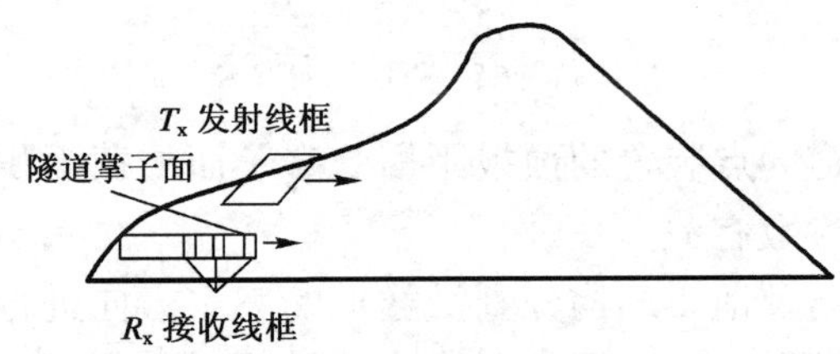

图 5-12　隧道偶极装置

发射线框不变（包括大小和位置），通过移动、旋转接收线框可分别观测（X、Y、Z）三分量值。也可沿着某个方向逐点平移，通过空间位置的变化测试掌子面前方的不良地质三维构造体。

接收线框不变（包括位置和方向），通过向前移动发射线框或逐渐改变发射框的大小，改变发射和接收的耦合关系，达到探测隧道掌子面前方不良地质体的目的。

因此，偶极装置非常灵活，感应耦合效果较好。但由于此装置多变，同样带来解释上的困难。该装置也可按一定的发收距在地面（隧道掌子面前方）先进行地面偶极剖面测试，然后进行地面（发）掌子面（收）的同步前进测试，将两者资料结合进行解释，提高解释的可靠性。

④大定回线源装置（图 5-13）：该装置是在隧道前上方布置大线框，通常边长为数百米的矩形框作为发射线框。接收探头可先在地面沿隧道轴线测试 1 条

或 3～5 条剖面(根据现场情况和预报任务要求),点距可加密为 5m(在地面进行剖面测量对隧道掌子面施工没有影响),以其作为掌子面进一步预报的背景资料或参考资料。然后,将接收线框布置在隧道掌子面,每隔 3m 测试(X、Y、Z)三分量值。由于其接收线圈为一探头,因此,非常轻便且效率高。

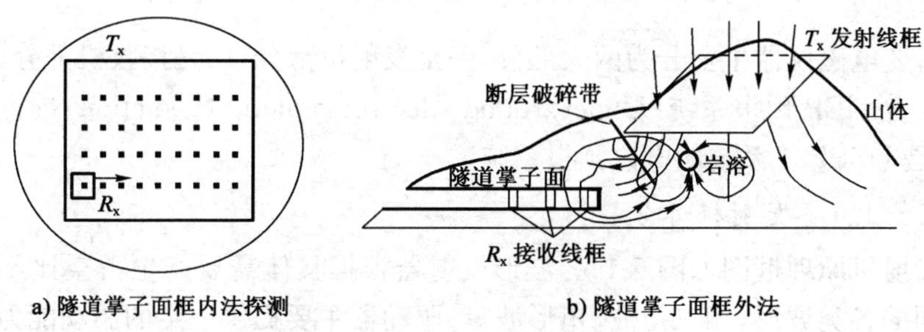

a) 隧道掌子面框内法探测　　b) 隧道掌子面框外法

图 5-13　TEMT 大定回线源装置

通常,大定回线源装置的发射线框移动较少,可根据需要进行。而接收线圈在隧道掌子面可按每天进行一次测量,由于测试速度快,通常仅需 5min 即可,对隧道掌子面施工几乎没有影响。它可根据每天的测试资料进行连续跟踪分析,是一个比较好的隧道超前地质预报方法。其适应性较广,即使隧道埋深很大同样适用,且效果较好。但需注意发射回线中心位置与接收回线距离的及时调整,同时注意发射与接收信号同步问题。

5.2.3.4　工作装置和回线大小的选择

(1)工作装置选择

工作装置的选择应根据勘察目的、施工条件和各种装置的特点等综合考虑决定。如果探测目标深度在数百米以内,要求达到较高的分辨率,且岩石导电性较好(易产生集流效应)时,同点装置是首选的对象;如果要较大深度的探测,或测区崎岖或有河谷等其他障碍使得铺设动源回线困难,应选择大定回线源装置。

(2)回线边长的选择

增大发射回线和接收回线的边长,将会增强信号强度,并延长有效的持续时间,从而有利于加大探测深度。但二者的增大使野外工作难度增加同时使测量结果受影响的范围扩大,从而降低了横向分辨率。因而,在预定勘探深度的情况下,一般都应选择尽可能小的回线边长。模拟试验和野外试验表明:同点装置可以有把握地探测到线性尺寸相当于埋深为 2 倍回线边长的良导体。因此,采用同点装置时,应取回线边长略大于 0.5 倍探测深度。采用框一回线装置时,大定源发送回线边长可略大于拟探测深度。

5.3 隧道瞬变电磁法超前地质预报系统

5.3.1 仪器系统构成

瞬变电磁仪器主要分为两大部分，一是发射机部分，二是接收机部分。下面具体结合 UEP 预报系统(Underground Electromagnetic Prediction)进行介绍。UEP 是 USEP21 系统的电磁预报系统。

5.3.1.1 发射机部分

发射机原理框图如图 5-14。波形发射器根据具体需要产生占空比不同、波形不同的各类波形，如三角波、矩形波等；驱动器主要提供一定的驱动能力，使得输出能够产生比较大的电流；输出极是发射机的核心部分，采用不同的输出方式，可以输出各种不同结果的发射波形。除上述主要部件外，发射机内部还必须有同步信号电路、同步隔离电路、输出保护电路等。

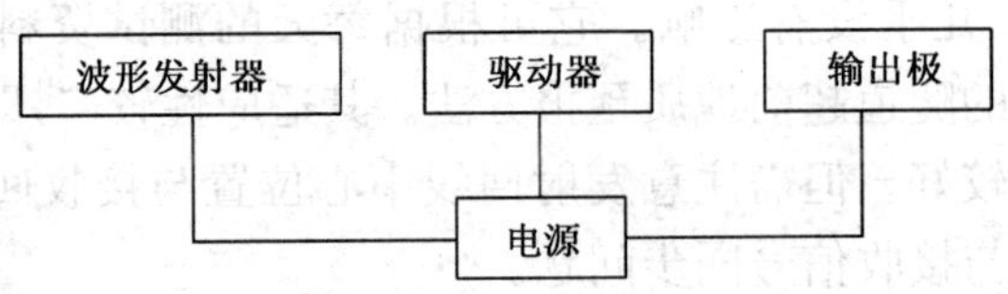

图 5-14 发射机原理框图

瞬变电磁方法中，主要是测量发射停止后的二次场信号，所以对发射回路要求比较严格。理论上讲，发射机的关断时间为零时，数据处理最为方便。但由于负载具有感性，关断时间不可能为零。发射机输出回路有多种多样的电路形式，用可控硅组成的输出回路可产生四分之一正弦波后缘，这种回路的波形受负载电感影响较大，但早期的瞬变电磁仪器大都采用这种电路。随着电子技术的不断发展，大功率器件品种日益增多，故目前基本上不再仅仅用可控硅桥路作为输出极。例如 WDC-2 仪器的发射回路采用大功率达林顿管为功率器件，这个回路的优点是后缘比较短，适当调整反馈回路中的参数，可使发射关断时间接近于 1s；如果小电流发射，可小于 1s。PEM 的发射回路采用可控硅与 VMOS 管结合的方式，该电路的优点是后缘一定，关断时间不随外部负载的变化而改变。发射机部分除了发射仪器本身以外，还有一个至关重要的部分，就是发射线圈。发射线圈的选取直接影响探测精度及探测深度。

5.3.1.2 接收机部分

接收机电路与发射机电路相比要复杂，但原理比较简单。接收机原理框图如图5-15所示。

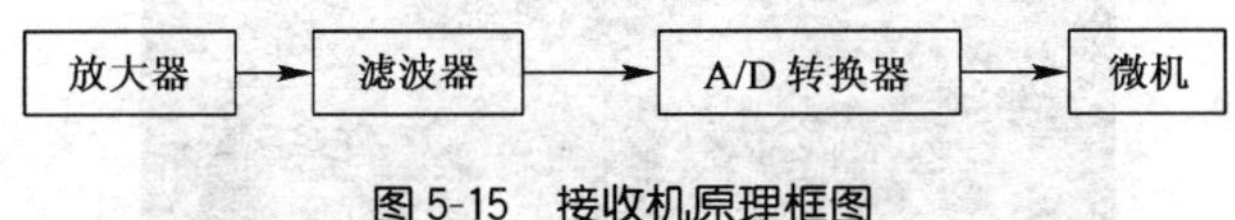

图5-15 接收机原理框图

在测量过程中，信号首先通过传感器将磁信号变成电信号，再通过放大器放大，并且滤掉高频干扰信号，由A/D转换器将模拟信号转换成数字信号后，送入微机处理并存储。

瞬变电磁方法中，主要是测量发射停止后的二次场信号，所以对接收机的灵敏度要求相当高。由于晚延时的信号量级已达到微伏，所以接收机的实际接收精度至少要达到这个水平。在接收机中，如何将野外信号有效可靠地记录下来，一直是一个比较关键的技术。从目前各种仪器分析来看，主要有3种取样方式：模拟积分取样；数字化叠加取样；模拟积分—数字化叠加取样。在接收机部分中，接收线圈也是一个重要的组成部分。

5.3.1.3 UEP系统软件

UEPWin11系统软件和USPWin11系统软件是USEPWin21系统的二合一产品，在瞬变电磁探测时主要结合重叠回线的电磁扫描技术实现在隧道掌子面快速探测的目的。主要功能如下：

①对现场条件的描述，包括隧道的各种参数、现场位置参数等；

②对发送线圈的描述，包括线圈的大小、位置起止、匝数、供电电流等；另外，信号频率、发射周期、脉冲长度、触发延时、占空比等；

③对接收线圈的描述，包括线圈的大小、位置起止、匝数、接收电流等；

④对采集信息描述，触发方式、采样描述(采样率、点数、位数)等；

⑤数据处理包括：取一次场、二次场、取总场；数学处理包括各种圆滑处理，专业处理包括：计算衰减度、视时间常数、视电阻率、纵向电导、视深度等；

⑥图形显示包括：空间一维、二维、三维的线图、面图、像图、等值面图、立体图、矢量图等各种图件；

⑦整个系统可空间显示、平移、旋转、切割、进入等各种操作。

UEP系统由于发射线圈可与接收线圈独立设置，因此，可满足各种瞬变电磁装置的变化需求，适合地下工程各种现场的各种采集情况。图5-16是UEP探测一条测线空间展布图。以下分别介绍常见的UEP各种装置的使用方法和技术。

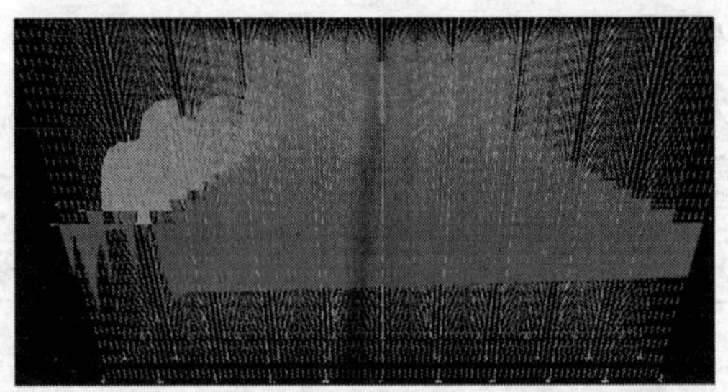

图 5-16　UEPWin11 的一条测线空间展布图

5.3.2　UEP 隧道同点测线装置

5.3.2.1　工作方法

基于以上的装置选择，在隧道中进行瞬变电磁超前预报的整套工作装置由以下部分构成：

①接收机：高分辨率的接收机；

②发射机：使用小功率发射机；

③发射线圈：3m×3m，8 匝线圈；

④接收探头：SB-250K(P)接收探头或自制探头；

⑤线圈支撑框架：采用合成树脂材料；

⑥其他：包括蓄电池和各部分连接线。

首先，由于洞内工作环境较差，容易损坏线圈支撑框架的连接头，所以尽量在洞外进行线圈支撑框架的拼装。其次，为了尽量避免金属低阻体对探测结果的干扰，在进洞探测前将施工台架退离掌子面 30～50m 外，然后进行仪器连接。将发射线圈和探头固定在线圈支撑框架上，并将框架贴近掌子面，掌子面要尽量平整，确保框架与掌子面平行。准备工作就绪后开始进行探测。一般情况下布置测线一条，从左至右紧贴掌子面移动框架，每移动 0.5m 进行一次探测，即测点点距 0.5m，如图 5-17 所示。如果钢拱架距离开挖掌子面较近，可减小测线长

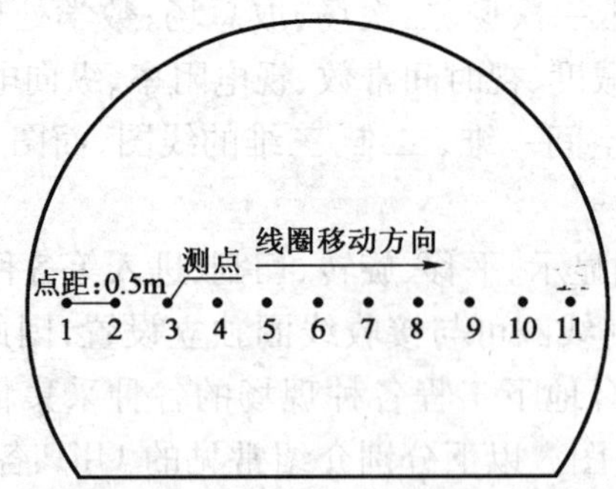

图 5-17　UEP 掌子面布线示意图

度以确保探测结果尽量准确。探测结束后存储数据，对探测效果不好或者可疑的掌子面部分可以进行加密探测。掌子面探测结束后，采用发射线圈8匝和单匝分别进行测量，根据两次测量的数据可以得到线圈的自身感应值，在隧道中部（前后80m内没有其他影响）垂直于隧道轴线布置一条测线，以测量隧道内的背景场。最后进行室内数据分析和解释。测线图见5-18所示。

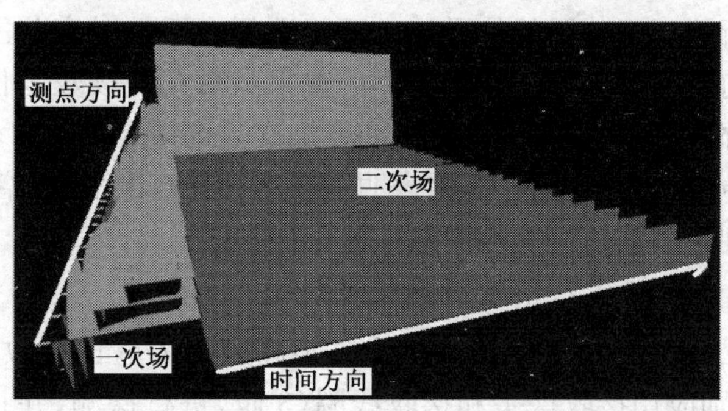

图5-18 UEP同点测线装置某测线感应电压空间展布示例

5.3.2.2 发射线圈与接收线圈的组合、排列、源式

组合是指发射线圈和接收线圈的相对关系和状态；排列是指组合系统相对测线的关系；源式是指发射线圈和接收线圈是同步移动还是观测完一条测线后移动，前者称为动源，后者称为定源。

动源组合类中可分为偶极组合、分离回线、同一回线组合、重叠回线组合、中心(内一)回线组合；定源组合类中可分为大回线外(测量)组合、大回线内(测量)组合和定源组合。其他组合方式还有双回线组合、小回线垂直差分组合等。

隧道超前地质预报中常采用重叠回线组合或中心(内一)回线组合。重叠回线组合顾名思义，就是将两条线圈(一条用作接收，一条用作发射)铺在同一位置，如图5-19a)所示。中心(内一)回线组合就是将重叠回线中的接收回线用小型可视为偶极的接收线圈(探头)代替并置于发射回线中心，如图5-19b)所示。

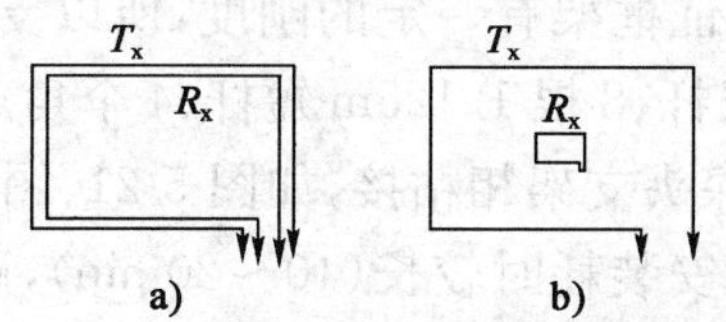

图5-19 重叠回线及中心回线组合示意图

排列分为两类：发射线圈与接收线圈在同一测线的称为同线排列；在不同测线上称为旁线排列，后者只用在定源组合中。隧道超前地质预报中采用同线排列。

5.3.2.3　时窗和叠加次数的选择

根据一些在隧道中实际应用的经验，在超前探测时选择时窗范围应尽可能宽一些，这样能记录到在较宽的延时范围内的有用信号；而叠加次数则希望取得少一些，以提高观测速度，避免对施工造成影响，但是在某些情况下增加叠加次数对施工并未造成影响的，也可以增加叠加次数。时窗和叠加次数的选择主要决定于测区内所用观测装置的信噪比。要想选择合适的时窗范围和叠加次数，在开始探测以前应该首先做些试验工作。如果最后几道读数为仪器噪声电平，说明有用信号都已记录下来，时窗范围和叠加次数选择是合适的；如果最后几道的读数超过噪声电平但波动较大，这表明还未达到噪声电平，应增大时窗范围和叠加次数。直到最后几道仅为噪声电平为止。

5.3.2.4　重叠回线与中心回线装置对比

接收装置最好选用专门的接收探头。某高校为了验证接收探头的应用效果，在隧道内分别应用接收探头和接收线圈(3 匝)进行探测，并且进行了对比。图 5-20 是试验中两种接收装置情况下的衰减曲线对比情况。

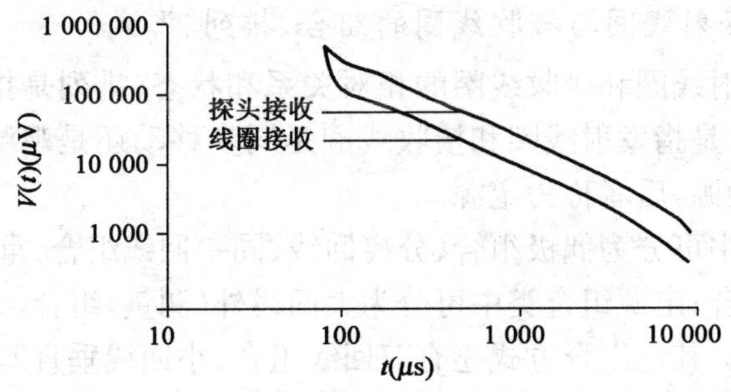

图 5-20　线圈接收与探头接收衰减曲线对比图(据武军杰，2005 年)

为了保证线圈及探头平稳准确的在掌子面移动，必须将线圈和探头固定在一个框架上，通过移动框架来实现线圈和探头的移动。由于金属材料会对探测结果形成干扰，并且要保证框架有一定的刚度，所以支撑框架采用合成树脂材料。支架由 8 根 1.5m 长杆、8 根 1.125m 短杆、4 个角点连接头和 1 个中心连接头组成。中心连接头与探头支架相粘接，如图 5-21、图 5-22 所示。但是这种线圈支撑框架较为笨重，且安装耗时较长(10～20min)，耐久性较差，容易发生变形。更加轻便、耐用的线圈支撑框架有待今后进一步开发研制。

5.3.2.5　发射和接收装置的选择和依据

目前国内外生产的瞬变电磁仪器，大多没有配备探头，而是由使用者根据实际情况配备相应线圈。但是由于隧道内工作环境不同于地面，因此应用瞬变电

磁法在隧道内进行超前地质预报时，也不能随意把地面瞬变电磁设备用于隧道，必须对瞬变电磁发射和接收装置进行研究。

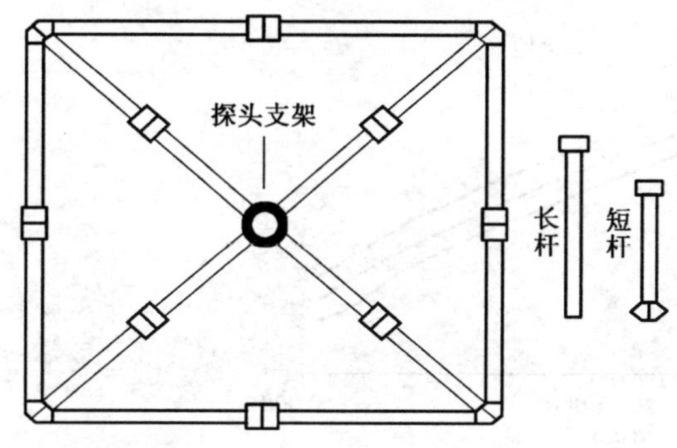

图 5-21　线圈支架结构示意图

图 5-22　UEP 的线圈支架实际结构图

(1)发射装置的选择

针对隧道特殊的工作环境，可根据掌子面大小以及最大探测深度来确定发射线圈的边长。运用瞬变电磁法进行隧道超前地质预报，不同于将其用于地表物探。由于隧道掌子面工作范围狭小，一般公路隧道掌子面宽度大约为 12m，而铁路隧道及引水隧道的掌子面宽度大约为 5m，所以不可能像在地表进行物探那样布置较大边长的发射线圈。为了保证在隧道中进行超前地质预报时有较多的测点及合理的测点点距，从而对存在疑问的掌子面部位进行补测，所以选择测点点距为 0.5m，因此将发射线圈边长确定为 3m。这样在公路隧道中可以布置 9～12个测点，在铁路隧道及引水隧道可以布置 7～9 个测点，测点数量亦满足要求。另外，3m 线圈高度对掌子面在纵向上的探测范围较为合理。同时为了尽量不影响隧道施工进度，必须保证瞬变电磁法具有较大且有效的探测深度。一般要求具备 80m 的探测深度。这样就必须增加发射线圈的匝数来增大发射面积，从而增大探测深度。一些高校及科研机构在发射线圈匝数的选择方面进行了试验研究，研究表明，采用 8 匝发射线圈较为合理，这样可以得到较强的信号，抗干扰能力也较强，而且由于发射面积较大，可以达到要求的探测深度，同时也尽可能避免了线圈之间的互感。

图 5-23 是为确定发射线圈的匝数进行了试验研究。试验中对 3 匝、5 匝、8 匝三种不同规格线圈进行了对比实验研究，给出了在同一隧道掌子面测线的同一测点上利用三种线圈进行测量的实测衰减曲线的对比结果。

由图 5-23 可以看出，在同一测点上三种不同匝数线圈实测衰减曲线大致形态相同，但是 8 匝线圈所测信号较其他线圈强，因此抗干扰能力相对较强。所以，根据对比情况，发射线圈匝数选择 8 匝。这样，进行探测时不但可以得到较强的信号,不易受到干扰,而且由于发射面积较大,从而可以达到较大的探测深度。

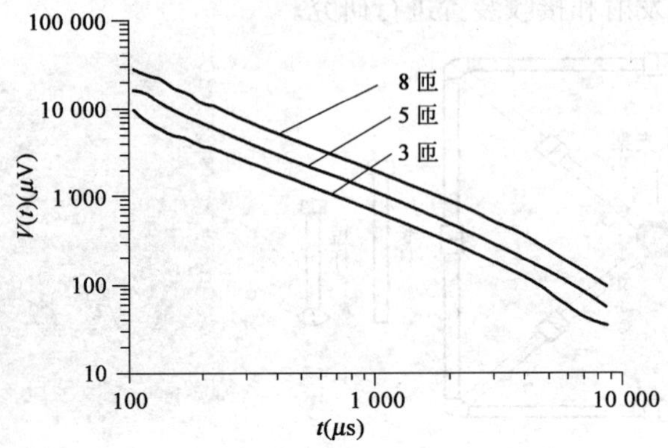

图 5-23　三种发射线圈实测衰减曲线对比图

(2)接收装置的选择

由于在隧道中进行探测时,不能直接将地面探测时的接收线圈直接照搬应用,这是因为:

①如果利用接收线圈,由于受掌子面大小限制,接收面积不可能很大。另外,如果通过增大接收线圈匝数来增加接收面积,则会使接收线圈产生较大自身感应以及线圈之间的互感。

②如果直接利用接收线圈作为接收装置,那么接收到的信号中不单有掌子面前方的信号,而且还包括掌子面后方已开挖隧道部分的信号,并且受已开挖隧道支护钢拱架等影响较大。

因此,接收装置必须选用专门的接收探头。为了验证接收探头的应用效果,武军杰等(2005 年)在隧道内分别应用接收探头和接收线圈(3 匝)进行探测,并且进行了对比。图 5-24 中给出了两种接收装置情况下的衰减曲线对比情况。

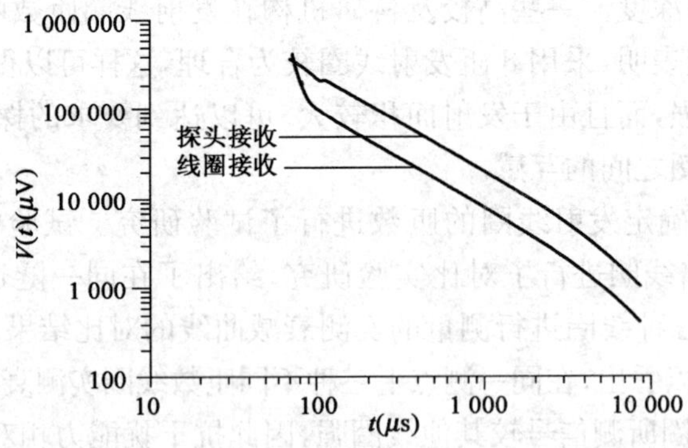

图 5-24　不同接收装置情况下实测衰减曲线对比图

由图 5-24 中可以看出,除在衰减早期线圈装置接收信号偏大外,其余部分两条曲线形态大致相同,但是接收线圈接收到的信号明显偏小。因为试验所用探头选用 SB-250K(P)瞬变场磁探头,探头前部的屏蔽筒在坑道内可减小外部干扰的影响,而探头后面经过特殊加工可以屏蔽探头后方信号。由于探头有效面积($211m^2$),远远大于线圈等效面积($27m^2$),而且探头灵敏度大于 0.9μV/nT · Hz。所以,接收探头可以接收到掌子面前方不良地质体产生的微弱信号,从而增大探测分辨率。由对比情况可以看出,在隧道进行探测利用探头作为接收装置能达到探测的具体要求。

(3)时窗和叠加次数的选择

一般来说,在实际工作中希望选择时窗范围尽可能宽一些,以记录到在较宽的延时范围内的有用信号;而叠加次数则希望取得少一些,以提高观测速度。这两点主要决定于测区内所用观测装置的信噪比。要想选择合适的时窗范围和叠加次数,在开始探测以前首先做些试验工作。如果最后几道读数为仪器噪声电平,说明有用信号都已记录下来,时窗范围和叠加次数选择是合适的;如果最后几道的读数超过噪声电平但波动较大,这表明还未达到噪声电平,应增大时窗范围和叠加次数,直到最后几道仅为噪声电平为止。

5.3.2.6　接收探头过渡过程影响消除

(1)接收探头中纯过渡过程响应的特征及校正方法

为分析接收探头中固有的过渡过程响应的特征,武军杰等(2005 年)在空旷场地上将发射线圈直立,尽量远离地面,这样测量得到的信号就为纯过渡过程响应。

如图 5-25 所示,在线圈悬空的情况下,存在过渡过程场。在试验中发射基频为 25Hz,取样道数为 40,时窗范围为 72.5～8 640μs。图中可以看出,衰减曲线在 742μs 以前衰减较快,而在此以后衰减相对较慢,并且在 8 640μs 时衰减到最小。

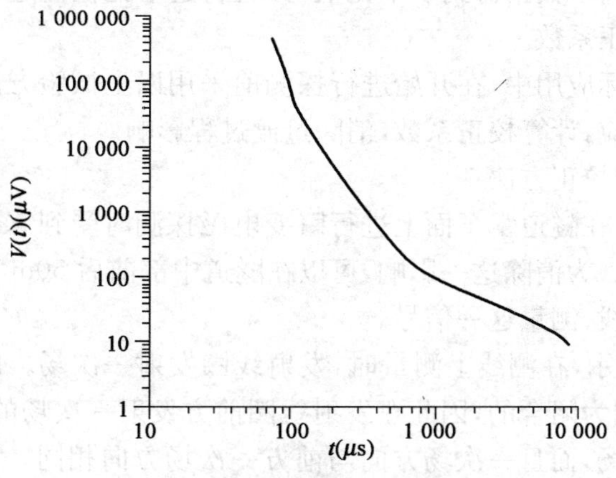

图 5-25　线圈悬空情况实测衰减曲线

因此,在隧道内探测时,如果得到掌子面上探头中过渡过程的影响后,我们可以在实际探测信号中减掉这一信号从而得到有用信号。但是值得注意的是,由于此过渡过程场与周围介质的耦合有关,所以在空气中测得的过渡过程场只能大致相当于掌子面上的过渡过程场,而不能完全等效。在这种情况下,还可利用另外一种方法,即大地电导率消除过渡过程影响的方法。

(2)利用大地电导率消除过渡过程影响的方法

利用大地电导率来消除过渡过程影响是结合工程场地岩石的电导率(已知)研究过渡过程场的影响。利用剖面上背景场的电磁响应,计算电导率与已知岩石电导率对比求出校正系数,具体试验方案是在较空旷地区置 50m×50m 发射线圈,接收装置选用接收探头,发射基频 225Hz。图 5-26 中给出了该装置情况下的实测衰减曲线。

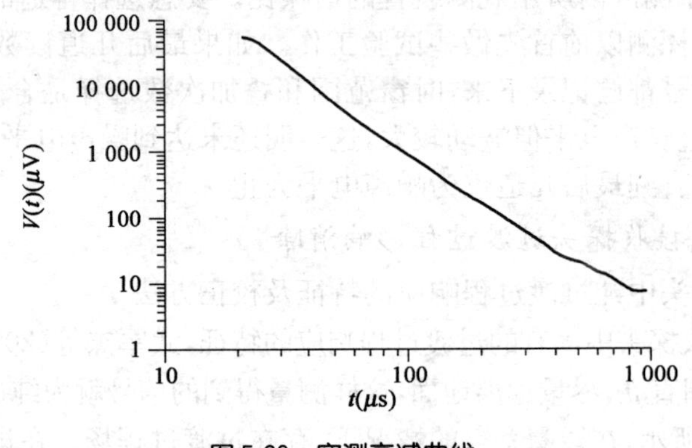

图 5-26　实测衰减曲线

因为已知工程场地大地电导率,所以根据以上试测衰减曲线经过计算得到电导率值。对比两个数据得到一个比值,并且将这个比值经过反算从而得到原始数据的一个校正系数。

在隧道内实际应用中,在开始进行探测前采用以上试验方法得到该地段的背景场的电磁响应,计算校正系数,消除过渡过程影响。

(3)隧道影响校正方法

经分析可知,在隧道掌子面上进行瞬变电磁探测时受到掌子面后方已开挖隧道部分的影响。为消除这一影响,可以在隧道中部前后 50m 范围内无其他影响情况下布置测线,测量这一信号。

如图 5-27 所示,在测线上测量时,发射线圈发射一次场。由电磁场原理可知,一次场磁力线为闭合的,因此在发射线圈前方发射一次场的同时,测线后方也会接收到一次场,而且一次场方向与前方一次场方向相同。在一次场的激励下,测线前方、后方隧道都会产生涡流,该涡流的衰减又产生一个衰减的二次场

向测线方向传播。如图中所示，测线前方产生的二次场 $\Delta\varepsilon_1$，方向与发射一次场方向相反，沿探头接收方向；测线后方产生的二次场 $\Delta\varepsilon_2$ 方向刚好与 $\Delta\varepsilon_1$ 方向相同，沿探头接收方向。而且由于测线前、后方隧道大致均匀，所以 $\Delta\varepsilon_1=\Delta\varepsilon_2$。可知，接收装置中接收到的二次场为两个二次场之和，$\Delta\varepsilon=\Delta\varepsilon_1+\Delta\varepsilon_2$。所以在掌子面上进行探测时接收到的隧道的干扰信号为 $\Delta\varepsilon/2$。

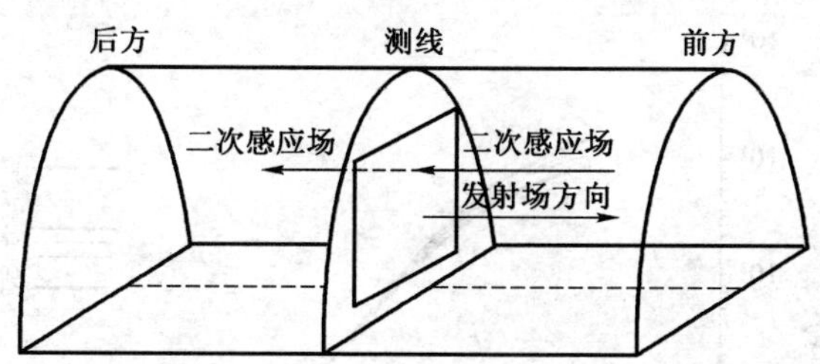

图 5-27　UEP 掌子面探测隧道影响示意图

由以上分析可知，欲消除掌子面后方隧道的影响，需在测量得到这一信号后，将掌子面信号减掉隧道影响 $\Delta\varepsilon/2$，就可以得到掌子面前方的有用信号。

5.3.2.7　屏蔽探头的研制

除在衰减早期线圈装置接收信号偏大外，其余部分两条曲线形态大致相同（图 5-28），但是接收线圈收到信号明显偏小。探头为专门在隧道中使用而研制的 SB-250K(P)瞬变场磁探头，它是在 SB-250K 探头前部增加长 195mm、直径 75mm 的屏蔽筒，在隧道中使用时可减小目标层对面地层的干扰影响，而探头后部经过特殊加工设置一块金属板，可以屏蔽探头后方信号。由对比情况可以看出，在隧道进行探测最好利用探头作为接收装置，可减小目的层对面地层的影响。

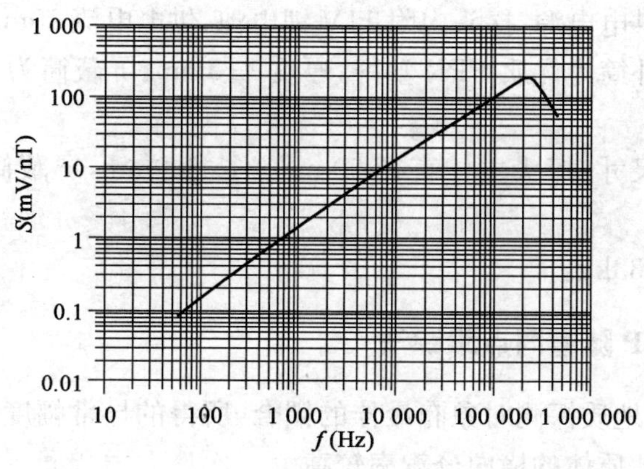

图 5-28　SB-250K(P)02 次探头辐射频特性曲线

由于其谐振频率较高，适用于解决中、浅部地质问题。SB-250K(P)探头具有噪声小、灵敏度高，线性好、重量轻等特点。

SB-250K(P)磁探头的主要技术指标：

(1)磁探头的谐振频率：228kHz，磁探头的幅频特性曲线在双对数坐标纸上低于谐振点频段，为接近45°线性上升特征(图5-29)；

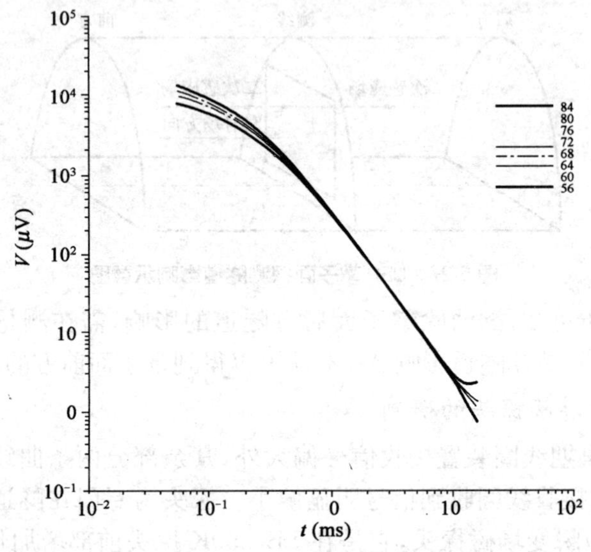

图5-29　PEM探头不同线圈延迟衰减曲线

(2)磁探头有效面积：$211m^2$；

(3)磁探头灵敏度：0.969μV/nT·Hz(小于100kHz)；

(4)阻尼特性：临界阻尼；

(5)磁探头供电电源：探头内附11V锂电池，供电电流10mA；

(6)磁探头外筒为优质PPR塑料，厚度4.5mm，屏蔽筒为PVC塑料，有一定的机械强度；

(7)磁探头尺寸：探头主体直径50mm×长300mm，屏蔽筒直径为75mm，长195mm；

(8)重量：1.33kg。

5.3.3　UEP隧道同点跟踪法

重叠回线与地质探测对象有最佳的耦合，所得的异常幅度大，形态简单，受旁侧影响小，对地质体的横向分辨率较高。

根据隧道地质灾害体经常出现的断层破碎带、岩土体空洞、岩溶情况分别用

低阻板状体和低阻球体进行室内试验(图 5-30)。试验观测仪器是北京市市政工程研究院和北京索通紫蜂通讯技术有限公司研制的 USEP21 震电综合预报仪,采用重叠回线装置,叠加次数 1 024 次,使观测精度有保证。

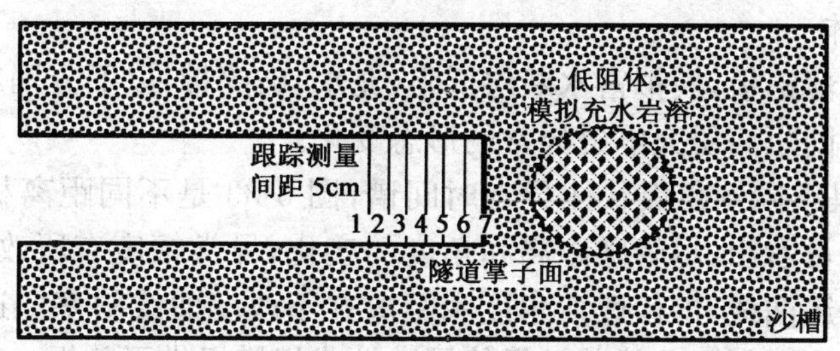

图 5-30 低阻球体的模拟试验布置图

(1)球体

模型体为球形水体模拟土体水囊和岩溶,测网布设与模型体的位置关系如图 5-30,模拟试验结果如图 5-31。

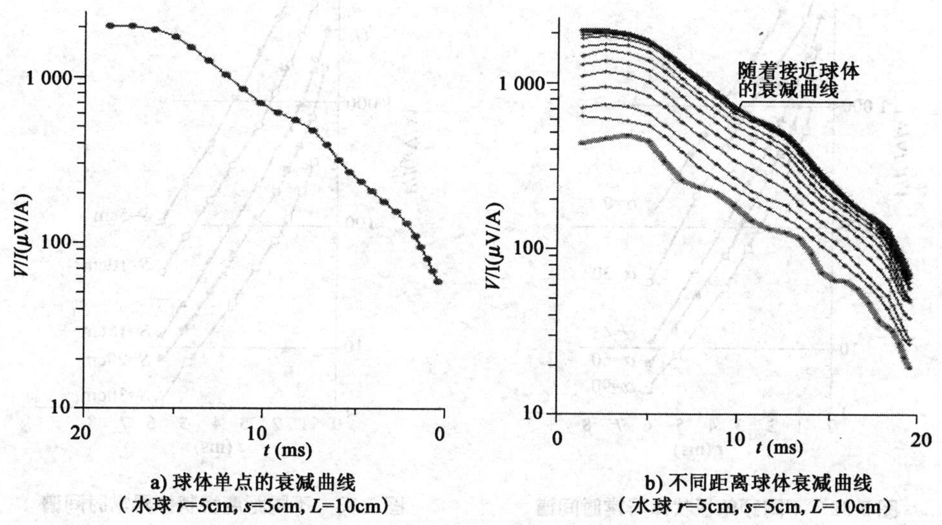

a) 球体单点的衰减曲线
(水球 r=5cm, s=5cm, L=10cm)

b) 不同距离球体衰减曲线
(水球 r=5cm, s=5cm, L=10cm)

图 5-31 模型体的模拟试验结果

以上结果说明:随着沿隧道轴线方向重叠回线测量,在逼近低阻球体时,其电磁异常明显增加,同时其异常幅值急剧增加,实测的感应电压值从早期到晚期均有不同程度的增加。但在第 10 道到 14 道增加明显。以上资料说明在隧道掌子面用重叠回线装置探测低阻岩溶体时,随着掌子面接近球体,重叠回线装置的异常出现有规律的变化。它是寻找土体水囊和岩溶的标志。试验结果表明,该方法探测土体水囊和岩溶是可行的，而且，根据逐点接近跟踪法探测隧道掌子面前方的低阻球体（岩溶）是有效的，能够通过这种逐点递推法进行前方土体水囊和岩溶预报。

（2）板状体

模型体为薄铝板，模拟富水断层低阻（充水）破碎带，以下分别从同一距离的不同角度和不同距离研究电磁异常的形态变化。

图5-32是不同倾角板状体异常时间谱，图5-33是不同距离板状体异常时间谱。从图中可看出，尽管随距离和角度的变化，异常幅度有所改变，但它们是彼此平行的一簇曲线，即使改变角度和距离并不改变曲线斜率。这种特征为我们利用野外实测时间谱曲线估计导体导电性或规模提供了前提。破碎带含水的性质或破碎带的电阻率由衰减曲线的斜率确定。

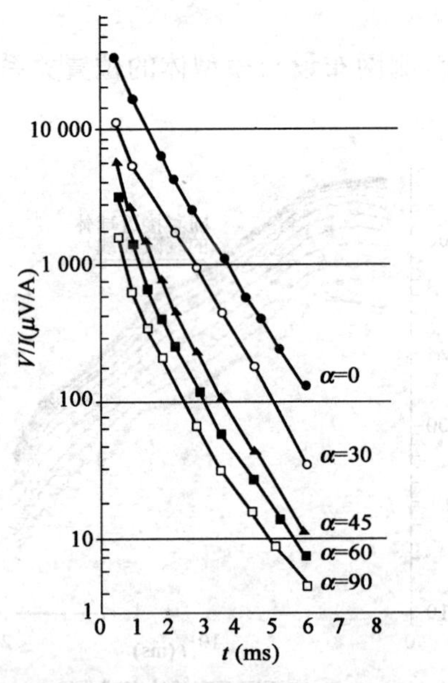

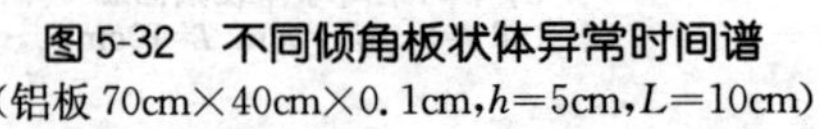

图5-32　不同倾角板状体异常时间谱

（铝板70cm×40cm×0.1cm，h=5cm，L=10cm）

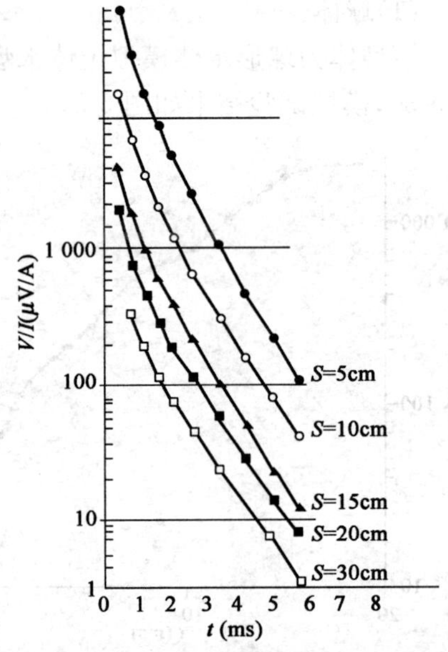

图5-33　不同距离板状体异常时间谱

（铝板70cm×34cm×0.1cm，α=45°，L=10cm）

图5-34、图5-35是模拟隧道跟踪测试的实测曲线，从图中可看出，随着逐点逼近低阻板状体，其异常的整体幅值在增大，早期和中期道的曲线斜率基本相同，说明了板状体的导电性。而双峰异常也说明了板状体的存在（正常斜板电磁异常为双峰）。因此，以上资料说明采用重叠回线装置探测前方低阻板状体的方法是可行的、有效的。并且可根据异常曲线的形态区分前方灾害体的形状是球体还是板状体。

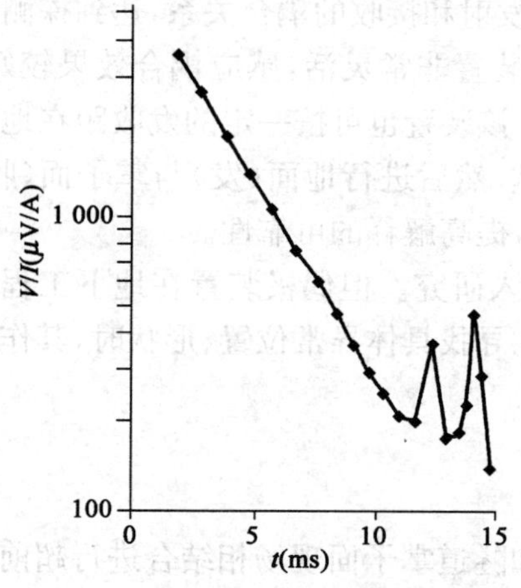

图 5-34　板状体单点的衰减曲线
（铝板 70cm × 40cm × 0. 1cm，$s=5$cm，$\alpha=45°$，$L=10$cm）

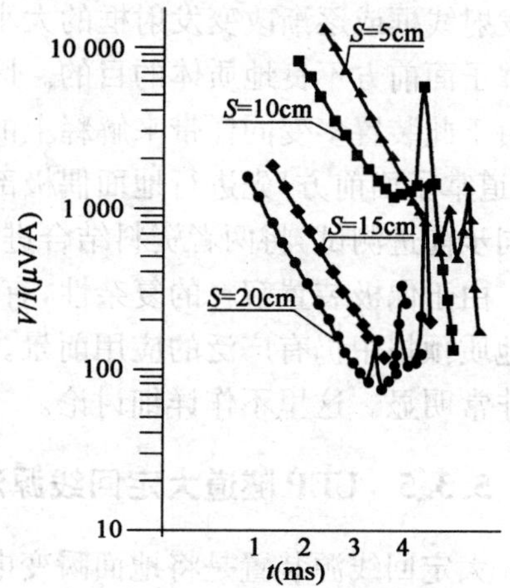

图 5-35　不同距离板状体衰减曲线
（铝板 70cm×40cm×0. 1cm，$\alpha=45°$，$L=10$cm）

(3)野外实例

某隧道围岩的实测感应电压衰减曲线见图 5-36。

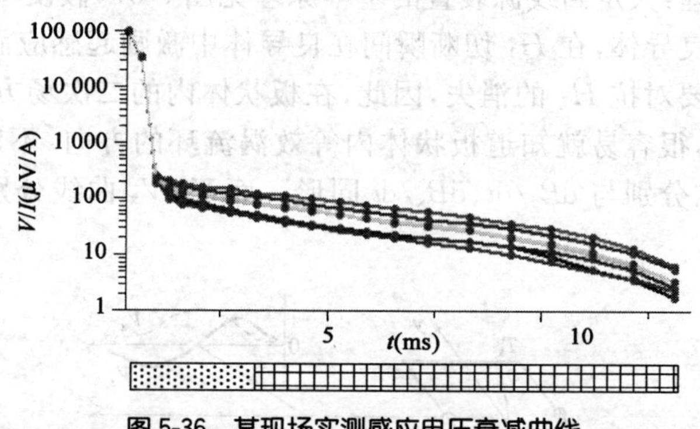

图 5-36　某现场实测感应电压衰减曲线

从图 5-36 多点测试衰减曲线结果可看出，感应电压衰减越慢，围岩强度越差。

5.3.4　UEP 隧道偶极装置

偶极装置：发射回线与接收回线分离，发射回线在隧道上方地面上布置，接收回线在地面和隧道掌子面分别布置。由于发射与接收分离，因此可产生多种观测方法。发射线框不变（包括大小和位置），通过移动、旋转接收线框可分别观测（X、Y、Z）三分量值，线框也可沿着某个方向逐点平移，通过空间位置的变化测试掌子面前方的不良地质体。接收线框不变（包括位置和方向），通过向前移动发射线框或逐渐改变发射框的大小,改变发射和接收的耦合关系,达到探测隧道掌子面前方不良地质体的目的。因此,此装置非常灵活,感应耦合效果较好,但由于此装置多变同样带来解释上的困难。该装置也可按一定的发收距在地面(隧道掌子面前方)先进行地面偶极剖面测试,然后进行地面(发)与掌子面(收)的同步前进测试,将两者资料结合进行解释,提高解释的可靠性。

由于偶极装置解释的复杂性,有待作深入研究。但偶极装置在地下工程超前地质预报中仍有广泛的应用前景。尤其在寻找具体异常位置、形状时,其作用会非常明显。这里不作详细讨论。

5.3.5 UEP 隧道大定回线源法

大定回线源装置是将地面瞬变电磁法和隧道掌子面现场相结合进行超前地质预报的方法,它是将地面与隧道掌子面、发射与接收分离,达到探测预报隧道掌子面前方地质灾害体的目的,充分体现"内外兼顾"的超前地质预报理念。以下介绍隧道大定回线源装置的室内试验和野外测试及资料的解释分析。

①仪器:常规的大功率瞬变电磁仪。

②基本原理:大定回线源装置的基本原理见图 5-37,假设一次场 H_1 如图所示那样穿过良导体,在 H_1 切断瞬间在良导体中激励起感应涡流,由于涡流所产生的磁矩要对抗 H_1 的消失,因此,在板状体内的二次场方向与 H_1 的方向一致。那么,很容易就知道板状体内等效涡流环的方向,不难推出 H_z、H_x 的异常形态,它分别与 dB_z/dt、dB_x/dt 同形。而 V_z、V_x 曲线分别与 H_z、H_x 曲线反号。

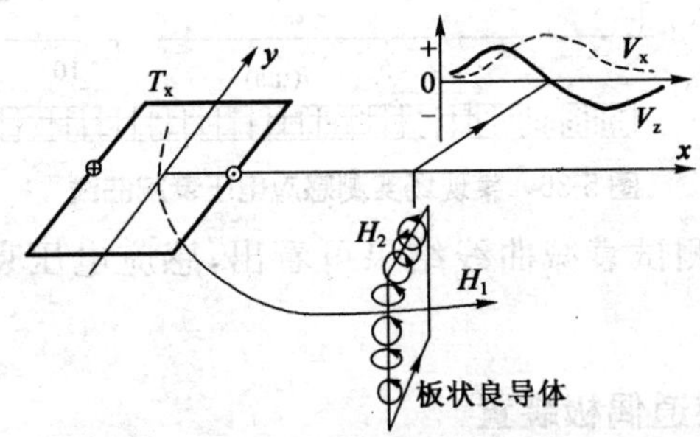

图 5-37 板状良导异常形态示意图

显然,异常形态及幅值要受到几何关系改变的影响,同时还与板状体的倾角、埋深、测线的位置等因素有关。

③室内模拟试验:室内模拟试验是分别从地面框外、框内回线研究不同倾角良导板状体(模拟充水断层破碎带)的异常形态,以及用不同倾角板状体模拟沿

隧道掌子面跟踪测试的异常形态，说明利用大定回线源装置进行超前地质预报的效果。

不同倾角的板状体异常剖面曲线见图 5-38～图 5-42。

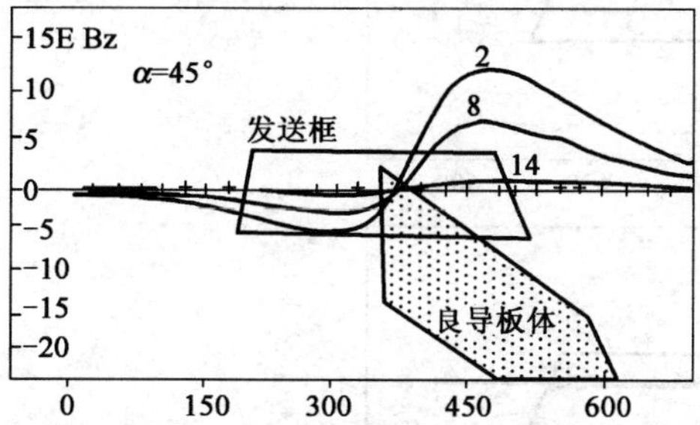

图 5-38　框内 45°板体(B_z、B_x)异常

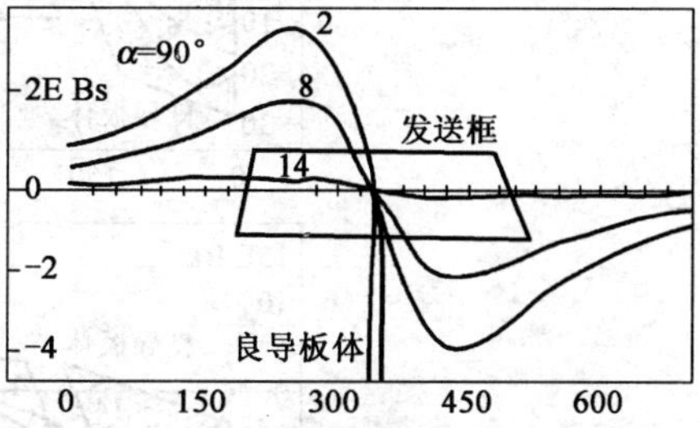

图 5-39　框内 90°板体(B_z、B_x)异常

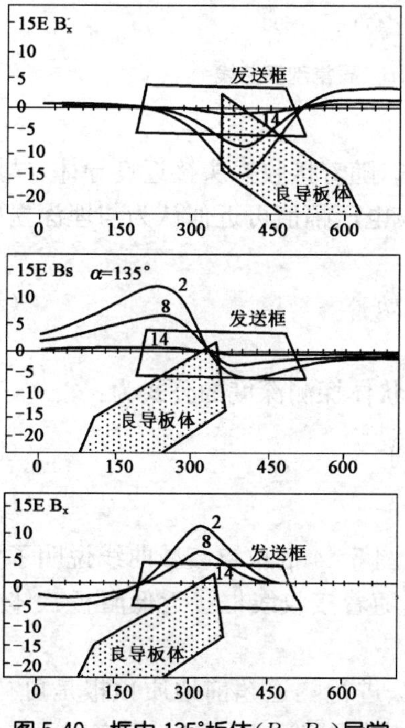

图 5-40　框内 135°板体(B_z、B_x)异常

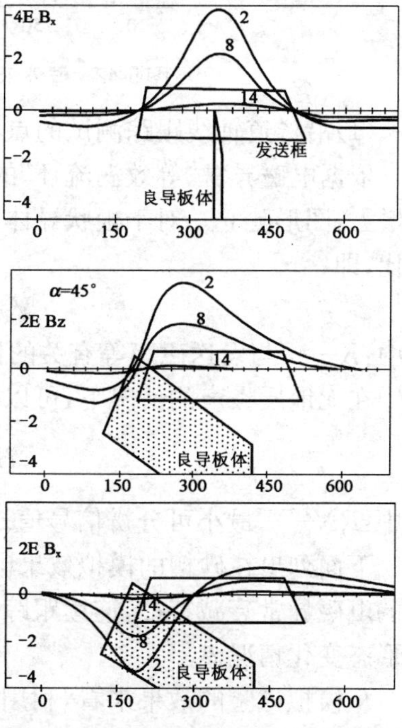

图 5-41　框外 45°板体(B_z、B_x)异常

其中，图中的 2、8、14 分别代表三个测道 $t_2=0.108\text{ms}$，$t_8=0.441\text{ms}$，$t_{14}=1.75\text{ms}$。以上分别进行 x 分量与 y 分量的测量，图中仅列出 3 个测道的感应电压曲线。从图中可看出大定回线源在预报断层破碎带的模拟效果，其异常形态有规律且非常明显。如果在野外将其点距加密，并和隧道跟踪测量相结合，效果将更好，推断解释精度更高。

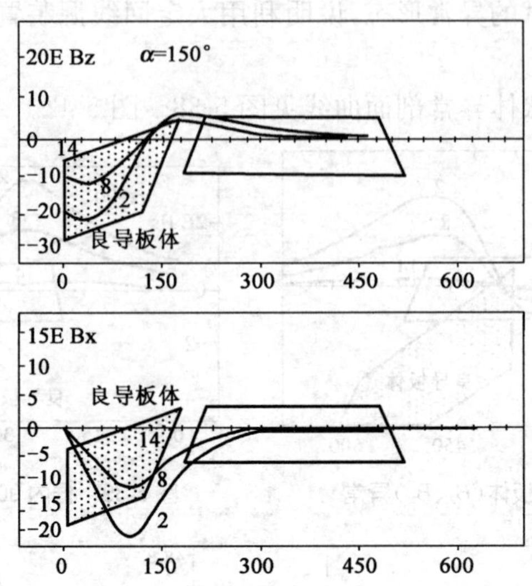

图 5-42 框外 150°板体(B_z、B_x)异常剖面曲线

(1)沿隧道轴线跟踪测试的点状衰减图

依据电磁异常"等效涡流环"的性质可知,随着接收探头接近良导体,异场幅度增大,图形陡立。对于板状导体,某个感应电压幅值可近似认为与埋深立方成反比,即

$$V_{极值}(t_i) \approx kh^{-3} \tag{5-8}$$

式中:K——与发送磁矩等有关的比例常数。

在无地质噪声的情况下,可以推导出板状体探测深度的公式为:

$$H \approx \left(\frac{K}{RN}\right)^{1/3} \tag{5-9}$$

式中:RN——最小可分辨信号值。

下面列出在砂槽的模拟效果。图 5-43、图 5-44 的单点衰减曲线说明了板状体的电磁异常衰减特征,连续跟踪测量说明随着接收线框接近低阻板状体的异常形态变化情况。

从模拟试验的效果来看,利用 TEMT 法进行隧道超前地质预报是可行的,效果是明显的。当然,以上仅做了板状体的模拟试验,为了进一步应用于隧道施工,还需做大量的室内及工程应用研究。

(2)野外实例

以下通过外业 UEP 框外法地面测试实例说明对断层的预报效果。由于资金有限,且需隧道施工配合,因而没有进行隧道内的实际跟踪测试。其沿隧道轴线地面测试效果见图 5-45。

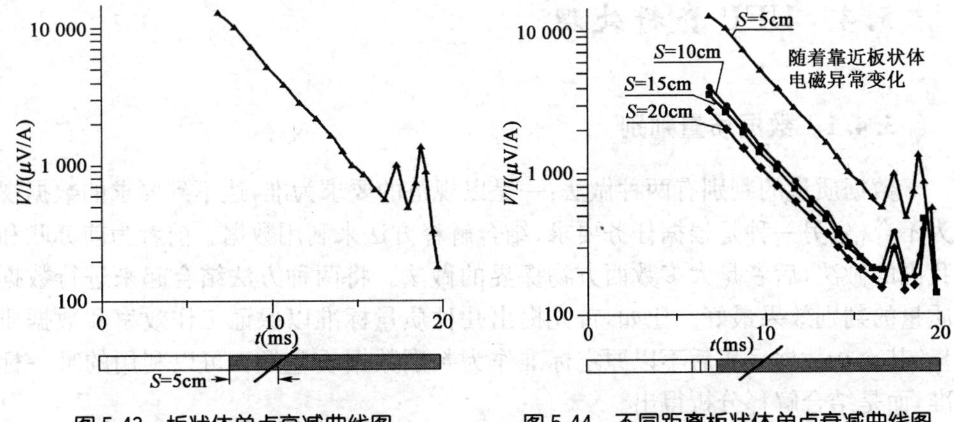

图5-43　板状体单点衰减曲线图　　图5-44　不同距离板状体单点衰减曲线图

从图5-45、图5-46可看出，在点180和460附近有断层破碎带的异常存在。若能在隧道施工中再进行跟踪测量，其精度和效果将更好。

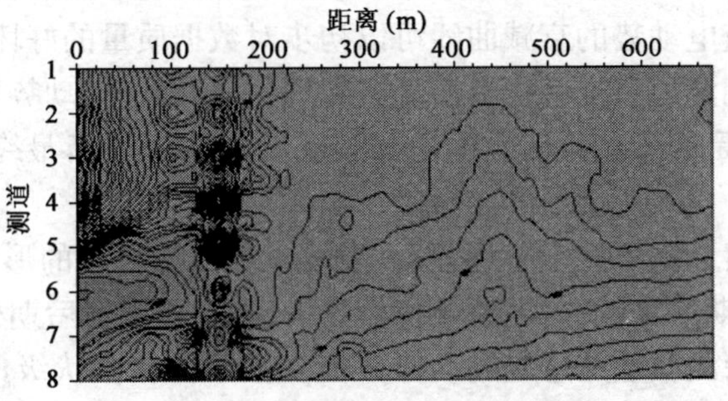

图5-45　岩性界面测试垂直分量

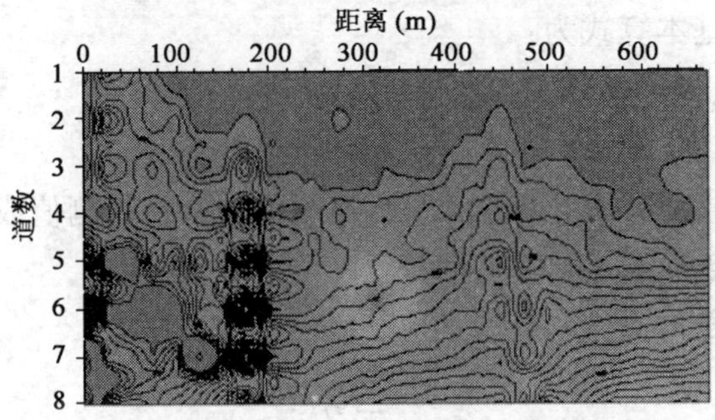

图5-46　岩性界面测试水平分量

通过对UEP大定回线源装置研究认为，该方法应用于隧道超前地质预报是可行的。

5.4 UEP 资料处理

5.4.1 数据质量判别

数据质量的判别有两种做法：一是以规范的要求为准，达不到要求的数据视为不合格；另一种是根据任务要求，结合解释方法来利用数据。前者为前苏联和我国的做法，后者是大多数西方物探界的做法。将两种方法结合起来进行数据质量的判别效果最好。比如，首先提出几种质量标准以保证工作效率和数据质量，其次在数据采集后不以原定标准作为判别数据质量是否可以利用的唯一标准，而是结合解释分析得出。

(1)从衰减曲线分析质量

在隧道中运用瞬变电磁法进行超前地质预报，在完成每个测点探测后接收机屏幕上会出现该测点的感应电动势衰减曲线以及这个测点各测道的感应电动势值。根据感应电动势的衰减曲线可以初步对数据质量的好坏进行判别。

①测点早期测道数据可能会出现饱和现象，即感应电动势不衰减，且数值较大(毫伏级)，这是因为接收信号中含有部分一次场的信息，最终导致探测结果不准确。

②晚期测道数据可能上下跳动，不圆滑；或者是以点的形式表示而不是曲线，这是因为后期信号较弱，电磁干扰较强引起的，可以在后期处理时将其剪掉。

③较好的探测质量是感应电动势数值多数维持在微伏级，且衰减曲线呈类似抛物线形式圆滑衰减，且晚期测道曲线不发生较大震荡。

(2)误差计算

相对误差的基本算式为：

$$\delta = \frac{2|\varepsilon_{i1} - \varepsilon_{i2}|}{\varepsilon_{i1} + \varepsilon_{i2}} \times 100\% \tag{5-10}$$

式中：ε_{i1}、ε_{i2}——分别为第 i 测道的原始观测值和检查观测值或重复观测值；

ε——各种方式归一电动势。

平均相对误差为：

$$\bar{\delta} = \sum_{j=1}^{N} \delta_j / N \tag{5-11}$$

此处 N 为：

①同一测区或同一剖面参与计算的同一取样测道的数据总数，得到各测道的平均相对误差；

②同一测点参与计算的取样测道数，得到某一测点的平均相对误差；

③如果将式(5-11)的δ当作某一测点数据之(平均)相对误差，则N为参与计算的测点数，得到某测区或某剖面的总平均相对误差。

均方相对误差的基本表达式为：

$$M=\pm\sqrt{\sum_{j}^{N}=1\delta_i^2/2N} \tag{5-12}$$

式中δ由式(5-11)得出，N与上述三种情况相同。

绝对误差的基本式为：

$$\Delta_j=\varepsilon_{j1}-\varepsilon_{j2} \tag{5-13}$$

平均绝对误差基本式为：

$$\vec{\Delta}=\sum_{j=1}^{N}|\Delta_j|/N \tag{5-14}$$

5.4.2 数据处理

5.4.2.1 数据组合滤波

(1)强干扰信息剔除

瞬变电磁数据在双对数坐标中随时间增加而不断衰减，若采集的数据不符合衰减趋势，一般不宜先采取圆滑处理(因为圆滑处理仅会将此强干扰分配到其他测道中)，而应进行强干扰信号剔除。

在双对数坐标中，首先计算衰减曲线在各测点、各测道的斜率，并进行统计，计算出平均值及方差，并对斜率超差的测道进行校正。即当某测点第i测道超差时，以其前一测道的斜率为基础，综合考虑第i测道前后各测道的斜率，加权归一得到斜率值k，同时计算邻近测点在该测道的加权斜率值k_2。

则有：

$$k = C_1 \cdot k_1 + (1-C_1)k_2 \tag{5-15}$$

$$e = \log(V_{i-1}) + [\log(t_i) - \log(t_{i-1})] \cdot k \tag{5-16}$$

$$V_j = 10^e$$

式中：$C_1=C_0/100$(C_0为0～100之间的可调常系数)；

t——第i道的采样延时；

V_i——求得的第i道的感应电动势。

(2)测道圆滑

在瞬变电磁探测中，即使纵向地层有明显变化，其感应电动势衰减曲线亦为相对连贯的变化曲线。若非如此，则视为干扰，可作测道圆滑处理：

$$r_1 = 1/[\log(t_i) - \log(t_{i-1})]^2$$

$$r_2 = 1/[\log(t_{i+1}) - \log(t_i)]^2$$

$$e=(1-C_j)\cdot\log(V_j)+C_j\cdot\left[\frac{r_1}{r_1+r_2}\cdot\log(V_{j-1})+\frac{r_2}{r_1+r_2}\cdot\log(V_{j+1})\right]$$

$$V_j=10^e \tag{5-17}$$

式中：$C_1=C_0/100$（C_0 为 0～100 之间的可调常系数，C_0 越大，圆滑程度越高）；

t_i——第 i 道的采样延时；

V_j——求得的第 j 道的感应电动势。

(3)测点圆滑

若测点距不太大时，其感应电动势在沿测线方向上亦应相对连贯，很少表现为单点异常。如连贯性太差，可进行测点圆滑：

$$e=(1-C_j)\cdot\log(V_j)+C_j\cdot\left[\frac{r_1^2}{r_1^2+r_2^2}\cdot\log(V_{j-1})+\frac{r_2^2}{r_1^2+r_2^2}\cdot\log(V_{j+1})\right]$$

$$V_j=10^e \tag{5-18}$$

式中：C_1——意义同前；

V_j——第 j 测点某测道的感应电动势；

r_1——$j-1$ 与 j 测点间距离；

r_2——j 与 $j+1$ 测点的距离。

5.4.2.2　弱信息增强处理

运用瞬变电磁法进行隧道超前地质预报时，往往会出现有用信号相对背景信号太弱的情况，对此不能通过上述滤波方法加以解决。如不对此有用信息进行增强处理，计算结果往往难尽人意。弱信息增强处理，在其他勘探方法中常被应用。瞬变电磁信号不同于其他方法的信息，不能直接借用其他方法的成熟做法，但可根据瞬变电磁法的特点及具体的观测目的物设计相应的信号增强算法。事实上，在隧道超前预报中，瞬变电磁法探测的主要目的是低阻水体，其异常具自身的特征与规律，符合该规律的异常是有用信息，不符合该规律的则是干扰信号，这便是我们识别有用信息并作增强处理的前提。

设$\overline{V}_i$ 为各测点第 i 道的感应电动势平均值，d 为这些值取对数后的方差，V_i 为第 i 道的值，并设 j 为观测道道数，j 的数值可通过试算较容易的确定。

当 $i\leqslant j$ 时，若 $\log(V_i)-\log(\overline{V}_i)-C_1\cdot d\geqslant 0$，则有

$$\begin{aligned} e&=[\log(V_j)-\log(\overline{V}_i)]\cdot C_2\\ V_j&=\overline{V}_j+10^e \end{aligned} \tag{5-19}$$

若 $\log(V_j)-\log(\overline{V}_i)-C_1\cdot d<0$，则有：

$$\begin{aligned} e&=[\pm(\log(V_j)-\log(\overline{V}_i))]\cdot C_3\\ V_j&=\overline{V}_j\pm 10^e \end{aligned} \tag{5-20}$$

当 $i>j$ 时，则有：

$$
\begin{aligned}
e &= [\pm(\log(V_j)-\log(\overline{V}_i))]\cdot C_3 \\
V_j &= \overline{V}_j \pm 10^e
\end{aligned}
\tag{5-21}
$$

其中：$V_j \geqslant \overline{V}_j$ 时，± 号取正，否则取负；C_1、C_2、C_3 为可调常数，一般 $C_1 \geqslant 1$、$C_2 \geqslant 2$、$C_3 \geqslant 0.5$。

5.4.3　常用的探测计算方法及解释

5.4.3.1　瞬变电磁的探测深度计算

对于该方法的探测能力，首先要考虑瞬变电磁的探测深度。瞬变电磁的探测深度与发送磁矩、覆盖层电阻率及最小可分辨电压有关。

瞬变电磁场在大地中主要以扩散形式传播，在这一过程中，电磁能量直接在导电介质中传播而消耗。由于趋肤效应，高频部分主要集中在地表附近，较低频部分传播到深处。

传播深度：
$$d=\frac{4}{\sqrt{\pi}}\sqrt{t/\sigma\mu_0} \tag{5-22}$$

传播速度：
$$V_z=\frac{\partial d}{\partial t}=\frac{2}{\sqrt{\pi\rho\mu_0 t}} \tag{5-23}$$

式中：t——传播时间；

σ——介质电导率；

μ_0——真空中的磁导率。

由式(5-22)得：
$$t=2\pi\times10^{-7}h^2/\rho \tag{5-24}$$

在中心回线下，时间与表层电阻率之间的关系可写为：

$$t=\mu_0\left[\frac{(M/\eta)^2}{400(\pi\rho_1)^3}\right]^{\frac{1}{5}} \tag{5-25}$$

式中：M——发送磁矩；

ρ_1——电阻率；

η——最小可分辨电压，它的大小与目标层几何参数、物理参数及观测时间段有关。

联立式(5-24)、式(5-25)可得：

$$H=0.55\left(\frac{M\rho_1}{\eta}\right)^{\frac{1}{5}} \tag{5-26}$$

式(5-26)为野外工程勘测中常用计算探测深度公式。

5.4.3.2　**定量解释方法**

(1)正演方法

对于水平层状大地,在大回线发射谐变电流激发下,回线中心处频率域电磁响应为:

$$V(\omega)=\frac{\mathrm{d}B_z(\omega)}{\mathrm{d}t}=-i\omega\mu_0 I_0\int_0^{\infty}\frac{\lambda Z^{(1)}}{Z^{(1)}+Z_0}J_1(\lambda a)\mathrm{d}\lambda \tag{5-27}$$

式中:a——回线半径;

I——发射电流;

$J_1(\lambda a)$——一阶贝塞尔函数;

$Z^{(1)}$——由下列公式求得:

$$Z^{(1)}=Z_j\frac{Z^{(j+1)}+Z_j\operatorname{th}(\mu_j H_j)}{Z_j+Z^{(j+1)}\operatorname{th}(\mu_j H_j)},Z^{(n)}=Z_n,$$

$$Z_j=\frac{-i\omega\mu_0}{\mu_j},\mu_j=\sqrt{\lambda^2+k_j^2},k_j^2=-i\omega\sigma_j\mu_0,j=1,2,3\cdots n$$

其中:σ_j——电导率。

根据频谱分析理论,由上式可得瞬变(时间域)电磁响应

$$\frac{\mathrm{d}B_z(t)}{\mathrm{d}t}=\frac{4}{\pi\sigma\mu_0 a^2}\int_0^{\infty}R_e[H_z(b)]\cos(bT)\mathrm{d}\lambda \tag{5-28}$$

式中:$H_z(b)=Ia\int_0^{\infty}\frac{\lambda Z^{(1)}}{Z^{(1)}+Z_0}J_1(\lambda a)\mathrm{d}\lambda$;$b=\sigma\mu_0\omega a^2/2$,$T=2t/\sigma_1\mu_0 a^2$——分别为归一化频率和归一化时间。

然后利用晚期视电阻率定义式:

$$\rho_\tau=\left(\frac{\partial B_z(t)}{\partial t}\right)=\frac{\mu_0}{4\pi t}\left(\frac{2\pi Ia^2\mu_0}{5t\dfrac{\partial B_z(t)}{\partial t}}\right)^{\frac{2}{3}}$$,得到晚期视电阻率曲线。

上式中的积分核随 λ 增加而单调增加,因此在对上式汉克尔变换中,要求有很多滤波系数和褶积计算次数,影响了计算速度。在实际计算中,为了保证上式积分的收敛速度和减少褶积计算次数,将积分核变形为 $\lambda\left[\frac{Z_{(1)}}{Z_{(1)}+Z_0}-\frac{1}{2}\right]$,于是汉克尔变换式变为:

$$H_z(b)=Ia\int_0^{\infty}\lambda\left[\frac{Z_{(1)}}{Z_{(1)}+Z_0}-\frac{1}{2}\right]J_1(\lambda a)\mathrm{d}\lambda+\frac{I}{2a} \tag{5-29}$$

由于 $\lambda\left[\frac{Z_{(1)}}{Z_{(1)}+Z_0}-\frac{1}{2}\right]$ 随 λ 增加表现为有限宽度的单峰曲线,故计算时只需在积分核不为零的有限宽度内进行褶积计算,可大大减少滤波系数和褶积次数,提高计算速度。同时为了进一步提高计算速度,将三次样条插值函数引入到计算中。即先用线性数字滤波法计算出足够数量的 $H_z(b)$,然后利用三次样条插

值函数法求出所需的核函数值，以此来代替线性数学滤波法直接计算核函数 $H_z(b)$，这就大大加快了计算速度。

(2)反演计算

反演中为了尽量减少多解性的影响，采用改进的阻尼最小二乘可行方向法。并将这一方法成功地应用于瞬变电磁测深资料的反演中，其最优化问题归结为求解下列法方程：

$$(A^TA + aI)\Delta X = A^TB \tag{5-30}$$

5.5　UEP 的应用与实践

近几年来瞬变电磁法在我国的应用领域越来越广泛。它除在金属矿上得到应用外，由于它的纵向横向分辨能力与其他电法方法相比大大提高，故而日益被广大地球物理工作者应用于要求较高的工程地质中，如了解工作区的精细构造、基底起伏、第四系厚度、寻找地下不均匀体位置等。加之本法工作效率高，故可多点多面展开工作，取得的测试数据多，使解释精度得以提高。

5.5.1　TEM 大定回线源装置用于隧道施工地质灾害预报

(1)某岩溶隧道工程概况

某隧道工程主要地质问题有岩溶、岩溶水、顺层、滑坡、崩塌、错落、断层、瓦斯、高地应力等。建设中遇到的问题比想像的更加严重。为了规避施工风险和预防施工过程中可能出现的地质灾害，采用瞬变电磁法对隧道线路周围的含水断裂位置及岩溶发育情况进行勘察，为隧道开挖过程中规避突水突泥等地质风险提供地质依据和为地质灾害预报提供资料(黄鸿健、吴有信，2008 年)。

(2)电性特征

岩石孔隙、裂隙总是含水的，并且随着岩石的湿度或饱和度的增加，电阻率急剧下降。一般来说，含水断裂、破碎带、岩溶及地下暗河的电阻率远小于完整岩石的电阻率，其原因在于水分有不同的矿化度，这是运用瞬变电磁法评价灰岩层赋水(泥)性和查找含水岩溶的物性依据。在地形复杂和高阻屏蔽地区磁源瞬变电磁法探测地下存在的具有导电性差异的目标体较其他电法有着诸多的优势。

某隧道表层地层岩性为灰岩，电阻率值一般为 300～500Ω・m。综合区域干扰情况、仪器的参数、对异常体的分辨能力与目标层的大小、电性异常信号与地质噪声的分离程度、电磁噪声电平等因素，确定在该区瞬变电磁法的勘探深度在 950m 左右。瞬变电磁系统中的电磁噪声、噪声信号限制了系统观测弱信号的能力，仪器功率、灵敏度、地质背景噪声也对瞬变电磁法的勘探深度产生影响。

(3)勘察方法及工程布置

采用大定源回线装置，发射频率为 8.33Hz。发射线框为 500m×460m，对探测目标有较强的分辨能力。网度为 10m×20m，工程量为 2 343 个物理点。

(4)瞬变电磁勘察资料的地质成果

在对瞬变电磁场的特征进行认真分析的基础上，着重对正演模型、地形影响和局部异常及区域电性特征进行分析与研究，对含水断层、岩溶等的赋水性评价采用多测道断面图、视电阻率断面图、顺层切片、深度切片和解释性处理技术相结合的原则进行(图 5-47～图 5-49)。

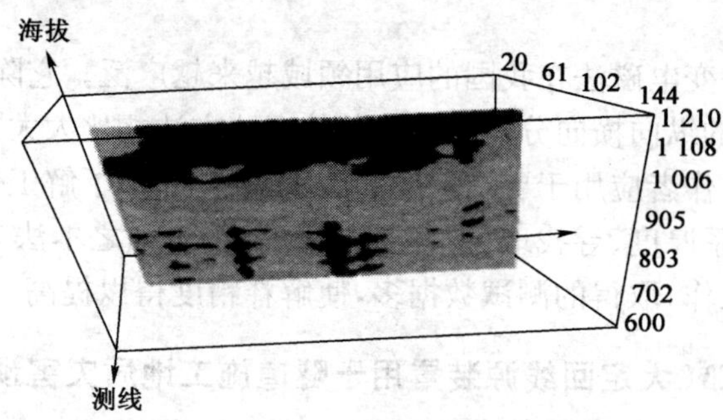

图 5-47　三维电性数据体段 1 相干体

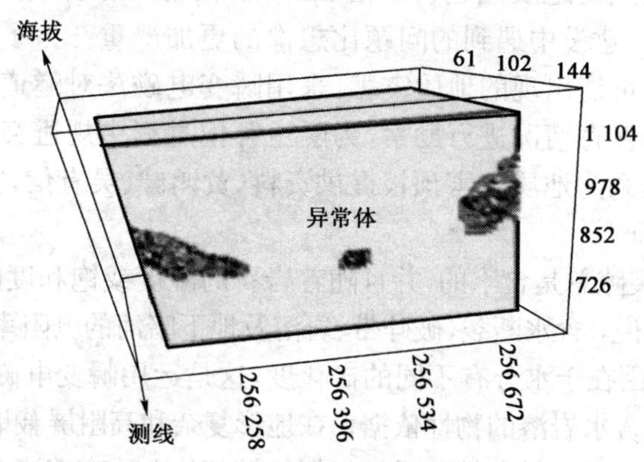

图 5-48　三维边缘检测体

用转换成反映构造体物性特征的电性(视电阻率等)来表征地下地质体的构造特征，并且利用多种电性参数来勾画各类图件作为进一步解释分析的基础资料。电性资料显示，有数条斜切断层穿过线路，造成灰岩段岩石宽度与深度不等的破碎带，为进一步岩溶的发育和岩石的溶蚀提供了条件。

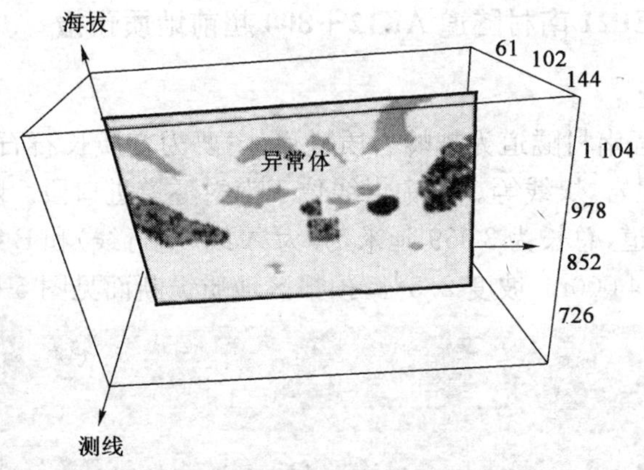

图5-49 三维电性数据体段1及10线相干切片

根据初步地质调查和掌握的地质—电性资料分析，勘察区段内自东向西主要地层分别为三叠系下统大冶组灰岩，为中厚层灰岩夹薄层灰岩，节理较发育；地下水多为溶蚀、裂隙型水，涌水量中等；西部地层为三叠系嘉陵江组中厚层灰岩，岩溶较发育，因受构造、裂隙等作用，容易形成地下水产生多方向上水力联系，对隧道建设产生破坏性影响(图5-50)。

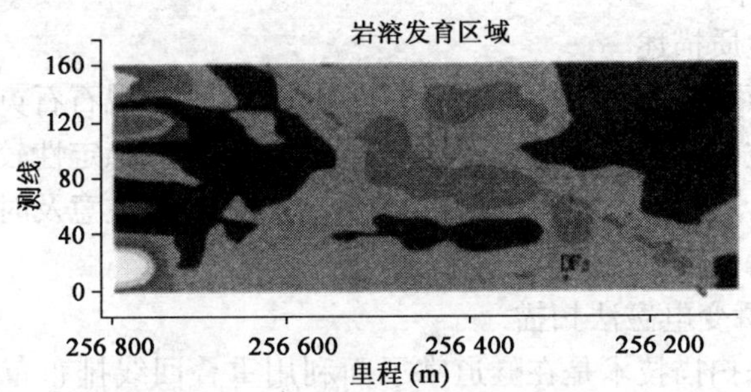

图5-50 隧道的水平切片图(局部)

(5)结论

瞬变电磁法是基于电性差异来划分不同岩性地层、构造破碎带等异常地质体。瞬变电磁法(TEM)属于时间域的电磁感应法，因瞬变曲线衰减的快慢与地层或地质体的导电性能有关，根据这一特性利用其异常值区分勘探区内的地质构造和水文地质情况。

工程实践说明，瞬变电磁法适宜在复杂地形条件下的高阻地区开展工程与水文地质勘察工作，对于规避施工风险和预防施工过程中可能出现的地质灾害，具有重要指导意义。

5.5.2 USEP21 南村隧道 AK12+800 超前地质预报

(1)工程概况

108 国道工程南村隧道为越岭岩质隧道,主要为变质长石石英砂岩、硬绿泥石石英千枚岩、泥岩,煤线等。其中煤线位于南村隧道进口段。隧道是双洞双向行驶一级公路隧道,总长为 3 069 延米,分为 A 线(上行线)和 B 线(下行线)。隧道最大曲线半径 4 000m,坡度 2.5%,预报区地质纵断面见图 5-51。

图 5-51 108 国道南村隧道进口 A 线地质纵断面

(2)现场排布

①掌子面地质描述

隧道掌子面岩性为强风化变质长石石英砂岩,含绿泥石石英千枚岩,夹杂劣质煤层。岩体破碎,属软岩,部分呈土状。围岩完整性、稳定性较差,开挖时极易出现掉块、崩塌,局部有少量含水裂隙,富水。开挖时应注意及时封闭掌子面,以免掌子面开挖后变形、失稳。

②UEP 的瞬变电磁法扫描

瞬变电磁法扫描技术是在隧道掌子面利用重叠回线排布布置几条测线,利用连续采集的方法实现的。由于其频率低属时间域脉冲电磁法,因此较地质雷达(微波段电磁法)探测的深度大,该项功能属 UEP 系统综合参数的电阻率采集方法。常见现场布置见图 5-52。UEP 系统可同时采集电磁激发系统中的一次场和二次场,一次场和二次场在处理中有不同的用途。图 5-53 为 L_1 测线的一次场与二次场感应电压曲线。

③资料综合解释

图 5-54、图 5-55 分别为用瞬变电磁扫描技术获得的感应电压波形变换图,其中测线中的红色代表电磁感应衰减慢、电阻率极低的煤层,其效果非常明显。图 5-54 是在掌子面开挖 5m 厚的煤系地层分布图,与实际推测有非常好的吻合,说明 UEP 方法的有效性。

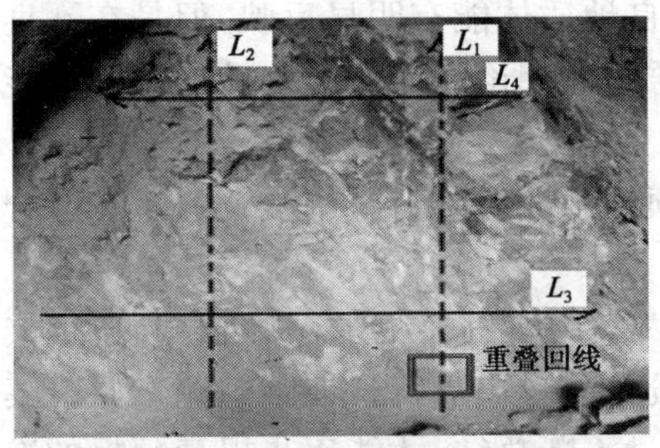

图 5-52　瞬变电磁法现场布置图

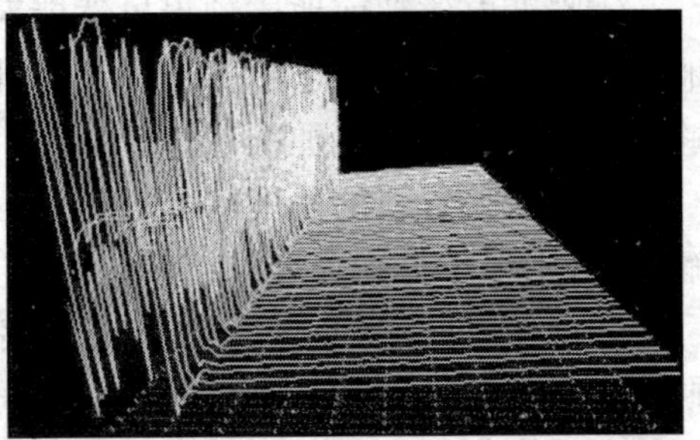

图 5-53　L_1 线一次场与二次场感应电压曲线

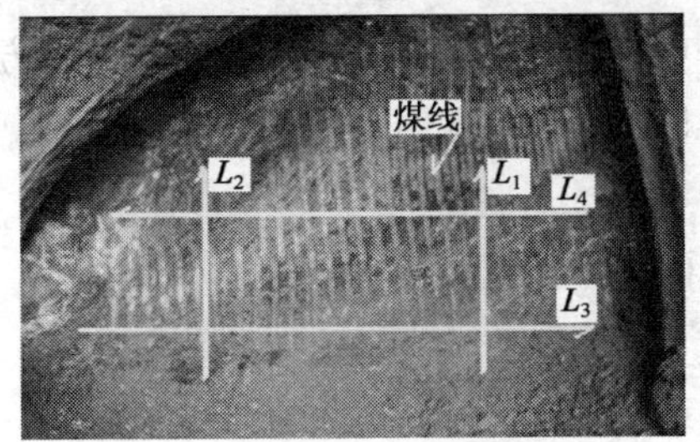

图 5-54　AK12＋805 掌子面煤层分布

图 5-55　L_1～L_4 测线煤层电磁感应异常

5.6　初步结论

通过对隧道及地下工程瞬变电磁法超前地质预报的理论、方法、各种装置、现场排布方法、数据采集与处理解释、模拟试验以及现场应用的初步研究认为：

①应用瞬变电磁进行超前地质预报在隧道施工中必将产生深远的意义，同时也对当前超前地质预报方法进行补充，为瞬变电磁法开辟了新的应用领域。

②通过对 UEP 法的大定回线源和重叠回线的理论及模拟试验研究认为，应用大定回线源法进行隧道及地下工程长距离超前地质预报法并结合掌子面的跟踪测量法是可行的，效果是明显的。

③将重叠回线应用于隧道掌子面短距离跟踪测量预报和同点测线装置预报是可行的，它同时可进行围岩强度的间接预报。

④结合隧道开挖掌子面的现场特点，研制出瞬变电磁重叠回线快速扫描预报技术，该系统可同时采集一次场和二次场，可快速进行掌子面前方岩土体电阻率差异的判别，特别是对含水体异常的预报。

虽然应用瞬变电磁进行超前地质预报已经取得了一些成果，但是作为一种地质预报方法，无论是在工作方法还是在资料处理解释上还很不成熟，存在一些问题。

①瞬变电磁超前地质预报虽然能对不良地质体能有明显反映，但是在不良地质体的定位问题上还不够准确。因此，希望在理论方面有所突破的基础上能够使瞬变电磁定位更加准确。

②在野外资料的处理解释过程中，必须结合地质资料及水文资料进行综合解释，否则很难得到合理的结果。

③由于时间原因，瞬变电磁法在隧道内应用实例还很少，总结经验还很欠缺。如果有条件的话，应定期对地质条件较差的隧道进行长期跟踪测量并收集相关地质资料及掌子面地质素描。只有通过不断总结，才能逐步提高预报的准确率。

④由于模拟试验资料和工程应用实例较少，以上方法在解释及实际应用方面还需做大量的工作。但方法的有效性是明显的、实际应用是可行的。

参 考 文 献

[1] 叶英.隧道综合参数超前地质预报技术研究[J].地质与勘探.2009.45(4):468-473.

[2] 武军杰.瞬变电磁新技术在隧道超前地质预报中的应用研究.长安大学硕士论文.2005,6.

[3] 牛之链.时间域电磁测深法原理.长沙:中南工业大学出版社,1992.

[4] 段铮.瞬变电磁法在隧道超前地质预报中的应用及解译分析.成都理工大学硕士学位论文.2008,6.

[5] 黄鸿健,吴有信.瞬变电磁法在隧道工程中的应用.现代隧道技术.2008,45(2).

第 6 章　钻孔摄像与测孔技术

高速公路和高速铁路建设对工程场区稳定性的要求较高，在线路方案比选中主要考虑的是场地稳定、地基适宜、工程地质条件相对较好的地段。但是，仍不可避免地会通过一些地质地形条件极为复杂的区域，包括断裂、破碎带、岩溶、地下暗河等不良地质构造。由于受技术条件和成本的限制，地质调查的结果往往与实际情况误差较大，很难把较细的地质情况反映出来。因此，如何利用少量的钻孔和新的勘察技术来准确描述这些不良地质地区的结构特征，加快工程勘察进度，降低工程造价，减少不良地质对工程的危害，确保隧道的安全和稳定，是当前隧道工程地质勘察的难点和热点。

钻孔类超前地质预报技术是基于前期隧道勘察和超前预报的基础上进行的，通常是在已有的预报资料出现异常处或隧道前方地质条件极差的情况下使用的。该方法成本较高、耗时长，且仅是“一孔之见”。

当然在做超前探测验证时，也可利用超前导洞(坑)法。超前导洞法分为超前平行导坑法和超前正洞导洞(坑)法。

超前平行导坑法是在与隧道正洞轴线相距一定距离的位置，平行于隧道正洞开挖一导洞(坑)，以探明隧道正洞的地质条件并兼作它用。利用该方法预测正洞地质条件非常直观，准确率也比较高，是我国隧道工程中常用的一种预报方法。在大秦线上 12 座 1.8km 以上的隧道有 9 座采用了平行导坑；秦岭隧道为了保证 I 线隧道 TBM 安全顺利地施工，在 II 线隧道中线位置上先期利用平行导坑贯通，对 I 线正洞做出了直观、高精度的超前地质预报。但该方法投资大，地层变化复杂时准确率明显降低。在实际工程中，平行导坑还可以起到增加工作面、减压放水、改善通风条件等作用。

超前正洞导洞(坑)法则是先沿隧道正洞轴线开挖小导洞(坑)，探明前方的地质情况，再将导洞(坑)扩为隧道断面。在国外，在一些特殊地段为了探明地质情况往往不惜花费高昂代价，甚至利用正洞导洞(坑)来进行超前地质预报。如原联邦德国欧伦堡隧道长 3 303m，为了弄清地质情况，分别开挖了 25.9m 深的竖井和 1 647m 长的导坑。但在国内采用正洞导坑法的并不多见，北京八达岭高速公路隧道部分地段的施工过程中采用了超前正洞导洞(坑)法。

超前水平钻孔法与超前导洞(坑)法的原理基本相同,都是采用钻探设备向掌子面前方钻探,从而直接揭示隧道掌子面前方地层岩性、构造、地下水、岩溶洞穴充填物及其性质、岩石(体)的可钻性、岩体完整程度等资料,还可通过岩芯试验获得岩石强度等定量指标,它是最直接有效的地质超前预报方法。但该方法一次钻探距离短,费用高,且占用施工面时间较长。目前国内采用该方法进行隧道施工期超前地质预报主要在水工隧道工程中使用,国外应用已较为普遍。英吉利海峡隧道、日本青函海底隧道更是大量采用了超前水平钻孔进行施工期超前地质预报。因此,如要进行超前水平钻探,作者建议最好做测孔处理,以使钻孔获得更多的技术资料和信息。

在做水平超前钻探时,同时可以进行包括钻速测试、压水试验、地应力测试等工作,以说明隧道掌子面前方更多更详细的地质情况。

(1)钻速测试

该法是让钻机在钻进过程中保持压力不变,测试钻进速度,根据钻进速度的不同来确定软弱层的位置。该方法设备简单、操作简单、占开挖时间较少,但因在硬岩破碎带中钻速变化不大,预测效果不佳。

(2)压水试验

该法是通过现场压水试验来测定岩体的单位吸水量,从而了解岩体的破碎情况和裂隙的充填情况。优点是所需设备简单、操作方便,缺点是测试时间较长。

(3)地应力现场测量

依据测量基本原理的不同,可以分为直接法和间接法两大类。直接测量法是由测量仪器直接测量和记录各种应力量,并由这些应力量和原岩应力的相互关系,通过计算获得原岩应力值。在计算过程中并不涉及不同物理量的相互换算,应用较广泛的有扁千斤顶法、水压致裂法、刚性包体应力计法和声发射法等。在间接测量法中,不是直接测量应力量,而是借助某些传感元件或某些媒介,测量和记录岩体中某些与应力有关的间接物理量的变化,通过已知公式计算出岩体中的应力值。目前国内外普遍采用发展较为成熟的是套孔应力解除法。

综上所述,超前钻探技术所能带来的信息真实孔,也非常丰富,同时,再结合弹性波、电磁波、雷达波、电法的单孔、跨孔和面一的测孔技术将能提供更详实、可靠、范围更大的地质资料,避免仅靠单一钻孔提供的“一孔之见”。下面分别从钻孔摄像技术、弹性波、电磁波和雷达波的测孔技术探讨钻孔超前地质预报技术。

6.1 钻孔摄像技术

数字钻孔摄像技术将孔内成像技术、勘探技术和计算机技术融为一体，从工程地质入手，探测人们难以到达的深部岩体，包括准确和精细的结构和特征信息，为解决在实际工程中遇到的重大问题，降低工程造价，确保工程质量和施工安全，提供更加完整和准确的第一手地质资料。

在国内，数字钻孔摄像设备出现于20世纪70年代初，以黑白电视为代表。经过近30多年的发展，从黑白到彩色、从模拟到数字的钻孔摄像设备逐步地走向成熟。虽然早期钻孔摄像得到了广泛的期望，但在工程中仍未获得一致的认同，应用非常有限，相关的文章也较少，其主要原因是模拟技术的局限性：仅能提供"看"的功能，即在屏幕上的观测与分析；只能估算，不能量测，精度较低；结果分析困难，提供的成果有限。然而，数字技术的出现彻底改变了早期钻孔摄像的窘境，不仅克服了模拟技术的局限性，而且更加实用化，使这种技术得到了大量的应用。作为数字技术的典型代表，由中国科学院武汉岩土力学所自主研制完成的数字式全景钻孔摄像系统实现了钻孔的图像化描述。在国外，早期的钻孔摄像技术主要是为解决石油工业中遇到的问题，随着这一技术的不断发展，其应用领域也扩展到其他行业。在数字技术方面，目前国外已有现成的产品，如OPTV和OBI—40为代表的数字光学电视。这些产品与国内的BHCTV46/76BDP数字式全景钻孔摄像系统相比，各有优缺点，如在精度方面，国内的更高；在探测速度方面，国外要快。从收集到的文献资料来看，实际工程应用与多种测孔手段联合应用的文献较多，这表明数字技术在钻孔摄像方面的成熟应用。

6.1.1 钻孔图像结构面连通性研究

钻孔摄像技术(Borehole Camera Technology)是依靠光学原理，使人能直接观测到钻孔的内部。其发展经历了三个阶段：钻孔照相(BPC)、钻孔摄像(BVC)、数字光学成像(DBOT)。

目前采用的数字钻孔摄像技术所获取的图像已能较真实地反映钻孔孔壁的岩体情况，并可将钻孔采集到的高分辨率、高密度信息进行数字处理并有效缝合，得出地层产状或套管的可视图像或图形，如裂隙、地层层理或套管腐蚀、穿孔、变形等。除了对孔内地质现象进行观察，还能实现数据的处理，为更准确地获取地下岩体的结构信息提供了很好的技术支持。对于数字钻孔图像的方法研究，目前主要集中在以下四个方面：①数字钻孔图像分析方法；②裂隙等结构面的识别与统计；③对钻孔进行描述；④岩体完整性评价。对于两个或两个以上钻孔之间结构面连通性的研究则相对较少，而这又是数字钻孔摄像技术辅助其他地球物理方法做精细探测的一个重要基础。因此，为了解两钻孔间结构面的连通性，下面将利用钻孔摄像技术获得的高精度钻孔孔壁图像，对岩体结构面的延展性、相关性和不确定性进行分析。

6.1.1.1 结构面两侧岩性的相关性

数字钻孔图像能够反映出结构面两侧的岩性，判断岩性的方法主要是对岩石颜色、纹理特征、岩石颗粒的大小和排列方式等进行分析。岩石颜色是固有属性，反映在图像上，深色岩体光反性差，得到的图像就较为暗淡；浅色岩体光反性比较强，得到的图像就较为明亮。一般来说，含铁、锰多的矿物，如黑云母、普通角闪石、普通辉石等，颜色较深，多呈灰绿、褐绿、黑绿和黑色；含硅、铝、钙等成分较多的矿物，如石英、长石、方解石等，颜色较浅，多呈白、灰白、淡红、淡黄等各种浅色。如图6-1所示为典型岩石在数字钻孔图像中所呈现的颜色。岩石纹理主要是在成岩时期原生的，或岩石受矿液浸染而成。其次是岩石后期风化，以至形成各种纹路。岩石纹理迹线有的完全呈现在数字钻孔图像上，有的则只有部分呈现，对应的正弦曲线则有的完全，有的不完全。当纹理有一个比较规律的沉积次序时，如页岩、薄的夹层和地层边界裂隙等，它有可能和层理平行或呈一定的倾斜角度。

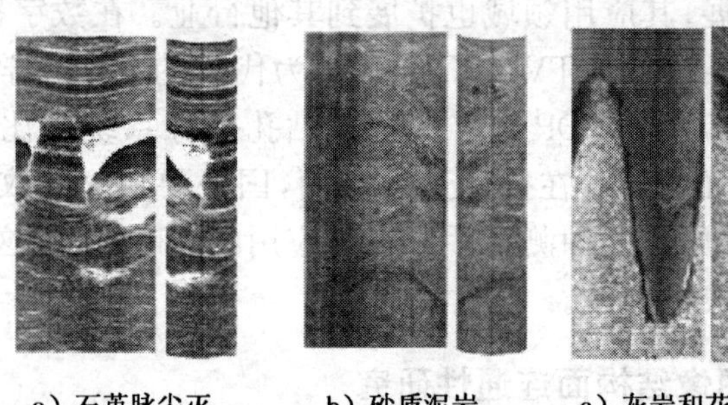

a）石英脉尖灭　　b）砂质泥岩　　c）灰岩和花岗岩

图6-1 典型岩石在数字钻孔图像中所呈现的颜色（钟声，2008年）

岩石的颗粒大小及排列方式是指颗粒的结晶程度以及晶质和非晶质在构造上的形状和排列，它和岩石的方向性有关。岩石方向性可以由形变、生长或沉积等得来。形变是岩石所受的应力作用产生的，所以岩石在造山运动带内表示出此种特征。生长组构是通过结晶生长而成，也就是岩脉的“梳状组构”。沉积发生于流动介质或稳定介质中，是颗粒的机械沉积。通过对照两钻孔内结构面两侧岩石颜色、纹理特征、岩石颗粒的大小和排列方式等，可以对前述深度位置相关性分析后的待选结构面进行二次筛选和判断，以缩小待选范围或者确定对应的结构面。

6.1.1.2　结构面形态及充填情况的相关性

对于钻孔图像上隙宽较小的结构面(隙宽小于10mm),当两个钻孔距离较大时,延伸范围有限。对于这些细小的裂隙,随机性较大,且发生尖灭时没有一定的征兆。因此,在研究结构面连通性时,主要针对有一定张开度(结构面的隙宽大于10mm)的张开型结构面进行分析。张开型结构面存在一定的张开度,切割钻孔后会在钻孔上留下两种不同的形态,如图6-2,左图所示为两条石英脉,上边的岩脉上下都是规则的正弦曲线,但产状不一致,造成上下不平行,宽度不相等;下边岩脉上下曲线产状一致,宽度相同;右图为灰岩中的张开裂隙,上下曲线倾向都为NE,但上面的振幅较大,造成隙宽不一致,在正S向为最大,正N向为最小。

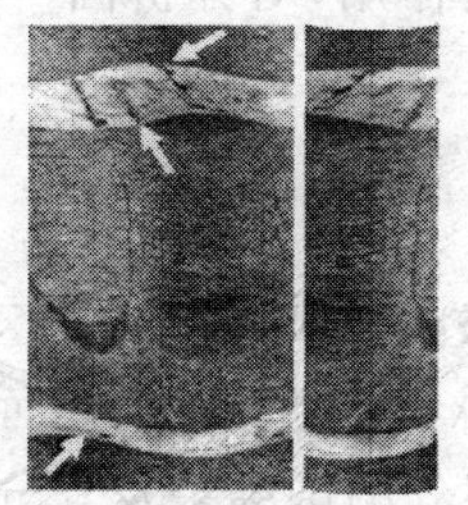
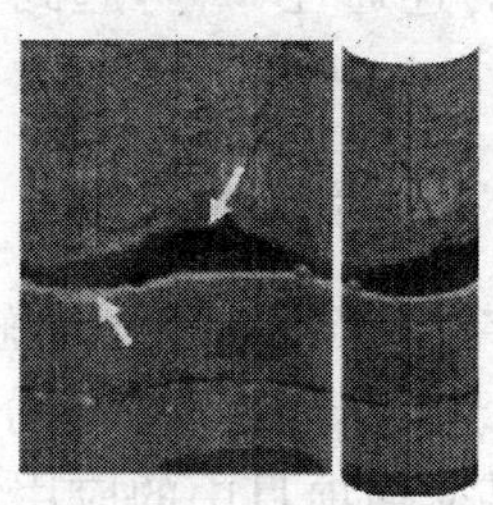

图6-2　两种类型的张开型结构面(钟声,2008年)

图6-3a)、b)所示为两种类型的张开型结构面简化示意图。I_1和I_2和是对应的两种张开型结构面,结构面I_1的上下两平面平行,切割钻孔后便是等宽,上下平面展开后为两平行的正弦曲线;结构面I_2的两平面呈一定的夹角,张开

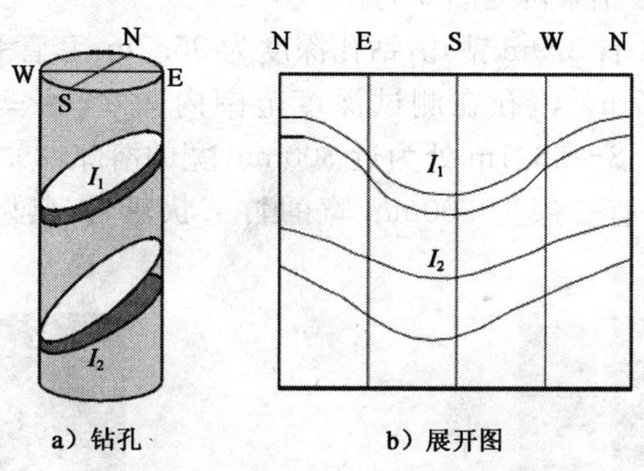

图6-3　两种类型的张开型结构面示意图(钟声,2008年)

不等宽,展开后正弦曲线也不平行。对于结构面I_1可以按照其产状延展至另一个钻孔,并具有更高的可靠度,而对于结构面I_2,由于结构面上下平面存在一定交角,在延展过程中存在不确定性。此时,需要结合其他几种相关性分析

进行筛选和判断。对于张开型结构面，通常会在两平面中夹杂一定的充填物，这时还可以其充填情况进行分析。张开型结构面有两种，一种是非充填型，另一种是充填型。充填物有胶结的和非胶结的两种。因为对于光学钻孔成像而言，在成孔后需要清水洗孔，胶结型充填物强度较高，不易被水流冲刷，其特征也容易辨别；而非胶结型充填物，在洗孔过程中会被水流冲刷而使裂隙局部张开为空区，在图像区域上就显示为暗区或黑区。一般来说，断层泥为凝灰质岩屑、晶屑和火山尘，在洗孔后被冲刷，显示为黑区和孤石；对于宽度较小的张开型裂隙，虽含有充填物，但水流的冲刷不能带走全部的充填物，仍可见少量的碎石和一些杂物充填。结构面中充填物的存在，好比用"示踪液"分析地下结构面的连通性一样，起到了示踪的作用，对分析同一条结构面连通很有帮助。

6.1.2 数字摄像技术的应用

通过对数字孔壁图像数据综合解译，能较好地反映测试地区岩石的形态特征，岩体内部的裂隙、节理、破碎带分布及岩脉等地质信息。下面将简单介绍数字摄像技术在某交通项目中的应用情况。部分测试结果及其分析如下（钟声，2008 年）：

DK583＋880.5 右 1.1m 钻孔：钻孔深度为 36.38m，摄像测试深度为17.6～36.1m，套管 17.5m。该孔在测试深度范围内较为完整，局部存在较大的裂隙，20.6m、26.0m、26.6m 和 34.5m 处的裂隙宽度分别达到 200mm、10mm、10mm 和 100mm，典型区段结果可见图 6-4。

DK584＋935.4 右 3.9m 钻孔：钻孔深度为 35.2m，套管 20.33m，摄像测试深度为 20.4～30.7m。该孔在测试深度范围内除 25.8～26.1m 和 29.5～30.7m外较完整，25.8～26.1m 处为近 300mm 宽的溶隙，29.5～30.7m 处为溶洞，另外，在 24m 处有一层近 300mm 宽的竹节状灰岩，典型区段结果可见图 6-5～图 6-7。

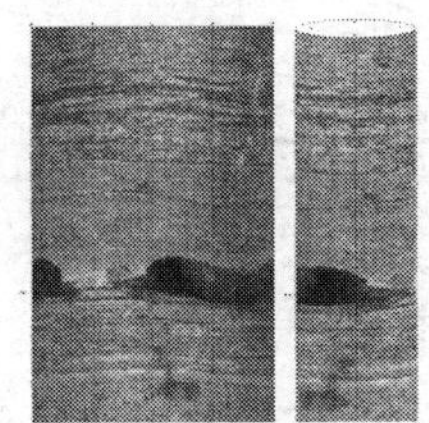

图 6-4 DK583＋880.5 右 1.1m(29.6～30.7m)

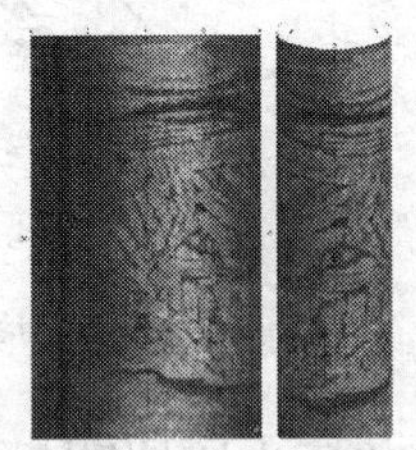

图 6-5 DK584＋935.4 右 3.9m(23.7～24.3m)

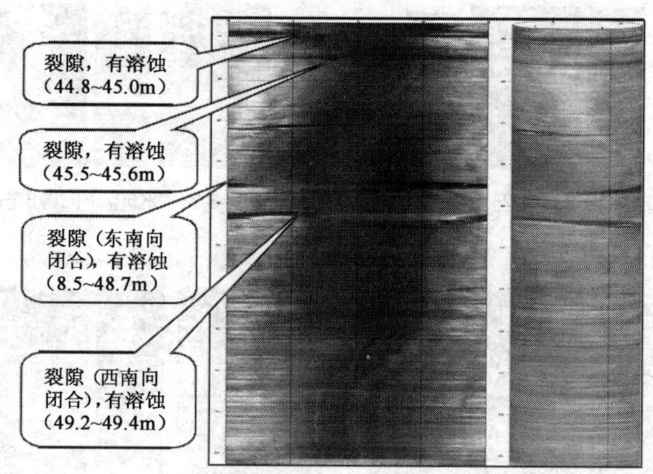

图6-6 DK584＋273.0右3.9m钻孔(44.6～55.2m)

DK584＋273.0右3.9m钻孔：钻孔深度为59.18m，套管21.73m，由于堵孔和多层套管，钻孔摄像分为3段，分别为：20.3～25.0m段，25.0～32.8m段和44.6～55.2m段。由于在完成44.6～55.2m段的测试后，拔出一层套管，导致泥沙涌入孔内，摄像效果不理想。24.0～24.4m为溶隙；31.8m处可见一溶腔或溶洞的顶面；44.8～45.0m、45.5～45.6m、48.5～48.7m、49.2～49.4m为溶隙，典型区段结果可见图6-6。

DK604＋375.4左3.5m钻孔：钻孔深度为57.8m，无套管，摄像测试深度为1.4～52m。上部有7m左右的土层，而40.7m以下为泥灰岩，钻孔图像无明显变化。在7～40.7m的灰岩层中，除13.3～15.9m，21.3～21.4m，22.9～23.6m，26.5～28.3m外，孔壁较完整。29.9～40.7m溶蚀严重。

DK597＋036.6右5.3m钻孔：钻孔深度为41m，套管1.6m，摄像测试深度为1.7～38.0m。1.7～2.2m为溶腔；3.5～4.5m为溶腔，其下部有一夹泥层；6.5～7.0m为夹泥层；9.2～10.0m溶隙发育；13.3～13.7m为夹泥层；14.6～15.6m为碎石部分充填溶洞；17.4～17.7m为溶腔；22.4～22.9m溶隙发育；24.8m处孔壁上有一小洞；25.4～28.6m为碎石部分充填溶洞；该孔在28.5m以下孔壁较完整，典型区段结果可见图6-8～图6-12。

钻孔摄像技术仅能看到和分析钻孔的周围表面，但钻孔周围一定范围的地质情况只能靠钻孔表面的连通性、延续性等进行推测。钻孔周围一定范围的地质情况通常要靠测孔技术来解决，常用的方法有弹性波法、电磁波法、电阻率法等；常用的排列有单孔法、跨孔法、面一孔法。下面分别介绍。

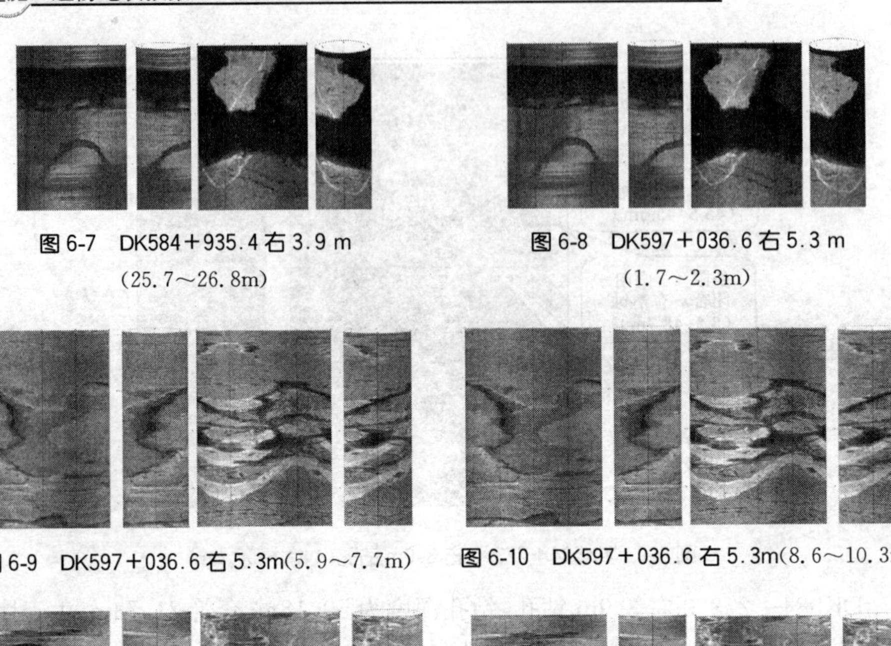

图 6-7　DK584＋935.4 右 3.9 m (25.7～26.8m)

图 6-8　DK597＋036.6 右 5.3 m (1.7～2.3m)

图 6-9　DK597＋036.6 右 5.3m(5.9～7.7m)

图 6-10　DK597＋036.6 右 5.3m(8.6～10.3m)

图 6-11　DK597＋036.6 右 5.3m(12.3～15.9m)

图 6-12　DK597＋036.6 右 5.3m(17.0～18.2m)

6.2　弹性波法

地震层析成像(Computerized Geophysical Tomography 简称 CT)技术，以其分辨率高的特点而主要用于精细构造和目标的探测。它主要包括三个环节，即野外测量与数据采集、数据处理、成像和图像解释。其成像质量与野外观测系统、采集数据的质量有很重要的关系。不同的孔(井)间观测系统，不但在野外工作效率上，而且在其层析图像质量上，可能极不一样。而不同的成像方法、不同的重建算法，其成像结果也有很大差异。本章所述的井间层析成像主要指地面钻孔，而孔间层析成像指掌子面水平钻孔。钻孔超前地质预报既可从地面井间进行，也可在掌子面的水平孔间进行，如何采用，依据隧道现场具体情况拟定。

地震层析成像技术大致可以分为两种类型：一种是基于射线理论的图像重建技术，包括地震走时层析成像和地震衰减层析成像；另一种是基于波动方程反

演的散射(或衍射)层析成像。走时反演方法是在数据体上拾取地震波走时,并利用全局优化方法来提取地震速度模型。由于它采用的是全局优化算法,因而速度模型的更新有效而且效率很高。

自20世纪90年代以来,井间(或跨孔)地震层析成像技术逐步进入实用化阶段,但由于实际工程的地质条件比较复杂,非均匀性突出,被探测异常体规模小等特性,实际应用往往分辨率不高、成像效果不理想。而各类工程探测的主要目的是寻找异常体,包括岩溶、陷落柱、裂隙、裂缝、断裂破碎带、软弱夹层、地下空洞和不明埋设物等。由于工程探测的特殊性,往往要求探测规模很小的异常体,并要求较高的分辨率,这对层析成像技术提出了更高的要求。

就井间层析成像技术本身而言,影响探测分辨率及成像质量的因素很多,比如观测系统选择、射线追踪方法、波的类别、多参量及反演技术等,可能直接导致分辨率和精度降低。高分辨率井间地震波层析成像研究,多从技术方法本身出发,开展了波速、衰减因素等多参量成像方法研究,以期更加有效地利用井间地震资料,尽最大可能提高勘探分辨率,精炼技术内核,充分发挥该技术的能动性。

6.2.1　波速层析成像原理

井(孔)间地震波层析成像技术是近十年来发展起来的地球物理检测方法,它是利用工程勘测中所提供的实测条件,在井(孔)间或洞间,采用一发多收的扇形观测系统,在被测区域内组成致密交叉的射线网络,然后根据射线的疏密程度和成像精度进行单元划分并建立线性方程组,再选用适当的射线追踪和反演方法,经过多次迭代,获得被测区域内的波速图像。井间地震层析成像典型原理图如图6-13所示,A和B为两个钻孔。检测时,先在A孔中某一位置处激发弹性波,并在B孔中n个等间隔位置处接收,可测得n个弹性波旅行时;然后,按一定规律移动激发点和接收点的位置,直到完成预先设计好的"观测系统"。若整个"观测系统"共激发m次,则可测得$m \times n$个弹性波旅行时,据此信息,利用计算机作反演计算,即可得到被检测体内部的波速图像。与常规的地震跨孔法相比,层析成像技术具有更高的分辨率,更有助于精细地划分岩体构造区域和圈出地质异常体。作为一种新兴的地球物理探测方法和工程质量检测方法,近年来,从理论研究、技术方法、仪器设备到软件开发都取得了一定的发展。作为一种探测技术的精品,井间层析成像技术在水利水电工程大坝坝基稳定性、混凝土防渗墙检测中得到了广泛的应用。

井(孔)间地震层析成像属地球物理反问题,大型稀疏线性方程组的高效高精度稳定求解是其关键技术之一,直接影响成像分辨率,自始至终都是地球物理学家高度关注、不断探索的焦点问题之一。就走时反演成像方法来说，主要有反投影技术(BPT)、代数重建技术(ART)、联合迭代重建技术(SIRT)、共扼梯度最小二乘法(CGLS)、正交分解最小二乘法(LSQR)。理论分析和实践证明，SIRT具有较高的成像精度，能够明显地克服由于个别数据误差较大造成的结果失真和由于射线分布不均造成的误差集中。当异常体波速变化较大时，应用射线追踪技术和 SIRT 算法，可以实现高精度弯曲射线成像。

隧道掌子面的超前地质预报问题，只需将地面井间地震波层析成像的排列旋转 90°即可(图 6-14)，其他研究的方法基本不变，只是传感探头的送入方式有所变化。

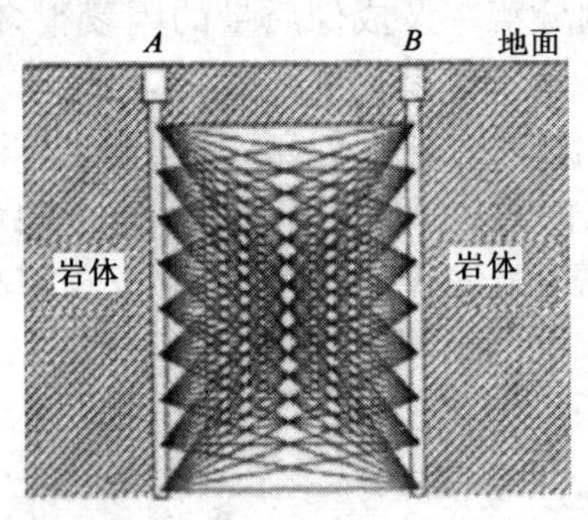

图6-13　地面井间地震波层析成像原理图

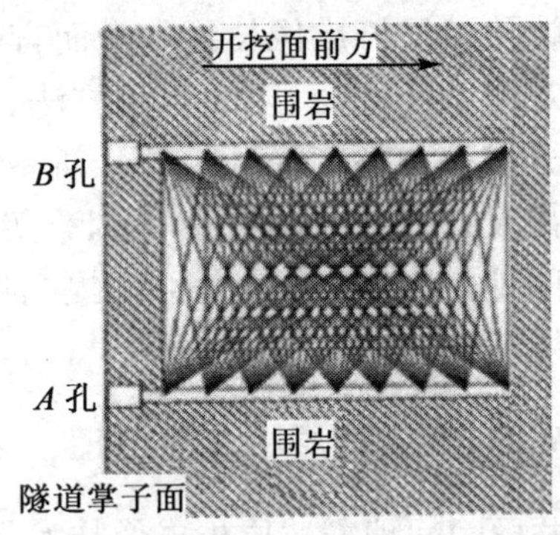

图 6-14　隧道掌子面孔间地震波层析成像原理图

6.2.2　层析成像工作方法

层析成像技术主要包括三个环节，即数据采集、数据处理与成像和图像解释。数据采集是层析成像技术的重要环节，没有高质量的野外数据，则其他两个环节的质量无法保证。层析成像外业工作方法包括观测系统设计和数据采集系统两部分。其中数据采集系统主要与仪器性能有关，而观测系统的优劣主要依据射线密度和射线正交性来检测的。而地震层析成像反演将遇到方程的不适定问题，因此，应用一种适应于不适定问题的图像重建方法是确保得出地球物理真实解的重要前提。而图像解释一定要结合工程地质条件和相应的工程背景，这样才能得到比较符合工程实际的解释结果，并对工程具有正确的指导意义。下面简要总结地震波层析成像工作方法中获得高质量成像效果的一些重要技术措施。

6.2.2.1　井(孔)间地震波层析成像观测系统

层析成像的精度和分辨率与观测系统的关系非常密切。观测系统的优劣主要依据射线密度和射线正交性来检测的，射线密度大和正交性好的部位图像误差小,可信度高,反之,则结果不可靠。这好比看一个物体,只有从物体的各个方位观察,才能了解物体的全部。也就是说,观测系统的优劣,直接影响工程地球物理层析成像的分辨率大小,即图像的精度。要达到成果的高精度,观测系统就必须满足相应要求。

目前,地震波层析成像中,最为理想的观测系统为四侧透射,其数据采集是密集的、全方位的,射线密度和射线正交性均为最佳。然而,在工程层析成像中,常常只有钻井(孔)、平洞或地面可以利用,且受激发器和接收器的安置限制,只能达到三侧透射,甚至绝大部分仅能两侧透射。井(孔)间地震波层析成像要求孔深不小于两孔间距,一个孔中放置震源,另一个孔中放置接受传感器,只能利用孔间进行穿透,难于进行全方位观测。由于施测条件限制,致使被测区域某些部位射线过密,而另一些部位射线偏稀,在激发点和接收点处,射线过密且不交叉,而在激发和接收点之间形成射线空白三角区,结果在孔壁及孔底附近产生一些波速异常。尤其是在钻孔的底部,射线相对稀疏,交角较小,约束条件差,势必影响成像精度和分辨率。另外系统的主要参数炮间距和接收传感器间距,也直接决定了成像时像元的大小。如果介质不均匀,则可能出现有的像元与射线不对应的情况。如何选择合适的观测参数,使得每个像元都有射线通过而且射线的数目相对均匀,对成像的分辨率有重要的意义。因此,在设计观测系统时,应尽量增大最大排列长度(如各激发、发射点处均进行全测段测试),以增大投影角度;其次,不局限于探测段测试,尽可能向上下两端延长,如将孔深设计超出探测段一定深度,使探测段内射线密度和射线正交性均较好。同时,当地面距探测段较近时,应充分利用地面,尽可能建立三侧透射的观测系统。研究分析认为,在设计井(孔)间观测系统时,首先应广泛收集研究区域已知的地质和地球物理资料,预测目标体可能的形状(球状体、柱状体还是板状体)及其性质(高速体、低吸收体,还是低速体、高吸收体),对于板状体还得考虑其倾角和倾斜板状体的分辨能力。然后,根据这些先验知识,整理归纳出该测区域粗略的地球物理模型,利用层析成像迭代方法对不同观测系统进行重建图像的尝试,从而获得实际条件下的最佳井(孔)间观测系统。为了分析观测系统对层析成像质量的影响,选用两侧透射与四侧透射观测系统,对正方形缺陷模型和十字形缺陷模型分别进行正演模拟及反演层析成像,并对其正演结果和层析成像反演效果对比分析。

6.2.2.2 井(孔)间地震波层析成像资料解释

井(孔)间层析成像的资料解释工作主要围绕如何准确地对数据处理结果(物性的二维数值分布)进行地质解释而展开的。多个工程的实践经验表明,要达到高精度的解释结果,不但必须获得准确的测区内各岩性层或地质体的物性参数，而且要充分掌握测区的详细地质情况，包括构造特征、地层、岩性、产状、钻孔（或平洞）揭露情况，判别其可能产生的数据处理现象。具体解释步骤如下：

①针对获取的大量不同岩土层、地质体的物性参数值（波速、吸收系数）进行统计分析，建立不同岩土层、地质体与其物性参数值（波速、吸收系数）之间的对应关系；

②根据物性对应关系，对经过数据处理后所获得的物性参数值（二维分布图），进行参数值等值划分（等值线图），并进行数值区域划分；

③结合钻孔（或平洞）揭露情况及探测区域的地层、岩性变化和射线追踪结果，对划分的数值区域进行修正、调整，同时应考虑目标体的形状（球状体、柱状体还是板状体）及其性质（高速体还是低速体），如对于板状体还必须考虑其倾角的不同可能产生的假异常，从而作出定性、定量解释，并绘制成果解释图。

6.2.2.3　现场实施技术措施

①收集已有的地质资料（包括勘探孔的坐标、孔深、岩芯、地下水位等），归类分析，了解可能存在的地质隐患，从而指导外业工作，并为资料解释提供依据。

②充分掌握设计意图，利用设计交底的机会，对一些具体问题进一步澄清，排除工作的盲目性。

③进行事先指导，确定拟采用的工作方法、测网布置原则，对可能出现的特殊问题提出应变举措，明确作业组人员职责权限，合理调配资源。

④编写详细、可操作性强的实施细则，使作业人员在工作中有章可循，以保证各环节的有序进行。

⑤地震层析成像的钻孔需利用水作耦合剂，无水段要采取注水措施，确保测试工作的正常开展。

⑥内外业作业组经常沟通，对发现的技术问题进行归类、分析，及时提出相应的改正措施、调整测试方案。

⑦及时整理地震层析成像测试数据，确保原始记录与相对应的激发、接收关系的准确性。

6.2.2.4　提高原始记录品质的技术措施

①开展地震波层析成像技术的针对性方法试验，确定其适宜性、有效性。

②每天正式测试前和收工后检查仪器，确保仪器性能稳定。

③现场测试时，对激发、接收点进行准确定位，保证每张原始记录的信噪比高、初至清晰，对不合格的记录进行重测。

④设置连接道。现场检查不同排列连接道的初至走时，未满足要求时进行重复观测，以免不合理的数据进入计算机处理。

⑤采取适当措施，如夜间作业，以减小随机振动、噪声等干扰源对层析成像

测试的影响。

⑥工作中发现有井筒波干扰时，在确定井筒波具体位置（接收孔壁有构造破碎带存在时才会产生，据此可判定破碎带位置及规模）后，可通过互换激发、接收钻孔的办法加以消除。

6.2.2.5　提高成果精度的技术措施

①对层析成像孔进行波速测试或孔内摄像，获取测试区域岩土体的波速值和孔壁完整情况，为合理构建初始速度模型提供资料，以提高孔间层析成像反演精度，也为对反演结果进行地质解释提供依据。

②对已发现有异常存在的剖面加密点距进行观测，以精确测试异常体大小，同时避免遗漏规模较小的异常体。

③每孔进行孔斜测试，数据经孔斜校正后再进行处理，确保原始数据准确。

④弹性波数据处理前，做好直达透射波的初至拾取。在拾取过程中，首先应做好波形识别工作，然后通过模型研究，加强对地震波场在井间观测系统下不同地层介质中的响应及其规律性的认识，特别是当震源位于低速层中时，要注意首波和直达透射波的差异，必要时可根据井资料模型开展数字正演技术，以协助初至旅行时的拾取。此外，还可对实测数据通过抽取不同的道集（如共炮检距和共中心深度点道集）突出所需的波至，为准确地拾取初至旅行时，确保其后的处理成果真实、可靠。

6.2.3　吸收层析成像技术

传统的地震层析成像，是利用地震波的走时反演波速。无可否认，利用走时反演波速的层析成像方法，能有效地区分不同波速的地质体，确定规模较大的断裂带、溶洞等不良地质异常。但是，对于规模较小的破碎带、溶洞和节理裂隙带等结构缺陷的探测，波速层析成像的分辨率仍不够。究其原因，较小规模的破碎带、溶洞和节理裂隙，其空间分布范围小，对地震波的走时影响较小，导致波速层析成像的分辨率降低。显然，如果利用地震波波速与岩石对地震波的吸收系数进行联合层析成像，可以扩大成像信息量，增强对研究区域地质结构与物性分布的认识，提高地震层析成像的分辨率与可靠性（图6-15）。由于前面已经详细地介绍了波速层析成像的方法，下面阐述岩石对地震波的吸收特性及其相应的吸收层析（又称衰减）成像原理（喻振华，2008年）。

当外力很小且作用时间很短时，大部分固体（如岩石）可以近似地看成是理想弹性体。但是在实际的地震勘探工作中，所获得的似正弦状地震记录与经典弹性理论所预言的脉冲地震记录之间存在着巨大的差异，说明此时岩体不能被当成理想弹性体。实际情形是地震波在岩层中传播时，岩石颗粒之间会出现一种内摩擦

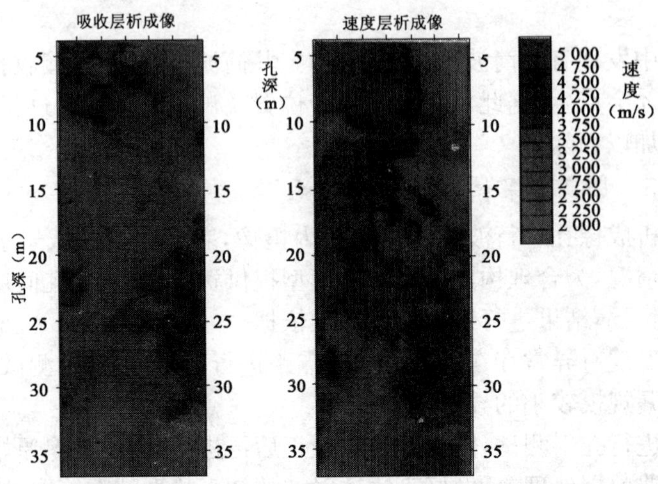

图 6-15　地震吸收层析成像与地震波速层析成像断面拟合成果对比图

力，这种内摩擦力也称黏滞力。地震波能量会由于内摩擦力、岩石塑性变形以及散射等作用，使得原传播方向上的能量逐渐减少，这就是岩石对地震波有吸收作用。因此，岩石固体既有弹性，同时又表现出像黏性流体那样的黏性，这样的物体被称为黏弹性体。黏滞效应的大小反映出固体介质塑性特性的强弱，大量的岩体波速和衰减测试结果证实了一个事实：就是完整性好的介质，黏滞性小，吸收系数小，能量损耗较小；破碎的岩石黏滞性大，吸收系数大，能量耗损大。可见，将岩石的地震地质模型建立为黏弹性体介质模型，更接近于实际情况。

6.2.4　应用实例

实例（喻振华，2008）：某测区据前期取样试验和物探资料表明，试验区新鲜、完整岩体的弹性波速度为 4 000～4 500m/s，考虑到该区处于岩层陡倾带内，节理裂隙较发育，层面和层间破碎夹层较多，固结灌浆处理后，岩体中层面、节理裂隙以及软弱夹层（不含泥岩或煤线充填较好的）经浆液充填、固结作用，超声波速度应有一定程度的提高，因此，经反复对比分析后，取弹性波速度 3 500m/s 为灌浆处理达标下限。根据固结灌浆前后地震波层析成像成果波速进行对比，可反映出固结灌浆的效果。

从层析成像成果图 6-16 看，灌浆后 A19-A18 剖面有限元网格波速低于 3 500m/s的范围分别比灌浆前明显缩小，即图中红色部分明显减小，分别对两剖面有限元网格单元波速进行统计，其结果见图 6-17。图中可见，灌浆前 A19-A18 剖面低于 3 500m/s 的波速范围占 47.5%，灌浆后波速有较大幅度的提高，低于 3 500m/s 的波速范围占 33.2%，低于 3 000m/s 的波速范围由灌浆前的

19.3%下降到10.2%，说明波速低于3 000m/s的岩体其灌浆效果好。灌浆效果好坏的探测方法用于隧道施工超前地质预报同样能说明前方地质情况的变化情况，方法和原理雷同。

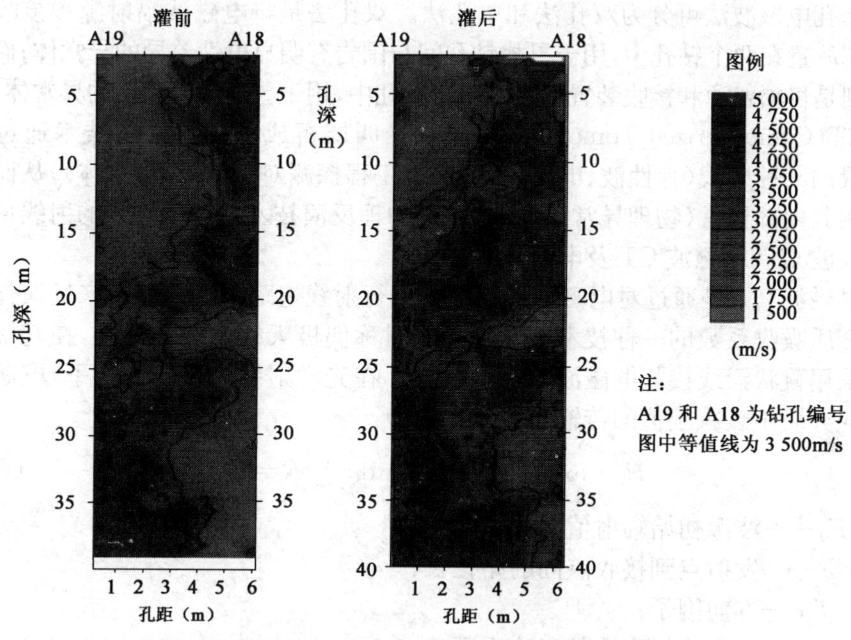

图6-16　A区A19-A18孔间地震层析成像成果图

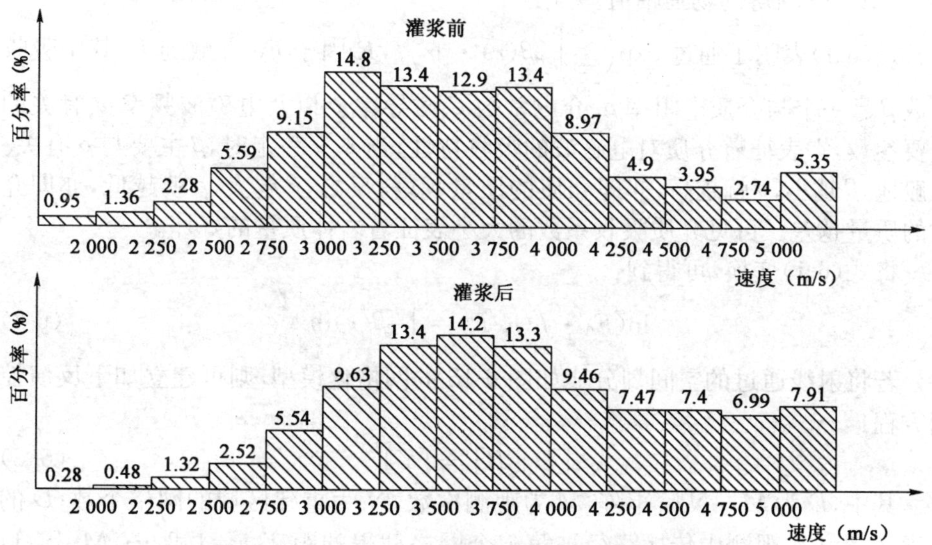

图6-17　A19-A18剖面超声波CT有限元网格波速统计图

6.3 电磁波法

钻孔电磁波法可分为双孔法和单孔法。双孔法是将电磁波幅射源和接收装置分别放置在两个钻孔中,用于寻找钻孔间与围岩有明显电性差异的异常体;而单孔法则是将辐射源和接收装置放置在同一钻孔中,用于寻找钻孔周围的异常体。

CT(Computerized Tomography)技术又叫层析成像技术,CT 技术通过人为设置的某种射线(弹性波、电磁波等)穿过工程探测对象(工程地质体),从而达到探测其内部异常(物理异常)的一种地球物理反演技术。根据不同的射线可分为弹性波 CT、电磁波 CT 及电阻率 CT 等。

电磁波 CT 是通过对电磁波场强幅值进行射线追踪和层析成像来反演探测区域介质吸收系数的一种技术。通常采用对称偶极天线发射电磁波,在其辐射场中采用鞭状天线接收电磁波的幅值场强。在光学射线近似的条件下,电磁波在有耗介质中衰减幅值的传输方程可表示为:

$$E_0 \cdot \exp\left(-\int_R \beta(r) \cdot \mathrm{d}r\right) f/R = E \tag{6-1}$$

式中:E_0——波源初始辐射值;

R——发射点到接收点间的路径长;

f——方向因子;

β——探测区域介质的吸收系数;

E——测得的场强幅值。

式(6-1)表明了通过 $\exp\left(-\int_R \beta(r) \cdot \mathrm{d}r\right) f/R$ 因子 E_0 衰减到 E,其中吸收系数 β 是一个与介质电阻率 ρ、介电常数 ε、磁导率 μ 以及电磁波频率 ω 有关的重要参数,它表征着介质对电磁波的吸收特性,当 ε、μ 一定时,β 主要与 ρ 有关。一般地,β 越小,ρ 就越高,亦即介质的质量越好;反之,β 越大,ρ 就越低,亦即介质的质量越差。可见介质吸收系数的大小表征着岩体质量的好坏。

将式(6-1)变换,可得到:

$$\ln(E_0 \cdot f/E/R) = \int_R \beta(r)\mathrm{d}r \tag{6-2}$$

若将射线通过的空间划分成如图 6-18 的网格化模型,则可建立如下反演控制方程:

$$[D][B] = [Y] \tag{6-3}$$

其中,D 为 $M \times N$ 阶矩阵,M 为观测次数,N 为重建区域的网格个数;D 的元素 d_{ij} 为 i 次观测中传播路径被第 j 个网格截得的距离,$i=1,2,\cdots,M$;$j=1,2,\cdots,N$;B 为 N 维列向量,其元素 β_j 为第 j 个网格的吸收系数;Y 为 M 维列向

量，其元素 $y_i = \ln(E_0 \cdot f_i / E_i / R_i)$，$f_i$为第 i 次观测中与天线方向和场矢量方向有关的因子，E_i为第 i 次测得的场强幅值。

求解式(6-3)，即可重建探测区域介质的视吸收系数 β。

通常野外观测采用一孔发射、另一孔接收的方式。首先固定一个反射点，接收孔中以固定距离作全孔观测，然后移动到下一个发射点，直至发射孔全部观测完毕。为了满足电磁波场强幅值归一化处理方法的要求，野外观测时进行了互换观测，即将基本观测时收、发孔互换，且保证互换观测与基本观测的点位重合，同样做固定连续全钻孔移动的观测(图 6-18)。

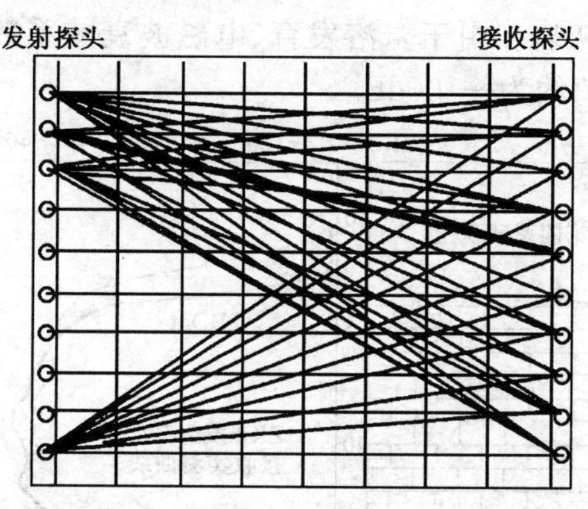

图 6-18 CT 层析成像工作原理图

这里列举钻孔电磁波的应用实例，说明应用钻孔电磁波法探测岩溶是十分有效的。

6.3.1 单孔电磁波测井

图 6-19 是郭生浦等在广州某场区用单孔电磁波测井探测岩溶的钻孔电磁波测井解释成果图。工作频率为 32MHz，接发距为 1.0m。曲线上完整灰岩的测井值约为－45dB，溶洞的测井值约为－65dB，溶洞与完整灰岩之间存在明显的高频电性差异。图中我们可以看到，测井解释（曲线上的 1、2 位置对应溶洞位置）与地质钻探结果十分吻合。测井曲线上，10cm 左右的溶洞即有十分明显的反映。

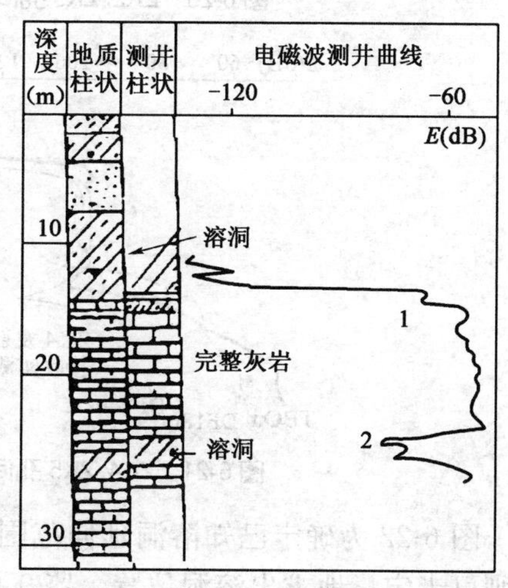

图 6-19 单孔电磁波测井探测溶洞的效果

6.3.2 跨孔法电磁波测井(无线电波透视法)

这里列举典型实例说明,钻孔电磁波法不仅可以定性划分岩溶发育区和非发育区,而且还可以利用交会法半定量地确定隐伏溶洞的空间分布以及已知溶洞的延伸范围。

图6-20、图6-21为定性划分岩溶发育区和非发育区的应用实例。图中两孔间距为12.1m;透视中,第四系软黏土电磁波能量衰减很大,因此仪器显示其底数值约－140dB;下部的灰岩较完整区,因电磁波能量损耗较小,其极值约为－50dB,阴影部分为灰岩。由于岩溶发育、电磁波衰减系数介于软黏土和较完整灰岩之间,其测量值约为－100dB。

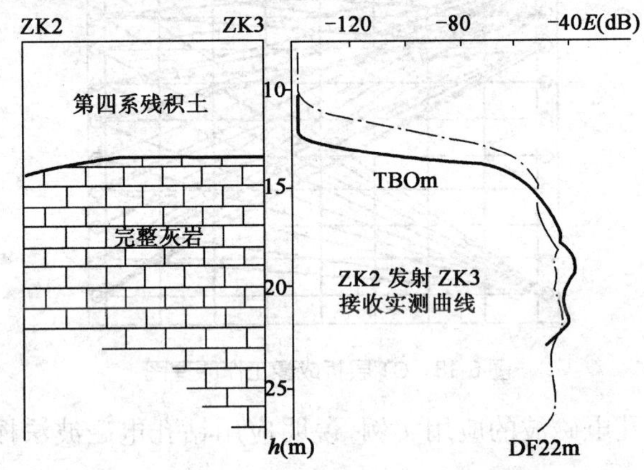

图6-20 ZK2、ZK3孔间无线电波透视解释剖面图

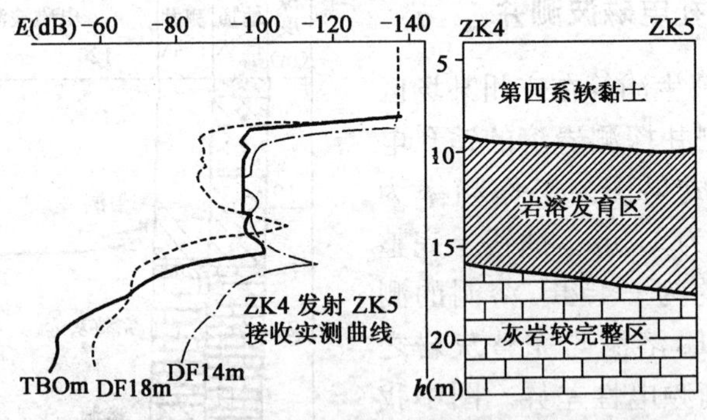

图6-21 ZK4、ZK5孔间无线电波透视解释剖面图

图6-22为确定已知溶洞延伸范围的应用实例。两孔相距8.6m,利用交会法则可半定量地求出溶洞位置。鉴9孔所揭露的两溶洞在ZK5、鉴9剖面上不连通,其延伸不大,最大延伸距离约为2.4m,该结果为后来的钻探结果所证实。

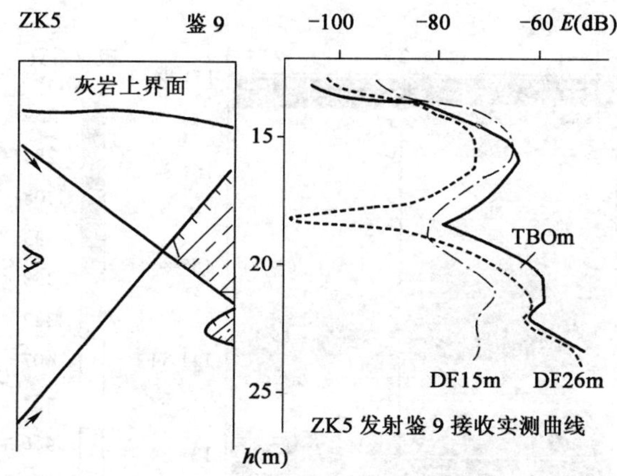

图 6-22　ZK5、鉴 9 孔间无线电波透视剖面图

大量资料说明，在不同岩溶地区利用电磁波测井求取井壁的岩性变化及探测岩溶是非常有效的。从无线电波透视的应用实例上看，该方法不仅可以定性划分岩溶发育区和非发育区，而且还可以半定量地求出隐伏溶洞的空间分布以及溶洞的延伸范围。

6.3.3　安徽滁州琅琊山抽水蓄能电站防渗帷幕工程应用

这里介绍试区 IV 的情况（吴翔飞，2003），该区布置在副坝坝基车水桶组地层中进行试验，桩号为 FB0＋18.3～FB0＋36.8，主要对表层溶洞的灌浆封堵工艺、灌浆效果以及对副坝的抬动影响进行试验。为了检查灌浆效果，在该试区布置了 WT4-1、WT4-2、WT4-3 三个物探孔，其中 WT4-1、WT4-3 为电磁波 CT 孔，WT4-2 为声波测试孔。

（1）电磁波 CT 成果解释

电磁波 CT 在 WT4-1 与 WT4-3 两孔中进行，WT4-1 孔口高程为171.84m，桩号为 FB0＋18.3；WT4-3 孔口高程为 170.85m，桩号为 FB0＋36.05。

从琅琊山试区 IV 电磁波 CT 图（灌浆前）中可看出，在高程 161.84～151.84m和 142.84～136.84m 区间，两孔间的岩体电磁波表现为相对较高吸收现象，颜色为黄色，吸收系数为 0.431～0.505nA/m，推断在该区间为裂隙密集带；在高程 151.84～141.84m 区间，两孔间的岩体电磁波表现为相对高吸收现象，颜色为红色、褐红色，吸收系数为 0.505～0.604nA/m，推断在该段可能为含黏土充填的溶洞。其他部分岩体相对完整（图 6-23）。

（2）电磁波 CT 成果解释

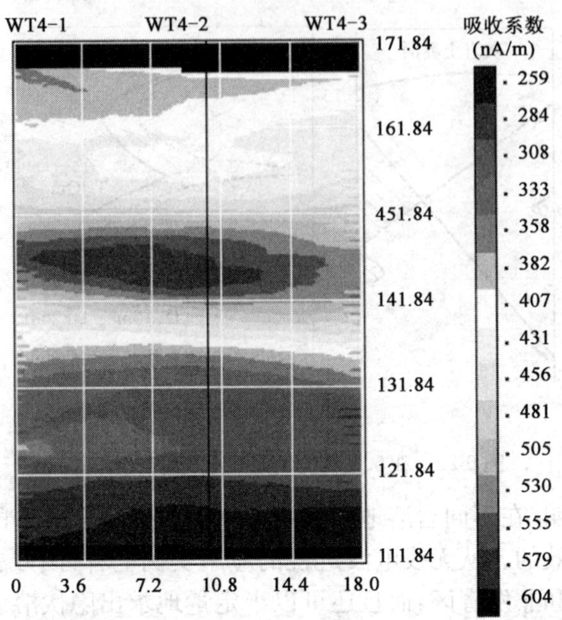

图 6-23　琅琊山试区 IV 电磁波 CT 图(灌浆前)

电磁波 CT 在 WT5-1 与 WT5-3 两孔中进行,WT5-1 孔口高程为89.75m,桩号为 XD0+166;WT5-3 孔口高程为 89.75m,桩号为 XD0+178。

从琅琊山试区 V 电磁波 CT 图(灌浆前)中可看出,在高程 74.750~86.75m区间,两孔间的岩体电磁波表现为相对高吸收现象,其中颜色为黄色,吸收系数为 0.657~0.877nA/m 的部分,推断为裂隙密集带;颜色为红色、褐红色,吸收系数为 0.877~0.987nA/m 的部分为含黏土充填的溶洞;在两孔间,溶洞底部呈"U"形状,在其下有不规则的溶洞存在。其他部分岩体完整。

灌浆后电磁波 CT 测试仍然在 WT5-1 与 WT5-3 两孔中进行。

从琅琊山试区 V 电磁波 CT 图(灌浆后)中可看出,在高程 74.75~86.75m 区间,两孔间的岩体电磁波为 0.420~0.491nA/m,相对于灌浆前 0.657~0.877nA/m来说,吸收系数降低了 26%~78%;从图像色谱来看,由原来的黄、红、褐色变为白色、淡绿色、绿色。原来推断的裂隙密集带、含黏土充填的溶洞、溶洞底部所呈"U"形状均已消失。下部所推断的相对完整岩体已没有裂隙存在。

综上所述,试区 V 灌浆效果明显(图 6-24)。

(3)试区 VII 电磁波 CT 成果解释

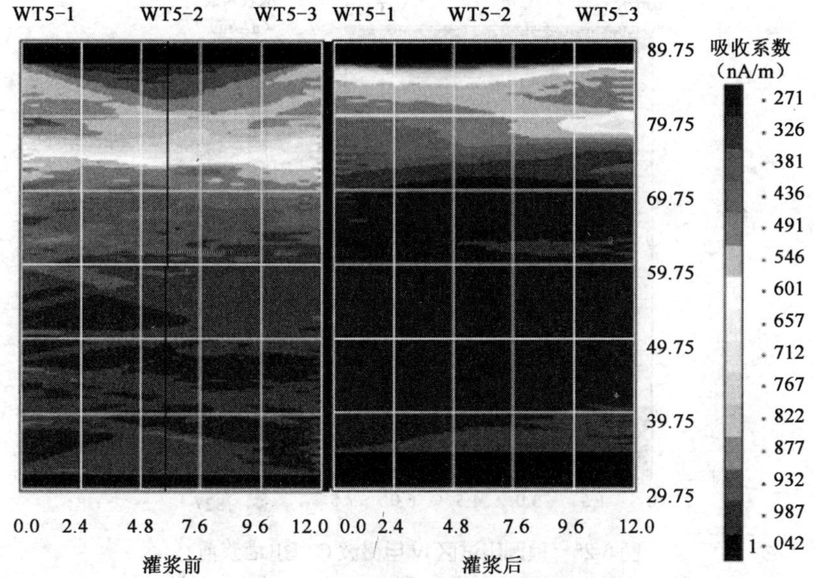

图6-24 琅琊山试区Ⅴ电磁波CT图

试区VII布置在副坝坝基车水桶组中段地层中进行试验，桩号FB0+66.0～FB0+75.5，主要针对地层陡立，对表层裂隙的灌浆工艺、灌浆效果进行试验，兼顾上部岩体的可灌性和灌浆工艺的研究。灌浆区铺设了0.3m厚的混凝土盖板，为了对灌浆前后进行对比检查，在该试区布置了WT7-1、WT7-2两个电磁波CT孔，孔倾角70°，沿副坝帷幕线方向，倾向右坝头，方位角73°29′，孔深为62.5m。为了保护仪器设备，该两孔测试前下了PVC管，其管径为50mm。由于测试孔为斜孔，为了方便起见，在孔深度上采用距离孔口深度来标注。

电磁波CT在WT7-1与WT7-2两孔中进行，WT7-1孔口高程为166.3m，桩号为FB0+067.0；WT7-2孔口高程为166.3m，桩号为FB0+074.5。

从琅琊山试区VII电磁波CT图(灌浆前)中可看出，在深度3～4m、横向距离WT7-1孔3～4m区间，岩体电磁波表现为相对高吸收现象，其中颜色为红色吸收系数为0.719～0.755nA/m的部分，推断为裂隙发育带(图6-25)。

在深度18～23m、横向距离WT7-1孔1.7～7m区间，岩体电磁波表现为相对高吸收现象，其中颜色为黑红色、吸收系数为0.719～0.827nA/m的部分，推断为大裂隙或溶洞，可能被黏土充填；红色、桔红色部分为黏土充填的裂隙。

在深度3～30m间呈黄色状的岩体，相对于其他部分岩体来讲较软弱。在

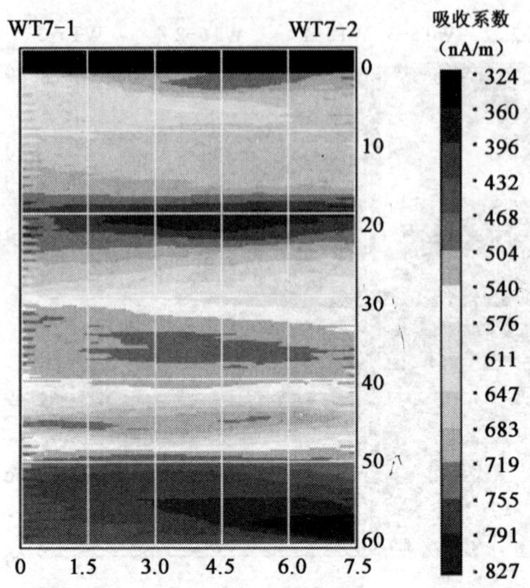

图 6-25　琅琊山试区 IV 电磁波 CT 图(灌浆前)

深度 42～47m 间的岩体完整性差,其中红色部分为较大裂隙。其他部分岩体相对完整。

6.4　钻孔雷达技术

地面地质雷达经常由于地表导电性的存在,其穿透深度限制在几米或几十米范围内,受探测深度限制,不适于进行地下深部探测。随着地质雷达在无损检测和工程勘察领域中的技术指标和应用水平不断提高,人们期望能在钻孔或者井中进行雷达探测,因为这种探测方式能到达更深的岩体内部,钻孔地质雷达由此孕育而生。钻孔地质雷达可通过钻孔直接进入地下深部,又具有地质雷达分辨率高的优势,若要获取高分辨率地下深部岩体信息,它是唯一有效可行的探测方式。其探测深度可达地下 500m,最深可达地下 1 000m,国外已有最大探测深度达 2 000m 的钻孔地质雷达。钻孔雷达的测量方法很多,有单孔反射测量、跨孔测量、盐示踪测量、隧道与钻孔间的反射测量、垂直雷达剖面测量、定向雷达测量等。对隧道超前地质预报而言,期望通过钻孔地质雷达解决和提供更为精细的地质预报资料,以满足在隧道前方的特殊地段、灾害的疑似区、重要区段的工程地质技术要求。

6.4.1　钻孔地质雷达探测原理

钻孔雷达探测方法是一种确定地下介质分布的广谱电磁技术,它能在岩土

介质中穿透一定的距离，使用的频率通常在50～250MHz。钻孔雷达与地面使用的地质雷达原理相同，是利用一个天线发射高频宽带电磁波，另一个天线接收来自地下岩土介质的发射波。雷达波的传播受到岩土电磁性质及几何形态的影响，接收端电磁波强度和波形将随之发生变化。据此，根据接收端电磁波的双程走时(Travel Time)、振幅(Amplitude)和波形(Waveform)资料，可以推测出地下岩土介质的结构特征。另外，如果地下岩土介质电导率超过某一数值，雷达单孔反射测量(Single-hole Radar)将失去效用。由于在高导介质中电磁波不能以波的形式进行传播，此时只能进行跨孔测量(Crosshole Radar)或孔中—地面测量(Vertical Radar Profiling，VPR)，这两种探测方法主要根据首波振幅和到达时间来获取重要的地质信息。

在雷达反射探测方式中，发射天线和接收天线都放置于同一钻孔中，且间距固定，用于传输信号触发和数据采集的光缆可以消除普通电缆对收发天线的附加干扰。钻孔雷达常用天线为偶极子天线，它能辐射和接收来自360°空间的信号。和地面地质雷达一样，钻孔雷达的解译是在数据处理后所得的地质雷达图像剖面中，根据反射波组的波形与强度特征，通过同相轴的追踪，确定反射波组的地质特征。当岩体中存在不良地质体(如裂隙、层理、断裂、破碎带、岩溶和地下水等)时，不良地质体与周围岩体的电性差异较大，容易形成强烈的反射波，同时，还可能由于岩性的差异产生绕射波，并在时间剖面上形成双曲线特征。钻孔雷达解译的不同之处主要在于对空间的解释，对于地面地质雷达来说，所有的反射都来自半空间，而对于钻孔雷达来说，反射来自360°的径向范围。一般情况下，利用单孔雷达反射数据很难确定反射体的方位，而只能确定反射体的距离。当反射体为平面时，平面和钻孔的夹角也可确定下来。对于点目标来说，反射信号的特征为双曲线，对于未穿过钻孔的裂缝来说，反射特征为一条斜线。斜线和钻孔的夹角由裂缝与钻孔的夹角决定。当裂缝穿过钻孔时，反射特征像张开的剪刀，利用这些特征可以推断裂缝的形态。如图6-26所示为雷达单孔反射测量的天线布置及岩体内断层与空洞雷达图像，图中直观地展现了空洞、穿过钻孔和未穿过钻孔的断层三种典型的不良地质体对雷达波信号反射和透射情况，并给出了各自典型的反射雷达剖面图。

6.4.2　钻孔地质雷达探测技术与方法

钻孔雷达包括雷达发射机和接收机，并内置于不同的天线内。天线通过光纤与控制单元相连，光纤用来传输触发信号和采集的数据。笔记本电脑用来存储和显示图像。钻孔雷达的测量模式主要有三种：单孔反射测量，跨孔测量，地

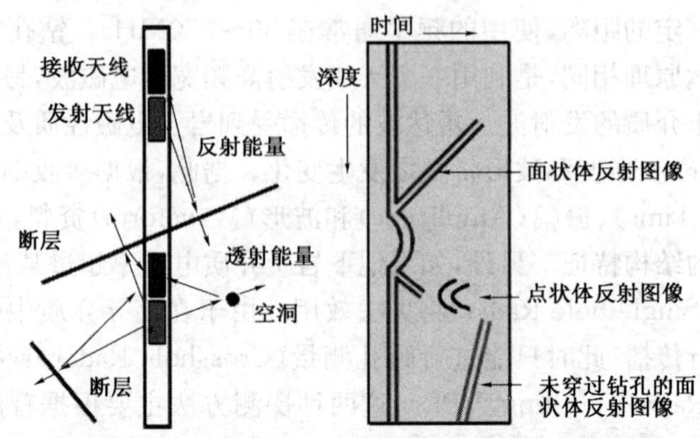

图 6-26 雷达单孔反射测量的天线布置及岩体断层与空洞雷达图像示意图

面—孔中(VRP)测量。雷达波受土壤和岩石的介电常数和电导率影响,钻孔地质雷达介质中的反射波形成雷达剖面,通过异常体反射波的走时、振幅和相位特征来识别目标体,判明其位置、岩性及几何形态。如果周围介质的电导率非常大,就很难进行雷达反射。在高电导率介质中,不能满足雷达方程,无法产生反射信号,但可以进行跨孔和地面—孔中测量,因为这两种方法不需要反射。在这两种测量模式中,可以从直达波信号的振幅和到达时间来得到探测目标的状况,而不需要反射信号。

6.4.2.1 设备配置

用于地下岩体探测的地质雷达系统由三部分组成,即地质雷达的主机、控制和显示单元、天线。以 SIR-20 为例(图 6-27),它是目前国内引进的较为先进的地质雷达产品之一。

其主机、控制和显示单元和天线分别为:①SIRveyor 主机由电源、SIR-20 高速地面电磁探测仪(SIR-20 GPR Data Acquisition System)、自带全金属外壳加固型笔记本电脑(Attached Panasonic Tough book Computer)组成;②控制和显示单元由显示器与功能控制键组成;③天线分为单天线形式和多天线形式。单天线形式是利用一个天线发射宽频带脉冲雷达波并接收来自地下介质界面的反射回波。多天线形式则可同时连接四个天线,完成各种任务。SIR-20 适合于所有

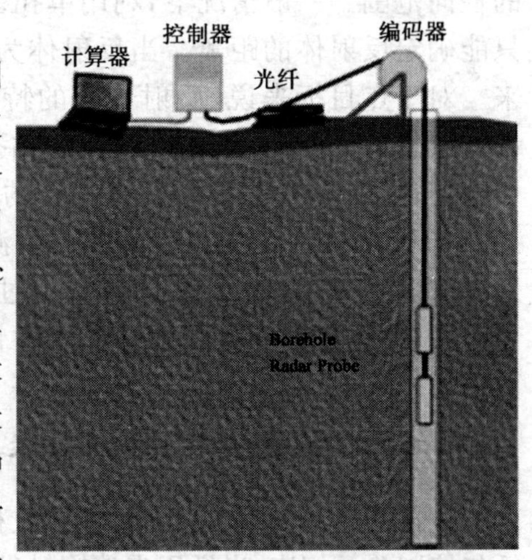

图 6-27 地下岩体探测的地质雷达系统

GSSI天线和各种耦合天线，天线频率主要有：40MHz、80MHz、100MHz、120MHz、300MHz、400MHz、500MHz、800MHz、1GHz等。对于钻孔雷达检测部分，目前可提供中心频率为20～250MHz的井中天线，并附加有150m专用井中电缆和信号加强器(超过50m深度需要配置)。

探测前，首先要选择好合适的天线。地质雷达的探测深度和分辨率是表明其探测能力的重要技术参数，而探测深度和分辨率都与工作频率有关，所以工作频率的高低直接控制地质雷达的探测能力。地质雷达工作频率(即天线中心频率)的选择应同时考虑到探测深度与分辨率的要求。在无磁性介质中，电磁波的趋肤深度 $\delta=503\rho/f$，可见 δ 随介质电阻率的增加和频率的减小而增大。当介质性质一定时，天线中心频率越高，不但波形特征会发生变化，且波的能量衰减更剧烈，探测深度也越小。然而，当频带宽度一定时，地质雷达的分辨率却是随工作频率的提高而变好的。除上述几个主要方面以外，要获得比较理想的地质雷达探测记录资料，更全面地反映地下岩体的真实情况，还要合理选择收发天线间距、测点点距、记录时窗、时间采样率、天线的工作方位、天线尺寸与脉冲宽度等参数。

6.4.2.2 适用性评价

要完成地质探测任务或识别探测目标，需要对钻孔地质雷达适用性作出评价。地质雷达的应用需要解决两个重要问题，即探测深度和分辨率的选择。对于地质调查和水文调查等方面，探测范围往往较大，探测深度是首先需要了解的；而在工程岩体检测中，需要对各种不良地质体的细节进行描述，地质雷达的分辨率就是最为重要的参数。影响地质雷达探测深度和分辨率的因素很多，主要包括天线的性能、野外设计和参数选择等。

(1)探测深度

地质雷达的探测深度是指地质雷达所能探测到的最远距离。地质雷达的探测深度需要采用雷达方程来确定，Cook(1975年)介绍了采用雷达方程确定地质雷达探测深度的方法。地质雷达的探测深度由两部分控制，其一是地质雷达系统的增益指数或动态范围；其二是探测目标介质的电性质，尤其是电阻率和介电常数。

地质雷达系统的增益定义为最小可探测到的信号电压或功率与最大的发射电压或功率的比值，通常用dB作单位。如果以 Q_s 表示系统增益，W_{min} 为最小可探测信号功率，W_T 为最大发射功率，则：

$$Q_s=10\lg[\frac{W_T}{W_{min}}] \tag{6-4}$$

还有一个参数表征地质雷达系统的探测能力，即动态范围(Dynamic

Range)，是最大可探测信号与周围环境噪声的比值，类似于信噪比。系统的动态范围越大，探测能力就越强。目前，地质雷达的系统增益最大可达 230dB 左右，而商业的地质雷达系统一般在 120dB 左右。

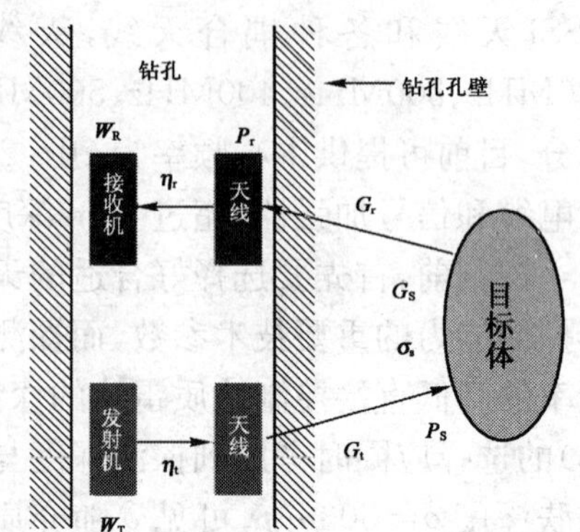

图 6-28　钻孔地质雷达功率传播示意图

地质雷达应用过程中，信号从发射到接收能量会逐渐损耗，图 6-28 为地质雷达功率传送意图，传送过程中的功率损耗 Q 可由雷达探距方程来描述：

$$Q=10\lg\left[\frac{\eta_t\eta_r G_t G_r g\sigma\lambda^2 e^{-4\beta r}}{64\pi^3 r^4}\right] \tag{6-5}$$

式中：η_t、η_r——发射天线与接收天线的效率；

G_t、G_r——在入射方向与接收方向上天线的方向性增益；

g——目标体向接收天线方向的向后散射增益；

σ——目标体的散射截面；

β——介质的吸收系数；

r——天线到目标体的距离；

λ——雷达子波在介质中的波长。

满足 $Q_s+Q\geqslant 0$ 的距离 r，称为地质雷达的探测距离，亦即处在距离范围内的目标体反射信号可以为雷达系统探测到。当地质雷达系统选定后，Q_s、η_t、η_r、G_t、G_r 已知，而目标体的后散射增益 g 决定于目标体的形态和表面粗糙程度以及目标介质与周围介质的电性差异，根据这些已知数值代入上述不等式可以大致确定所选定的雷达系统在各种目标介质中的探测距离。雷达波在各种目标介质中传播时的能量损耗是不同的，因此，目标介质的电性质也是影响地质雷达探测深度的另一个主要因素，这也是地质雷达进行探测的重要物理基础。如前所述，电磁波在介质中沿 r 方向传播的振幅变化可以表示为：

$$E(r,t)=E_0 e^{-\alpha t}\cos(kr-\omega t) \tag{6-6}$$

式中：

$$\alpha=\omega\left\{\frac{\mu\varepsilon}{2}\left[\left(1+\frac{\sigma^2}{\omega^2\varepsilon^2}\right)^{\frac{1}{2}}-1\right]^{\frac{1}{2}}\right\} \tag{6-7}$$

从式(6-6)可以看出，电场强度的变化与距离成负幂指数递减关系，电磁波的能量随时间的增大而减少，不同介质的衰减幅度亦不相同。

(2)分辨率

分辨率是指分辨最小异常体的能力。研究地质雷达分辨率首先要了解天线发射的子波形态。目前商业地质雷达系统通常采用高斯脉冲形式的调幅脉冲源,但该脉冲经过天线后,其波形相当于进行了一次微分运算。其子波形态与地震勘探中的子波形态相似。设子波形式:

$$f(t)=t^2e^{-\alpha t}\sin\omega_0 t \tag{6-8}$$

式中:ω_0——中心频率。

脉冲衰减速率取决于系数 α,该子波的频谱为:

$$F(\omega)=\frac{2\omega_0[3(a-i\omega)^2-\omega_0^2]}{[(a-i\omega)^2+\omega_0^2]^3} \tag{6-9}$$

该子波形式是我们分析地质雷达分辨率的基础。分辨率可分为垂向分辨率与横向分辨率。垂向分辨率是垂直方向上可以区分的最薄层次,理论上可以把雷达天线主频波长的 1/8 作为垂向分辨率的极限,但由于外界干扰等因素,一般把波长的 1/4 作为其下限,即:

$$d_v=\frac{1}{4}\lambda\approx\frac{c}{4f\sqrt{\varepsilon_r}} \tag{6-10}$$

由上式可以看出,天线频率越高,其分辨率越小,分辨能力越强。

横向分辨率是指地质雷达在水平方向上所能分辨的最小异常体的尺寸。雷达剖面的横向分辨率通常可用菲涅尔带加以说明。第一菲涅尔带半径可按照下式计算:

$$r_f=\sqrt{\lambda h/2}=\sqrt{\frac{ch}{2f\sqrt{\varepsilon_r}}} \tag{6-11}$$

式中:λ——雷达子波的波长,

h——异常体的埋藏深度。

从式(6-11)中可以看出,分辨率不仅与天线频率有关,还随着目标体深度的增大而变大,目标体深度越大,分辨能力越低。

6.4.2.3　参数选择

在探测前,要求对钻孔地质雷达进行探测参数的合理选择。这些探测参数主要包括天线中心频率、时窗、采样率和测点点距。

(1)天线中心频率

天线中心频率的选择通常需要考虑三个主要因素,即设计的空间分辨率、杂波的干扰和探测深度。根据每个因素的计算都会得到一个中心频率。

一般来说,在满足分辨率且场地条件许可时,应尽量使用中心频率较低的天线。如果要求的空间分辨率为 x(单位:m),围岩相对介电常数为 ε_r,则天线中心

频率可由下式初步选定

$$f_c^R > \frac{75}{x\sqrt{\varepsilon_r}} \quad (\text{MHz}) \tag{6-12}$$

根据初选频率,利用雷达探距方程计算探测深度。如果探测深度小于目标埋深,需降低频率以获得适宜的探测深度。

在野外条件较复杂时,在介质中通常包含有非均匀体的干扰,频率越高,其干扰越明显。

但频率增加到一定程度时,很难分辨主要目标体和干扰体的响应。可见降低频率能提高较大目标体的响应,而减小散射体的干扰。假设地下非均匀体尺寸为 ΔL,选择的地质雷达中心频率为:

$$f_c^C < \frac{30}{\Delta L\sqrt{\varepsilon_r}} \tag{6-13}$$

根据探测深度,即假设探测深度为 D,也可以获得中心频率的选择值,则:

$$f_c^D < \frac{1\,200\sqrt{\varepsilon_r - 1}}{D} \quad (\text{MHz}) \tag{6-14}$$

通常探测时,三种频率都能计算出来,如果野外参数(如相对介电常数)获得较准确、探测设计较合理时,将会看到:

$$f_c^C < f_c < \min(f_c^C, f_c^D) \tag{6-15}$$

当根据分辨率获得的中心频率大于根据干扰体或深度得到的中心频率,说明设计的空间分辨率与干扰体尺寸或探测深度相矛盾。表 6-1 为天线中心频率与探测深度的对应简表。

探测深度估计值与中心频率对应简表 表 6-1

深度(m)	中心频率(MHz)	深度(m)	中心频率(MHz)
0.5	1 000	10.0	50
1.0	500	30.0	25
2.0	200	50.0	10
7.0	100		

(2)时窗选择

主要取决于最大探测深度 h_{max}(单位:m)与地层电磁波速度 v(单位:m/ns)。时窗 W 可由下式估算:

$$\{W\} = 1.3\,\frac{2\{h_{max}\}}{\{v\}}(\text{ns}) \tag{6-16}$$

式中时窗的选用值应增加 30%,这是为地层速度与目标深度的变化所留出的余量(表 6-2)。

不同介质时窗 W 选择表　　表6-2

深度(m)	岩石	湿土壤	干土壤
0.5	12	24	10
1.0	25	50	20
2.0	50	100	40
7.0	120	250	100
10.0	250	500	200
30.0	500	1 000	400
50.0	1 250	2 500	1 000
100	2 500	5 000	2 000

(3)采样率选择

采样率是记录的反射波采样点之间的时间间隔。采样率由 Nyquist 采样定律控制，即采样率至少应达到记录的反射波中最高频率的2倍。

大多数地质雷达系统，频带与中心频率之比为一，即发射脉冲能量覆盖的频率范围为0.5～1.5倍中心频率。这就是说反射波的最高频率约为中心频率的1.5倍。按 Nyquist 定律，采样速率至少要达到天线中心频率的3倍。为使记录波形更完整，Annan 建议采样率为天线中心频率的6倍。当天线中心频率为 f(单位：MHz)，则采样率 Δt 为

$$\{\Delta t\}=\frac{1\,000}{6\{f\}}\quad(\text{ns})\tag{6-17}$$

SIR 雷达系统建议采样率为天线中心频率的10倍，其采样率用记录道的样点数表示，即样点数/扫描速率＝(时窗/发射脉冲宽度)×10。

野外测量时也可以采用表6-3进行简单选择。

中心频率对应最大采样间隔表　　表6-3

中心频率(MHz)	最大采样间隔(ns)	中心频率(MHz)	最大采样间隔(ns)
1 000	0.17	50	3.30
500	0.33	25	8.30
200	0.83	10	16.70
100	1.67		

(4)测量点距选择

在离散测量时，测点点距选择取决于天线中心频率与地下介质的特性。为确保地下介质的响应在空间上不重叠，亦应遵循 Nyquist 定律，采样间隔 n_x(单位：m)应为围岩中余波波长的1/4，即

$$\{n_x\}=\frac{75}{\{f\}\sqrt{\varepsilon_r}}\quad(\text{m})\tag{6-18}$$

式中：f——天线中心频率(MHz)；

ε_r——围岩相对介电常数。

当介质的横向变化不大时,点距可适当放宽,工作效率将提高。

在连续测量时,天线最大移动速度取决于扫描速率、天线宽度以及目标体尺寸。SIR 系统认为查清目标体应至少保证有 20 次扫描通过目标体,于是最大移动速度 V_{max} 应满足:

$$V_{max} < (\text{扫描速率}/20) \times (\text{天线宽度} + \text{目标体大小}) \quad (6\text{-}19)$$

6.4.2.4 单孔反射测量

在反射模式下,雷达发射天线和接收天线以固定间距下到相同的钻孔中(图 6-29)。最常用的天线是偶极天线,它可以向 360°空间辐射和接收反射信号(无方向性)。

钻孔雷达数据的解释与地面雷达数据基本一样,只是没有上部空间部分的反射信号。地面雷达接收所有半无限空间的反射信号,而钻孔雷达接收 360°空间的反射信号。如果使用偶极天线,仅从一个钻孔中得到的数据无法推断反射体的方位,但可以得到反射体的距离、反射体是否是面状的以及确定平面体和钻孔的夹角。当天线在断裂带反射面的上部时,它对反射面的上部成图,即对钻孔左边部分成图。当天线到达反射面的下部时,对反射面的下部成图,即对钻孔右边部分成图。解释钻孔雷达数据时,必须记住雷达图像是 360°接收的。点反射体显示的图像为双曲线(点反射体出现在雷达数据中)。解释从单孔中得到的雷达数据时,不能给出反射体的方向,只能得出反射体距钻孔的距离。为了估计反射体的方位,需要至少两个钻孔的数据。

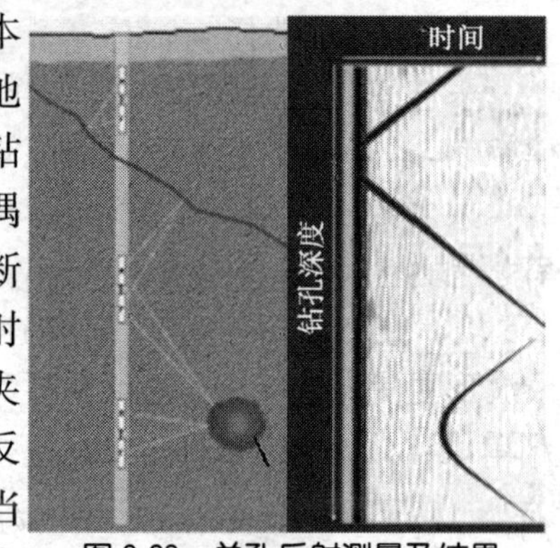

图 6-29 单孔反射测量及结果

(1)正演计算收发天线距变化时点状地质体的钻孔雷达响应(钟声,2008 年)

为研究不同收发天线距对点状地质体钻孔雷达响应的影响,对 4 种不同收发天线距照射下 3 种点状地质体的雷达反射截面进行了模拟。如表 6-4 中模型示意图所示,在岩土介质中设置了 3 个与钻孔孔壁距离相同、截面形状不同的空洞,模型主要几何和物理参数参见表 6-4。4 种不同收发天线距的雷达波 E_z 分量剖面图像分别列于图 6-30 中。

不同收发天线距时空洞模型的几何与物理参数 表 6-4

模型示意图	参数
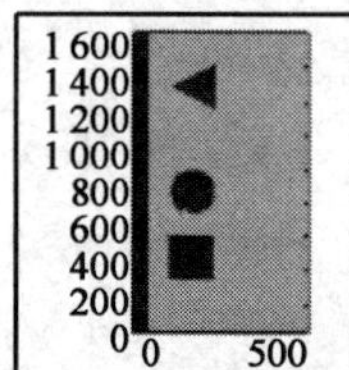	钻孔地质雷达正演模型参数设置:正演区域:4m×14m
	目标物体:方形空洞,其空洞边沿与钻孔孔壁距离为 0.5m
	空洞从上到下依次为:底边为 1m 的等边三角形、直径为 1m 的圆、正方形 1m×1m
	围岩介质(以花岗岩为例):介电常数 $\varepsilon_r=6.0$,电导率 $\sigma=0.01$s/m,导磁率 $\mu_s=1$

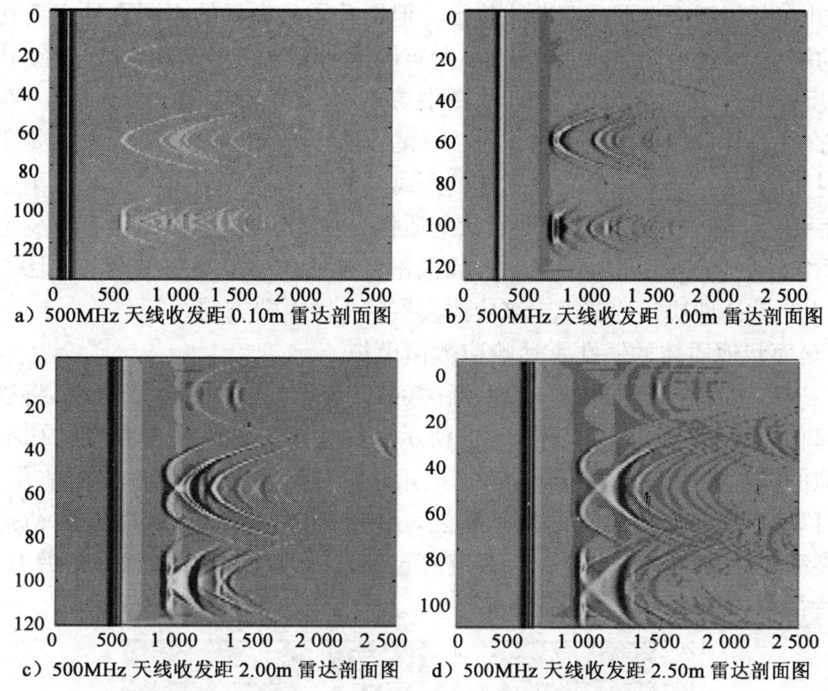

a）500MHz 天线收发距 0.10m 雷达剖面图　b）500MHz 天线收发距 1.00m 雷达剖面图

c）500MHz 天线收发距 2.00m 雷达剖面图　d）500MHz 天线收发距 2.50m 雷达剖面图

图 6-30　不同收发间距的钻孔地质雷达响应

由图 6-31 可见，随着收发天线距的增加，雷达剖面图像的重影现象也越严重，这对钻孔雷达反射剖面的解译和判读带来了负面影响，而 500MHz 天线收发距为 0.10m 和 0.55m 雷达剖面图则较易确定点状地质体的位置。

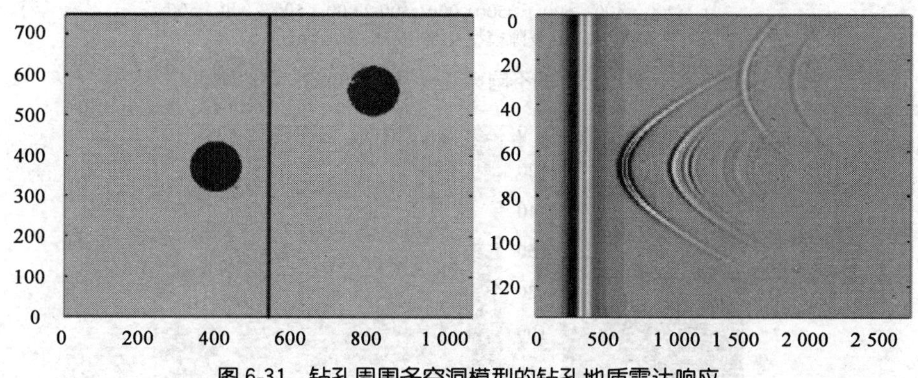

图 6-31　钻孔周围多空洞模型的钻孔地质雷达响应

图 6-32 所示为 500MHz 天线照射下岩体中两个不同位置空洞的钻孔雷达剖面图像。和地面地质雷达一样，当岩体中存在不良地质体时，不良地质体与周围岩体的电性差异较大，容易形成强烈的反射波，同时，还可能由于岩性的差异产生绕

射波,并在时间剖面上形成双曲线特征。但钻孔雷达解译的不同之处主要在于对空间的解释,对于地面地质雷达来说,所有的反射都来自半空间,而对于钻孔雷达来说,反射来自360°的径向范围。从图中易知,当这些点状地质体位于同一深度的任何方位时,其雷达反射剖面图像是一样的。所以,利用单孔雷达反射数据很难确定反射体的方位,而只能确定反射体的距离。然而,综合采用单孔雷达反射三点法和数字钻孔摄像技术却可能获取点状地质体方位。目前,国外已经有不少定向钻孔地质雷达的初步研究成果,为钻孔周围不良地质体定位提供了新的方法。可以说,这也是钻孔地质雷达技术未来应用发展的一个重要方向。

(2)面状地质体的钻孔雷达响应数值模拟

当岩体中存在节理裂隙、层理、断裂、破碎带等面状地质体时,可以将这类地质体简化为平面。图6-32与图6-33所示分别为穿过钻孔和未穿过钻孔不同宽度裂隙的雷达响应图像,裂隙与钻孔夹角均为45°,收发天线布置在钻孔中央。图中可见,对于未穿过钻孔的裂缝来说,反射特征为一条斜线,斜线和钻孔的夹角由裂缝与钻孔的夹角决定。当裂缝穿过钻孔时,反射特征像张开的剪刀,利用这些特征可以推断裂缝的形态。

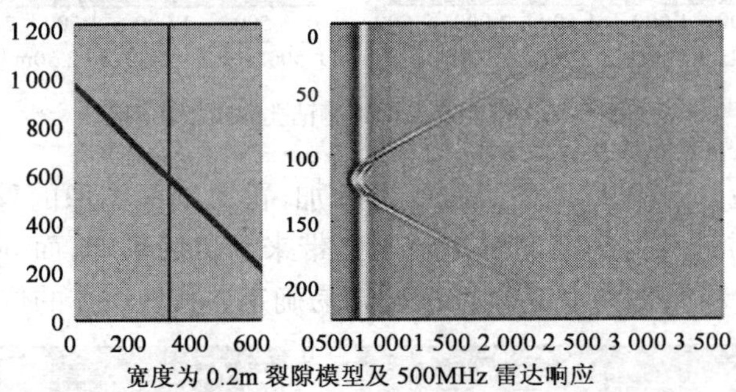

图6-32 穿过钻孔的不同宽度裂隙模型的钻孔雷达响应

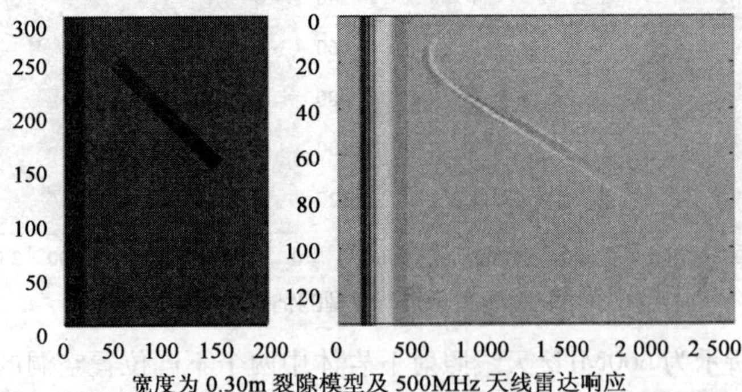

图6-33 未穿过钻孔的不同宽度裂隙模型的钻孔雷达响应

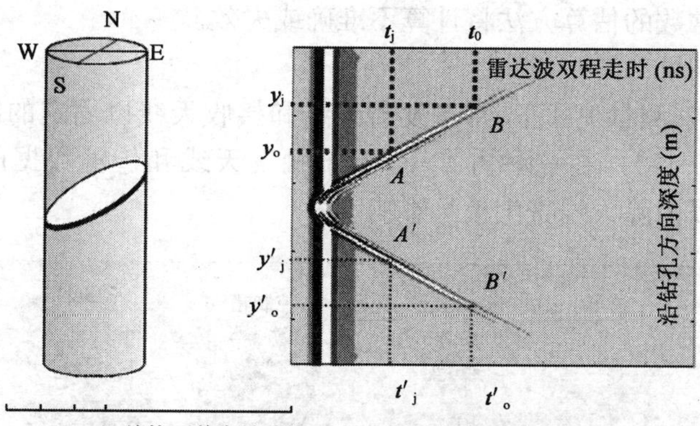

图6-34 钻孔雷达与数字摄像数据的介电常数估算示意图(钟声,2008年)

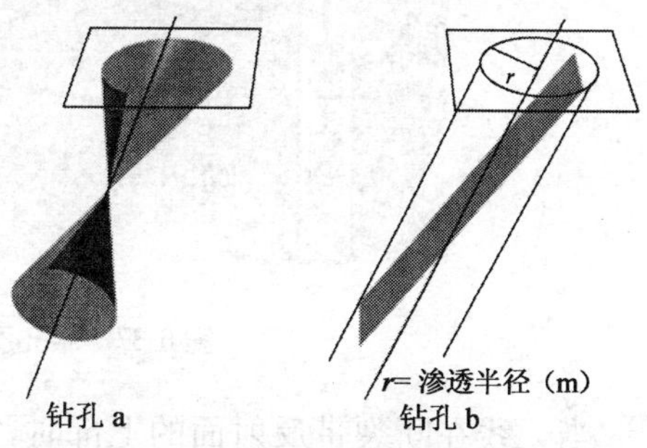

图6-35 结构面的倾角和延展性推测示意图

图6-34～图6-36所示为钻孔地质雷达在孔中遇到结构面时的典型时间剖面图像,图像清晰反映了两个结构面的同相轴曲线。上下两个结构面的雷达时间剖面图像均呈张开的剪刀状,这说明结构面测量的电磁性质有差异。但上结构面下盘的同相轴曲线II和下结构面上盘的同相轴曲线III具有对称的斜率,这也正说明同一地层具有大致相同的介电常数。对于上结构面上盘和下结构面下盘,由于其对应于钻孔穿越的其他地层,其同相轴曲线斜率不同,其介电常数计算值也不同。而对于下结构面下盘的同相轴曲线IV,由于并非光滑结构面的雷达时间剖

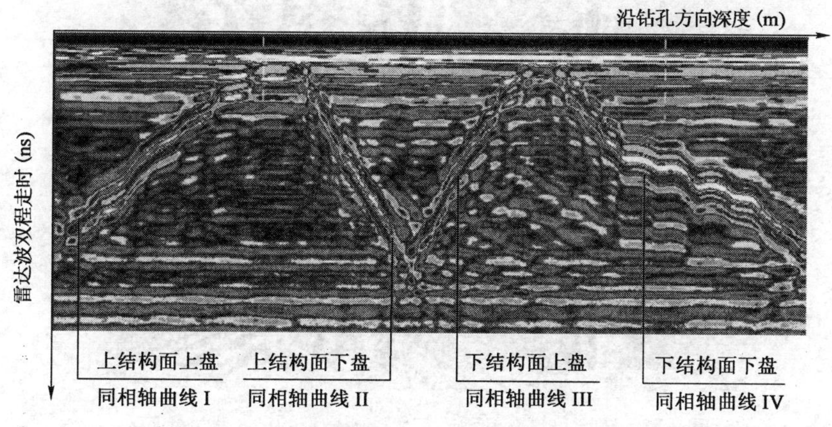

图6-36 钻孔地质雷达在孔中遇到结构面的时间剖面图

面，上述介电常数的估算方法将计算不准确或失效。

(3)实测结果

在单孔反射测量模式下，雷达发射天线和接收天线以固定的间距置入相同的钻孔中(图 6-37)。在这种方式下，用于触发天线和传输数据的光纤是必需的，因为它可以消除天线寄生信号影响。

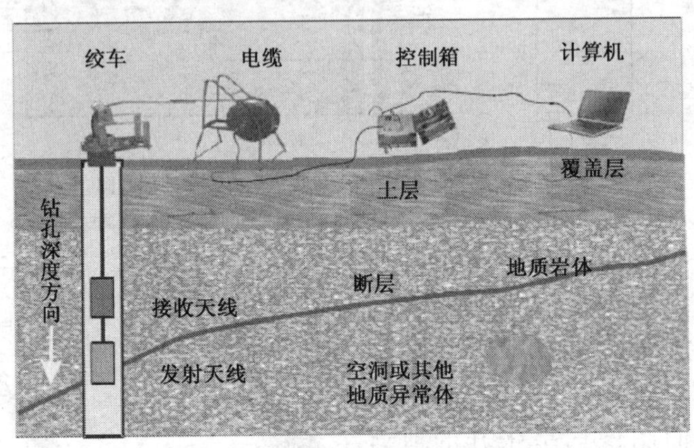

图 6-37　单孔反射测量成像原理

当天线在断裂带反射面的上部时，它对反射面的上部成图，即对钻孔右边部分成图。当天线到达反射面的下部时，对反射面的下部成图，即对钻孔左边部分成图。平面两边的图像见图 6-38。图 6-39 所示为天线中心频率为 100MHz 时，在花岗岩中形成的典型的单孔反射图像(钟声，2008 年)。

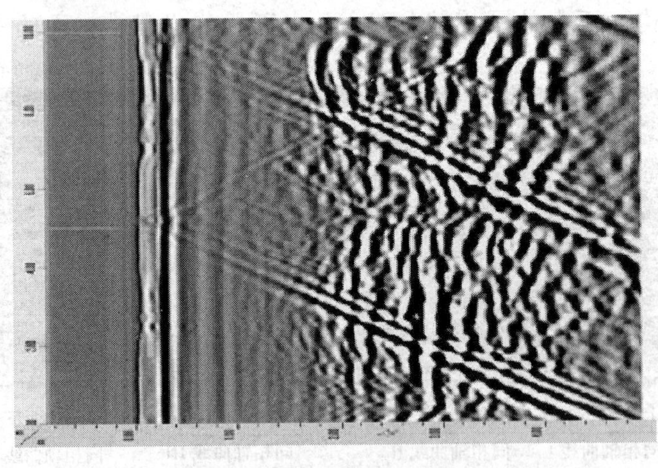

图 6-38　单孔反射典型图像

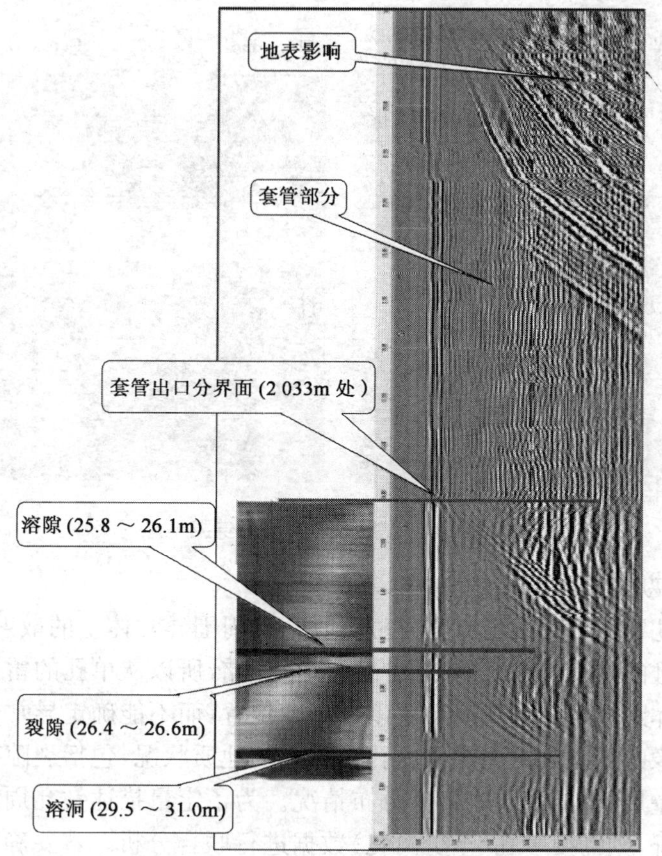

图 6-39　钻孔雷达与数字摄像对比(DK584＋935.4 右 3.9m 钻孔)

6.4.2.5　跨孔测量

跨孔探测是在两个钻孔中分别放入发射天线和接收天线进行探测。在跨孔模式下,发射天线和接收天线在不同孔中往下放,为了减少几何位置的影响和其他影响,两个钻孔最好在相同的二维平面中。与偶极反射法相比,跨孔探测需要的时间要长得多,因为需要记录更多的数据。当发射天线固定在一个位置上,接收天线在另一个钻孔中扫描整个长度;然后,发射天线往下移动一步,接收天线再扫描整个长度。该步骤重复进行,直到发射天线覆盖整个钻孔为止(图 6-40)。

跨孔探测方式也称为层析成像方式。可以用两种记录数据作层析成像:直达波振幅或根据直达波到达另一个钻孔中的时间来计算各向同性介质中的到达时间。传输时间层析成像是探测和处理异常地质体的好方法,可以用来确定钻孔中高含水量区域(如充水的断裂带或溶洞),这是由于传播时间受介电常数影响所致。

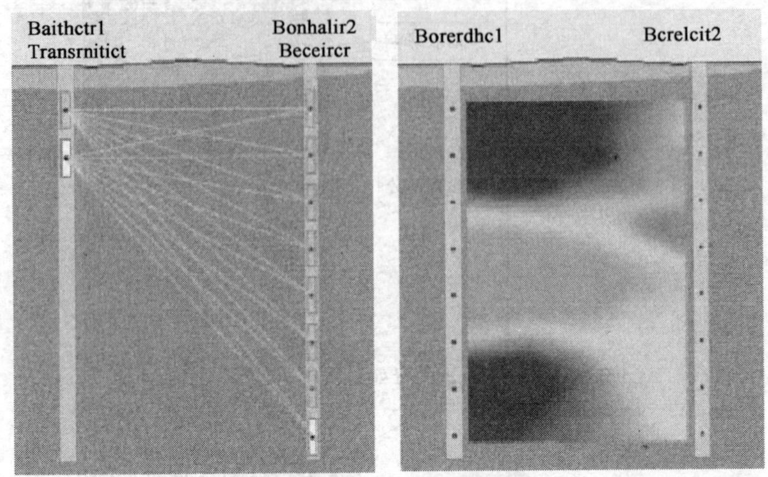

图 6-40　跨孔反射测量和结果

(1)动态勘察技术的思路(钟声,2008 年)

由于钻孔雷达的天线可以全方位接收钻孔周围异常体上的散射回波,数据采集时将三维的信息以二维的时间序列进行存储,所以从单孔的雷达数据只能分析出异常体距离钻孔轴线的尺寸以及深度位置,而不能确定异常体的方位信息。钻孔摄像的数据则只能辨认出孔壁周围的地质状况,包括裂隙节理面的走向、倾向,孔壁周围空洞区、岩溶区分布情况。为了定量描述钻孔周围异常地质体的分布情况,则需要多孔(至少两孔)数据进行联合分析。若要确定某区域内是否存在岩溶、空洞等不良地质体,采用动态勘察技术,将是一种经济高效的方法。如图 6-41 所示,首先在所关心的场区(例如一个大型桥墩的基础)附近选择一处做第一个钻孔 A,按照动态勘察技术的操作流程进行钻孔雷达和数字摄像,

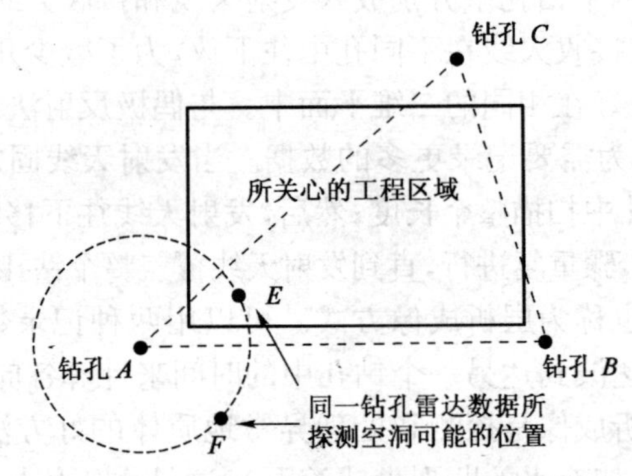

图 6-41　动态勘察工程区域示意图

预判在该场区内是否存在对工程造成安全隐患的不良地质体，若无，则无需增加钻探工作，若发现在该场区内可能有不良地质体，但又不知在哪个方位时，则需要增加钻孔和勘测工作。例如在图 6-41 中，在钻孔 A 中所探测到的空洞既可能在所关心的场区内（例如 E 处），也可能在场区外（例如 F 处），所以需要增加一个钻孔 B，当所探测到的空洞距离钻孔 B 远超过场区范围，则说明钻孔 A 中测得的空洞不在场区内，可以不增加下一个钻孔的测试工作，否则还需要再增加一个钻孔。此时则有 3 个钻孔内的钻孔雷达和数字摄像资料，可以对雷达图像上的异常体进行大小和位置的估算，以确定对工程存在的影响，以便进行后续工程的加固措施。

数据融合是一种多元统计联合分析的方法。对于多孔观测到的数据的分析和研究，一种是各孔单独分析，另一种则是对多孔数据同时进行分析。虽然地下异常地质体的不确定性因素很多，但各孔数据仍然存在一定的相关性，如果分开处理不仅会丢失很多信息，往往也不容易取得好的结果。通过对多个钻孔观测数据的分析，来研究各钻孔之间的相互关系以及揭示这些钻孔内在的连通性规律，利用多元分析的不同方法还可以对异常地质体进行分类和简化。如图 6-42 所示，对于单孔雷达剖面图上某一深度处只有一个明显的双曲线，利用前面提到的方法估算出地层中的电磁波传播速度，可以推算出异常体的偏离位置尺寸。如图 6-42 所示，在异常体所处的同一深度上，分别在钻孔 A、B 和 C 中以各自距钻孔距离 l 与目标体大小估算值 d 为半径画圆，通过寻找 3 个圆弧的接合区域，就可以找出其异常体所在的大致位置。这种可以通过 3 个钻孔的数字摄像与雷达图像来定性定量描述场区不良地质体的方法称为三点勘察法，它在桥梁墩体超声波埋管测试中经常使用。

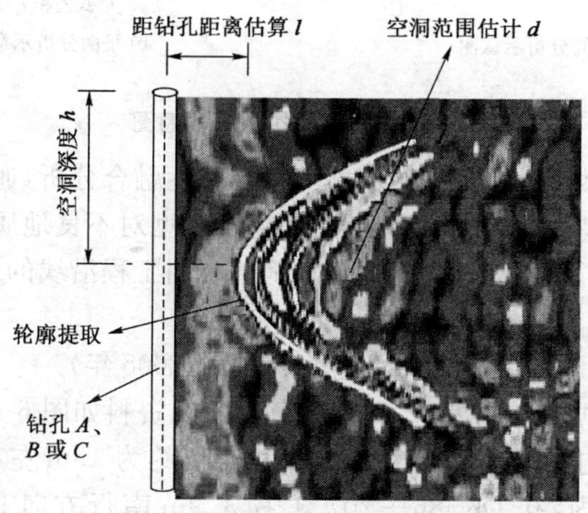

图 6-42　钻孔 A、B 或 C 中的回波曲线提取及估算

(2)动态勘察技术实现方法(钟声,2008 年)

①进场:先对各控制点钻孔进行中成像勘察,钻孔摄像的成果图可以测量出场地的岩芯完整性指标、地层裂隙带及其倾角,甚至可能存在的溶蚀区;同时利用已有钻孔做孔中雷达成像,根据所得雷达波形剖面图来推测周围数十米范围内可能存在的不良地质现象。

②现场初步分析数据:根据对控制点的探测结果分析场地岩体完整性及钻孔周围是否存在不良地质现象。

③根据初步分析的结果,若单孔显示无明显的异常地质体则可直接进入下一个控制点的钻孔进行测试;若发现存在异常地质体,可根据工程的实际需要在所关心的区域内增加钻孔进行多孔测试。对其邻近区域内两个或两个以上钻孔进行联合测试分析(图 6-43)。在数字钻孔及雷达剖面图像的基础上,重点分析孔间结构面的基本状况,如结构面性质、产状、深度、隙宽大小,分辨出不同钻孔中的结构面的连通状况,同时也可以精确确定孔间岩溶等不良地质体的位置及形状大小。

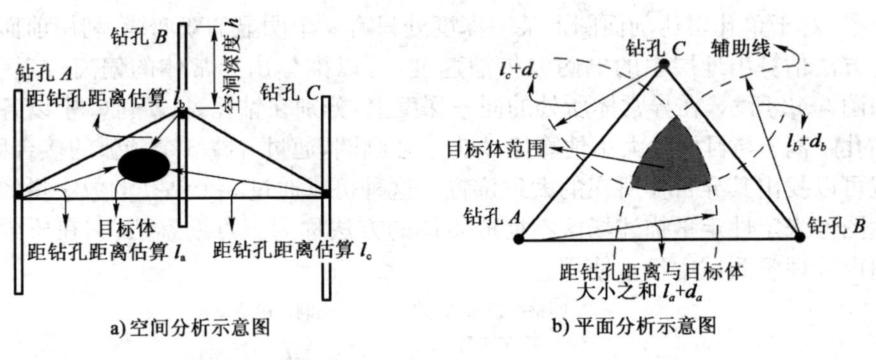

图 6-43　多孔联合分析示意图

④室内整理数据并对各孔的数据进行相关性融合分析,通过数字图像分析的方法来提取其特征体,通过建立的几何物理模型对不良地质构造进行回归分析,估计目标尺寸及位置坐标,从而更准确地查明工程沿线的地质情况,完成勘察任务。

(3)钻孔雷达与数字摄像的数据融合(钟声,2008 年)

通过两者数据比较与融合,可获知某区三孔资料如图 6-44,其上部为沙土层,下部为灰岩,土岩分界面距地面的平均距离约为 16m 左右。按南行方向,主轴线右侧 8m 内,孔 DK586＋207.1 右 3.9m 南行方向 9m 内,地下 16～34m,岩石完整性较差、岩溶发育,岩石裂隙呈高倾角,其中以 20m 处尤为发

育。按南行方向，孔 DK586＋212 右 1.1m 的右前方 2～5m，地下 21～27m 处可能存在一个较大溶洞，该可疑溶洞高约 5m，宽约为 3～4m。具体结果见图 6-45～图 6-47。

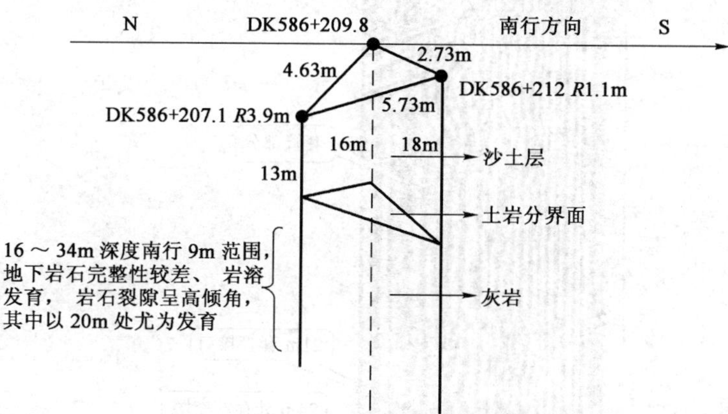

图 6-44　三孔位置及数据融合示意图

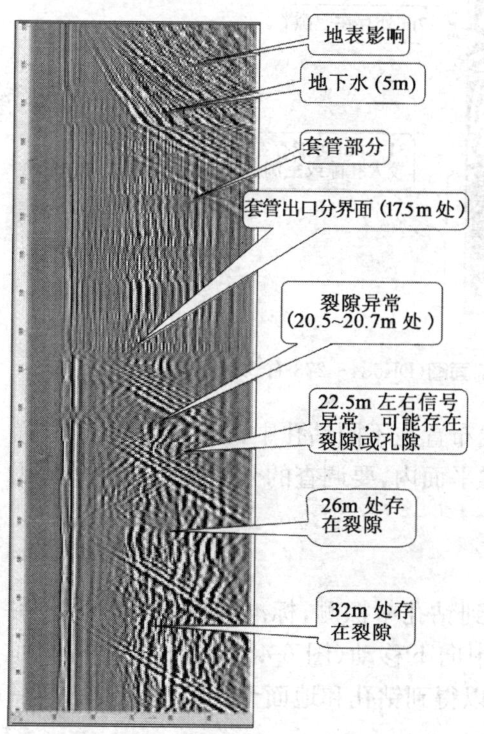

图 6-45　剖面图(DK583＋880.5 右 1.1m 钻孔)

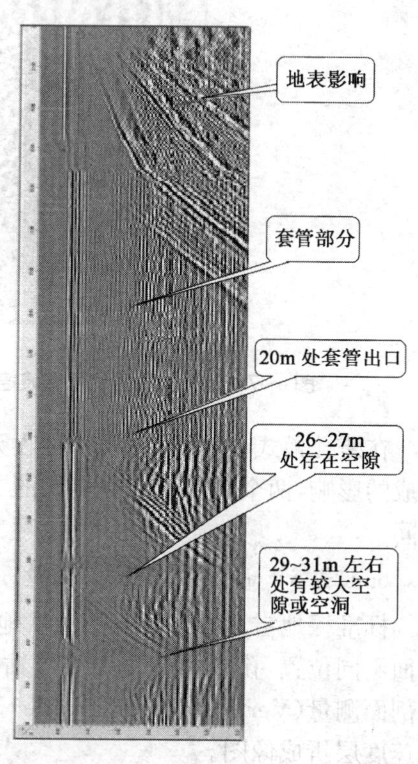

图 6-46　剖面图(DK584＋935.4 右 3.9m 钻孔)

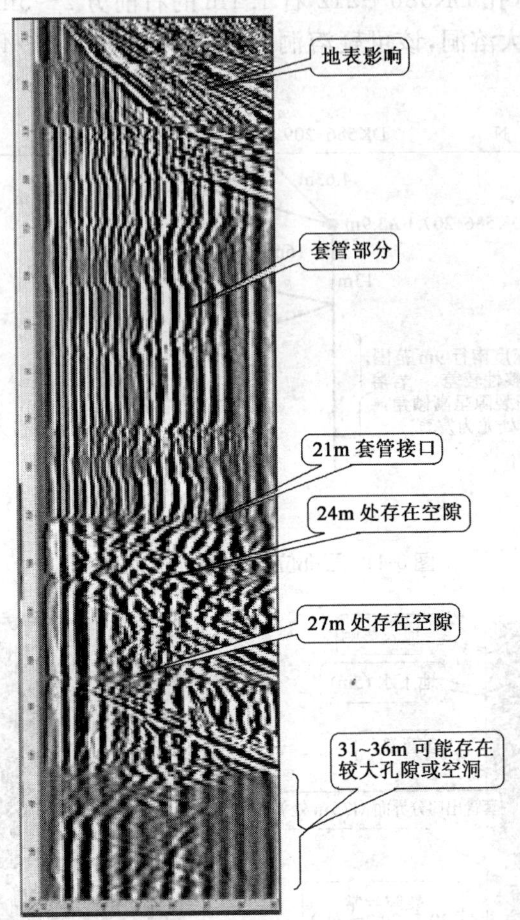

图 6-47 钻孔地质雷达反射波信号剖面图(DK584＋273 右 3.9m 钻孔)

在跨孔模式下,发射天线和接收天线布置在不同钻孔中,为了减少几何位置造成的影响,两个钻孔最好在相同的二维平面内,要调查的介质也介于两个钻孔之间。

6.4.2.6 面—孔(VRP)测量

标准探地雷达系统可以用于从地面到钻孔中探测,标准地面发射天线放在地面不同位置,孔中的接收天线从钻孔中向下移动(图 6-48),这种方式叫做垂直剖面测量(Vertical Radar Profile),可以得到钻孔和地面天线之间介质的振幅和速度层析成像图。

不过,地面—孔中探测经常用于速度探测,探测平面可以在不同的方向,如

北、南、东和西。这里仅介绍基本原理，不详细讨论。在隧道内的具体做法只需把隧道掌子面当作地面处理即可。

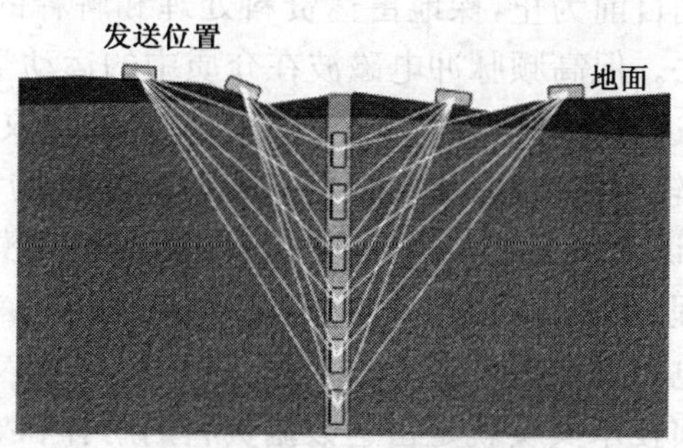

图 6-48　井地测量示意图

6.4.2.7　三维探测方法

隧道钻孔雷达的三维探测方法，主要是结合地面地质构造的普查和详查资料，进一步和钻孔地质雷达资料进行融合，从而构建某探测区的三维空间资料，以最大限度提高探测方法的解释精度和可靠性，同时减少多解性。

其具体原理如图 6-49 所示，平面的测深数据如图中的纵横向(X,Y)框架结构，该框架结合钻孔资料构成了隧道开工前的全部空间勘察设计资料。在隧道施工过程中，不论是通过地表还是通过隧道掌子面所布置的钻孔(图 6-50)和测试的一系列弹性波、电磁波等数据(图 6-51)都构成了图 6-52 的空间探测资料，这极大的方便了技术人员的解释想像力，也尽可能地缩小了物探方法的多解性。

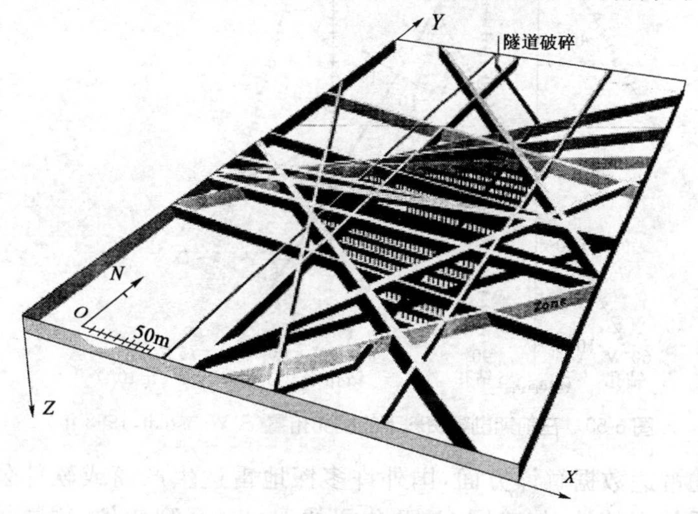

图 6-49　三维探测方法示意(S. Wanstedt，1998 年)

6.4.2.8 正反演解释及应用

钻孔雷达的数值模拟技术是分析探测问题、研究电磁波在地下介质中传播规律的有效手段。到目前为止,探地雷达资料处理和解释的方法大多是借鉴地震波的处理解释方法。但高频脉冲电磁波在介质中的运动学规律与地震波仍存在一定的差异性,雷达波具有高频特征、波长较短、介质吸收强烈、加之受地面干扰大,使得探测剖面较为复杂,数值模拟复杂形体存在时的雷达波场特征,对认识实际的雷达记录,识别目标体有指导意义。钻孔雷达的模拟技术包括频域模拟、时域模拟、绕射理论、矩量法和离散元方法等,时域有限差分方法(FDTD)则是其中一种有效的电磁波模拟方法。

钻孔雷达的反演技术其实就是雷达数据资料的解释和处理。钻孔雷达是利用地下介质电性参数的差异,根据得到的雷达双程走时剖面图的特征来分析和推断地下介质结构和物性特征。由于系统因素、地物干扰等影响,通常得到的雷达剖面图是原始信号与系统相关函数的耦合并存在噪声干扰,这就需要利用信号和图像处理等方法去获取真实的原始反射波信息。近年来,雷达数据信号处理的技术不断提高,主要涉及滤波、卷积、反卷积、偏移等图像处理方法。

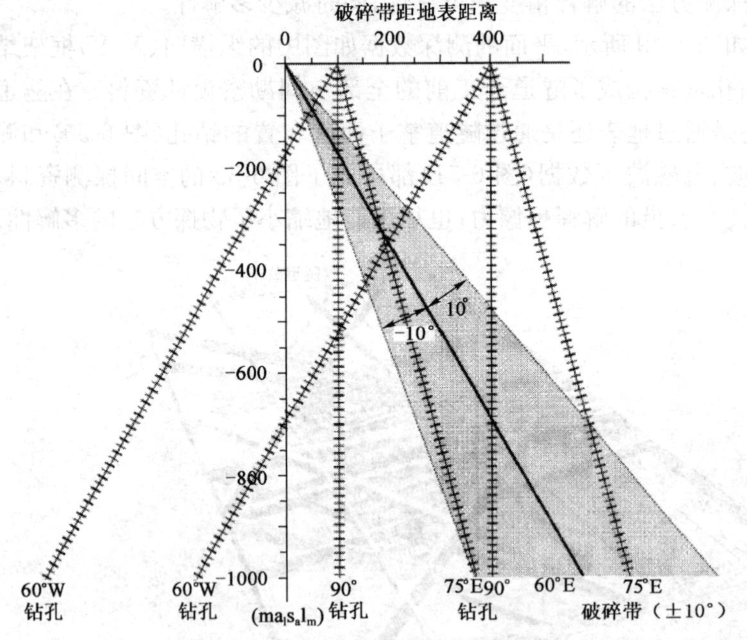

图 6-50 在前期勘察资料下的钻孔布置(S. Wanstedt,1998 年)

在钻孔雷达数据解译方面,国外许多探地雷达生产商或软件公司已开发了相应的后处理软件,如美国 GSSI 公司的 Radan 系列软件、德国的 Reflex 系

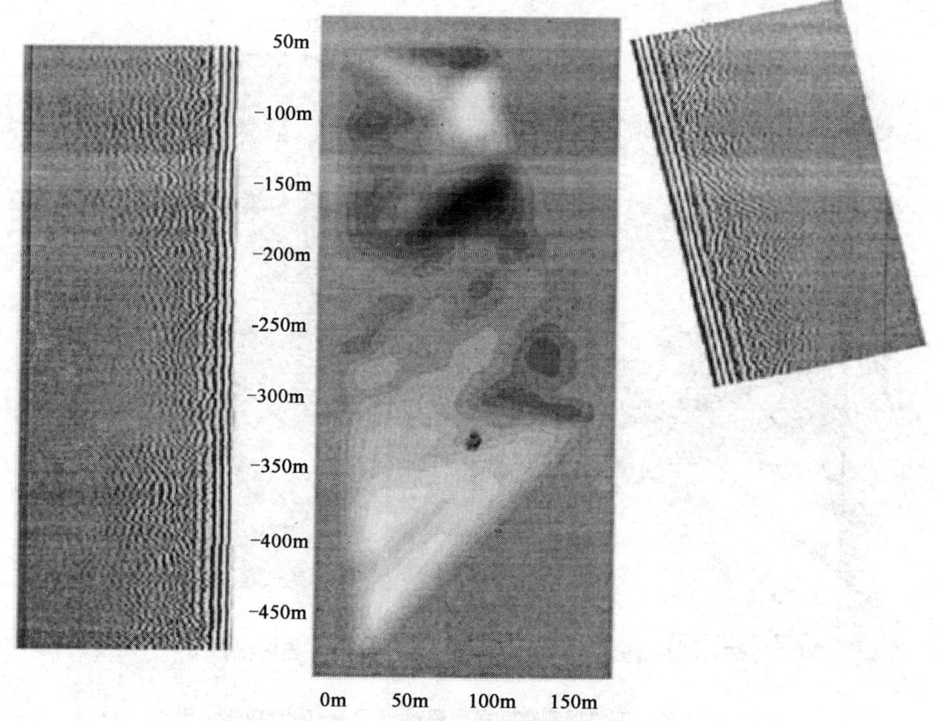

图 6-51 沿空间振布的雷达资料和电阻率测孔资料(S. Wanstedt,1998 年)

列软件、韩国的 RADPRO 软件,国内的 LTD 系列雷达也有配套的数据处理软件。其中 RADPRO 的源代码由 Fortran 和 C++生成,兼有较好的用户界面和良好的数据处理能力。目前大多数软件都是二维的图像处理软件,而孔中天线在其周围 360°接受目标体反射回来的信号,单孔反射测量中的二维图像无法确定地下目标的方位信息,因此需要开发完善的三维雷达数据后处理软件来解决当前的问题。数据处理从二维向三维发展将是软件开发的趋势所在。

在工程应用方面,许多应用研究人员在不同的领域对钻孔雷达资料的后处理技术进行过深入广泛的研究。琚建明在厦门翔安海底隧道施工过程中研究了钻孔雷达超前地质预报技术;黄家会等分别利用单孔和跨孔测量研究地下深部岩石的特性;SatoM 等利用钻孔雷达探测地下含水裂缝以及 VRP 技术在仙台城堡探测中的应用,诸如 VRP 原始数据中直达波的去除、f-k 滤波、反射波的 Kirchhoff 偏移等,揭示了古石墙及地层的分布情况;BinleYA 等研究地下水渗流模型及水分的迁移规律等。钻孔地质雷达的后处理软件仍在不断的应用和完善之中。

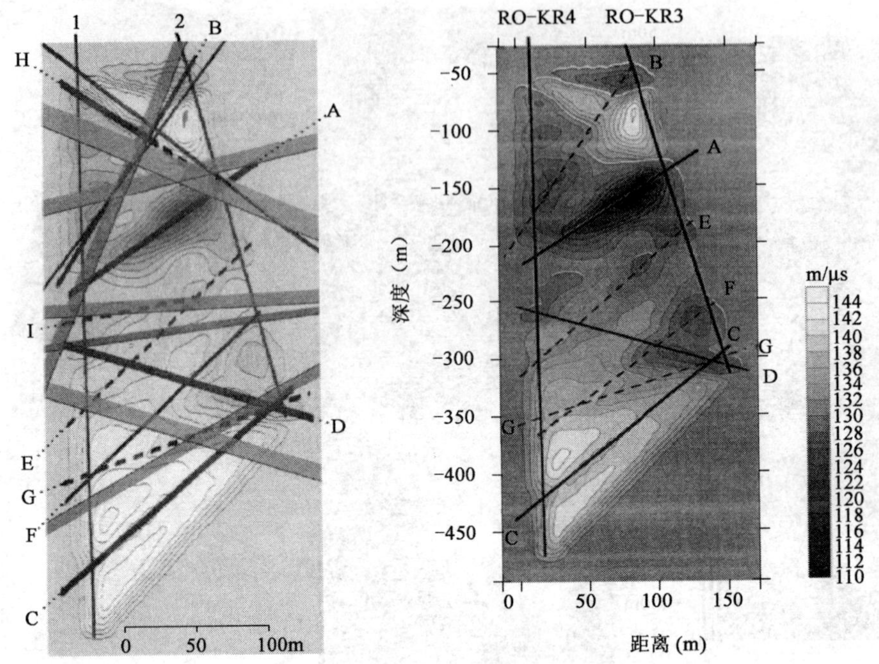

图 6-52 三维探测空间振布资料(S. Wanstedt,1998)

6.4.3 存在的问题与不足

从上述地质雷达研究成果看,由于地质雷达数据的多解性以及解的不确定性,单一方法的应用具有很大的局限性,必须向多种地球物理方法联合使用发展。在国外,近年开始研究地面地质雷达与数字摄像综合探测地下岩体的结构特征。因此,利用钻孔地质雷达与数字摄像技术相结合的方式对深部地下岩体进行精细探测也是非常有意义的。另外,在理论方法方面,多种勘察手段的数据融合、数据处理与综合分析方法也有待进一步研究。在国内,钻孔雷达方面的应用研究还处于起步阶段,研究的内容主要包括:工程地质勘察中的岩石特性、水文地质勘察中的含水裂缝体系、高放废物处置的库址评价等。从这些研究中可以发现,目前国内主要的工作还是处于钻孔雷达在某一领域应用的可行性探讨,对该项技术的推广起到牵头作用。但我们可以看到钻孔雷达作为一种新的技术,还有许多问题亟待解决,包括钻孔雷达系统性能的提高、钻孔雷达信号的处理与分析、钻孔雷达信号与图像的正反演、对地质体的定性定量解释,尤其是钻孔雷达与其他地球物理方法的联合应用、数据的融合、综合解译等的研究还未见

有研究成果报道。

目前，钻孔地质雷达综合应用研究已初见成果，但所进行的基础性研究非常有限，而国内还未见开展这方面的研究。尽管探地雷达在近20年得到了长足的发展，其能力从探测目标有无发展到精细二维、三维成像的目标识别。然而，无论是从系统设计还是信号处理都还没有形成一套系统的理论，设计方法多年来没有“质变”，信号处理也没有新的数学工具。当前，我国各项重大基础建设正在迅猛发展，“西部大开发”战略进一步实施，国家在“十一五”期间及将来更长一段时间将加大高速交通工程、核电开发和能源储藏计划的落实，在各类复杂地质环境下修建的众多高速交通、大中型水利水电、深埋超长隧道项目中如何进行高效、准确、经济的工程地质勘察和前方地质预报已经成为了工程建设的突出问题。

钻孔雷达作为一种井中探地雷达，它可以提供钻孔周围10～40m的岩体构造、岩石学和水文地质信息；钻孔雷达作为一种新的地球物理技术，其应用领域不断扩大，取得成果的同时也面临着许多问题。

①雷达成像与数据处理技术的发展很大程度上影响了钻孔雷达资料的解译水平，偏移成像算法有利于探测目标的直观显示，但目前的偏移理论在雷达资料的处理上还不能得到理想的实际目标物的图像，仍需发展新的归位成像算法，使得地下探测目标的显示直观化；

②钻孔雷达的反演技术还不是很成熟，可以进行一些目标体的电磁特性（包括电磁波的目标反射、散射特性）的基础理论研究，建立目标体的反演模型，提高雷达资料解译的理论水平，进而推动其在工程领域的应用；

③随着当今科学技术的发展，钻孔雷达的系统设计和雷达资料的后处理技术是钻孔雷达技术的主要发展方向；钻孔雷达技术可以在图像精度、地下目标精确定位、多分辨率成像等方面有所突破。

其他类钻孔测试方法还包括：直流电阻率、交流电法、声波、超声波、充电法、自然电位法等。原则上所有的物探测井方法都可按任务要求使用。当然，目前最常用的最为可靠的还是弹性波与电磁波组合法。

参考文献

[1] 喻振华. 工程井间地震波正演模拟及层析成像技术研究[M]. 中南大学博士论文. 2008,3.

[2] 钟声. 钻孔雷达与数字摄像动态勘察技术若干关键问题研究[M]. 中国科学院博士学位论文. 2008,6.

[3] S. J. Radzevicius, J.. J. Daniels, Ground penetrating radar polarization and scattering from cylinders, Journal of applied geophysics, 2000, 45: 111-124.

[4] L. Orlando, E. Marchesi, Georadar as a tool to identify and characterize solid waste dump deposit, Journal of applied geophysics, 2001, 48: 163-174.

[5] J. L. Porsani, W. M . Filho, et al. , The use of GPR and VES in delineating a contamination plume in a landfill site: a case study in SE Brazil, Journal of applied geophysics, 2004, 55: 199-209.

[6] E. Cardarell, C. Marrone, L. Orlando, Evaluation of tunnel stability using integrated geophysics methods, Journal of applied geophysics, 2003, 52: 93-102.

[7] L. Orlando, Semiquantitative evaluation of massive rock quality using ground penetration radar, Journal of applied geophysics, 2003, 53: 1-9.

[8] L. Nuzzo, T. Quarta, Improvement in GPR coherent noise attenuation usingτ-p andwavelet transforms, Geophysics, 2005, 69(3): 789-802.

[9] U. Theune, M. D. Sacchi, D. R. Schmitt, Least-squares local Radon transforms for dip-dependent GPR image decomposition, Journal of applied geophysics, 2006, 59: 224-235.

[10] J. Tronicke, D. R. Tweeton, P. Dietrich, et al. , Improved crosshole radar tomography by using direct and reflected arrival tines, Journal of applied geophysics, 2001, 47: 97-105.

[11] G. Bellefleur, M . Choutean, Massive sulphide delineation using borehold radar: tests at the McConnel nickel deposit, Sudbury, Ontario, Journal of applied geophysics, 2001, 45: 45-61.

[12] C. Zhou, L. Liu, J. W. L. Jr, Nonlinear inversion of borehole-radar tomography data to reconstruct velocity and attenuation distribution in earth materials, Journal of applied geophysics, 2001, 47: 271-284.

[13] M . H. Serzu, E. T. Kozak, G. S, Lodha, et al. , Use of borehole radar techniques to characterize fractured granitic bedrock at AECL's underground research laboratory, Journal of applied geophysics, 2004, 55: 137-150.

[14] K. J. Cunningham, A . Aviantara, Characterization of the Karstic Biscayne aquifer in southeastern Florida using ground-penetration radar, digital optical borehole images and core, U. S. Geological Survey Karst Interest Group Proceedings, 2001, 2: 13-16.

[15] K. J. Cunningham, Application of ground-penetrating radar, digital optical borehole images, and cores for characterization of porosity hydraulic conductivity and paleokarst in the Biscayne aquifer, southeastern Florida, U. S. A. , Journal of applied geophysics, 2004, 55: 61-76.

[16] 黄家会，宋雷. 应用跨孔雷达层析成像技术研究深部岩层特性[J]. 中国矿业大学学报. 1999，28(6)：578-581.

[17] 赵卫平，潘和平，李清松，等. 井中雷达应用进展[J]. 工程地球物理学报. 2005，2(4)：297-303.

第7章 掌子面地质灾害临近预报预警

在进行钻孔精确预报后，对地质灾害掌握程度的控制精度在0.5m以内。在对地质灾害基本掌握后，需进行一系列的隧道开挖预加固工作。即使在预加固后开挖仍存在较大的施工风险，仍需进行开挖面的临近征兆预报、掌子面地质编录预测和开挖过程的稳定性实时监测预警，方能最大限度地保证开挖过程的安全。

7.1 掌子面临近征兆预报

不良地质前兆预测法基本原理是：隧道（洞）掘进过程中，出现断层破碎带、溶洞、暗河、岩溶陷落柱和洞穴淤泥带之前，一般都会出现各自的明显或不明显的前兆标志；这些标志的出现，常常预示前述不良地质体已经临近了。因此，不良地质前兆预测法，一方面有助于掌子面前方不良地质体性质的鉴别，更有助于对不良地质体临近的判断。

隧道施工中主要的地质灾害有坍方、突水（突泥）、煤与瓦斯突出/爆炸、岩爆、大变形等。地质灾害监测与警报是施工监测的核心任务和落脚点，所有的隧道施工地质工作包括长短距离超前地质预报、围岩稳定性评价等归根结底都是为它服务、围绕它进行的。在隧道施工中坍方灾害出现几率约占各类重大地质灾害的90%以上，坍方是隧道施工地质灾害防范的重点。引起坍方的不良地质有断层、不稳定岩体、岩溶陷落柱和规模较大的角度不整合界面等，所以在施工过程中对不良地质的勘测和监测是非常重要的。

隧道施工地质灾害主要指隧道开挖导致地质环境或地质体发生变化而导致的危害。地质灾害分为地质情况变化（渐变）与不良地质灾害体（突变），渐变体易于防范，而突变体危害较大。

(1)地质情况变化（渐变体）

岩体的裂隙、节理、层理、走向、产状等有一定的连续性和渐变性，虽然对施工有影响,但易于控制和处理。土体如黏土、粉土、细砂、中砂、卵砾等地层都有一定的连续性、渐变性,即使有地层交互,但土体性质变化不大。

通常,地质情况的渐变即使对施工有危害,也不会发生重大灾害。

(2)不良地质灾害体(突变体)

不良地质灾害体是由于长期地质构造活动形成的断层破碎带、岩溶等突变异常体,施工开挖极易引起重大地质灾害发生,若有地下水系统的参与,必将酿成重大施工灾害。

突变异常地质体是隧道超前地质预报的主要研究对象。而岩土性突变异常体有其不同的形状、不同的充填性质、不同的(与隧道空间)交错位置,对隧道施工的影响差异很大。

下面简述断层和岩溶两种主要地质灾害临近时的征兆,以利施工人员遇到紧急情况时判断。

7.1.1 断层破碎带坍方

断层破碎带坍方是最常见的坍方,占坍方的绝大部分。

7.1.1.1 围岩坍塌征兆

隧道洞内操作人员如发现洞顶碎石不断掉落,甚至较大石块相继掉下,干燥段突然涌水或水量突然增大,水质由清变浊等现象,预示着围岩即将发生坍方。另外,围岩节理裂隙逐步扩大,支护状态变形,喷射混凝土出现明显裂纹或剥落,拱脚附近的水平收敛率大于2mm/d,拱顶下沉量大于5mm/d并继续增大时,说明围岩仍在发生变形,处于不稳定状态,极有可能出现失隐坍方。

7.1.1.2 断层破碎带的临近前兆

断层破碎带的准确定性采取的主要技术手段有临近前兆预测法。其前兆如下:

①节理组数的急剧增加,节理组数可多达6～12组;

②出现牵引褶皱;

③有时会出现由弧形节理组成的小型旋卷构造或反倾节理;

④一般岩石强度都明显降低;

⑤逆断层为主的断层破碎带附近会出现压裂岩和碎裂岩(多数情况下出现夹泥或铁锈染压裂岩、碎裂岩),平移断层为主的断层破碎带附近会出现以L_1节理为代表的节理密度明显增加。

隧道内的断层破碎带的识别与地面地质调查和复查技术中对断层的识别相似,主要依据识别断层的标志。即除地貌标志以外,地面地质调查中识别断层的

地层标志、岩石标志、构造标志和矿物标志等，均适合于隧道(洞)内断层的识别，甚至表现得比地面还要清晰、明显，易于观测。

7.1.1.3 断层破碎带围岩级别的判定

断层坍方的监测与警报必须在断层识别和影响断层坍方地质因素分析的基础上，落实到断层坍方判断的终极目标，即对断层破碎带围岩级别的准确判定上。判定可参考以下条件：

①压性逆断层为主或张性正断层为主的断层破碎带宽度(厚度)大于5m、涉及的隧道长度大于10m的区段，在有地下水明显参与的条件下，为Ⅴ级围岩；压性逆断层为主或张性正断层为主的断层破碎带宽度(厚度)大于10m、涉及的隧道(洞)长度大于20m的区段，即使没有地下水的明显参与，亦为Ⅴ级围岩。

②平移断层为主的断层破碎带(宽厚度和涉及隧道长度不限)、压性逆断层为主或张性正断层为主的断层破碎带宽度(厚度)小于5m、涉及的隧道长度小于10m的区段，在有地下水参与条件下，这类断层破碎带涉及的区段可定为Ⅳ级围岩。若无地下水参与或破碎带宽厚度小于3m、涉及隧道长度小于5m的硬岩区段，围岩级别甚至可定为Ⅲ级。

③特殊断层破碎带涉及的区段可定为Ⅵ级。

a.硬岩断层破碎带以张滑正断层为主或以压冲逆断层为主断层或者两条及两条以上断层交汇，断层破碎带规模宏大、宽度(厚度)大于50m、涉及隧道长度大于100m，破碎带围岩结构多为泥砂角砾状松软结构，且有地下水明显参与；

b.软岩断层破碎带或软、硬岩组合形成的断层破碎带。

以张滑正断层为主或以压冲逆断层为主断层或者两条及两条以上断层交汇，断层破碎带规模宏大、宽度(厚度)大于30m、涉及隧道(洞)长度大于50m、破碎带围岩结构多为泥砂角砾状松软结构，且有地下水明显参与。

7.1.2 岩溶陷落柱坍方

在我国北方煤系地层中和在下伏的中奥陶统灰岩中修建隧道时，岩溶、陷落柱是较常见的不良地质，在我国南方也经常遇到，由它造成的坍方，在坍方总数中虽然占有较小的比例，但也应给予认真的对待。

7.1.2.1 隧道遇岩溶陷落柱的前兆

①由于陷落柱对周围岩层的重力牵引作用，常常造成周围岩层向陷落柱的内倾现象，这个特征对煤系地层等软岩来说，表现得更明显，有时影响范围可达15～20m；

②同样，由于陷落柱对周围岩层的重力牵引作用，常常在周围岩层中形成大

量的内倾裂隙或小断层，这种现象对于脆性岩层来说，表现明显；

③由于陷落柱导入地下水，常常使周围岩层潮湿软化或涌水量加大；

④由于地下水的风化作用，常常使周围岩层发生氧化，如岩层疏松、光泽变暗等；

⑤岩溶陷落柱的总体形态多为上细下粗的圆锥体，少数为上下等粗的圆柱体；

⑥高度有限，少数也有坍至地表的；

⑦物质由上覆岩层的碎块组成；

⑧岩块棱角显著、形状不规则、杂乱无章、大小混杂，容易与正断层破碎带的断层角砾岩相混，但成分比断层复杂；

⑨大多干燥无水，个别陷落柱在边缘可见淋水或小股涌水；

⑩与围岩接触面参差不齐，但界线明显；周围岩层产状正常，而且陷落柱两侧围岩层位一致，无错动，也无牵引现象；

⑪陷落柱轴线多与层面垂直；岩层倾斜，陷落柱也对应倾斜。

7.1.2.2 岩溶陷落柱坍方的判断

(1)影响陷落柱坍方的地质因素分析

①陷落柱规模越大，越易坍方；

②陷落柱多为干型，少数为湿型，后者易坍方；

③陷落柱中，泥质越多，越易坍方；

④沿陷落柱边缘，有时有淋水或涌水现象；当有地下水参与时，易坍方。

(2)陷落柱涉及区段围岩级别的判定

①规模大于隧道断面 1/3 的湿性岩溶陷落柱，围岩多为 V 级，少数为 IV 级；

②少数规模小于隧道断面 1/3 的干型陷落柱，围岩多为 IV 级～Ⅲ级。

岩溶陷落柱坍方的前兆与断层破碎带坍方前兆相同。关键在于早发现并及时采取紧急处理措施。

7.1.3 小结

科学实践表明，隧道坍方产生的主要原因有两个方面：

一方面是施工方法不当，特别是隧道通过不良地质区段的预支护不当。但是，在这一方面我国隧道施工中还是比较重视的。例如，专门制订了通过不良地质区段辅助工法的十八字口诀："管超前、严注浆，短开挖、快封闭、勤量测、快衬砌"。它对减少隧道坍方起到积极的作用。

另一个方面是地质情况不明。长期以来，我国隧道施工不重视、甚至忽略隧

道施工过程中的地质调查,大多数隧道施工无专职地质技术人员。虽然“新奥法”在我国已推行多年,但其中的重要组成“隧道施工地质调查”工作却基本上没有贯彻执行。地质情况不明,对不良地质性质及坍方、突水等地质灾害监测不力,判断不准,只凭“感觉”施工,这是造成坍方的最主要的原因。因此,只要在施工中做好这两个方面,隧道坍方是完全可以减少或避免的。

7.2 掌子面地质信息数字编录识别技术

数码摄像获取结构面发育程度参数的方法是以数码摄像技术理论为核心,内容包括图像测定、图像处理和地质解析三部分。即利用普通非量测数码相机对隧道掌子面进行照相,通过计算机图像处理技术,提炼出掌子面中相关结构面发育程度参数信息,并用以施工阶段的岩体围岩亚级级别判定。

常规的隧道掌子面地质编录法是参考勘察设计资料,通过对掌子面已揭露的围岩(岩层、不良地质体)进行观测与编录。它以开挖围岩的地质变化规律为依据,对掌子面前方延伸情况进行有依据的推断,分为岩层岩性变化预测和不良地质体灾害预测。岩性变化界面通常代表地质环境的改变,存在标志性的岩石结构、节理、裂隙、强度等一系列的渐变。因此岩性的变化属渐变论的观点。而不良地质体的出现应属突变论的观点。突变并非是绝对的突变,在突变的附近同样存在一定的渐变状态。因此,在隧道掘进过程中,在出现断层破碎带、溶洞、暗河、岩溶陷落柱和洞穴淤泥带之前,一般都会出现各自明显的或不明显的前兆标志,这些标志的出现,常常预示前方不良地质体已经临近了。因此,不良地质前兆预测法,一方面有助于掌子面前方不良地质体性质的鉴别,更有助于对不良地质体临近的判断。

隧道掌子面地质编录法,在预测岩性变化和地质灾害体时,是根据隧道掌子面周围的岩性连续观察跟踪,主要观察岩性结构的颗粒、节理、裂隙等。常规的地质编录主要靠地质素描图和定性的地质描述进行的。随着计算机技术的发展,充分利用数字图形图像技术进一步发展掌子面地质编录法是本节研究的目的。以下主要从隧道围岩可视化预报技术和岩体结构图像模式识别技术两个方面研究隧道掌子面地质信息数字编录识别技术。

7.2.1 现场图像测定

图像测定是对掌子面及周边岩体进行地质数据采集的一个过程。通常情况下,地质数据信息与地质调查面积直接相关,即调查面积大,所包含的地质数据信息就多,反之,地质数据信息就少。可见,为满足地质信息评价的需要,我们必须确定一个最小的地质调查面积限界，参照现行《公路隧道设计规范》(JTG D70—2004)中的相关规定，将图像测定时所需最小的地质调查面积确定为2m×5m是比较合适的。

为满足最小地质调查面积的需要，现场图像测定，相机操作应该注意以下两个问题：

(1)摄取图像的控制性因素

所摄图像的大小一般来说可由图像的长度和宽度两个参数来确定。对于普通数码相机而言，摄取图像的尺寸比例(长∶宽)大多数为4∶3，是个固定数值。而根据相关要求，实际地质调查所需的最小面积尺寸比例(长:宽或宽:长)为5∶2。经过简单的比例关系换算和比较可知，在摄像时，若保证图像长度所对应的实际物理尺寸大于等于5m，那么图像宽度所对应的实际物理尺寸同时也就会满足大于等于2m的要求，因此，图像的长度即为现场摄像时所需满足的控制性因素。

(2)摄像时物距的确定

确定长度为摄取图像的控制性因素后，根据摄像时数码相机的成像原理，即可列出以下等式：

$$\frac{5}{u}=\frac{xd_x}{f} \tag{7-1}$$

式中：u——摄像时所需的最小物距(m)；

5——所需摄取的最小地质调查面积的长度(m)；

x——摄取图像的横向分辨率(像素)；

d_x——一个像素在横方向上的物理尺寸；

f——相机焦距(m)。

x、d_x、f 三个参数只与相机内部结构有关，称为相机内部参数(常数)。

根据式(7-1)，即可求出摄像时所需的最小物距数值。由于隧道内环境恶劣，通常具有光线较弱、粉尘浓度较大等特点，这给现场图像测定工作带来了诸多限制。

①仅依靠相机自带闪光灯，无其他灯光照明措施，且粉尘浓度＜8.557mg/m³条件时，相机可拍摄到一般清晰度的围岩图像，该图像可用于开展后期工作，超过此条件，摄取的图像则无法开展后期工作；

②采用1盏1kW灯光照明，且粉尘浓度控制在16.318～28.457mg/m³条件时，相机可拍摄到一般清晰度的围岩图像，该图像可用于开展后期工作，超过此条件，摄取的图像则无法开展后期工作；

③采用4盏1kW灯光照明，且粉尘浓度＜19.502mg/m³条件时，相机可拍

摄到较高清晰度的围岩图像，该图像利于开展后期工作。

根据《公路隧道施工技术规范》(JTJ 042—94)中相关规定：隧道内含 10%以上游离 SiO_2 等矿物性粉尘，其浓度不得大于 $2mg/m^3$；含 10%以下游离 SiO_2 等矿物性粉尘，其浓度不得大于 $4mg/m^3$。由此可见，当隧道内粉尘浓度满足规范要求数值时，即可获取到较清晰的图像，满足后期图像处理、图像解析等工作的需要。

为了在后期的图像处理中便于判别和分析相关地质信息，现场摄取图像时，还应尽量保持光线均匀以及镜头主轴方向与地质露头面垂直，以确保所摄图像为正视图。

7.2.2　隧道围岩的可视化技术

研究隧道围岩可视化预报技术的目的是为发展掌子面地质编录法，建立隧道地质信息数字通道。具体做法可按照掌子面地质编录法的具体要求，每隔 3m 在隧道上下左右前方各拍一张数码照片，编排好放入数字通道，然后，利用已编好的软件综合分析研究隧道各段的地质信息。该技术在室内模拟隧道施工现场的围岩地质情况，可连续推进，仿佛在开挖的隧道地质构造中遨游，也可细化处理(看局部微细结构)，也可进行数据图像处理。另外，此资料可建档便于以后隧道运营维护时参考。以下介绍主要的编程技术。

为了保持图像中曲线型特征的连续性和物体的连通性，可以用数学方法来描述输入、输出图像点之间的空间关系。集合运算的一般定义为：

$$g(x,y)=f(x',y')=f[a(x,y),b(x,y)] \tag{7-2}$$

式中：$f(x,y)$——表示输入图像；

$g(x,y)$——表示输出图像。

函数 $a(x,y)$ 和 $b(x,y)$ 唯一地描述了空间变换，若它们是连续的，其连通关系将在图像中得到保持。

若令：$a(x,y)=x, b(x,y)=y$

则得到不加任何改变的恒等运算。

若令：$a(x,y)=x+x_0, b(x,y)=y+y_0$

则可得到平移运算。将上式写成矩阵形式如下：

$$\begin{bmatrix} a(x,y) \\ b(x,y) \\ 1 \end{bmatrix} = \begin{bmatrix} 1 & 0 & x_0 \\ 0 & 1 & y_0 \\ 0 & 0 & 1 \end{bmatrix} \begin{bmatrix} x \\ y \\ 1 \end{bmatrix} \tag{7-3}$$

令 $a(x,y)=x/c$，$b(x,y)=y/d$

则会是图像在 x 轴方向放大 c 倍，在 y 轴方向放大 d 倍。在齐次坐标系中上式可写作：

$$\begin{bmatrix} a(x,y) \\ b(x,y) \\ 1 \end{bmatrix} = \begin{bmatrix} \frac{1}{c} & 0 & 0 \\ 0 & \frac{1}{d} & 0 \\ 0 & 0 & 1 \end{bmatrix} \begin{bmatrix} x \\ y \\ 1 \end{bmatrix} \tag{7-4}$$

令 $c=-1$,会产生一个关于 y 轴对称的映像:

$$a(x,y)=-x \qquad b(x,y)=y$$

类似地,对 d 和 x 轴也有同样的性质。

最后,令:

$$a(x,y) = x\cos(\theta) - y\sin(\theta)$$

$$b(x,y) = x\sin(\theta) + y\cos(\theta)$$

在齐次坐标系中表示为:

$$\begin{bmatrix} a(x,y) \\ b(x,y) \\ 1 \end{bmatrix} = \begin{bmatrix} \cos(\theta) & -\sin(\theta) & 0 \\ \sin(\theta) & \cos(\theta) & 0 \\ 0 & 0 & 1 \end{bmatrix} \begin{bmatrix} x \\ y \\ 1 \end{bmatrix} \tag{7-5}$$

将空间变换的平移、放大、旋转结合起来。例如,围绕点(x_0,y_0)的旋转可由下式实现:

$$\begin{bmatrix} a(x,y) \\ b(x,y) \\ 1 \end{bmatrix} = \begin{bmatrix} 1 & 0 & x_0 \\ 0 & 1 & y_0 \\ 0 & 0 & 1 \end{bmatrix} \begin{bmatrix} \cos(\theta) & -\sin(\theta) & 0 \\ \sin(\theta) & \cos(\theta) & 0 \\ 0 & 0 & 1 \end{bmatrix} \begin{bmatrix} 1 & 0 & -x_0 \\ 0 & 1 & -y_0 \\ 0 & 0 & 1 \end{bmatrix} \begin{bmatrix} x \\ y \\ 1 \end{bmatrix} \tag{7-6}$$

这里首先将图像进行平移,从而使位置(x_0,y_0)成为原点,然后,旋转 θ 角度,再平移回其原点。

将在隧道中拍摄的数字图像按照隧道实际里程标注在隧道轴线上,并产生随深度方向的变形,使得在隧道中的图像显示更符合实际情况。我们要作如下图像变形处理,见图 7-1、图 7-2。

图 7-1 是隧道行进至某个里程时的掌子面、左侧、右侧实际围岩数字图像,各个图像分别根据需要进行各种数字图像处理,如各种图像变换、色彩变换调整、卷积滤波处理、图像增强处理、灰度及局部滤波处理、边缘探测、二值图像处理等。可先进行处理再行进显示,或在行进过程中细化某个具体图片,以便详细了解某个图片的具体细节。有关图像处理技术的内容这里不一一介绍。

图 7-2 是行进至某个里程隧道掌子面附近的数字图片,通过它可以非常方便地了解隧道掌子面的围岩地质情况,如果再配合一些掌子面地质情况描述及

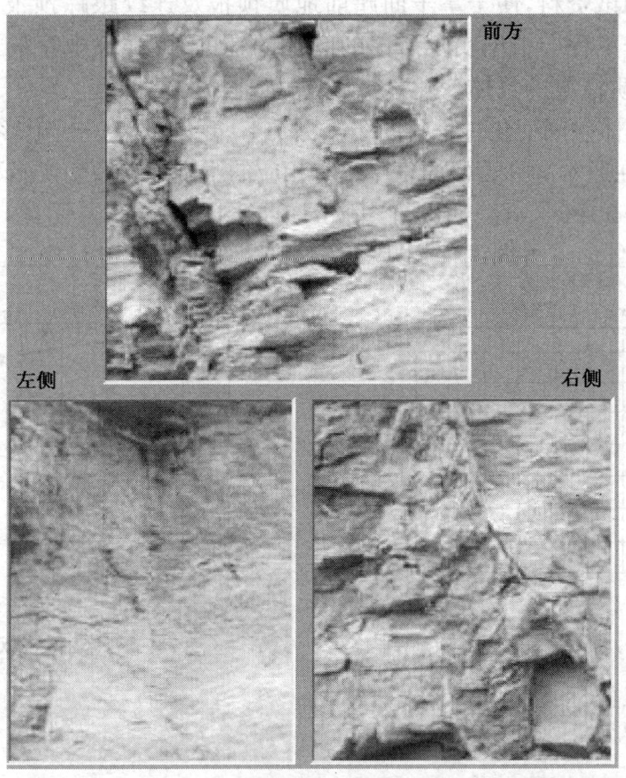

图 7-1　隧道某里程的掌子面及左、右侧围岩数字图像

图 7-2　经空间变换后与隧道掌子面结合的空间图像

现场的具体测试资料，便于掌子面超前地质预报及连续跟踪预报。以上软件在每行进到某个里程会根据实际采集的图片的辅助，可详细观察隧道的某个具体位置，围岩地质情况的具体变化。

图像的具体空间变化过程见图 7-3、图 7-4。现在要将一幅矩形的图像变换成梯形的图像，在通常的计算机语言中没有相应的不规则图像变换函数，Visual Basic 语言中利用 PaintPicture 函数进行图像的矩形图像块操作。因此，在图像变形过程中，可利用在 x、y 方向的一定步长偏移产生矩形变换进行操作。具体如下：

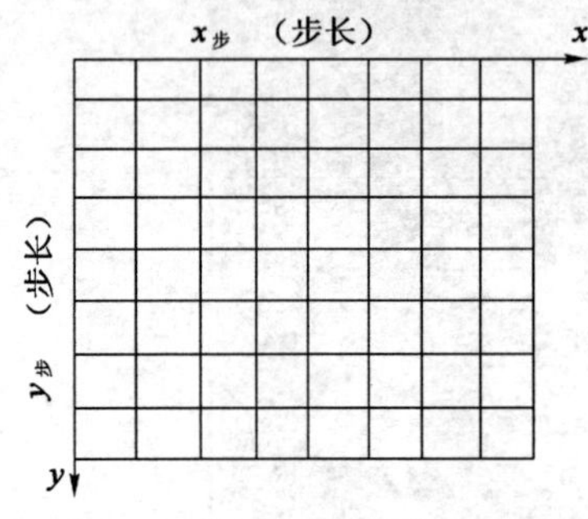

图 7-3　原图像像素网格

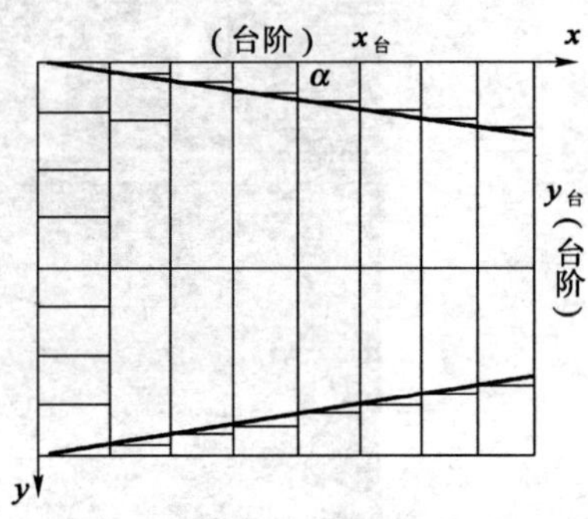

图 7-4　变换后图像网格

任意一点坐标：

$$\begin{cases} x = x(i) \cdot x_{步} \cdot x_{台} \\ y = y(j) \cdot \left(y_{步} - \dfrac{2 \cdot x(i)}{n} x_{步} \cdot x_{台} \cdot \tan\alpha\right) + x(i) \cdot x_{步} \cdot x_{台} \cdot \tan\alpha \end{cases} \tag{7-7}$$

任意单元的步长：x 方向 $= x_{步} \cdot x_{台}$

$$y\text{ 方向} = y_{步} - \frac{2 \cdot x(i)}{n} x_{步} \cdot x_{台} \cdot \tan\alpha$$

其中：

$x(i) = 1.2.3 \cdots m$；

$y(j) = 1.2.3 \cdots n$；

α——变换角。

隧道围岩可视化技术可实现对岩溶隧道施工地质情况的长期跟踪预报。以上图像也可分别进行各种图像处理，以便于研究岩体的细部结构或对岩溶出现的标识物进行研究。

实例：图 7-5 是大连石门山隧道西线穿越黏土混碎石漏斗段掌子面地质信息数字识别技术跟踪预报。该图是在地质雷达短距离预报资料的基础上进行的，它更加准确直观地反映了漏斗段与隧道的空间关系，并对漏斗前方延伸和交

错的地质情况近距离预报。

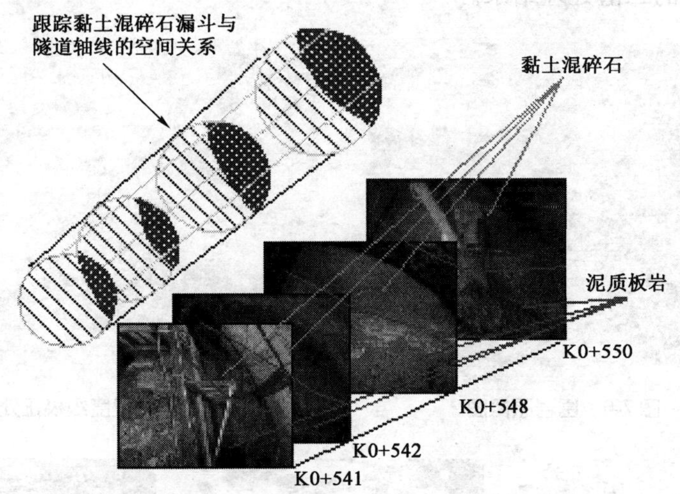

图7-5 石门山隧道西线穿越黏土混碎石漏斗段掌子面地质信息数字识别技术跟踪预报

隧道围岩可视化技术为施工人员进一步认识围岩提供了新的环境，而其他的图形图像处理技术为施工人员认识围岩提供了新的手段。

7.2.3 岩体结构图像识别技术

由于岩溶岩体裂隙、节理、结构的复杂性，采用常规方法观察通常比较繁琐。本节主要利用图形图像处理技术研究岩溶围岩体的微细结构分布情况，达到进一步认识、分辨、描述岩体的目的，旨在对隧道围岩分类提供依据，对围岩变化作出预报。

在以上采集隧道围岩数字图像的基础上，为了进一步对掌子面前方和周围岩体作出预测，通常按以下步骤进行研究。图像处理各方法的具体原理这里不详细说明，主要讨论对围岩的处理效果。以下是根据作者的经验及已编制的软件进行的成套处理，当然也可对围岩图片进行其他处理，这要视具体情况而定。

(1)灰度级校正

主要修正个别图像像素点的灰度级，以补偿原来生成图像时的不均匀"曝光"。可分为背景曝光不匀补正和采样曝光不匀补正。具体处理效果见图7-6、图7-7。

(2)二值化处理

要对图像的微细结构进行测量分析，通常要对图像进行二值化处理，只有进行该处理才能突出岩体的纹理结构，便于进一步认识岩体特征。二值化处理就是将256级灰度的单色图像变成黑白二值图像。在选择阈值时较为关键，通常选择阈值需将图像所要研究的岩体结构构造保留。图 7-8、图 7-9、图 7-10 分别为不同阈值的二值处理结果。

图 7-6　围岩原像图

图 7-7　灰度级校正处理

图 7-8　二值化阈值 150

图 7-9　二值化阈值 180

图 7-10　二值化阈值 200

(3)二值图像处理

主要是将二值图像进行修正,例如膨胀处理、收缩处理等,使之处理后的图像适合计算机自动识别、分析、测量等。这里的处理主要测量岩体的结构分布、结构线的长度,通过统计资料定量描述围岩。图 7-11～图 7-16 列举主要几种处理方法的效果,在实际使用时应根据具体情况酌情使用。

图 7-11　二值化阈值 180

图 7-12　四邻域膨胀

图 7-13　八邻域膨胀

以上二值图像处理的目的主要是能更详细和突出反映岩体的裂隙、节理、构

图 7-14　细化 Deutsch-1

图 7-15　细化 Deutsch-2

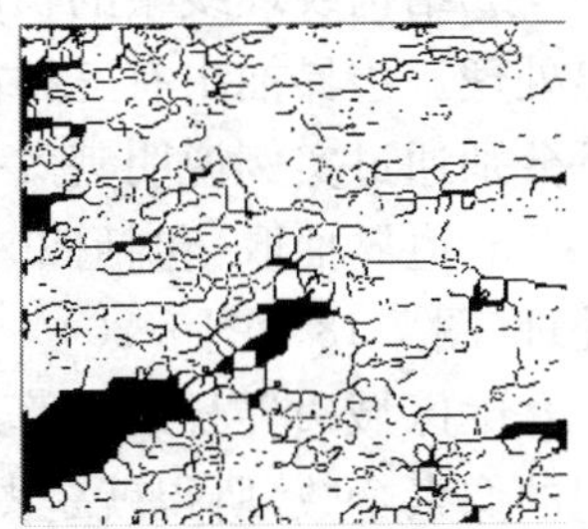
图 7-16　细化方式

造等细节，最终是为了进行图像的测量作准备。

(4)图像测量

图像的测量主要是测量线条的长度和面积，或者是进行图像的模式识别，目的是认识围岩的特征。这里进行图像测量的研究，旨分析岩体的构造变化情况。

图像测量大体上分为形状测量和浓度测量两大类。形状测量包括面积测量、周长测量、长度测量等。通过图像测量可以定量地描述围岩的结构特征。

①面积测量。主要采用标号法进行扫描，首先将不同的区域进行分割，区分互不连通的图形，以便分别计算其面积。需对图形进行标号。通过标号对相同号点进行累加，得到物体的像素点总和。总和再乘以系数(该系数可通过在现场拍照时放上标尺，根据图像的放大缩小比例确定)，将得到图像中物体的相近面积。如果对总和的大小进行限定，还可以去除图像中的粒子。具体详见图 7-17。该图是对图 7-15 的细化处理结果进行的测量，测得的结果为 23 735 个像素值。根据拍摄时的实际放大比例为 $k=0.024$，则可得该幅图像的实际充填物面积(该图幅为 232×234)，则充填物的含量为 43.72%(表 7-1)。这里需注意拍摄时的用光及岩体表面的平整度。

图 7-17　面积测量
(23 735 个像素点)

颗粒含量分布统计表　　表 7-1

图像颗粒面积分布(图幅 232×234，纹理长度 8 114，纹理密度 14.95%)					
面积分布	$S<100$	$100<S<200$	$200<S<500$	$S>500$	总面积
面积个数	269	11	17	10	307
面积	3 658	1 518	5 930	12 629	23 735
颗粒内部含量	15.41%	6.4%	24.98%	53.21%	
颗粒图形含量	6.74%	2.8%	10.9%	23.26%	43.72%

②结构纹理线条的长度测量。在进行图像的线条测量时需进行区域边界抽出处理。边界抽出有三种简单的方法,即四邻域法、八邻域法和全图检测法。以下分别通过实例说明其效果,原图采用二值化阈值为180的图像进行处理。

a.边界抽取:包括四邻域边界抽取、八邻域边界抽取、全图检测边界抽取等处理(图7-18~图7-20)。

b.区域边界长度计算:通常是对图像的边缘像素作出标记,然后累计所标记的像素个数,所得就是图像的周长。通过对图7-17的计算,其实际的累计像素为8 114,图像的图幅为232×234。同样,根据比例的计算可求出单位面积的结构纹理长度,而岩体的实际纹理长度与密度分布与岩体的强度和稳定性有关。这里的围岩纹理分布密度含量为$d=8\ 114/(232\times234)=14.4\%$。

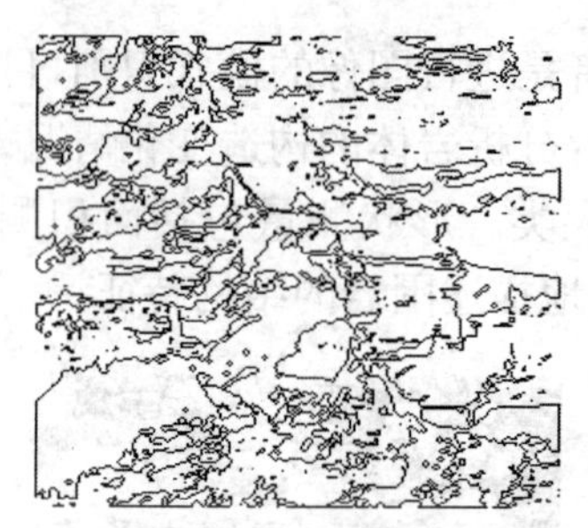
图7-18　四邻域边界抽取

图7-19　八邻域边界抽取

图7-20　全图检测边界抽取

7.2.4　围岩的分类描述与变化

隧道掌子面地质信息数字编录识别技术发展了过去常规的地质编录法,并在此基础上进一步用现代计算机的数字采样、图形图像处理技术丰富并量化了对围岩的结构描述。该技术的全过程已形成软件,可快速实现对掌子面围岩的认识。

(1)对围岩分类的描述

隧道围岩可视化技术可丰富对围岩分类的描述。常规的围岩分类方法以定性描述为主,结合该软件可实际对照围岩分类表在室内进行分类。而围岩纹理分析处理技术,可将岩体的颗粒含量、结构线的密度、长度,及进一步将方向、宽度等进行定量的分析。以上技术使围岩细化分类成为可能,它非常适合隧道现场进行围岩分类。

(2)对隧道围岩变化的预报

通常,岩溶隧道地质灾害体的出现都表现出渐变状态,包括岩体结构、节理、裂隙的渐变,这种渐变在围岩的可视化方面和岩体的纹理密度及充填物的面积都有具体的反映,通过掌子面地质信息数字编录识别技术可预报短距离或临近的地质变化情况。对于不同区域环境、不同种类的围岩可总结出不同的规律，以达到长期跟踪短距离预报的目的。

7.2.5　小结

隧道掌子面地质信息数字编录识别技术不论作为短距离超前地质预报还是长期跟踪预报，都有非常重要的实际意义。其他的预报资料通常以此为依据。

①隧道围岩可视化技术为施工人员进一步认识围岩提供了新的标志，而其他的图形图像技术为施工人员提供了新的手段。

②围岩的纹理分析技术为定量认识围岩提供了手段，其中提供的某些数据随着该技术的发展也可成为围岩分类的定量或半定量指标。

以上两项技术还有待进一步研究，以期最终形成成套的自动识别软件。另外，岩体结构纹理与裂隙还有待于进一步研究区分。

7.3　掌子面稳定性监测预警

大多数隧道施工坍方发生在隧道施工的掌子面，而掌子面的稳定性监测，由于受现有技术条件和施工工作面所限，通常无法进行。且在现有的施工技术规范中对掌子面稳定性监测没有要求。隧道施工监控量测规范中，只要求对掌子面开挖地质情况编录和对支护结构观察描述。随着三维激光扫描技术的发展，一些自动化监测手段的出现，基本可以解决隧道施工掌子面的自动监测问题可以让隧道施工人员在开挖过程中以及施工的每个环节都准确知道掌子面的稳定状态，这对隧道及地下工程施工安全是至关重要的。

7.3.1　监测技术的发展

国外自动化监测系统最早出现在大坝安全监测领域。20 世纪 60 年代以后开始研制自动化观测设备，70 年代进入实用阶段。从法国、意大利、美国、西班牙、日本和瑞士等工业发达国家实现自动化观测的情况看，主要有两种类型，一种是资料管理自动化，另一种是数据采集自动化。较为成熟的技术如瑞士 Solexperts 公司开发研制的 GeoMonitor 监测系统，是一个模块化的岩土工程自动监测系统，可满足包括大坝、隧道、建筑物、桥梁、高边坡以及基础开挖和地下掘进等各种工程的不同要求。从隧道自动监测内容方面，主要分为变形(位移)监测、压力(应力)监测、影像信息收集、温度监测、气体监测等。变形(位移)监测目前应用较多的主要有自动全站仪(测量机器人)，如瑞士徕卡 TCA1 800 和 TCA2 003 等。

国内在自动化监测系统研究方面最近几年发展迅速，在隧道工程、泥石流预警以及边坡稳定性监测都有成功运用的实例。如中铁西南科学研究开发研制的EMM-TF80 自动化监测系统是 80 路隧道温度、应变自动测量系统，它是针对青藏铁路建设和运营研发的工程与环境监测系统。压力(应力)监测方面主要采用振弦式、差阻式、应变片等类型的仪器，如基康仪器公司的 BGK-MICRO 分布式网络测量系统，它具有用户管理、测量管理、数据管理、通信管理等多项功能，再如北京市市政工程研究院研制的 TMIGS 多元信息预警与安全管理系统等。

目前在自动监测方面，国内外都取得了很大的进展。而国内虽然进展很快，但和国外相比仍然存在很大的差距，没有形成完整的监测体系，且应用不够广泛，桥梁和大坝等应用较多，地下工程方面应用较少。

随着隧道及地下工程修建技术的不断提高，信息化施工已成为地下工程发展的必然趋势，而工程的实时监测也将发挥更为重要的作用，随着施工现场监控量测技术要求的提高，这必然促使实时监测技术的飞速发展。现阶段监控量测发展的主要趋势：

(1)监控量测的遥控化

计算机网络和通信技术的发展使得远程监控成为可能，监测的遥控化不仅节约了大量的人力和物力，还可以同时进行多项内容的监测，避免了与施工的冲突，大大提高了信息采集和反馈的效率。

(2)监控量测的实时化

隧道及地下工程对施工造成的环境变化有时是极为敏感的，这就要求监测信息迅速反馈，做到对施工现场信息的实时掌握，以便及时对施工方法进行更改和优化，保证施工的顺利进行。

(3)采集精度不断提高

在城市地下工程监测特别是对已建成结构运营阶段的监测中，监测数据的变化很小，这就要求很高的准确性和监测精度。采用自动监测不但可以保证监测数据正确、及时，而且一旦发现超出预警值范围的量测数据，系统可立即报警。

(4)后处理的自动化

后处理是监控量测内容的一部分，当前国内较多的仍然是人工后处理。面对冗杂繁多的监测数据，人工处理的效率低下，这大大影响了监测的实时性。因此，采用计算机软件对监测数据进行自动化的处理、分析、反馈，甚至提出建议方案是监控量测发展的方向。

在相关电子科技发展的带动下，要求地下工程监控量测越来越向自动化、系统化的方向发展。针对隧道和地下工程的需要和当前自动化监测现状，交通部及国家 863 项目已立项开展这方面的研究工作。

7.3.2 隧道掌子面稳定性自动监测技术

根据施工方法、开挖情况，在隧道掌子面上设计一些特征点，利用三维扫描技术进行高频率变形监测跟踪。隧道施工大多数灾害或事故发生是由于开挖的掌子面不稳定引起，实时掌握隧道掌子面的变形情况至关重要，对掌子面变形的实时监控意义重大，它也是对隧道监控量测项目的扩充。如图 7-21 所示，可在施工间歇时进行大范围的不间断扫描，或在施工时对局部危险部位进行监测、判断、分析、预警，以监视掌子面关注部位的变化情况。如遇到有人为干扰、掉块、坍方事故发生时，可根据数据变化预知。

图 7-21 隧道掌子面布置监控测点进行实时监控

隧道掌子面稳定性实时监测技术针对隧道掌子面开挖的环节，在爆破后，对掌子面的变形情况进行准确地掌握。如有危险，施工人员可及早采取措施，防止由于掌子面不稳定、坍方或大变形引起的灾害发生。TMIGS 系统可实时将现场采集数据通过无线的方式传输到施工管理人员的手机里，且具有自动预警的功能。

7.4 隧道施工超前地质预报的灾害预防控体系

隧道施工受到不良地质的影响，如措施不到位，轻则发生坍方、变形、损坏施工机械设备，重则突水、突泥，伤及生命。此类情况在隧道工程建设中经常发生。隧道施工超前地质预报是针对施工不良地质在开挖后可能造成的危害进行预警报。由于不同类型的不良地质体对隧道施工的威胁程度不同，不同阶段的超前地质预报具有不同的精度和可靠度，因而施工人员对不同灾害体的重视程度、所采取的处理方法也不同。因此，有必要对不同阶段不同可靠度的各种不良地质体危害级别进行研究，建立隧道施工各种不良地质灾害应急预案机制，确保施工安全。

7.4.1 隧道施工超前地质预报的可靠度

由于对隧道掌子面前方地质情况的预报采取不同的方法，其详细程度不同，优化综合的方法不同，最终预报的精度不同，资料的可靠程度也不同。作者根据大量的资料研究，将隧道超前地质预报分为以下几个阶段：①施工前期勘察资料（可作为隧道设计预报资料）；②长距离超前地质预报（指预报距离大于100m的预报方法提供的资料）；③短距离超前地质预报（指预报距离小于30m的预报方法提供的资料）；④钻探及测孔资料。由于不同阶段隧道超前地质预报的可靠度不同，可将不良地质体的存在与可靠度依次分为1、2、3、4度。按照预报详细程度、可靠度，不良地质预报分类见表7-2。表7-2说明了施工的不同阶段所采用的不同预报方法及特点，并阐述了预报不同阶段所提供不良地质体的可靠度不同及施工要求也不同。

按照预报可靠度分类的不良地质 表7-2

可靠度	依 据	特 点
1度	施工前期勘察资料确定的不良地质体	①不良地质体存在，位置不准确，形状产状、大小差异较大； ②未知不良地质体出现的几率很大； ③供设计人员使用，施工人员宏观掌握
2度	施工期间长距离超前地质预报确定的不良地质体	①不良地质体存在，位置、形状、产状、大小差异较小（小于10m）； ②未知不良地质体出现的几率不大，由于方法的局限性，仍有部分未探明的灾害体存在，通常体积较小或与围岩差异小； ③施工人员应引起重视
3度	施工期间短距离超前地质预报确定的不良地质体	①不良地质体存在，位置、形状、产状、大小差异较小（小于3m）； ②没有未知不良地质体出现； ③施工人员需做好一切准备，对不良地质体应有处治预案，并按预案准备好所需材料、设备等
4度	掌子面钻探及测孔资料确定的不良地质体	①已有详细的不良地质体位置、形状、产状、大小差异较小（小于0.5m）； ②一切应准备就绪，按不良地质体处治预案进行，及时处治

7.4.2 隧道施工不良地质体类别分级

常见的隧道施工不良地质体有：①断层破碎带、不整合接触带；②土体空洞、岩溶、陷落柱及采空区；③岩爆；④软岩；⑤地下水等。作者根据各种不良地质体对隧道施工危害程度的大小将不同类别不良地质体分为3～6级，具体描述见表7-3。

隧道施工不良地质体类别分级 表7-3

类别 级别	断层破碎带及不整合接触带	岩溶、采空区、陷落柱、土洞等	岩爆	软岩
1	①无水、宽度大于5m; ②与隧道轴线夹角垂直; ③充填物成分简单,两侧围岩力学性质相同	①洞直径大于5m; ②半充水或无水、坍塌; ③位置在隧道上方及两侧	弱岩爆: 强度应力比 $R_c/\sigma_1=4.6\sim6.7$	①波速小于2 000m/s; ②易风化、遇水膨胀
2	①无水、宽度大于10m; ②与隧道轴线夹角大于45°; ③充填物成分较复杂,两侧围岩力学性质不同	①洞直径大于10m; ②充水及坍塌; ③位置在隧道下方及两侧	中岩爆: 强度应力比 $R_c/\sigma_1=3.7\sim4.6$	①波速小于1 000m/s; ②易风化、遇水膨胀
3	①无水、宽度大于20m; ②与隧道轴线夹角小于45°; ③充填物成分复杂,两侧围岩力学性质不同	①洞直径大于20m; ②充水坍塌,属导水构造; ③位置在隧道下方及两侧	强岩爆: 强度应力比 $R_c/\sigma_1<3.7$	①波速小于500m/s; ②易风化、遇水膨胀
4	①有水、宽度大于5m,可能突水、突泥; ②与隧道轴线夹角垂直; ③充填物成分简单,两侧围岩力学性质相同	①洞直径大于5m; ②半充水,坍塌; ③位置在隧道上方		
5	①富水、宽度大于10m,可能突水、突泥; ②与隧道轴线夹角大于45°; ③充填物成分较复杂,两侧围岩力学性质不同	①洞直径大于10m; ②充水及坍塌; ③位置在隧道上方		
6	①富水、宽度大于20m、导水构造,突水突泥; ②与隧道轴线夹角小于45°; ③充填物成分复杂,两侧围岩力学性质差异大	①洞直径大于20m; ②充水坍塌、属导水构造; ③位置在隧道上方		
说明	据地质预报解释成果	据地质预报解释成果	R_c用波速值换算,σ_1地应力资料,可参考勘察资料	预报波速资料

7.4.3 隧道施工不良地质体处治预案

根据预报不良地质体的可靠度和分类分级,将预报不良地质体分为以下类型,并建立不同类型的防处治措施,供隧道施工参考执行。具体的操作过程,可将隧道施工不良地质设立预警示牌,按照不同的预警级配以不同的警报颜色,以引起施工人员的高度重视。这种预案系统用 4 种颜色代表 4 种不同的危险等级,按照危险程度的增加依次为:蓝色、黄色、橙色、红色。

蓝色表示最小的灾害威胁;黄色表示一般性威胁;橙色是一种“升级的情况”,意味着相当严重的威胁;红色代表非常严重的威胁。

根据预报可靠度和灾害体的分类分级按表 7-4 进行编号。

不同可靠度的不良地质体分类分级 表 7-4

阶段(度)	不良地质类别(F-断层,C-岩溶,R-岩爆,W-软岩…)																	
	断层破碎带(F)(级)						岩溶、采空区及陷落柱(C)						岩爆(R)			软岩(W)		
	1	2	3	4	5	6	1	2	3	4	5	6	1	2	3	1	2	3
1	F11	F12	F13	F14	F15	F16	C11	C12	C13	C14	C15	C16	R11	R12	R13	W11	W12	W13
2	F21	F22	F23	F24	F25	F26	C21	C22	C23	C24	C25	C26	R11	R12	R13	W11	W12	W13
3	F31	F32	F33	F34	F35	F36	C31	C32	C33	C34	C35	C36	R11	R12	R13	W11	W12	W13
4	F41	F42	F43	F44	F45	F46	C41	C42	C43	C44	C45	C46	R11	R12	R13	W11	W12	W13

表 7-4 所列要求,在进行隧道超前地质预报时应标明某类某度某级不良地质体,施工技术人员可根据预报资料制订相应的施工计划及针对性的灾害处治方案。它对于隧道施工材料的及时准备及工序合理安排具有实际意义。而其中的蓝色、黄色、橙色、红色标记能加强施工人员的安全意识。下面根据表 7-4 的颜色及编号列出具体的处治预案见表 7-5～表 7-8。该预案参考了大量的不良地质体处治措施和方案,归纳总结了常见不良地质的处治方法,可供施工单位参考。在隧道的具体局部地质条件下,仍需具体情况具体对待。这里仅说明隧道施工不良地质预案的研究思路。具体的实施过程仍需要在施工中继续总结工程实践经验进行完善。目前的隧道施工不良地质引发的事故较多,一方面是隧道超前地质预报的方法有问题,容易遗漏不良地质体,另一方面,没有相应的隧道施工不良地质预案机制。

断层破碎带防控预案 表 7-5

<table>
<tr><th>不良地质(度级)</th><th colspan="2">处 治 方 案</th></tr>
<tr><td>F11～F16</td><td colspan="2">危险警戒线 30m;按照施工方案进行。其他:相应人员到场;相应设备就位;材料就绪</td></tr>
<tr><td>F21～F23</td><td colspan="2">危险警戒线 20m;启动不含水断层处治预案</td></tr>
<tr><td>F24～F26</td><td colspan="2">危险警戒线 20m;启动含水断层处治预案</td></tr>
<tr><td>F31～F33</td><td colspan="2">危险警戒线 13m;启动不含水断层处治预案</td></tr>
<tr><td>F34～F36</td><td colspan="2">危险警戒线 13m;启动含水断层处治预案</td></tr>
<tr><td>F41～F43</td><td colspan="2">危险警戒线 10m;启动不含水断层处治预案</td></tr>
<tr><td>F44～F46</td><td colspan="2">危险警戒线 10m;启动含水断层处治预案</td></tr>
<tr><td>含水断层处治[7]预案</td><td>①超前钻探导水,观察水量变化;按照“防截排堵结合,因地制宜,综合治理”的原则治水;
②施工方法可采用“小导管注浆、格栅钢架、锚喷、复合式衬砌”或“管棚预支护和洞内锚喷支护、复合衬砌相结合”</td><td>设备材料准备:
①相应人员到场;
②相应设备就位:排水设备,钻孔机具、注浆设备;
③材料准备:防止水材料,支护材料</td></tr>
<tr><td>不含水断层破碎带处治预案</td><td>施工方法可采用“小导管注浆、格栅钢架、锚喷、复合式衬砌”或“管棚预支护和洞内锚喷支护、复合衬砌相结合”</td><td>设备材料准备:
①相应人员到场;
②相应设备就位:钻孔机具、注浆设备;
③材料准备:注浆材料,支护材料</td></tr>
</table>

岩溶、陷落柱及采空区防控预案 表 7-6

<table>
<tr><th>不良地质(度级)</th><th colspan="2">处 治 方 案</th></tr>
<tr><td>C11～C16</td><td colspan="2">危险警戒线 30m;按照施工方案进行。其他:相应人员到场;相应设备就位;材料就绪</td></tr>
<tr><td>C21～C23</td><td colspan="2">危险警戒线 20m;启动无水溶洞处治预案</td></tr>
<tr><td>C24～C26</td><td colspan="2">危险警戒线 20m;启动充水溶洞处治预案</td></tr>
<tr><td>C31～C33</td><td colspan="2">危险警戒线 13m;启动无水溶洞处治预案</td></tr>
<tr><td>C34～C36</td><td colspan="2">危险警戒线 13m;启动充水溶洞处治预案</td></tr>
<tr><td>C41～C43</td><td colspan="2">危险警戒线 10m;启动无水溶洞处治预案</td></tr>
<tr><td>C44～C46</td><td colspan="2">危险警戒线 10m;启动充水溶洞处治预案</td></tr>
<tr><td>充水溶洞处治预案</td><td>处治方案:
①超前钻探、排堵水、充填、注浆加固、锚固、钢拱架支护等单一或联合支护方式;
②预防突水突泥事故发生</td><td>设备材料准备:
①相应人员到场;
②相应设备就位:排水设备,钻孔机具、注浆设备;
③材料准备:防止水材料,支护材料</td></tr>
</table>

续上表

不良地质(度级)	处治方案	
无水溶洞处治预案	处治方案： 超前钻探、排堵水、充填、注浆加固、锚固、钢拱架支护等单一或联合支护方式	设备材料准备： ①相应人员到场； ②相应设备就位：钻孔机具、注浆设备； ③材料准备：注浆材料，支护材料

岩爆防控预案 表 7-7

不良地质(度级)	处治方案
R11～R13	危险警戒线 30m；按照施工方案进行。其他：相应人员到场；相应设备就位；材料就绪
R21～R23	危险警戒线 20m；分别启动弱、中度、严重岩爆预案
R31～R33	危险警戒线 13m；分别启动弱、中度、严重岩爆预案
R41～R43	危险警戒线 10m；分别启动弱、中度、严重岩爆预案
弱岩爆	处理措施：岩爆发生时，应停机、待避，补充工作面的观察并记录山鸣、岩爆，且不论在工作面、边墙或拱顶，都要进行 2～3 次仔细地检查，并选取合理的支护加固措施，减少岩体暴露时间和面积
中度岩爆	处理措施：一旦岩爆发生时，应停机、待避，补充工作面的观察并记录山鸣、岩爆，且不论在工作面、边墙或拱顶，都要进行 2～3 次仔细地检查，并选取合理的支护加固措施，包括：①喷水或钻孔注水促进围岩软化；②选择合适的开挖方式；③减少岩体暴露时间和面积
严重岩爆	处理措施：一旦岩爆发生时，应彻底停机、待避，补充工作面的观察并记录山鸣、岩爆，且不论在工作面、边墙或拱顶，都要进行 2～3 次仔细地检查，并选取合理的支护加固措施，包括：①超前应力解除法；②喷水或钻孔注水促进围岩软化；③选择合适的开挖方式；④减少岩体暴露时间和面积

软岩防控预案 表 7-8

不良地质(度级)	处治方案
W11～W13	危险警戒线 20m；按照施工方案进行。其他：相应人员到场；相应设备就位；材料就绪
W21～W23	危险警戒线 10m；启动软岩处治预案
W31～W33	危险警戒线 5m；启动软岩处治预案
W41～W43	危险警戒线 1m；启动软岩处治预案
软岩处治预案	强预支护，及时锚喷施作，避免风化及膨胀变形

以上防控预案仍需在施工过程中进一步细化，并需针对所在地区的地质特点制订更为详细的不良地质处治预案，把隧道施工不良地质预案制度用于目前的隧道施工中，这将有力地保证施工安全。

即使是最安全的施工方案，仍需考虑施工中的各种风险及主客观原因的影响。有时，尽管是一些次要因素，在复杂的施工环境下，次要因素不断地积累、变化也会转化为主要因素。地下工程施工尤其如此，因此灾害预案的研究，在地下工程的施工中是非常必要的。通常的编写原则如下：

①明确可能的事故及后果；

②应急各方的职责；

③应急资源(人员、设备、设施、物资、经费保障)；

④应急措施；

⑤应急行动的指挥与协调；

⑥现场恢复(在应急救援的同时、后续或完成后，做好现场恢复的各项准备工作)；

⑦其他，如预案的管理、法律法规的要求等。

参考文献

[1] 于洪泽. 隧道施工中坍方监测技术. 公路. 2002(9)：157-160.

[2] 刘志刚，赵勇. 隧道隧洞施工地质技术. 北京：中国铁道出版社，2001.

[3] 叶英，王梦恕. 隧道掌子面地质信息数字编录识别技术研究. 北京交通大学学报. 2006，31(1)：59-62.

[4] 叶英，穆千祥，张成平. 隧道施工多元信息预警与安全管理系统研究. 岩石力学与工程学报，2009，5.

[5] 叶英. 隧道施工不良地质应急预案研究，中国地质灾害与防治学报，2009，20(2)：60-64.

第8章 综合参数与空间超前地质预报

虽然文献报道的隧道超前地质预报成功实例很多,但总体上,对隧道施工前方灾害的预报仍很粗糙,问题很多,精度可靠性也不乐观。仅有的几种预报手段各有其局限性,使得超前地质预报技术的发展还远远落后于施工技术的要求。为了提高预报的可靠性和精度,复杂地质条件下隧道施工要进行综合预报,其主要原因是单一手段有问题、有局限、有遗漏。但究竟如何综合预报,由于地质条件不同,所采用的方法也各异。但综合预报绝不是简单的方法组合,综合预报有很多的方法与技术要求,对预报设计人员要求掌握全面的预报知识,方可进行预报优化设计。由于预报所采用的方法、先后顺序、现场排布、仪器所选的参数等众多因素都会影响最终的综合预报的可靠性和效果,所以综合预报技术较为复杂。作者通过对岩溶隧道超前地质预报的研究,提出了复杂地质条件下隧道施工超前地质预报的预报原则:“综合参数、长短结合、内外兼顾、长期跟踪、灾害预案”。其实,综合预报技术越复杂,说明现有单一技术越落后、效果越差。综合预报和单一预报是相辅相成的。

就目前的技术现状而言,隧道超前地质预报存在如下主要问题:

①利用单一方法、单一参数解决某个具体问题,存在预报精度低,有多解性;

②某个具体方法的探测,由于与现场装置布置有关,从而存在对某种类型不良地质体探测有利,对某些形状或不同类别灾害体不利的现象;

③目前适合于隧道掌子面的预报方法较少,使得超前地质预报的方法组合受到限制;

④简单地将地面勘探仪器用于隧道掌子面超前地质预报,仍有很多不适应。

8.1 隧道施工地质灾害综合预报基础

地质灾害是指自然变异和人为的作用导致地质环境或地质体发生变化,当这种变化达到一定程度,其产生的后果给人类和社会造成危害,成为地质灾害。

地质灾害也包括派生的灾害。地质灾害分为地质情况变化(渐变)与不良地质灾害体(突变),渐变体易于防范,而突变体危害较大。

理论上认为未开挖前岩土体处于稳定状态,地质情况变化的渐变体是指由于岩土体本身结构对开挖稳定性的弱影响。如岩体的裂隙、节理、层理、走向、产状等有一定的连续性和渐变性,虽然对施工有影响,但易于控制和处理。土体如黏土、粉土、细砂、中砂、卵砾等地层都有一定的连续性、渐变性,即使有地层交互,但土体性质变化不大。以上的连续渐变体属于隧道施工地质情况的变化,通常,在前期地质勘察、施工过程超前预报中,由于其介质差异不大难于准确探测,只作为大体掌握就行。地质情况的渐变即使对施工有危害,也不会发生重大灾害。而对隧道施工不良地质灾害体,属岩土体介质中变异的、由于长期地质构造活动形成的断层破碎带、岩溶等突变异常体,通常如不进行准确预报,施工开挖极易引起重大地质灾害发生,若有地下水系统的参与,必将酿成重大施工灾害。突变地质异常体是隧道超前地质预报的主要研究对象。而岩土性质突变异常体各有其自身的形状和性质(充填物),及与隧道空间交错的位置不同,对隧道施工的影响差异很大。

8.1.1 常见隧道施工地质灾害体的形状

地质灾害体在地下三维空间是有位置、形状和特性的。灾害体从形状上(力学性质)分为准二维异常体和三维异常体。实际中的异常体均为三维异常。

(1)准二维异常体

岩体如断层破碎带、岩性界面不整合接触带;土体类如力学性质差异较大的不整合地层。

(2)三维异常体

岩体如岩溶、采空区及陷落柱等;土体如空穴、水囊、大漂石孤石、人工构筑物等。

形状的预报是目前隧道超前地质预报正在解决但还未解决的难题。现有的装置排列由于方法本身的限制目前还难以解决,大量的超前地质预报仍是粗糙的范围预测。

8.1.2 常见隧道施工地质灾害体的性质(充填物)

隧道施工地质灾害由于岩体充填物的不同,灾害的性质会发生很大的变化。隧道地质灾害体由于和空气、水的耦合形成了不同的灾害特点和性质。灾害体从充填物性质上分为:

①充填水、泥沙、块状物等;

②充满空气;

③半充填型(水和空气混合型)。

实际中的灾害异常体均为三维形状体,而三维形状体由于充填水和空气的不同组合形成了复杂多变的不良地质灾害体。由于灾害体性质不同进而引发的地质灾害后果差异很大。

灾害体性质的预报是超前地质预报更深层次的内容。因为形状的探测本身是根据岩土体的某个物理学参数的差异来进行的,由于形状探测的难题进而影响到性质的探测。岩土体性质的探测主要弄清充填物是空气还是水或空气和水的耦合体。

8.2 复杂地质条件下隧道施工超前地质预报方法

纵览目前的隧道超前地质预报的各种方法,虽然分为地面(洞外)与掌子面(洞内)预报方法,但根据地球物理勘探技术及参数特点,各种方法各有其特点及局限性,且所有的隧道现场地质条件各不相同,以物性参数差异为前提的预报是优选预报方法的基础。据以上特点,隧道超前地质预报所采用的方法及参数的多样性是隧道超前地质预报永恒的特点,多参数组合形式是预报的高级阶段,参数优化组合是预报的必然趋势。

复杂地质条件下不良地质形状体的预报是目前最为复杂的情况,不良地质形状体对岩体来讲主要是岩溶类,对土体主要有空洞型。我国有大约 1/3 的面积被灰岩覆盖,大量的隧道要穿越岩溶地区,因而岩溶洞穴成为隧道超前地质预报的重点和难点。岩溶预报参数是指描述岩溶物理或化学性质的物理量,如:波速 V、电阻率 ρ_s、介电常数 ε_r、重力 G、密度 d、磁性 M、放射性等。对不良地质形状体的预报就是要用地球物理的物性参数描述灾害体与周围岩体的差异,通常,应选择几个较大差异参数描述灾害体的形状及性质,以满足隧道超前地质预报的具体要求。如根据隧道勘察资料知隧道所穿越的灾害体的基本情况,根据地质—地球物理模型可用地球物理参数进行描述,选择较大差异的物理参数如重力、波速、电阻率等。预报任务要求查清前方灾害体的位置、范围、形状及充填物的性质等,这要求我们选择波速和电阻率作为参数,即根据所选择的物性差异参数将灾害体的某些性质从围岩中区分出来。而目前的洞内外各种勘探方法,从预报参数选择和现场排列可将目前所有勘探方法归为单参数固定排列、单参数多种排列、多参数多种排列法、综合参数法四种类型。下面以探测复杂不良地质三维形状体为例简要介绍各类方法。

8.2.1 单参数固定排列法

单参数固定排列法是指对隧道施工地质灾害体的单一性质通过某种固定排列装置进行探测，相当于直流电阻率剖面法的定极距探测或固定排列装置探测。如单参数波速V，它可用作划分破碎带。破碎带通常较正常围岩表现为低波速。而灾害形状体(含水)与正常围岩相比也表现为低波速，且在灾害形状体界面上有较强的反射界面。目前在隧道掌子面采用的TSP、HSP、VSP等长距离预报都属单参数固定排列法。单参数固定排列的单参数只可说明灾害体与围岩某一个性质的差异，而它的固定排列在形状的探测上有很强的针对性，对某种类型的异常体有较强的反应。在固定排列的情况下，TSP存在最佳搜索角，同样也就存在最差搜索角的问题。它相当于直流电法中的剖面测量，如联合剖面中某个极距的排列仅对某个深度的异常体反应强烈。联合剖面法本身也具有自身的特点，探测某类异常明显，对某类异常不明显，存在最佳极距问题。再如直流电法中的定深度勘探装置，也是针对某个深度范围设定的排列装置。还有目前大多数的直流电阻率剖面法基本都是单参数固定排列，如要增加探测深度都需改变或调整排列装置才能实现。而现阶段隧道超前地质预报的固定排列方法基本都属于单参数固定排列法，该方法通常是为了完成某个特定任务而采用的预报方法。目前，隧道超前地质预报采用的主要是单参数固定排列，虽然借助了地质方法，但在物理探测上仍是单一方法且固定排列。掌子面TSP地震反射法预报采用的固定排列，就是典型的单参数固定排列法，因此它对简单的某个角度的断层破碎带(准二维体)预报较准确。同时，对于最佳角度互余的破碎带夹角不敏感，因此遗漏异常很正常。此类方法对复杂的灾害形状体预报就更为困难，因为TSP的排列装置是按二维预报方法设计的。因此，单参数固定排列法仅适用于探测简单目标地质体，如断层破碎带、不整合接触面等。对岩溶、空洞等较复杂地质形状体不适合。目前在隧道施工现场很多的技术人员都渴望用TSP技术解决隧道前方所有的地质预报问题，这显然是不可能的。况且在隧道掌子面进行地震预报时各种干扰因素较多，还会带来一些虚假异常，这都会给预报人员带来解释上的困难。

8.2.2 单参数多排列法

单参数多排列方法是指测试岩体介质的某一物性参数的多种排列方法。如测试电阻率单一参数，可派生多种排列装置，如联合剖面法、对称四极法、偶极法、测深法等。不同的排列是针对不同的地质目标体设计的，而不同的排列其异常形态也各异。通常通过不同的排列方式探寻目标地质体的形状、产状等特点，但不改变探测的基本性质，如单参数电阻率法的各种排列只是对电性差异性质而言。在探测灾害形状体时，如TSP的排列为单参数固定排列法，而将排列装置改变或增加不同的排列装置，如VSP或跟踪预报等，从而可探测灾害体的形状。但单参数只能说明灾害体的一个性质。目前隧道掌子面TSP超前地质预报正在通过改变或增加多种排列来改变对灾害体形状的探测，如增大搜索角的问题，增加传感器的测试分量(三维)，根据互换原理则相当于增加了排列装置，进而从两个或多个角度探测复杂三维地质灾害体。因此，单参数多种排列适合于探测灾害体形状。但就目前现状，TSP系统对岩溶形状体的探测效果不佳。这里通过实例说明TSP或VSP法其他排布的实际效果。

实例：奥地利学者E. Brückl等于1996年2月在德国的一个铁路隧道采用如图8-1的排布对TBM掘进的隧道进行超前地质预报，该排布方法是对常规VSP排布的扩展。预报的实际结果如图8-2所示。该方法也有其自身的特点，其排布实质是一种跟踪法，仍属于VSP方法的应用或变种。因此，单一参数多种排列法可根据隧道地质灾害的实际情况考虑多种装置排列的效果，在岩溶地区尤其如此。当然各种排布与异常体的耦合也存在资料解释方面的问题，但多样化的排布对不同种类岩溶类型的研究是必然的趋势。另外，在某个特定地区应能找到多种排列的优化模式组合。

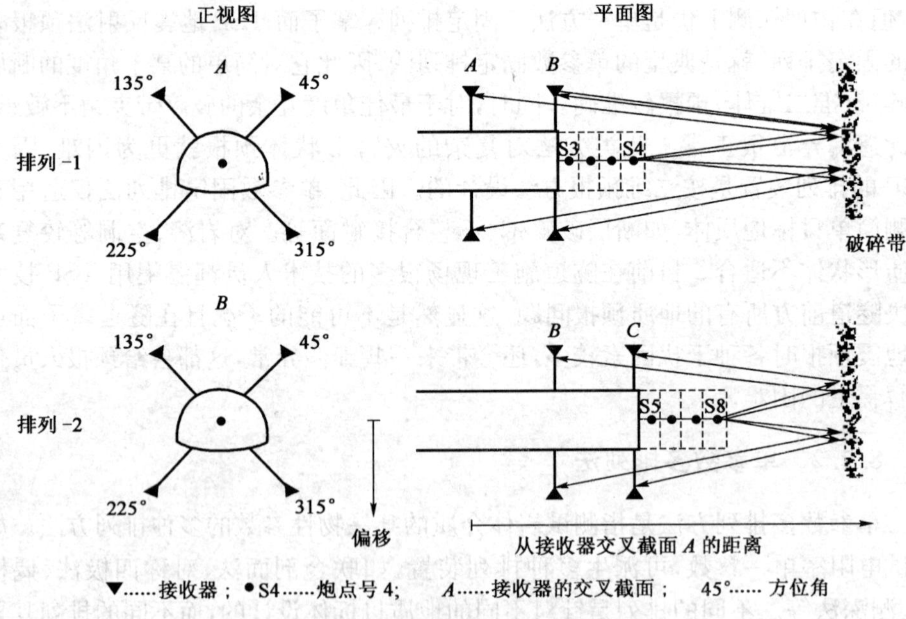

图8-1 VSP在隧道中跟踪测试的排布装置

单参数多种排列法可探测岩溶灾害体的形状。但操作起来较复杂，工作量大，仪器软件应改进。多分量观测效果更佳。

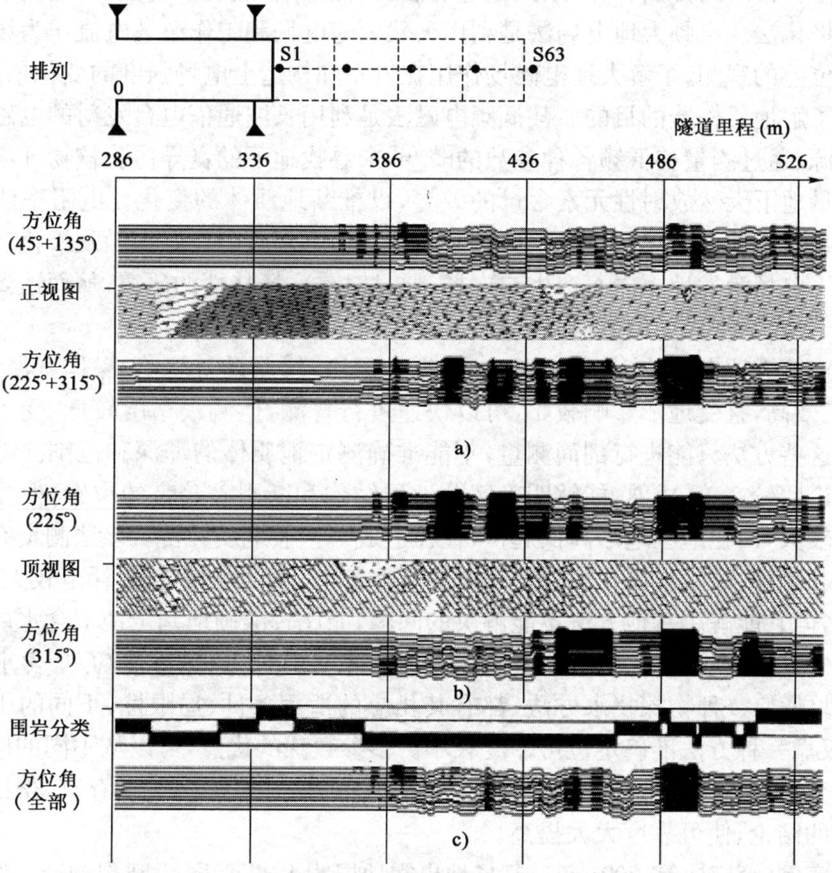

图 8-2　德国某隧道 VSP 跟踪测试成果图

8.2.3　多参数多排列法

多参数多排列法是指用不同参数多排列法的组合对三维地质体进行探测预报，它通过灾害体的两个以上物理性质来描述异常，提高了对灾害体性质的预报能力，同时也提高了预报可靠性和精度。这类预报通常在探测或研究复杂地质灾害体时使用，这里不展开讨论。

多参数法的优点，可以从不同的侧面分析研究地下岩层的性质和含水情况，能互相补充、互相验证、去伪存真，得出比较准确的结论，使可靠度大大提高。这类预报通常在探测岩溶水或研究复杂地质灾害体时使用。为了详细了解目标地质体的多种性质,可分别进行各种参数的探测工作。下面举例说明。

探测岩溶地下水,通常就是采用观测几种不同参数的物探方法配合预报岩溶水量。常用的方法有:声频大地电场法、甚低频电磁法、核物理法、电阻率法和激发极化法。声频大地电场法是利用天然大地电场和工作游散电流作为场源进行电位差的观测,了解大地电磁场作用在岩石和构造上电场强度的变化情况,以达到了解地质构造的目的。甚低频电磁法是利用长波通信电台发射的电磁波作为场源,通过测量甚低频各种参数的畸变,来寻找地下的良导体。核物理法是通过测量地下天然放射性元素含量的差异,以推断地质体的变化。电阻率法是通过测量地质体电阻率的差异来探测地质体在地下埋藏的位置。激发极化法是利用人工电场激发地下岩石产生二次场,通过对二次场特性的研究,从而达到判别地下岩性、富水程度的方法。

声频大地电场法、甚低频电磁法、核物理法,仪器设备简单、操作方便、成本低、工效高,且受地形影响较小,可以快速进行普测,但测量精度较低,受干扰较大。这些方法只能进行剖面测量,不能准确测定地质体的埋深和范围。电阻率法理论比较完善、成熟,能够明确区分地层结构和断裂破碎带的位置,但受地形影响较大,山丘地区地形高低起伏,往往造成一些假地质异常。该法测量有别于面法和测深法,激发极化法较其他方法仪器复杂,测量费时费事,耗电较大,成本较高,但它能解决其他方法不能解决的问题,能比较准确地判定地下含水层的含水量。其基本参数通常选用:电阻率(P_s)、半衰时(S_t)、衰减度(D)、含水因数(M)。任何一种物探找水方法,都有其相应的适用条件、局限性、不同的干扰因素,仅靠一种方法准确定位可靠度较小。多参数法的优点,可以从不同的侧面分析研究地下岩层的性质和含水情况,能互相补充、互相验证、去伪存真,得出比较准确的结论,使可靠度大大提高。

实例(姬广柱等,2001 年):某场地出露地层为上寒武系,无断裂构造。经地质勘察,发现一组 290°的裂隙带,布设了联合剖面法。裂隙带在联剖曲线上的反映虽为低值异常,但旁侧有反交点。于是又布设了声频和甚低频 D 倾角剖面,做了电测探和激电测深。声频剖面为尖低异常,幅度值为 100%,D 倾角曲线过坐标轴零点。电测深 90m 后变水平段,激电测深参数 $S_{0.5}$、D 在 90~135m 段为高值异常,异常值为正常值的 2 倍,推测是含水裂隙带的反映。经钻孔验证,87m 处漏水,87~135m 段裂隙发育,孔深 173m,出水量达 $80m^3/h$ 以上,见图 8-3。

8.2.4 综合参数法

综合参数法是采用两种或两种以上有效的物性参数探测和描述不良地质灾害体的方法。该方法在地面(洞外)探测空洞、岩溶等经常使用。它是在充分研

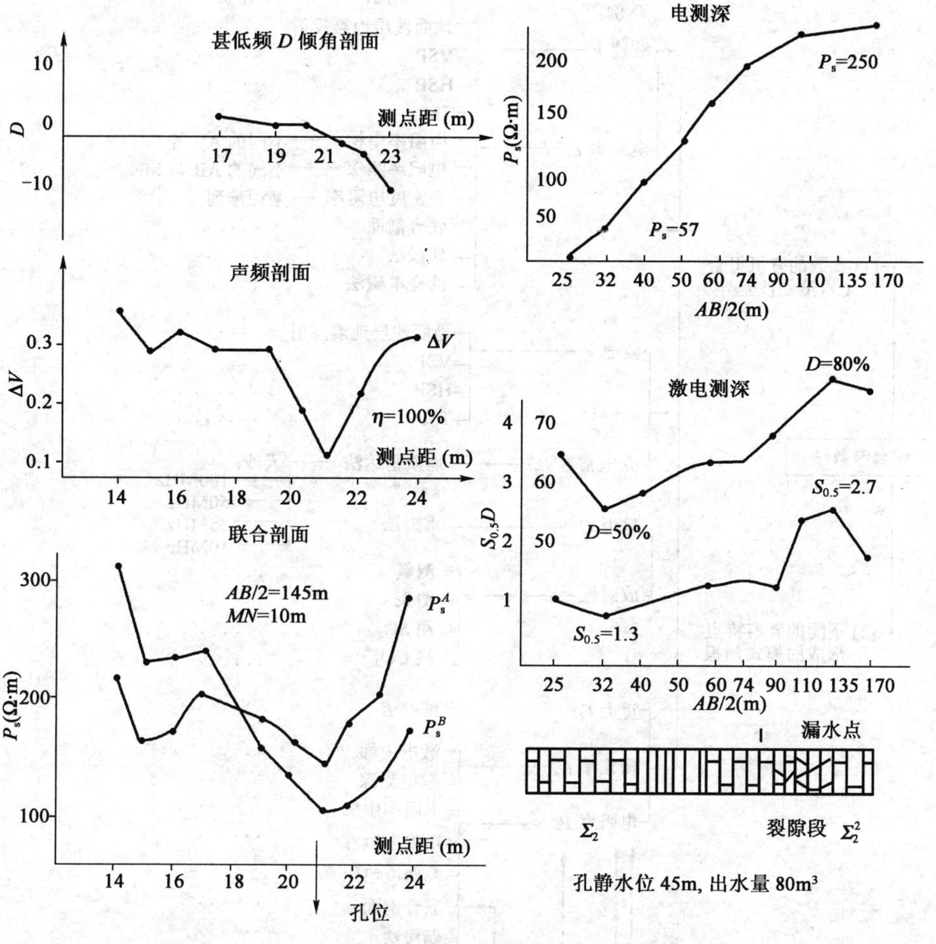

图 8-3　多参数多方法探测岩溶地下水的效果

究地质灾害体成因及规律的基础上，优选合理的预报参数（找到最佳的、合理的、相互独立的两种以上参数）进行方法优化组合的地质预报方法。

8.2.5　各种参数与排列的关系

图 8-4 为综合参数法与多参数多种排列、单参数多种排列、单参数固定排列的关系。综合参数法其实质是多参数多种排列有效、有机的组合；多参数多种排列预报灾害体的性质信息比单参数多种排列更多、更丰富；单参数多种排列比单参数固定排列对灾害体形状描述的更为确切或清楚，它在对灾害体形状的探测上意义更大；单参数固定排列是针对某类（如某个方向发育、某个深度等）灾害体

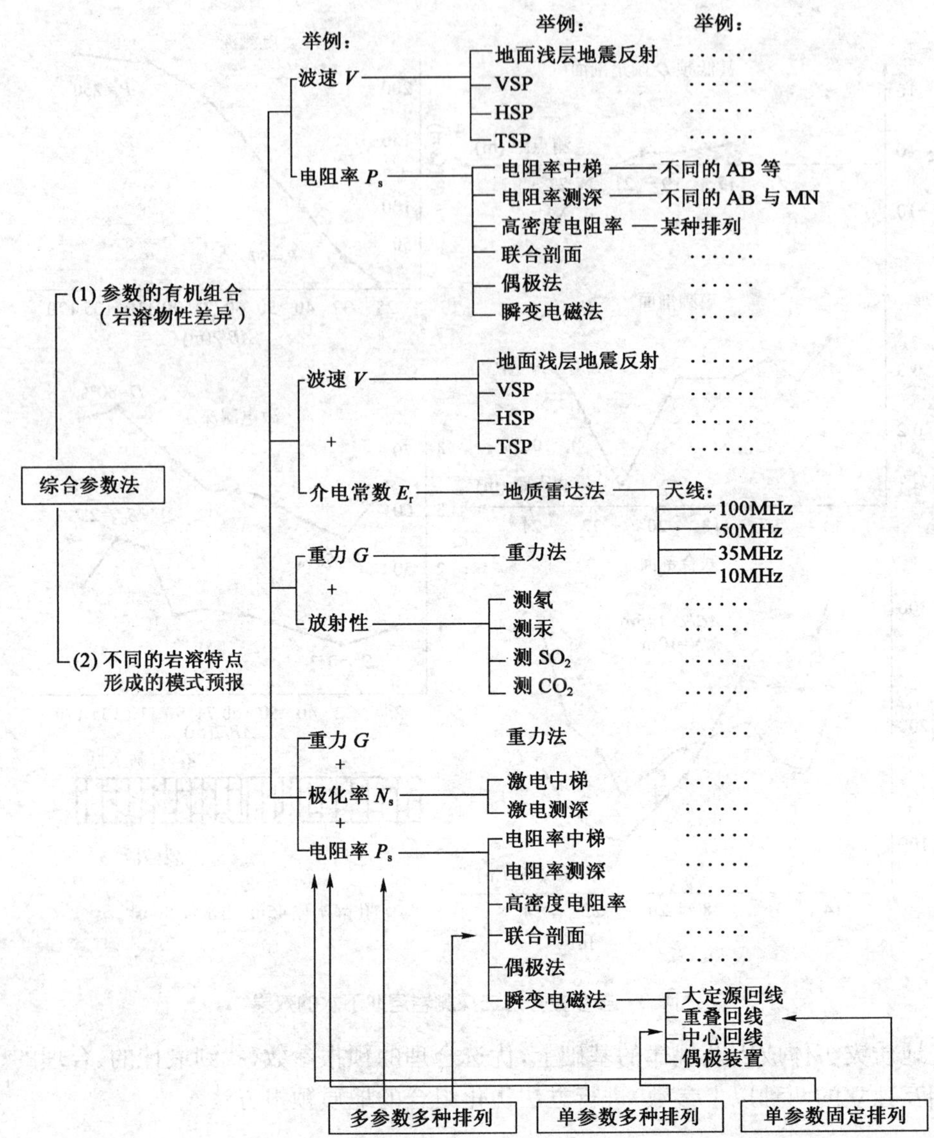

图 8-4　综合参数法与多参数多种排列、单参数多种排列、单参数固定排列的关系

的探测，易漏掉其他类型异常，在复杂的地质条件下不提倡使用。

在复杂地质条件进行隧道超前地质预报之前，首先根据勘察设计资料确定灾害体可能的物理、化学性质及地质特征，然后结合隧道的周边环境特点、地形特征、隧道掌子面的地质情况，对超前地质预报方法进行设计。通常至少有两种方法进行组合。在优选方法时，首要考虑灾害体的物性差异及现场的适用条件，

其次考虑各种方法的优化布设，但最好有不同探测参数的方法组合。对于隧道掌子面超前地质预报，尽可能考虑波速与电阻率两个参数说明灾害体的两个性质。通常充水灾害体的特征为低波速、低电阻率。进一步组合方法为 TSP 地震法与瞬变脉冲电磁法，同样在隧道地面也可同时考虑两种以上参数组合，一方面几种方法互补，说明灾害地质体的不同性质；另一方面相互验证，说明参数间的相互关系，以提高预报的可靠性和精度，减少多解性。

另外，深入研究该地区地质灾害的成因、分布规律等，并将其与地面地质调查法、地质界面投影技术、断层参数预测技术等综合运用，便可实现高精度、高水平的长距离超前地质预报。当然，也不可忽视其他的地质方法、化探方法。对方法的选择一定要结合具体的地质条件进行。不同参数性质的方法组合是非常重要的。

通过以上分析，我们充分认识到：①单参数固定排列法预报具有针对性和条件性，它对某种类型特殊的灾害体有效。许多项目仍在大量采用这种方法，它必然会造成岩溶体的遗漏。②单参数多种排列法对探测岩溶形状体有一定的效果，说明其在一定条件下的合理性。③多参数多种排列法对探测目标地质体的性质具有很好的效果，能说明目标地质体的各种性质，但该方法不是优选最佳参数及配备合理的方法。因此，不是最佳方法。④综合参数法是一种普适性的探测岩溶的预报方法，它利用两种以上最佳参数描述目标地质体的性质，是多参数针对具体地质条件的合理有效组合。

8.3　综合参数法超前地质预报

综合参数法超前地质预报充分利用岩、土、水、空气的物性差异，结合弹性波法波速对构造敏感和电磁波法电阻率对水敏感的特点进行综合超前地质预报。

8.3.1　“综合参数”的理论基础

综合参数信息灾害地质体预报模式的数学含义为集合，交集是该理论产生的基础，其简单的数学表达式为（$A \cap B \cap C = \{x: x \in A$ 且 $x \in B$ 且 $x \in C\}$。当 $X = \{x : x \in X\}$，$Y = \{y: y \in Y\}$，x 到 y 上的映射就是 x 到 y 内的对应，即 $f: x \to y$。如果 f 是 x 到 y 上的一个映射，g 是 y 到 z 上的一个映射（$f: x \to y, g: y \to z$），则两个对应关系合起来可以得到一个新的对应关系 $x \to z$，也即 g 和 f 的复合映射。综合参数信息灾害地质体预报模式群集的水平和垂直关系如图 8-5、图 8-6 所示。

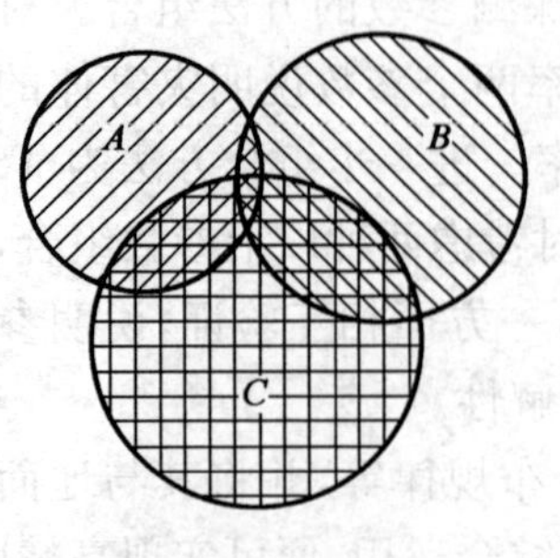

图 8-5　群集的水平关系

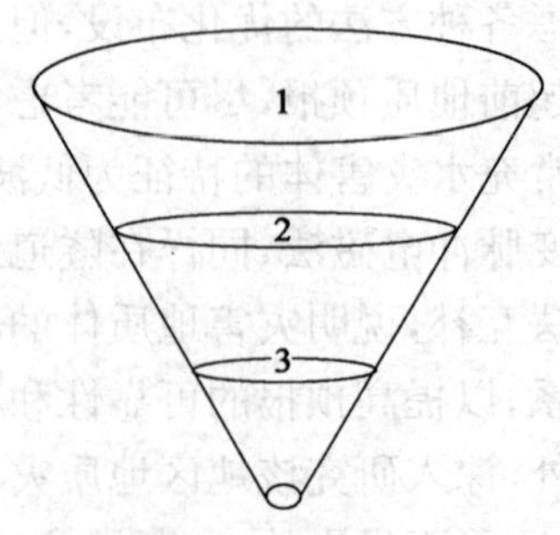

图 8-6　群集的垂直关系

8.3.2　"综合参数信息灾害体地质预报"的逻辑推理

设隧道前期勘查的灾害体信息为 A 集，超前地质预报的一个参数信息为 B 集，另一个参数信息为 C 集。若 A 集信息获得隧道灾害体特征，则认为预报区域内相应存在灾害体，从宏观上反映了赋存灾害体的信息；由于灾害体的赋存和变化规律与超前地质预报的参数和方法直接相关，若 B 集信息反映了 A 集灾害体信息的地质体同时存在，那么认为该地段有灾害体，在局部范围内圈定了灾害体的存在；隧道地质预报通常主要采用地震法和电阻率法，是在隧道前期勘察的基础上进行的。如果勘察资料认为存在灾害体，隧道超前地质预报的一个参数进一步验证了勘察资料，而另一个参数进一步对灾害体的性质细化，采集的信息组成 C 集，从细部反映勘察地段是否存在灾害体以及确定灾害体的具体位置及性质。上述灾害体预报推理过程就如同光学上的聚焦原理一样，由面到点一步一步地将不肯定的、模糊的认识逐渐地向肯定和清晰的方向逼近(图 8-7)。

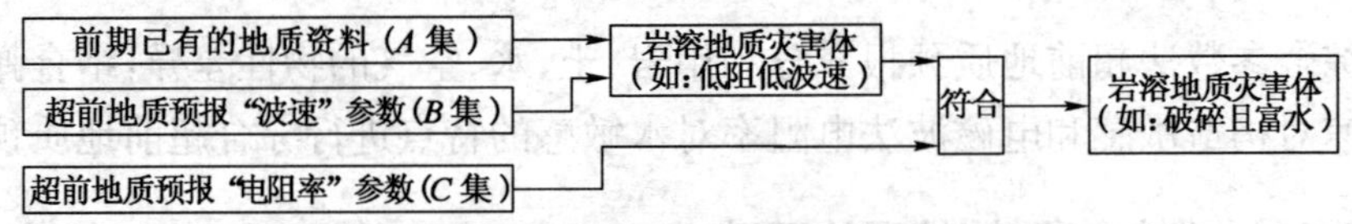

图 8-7　"综合参数信息灾害体地质预报"的逻辑推理

8.3.3　参数独立性原则

综合参数信息灾害体地质预报的综合参数指的是利用多个参数描述所要预报的灾害地质体，因此在参数选择时应尽可能采用独立参数组合的原则。只有独立的多参数才能进一步描述目标体的各个特征，从复杂的灾害体地质环境中分辨出目标地质体。目前，大多数常见的综合物探，采用的是方法的有效组合(单参数多种排列)。各方法由于装置布设不同，对形状探测能产生一些好的效果。但方法组合不是最佳组合，最优的组合应是最佳参数组合，当然这也要结合不同的灾害体地质预报任务。根据最佳参数组合，进一步提出每个参数的最优化方法，最终体现的是模式预报、方法组合。

根据对灾害体的物性参数类型划分，完全坍塌型空洞、软弱体对应的参数特征为“低阻＋低波速”；半坍塌型、半充水型空洞对应的特征较为复杂，通常为“低波速＋高低波动电阻率”；半坍塌型、无充水型空洞对应的参数组合为“低波速＋中高电阻率”；无水空洞对应的参数组合为“高阻＋低波速”，充水空洞对应的参数组合为“低阻＋低波速”，因此，只有采用独立参数的组合才能对灾害洞穴的性质进行具体的描述。描述灾害体地质条件的参数互补参考见图 8-8。

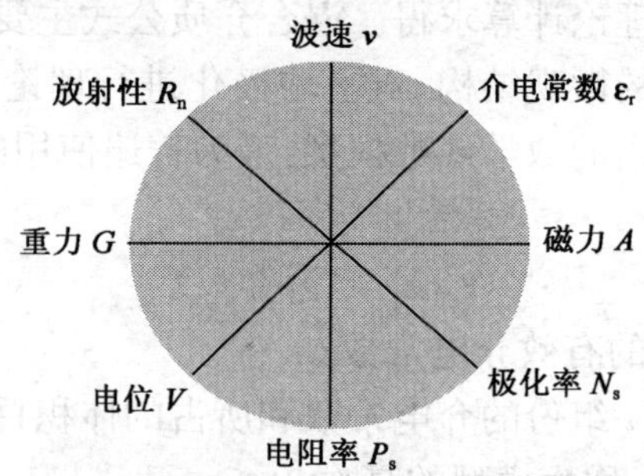

图 8-8 探测灾害体的物性参数互补参考图

可以利用不同的物性参数的互补关系弥补单一参数固定排列法探测灾害体的缺陷，并同时探寻各种参数在灾害体预报中的相互作用，形成在某地区特定条件下的灾害体预报模式。这种预报模式必须适合当地的灾害体地质条件，而不是一成不变的。物性参数互补参考图可根据不同预报目的组合成许多预报模式，如：“波速＋电阻率”、“介电常数＋电位”、“放射性＋电阻率”、“放射性＋重力”等。

8.3.4 地质灾害形状体预报的物性前提

在复杂地质条件下具体分析隧道所要解决的地质和技术问题，需深入研究灾害地质体的物性前提。

(1)断层破碎带、不整合岩性接触带

①与不良地质体的关系；

②富水情况；

③两侧围岩的强度变化情况。

(2)不良地质灾害体(如：空洞、岩溶和陷落柱、岩管及暗河等)

①位置、形状与隧道的空间关系；

②充填物性质(充水、充泥砂情况)；

③与周围水系构造的连通性。

以上不良地质灾害体通常与周围岩体存在某些物性参数差异，如电阻率、介电常数、波速、放射性、重力、磁性、极化率等。物性差异是地球物理进行地质灾害预报的前提，同时由于灾害体的形成与地质构造及周围岩石结构的变化有关，因此还需注意地质方面的差异。下面利用介电常数说明空气、水对岩土体材料特性的影响。

8.3.4.1 空气、水对岩土体材料介电特性的影响

岩土体是由不同种类物质（矿物、土、水等）组成的混合介质。它的介电常数除通过直接测量得到外，还可以运用混合介质公式，在已知各组份介电常数及所占体积比情况下，进行理论计算求得。混合介质公式主要有两大类，一类与介质的结构有关，根据介质的微观结构，对平均极化进行理论计算；另一类与介质的结构无关，可以建立适当的数学函数模型，最为普遍使用的混合介质结构无关性公式为：

$$(\varepsilon_{m})^{\alpha} = \sum\theta_i(\varepsilon_n)^{\alpha} \tag{8-1}$$

式中：ε_{m}——混合介质的有效介电常数；

ε_{ri}、θ_i——分别为第 i 组份的介电常数和所占的体积百分率，故有$\sum\theta_i = 1$；

α——经验常数，称为模型的幂次，$0<\alpha\leqslant1$。

当 $\alpha=1$ 时，混合介质的有效介电常数与各组份的体积比呈线性关系。对于岩土体的混合物，一般可取 $\alpha=1/2$。和水分关系最密切的是介电常数，可利用地球物理测井中常用的体积模型估算水分含量。为简单计，可假定某层由一种固体填料及水和空气填充的孔隙构成（图 8-9）。显然，层内电磁脉冲旅行时间等于各段脉冲旅行时间之和：

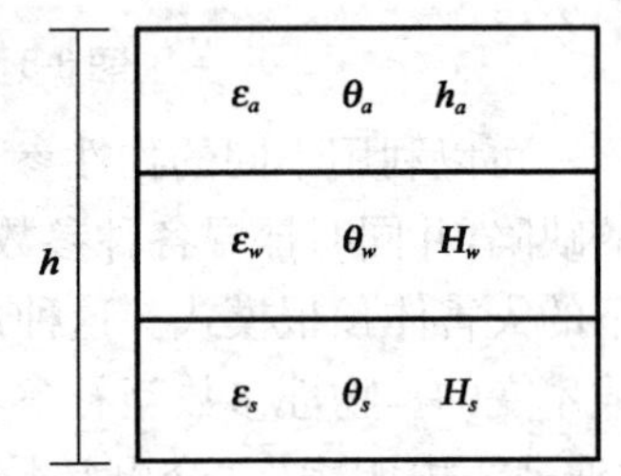

图 8-9 体积模型示意图

$$\Delta t = \Delta t_a + \Delta t_w + \Delta t_s \tag{8-2}$$

式中：Δt、Δt_a、Δt_w、Δt_s——分别为混合介质层及空气、水体和固体填料段的反射脉冲旅行时间。

图 8-9 中 ε_a、ε_w、ε_s 分别为空气、水和固体的介电常数，h、h_a、h_w、h_s 分别为混合介质层、空气、水及固体段的厚度；θ_a、θ_w、θ_s 分别为空气、水和固体的体积百分含量。

考虑到式(8-2)，式(8-1)可转化为：

$$\sqrt{\varepsilon} = \theta_a\sqrt{\varepsilon_a} + \theta_w\sqrt{\varepsilon_w} + \theta_i\sqrt{\varepsilon_i} \tag{8-3}$$

上式就是计算混合物介质介电常数的体积模型公式。从式(8-3)可看出，空

气含量增大使混合介质的介电常数减小，水分含量增大使混合介质介电常数增大。因此若混合介质的介电常数一定，按饱和含水情况计算出的空隙度为最小孔隙度；不饱和含水时，为保持式(8-3)两边平衡，水分含量和总孔隙度必然增大。饱和含水时，$\theta_a=0$、$\theta_s=1-\theta_a$，则最小水分体积含量为：

$$\theta_{w\min}=\frac{\sqrt{\varepsilon}-\sqrt{\varepsilon_s}}{\sqrt{\varepsilon_w}-\sqrt{\varepsilon_s}} \tag{8-4}$$

空气、水对岩土材料的其他物理性质的影响，分析方法类似，可参考其他的物性差异表。

8.3.4.2　岩土体的其他物性差异

以上所列地质灾害体由于与水或空气的耦合，组成了种类繁多的地质灾害。而灾害体通常与周围岩体存在某些物性参数差异。分析隧道所要解决的地质和技术问题，需研究预报地质体的物性前提。其实质是要利用岩土体介质、水和空气的物性差异参数确定围岩介质的力学特征。岩土体介质、水和空气的物性参数很多，但差异最大的还是电阻率和波速的差异。

(1)电阻率差异

影响岩石电阻率的主要因素：①岩石成分和结构；②岩石所含水分；③岩石温度。岩石电阻率有遇水变化敏感的特点。岩石与水的电阻率差异很大，而地下水的富存与岩石的成分与结构有关。常见岩石电阻率见表8-1。

常见岩石电阻率(Ω·m)参考值　　表8-1

岩　石	电　阻　率	岩　石	电　阻　率
火成岩	100～100 000	多孔灰岩	100～5 000
变质岩	50～100 000	致密灰岩	5 000～1 000 000
硬页岩	10～500	地下水	＜100
软页岩	1～10	隧道内水	1～10
		空气	∞
资料	电法勘探		

通常，水的电阻率取小于10Ω·m，空气电阻率取无穷大，围岩介质电阻率取无穷大。

(2)波速差异

弹性波在岩体中的传播速度与岩体的种类、弹性参数、结构面、物理力学参数、应力状态、风化程度、含水量等有关。常见岩石波速见表8-2。

常见岩石波速(m/s)参考值　　表 8-2

岩　石	纵波波速(m/s)	岩　石	纵波波速(m/s)
火成岩	5 000～5 500	软页岩	1 500～3 000
变质岩	5 500～6 000	多孔灰岩	2 500～3 000
硬页岩	3 000～4 000	致密灰岩	5 000～5 500
水	1 450～1 510	空气	0
资料	声波仪资料		

通常,水的波速＝1 500m/s,空气的波速＝0 m/s,岩体介质的波速大于1 500m/s,土体波速小于1 500m/s。

(3)介电常数差异

岩石和土壤的电导率与其含水量、湿度、密度及矿物成分等有着密切的关系。通常,两种介质间的相对介电常数差别越大,则反射的电磁波能量越多。但是,在同样的介质中,电磁波的频率越高,穿透的深度越小,而分辨率越高,反之则相反。在实际工作中,介质的相对介电常数是一项非常重要的参数,而且很难准确得到。常见岩土材料相对介电常数见表 8-3。

常见岩土材料相对介电常数参考值　　表 8-3

介 质 名 称	相对介电常数	介 质 名 称	相对介电常数
空气	1.0	白云岩	7.3
淡水	81.0	大理岩	6.0～8.3
黏土(由干到湿)	7.0～43.0	砂岩	4.0～12.0
砂(由干到湿)	2.9～10.5	淡水冰	3.0～4.3
混凝土	6.4	海水	81
石灰岩	7.0～12.0	花岗岩	5～7
资料来源	汇总文献		

(4)极化率差异

岩石结构、构造对极化率的影响,主要表现在以下三方面:首先是电子导电矿物的颗粒度;其次是电子导电矿物的形状和排列方向;最后是岩石的致密程度。常见岩土材料极化率见表 8-4。

常见岩土材料极化率参考值 表 8-4

岩 土	极化率(%)	岩 土	极化率(%)
沙土、黏土、土壤	0.01～1.6	白云岩	0.1～7
灰岩	0.3～5	泥质页岩、砂岩	0.3～4
玄武岩	0.2～4	花岗岩	0.2～2.4
石英岩	0.3～1.8	石墨化页岩	0.3～50
含碳石灰岩	0.3～50	金属矿	10～50
资料来源	电法勘探		

其他的岩石物性参数差异这里不一一列举。以上的物性差异在不同的岩溶地区仍有很大差别，需在选择预报方法时引起注意。最好是在开展预报时，对实地所出现的岩性进行测试。

8.3.4.3 预报的空间范围

通常隧道开挖与不同的地质灾害体有一定的安全距离，这个安全距离应考虑到超前地质预报方法的准确性和精度。预报针对不同的地质灾害其空间安全范围是不同的，它决定于隧道围岩性质、构造发育情况、灾害体的形状、灾害体与隧道开挖轴线的空间关系等因素。例如，对岩溶隧道所处的岩溶环境及垂直和水平分带规律的研究能对隧道施工超前地质预报提供更多的信息，岩溶所处的不同分带将直接影响岩溶的充填物性质，其空间关系见图 8-10。

图 8-10 说明了岩溶地区隧道的空间预报范围，通常岩溶在隧道一定范围外便不会对隧道造成影响。如图中有部分岩溶在预报范围外，可以不考虑对其进行详细的探测，而在预报范围以内的必须保证不遗漏岩溶异常体，并能准确地确定岩溶的位置、规模、与周围岩溶的连通关系及充填物的性质，这是岩溶隧道施工超前地质预报的任务。虽然理论上是这样，但是，隧道岩溶、岩溶结构面发育程度与空间位置仍是决定隧道岩溶涌水可能性及涌水规模的关键要素。所以，通常对不同岩体要考虑适当扩大预报范围(考虑安全系数，应将预报范围加大到 $2D$～$3D$)。

由于岩溶隧道的主要灾害仍是充水型、充泥沙型溶穴、溶管及裂隙发育的构造、暗河等，岩溶水系网络汇流的及时补给，使得岩溶危害如虎添翼。因此，岩溶的主要地质灾害仍是突水、突泥、涌砂及由此引起的塌垮等间接危害。水是岩溶灾害的主要因素。那么岩溶隧道施工超前地质预报的主要内容是：

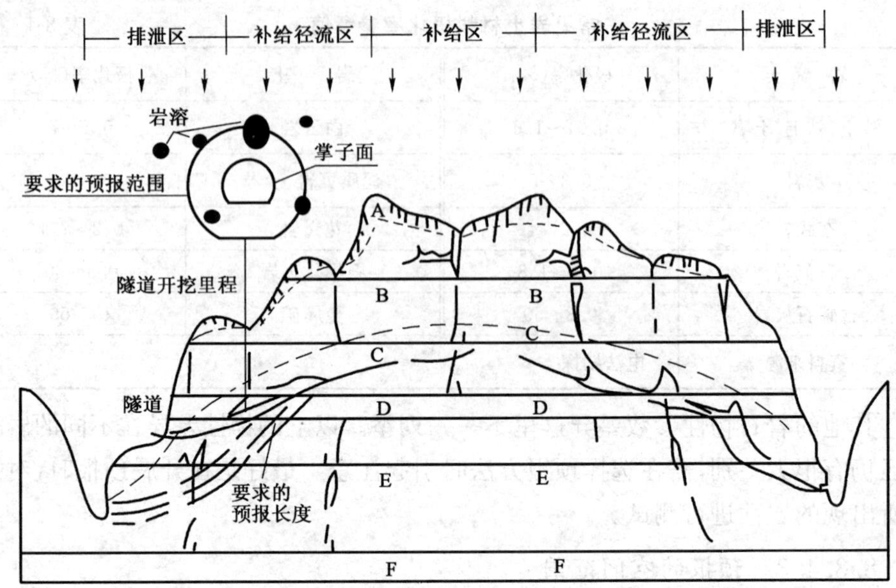

A 1　B 2　C 3　D 4　E 5　F 6　7　8　9　10　11　12

1-表层岩溶带；2-包气带；3-季节交替带；4-浅泡水带；5-压力饱水带；6-深部缓流带；7-季节性下渗管流水；8-季节性有压管流涌水；9-有压管流涌水；10-有压裂隙水；11-隧道；12-地下河

图 8-10　岩溶隧道预报的范围

①在要求预报范围内岩溶的空间位置、大小、形状；

②岩溶体充填物的性质(是空洞还是充水且含泥沙等)；

③岩溶与岩溶之间、岩溶与暗河之间、岩溶与破碎带等在拓展范围的连通情况。

8.3.4.4　*预报方法选择*

方法选择，是在研究复杂地质条件下隧道前期勘察资料的基础上，分析当地地质灾害体特点和隧道的空间关系，结合隧道工程进度、现场条件及物性参数测试，进行方法比选。隧道掌子面采用的超前地质预报技术主要有 TSP 地震预报法、VSP 法、地质雷达法、瞬变电磁法(重叠回线)、掌子面地质编录法和超前水平钻探。考虑到工程的整体进度，应结合施工掌子面的具体情况，根据长距离与短距离预报的方法特点，兼顾地面(洞外)超前预报方法。有时地面超前地质预报可能更方便、更有效，因此，灾害体预报的方法选择应针对具体隧道全面考虑。

隧道地面超前地质预报常用的方法有：瞬变电磁法(重叠回线、大定回线源)、浅层地震、电测深法等。

隧道掌子面与地面结合法有：瞬变电磁法的大定回线源装置(在地面发射，

分别在地面和掌子面接收）。

隧道掌子面超前预报的组合方法有：长距离的“TSP 地震预报＋TEMT 大定回线源”；短距离的：“地质雷达＋瞬变脉冲电磁法（重叠回线）或 HSP、红外线探测、陆地声纳法等”。

8.3.5 超前地质预报的“震电”效应

根据对隧道施工地质灾害体的分类及具体预报方法的可靠性研究认为：就目前的技术现状，预报地质灾害体的最佳综合参数为“波速＋电阻率”，也即灾害体的 SEE（Seismic and Electric Effect）。俄罗斯学者 A. Boulytchov 针对 SEM（Seismic-Electric Method）探测岩溶洞穴进行了大量的研究。

地震法与电阻率法的结合测量，不论室内试验还是野外探测都有许多成功的应用实例，在探测许多地质构造如空洞、溶洞、采空区及考古墓穴等方面都有好的应用效果。对许多复杂岩溶地区，该探测模式都有好的适用性。

SEM 与介质的弹性波传播和电场分布有关，进而与岩石的破碎程度、裂隙、节理、层面以及岩石的含水量、湿度、温度、含盐分等有关。它可以综合研究岩溶的异常特征，从而准确预报岩溶的形状、特点、范围及充水情况等。

不论是国外还是国内在探测空洞、岩溶方面，SEM 都有许多成功的实例。下面举例说明综合参数“波速＋电阻率”法在探测空洞等形状体的具体效果。

实例：萨格勒布（南斯拉夫西北部城市）岩溶探测。

在复杂地区探测岩溶洞穴及充填物性质离开了 SEM 确实是很困难的。随着浅层地震反射法和电阻率层析成像技术的发展，两种方法的有效结合，大大提高了复杂地质条件下的超前地质预报工作可靠性和精度。

由于岩溶地区地质条件的复杂性和极不均匀性，存在巨洞、小溶洞、破碎带、断裂带暗河等分布，它们在地震波速上表现为低波速。但由于充填物的不同，电阻率法对充填空气的表现为高阻，充填水的表现为低阻；对充填部分黏土或沙土，电阻率方法也难以判断。两种方法的结合有利于解决这些问题。

工作区的实际现场布置见图 8-11，该工区 200m×60m，网度：20m×5m，在该区采用的主要方法有电阻率（中间梯度装置）和浅层地震反射波法。浅层地震反射法现场排列如图 8-12，其中，炮点偏移距 30m；检波器点距 5m；仪器：12 道，96dB 动态范围；垂直检波器 40Hz 和 100Hz 谐振频率。下面仅列出 SP-2 剖面说明 SEM 的效果。图 8-13 为 AB＝500m 和 $A'B'$＝700m 电阻率测试剖面，电阻率变化范围为 200～5 000Ω·m，断层破碎带异常很明显，其电阻率范围为 200～2 000Ω·m，异常处有一泉眼，说明该处存在地下水。

把图 8-13 中的电阻率数据进行如下处理，得到图 8-14。

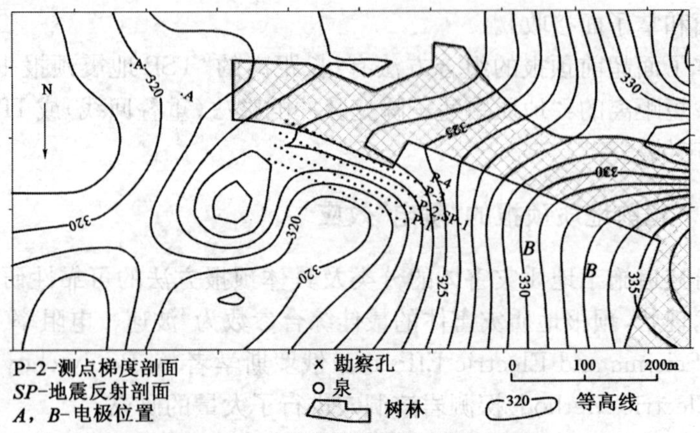

图 8-11 电阻率和地震法剖面布置图

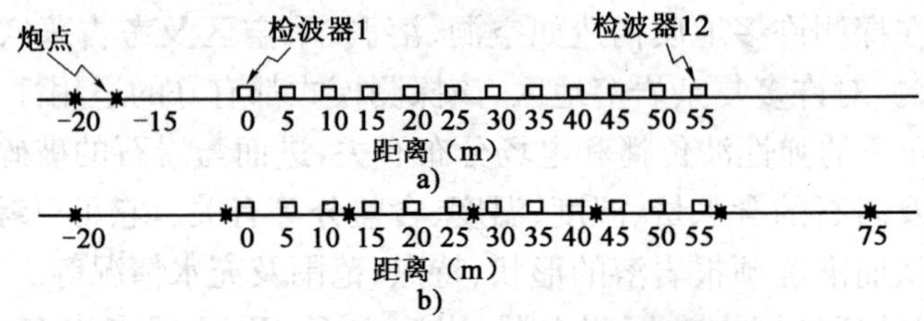

图 8-12 浅层地震反射法现场布置图

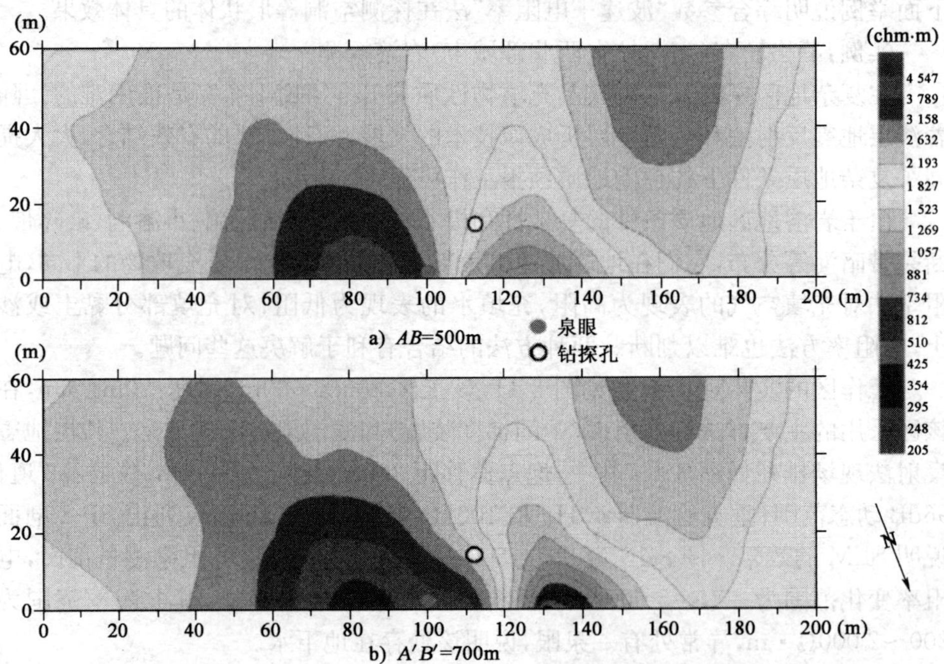

图 8-13 AB＝500m 和 $A'B'$＝700m 中梯视电阻率剖面图

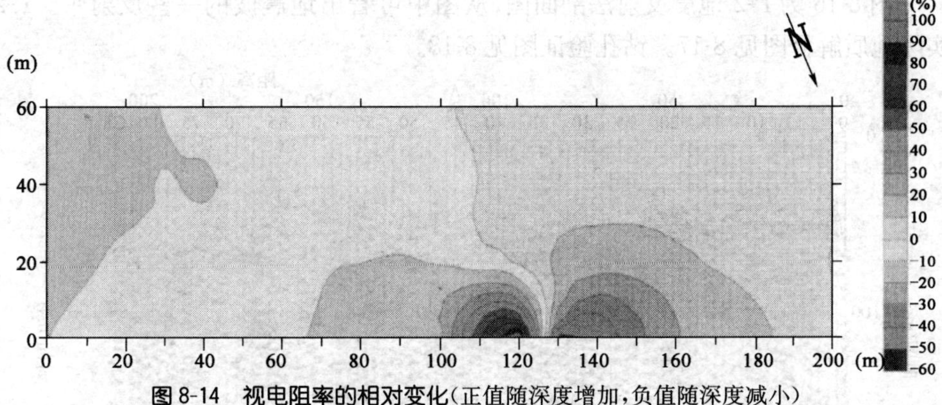

图 8-14　视电阻率的相对变化（正值随深度增加，负值随深度减小）

$$R=\left(\frac{\rho_2}{\rho_1}-1\right)\times 100\%$$

式中：ρ_1——AB=500m 的电阻率；

ρ_2——$A'B'$=700m 的电阻率。

图 8-14 电阻率的相对变化范围从 −20%～+20%，最大变化范围为 −60%～+100%。由此经反演建立的电阻率模型如图 8-15。

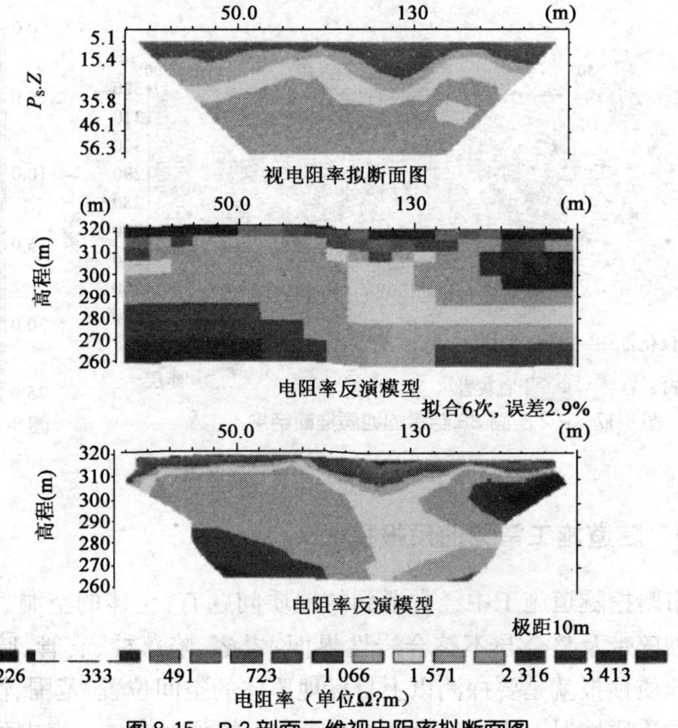

图 8-15　P-2 剖面二维视电阻率拟断面图

图 8-16 为 P-2 地震反射法剖面图，从图中可看出地震波的一些反射带。P-2 实际地质解释图见 8-17。钻孔验证图见 8-18。

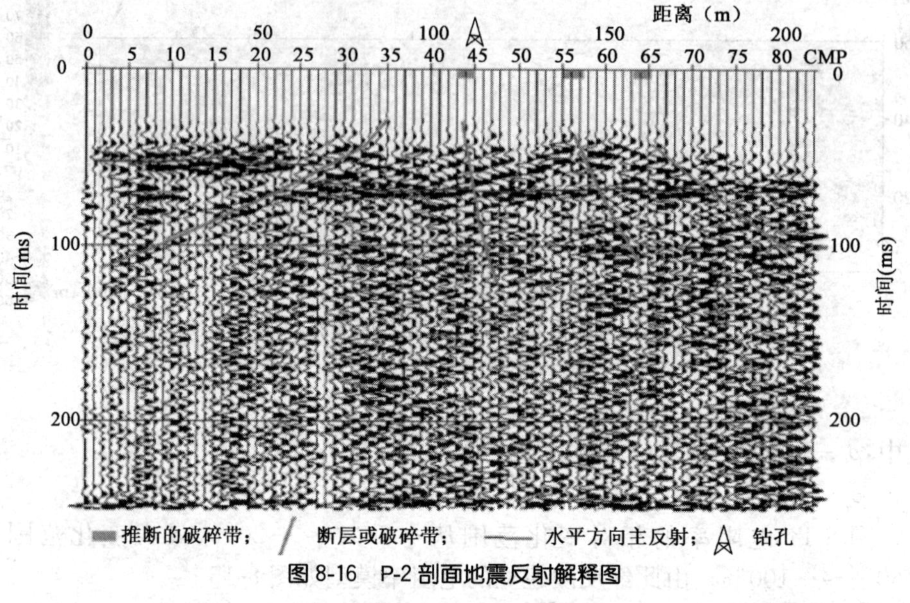

图 8-16　P-2 剖面地震反射解释图

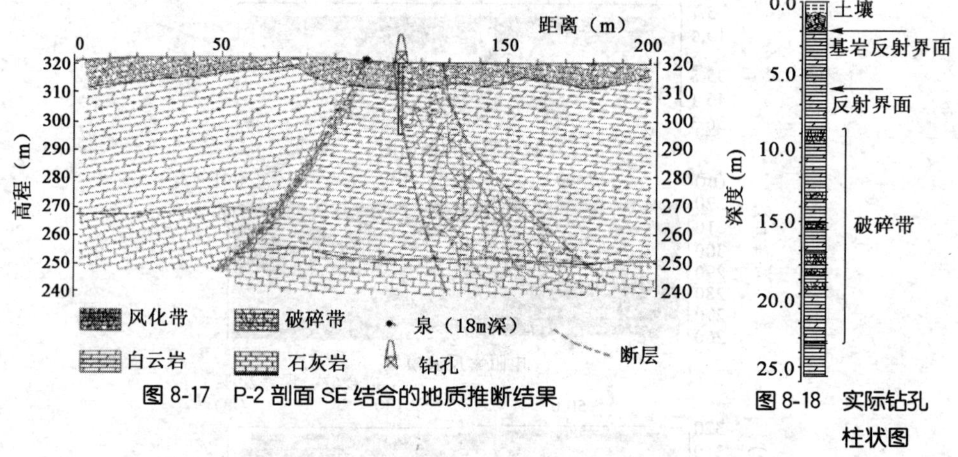

图 8-17　P-2 剖面 SE 结合的地质推断结果

图 8-18　实际钻孔柱状图

8.3.6　隧道施工常见的预报模式

在城市暗挖隧道施工中经常遇到的地质问题有：土体的空洞、漂砾孤石，岩体的断层破碎带及整合与不整合岩性界面、岩溶、陷落柱、岩管、暗河及地下水等。超前地质预报就是要探测以上目标地质体的空间位置、范围、性质及与周围水系构造的连通情况。表 8-5 给出了一些常用的预报模式。表中列出的方法来自野外工程实际资料，在进行其他隧道超前地质预报时可结合当地的地质条件参考使用。

常用的预报模式与特点(洞内洞外) 表8-5

类型方法		单一参数及方法	综合参数及方法	模式特点
1. 断层破碎带、整合与不整合及岩性界面	参数	电阻率 ρ_s、波速 V、介电常数 ε、氡气 Rn、激化率 η_s、重力 G、磁场强度等	“氡气 Rn＋电阻率 ρ_s”、“波速 V＋氡气 Rn”、“电阻率 ρ_s＋波速 V”、“电阻率 ρ_s＋电阻率 ρ_s”	“低阻低波速”、“低波速介电常数 ε 高”、“低阻氡高”、“低波速氡高”
	方法	瞬变脉冲电磁法、直流电阻率法、高密度电阻率法、EH-4 高频大地电磁法、地质雷达法、浅层地震法、测氡法、电磁波 CT、单孔与跨孔声波 CT 成像、隧道地震预报法 TSP 等	“测氡＋联合剖面法”、“浅层地震＋测氡”； “浅层地震＋瞬变脉冲电磁法”、“浅层地震＋高密度电阻率法”	
2. 土体空洞、岩溶、陷落柱、岩管及暗河	参数	电阻率 ρ_s、重力 G、介电常数 ε、波速 V、氡气 Rn、激化率 η_s 等	“电阻率 ρ_s＋波速 V”、“波速 V＋介电常数 ε”、“电阻率 ρ_s＋电阻率 ρ_s”	“低阻低波速”、“低波速介电常数 ε 高”
	方法	重力垂直梯度法、瞬变脉冲电磁法、直流电阻率法、高密度电阻率法、地质雷达法、浅层地震法、测氡法、电磁波 CT、单孔与跨孔声波 CT 成像、隧道地震预报法 TSP	“对称四极测深＋声频大地电场”、“浅层地震法＋高密度电阻率法”、“陆地声纳法和微分电测深”、“浅层地震法＋瞬变脉冲电磁法”、“EM 法＋电测深”、“TSP 地震预报法＋地质雷达法”	
3. 地下水	参数	电阻率 ρ_s、介电常数 ε、波速 V、γ 射线、激化率 η_s、温度 T、旋进磁场强度 E	“γ 射线＋电阻率 ρ_s”、“电阻率 ρ_s＋波速 V”、“电阻率 ρ_s＋电阻率 ρ_s”、“电阻率 ρ_s＋激化率 η_s”、“重磁＋电阻率 ρ_s”	“低阻高激化”、“低阻低波速”、“联剖交点甚低频低电场”、“低阻 γ 射线低异常”、“低阻介电常数 ε 高”
	方法	瞬变脉冲电磁法、直流电阻率法、高密度电阻率法、隧道地震预报法 TSP、测温法、核磁共振感应系统(NUMIS)、激电法、红外遥感技术、γ 射线找水、甚低频电磁法、自然电场法、地质雷达法	“CSAMT 法和高密度电阻率法”、“电测深法＋激电测深法”、“电测深法＋浅层地震法”、“声频大地电场法＋γ 射线法”、“甚低频＋电阻率联合剖面法”、“中间梯度法＋电测深”、“地质雷达＋电测深”	

8.3.7 提高预报可靠性、减少多解性、辨别虚假异常

(1)建立地质灾害预报模式

由于在某个局部地质环境下，灾害地质结构具有相对稳定的特点，并且灾害局部地质受到特有地质环境的影响，通常具有某些地质结构或构造上的特点。因此，在某些地区建立特定的隧道预报模式是必要的。这也说明针对某个工程项目要充分研究当地局部地质环境的重要性。比如某个隧道所处的灾害构造体系受到某个方向断层的影响，从区域水文地质资料判断为导水构造，我们可建立

的地质灾害模型为“低阻低波速”等。针对某个地区建立灾害体的预报模式是很有意义的。

(2)研究所采用各种方法可能产生的干扰或虚假异常

充分研究灾害体的各种异常形态,划分不同的异常类型,对不同的异常干扰体所产生的异常需有充分的认识。虚假异常是地质预报可靠性的“天敌”。虚假异常通常都有引起异常的源体,也有其特定的规律,通过其他的方法可去识别、去消除、去改正。如:电磁干扰(高压线)、振动信号(机械振动)、水管等引起的地质雷达异常、地形等引起的电法异常,都可以通过虚假异常识别予以剔除,从而提高预报的准确性。

(3)超前地质预报中的“盲人摸象”

在复杂地区进行隧道超前地质预报,必须紧密结合当地灾害成因及分带规律的研究,弄清灾害体的分布规律,也就是要研究灾害体水系网络的分布规律及特点,即知道“大象的整体形状和结构”。因为,地球物理探测法仅是对灾害体的局部结构进行探测,当我们探测到空洞时,一定要结合空洞水系网络的特点,推断为富水空洞而不是其他状态。就和盲人摸象摸到象腿时认为大象就像柱子一样,其实灾害水系网络也不是单个空洞的形状。因此,对复杂地质灾害的探测,一定要掌握该地区地质特点,在探测到局部灾害体时,要结合宏观的工程地质与水文地质网络特点,才能作出准确的、合理的、符合实际情况的灾害预报。

(4)“三个以上证据”准则

由于灾害体的复杂性、形状的不规则、分布极不均匀且受构造控制的影响,使得灾害体的探测变得异常困难。因此,在进行灾害体探测时,需尽可能多地寻找已知证据并与实测资料验证符合。通常,如实测资料有 3 个已知条件与现场实测资料吻合,就可以大胆地对未知同类异常进行相应推测。根据作者的经验,“3 个以上证据准则”是灾害体预报的可靠性保证。当然如何寻找 3 个以上已知证据,不同的预报方法寻找的途径也不同。如隧道掌子面 TSP 预报系统,在资料解释前,第一个证据是隧道前期的勘察资料特别是勘察孔资料对已知灾害体的描述,第二个证据是已开挖的前方 50m 的隧道地质资料,第三个证据是当前掌子面的地质资料。“3 个以上证据”与地震反射法波形特征的吻合是进一步推测掌子面前方 150m 地质情况的基础,其他方法也雷同。

(5)利用综合参数法提高预报可靠性和精度

由于灾害体地质条件的复杂性,地球物理方法的多解性,只有采用综合参数法才可提高预报可靠性和精度。通过对目前已有各种方法的研究,论述了采用“综合参数法”进行超前地质预报的必要性。该结论已得到大量的实例验证。根据目前的地球物理方法的技术现状,考虑到方法的可靠性、预报精度及资料的可

认识性,对复杂地质灾害体预报确定的最佳综合参数为"波速 V＋电阻率 ρ_s"。针对复杂地区隧道掌子面,利用 TSP 地震预报法(参数 1:波速)与瞬变脉冲电磁法(参数 2:视电阻率)组合进行长距离超前地质预报,两个参数说明一个地质目标体的两个性质(通常含水灾害体为低波速低阻),这样可提高预报的精度,减少多解性。

8.4 "长短结合"超前预报

"长短结合"预报法属隧道掌子面预报模式,是指将隧道掌子面的长距离预报与短距离预报相结合。长距离预报通常的距离为 100m 以上,其预报的精度相对短距离预报要低、内容要粗,往往满足不了复杂地区隧道施工的具体要求,如 TSP 预报系统,仅能提供灾害体在隧道某段里程上的分布,不能探测具体的灾害体形状和空间位置。因此,有必要将长距离与短距离预报结合以提高预报的精度和增加预报的内容。另外,在长距离预报发现有不良地质灾害体的区段,应进行短距离详细预报。目前长短结合预报法应用较多的是"TSP＋GPR"预报模式。

(1)由已知到未知的推断解释方法

"长短结合"的预报方法是由已知到未知的推断解释过程。隧道掌子面超前地质预报有其自身的特点,由于隧道已开挖,暴露了许多已知的地质特性;如周围的岩性、强度、完整性、含水情况、构造及节理发育情况等,虽然其不均匀,但符合统计规律,可作为长距离预报的基础资料。隧道掌子面预报方法如 TSP 地震反射法,在预报掌子面前方测试的同时测试掌子面后方约 30～50m 的资料,因此其方法本身也是由已知到未知的推断过程。当然,长距离预报由于方法的某些限制及特点,难免会有探测的局限性、盲区等,且随着预报距离的增加,其精度降低,这是各种地球物理方法普遍存在的问题,不可避免。但是如果将长距离预报方法与短距离方法结合,情况将大为改观。由于短距离预报通常不是连续进行的,而是在长距离预报的灾害体附近开始观测,并且参考、研究、消化长距离预报的结果,重新设计预报方法和参数,进行进一步的由已知到未知的推断过程。它是对长距离预报的补充和内容的细化。可以说只有短距离超前地质预报才能满足隧道施工的具体要求。因此将短距离预报与长距离预报相结合才能提高对灾害体的预报精度,丰富预报的内容,满足施工的要求。

(2)长短参数结合、方法搭配

长距离超前预报所选择的参数通常需与短距离预报选择的参数不同,各自应有一定的独立性。只有这样,才能满足参数独立性原则,提高灾害体的预报精度和内容,避免同一参数同一方法本身的缺陷。长短结合的过程也是参数互补的过程，参数不同方法当然不同。同时方法搭配也要结合预报现场的具体情况，可以做一部分已知围岩的测试工作，更加明确短距离预报的内容。目前，在隧道掌子面公认的长短结合的方法为长距离用TSP地震法，短距离用地质雷达法。瞬变电磁法（重叠回线）目前还在进一步的试验与研究阶段。

(3)地质编录法的长期跟踪与钻探测孔验证

掌子面地质编录法（数字图像识别技术）应是贯穿隧道施工全过程的灾害预报跟踪方法，它一方面为隧道的正常施工提供安全保证，是隧道施工必须进行的内容之一，也是对超前地质预报成果的验证与修正工作，是短距离预报必做的内容。另一方面它如实地记录了隧道围岩的详细变化情况，并以图像的形式保存(1～4张/3m)，由离散图像累计成整个隧道轴线的实际地质情况。在指导隧道施工的同时，该资料在隧道竣工后仍可作为运营与维护的基础资料。如在隧道施工过程中再配合一些测试参数及施工重要记录，它将是隧道地质情况的电子文献。其资料的宝贵程度可想而知。

考虑到地质灾害体的重要性、危险性、突发性，对隧道地质灾害体临近的水平超前钻探和测孔工作非常重要。再准确的探测资料，在重要部位仍要坚持以钻探验证为准。同时，通过测孔资料可进一步了解钻孔周围岩体的详细情况，可以对短距离预报进行更细化更准确的描述，它能具体指导隧道开挖方法的选择和防护方案的制订。下面结合实例说明长短结合法在复杂地质条件下的预报效果和经验。

实例(王洪勇,2004年)：圆梁山岩溶隧道“TSP＋GPR”长短结合的预报模式。

圆梁山隧道穿越的主要地质构造为毛坝向斜和桐麻岭背斜及其伴生或次生断裂构造，工程地质条件异常复杂，集中了岩溶高水压、大涌水、煤层瓦斯、石油天然气、岩爆、大变形、高地温以及偏压顺层等多种不良地质现象，其中毛坝向斜地段的高压岩溶水以及冷水河地段岩溶水处理最困难。

圆梁山隧道施工时，原计划实施综合超前地质预报，使用长短结合的办法来提高预报精度。长距离使用TSP202探测预报，在有异常地段使用地质雷达、HSP短距离预报，并结合常规地质综合分析。经过一段时间的实施发现：TSP202对岩溶管道反应不明显，地质雷达在掌子面上预报有一定的局限性。考虑到产生地质灾害的主要根源是水，就引入红外探测技术。总的预报思路确定为：以TSP202作长距离宏观控制，红外探测连续施作，地质雷达、HSP作为补充，加强常规地质综合分析和超前水平钻孔。具体的预报工作量见表8-6。在长短结合的过程中，短距离预报完全是根据长距离预报要求进行的。针对不同的地质灾害体情况，采用了多种短距离预报方法，效果较好。

圆梁山岩溶隧道超前地质预报的"长短结合"完成情况　　表 8-6

地质预报项目		单位	计划工作量	实际工作量	备　注
长距离预报	TSP202	次	76	75	掌子面前方地质情况宏观掌握
短距离预报	红外探水	次	0	658	为探测溶洞增加项目
	地质雷达	测线延米	34 000	29 800	隧道底部探测、隧道周边出水部位探测
	超前水平地质探孔	m	2 900	18 785	为避免地质灾害发生，广泛采用超前水平探孔
	地质编录	隧道延米	22 136	36 204	增加了正洞导洞、泄水洞、迂回导洞地质素描及预报

①TSP202 长距离超前地质预报。

在圆梁山隧道用 TSP202 共预报 75 次，每次预报长度从 90～240m 不等。预报软弱结构面较为准确，如进口平导 PDK354＋106～＋120 段通过二叠系吴家坪组煤系地层软弱带，开挖结果对比基本一致。TSP202 的预报原理和计算模型都是以异常结构面为一平面作为计算依据，因此隧道前方的小型点状异常体是无法预报出来的。在预报过程中，为了减少隧道洞壁面波的干扰，采取了尽量少接收隧道正前方反射信号的措施，利用隧道周围的反射信号计算隧道前方异常结构面的位置。

TSP202 的预报原理和计算模型无法对溶洞进行准确预测，但是它反映隧道周围的信息仍很有价值。例如在确定 1 号迂回导洞的方案时，在探洞内左右作了两次 TSP202 的预报，发现两侧的信号反应完全不同，右侧为宽的、集中的岩石软硬相间的杂乱信号（为溶洞），左侧则分为两个很窄的带状反应信号（变为管道），由此确定了导洞的迂回方向，如图 8-19。

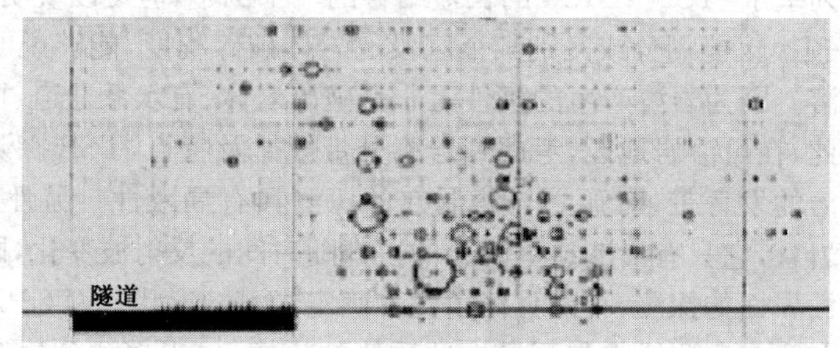

图 8-19　探洞右侧大型溶洞

②短距离地质雷达预报。作为 TSP202 超前地质预报的补充，如在高水压地段，对 TSP202 预报的异常点，当确定异常体的规模、性质、危害性有困难时，采用地质雷达进行准确预报。根据要求，灰岩地段铺轨前应用地质雷达探明隧

底隐伏岩溶洞穴(图 8-20、图 8-21)。

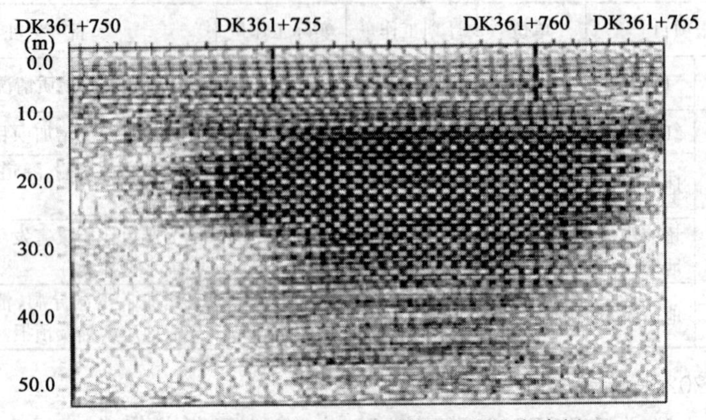

图 8-20　地质雷达 16MHz 天线探测隐伏岩溶剖面

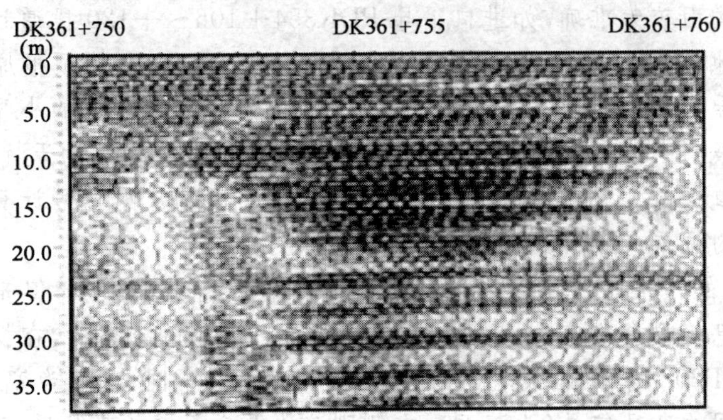

图 8-21　地质雷达 35MHz 天线探测隐伏岩溶剖面

以上仅列举了“TSP＋GRP”的长短结合的一个例子,但可以说明一个问题,TSP 长距离预报仅能划分或区别某个区段的岩体破碎程度,能够说明某个区域可能产生岩溶。因为岩溶产生的条件无非是破碎岩体、有水系通道、可溶岩的化学环境。因此,在可溶岩地区,考虑到岩溶分带规律及特点,TSP 探测的破碎带通常也是岩溶的发育带,对孤立岩溶洞穴的探测具有局限性。另外,TSP 无法区分岩溶与岩管,它只有沿隧道里程上的也即随时间的反射波变化,即沿隧道轴线对各种岩性界面的探测,不能具体定位和确定岩溶的形状。而 GPR 法是利用隧道掌子面布置多条测线来勾画目标地质体的轮廓,可以探测到岩溶的形状特征。虽然“TSP＋GRP”长短结合进行岩溶预报的方法是合理的,目前在国内许多大项目上普遍采用,但根据岩溶隧道的预报范围和内容,仍存在以下问题。

①TSP 法在岩溶地区未探测到的孤立溶洞,GPR 未进行跟踪,易造成灾害事故发生;

②GPR 法在进行短距离预报时，仅对掌子面前方的不良灾害体进行预报，而对掌子面上方、两侧及底部等周围无法预报，掌子面周围一定范围的岩溶仍会对隧道开挖造成严重灾害事故。

以上问题将在 USEP 研究中得到克服和改进。

8.5 “洞内外兼顾”超前预报

“洞内外兼顾”是指地面（洞外）超前预报与掌子面（洞内）超前预报兼顾使用。由于受掌子面空间条件的限制，许多地面物探方法在隧道掌子面不能使用，致使掌子面超前预报可供选择的方法很少。另外，如 TSP 地震法在进行探测时，还需隧道已开挖约 50m 才可进行，且有些隧道在上伏岩层不厚的情况下，采用地面超前地质预报方法，大多数情况下会收到事半功倍的效果。

(1)地面（洞外）与掌子面（洞内）预报的选择

考虑到地球物理探测的精度和隧道施工要求，将地面（洞外）与掌子面（洞内）超前预报的选择距离定为 100m，该距离仅为参考值供使用（已查阅了国内外许多资料，根据多年的野外经验及隧道工程对灾害体的精度要求），具体见图8-22示意。

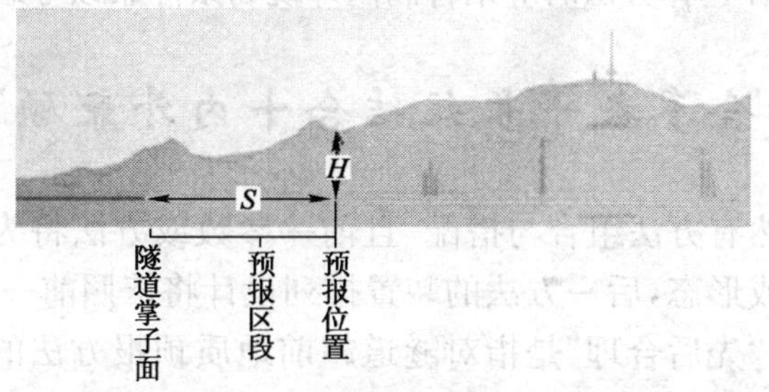

图 8-22　地面（洞外）与掌子面（洞内）预报方法的选择

图 8-22 中 H 为预报区段地面到隧道轴线的最深距离，S 为从掌子面能预报的最大距离，当 $H>S$ 时，考虑采用掌子面预报法；当 $H<S$ 时，且 $H<100$m，考虑可采用地面预报法。

由于地面（洞外）超前预报过程中隧道上方大部分的资料仅作为参考，距隧道轴线较远的资料有些已经出了隧道施工的影响范围，且地面预报随深度的增加其预报精度随之降低，而这个误差可能恰恰超过隧道轴线的施工影响范围，此时地面预报将毫无意义。因此，超前预报从方法上的“内外兼顾”是必要的，但必须考虑掌子面与地面（洞外）预报方法的条件和精度。

另外，应考虑地面（洞外）预报法的横向分辨率比纵向分辨率高，这样地面（洞外）预报法在地质灾害的定位上有时将比掌子面（洞内）预报法的定位要准确些，再加上通过加密点位其效果将更加明显。

地面(洞外)预报的方法较多，且都在地面(洞外)现场，操作方便，因而在城市地铁暗挖隧道探测中往往作为首选，容易实现三维预报。因此，就目前的技术水平，在充分利用洞内预报的情况下，仍应重视洞外预报方法的应用技术研究。

(2)新方法——TEMT 隧道瞬变电磁法

TEMT 大定回线源装置(发射在地面，接收在地面和掌子面)是充分将地面与隧道掌子面现场条件结合的好方法。目前这个方法的布置与应用国内外未见报道，作者认为该方法在隧道超前地质预报方面将有广泛的应用前景。

该方法测试速度快，不影响隧道施工，预报距离远，可测试三个分量，可连续测量。

同时隧道瞬变电磁法偶极法装置(发射线框在地面，接收线框在隧道掌子面)也是将地面与隧道掌子面现场条件结合的好方法。它通过上下互动寻找某个具体灾害体效果较好，也可通过多方位变化的耦合感应，以寻找重要灾害体的位置、产状等。

“内外兼顾”的方法拓宽了隧道施工超前地质预报的概念。大量的隧道设计阶段的勘察资料与隧道施工过程中掌子面超前地质预报的资料相结合，本身就是洞内外兼顾的应用。这里所说的内外方法兼顾是考虑到隧道施工过程中，针对某些具体的灾害体，在选择方法时应结合洞内外现场条件兼顾考虑不同的预报方法。

8.6 “综合参数＋长短结合＋内外兼顾”的实施

地质预报既然有方法组合与搭配，且前一参数或方法将为后一方法提供目标地质体的特征或形态，后一方法的装置排列设计将依照前一方法的结果进行。因此，相应的方法“先后合理”是指对隧道超前地质预报方法的选择与实施过程中，强调先后顺序，它是超前地质预报是否成功的重要保证。隧道施工超前地质预报的合理步骤为：

(1)充分收集已有的地质资料

资料收集和处理是隧道施工超前地质预报的基础，它直接关系到预报结果的准确性。

①前期勘察资料：需收集工程范围内的地质构造规律；岩体软弱带的情况；掌子面内部岩性变化情况；岩体内的节理、裂隙、断层、岩脉等；岩体类别、断层位置、规模、断层破碎带位置、宽度等。对这些资料进行分析研究，可以对工程范围内的地质构造规律有基本的认识。经验证明，对构造规律的掌握程度直接影响预报的准确程度。在熟悉已有资料基础上，应在地表进行实地踏勘，核对已有资料，了解隧道穿过的地形地貌特征，加深感性认识，从宏观上了解隧道所在地区

的地质构造单元及其特征和可能遇到的不良地质地段,在此基础上大致确定灾害预报的重点内容。收集和熟悉已有的地质资料是做好施工超前地质预报工作的第一步,必须给予足够的重视。

②施工过程资料收集:施工掌子面地质素描资料、钻速测试资料可以收集到掌子面没有露头的与洞轴线近于正交的岩体软弱带的情况;声波测试可以收集掌子面内部岩性变化情况,并为超前预报提供波速数据;裂隙网络窗口调查为三维网络计算机模拟提供数据,同时验证预报效果。

(2)描述所要预报的地质灾害体特征

根据已有的地质资料结合施工方法确定地质灾害体的类型,并明确灾害体的特征,对灾害目标体进行地质和地球物理的属性描述,分析可能的参数特征,针对不同的灾害类型尽可能的细化参数,还可配合已知资料进行部分的岩性参数测试,准确把握特征因素。

(3)建立预报模式

根据岩溶地质灾害体的类型和特征参数,分类建立地质预报模式,模型要能区分不同灾害体的位置、形状、大小、产状及性质等要素,明确预报的各具体参数,同时要考虑施工因素及现场条件的影响。以上模型为预报的参数组合。

(4)选择具体的预报方法

根据已建立的灾害体预报模型,结合隧道施工现场和地面条件,考虑施工方法要求,了解现场的地质噪声和干扰水平,兼顾隧道掌子面超前地质预报和地面(洞外)预报方法,全面考虑应采用的具体方法,明确以某个具体方法作为主导的长距离的预报,随后确定相应的配合方法。主导方法要有普适性,配合方法要有针对性。同时注意先进行主导方法的探测,配合方法应在有异常的部位进行,且网格细度应依次加深。

(5)预报结果分析

根据以上预报结果,消除干扰及假异常,尽可能地采用专业软件分析认识各种异常特点,特别要注意将预报的异常体分为不同类别,因为每个地区都会有自身特定的异常特点,正确地认识异常特点会指导下一步的工作。同时明确,哪些异常对施工开挖具有危害,哪些异常必须要进行钻孔与测孔验证;分析已采用预报模型及方法本身的缺陷,可能会遗漏哪些类型的异常,这些异常如何在施工中防范。

(6)钻孔与测孔的验证工作

只有对重要的、严重的地质灾害体进行钻孔与测孔的验证工作。该项工作是对预报结果的进一步验证,同时也是对预报工作的进一步细化和指导。

(7)对不同类型灾害体的施工预案

根据以上预报结果指导隧道施工灾害体的开挖与支护,建立隧道地质灾害的等级，明确各种等级灾害体的开挖方法和支护参数选取。因为，一旦开挖遇到地质灾害体，必须立即确定进一步的防护方案，时间上不允许耽误，晚一点处治灾害体就会迅速扩大。因此，隧道地质灾害预案应在超前地质预报基础上建立。

以上是隧道超前地质预报的常规步骤，先后顺序合理将体现预报的经济性。

8.7 现有预报的问题与改进

根据前面建立的"综合参数＋长短结合＋内外兼顾"方法体系，分析目前隧道地质灾害预报存在的问题，并说明如何改进。

8.7.1 存在的问题

目前，我国在复杂地质区域在建和将要建设大量的公路、铁路隧道，各种地质灾害的危害是众所周知的。现阶段采用的超前地质预报方法是不成熟的，尽管在各种不同的隧道采用了不同的办法，但对复杂地质区灾害体预报的系统方法研究仍很粗糙，不系统、不具体，甚至还处在零星的、特殊性的阶段。下面就目前岩溶预报的几种模式进行分析，说明空洞等形状体类预报存在的缺陷及改进方法。

(1)空洞、岩溶等隧道超前地质预报的范围和内容

根据图 8-23 所示范围看，在隧道周围 R_1 以外的岩溶不在预报范围，但要求 R_1 范围以内的预报精度要高，且要知道溶洞或空洞内的充填物性质和 R_1 以外水系构造及与 R_1 的连通情况。这是空洞、岩溶隧道的预报范围及内容。因此，不管从洞内或洞外，只要将以上范围内岩溶的大小、规模、相互连通情况、位置、充填物性质搞清楚即可。

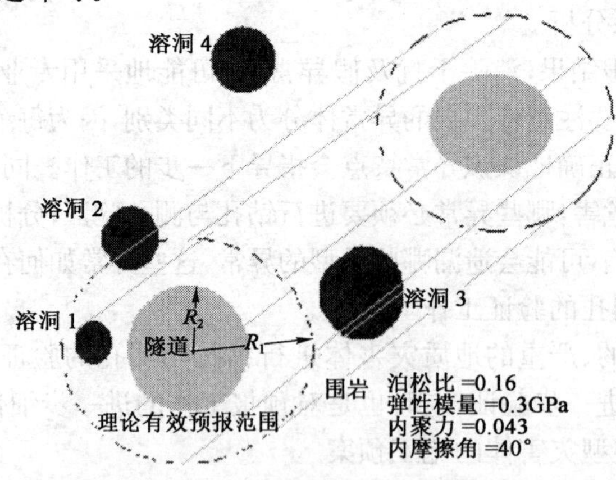

图 8-23 岩溶、空洞灾害隧道的预报范围要求

(2)目前“TSP＋GPR”存在的问题

“TSP＋GPR”法是长短结合的好方法，该方法体现了不同参数的有效结合，同时考虑了两种方法的相互补充，对于探测其他简单的地质灾害体如断层效果较好。但要探测空洞、岩溶等，该方法有一定的局限性，易遗漏异常体。其问题如下：

①虽然 TSP 能探测到隧道周围一定的范围，这个范围能符合规定的预报范围，但它要求将所有周围异常体投影到隧道轴线上，如异常体为界面的话投影较准确，如是不规则的形状体投影的误差就很大。

②TSP 法在岩溶地区或土体溶蚀洞穴会遗漏孤立的溶洞(解释人员易将弱信号或规律性不强的信号忽视)，如 GPR 未进行跟踪，易造成灾害事故发生。

③GPR 法在进行短距离预报时，仅对掌子面前方的不良灾害体进行预报，而对掌子面上方、两侧及底部等周围有限的掌子面无法预报，掌子面周围一定范围的空洞、岩溶仍会对隧道开挖造成严重灾害事故。尽管雷达天线电磁波传播有一定的俯视角(以一个圆锥体区域向前发送能量)，但当目标体的水平尺度小于反射区尺度时，雷达是难以分辨的。电磁波频率越高，波长越短，反射区的半径越小，水平分辨率越高。

8.7.2　改进方法

充分利用“综合参数＋长短结合＋内外兼顾”的预报方法，改进目前“TSP＋GPR”模式的局限性。

(1)综合参数法

国内外大量的实践证明：在探测复杂形状体如空洞、岩溶、陷落柱、采空区或考古等时，应用 SEM(波速＋电阻率)这两个参数的结合在现今技术条件下是最佳的参数组合。进一步对方法的优化可选择采用“TSP＋GPR 或 TEMT(隧道瞬变电磁法)”。其他方法受现场条件制约。

(2)长短结合

长距离方法有“TSP 或 VSP＋ TEMT”；短距离方法有“GPR＋ TEMT 或 HSP、红外探测法、陆地声纳法等”。

(3)洞内外兼顾

TEMT 大定回线源装置在地面探测的深度大，可以兼顾隧道内测量。

(4)具体布置

以上方法组合的具体布置见图 8-24。

各种预报方法搭配是：长距离预报为“TSP＋TEMT(大定回线源装置)”，其中，TSP 法反映岩体的破碎程度、节理、裂隙情况，可以从区段了解隧道前方围岩及灾害体的性质和位置。而 TEMT(大定回线源)测试电阻率与岩体的破碎程度、裂隙、节理、层面以及岩石的含水量、湿度、温度、含盐分等有关,它可以综合研究岩溶的异常特征,从而准确预报灾害体的形状、特点、范围及充水情况等。另外,通过加密点距增加水平方向(沿隧道轴线)的分辨率。轴线两侧的范围可以通过增加旁测线探测灾害体的具体分布、范围大小、位置,但叠加异常有时难以分辨。这两种方法组合可预报隧道周围一定范围的地质灾害形状体。

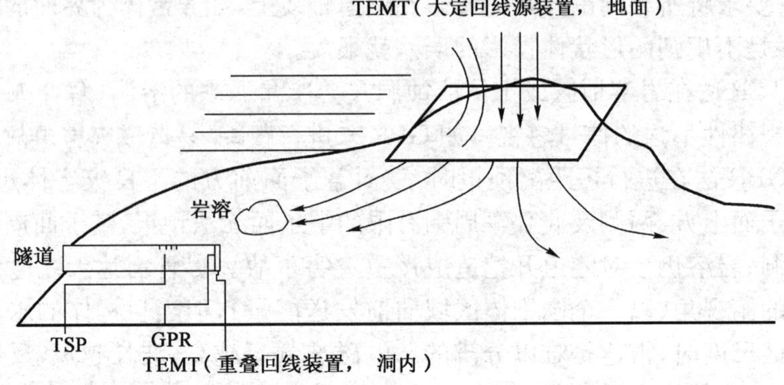

图 8-24 "综合参数+长短结合+内外兼顾"的预报方法

而短距离预报"GPR+ TEMT(重叠回线装置)",GPR 能探测隧道掌子面前方灾害体的形状,TEMT(重叠回线装置、大定回线源洞内接收)可探测隧道掌子面周围一定的范围的灾害体。

以上方法弥补了现有模式"TSP+GPR"的不足,但仍存在缺陷。如在长距离地面 TEMT 法探测灾害体时,对于叠加异常,在某些情况下,难以区分。另外,该方法在深度方面的分辨率随深度的增加,误差较大。洞内的 TEMT(重叠回线装置),虽然对隧道两侧一定范围的灾害体有反映,虽形状确定尚有困难,但不会遗漏异常。当然还需依靠掌子面长期地质信息数字识别技术跟踪、在重要预测的灾害体部位进行钻孔及测孔工作及隧道施工地质灾害预案,才能确保复杂地质条件下隧道的施工安全。

下面结合以上综合参数与空间预报的理论、方法研究新的预报装置 USEP 系统。该系统将彻底改变现有的超前地质预报方法,最终实现综合参数和空间地质预报。

8.8 USEP 综合参数与空间超前预报系统

为了提高施工超前地质预报的效果和可靠性,克服现有超前地质预报方法的缺陷,最大限度地提高对隧道施工地质灾害体的探测精度和可靠性。作者和项目

组研制了 USEP21 型地下工程综合参数与空间超前地质预报系统。它是利用地震波和电磁波两个独立波系列进行隧道不良灾害体的综合探测，减少多解性。

8.8.1　USEP21 型预报仪器的研制

USEP21(Underground Seismic Electromagnetic Prediction，2 代表两种参数，1 代表第 1 代)是一种新型的隧道及地下工程开挖综合超前地质预报系统，该系统采用“角度＋位置偏移的联合体系”进行空间多分量、多波超前地质预报。它利用三维的空间排布、多达 256 通道的数据采集、多震源点位置偏移，进而构成在隧道掌子面前方高密度的三维数据结构体，通过对三维结构数据的一系列处理分析形成三维空间地震波的各种图形图像，最终计算岩土体多种力学参数，从而实现对隧道、坑道及各种地下工程前方地质情况的判译、预报。另外，该系统还可连接电磁发送机在隧道掌子面用重叠回线法进行扫描，达到对掌子面前方含水体或良导体的探测。同时两种参数可进行耦合处理，从而实现综合参数法超前预报技术。

USEPWin21 软件用于隧道开挖超前地质预报，适用于各种地下工程开挖，其震源点、接收器可灵活排布。整个系统包括文件操作(＊.Sgy)、对预报现场情况的编辑输入(工程描述、接收器和震源点的空间描述)、数据采集(实时采集和单次采集的各种参数描述)、数据处理(各种校正、频谱分析、带通滤波、速度分析、波场分离、绕射叠加、深度偏移、岩土力学参数计算)、图形显示[一维(分按纬度、经度显示有：波形加面积、变面积、变密度、波形加变密度图)、二维(等值线、像图、阴影图、投影图、立体线图、立体面图，可进行组合显示)、三维(三维像图、等值面图、矢量图，可进行组合显示)]。电磁技术的处理显示方法与地震处理雷同。

USEP 观测系统的地震反射法通常采用 2 个接收器 R_1、R_2 的排布，只有当地质条件复杂时或任务要求精度较高时，采用 4 个接收器。由于每个接收器配置了 64 个不同方向多分量的检波器，使得构建 3D 观测系统有足够多的有效数据，可对隧道掌子面前方不良地质体进行三维数据处理及显示。而电磁数据采集通过电磁发送机发射瞬变脉冲电磁波，适合各种电磁排列装置的现场采集与解释，可根据地下工程的特点进行大定回线源、重叠回线、偶极法等各种排列。仪器为北京市市政工程研究院与北京索通紫蜂通讯工程公司研制的 USEP21 系统。该系统采用距离和角度偏移的联合体系和电磁扫描系统，对预报的施工现场没有严格要求，是一种广谱的地下工程综合参数超前地质预报系统，仪器样机见图 8-25。

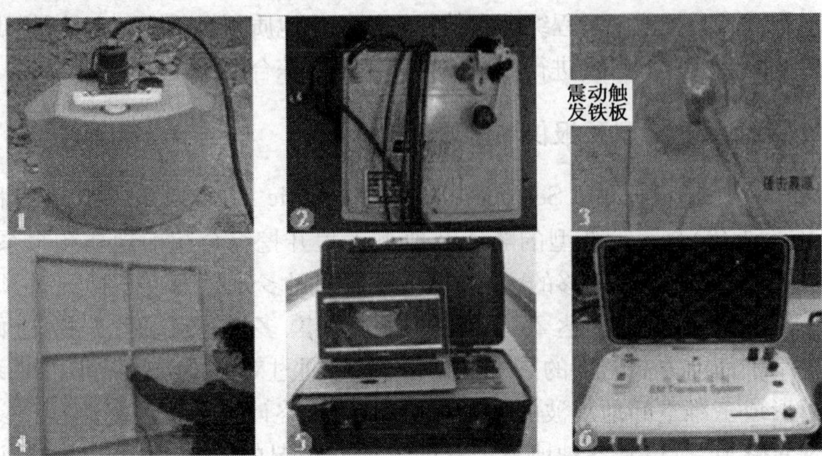

1- 地震接收器；2- 启爆器；3- 锤击震源；4- 电磁扫描；5- 数据采集系统；6- 电磁发送机

图 8-25　USEP21 综合参数与空间超前地质预报系统装备

8.8.2　多分量空间地震装置实现对灾害体形状探测

对岩土介质中的不良地质体轮廓探测技术一直是地球物理界追求的最高境界。虽然，有很多的资料介绍三维地质勘探技术，但由于地下岩土介质的复杂性，地球物理各探测方法装置的局限性、方法的多解性、仪器精度、环境噪声、多个形状体的异常耦合以及解释方法等所限制，使得轮廓探测技术的发展遇到了诸多困难，甚至停滞不前。通常，在地面地质勘察中探测不良地质体的轮廓利用三维的地面勘察技术，如三维地震、电磁法较常用，并能解决一些探测问题。由于地下工程开挖的现场条件所限，在地下工程开挖过程中前方不良地质体轮廓的探测一直是一个困扰技术人员的难题。由于角度偏移法在探测三维形状体时不需要占用大的空间，因此非常适合地下工程开挖的三维不良地质形状体的探测与预报。

8.8.2.1　轮廓探测技术

三维形状体探测技术，如从地面上探测，则有许多资料介绍。而地下工程前方的三维体形状探测目前仍是世界级难题。尤其对隧道工程而言，大量的不良地质灾害隐患存在于隧道施工前方，现有技术很难解决此类问题。下面从地球物理勘探的角度偏移理论介绍用 USEP 系统探测隧道开挖前方三维形状体的技术与效果。

8.8.2.2　角度偏移轮廓探测

地震波在空间的方位、倾角对比构成了地震波角度偏移对比。角度的方位对比保持随时间的极化规律是识别波的基本标志。研究波的极化性质可以在角

度的方位地震记录上识别地震波的基本性质。角度偏移的测试效果见图8-26，图中展示了检波器波形在空间沿不同角度方向随时间的变化。角度偏移与位置偏移在探测三维地质体时理论上都是可行的。

图8-26 角度偏移探测形状体

8.8.2.3 “眼睛”的形觉功能

角度偏移是“地下可视”形觉功能实现的主要方法。图8-27是USEP野外现场采集的形觉功能成像图，其中红色代表岩体较硬的正反射。

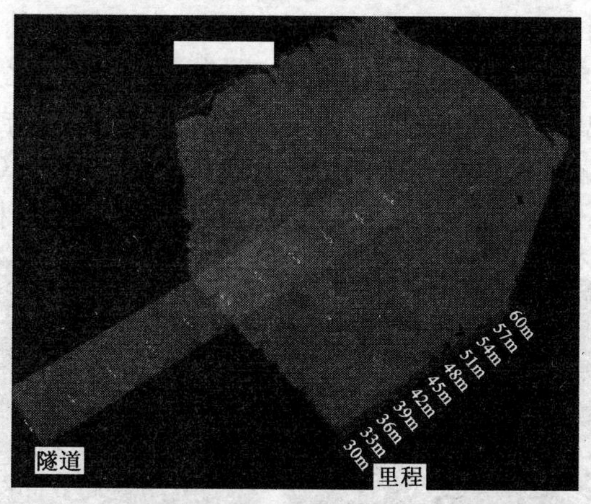

图8-27 USEP野外现场利用形觉功能采集的地震波等值面图

对三维不良地质体的探测研究分析认为，对隧道施工不良地质体形状的探测应以角度偏移为主，辅以位置偏移，最终形成“角度＋位置”偏移的联合体系。它是实现地下三维形状体探测的最佳方法。

8.8.2.4 USEP 的空间多分量探测

为了得到信噪比高的地震资料,压制干扰、提高信噪比是地震勘探贯穿始终的一个关键问题。USEP 的空间地震接收器在土壤中埋设需挖一浅坑,并在接收器上方埋覆土 50cm 以上。在岩体隧道中需在隧道掌子面下方或下台阶处用喷射混凝土固定,保证接收器与岩土体介质的密贴接触。

项目组在某隧道现场进行了"角度+位置"偏移的联合体系(4 个角度偏移接收器)排布,实现隧道前方三维空间超前地质预报,仪器采用北京市市政工程研究院研制的 USEP21 系统,现场排布见图 8-28。

图 8-28 角度+位置偏移联合体系现场排布

通过对采集到的 4 个角度偏移接收器数据进行一系列处理后,将结果展布到空间的综合资料见图8-29。为了观察地质情况的细致变化,该空间三维资料也可进入隧道内观看并研究,见图 8-30,图中红色部分代表岩体强度较硬的反射,蓝色代表岩体强度较软弱的反射,图中可看出 AK14+010 掌子面上方岩体较硬,中间较正常,而右侧有相对的软弱带。项目研究组随后根据分析预报的资

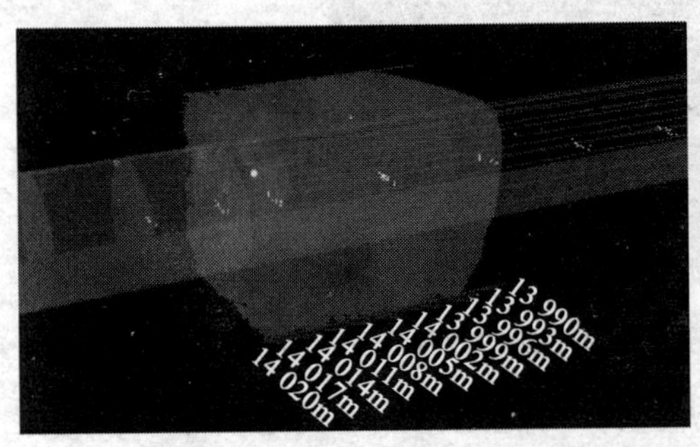

图 8-29 隧道前方三维超前地质预报综合资料

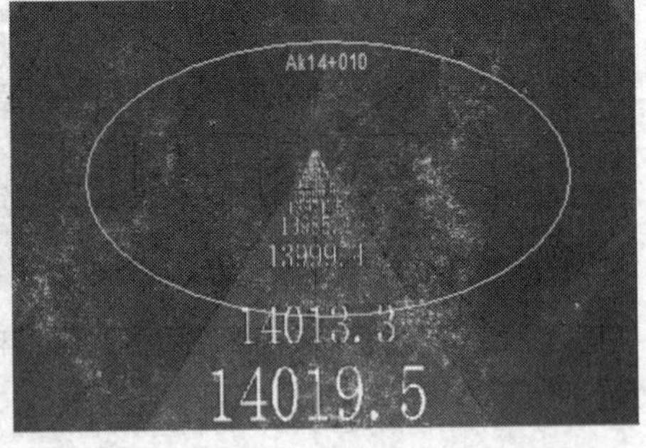

图 8-30 AK14+010 断面地震波绕射叠加等值面图

料对隧道开挖进行了跟踪。隧道在开挖过程中，每天进行数字照片的地质资料编录，并特别关注前 30m 围岩在掌子面上的变化情况。图 8-31 所示跟踪至 AK14＋010 处的地质编录照片，该图显示掌子面上方围岩较硬，右侧的拱架处岩体较软弱。以上详细跟踪资料与实际预报结果吻合的非常好，说明角度偏移法在探测隧道掌子面前方的不良地质形状体有很好的效果。

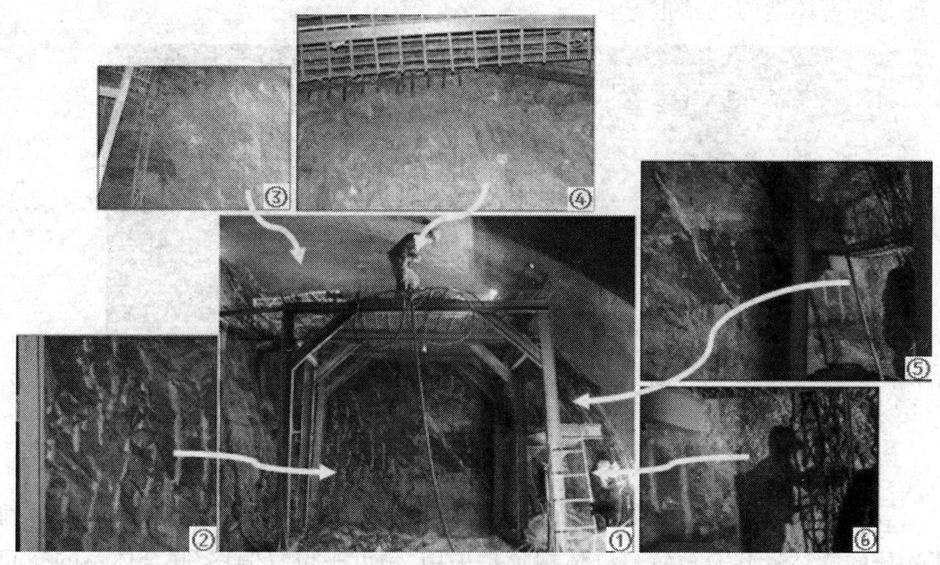

图 8-31　AK14＋010 实际跟踪地质断面图

通过以上研究，虽然角度偏移的观测、处理、成像与判译技术有待于进一步发展，但角度偏移法用于地下空间三维形状体的探测效果是明显的。如何利用地震波角度偏移和位置偏移的联合体系更好地探测地下空间三维不良地质形状体还有待于更深入的研究，但是该装置系统是探测三维形状体的最佳方法。

随着人类对地下空间的进一步开发利用，发展研究地下空间不良地质体形状的探测技术无疑具有重大的现实意义。

8.8.3　USEP 对地质灾害体性质的探测

充分利用波速对地质构造（空气）的敏感性和电阻率对水的敏感性进行隧道综合超前地质预报，进而可对隧道施工地质灾害的性质进行详细探测，同时两个参数相互印证与补充，进一步提高超前地质预报的可靠性和预报精度。

对地质灾害体性质的探测，主要是了解地质灾害体内的充填物是水还是空气或是空气和水的共存体。探测的参数以电阻率为主，USEP 方法包括重叠回线、中心回线、偶极法、框内法、框外法等，可以使用多个瞬变电磁装置排列进行探测。具体使用可根据地下工程施工现场的具体情况布置。

如图8-32所示，在隧道掌子面采用瞬变电磁法重叠回线进行测线扫描，线框1m×1m，20匝，供电电流15A，在掌子面按井字形布置测线，以此对掌子面前方可能灾害体的含水情况进行探测，最终实现对地震反射法资料的印证与补充，实现对灾害体性质的预报。

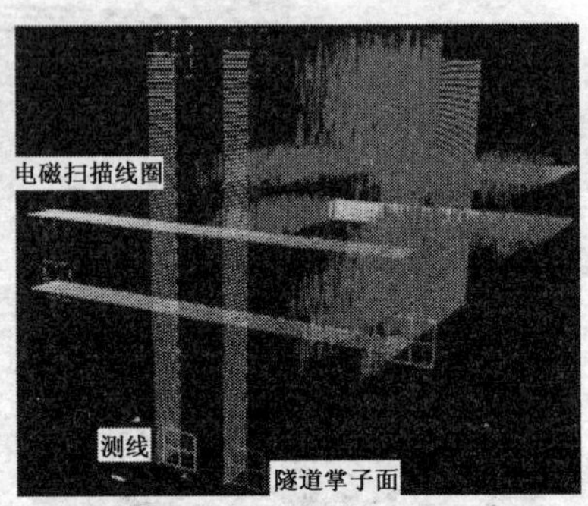

图8-32 重叠回线在隧道掌子面的扫描

8.8.4 USEP系统的"远看轮廓近看细节"预报理念

立体视觉是利用人的双眼功能，即根据两眼的位置偏移构成的视觉差来判断物体的立体形状及位置。立体视觉是采用"角度+位置偏移"联合体系的空间定位功能。

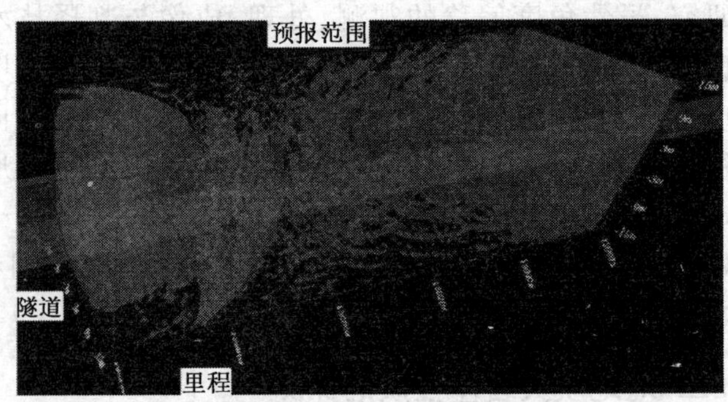

图8-33 照亮隧道前方地质情况

利用角度与位置偏移对比法的配合实现地下空间的立体视觉功能。人眼具有"远看轮廓近看细节"的特点，模拟人眼的USEP系统，由于球面传感器的排布，使得远离接收器的地震波形数据密度变稀，而靠近接收器的掌子面附近数据密度较大。"远看轮廓近看细节"的特点非常符合隧道施工技术要求的特点，所

以，USEP 系统非常适合于地下工程的超前地质预报(图 8-33)。

角度空间装置与位置对比法配合具有重大意义，尤其是在解决复杂的地质问题时。项目组研究的 USEP 系统具有多个接收器、多震源的布置是基于此种功能，它可以完整地分析波的图形。观测的大量经验证明：这种配合是非常有效的和很有前途的。

8.8.5　USEP 综合参数测孔技术

USEP 系统的综合参数测孔技术，主要包括：地震波测孔和瞬变电磁测孔，可进行地震波和电磁波的面—孔、单孔法和跨孔法测试。如图 8-34 所示，对复杂地质条件下的隧道超前地质预报，可在长距离预报(以地震波为主)的“远看轮廓”和短距离预报(以瞬变电磁为主)的“近看细节”的基础上，对重大危险、关键环节、特殊地段需进行钻孔验证，并进行综合参数的测孔以获得隧道前方更加精细的地质资料、较准确的灾害体性质及可能带来的危害。这样最终可以构建一个三维综合的、相对可靠的预报空间地质资料，最大限度地为隧道施工人员应对可能的地质灾害，降低开挖引起的事故风险。

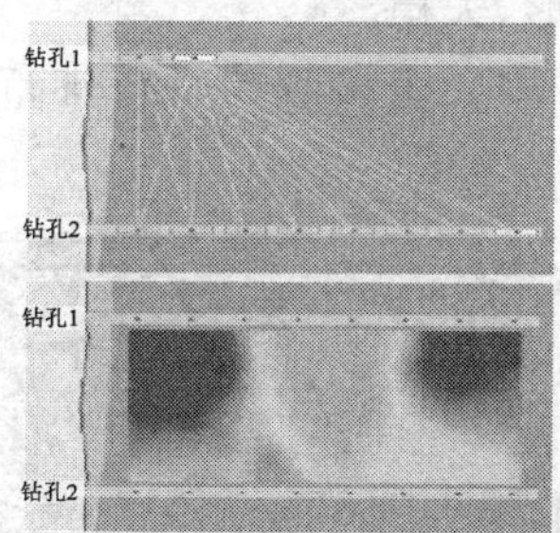

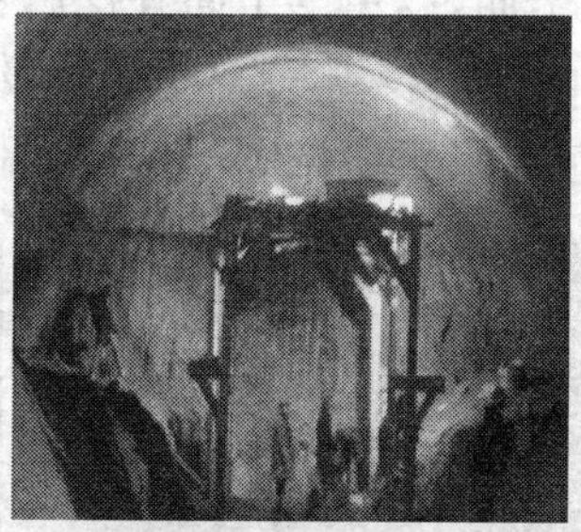

图 8-34　USEP 综合参数测孔技术

USEP 综合参数测孔技术与空间超前地质预报系统结合了地下工程施工的具体特点，受现场场地条件的影响小，两种独立参数的综合使用在解决复杂地质条件下的地质预报会发挥巨大的作用，它在隧道及地下工程建设中将有广泛的应用前景。

8.8.6　现场应用

(1)工程概况

108 国道工程南村隧道为越岭岩质隧道，围岩主要为变质长石石英砂岩、硬绿泥石石英千枚岩、泥岩，煤线等。其中煤线位于南村隧道进口段。隧道是双洞双向行驶一级公路隧道，总长为 3 069 延米，分为 A 线(上行线)和 B 线(下行线)。隧道最大曲线半径 4 000m，坡度 2.5%下坡，预报区地质纵断面见图 8-35。

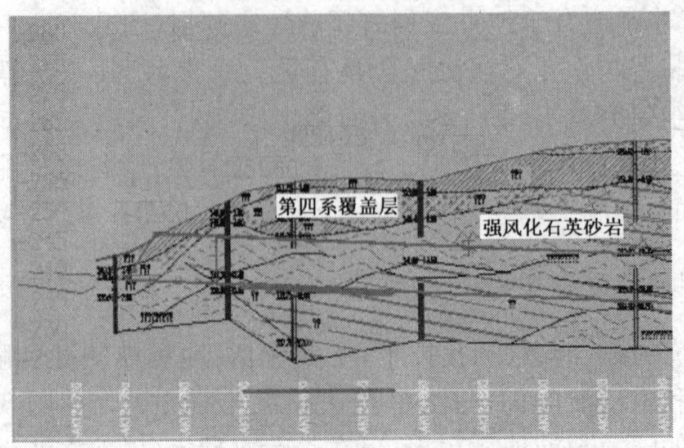

图 8-35　108 国道南村隧道进口 A 线地质纵断面

(2)现场排布

①掌子面地质描述。隧道掌子面岩性为强风化变质长石石英砂岩,含绿泥石石英千枚岩,夹杂劣质煤层,岩体破碎,属软岩,部分呈土状。围岩完整性、稳定性较差,开挖时极易出现掉块、崩塌、局部有少量含水裂隙富水。开挖时应注意及时封闭掌子面,以免掌子面开挖后变形、失稳。

②USEP 的地震反射法。本次预报采用 4 个接收器平行排布,震源采用锤击法,具体排布及采集参见图 8-36、图 8-37。

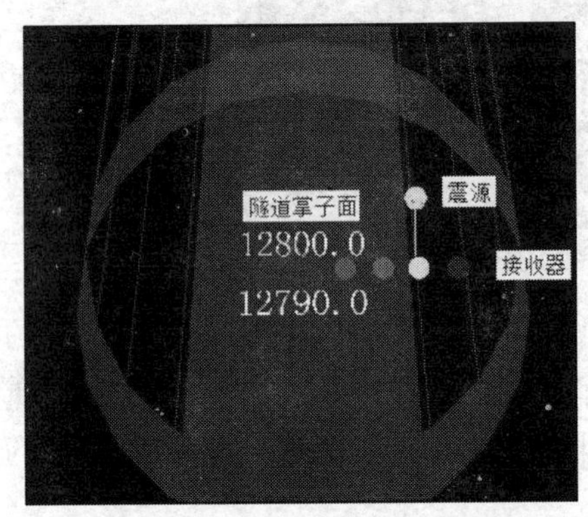

图 8-36　现场接收器与震源排布

图 8-37　4 个接收器 256 通道原始波形曲线

③USEP 的瞬变电磁法扫描。瞬变电磁法扫描技术是在利用重叠回线排布在隧道掌子面布置几条测线,利用连续采集的方法实现的。由于其频率低,属时间域脉冲电磁法,因此较地质雷达(微波段电磁法)探测的深度大。该项功能属 USEP 系统综合参数的电阻率采集方法,常见现场布置见图 8-38。USEP 系统可同时采集电磁激发系统中的一次场和二次场,一次场和二次场在处理中有不同的用途。图 8-39 为 L_1 测线的一次场与二次场感应电压曲线。

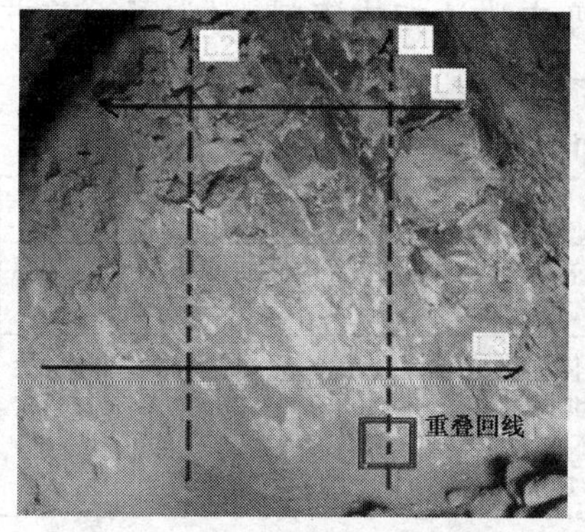

图 8-38　瞬变电磁法现场布置图

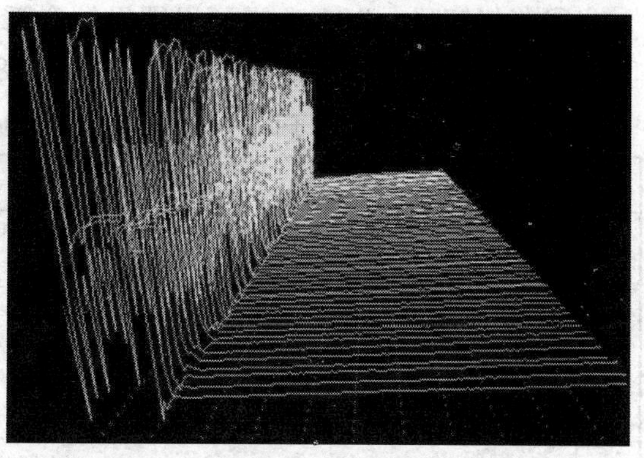

图 8-39　L_1 线一次场与二次场感应电压曲线

(3)资料综合解释

①资料处理。对地震反射法采集的原始数据进行球面扩散、平方根均衡、频谱分析、带通滤波、速度谱分析、空间成像等处理,图 8-40、图 8-41 分别是利用速度谱分析方法求得的 V_p、V_s 的空间分布。而图 8-42、图 8-43 分别为瞬变电磁扫描技术获得的感应电压波形变换图,其中测线中的红色代表电磁感应衰减慢、电阻率极低的煤层,其效果非常明显。图 8-42 是在掌子面开挖 5m 厚的煤系地层分布图,与实际推测有非常好的吻合,说明 USEP 方法的有效性。

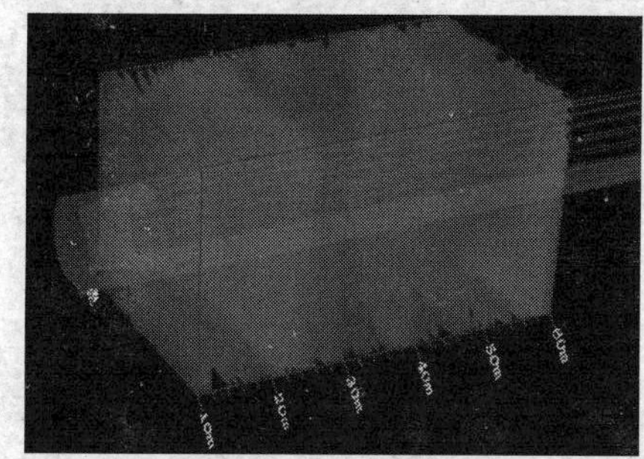

图 8-40　速度分析纵波波速空间分布

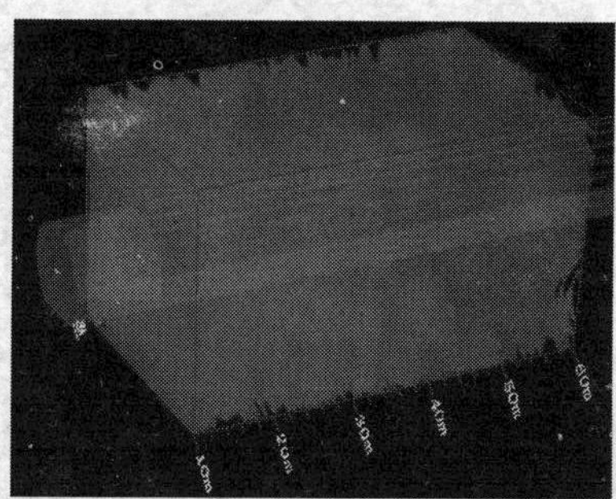

图 8-41　速度分析横波波速空间分布

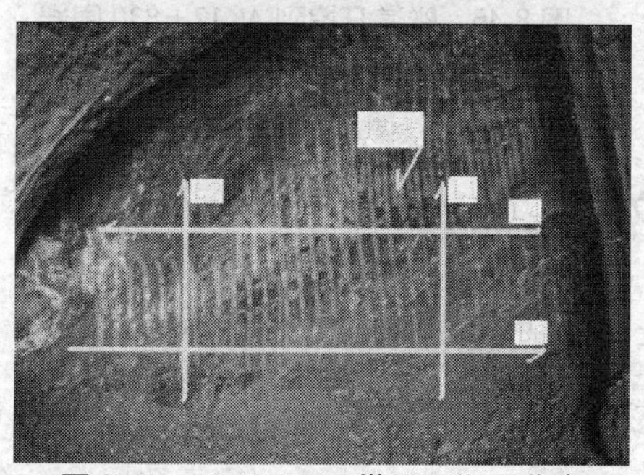

图 8-42　AK12+805 掌子面煤层分布

图 8-43　L_1～L_4 测线煤层电磁感应异常

②资料解释。以上地震预报结果结合瞬变电磁法扫描资料，对掌子面前方50m范围进行超前地质综合预报，结果见表8-7。

掌子面AK12+800前方50m岩体性质预报 表8-7

序号	里　程	长度(m)	推断结果
1	AK12+800～AK12+810	10m	本段围岩与掌子面相近，岩体性质变化不大。煤层薄厚不一，较分散，呈厚度0.1～2m间断分布
2	AK12+810～AK12+830	20m	本段岩体强度增强带，裂隙发育，局部软硬不均，受地表水文地质构造影响，掌子面岩体开挖总体上上软下硬，极不均匀。煤层薄厚不一，从掌子面正中穿越，应加强对CO、CH_4监测
3	AK12+830～AK12+850	20m	本段岩体强度减弱，剪切模量减小、岩体相对软化，局部有硬块。煤层薄厚不一，应加强对CO、CH_4监测

③实际开挖跟踪。整个隧道在开挖后，根据预报结果进行了与实际对比跟踪，特别关注在围岩有明显的变化处AK12+810、AK12+830。围岩在AK12+810处明显变好(图8-44)，而开挖到AK12+830附近岩体整体变差(图8-45)，由于围岩变差工法没及时调整，致使施工至该处附近发生了小型坍方。以上与实际预报结果吻合较好。

图8-44　隧道开挖到AK12+810围岩总体变好

图8-45　隧道开挖到AK12+830围岩变差

参考文献

[1] 叶英.岩溶隧道施工超前地质预报方法研究[D].北京交通大学博士论文，2006，12.

[2] 叶英.隧道综合参数超前地质预报技术研究[J].地质与勘探，2009，45(4)：468-473.

[3] 叶英.隧道施工空间地震超前地质预报系统.现代隧道技术，2009，46(5).

[4] 叶英.地震波角度偏移在隧道施工超前地质预报的应用.物探与化探，2009，12.

[5] E. Brückl, W. Chwatal, J. Döülzlmüller. A study of the application of VSP to exploration ahead of a tunnel. International Journal of Rock Mechanics & Mining Sciences 38 (2001): 833-841.

[6] 姬广柱,等. 综合多种物探方法在贫水山区找水的实践. 地下水. 2001,23(4).

[7] 李卫华. 超前地质预报技术在武隆隧道岩溶地质施工中的应用. 隧道工程. 2003,增刊.

[8] 王洪勇. 综合超前地质预报在圆梁山隧道中的应用. 现代隧道技术. 2004,41(3).

第9章　超前地质预报对施工的指导意义

隧道超前地质预报的最终目的是对施工地质灾害体的预警报，并尽可能多地提供信息指导施工。如何正确认识分析地质预报结果？如何充分利用超前地质预报所提供的各种参数？如何进一步利用预报资料分析围岩级别？如何将超前地质预报资料与施工信息化有机结合并共同为隧道施工服务？如何利用预报资料进行动态设计？以上问题是本章研究的主要内容。

9.1　超前地质预报与施工信息化的结合

在隧道的设计、施工中，必须准确地获得影响围岩动态的地质信息。但由于隧道为一地下的管状空间结构，山岭隧道埋深很大，所以在前期实施的隧道全线详细地质勘察中，受经济和勘察技术方面的限制，初步设计阶段得出的有关地质条件信息在量和质上都有一定的局限。因此一般的做法是在初步设计中，以初步勘察结果和过去施工的经验为基准，进行支护构造设计。隧道施工中的洞内外观察、超前地质预报以及监控量测直接能左右隧道设计与施工，它占有极其重要的地位。

9.1.1　超前地质预报、监控量测与断面扫描的关系

超前地质预报、监控量测与断面扫描的有效结合及反馈是信息化施工的主要体现。其关系见图9-1。

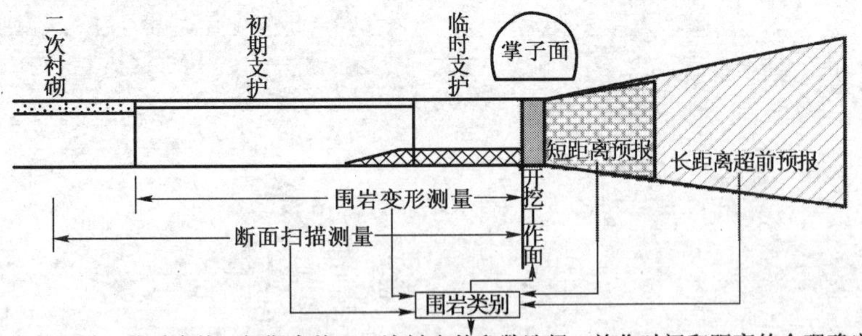

图9-1　超前地质预报、监控量测与断面扫描对施工的指导作用

以上三项技术都是针对围岩进行测量，且分别因不同目的提供不同的围岩参数。超前地质预报可提供前方围岩的部分岩体力学参数；围岩量测可提供围岩开挖后的变形、变位情况；断面扫描可提供岩体的部分破碎及超欠挖情况；综合三者测试结果分析围岩，选择开挖方法、爆破参数、围岩级别等，最终确定初期支护参数，综合调整施工方法，最终使得隧道结构设计与围岩相适应。

三种技术在空间上分别代表掌子面前方、中部、后部；在时间上超前地质预报资料与时间无关，其他两种方法与时间有关。因此，利用三种技术建立隧道围岩时间—空间的关系是认识隧道围岩的一个新方向。

9.1.2 与围岩量测信息结合修正设计

隧道超前地质预报可以指导围岩监控量测的测点布置、监测频率设定，可以和量测资料结合进一步认识围岩。只有对隧道围岩的正确认识，才能体现“岩变我变”的设计理念。

9.1.2.1 实例一：山西省雁门关公路隧道

在山西省雁门关隧道 K107＋680～K110＋270，作者及项目组进行了大量的监控量测工作，进一步总结监控量测对围岩分级的认识，并结合超前地质预报探讨隧道围岩量测技术对施工的具体指导意义。在雁门关隧道6A合同段，在中铁十二局的配合下，正常的围岩位移收敛测量间隔为20～30m，在围岩性质变化处加密观测。由于围岩是千差万别的地质体，同一地段同类围岩的物理力学性质、工程地质和水文地质条件相同时，可以根据断面施工信息修正设计参数。然而，即使同一隧道不同地段的同类围岩，地质条件也不完全一致，物理力学性质也有差别。因此，在施工中规定同一地段必须有3个以上断面施工信息并结合隧道超前地质预报资料的综合分析，才能修正本段该类围岩的设计参数。

根据一个断面的施工信息综合分析结果进行设计参数修正，只运用于该断面前后不大于5m的同类围岩地段。

隧道较长地段同类围岩设计参数的修正，特别是降低设计参数，必须有不少于3个断面的施工信息综合分析为依据。按修正后的设计参数进行开挖，其设计参数的正确性和合理性仍应根据施工信息综合分析予以验证。

(1)位移收敛布置

雁门关隧道6A标段净空位移测量布置见图9-2。

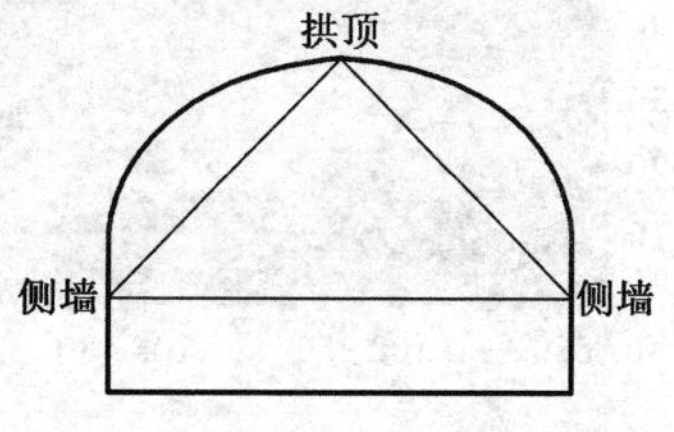

图9-2 净空位移收敛布置图

(2)正常间隔的净空位移测量

图9-3、图9-4为原始测量曲线，它能直观地

说明拱顶下沉量的收敛时间或围岩收敛量。因为不同的围岩级别在隧道开挖后拱顶下沉量随时间变化的值不同。按照公路隧道围岩分类方法，通常，围岩级别越高，拱顶的下沉量越大，围岩级别越低拱顶的下沉量越小。而根据隧道超前地质预报的综合参数“波速＋电阻率”资料，低波速、低电阻率其围岩级别越高，两者信息具有相关性，可以相互印证。

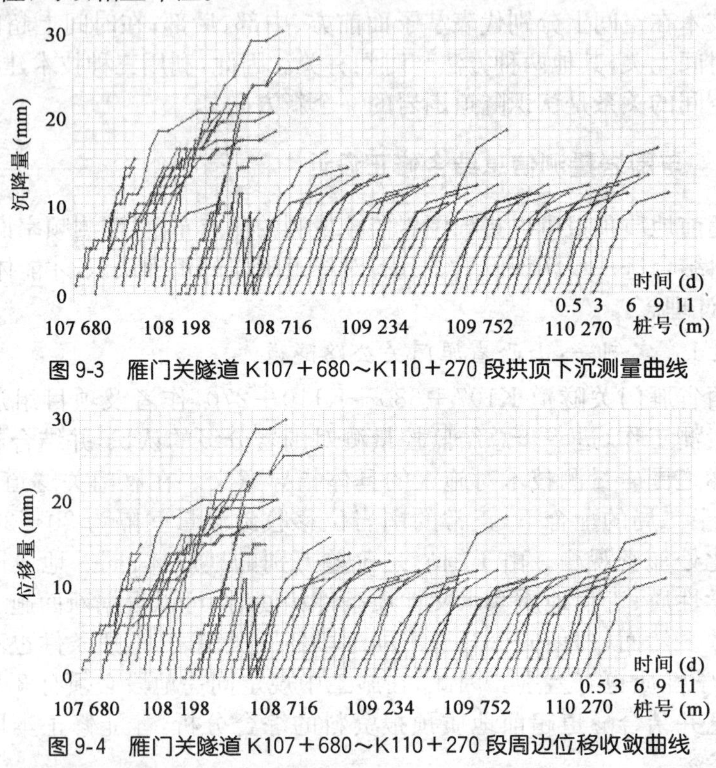

图 9-3　雁门关隧道 K107＋680～K110＋270 段拱顶下沉测量曲线

图 9-4　雁门关隧道 K107＋680～K110＋270 段周边位移收敛曲线

(3)数据处理分析

图 9-5、图 9-6 分别为拱顶和周边位移沿桩号随时间变化的等值线图，该图已经过数据趋势分析处理，从图中可明显看出隧道围岩级别的变化界限及变化情况。

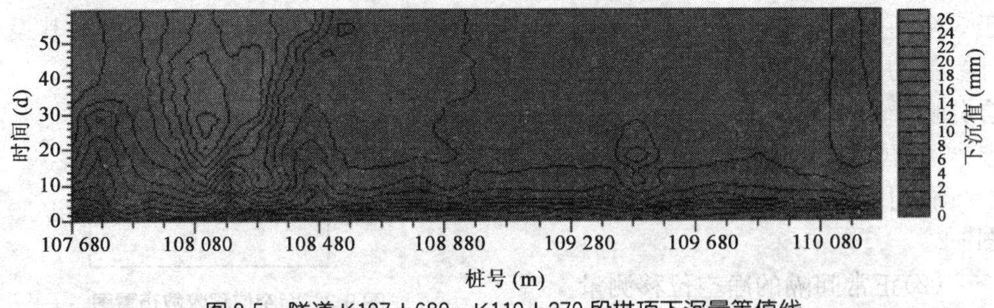

图 9-5　隧道 K107＋680～K110＋270 段拱顶下沉量等值线

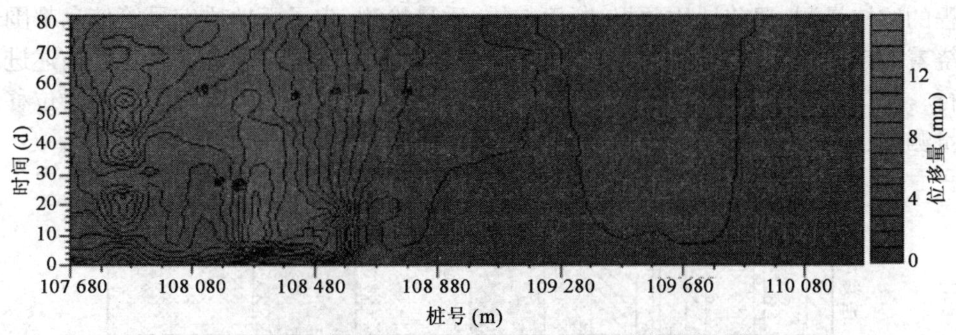

图 9-6　隧道 K107＋680～K110＋270 段周边位移等值线

(4)在围岩位移较大处加密测点

在隧道里程 K108＋280 处发现隧道围岩开始变化，我们加密测点连续跟踪，按 5m 一点进行测量，围岩的变化趋势非常直观(图 9-7、图 9-8)，同时结合隧道超前地质预报资料，综合考虑确定围岩级别变更。

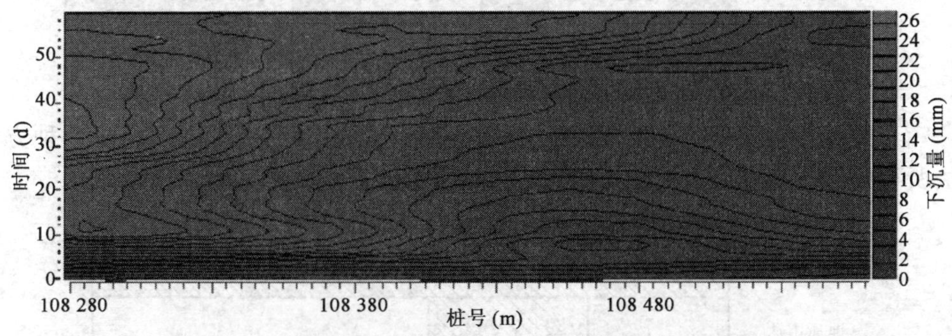

图 9-7　拱顶在围岩级别变化处进行加密处理(按 5m 间隔)

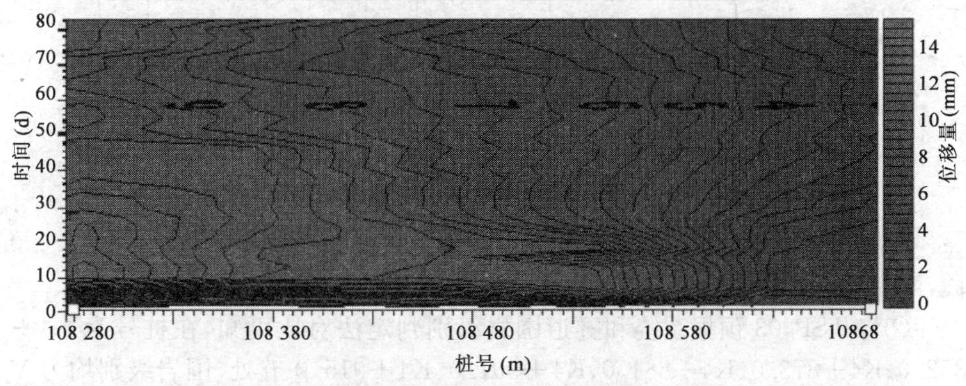

图 9-8 周边在围岩级别变化处进行加密处理(按 5m 间隔)

(5)隧道 K107＋680～K110＋270 段围岩变更情况

隧道施工中的动态设计是依据开挖后围岩的分级进行的，因此，隧道施工过程的监控量测、超前地质预报、断面扫描、质量检测、掌子面地质编录等信息都围绕着确定开挖后围岩级别。围岩级别的判定目前仍依据综合参数及定性描述进行。雁门关隧道K107+680～K110+270段结合超前地质预报资料和围岩位移量测，最终的围岩实际变更情况见图9-9。

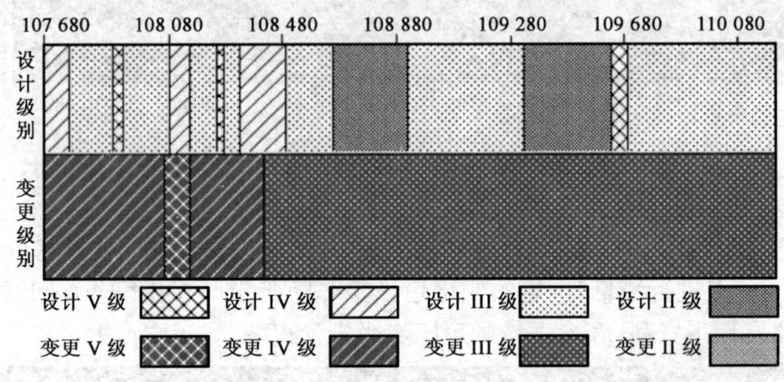

图9-9　隧道K107+680～K110+270段围岩变更情况

9.1.2.2　实例二(朱璐,2008年):石湾隧道围岩级别综合判定

石湾隧道将TSP203预报系统、地质雷达法及隧道围岩级别判定法3种方法所得到的成果进行对比分析，见图9-10所示。对比结果如下：

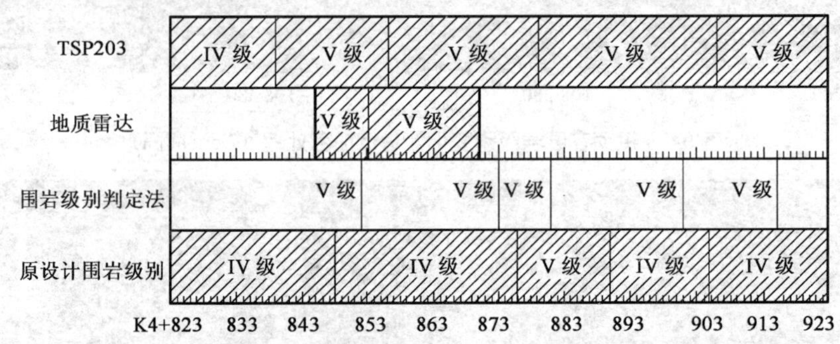

图9-10　TSP203、地质雷达及围岩级别判定法对围岩级别综合判定对比图

①将TSP203预报系统和地质雷达法对比可知，在K4+845.0～K4+870.0段，两者预报结论均为V级围岩；

②将TSP203预报系统和隧道围岩级别判定法对比可知，在桩号为K4+852.0、K4+873.0、K4+881.0、K4+901.0、K4+915.0五处，围岩级别均为V级围岩，两者所得结论相同；

③将地质雷达法和隧道围岩级别判定法对比可知，在桩号为K4+852.0部位，围岩级别均为V级围岩，两者所得结论相同。

以上 3 种方法相比较而言,围岩级别判定法对围岩级别的判定是最为精确的。从图 9-10 可知,TSP203 预报系统和地质雷达法对隧道破碎带的预测均较为准确。在含水带的预测中,地质雷达法相比于 TSP203 预报系统更为准确。

作者认为:即使是综合的超前地质预报资料对围岩级别的划分仍缺乏充分的依据,仍需配合必要的岩体或岩石力学的测试工作,仍有必要结合隧道掌子面地质编录法进行资料的比较和验证工作。纯粹的地球物理反射法探测资料不足以做最终的围岩级别划分依据。

9.1.2.3 监控量测与超前预报的有效结合

在雁门关公路隧道采用新奥法施工时,设计、施工紧密配合,共同研究,综合分析超前地质预报与围岩量测的各项信息,及时反馈,最终确定修正围岩设计参数。并总结出以下规律:

(1)对施工信息的应用

①根据一个断面的施工信息综合分析结果进行设计参数修正,只运用于该断面前后不大于 5m 的同类围岩地段。

②隧道较长地段同类围岩设计参数的修正,特别是降低设计参数,必须以不少于 3 个断面的施工信息综合分析为依据。按修正后的设计参数进行开挖地段,其设计参数的正确性和合理性仍应根据施工信息综合分析予以验证。

③由于围岩是千差万别的地质体,同一地段同类围岩的物理力学性质、工程地质和水文地质条件相同时,可以根据断面施工信息修正设计参数。同一隧道不同地段的同类围岩,地质条件不完全一致,物理力学性质也有差别,因此,规定同一地段必须有 3 个以上断面施工信息的综合分析,才能修正本段该类围岩的设计参数。

(2)信息反馈修正设计的内容

①施工方法变更的建议;由于采用的施工方法与断面形式不同,围岩—支护体系的应力状态也不一样,当某种方法不能满足该类围岩稳定性要求时,应及时变更施工方法及选择对隧道稳定有利的断面形式或辅助施工措施。

②施工工序更改的建议;当施工信息给出不稳定征兆时,应检查是否是因工序不当所造成。改变施工工序,如暂停开挖,及时锚喷,二次喷混凝土紧跟或提前施作仰拱等,都可以促使围岩—支护体系趋向稳定。

③预留变形量的修正;施工前预设计的预留变形量,采用工程类比或理论计算确定。因此,预留变形量不可能和实际变形量完全一致,当预留变形量与现场量测结果不符时,应及时修正未开挖地段的预留变形量,以满足设计净空和二次衬砌厚度的要求,或减少开挖量及二次衬砌回填量,以节省开支。

依据超前地质预报成果，布设监控量测断面，有利于突出监控量测重点，最大限度地获得量测成果，为隧道动态设计施工，提供准确可靠的第一手资料，确保快速安全施工。施工监测可依据长距离超前预报确定的重点地质地区，制订监控量测方案，并根据中短距离超前地质预报成果，做必要的调整，使监控量测更好地服务于隧道的动态设计、施工。

9.1.3 与断面扫描技术结合调整爆破参数控制超欠挖

断面扫描技术与超前地质预报资料相结合进一步指导隧道钻爆法的参数选取，根据超前地质预报所提供的参数结合激光断面扫描的超欠挖资料认识围岩，进一步反馈调节爆破参数，从而控制超欠挖，节省工程造价。

在雁门关隧道施工中，作者与项目组使用 ATM PROFILER 4000、LEICA TMS PROFILE 测量系统，分别对隧道右线出口、隧道左线出口、隧道左线进口进行了激光断面扫描测量，测量点处围岩级别有 V 级、IV 级和 III 级，断面类型有开挖断面、初期衬砌断面和二次衬砌断面 3 种，共计测试隧道里程 95m，测试断面 92 个。这里仅列出隧道右线出口 K111＋091.7 断面测量图，见图 9-11。

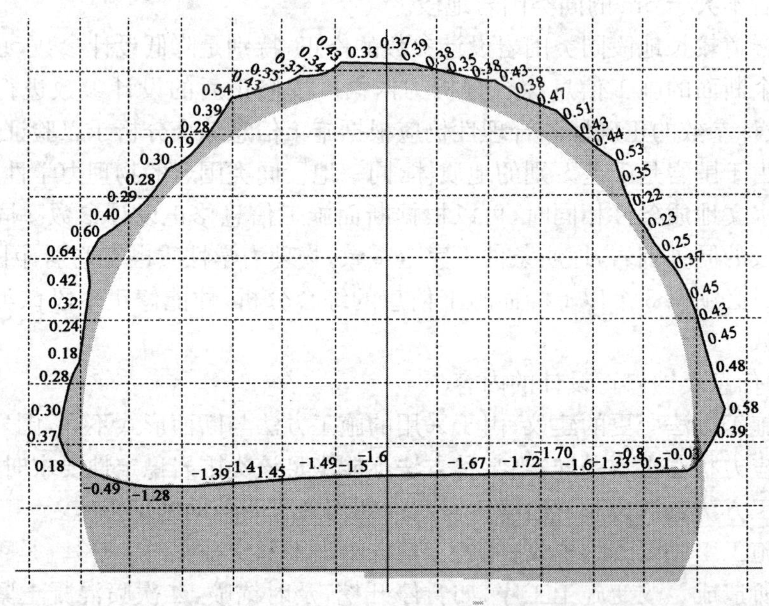

图 9-11　隧道右线出口 K111＋091.7 断面测量图

(1)测试断面里程范围

对 K111＋090～ K111＋115、K111＋890～ K111＋910 段开挖断面的测量用于控制超欠挖，初支、二衬断面测量主要检测工程质量(表 9-1)。

K111＋090～K111＋115、K111＋890～K111＋910 范围断面测量成果 表 9-1

断面里程	围岩级别	设计半径 R（m）	开挖断面（m²）		初衬断面	二衬混凝土厚度（m）	备　注
			超挖	欠挖			
K111＋090.756	Ⅴ级	6.342	2.061	0.212			跟踪测量
K111＋091.672	Ⅴ级	6.342	1.964	0.129			跟踪测量
K111＋092.669	Ⅴ级	6.342	1.834	0.052			跟踪测量
K111＋093.711	Ⅴ级	6.342	1.326	不欠			跟踪测量
K111＋094.631	Ⅴ级	6.342	1.246	不欠			跟踪测量
K111＋095.587	Ⅴ级	6.342	0.535	不欠			跟踪测量
K111＋096.646	Ⅴ级	6.142			不欠		质量检测
K111＋097.618	Ⅴ级	6.142			不欠		质量检测
K111＋098.638	Ⅴ级	6.142			不欠		质量检测
K111＋099.624	Ⅴ级	6.142			不欠		质量检测
K111＋100.630	Ⅴ级	6.142			不欠		质量检测
K111＋101.604	Ⅴ级	6.142			少量		质量检测
K111＋102.320	Ⅴ级	6.142			不欠		质量检测
K111＋102.800	Ⅴ级	6.142			不欠		质量检测
K111＋103.297	Ⅴ级	6.342	0.45	不欠			跟踪测量
K111＋103.782	Ⅴ级	6.342	0.36	不欠			跟踪测量
K111＋104.842	Ⅴ级	6.342	0.52	0.03			跟踪测量
K111＋105.834	Ⅴ级	6.342	0.35	不欠			跟踪测量
K111＋106.874	Ⅴ级	6.342	2.04	不欠			加密测量
K111＋107.895	Ⅴ级	6.342	1.58	0.02			加密测量
K111＋108.906	Ⅴ级	6.342	1.24	不欠			加密测量
K111＋109.929	Ⅴ级	6.342	1.38	不欠			加密测量
K111＋110.906	Ⅴ级	6.342	1.03	不欠			加密测量
K111＋111.897	Ⅴ级	6.342	0.63	不欠			加密测量
K111＋112.897	Ⅴ级	6.342	0.42	0.05			加密测量
K111＋113.903	Ⅴ级	6.342	0.33	不欠			加密测量
K111＋114.903	Ⅴ级	6.342	0.36	不欠			加密测量

续上表

断面里程	围岩级别	设计半径 R (m)	开挖断面(m^2)		初衬断面	二衬混凝土厚度(m)	备　注
			超挖	欠挖			
K111＋890.029	Ⅳ级	6.040				0.46～0.55	质量检测
K111＋892.025	Ⅳ级	6.040				0.46～0.56	质量检测
K111＋894.015	Ⅳ级	6.040				0.46～0.57	质量检测
K111＋896.010	Ⅳ级	6.040				0.45～0.57	质量检测
K111＋898.003	Ⅳ级	6.040				0.46～0.57	质量检测
K111＋900.000	Ⅳ级	6.040				0.46～0.56	质量检测
K111＋901.996	Ⅳ级	6.040				0.46～0.57	质量检测
K111＋904.003	Ⅳ级	6.040				0.46～0.57	质量检测
K111＋906.014	Ⅳ级	6.040				0.46～0.56	质量检测
K111＋908.023	Ⅳ级	6.040				0.47～0.55	质量检测
K111＋910.014	Ⅳ级	6.040				0.48～0.55	质量检测

施工规范要求应严格控制欠挖，当岩层完整、岩石抗压强度大于30MPa并确定不影响衬砌稳定和强度时，允许岩石个别凸出部分（$1m^2$ 内不大于 $0.1m^2$）欠挖，但其隆起量不得大于5cm。拱、墙脚以上1m内断面严禁欠挖。

应尽量减少超挖，不同围岩地质件下的允许超挖值规定见表9-2。

允许超挖值(单位:cm)　　表9-2

开挖部位＼围岩条件类别	硬岩，一般相当于Ⅲ级围岩	中硬岩、软岩相当于Ⅱ～Ⅳ级围岩	破碎松散岩石及土质，相当于Ⅴ～Ⅵ级围岩（一般不需爆破开挖）
拱部	平均10	平均15	平均10
	最大20	最大25	最大15
边墙、仰拱、隧底	平均10	平均10	平均10

(2)扫描断面对爆破参数的调整

通过对开挖断面的多次扫描→爆破参数调整→再扫描→再调整……，直到找到与某一段围岩相适应的爆破参数，以优化隧道开挖过程。通常只有在Ⅳ级以下围岩开挖时使用。激光断面扫描跟踪掌子面开挖爆破，在扫描结果显示出爆破效果出现超欠挖较大偏差情况下，及时调整爆破参数，这样同一爆破参数亚类根据围岩级别不同可维持几十米至百米不等。由于及时改善了光爆效果，从而可大大地节省工程造价。雁门关隧道Ⅳ级以下围岩的爆破参数，参考超前地质预报提供的岩石力学参数和具体开挖情况，进一步将围岩爆破参数细化为亚类。

(3)隧道断面测量信息反馈指导钻爆开挖的方法总结

在Ⅳ级以下围岩的开挖过程中，断面测量应尽可能靠近掌子面，扫描信息及时反馈指导开挖爆破参数的选取（炮眼个数、平面布置、深度、药量等），同时指导施工，及时消除超欠挖。再次断面扫描（扫描断面密度增加），反馈信息指导爆破，循环往复，直到找到针对此段围岩适合的爆破参数。断面扫描继续跟踪（扫描断面密度减小），如发现超欠挖量超标（超标量按$R=6.342$m 的断面，超挖量不超过 $2m^2$，转换为半径超挖不超过 10cm。不同围岩要求不同），再次重复以上过程。具体流程如图 9-12 所示。

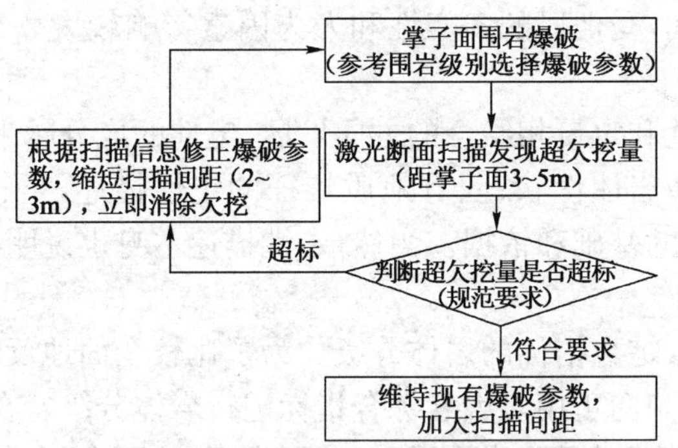

图 9-12　断面扫描控制超欠挖流程图

雁门关隧道由于采用了断面测量信息反馈的方法和超前地质预报资料相结合，将隧道超欠挖从规范要求的 15cm 降低为接近 10cm，从而大大节约了工程造价。由于有效控制超、欠挖，从而加快了施工进度，保证了隧道开挖轮廓质量。它对隧道工程质量验收和运营维护都有重要的指导意义。该技术也可通过开挖断面、初期支护、二次衬砌的断面扫描，计算初期支护和二次衬砌的厚度。

9.2　超前地质预报与围岩分级

纵观国内外近百种以上围岩分级（分类）方法，经历了从早期以单因素为主的分级逐步发展为多因素、多指标的定性描述和定量指标相结合的分级，近年来发展为多因素复合指标为依据的分级方法。与国外岩体分级系统相比较，中国岩体分级系统具有以下特点（朱璐，2008 年）：

(1)同时评估定性特征与定量指标

中国无论是铁路、公路隧道岩体分级系统或《工程岩体分级标准》，所考虑的基本因素主要包含岩石坚硬程度和岩体完整程度两项，且同时由定性特征和定量指标两种方式进行程度上的划分，借以相互对比检验。

(2)分两阶段进行岩体分级

中国的岩体分级系统分级过程主要可区分为前后两阶段。前阶段系考虑岩石坚硬程度与岩体完整程度两个基本因素并进行岩体初步分级;后阶段则针对各类型工程岩体的特点,考虑地下水与初始地应力等其他环境因子的影响,对前阶段的分级结果进行修正。这种阶段性岩体分级方式使各隧道工程可针对其特有的地质、环境及工程特性,将原来并未考虑的重要影响因素纳入到第二阶段评分过程,来加以修正。

按目前岩体分级的标准,在隧道施工现场条件下,也很难判断围岩级别,尤其是介于两级之间,受地质的多变性和人为因素影响较大。岩体工程分级的发展趋向如下:

①逐步向定性和定量相结合的方向发展,定性的成分越来越少,定量的成分越来越多。对反映岩体性状、固有地质特征的定性描述,是正确认识岩体的先导,也是岩体分级的基础和依据。当然,定性描述本身也说明有些指标就现有技术很难量化。

②采用多因素综合指标的岩体分级。为了比较全面地反映影响工程岩体稳定性的各种因素,倾向于用多因素综合指标进行岩体分级。在分级中,主要考虑的是岩体结构、结构面特征、岩块强度、岩石类型、地下水、风化程度、天然应力状态等。在进行岩体分级时,都力图充分考虑各种因素的影响和相互关系,根据影响岩体性质的主要因素和指标进行综合分级评价。近年来,许多分级都很重视岩体的不连续性,把岩体的结构和岩石质量作为影响岩体质量的主要因素和指标。

③岩体工程分级与地质勘探、超前地质预报、监控量测信息结合起来。利用钻孔岩芯和钻孔等进行简易岩体力学测试研究岩体特性,初步判别岩类,减少费用昂贵的大型试验,使岩体分级简单易行,这也是国内外岩体分级的一个发展趋势。

④新理论、新方法在岩体分级中的应用。电子计算机等先进手段的出现,使一些新理论、新方法(如专家系统、模糊评价等)也相继应用于岩体分级中,即出现了一些新的分级方法。可以预见,这也是岩体工程分级的一个新的发展趋势。

⑤强调建立岩体工程分级结果与岩体力学参数估算的定量关系,重视分级结果与工程岩体处理方法、施工方法相结合。

9.2.1 围岩常规分级(类)方法

由于地质情况复杂、多变,目前国内外提出了许多隧(巷)道围岩分类的建议,有的已在工程实践中得到了广泛应用。大致有下述几种分类方法。

①以岩石强度或岩石的物理力学指标为代表的分类方法(如普氏分类法);

②以岩体构造、岩性特征为代表的分类方法(如太沙基分类法)；

③以与勘察手段相联系的分类方法(如按弹性波速分类法)；

④以多种地质因素进行组合的分类方法(如Q系统、RMR分类法、工程岩体质量分级标准等)；

⑤以隧道稳定状态为代表的分类法(如公路、铁路隧道围岩分类法)。

我国大量地下工程建筑的实践表明，隧道的破坏及围岩压力的大小，并非仅仅取决于岩体的强度，而主要是取决于反映围岩稳定性的围岩结构特征。因此，近年来人们在逐渐废弃了单纯以围岩强度为基础的围岩分类法，向综合考虑隧道围岩地质条件特征及以隧道围岩稳定性为基础的围岩分类法。

目前，公路隧道围岩分类是按照交通部于2004年颁布的《公路隧道设计规范》(JTG D70—2004)中第3.6条的有关规定执行的，原《公路隧道设计规范》(JT J026—90)同时停止实施。其实，《公路隧道设计规范》(JTG D70—2004)中规定的围岩分级，主要是引用了工程岩体分级标准(GB 50218—94)中的围岩分级(类)方法。

9.2.1.1　《公路隧道设计规范》(JTG D70—2004)围岩分级简介

现行《公路隧道设计规范》(JTG D70—2004)中的围岩分级方法是在国标《工程岩体分级标准》(GB 50218—94)的基础上提出来的，即隧道围岩分级的综合评判方法宜采用两步分级法，并按以下顺序进行：

①根据岩石的坚硬程度和岩体完整程度两个基本因素的定性特征和定量的岩体基本质量指标[*BQ*]，综合进行初步分级。

②对围岩进行详细定级时，应在岩体基本质量分级基础上考虑修正因素的影响，修正岩体基本质量指标值。

③按修正后的岩体基本质量指标[*BQ*]，结合岩体的定性特征综合评判、确定围岩的详细分级。

围岩基本质量分级列于表9-3。

公路隧道围岩分级　　表9-3

围岩级别	围岩或土体主要定性特征	围岩基本质量指标BQ或修正的围岩基本质量指标[*BQ*]
I	坚硬岩，岩体完整，巨整体状或巨厚层状结构	＞550
II	坚硬岩，岩体较完整，块状或厚层状结构； 较坚硬岩，岩体完整，块状整体结构	550～451
III	坚硬岩，岩体较破碎，巨块(石)碎(石)状镶嵌结构； 较坚硬岩或较软硬岩层，岩体较完整，块状体或中厚层结构	450～351

续上表

围岩级别	围岩或土体主要定性特征	围岩基本质量指标 BQ 或修正的围岩基本质量指标[BQ]
IV	坚硬岩,岩体破碎,碎裂结构; 较坚硬岩,岩体较破碎～破碎,镶嵌碎裂结构; 较软岩或软硬岩互层,且以软岩为主,岩体较完整～较破碎,中薄层状结构	350～251
	土体:(1)压密或成岩作用的黏性土及沙性土;(2)黄土;(3)一般钙质、铁质胶结的碎石土、卵石土、大块石土	—
V	较软岩,岩体破碎; 软岩,岩体较破碎～破碎; 极破碎各类岩体,碎、裂状,松散结构	≤250
	一般第四系的半干硬至硬塑的黏性土,卵石土、非黏性土呈松散状结构,黏性土及黄土呈松软结构	—
VI	软塑状黏性土及潮湿、饱和粉细砂层、软土等	—

各级围岩的自稳能力根据围岩变形量测和理论计算分析来评定,列于表 9-4。

隧道各级围岩自稳能力判断 表 9-4

围岩级别	自稳定能力
I	跨度 20m,可长期稳定,偶有掉块,无坍方
II	跨度 10～20m,可基本稳定,局部可发生掉块或小坍方; 跨度 10m,可长期稳定,偶有掉块
III	跨度 10～20m,可稳定数日～1 个月,可发生小～中坍方; 跨度 5～10m,可稳定数月,可发生局部块体位移及小～中坍方; 跨度 5m,可基本稳定
IV	跨度 5m,一般无自稳能力,数日～数月内可发生松动变形、小坍方,进而发展为中～大坍方。埋深小时,以拱部松动破坏为主,埋深大时,有明塑性流动变形和挤压破坏; 跨度小于 5m 时,可稳定数日～1 个月
V	无自稳能力,跨度 5m 或更小时,可稳定数日
VI	无自稳能力

注:①小坍方:坍方高度<3m,或坍方体积<30m^3;

②中坍方:坍方高度 3～6m,或坍方体积 30～100m^3;

③大坍方:坍方高度>3m,或坍方体积>100m^3。

(1)围岩级别的定性划分依据

岩体基本质量的定性描述是用岩石坚硬程度和岩石完整程度来进行的。

①在定性分析中，将岩石的坚硬程度分成坚硬岩、较坚硬岩、较软岩、软岩、极软岩这5个等级。这5个等级的文字描述列于表9-5。

岩石坚硬程度的定性划分 表9-5

名称		定性鉴定	代表性岩石
硬质岩	坚硬岩	锤击声清脆，有回弹，震手，难击碎；浸水后，大多无吸水反应	未风化～微风化的花岗岩、正长岩、闪长岩、辉绿岩、玄武岩、安山岩、片麻岩、石英片岩、硅质岩、石英岩、石英砂岩等
	较坚硬岩	锤击声清脆，有轻微回弹，稍震手，较较难击碎；浸水后，有轻微吸水反应	①弱风化的坚硬岩； ②未风化～微风化的熔结凝灰岩、大理岩、板岩、白云岩、钙质胶结的砂岩等
软质岩	较软岩	锤击声不清脆，无回弹，较易击碎；浸水后，指甲可刻出印痕	①强风化的坚硬岩； ②弱风化的较坚硬岩； ③未风化～微风化的凝灰岩、千枚岩、沙质泥岩、泥灰岩、粉砂岩，页岩等
	软岩	锤击声哑，无回弹，有凹陷，易击碎；浸水后，手可掰开	①弱风化的坚硬岩； ②弱风化～强风化的较坚硬岩； ③弱风化的较软岩； ④未风化的泥岩等
	极软岩	锤击声哑，无回弹，有较深凹陷，手可捏碎；浸水后，可捏成团	①全风化的各种岩石； ②各种半成岩

在描述岩石坚硬程度中，涉及到岩石风化程度的描述，其定性描述列于表9-6。

岩石风化程度的划分 表9-6

名称	风化特征
未风化	结构构造未变，岩质新鲜
微风化	结构构造、矿物色泽基本未变，部分裂隙面有铁锰质浸染
弱风化	结构构造部分破坏，矿物色泽较明显变化，裂隙面出现风化矿物或存在风化夹层
强风化	结构构造大部分破坏，矿物色泽明显变化，长石、云母等多风化成次生矿物
全风化	结构构造全部破坏，矿物成分除石英外，大部分风化成土状

当熟悉了岩石风化程度和坚硬程度后，就可以对某种岩体选取相应的坚硬程度等级的描述。

②在定性分析中，岩体的完整程度被划分为5个等级：完整、较完整、较破碎、破碎和极破碎，相应描述列于表9-7。

岩体完整程度的定性划分 表 9-7

名称	结构面发育程度		主要结构面的结合程度	主要结构面类型	相应结构类型
	组数	平均间距(m)			
完整	1～2	>1.0	结合好或结合一般	节理、裂隙、层面	整体状或巨厚层状结构
较完整	1～2	>1.0	结合差	节理、裂隙、层面	块状或厚层状结构
	2～3	1.0～0.4	结合好或结合一般		块状结构
较破碎	2～3	1.0～0.4	结合差	节理、裂隙、层面、小断层	裂隙块状或中厚层状结构
	≥3	0.4～0.2	结合好		镶嵌碎裂结构
			结合一般		中、薄层状结构
破碎	≥3	0.4～0.2	结合差	各种类型结构面	裂隙块状结构
		≤0.2	结合一般或结合差		碎裂状结构
极破碎	无序		结合很差		散体状结构

确定岩体完整程度时，涉及到结构面结合程度的描述和岩体结构类型的描述。岩体结构面结合程度和结构类型的描述分别列于表 9-8 和表 9-9。

结构面结合程度的划分 表 9-8

名　称	结构面特征
结合好	张开度小于 1mm，无充填物； 张开度 1～3mm，无硅质或铁质胶结； 张开度大于 3mm，结构面粗糙，为硅质胶结
结合一般	张开度 1～3mm，为钙质或泥质胶结； 张开度大于 3mm，结构面粗糙，为铁质或钙质胶结
结合差	张开度 1～3mm，结构面平直，为泥质或泥质和钙质胶结； 张开度大于 3mm，多为泥质或岩屑充填
结合很差	泥质充填或泥夹岩屑充填，充填物厚度大于起伏差

岩体结构类型表 表 9-9

类　型	亚　类	岩体结构特征
块状结构	整体状结构	岩体极完整，呈巨块状，结构面不发育，间距大于 100cm
	块状结构	岩体较完整，呈块状，结构面轻度发育，一般发育 1～2 组，间距一般为 100～50cm
	次块状结构	岩体较完整，呈巨厚层状，结构面不发育，间距大于 100cm
层状结构	巨厚层状结构	岩体完整，呈巨厚层状，结构面不发育，间距大于 100cm
	厚层状结构	岩体较完整呈厚层状结构面轻度发育间距一般为 100～50cm
	中厚层状结构	岩体较完整，呈中厚层状，结构面中等发育，间距一般为 50～30cm

续上表

类　型	亚　类	岩体结构特征
层状结构	互层状结构	岩体较完整或完整性差，呈互层状，结构面较发育或发育，间距一般为 30～10cm
	薄层状结构	岩体完整性差，呈薄层状，结构面发育，间距一般小于 10cm
碎裂结构	镶嵌碎裂结构	岩体较破碎，岩体完整性差，岩块镶嵌紧密，结构面较发育到很发育，一般发育 3～4 组，间距一般为 30～10cm
	破碎结构	岩体较破碎，呈碎裂或薄层状，结构面很发育间距一般小于 10cm
散体结构	碎块状结构	岩体极破碎，岩块、角砾夹岩屑或泥质物
	碎屑状结构	岩体破碎，呈松散状，岩屑或泥质物夹岩块

当确定了结构面结合程度和和岩体结构类型等条件后，就可以选择一种岩体完整程度的描述，根据岩体基本质量定性特征与基本质量分级的关系确定该类岩体的基本质量级别。

(2)围岩级别的定量划分依据

①岩石坚硬程度定量指标用岩石单轴抗压强度 R_c 表达。R_c 一般采用实测值，若无实测值，可采用实测的岩石点荷载强度指数 $I_{s(50)}$ 的换算式，即按式(9-1)进行计算：

$$R_c = 22.82 I_{s(50)}^{0.75} \tag{9-1}$$

其中 R_c 与岩石坚硬程度定性划分的关系可按表 9-10 确定。

R_c 与定性划分的岩石坚硬程度的对应关系　　表 9-10

岩石单轴饱和抗压强度 R_c(MPa)	>60	60～30	30～15	15～5	<5
坚硬程度	坚硬岩	较坚硬岩	较软岩	软岩	极软岩

②岩体完整程度的定量指标用岩体完整性系数 K_v 表达。应针对不同的工程地质岩组或岩性段，选择有代表性的点、段测试岩体岩性纵波速度，并应在同一岩体取样测定岩石纵波速度，K_v 值按式(9-2)确定：

$$K_v = (v_{pm}/v_{pr})^2 \tag{9-2}$$

式中：V_{pm}——岩体弹性纵波速度(km/s)；

V_{pr}——岩石弹性纵波速度(km/s)。

若无声波实测资料时，可用岩体单位体积内的节理数 J_v，按表 9-11 确定对应的 K_v 值。岩体体积节理数 J_v(条/m^3)，应针对不同的工程地质岩组或岩性段，选择有代表性的露头或开挖壁面进行节理(结构面)统计。除成组节理外，对延伸长度大于 1m 的分散节理亦应予以统计。

J_v 与 K_v 对照表 表 9-11

J_v(条/m³)	<3	3～10	10～20	20～35	>35
K_v	>0.75	0.75～0.55	0.55～0.35	0.35～0.15	<0.15

每一测点的统计面积不应小于 2m×5m。岩体 J_v 值应根据节理统计结果按式(9-3)计算：

$$J_v = S_1 + S_2 + \cdots + S_n + S_k \tag{9-3}$$

式中：S_n——每 n 组节理每米长测线上的条数；

S_k——每立方米岩体非成组节理条数(条/m³)。

其中，K_v 与定性划分的岩体完整程度的对应关系可按表 9-12 进行确定。

K_v 与定性划分的岩体完整程度的对应关系 表 9-12

K_v	>0.75	0.75～0.55	0.55～0.35	0.35～0.15	<0.15
完整程度	完整	较完整	较破碎	破碎	极破碎

③围岩基本质量指标 BQ 应根据分级因素的定量指标 R_c 值和 K_v 值按式(9-4)进行计算。

$$BQ = 90 + 3R_c + 250K_v \tag{9-4}$$

使用时应遵守下列限制条件：

a. 当 $R_c > 90K_v + 30$ 时，应以 $R_c = 90K_v + 30$ 和 K_v 代入计算 BQ 值；

b. 当 $K_v > 0.04R_c + 0.4$ 时，应以 $K_v = 0.04R_c + 0.4$ 和 R_c 代入计算 BQ 值。

取第一式限制，是为了保证当岩体强度过高，而完整性较差时不致产生由于 R_c 值过大使岩体基本质量指标 BQ 过大，进而造成对岩体质量等级及实际稳定性做出错误的判断；取第二式限制，是针对 R_c 值过小而 K_v 值过大的情况。这样可以保证不会由于 K_v 过大，而产生对岩体实际稳定性或质量等级的错误判断。当计算出 BQ 后，查表 9-3 即可得到相应的基本质量等级。

(3)围岩级别的整体确定依据

围岩级别是在围岩基本质量指标 BQ 基础上，引入地下水修正(K_1)，软弱结构面修正(K_2)和高初始应力修正(K_3)后所得到的修正结果。当得到[BQ]值后，查表 9-3 公路隧道围岩分级即可得到相应的围岩级别。围岩基本质量指标修正值[BQ]可按下式进行计算：

$$[BQ] = [BQ] - 100(K_1 + K_2 + K_3) \tag{9-5}$$

其中 K_1、K_2 分别是通过目测的地下水状态和罗盘测得的结构面产状与洞轴线组合关系，再经查表 9-13 和表 9-14 而得到。

地下水影响修正系数 K_1　　表 9-13

地下水出水状态 \ BQ	>450	450～351	350～251	<250
潮湿或点滴状出水	0	0.1	0.2～0.3	0.4～0.6
淋雨状或涌流状出水，水压<0.1MPa或单位出水量<10L/min.m	0.1	0.2～0.3	0.4～0.6	0.7～0.9
淋雨状或涌流状出水，水压>0.1MPa或单位出水量>10L/min.m	0.2	0.4～0.6	0.7～0.9	1.0

主要软弱结构面产状影响修正系数 K_2　　表 9-14

结构面产状及其与洞轴线的组合关系	结构面走向与洞轴线夹角<30°，结构面倾角 30°～75°	结构面走向与洞轴线夹角>60°，结构面倾角>75°	其他组合
K_2	0.4～0.6	0～0.2	0.2～0.4

对于 K_3 是通过应力情况的确定，再经查表 9-15 得到。

初始应力状态影响修正系数 K_3　　表 9-15

初始应力状态 \ BQ	>550	550～451	450～351	350～251	<250
极高应力区	1.0	1.0	1.0～1.5	1.0～1.5	1.0
高应力区	0.5	0.5	0.5	0.5～1.0	0.5～1.0

隧道围岩分级是一项动态的系统工程，因为在勘察和设计阶段，受勘察手段、工作量和自然地质条件的限制，围岩的分级是非常初步的和粗略的，据此进行的设计也是一种预设计。因此，在施工过程中，为了提高围岩级别划分的准确性，达到既保证支护结构安全又保证投资合理的目的，还需要对围岩级别进行现场核查、重新判别和动态调整，这也是隧道工程动态设计和信息化施工的重要组成部分。同时，《公路隧道设计规范》(JTG D70—2004)中的围岩分级方案是一种具有普遍性的方案，在一些具体的公路隧道工程施工期间围岩分级中的适用性和可操作性不强。因此，在施工过程中，依据规范中的围岩分级原则并结合具体工程的围岩特性，制定出便于操作的公路隧道掌子面跟踪地质调查表和围岩级别现场判别工作表，依据掌子面现场跟踪调查表和围岩级别现场判别工作表对围岩情况开展现场跟踪调查并对围岩级别进行现场核查和判别，是非常必要的。为了消除人为因素的影响，使围岩级别划分更加合理和准确，可以在大量现场跟踪调查的基础上，运用一些非线性分析方法(如神经网络技术、灰色理论、模糊综合评判等)对围岩级别进行智能化判别，根据判别结果对围岩级别进行实时的动态调整，为隧道工程的动态设计和信息化施工提供科学依据。

9.2.1.2 高速公路隧道围岩分级中存在的问题

随着岩体力学和围岩分级研究不断进步，特别在地质现象的定性描述转化为定量描述以最大限度地减少人为主观因素的影响方面有许多成果，围岩探测技术也有了长足的进展，这为高速公路隧道围岩定量分级方案的制订创造了条件。与此同时，人们也逐渐认识到原有的公路隧道围岩分级方案存在一些问题。

由于当前国内外盛行的隧道围岩分级，大多仅适用于长度及埋深较小或勘探工程量很大且开挖有导洞等条件的围岩分级。我国多年的勘探设计资料表明，在勘察阶段，其工程量是比较少的，即使是深埋长大隧道，或有较大的勘探工程量，但与埋深和长度相比，其控制程度远不如一般地下洞室。

在此情况下，如何做好深埋长大隧道的围岩分级、评价是相当关键的。为此，必须对隧道全线工程地质条件作全面的、深入的了解进而寻求一些新的方法以获得岩石的 RQD 值、结构面状态、岩体完整性等资料。

另外，高速公路隧道与其他隧道相比有各自的特点。水电隧道虽然规模大，但勘探工作十分详细，而且其位置本身就选在地质构造、地层岩性相对优良的地区。公路由于是一种线形工程，需要经过不同的地质环境，又因为展线的需要，有时不得不穿越地质条件很差的地段。在我国，由于高速公路起步不久，但建设速度惊人，特别是西部地区，这种建设是在没有充分的技术积累和准备(包括地质勘察、设计和施工等)的情况下进行的，所以公路隧道围岩分级只能参考铁路围岩分级，而其他工作(如地质勘察)既没有考虑到公路与铁路的差别(如断面大、结构受力复杂等)，工作也往往没有铁路隧道那么深入，特别是复杂山区的长大隧道。所以，在施工过程中因围岩级别的诸多问题(如设计中确定的围岩级别与实际围岩的差异、按照规范确定的围岩级别进行支护仍然满足不了要求等)而往往延误工期，提高工程造价甚至发生工程事故。

因此，根据高速公路隧道的特点，尽快建立有效的、科学合理的、更加客观的围岩细化分级方法已经成为广大公路建设者的强烈愿望，也已经成为公路工程地质研究亟须解决的课题。而所谓有效的围岩分级就是技术上可行，能充分利用勘察设计、施工阶段的各种信息，逐渐由粗到细的一种分级，并能立即用于指导施工的分级方法。

9.2.2 超前地质预报围岩细化分级方法

根据设计阶段的地质勘察工作成果可以对隧道的围岩进行分级，这一分级结果对于指导设计和招标、投标均能起到一定的作用。但是，由于勘察工作中的现场调查是在地表进行的，对隧道的围岩分级带有很大的推测性；钻探虽然深达隧道位置，但钻孔数量有限；物探是在地表进行的深部探测，难以对围岩的频繁

变化做出较为准确的判断；勘查阶段这种分级的准确性和精度都难以保证，而地质条件本身的复杂性又使其更为困难。所以，更靠近隧道的、更为准确的、简单易行的围岩分级就成为隧道设计、施工人员的迫切需要。

9.2.2.1　基于 TSP 探测成果的围岩分级参考

TSP 和其他反射地震波方法一样，采集的 TSP 数据，通过 TSPwin 软件进行处理。TSPwin 软件处理流程包括 n 个主要步骤，即：数据设置→带通滤波→初至拾取→拾取处理→炮能量均衡→Q 估计→反射波提取→PS 波分离→速度分析→深度偏移→提取反射层。通过速度分析，可以将反射信号的传播时间转换为距离(深度)。处理结果，可以用与隧道轴的交角及隧道工作面的距离来确定反射层所对应的地质界面的空间位置，并根据反射波的组合特征及其动力学特征解释地质体的性质。

通过 TSPwin 软件处理，可以获得 P 波、SH 波、SV 波的时间剖面、深度偏移剖面、提取的反射层、岩石物理力学参数、各反射层能量大小等成果，以及反射层在探测范围内的 2D 或 3D 空间分布。根据对 TSP 探测资料的解释，每次可得到掌子面前方 150m 左右范围内围岩的相对地质状况变化，可参考使用由岩性变化、岩体中富水性强弱程度和换算出的围岩力学参数，由于计算的岩体力学参数为视参数，因此，只能参考按照《公路工程地质勘察规范》进行围岩初步分级。依据 TSP 探测的围岩分级一定要参考勘察阶段的围岩力学性质资料。从理论上讲，反射类提取的视参数需进行必要的校正，才能使用。但由于超前地质预报资料是在勘察资料基础上进行的，显然对围岩的判断将更为精确和可靠。另外，同一级围岩中包括了不同软硬程度的岩石，或者岩性类似，但富水情况不同，这显然更为接近围岩实际，使设计和施工人员有了更为可靠的依据，也为施工过程中的变更设计提供了极有价值的资料。利用地震反射法纵横波探测描述岩体性质将是分级的方向之一。

9.2.2.2　基于超前水平钻孔的围岩分级

利用超前钻孔确定掌子面前方围岩级别主要是依据钻速的快慢及钻孔中回水的颜色来判断前方掌子面围岩的岩性、构造及岩石的破碎程度，进而判断围岩级别。其工作程序：

①首先对掌子面围岩特征进行描述，作掌子面素描图；

②然后进行钻探，在钻进过程中记录钻进速度、回水的颜色、从钻孔中冲出的岩石颗粒大小等；

③最后对这些资料进行整理分析，确定围岩级别。

在被钻的围岩开挖过程中对围岩进行详细描述，并作开挖面地质素描图，一方面为了验证分级结果;另一方面,为后续的围岩分级积累经验。目前还没有根据钻进资料进行围岩分级的定量指标体系,大多都根据工程经验判断,这种分级应该是在隧道掘进过程中,特别是在掘进的初期就应尽可能总结归纳出一些规律。

从多座隧道的围岩分级实例发现,不同级别的围岩在钻进过程中表现出不同的特征,这些特征也是围岩分级的依据。

①钻进正常,表明围岩节理少,岩体完整;卡钻表明围岩破碎,往往是几组节理交汇的反映,表现为节理密集;突然钻进加快表明是从坚硬岩层突然进入软弱岩层等;

②钻进过程中回流的液体颜色是岩性的反映;

③从钻孔中冲出的岩粉粗表明岩石软弱或破碎;岩粉细表明岩石坚硬或完整;

④从钻孔中流出的水流量越大,表明岩体中裂隙越发育;

⑤钻进速度快表明岩石软弱;钻进速度慢表明岩石坚硬;但对因裂隙发育而出现卡钻现象或岩石软弱出现吃钻现象的情况需区别分析,钻速忽快忽慢表明围岩变化频繁;对于钻孔资料指导隧道施工而言,围岩级别不宜变化频繁,所以,依据钻速变化进行围岩分级时还必须收集其他资料综合全面考虑。

9.2.2.3 基于综合参数超前地质预报的围岩分级

复杂地质条件下的隧道施工超前地质预报的综合参数法采用“波速+电阻率”参数。众所周知,利用超前预报资料对掌子面前方围岩进行分级将有非常重要的意义。因为,围岩分级是选择施工方法、确定结构上部荷载(松散荷载)、给出衬砌结构类型及其尺寸、制定劳动定额、材料消耗标准的基础和依据。

国内地下工程其他围岩分级方法,虽然对隧洞围岩分级的描述过程、判断标准、围岩级别划分不完全相同,但均是结合各行业的隧洞标准进行详细的、定性或半定量的地质描述,从以下几个方面进行分析判别:

①围岩工程地质特征;

②结构特征和完整性;

③围岩开挖后的稳定状态;

④岩体受地质构造影响程度;

⑤岩体节理发育程度;

⑥围岩弹性纵波速度;

⑦地下水等。

以上几个方面,如以岩体为主要因素,可概括为:

①围岩结构特征和完整状态(可称为围岩岩体强度);

②围岩的岩石强度；

③地下水。

研究围岩的细化分级，可依据几个主要因素从岩石、岩体的地球物理特征，进一步确定围岩的地球物理勘探方法，结合隧道超前地质预报结果，进一步细化围岩分级。

(1)围岩岩石强度的确定

岩石、矿石有很多方面的物理参数，如电阻率、磁导率、极化率、介电常数、密度、放射性、波速等，人们可以单独地利用其中的一种性质，也可同时或分别利用两种和三种以及全部性质，以便从不同方面或多方面研究地质目标体，确定描述某种岩矿石的物理性质，进一步确定其力学性能。根据围岩结构特征和完整状态、围岩岩石强度、地下水的物性差异及技术经济比较选定所要确定的物性参数为电阻率、波速。这正是超前地质预报综合参数的最佳参数组合。

①电阻率法(岩石的电学性质)。影响岩石电阻率的主要因素：a. 岩石成分和结构；b. 岩石所含水分；c. 岩石温度。其中：地下水电阻率<100，隧道内水电阻率1～10；空气电阻率为∞。岩石电阻率有遇水敏感的特点，岩石与水的电阻率差异很大。而地下水赋存与岩石的成分与结构有关。

②波速法(岩石的纵波波速)。弹性波在岩体中的传播速度与岩体的种类、弹性参数、结构面、物理力学参数、应力状态、风化程度、含水量等有关。弹性波在水中的传播速度1.45～1.51km/s；在空气中不能传播。测试岩石声波速度的设备主要包括：钻石机、锯石机、磨石机、测量平台以及岩石声波参数测定仪等。岩石声波速度测试的方法与岩体声波速度测试相类似。对非受力状态下的测试，应将试件置于测试架上，对换能器施加0.05MPa的压力，测读纵波在试件中行走的时间；对受力状态下的测试，宜与单轴压缩变形试验同时进行。测试结束后，测定仪器与换能器系统的零延时值。

岩体及岩石的弹性纵波波速测取后，即可按照下列公式计算出岩体完整性指数K_v：

$$K_v = (V_{pm}/V_{pr})^2 \tag{9-6}$$

式中：V_{pm}——岩体弹性纵波速度(km/s)；

V_{pr}——岩石弹性纵波速度(km/s)。

岩石地球物理特征与力学性质的简单关系见表9-16，不同地区应以实测值或参考勘察资料确定。

③岩石应力测试与强度计算。由弹性力学可推导出纵波波速V_p与弹性模量E的关系式：

岩石地球物理特征与力学性质的简单关系　　表 9-16

岩　石	密度 (g/cm^3)	岩石(平均)极限饱和抗压强度 (MPa)	电阻率范围 ($\Omega \cdot m$)	纵波波速范围 (km/s)
火成岩	2.78～3.1	177.2	100～100 000	5 000～5 500
变质岩	2.67～2.68	156.5	50～100 000	5 500～6 000
硬页岩	2.818	34.1	10～500	3 000～4 000
软页岩	2.7	18.2	1～10	1 500～3 000
多孔灰岩	2.71～2.77	151.6	100～5 000	2 500～3 000
致密灰岩	2.776	176.3	5 000～1 000 000	5 000～5 500
资料来源	勘察	勘察	电法勘探	声波仪资料

$$V_p=\sqrt{\frac{E(1-\mu)}{\rho(1+\mu)(1-2\mu)}} \tag{9-7}$$

式中：μ——质点在 x 方向的位移；

ρ——介质密度。

通过大量岩石的物性测试，并对每种岩性进行数理统计，利用测试的纵波波速可求出岩石的弹性模量 E，从而建立了岩石物性参数与力学性能的关系。对岩石的物性测定主要是研究完整母岩岩石成分与结构强度。

(2)岩体强度的确定(围岩结构特征和完整状态)

通过对岩体与岩石强度的研究，进一步说明实际岩体的完整、均匀、形变、风化、湿润等程度，说明围岩的岩性、构造、稳定性及地下水对岩体的影响。

①围岩的电阻率测试。图 9-13 是雁门关隧道采用对称四极测深的电阻率测试结果。当然，围岩电阻率可利用超前地质预报的视电阻率结果。由于视电阻率对水过于敏感，需对视电阻率结果做归一化及滤波处理。

②围岩波速测试。岩体是个复杂的介质，声波在岩体中的传播特性远比完整的理想弹性介质复杂得多。均匀岩体中各种地质物理和地应力的作用，对声波传播的行程和振幅将产生一系列的影响，因此，岩体中弹性波传播的特征是岩体性态的客观反映。而岩体中弹性波传播与其内部的结构特征有着密切联系，随着岩体的种类、弹参数、结构面、断层和破碎带、密度、孔隙率、应力状态、风化程度和含水率的不同而有显著的变化。因而，对围岩进行弹性波测试是非常有必要的。

弹性波在岩体中传播时，其速度、振幅频率、波形等声学特征对岩体的岩性、结构面发育程度、风化及应力情况有比较灵敏的反应。岩体越坚硬、完整、风化轻微、所受应力越大，岩体波速则越高，反之亦反。据此结合工程地质勘测，把不同工程地质特征的岩体区分开来。目前应用于岩体分类的主要指标是波速振幅，测试方法为锤击法。

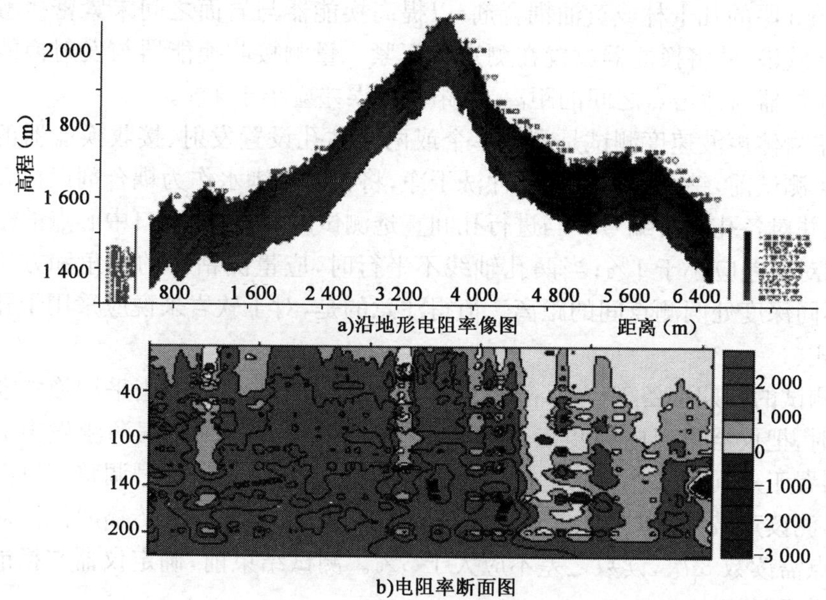

图9-13　雁门关隧道围岩的电阻率断面及像图

岩体声波测试的过程是声波发射、传播及接收显示，其相应的设备有发射换能器、接收换能器和岩石声波测定仪。在岩体表面一端发射声波(采用锤击的方法)，一端接收测出声波在距离L内的传播时间，便可以计算出声波在岩体中的波速。

岩体完整性指数K_v是一项复合变量指标，其数值与岩体弹性纵波速度、岩石弹性纵波速度直接相关。现场通常采用弹性波测试的方法进行测取。

③岩体弹性纵波速度V_{pm}。目前，用于测量岩体声波速度的探测仪器种类较多，例如KH-1型、SYT-1型、KHH-1型等。现场测试前，先选取有代表性的地质地段作为测试区域，然后根据要求布置测线。对各向同性的岩体，测线宜按直线布置；而对各向异性的岩体，测线则宜分别按平行和垂直岩体主要结构面进行布置。接着在平洞、钻孔、或岩面上岩性均匀、表面光滑、无局部节理裂隙处布置测点，相邻两测点的距离，当采用换能器激发时，宜为1～3m；当采用电火花激发时，宜为10～30m；当采用锤击激发时，应大于3m。布置完毕即可开展现场的测试工作，测试方式按换能器与岩体的接触关系，可分为表面的和内部的，即在岩面上和孔中两种基本测试类型。

a.岩体表面声波速度测试是将发射和接收换能器置于岩体表面的测试

方法。

测试前，测点表面应大致修凿平整、擦净，并对测点进行编号。在换能器表面涂 1～2mm 厚的凡士林或黄油耦合剂，以提高换能器与岩面之间未紧密接触空间的传声效果，并将换能器放置在测点上压紧。量测接收换能器与发射换能器或接收换能器与锤击点之间的距离，测距相对误差应小于 1%。

b. 孔中岩体声波速度测试是利用单个或两个钻孔设置发射、接收换能器的测试方式。测试前，钻孔或风钻孔应冲洗干净，将孔内注满水作为耦合剂以提高传声效果，并对各孔进行编号。当进行孔间直透测试时，量测两孔口中心点的距离，测距相对误差应小于 1%；当两孔轴线不平行时，应量测钻孔的倾角和方位角，计算不同深度处两测点间的距离。值得注意的是，对于软岩来说应采用干孔测试的方式。

做好测试的前期准备工作后，就可以架设仪器并开机预热。当采用换能器激发声波时，把仪器置于内同步工作方式；当采用锤击或电火花振源激发声波时，把仪器置于外同步工作方式。然后将荧光屏上的光标关门信号调整到纵波初至位置，测读声波传播时间；或者利用自动关门装置，测读声波传播时间。对每一对测点需读数 3 次，读数之差不应大于 3%。测试结束前，确定仪器与换能器系统的零延时值。

由于仪器线路、换能器外壳厚度以及耦合剂等影响，造成波速的滞后延时，其数值称为零延时值。零延时值的确定方法如下：

a. 对于岩体表面声波速度测试，采用直透法测量时，可用发、收两换能器对接测出即可；平透法测量时，则需作出时距曲线来进行确定。

b. 对于孔中岩体声波速度测试，采用孔间直透法测量时，可利用浅水水池模拟现场测试，移动换能器测距，作出时距曲线，求出零延时值，简单的方法亦可并接两换能器测求其值；在单孔平透法测量时，可在充水的钻孔中移动换能器作出时距曲线来求取。

岩体的纵波速度可按下列公式进行计算：

$$V_p = \frac{L}{t_p - t_0} \tag{9-8}$$

式中：V_p——岩体纵波传播速度(m/s)；

L——发射、接收换能器中心间的距离(m)；

t_p——纵波在岩体中行走的时间(s)；

t_0——仪器系统的零延时值(s)。

计算数值取 3 位有效数字，最后计算测试断面各不同位置测线的平均声速，此即测试样本的岩体纵波速度 V_{pm}。

按公路隧道设计规范，围岩级别与物理力学参数如表9-17所示，可以作为判断的参考。

围岩级别与物理力学参数表　　表9-17

围岩级别	密度(kg/m³)	弹性波速 V_p(km/s)	泊松比	静态弹性模量(GPa)
I	2.6～2.8	>4.5	<0.2	>50
II	2.5～2.7	3.5～4.5	0.2～0.25	20～50
III	2.3～2.5	2.5～3.0	0.25～0.30	5～25
IV	2.0～2.3	1.5～3.0	0.3～0.35	2～10
V	1.7～2.0	1.0～2.0	0.35～0.45	<2
VI	1.5～1.7	<1.0	0.40～0.50	<1

④雁门关隧道围岩的波速测试采用折射波浅层地震勘探，其断面及像图见图9-14。

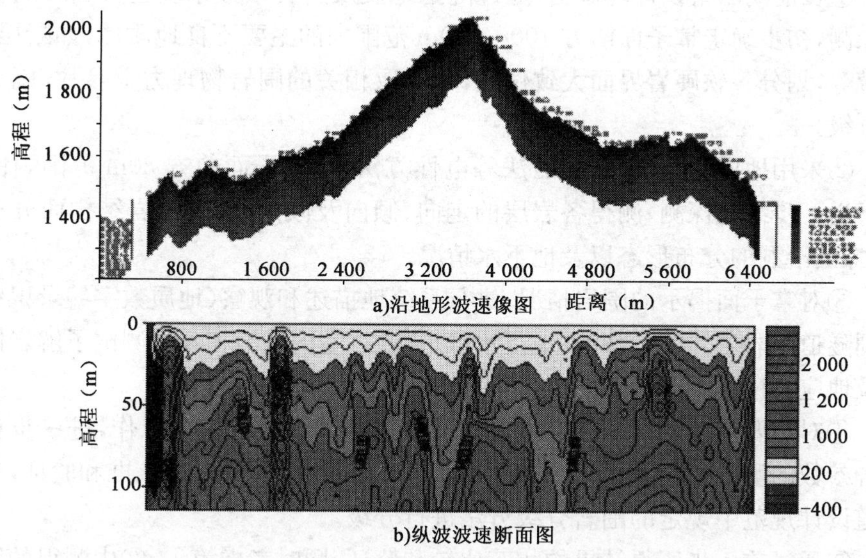

图9-14　雁门关隧道围岩的波速断面及像图

同样，超前地质预报的视波速也要进行归一化和滤波处理才能使用。通常对正常场基本可用，对岩性变化处其预报获得的参数变化过于敏感。另外，也可将两个参数加权作为综合参数来使用。

(3)综合参数的围岩细化分类方法

通过前述分析，各种围岩分级方法或预报手段都有其自身的优缺点，任何一种单一的技术方法，往往很难获得满意的结果。这就要求在的隧道围岩级别判定中，应当考虑每种方法的优缺点，取长补短，综合应用，形成一种综合的围岩分级方法。同时，目前的隧道围岩分级无一不是针对隧道设计阶段的。由于勘察手段的局限，获得的地质资料有限，设计阶段的围岩分级与隧道施工时的围岩实际情况有时差异较大。到了施工阶段，由于隧道开挖，各种地质问题暴露无遗，因此可以通过现场的地质观察描述和地质测量对隧道再次进行较准确的围岩分级，并以此作为修正完善或变更隧道支护设计的依据，进而指导施工，形成一整套隧道围岩分级方法，即综合动态围岩分级方法，以最大限度地提高围岩级别判定的准确率。

隧道围岩综合动态分级方法主要包括三种技术手段：TSP 探测（波速）、地质雷达（GPR）或瞬变电磁法探测（电阻率）、掌子面数字编录识别（节理裂隙分析）以及目前公路隧道设计规范中规定的常规围岩分级方法。实际应用中，可按照以下思路进行：

①在前期勘察设计基础上，通过隧道地震反射类预报系统进行围岩的长距离探测，初步确定掌子面前方 100～150m 范围内的主要不良地质体，如断层、破碎带等，划分各软硬岩界面大致位置，并提取相关的围岩物理力学参数，概定围岩分级。

②采用地质雷达、瞬变电磁法等电性方法，对掌子面前方 30m 范围内围岩进行进一步细化探测，测得各岩层的走向、倾向及倾角，了解围岩结构面分布状态，探明溶洞的分布形态以及地下水情况。

③对掌子面揭示的围岩情况，进行系统地描述和观察（地质数字编录识别），得到隧道围岩岩体结构特征、地下水状态，通过室内试验和现场测试了解岩体强度及地应力情况。

④对重要部位、关键环节、重大异常处进行超前钻孔验证工作，进一步获取综合参数的测孔资料和钻孔钻进动态特征，对隧道围岩进一步核准和验证，参照隧道设计规范中规定的围岩分级方法进行分级。

⑤通过前 4 步所得结果的相互比较和验证，同时考虑第①、②中测得的结构不良体及地下水情况进行修正，得出最终准确的围岩级别。

正确地对工程围岩进行工程地质分类是经济而有效地对围岩进行支护和衬砌设计的先决条件。然而，以往的工程围岩分类，只局限于定性的地质勘察，缺少定量依据，使不同工程或同一工程地段难以据勘测资料确切地对比分析。即使是 Q 分类也同样存在几个参数难以确定的问题。波速与电阻率探测相结合用于围岩分类，是岩体工程分类从依赖于定性逐渐走向定量，使工程建设既经济又安全。

由于岩体弹性波速与岩体电阻率具有同等效应的特点，均对岩性、结构面发育程度、风化及应力情况有灵敏的反应，只是两种参数对水与空气反应的敏感程度不同。因此，两种参数具有相互印正、相互补充的特征。而电阻率对含水率的敏感程度比波速高，波速对空气的敏感程度比电阻率高，总体上围岩波速的测试精度比电阻率测试精度高。鉴于隧道工程的重要性，建议利用波速研究围岩量化分类，同时用电阻率参数进行辅助和验证。岩体稳定性综合分类法见表9-18（用电阻率参数进行分类也可参照进行）。表中对岩石的测试项也可用岩体短距离波速值代替。

岩体稳定性综合分类法　　表 9-18

参数名称 / 等级指标（q_i）	岩石纵波速度 V_p(m/s)	岩体完整系数 $K=(V_{p体}/V_{p石})^2$	岩体不均匀系数 $N=V''_p/V'_p$	岩体弹性模量 E_d (1 000MPa)	岩石风化系数 $F_s=\frac{(V_{p未}-V_{p风})}{V_{p未}}$	岩石湿润系数 $W_s=\frac{(V_{p湿}-V_{p干})}{V_{p湿}}$
1	>5 000	>0.9	<1.02	>55	<0.05	<0
2	5 000～4 000	0.9～0.75	1.02～1.2	55～25	0.05～0.2	0～0.1
3	4 000～3 000	0.75～0.45	1.2～1.5	25～7	0.2～0.4	0.1～0.3
4	3 000～2 000	0.45～0.2	1.5～2	7～0.9	0.4～0.6	0.3～0.6
5	<2 000	<0.2	>2	<0.9	>0.6	>0.6
分级意义	岩石坚硬程度	岩体完整程度	岩体均匀程度	岩体形变特征	岩石风化程度	地下水影响程度
资料来源	日本岩石力学委员会	水电部、岩石试验			保加利亚 Loia GLoiev	

按照上表测定 6 个弹性参数，求得相应的等级指标值（q_i）按下式计算岩体稳定指标（S_d）。

$$S_d=\frac{\sum_{i=1}^{n}q_i}{n}\cdot\frac{\sum_{j=1}^{m}q_i}{m} \tag{9-9}$$

式中：n——与岩石有关的弹性参数种类数，n 值为 1～3；

m——与岩体有关的弹性参数种类数，m 值为 1～3。

根据岩体稳定指标 S_d 值，然后从围岩分类综合表查到所要评价的围岩级别见表 9-19。

围岩稳定分类综合表　　表 9-19

类	亚类	S_d	构造		岩性	围岩稳定情况	地下水影响
Ⅰ	$Ⅰ_1$	1～1.5	整块	裂隙不发育，间距>1m，呈单斜构造	极坚：完整的火成岩，胶结良好的沉积岩	很好：稳定，无掉块，可维持 5 年	裂隙不发育，不受地下水影响
	$Ⅰ_2$	1.5～2.2	巨块				

续上表

类	亚类	S_d		构　造	岩　性	围岩稳定情况	地下水影响
II	II_1	2.2～3	大块	地质变动大，有断层，背斜、向斜，裂隙发育，不具滑动条件	坚硬：微风化火成岩、变质岩、胶结差的沉积岩	较好：基本稳定，局部掉块，可维持1年以上	岩石有抗水性
	II_2	3～4	小块				
III	III_1	4～6.2	镶状	地质变动大，小型褶曲，软弱层结构面光滑	半坚：中等坚硬、弱风化火成岩、不坚沉积岩	中等：稳定性较差，稳定1个月以上	风化作用明显
	III_2	6.2～9	迭状				
IV	IV_1	9～13	碎屑	地质构造强烈，张开裂隙，软层，互相切割	较软：较软的沉积岩，变质岩、大断层，节理密集	较差：稳定性差局部塌，主洞稳定1周	软化、管涌
	IV_2	13～16	破碎				
V	V_1	16～20	松散	以风化裂隙为主，多夹泥，溶洞发育	松散：软松风化剧烈，弱沉积岩，第四纪堆积	极差：洞室不稳定，大部塌，不能稳定	渗漏、崩解
	V_2	20～25	软塑				

按照表9-19分类方法，岩体的应力计算与围岩支护类型的确定可结合超前地质预报的综合参数，计算围岩的弹性模量、参考电阻率值。任意选取隧道断面，进行隧道应力计算，求得某个断面的应力、应变分布数据。与施工周边、拱顶位移量测数据进行对比，在允许的精度下进行拟合，最终确定隧道断面各点的应力分布。根据应力分布进一步验算确定支护类型，确保围岩的稳定性。

9.2.2.4　小结

我们将隧道围岩分类按时间顺序和粗细程度可分为三个阶段，第一阶段隧道前期勘察对围岩的初步分类，此阶段的分类方法可能存在对部分断层的遗漏，对围岩的分类建立在以少量点推测断面的情况，但对隧道洞线的区域地质有宏观的了解，满足不了隧道施工期间的围岩分类要求，经常有与实际围岩不符的情况。第二阶段隧道开挖过程的长距离超前地质预报对围岩的细化分类，该方法以前期隧道勘察的地质资料为依据，通过对开挖掌子面的地质编录、对围岩岩体波速进行测试，对前方一定范围内的地质情况进行预报，对断层情况有较详细的了解。但由于已知地质资料有限，且地震波解译的多解性，虽对围岩分类进一步细化了，但不能量化。第三阶段隧道短距离超前预报（包括：开挖后洞内测试）的围岩量化分类，该方法建立在以上资料的基础上，增加了对围岩岩石的测试，通过对岩石与岩体的波速（电阻率）比较，进一步说明围岩的岩性、构造、稳定性、风化程度、地下水的影响程度等，达到围岩量化分类的目的。第四阶段超前钻孔与综合测孔技术提供的更为细化的一系列直接资料（特殊必要时采用），通过钻进过程的状态和特征对前方围岩进行定性描述，并结合测孔资料进行更为精确可靠的岩体细化分类与验证。以上4个阶段是隧道选线、方案确定、开挖、支护、衬

砌过程中对围岩分级由粗到细的过程，它是隧道围岩分级不可缺少的步骤。只有对围岩的量化分类，才能准确地判断围岩的工程地质特性，保证隧道设计、施工的合理性，使工程建设既经济又安全。

总之，隧道围岩细化分类需结合施工前期、中期、后期的所有资料对围岩信息进行不断地获取、修正、再获取、再修正的往复过程中接近科学合理的结果。只有充分利用多元信息、实时空间信息、多方综合信息的多证据验证才能真正实现动态分级，为目前盛行的隧道信息化施工起到有力的推动作用。

9.3　超前地质预报信息与动态设计

“动态设计”的概念很早就已经出现了，在隧道施工中，基本上也是按照“动态设计”的思想进行设计和施工的。但因获取信息手段发展的迟缓、信息传输系统的不完善以及隧道施工环境和管理体制的限制等原因，目前并没有实现、也不可能实现真正意义上的“动态设计”。尤其我国公路铁路隧道施工过程中，有许多隧道管理者为了工作简单，不愿意改变围岩分级；当然也有个别施工单位在隧道围岩变更中做手脚，做一些虚假资料以获得变更索赔。这两方面的原因使得我国隧道围岩分级动态变更的科学化发展受到制约。最近几年，由于信息技术、通信技术、获取信息手段和方法以及隧道施工监控量测技术的迅速发展，特别是设计施工体制的改革，给真正实现“动态设计”创造了良好的条件和基础。

意大利在修建 Vaglia 隧道中，采用了 ADECORS（Analysis of Controlled Deformation in Rocks and Soils）系统进行隧道的设计和施工。该系统是一个控制岩土变形的系统，对隧道的围岩，从调查阶段的地质信息来正确地掌握地质条件的变化；在设计阶段时则根据地质条件的工程划分级别，给出基准；最后根据开挖时发生的应力、应变的特性，给出适合地质条件的施工方法和支护结构。

最近日本建设省对动态设计系统给出的定义是，在工程建设的调查、设计、施工、维修管理的实施过程中，以施工为重点，利用在各过程中获得的与施工有关的电子情报和从各种作业中获得的电子情报，根据使用机械和电子仪器、量测仪器的组合加以联动控制或实现网络的一体化施工管理，以提高整个施工的效率和水平。这是一个立足于电子技术和信息技术的建设工程生产管理系统，用于监控设计、施工及运营管理全过程。

在这个思想的指导下，日本的一些会社都在开发“动态设计”的应用系统。例如佐藤工业（株）开发的“SIT 系统”，是一个把洞内的量测数据、测量数据、机械和运输车辆的运行数据、通信数据等情报信号，用单一的通信线路进行传输，实现洞内施工的一体化管理。而西松建设（株）也开发了“隧道综合管理系统”，是由信息化施工、设计支援和质量管理、隧道形状管理 4 个子系统构成的。其中,信息化系统是由 TSP(地震波探查)、DRISS(钻孔探查)、TDEM(电磁波探查)3 个工作面地质超前预报技术组合而成。设计支援系统则由过去的施工实绩和支护模式、辅助工法等构成。同样地,在 TBM 的掘进管理中也开发了类似的系统。

国内也曾尝试进行相应的研究。西南交通大学结合南昆铁路与铁二院研制的"隧道工程计算机信息化设计、施工管理系统"(1990 年),铁道部科学研究院西南研究分院(现中铁西南研究院)等单位也进行过隧道施工管理系统方面的研究,对建立隧道施工管理系统是有参考价值的。但受当时技术条件的限制,这些系统研制都有一定的局限性和片面性。在新建的渝怀铁路一些隧道中,强调了实现真正意义上的"动态设计"管理体制,并建立了相应的"动态设计组"。北京市市政工程研究院和北京交通大学联合研制了"TMIGS 隧道施工多元信息预警与安全管理系统"(2006 年),该系统已在多个公路隧道、市政隧道和北京地铁施工中使用,并取得了较好的效果。

目前,在欧洲、日本等国已纷纷开始研制和开发的隧道工程动态设计系统是建立在现代信息技术基础上,其中有的已开始产业化应用,这对促进隧道信息化产业的发展,提高施工效率、降低成本、减少风险都将起到十分重要的作用。

随着无线通信技术的发展,新兴的无线网络技术在地上办公室、家庭、工厂、公园等大众生活的方方面面得到了广泛应用。但地下工程施工基本是盲区,无手机信号(GPRS)、网络信号(INTNET)、GPS 等。而施工过程的各种信息获取是保障地下工程施工安全的基础,因此,数字化、网络化、信息化、智能化、自动化的隧道施工技术发展已迫在眉睫。

9.3.1 隧道施工的动态设计方法

随着监控量测技术的发展,隧道工程就已经逐步进入所谓"信息化"技术时代,监控量测是对支护结构是否合理的评价,由量测获得的数据来决定开挖方式、支护手段、参数及施作时机。因此,早就有所谓信息反馈设计法,或称信息化设计与施工方法。动态设计方法与信息反馈设计法实质是一致的,动态设计的理念见图 9-15,动态设计的流程见图 9-16。

然而,从目前技术发展水平看,新建隧道动态设计方法仍是以施工中获得与隧道稳定有关的地质和支护信息的反馈为核心的信息化设计法。但这种信息化设计法是建立在由局域网和广域网相结合的网络平台和需要开发研制的各个子系统平台上的工作系统,从而有效地实现根据信息反馈进行动态设计的方法。从控制论的角度,这种动态设计是一个"闭环控制系统"。

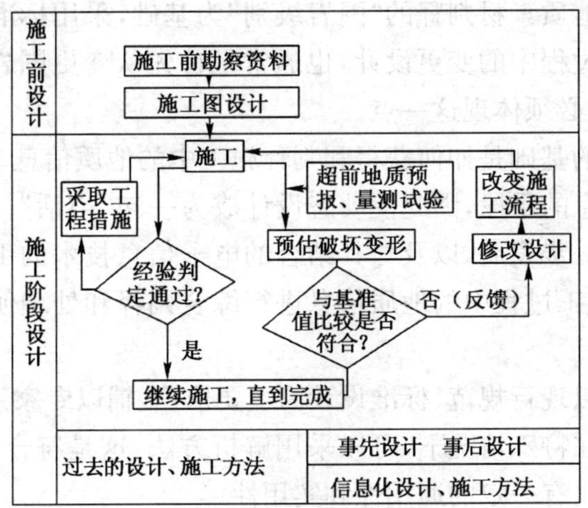

图9-15 动态设计方法示意

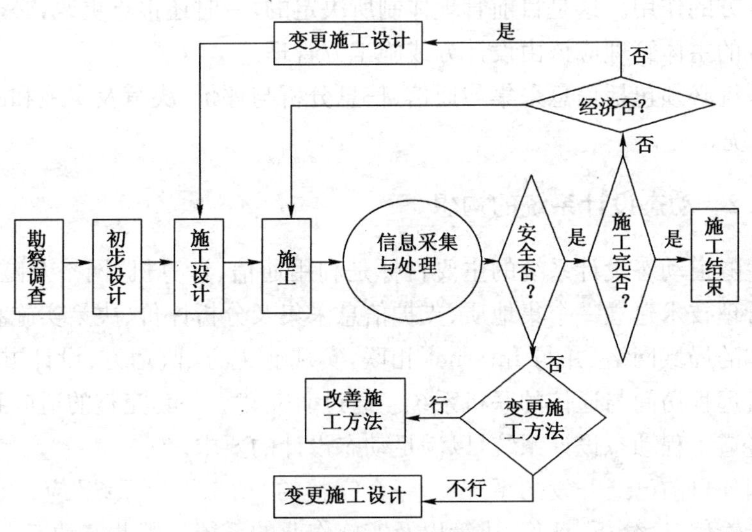

图9-16 动态设计流程

动态设计方法的基本思路(高新强、仇文革、关宝树，2004)：以“围岩级别”为纲，以施工中的地质判释的信息技术为主要手段，以现行规范、标准设计、专家系统和类似工程为决策方法，实现业主、设计、施工及监理四方的隧道动态设计的网络系统全过程管理。因此，隧道超前地质预报工作非常重要，以超前地质预报资料为主的综合围岩分级方法也迫切需要。

①动态设计究竟以什么为中心，是长期没有解决的问题。研究一个系统，必须从国情、路情出发，并能够充分体现现行规范的精髓。我国目前的隧道设计是

根据勘测阶段的地质素材判释的“围岩级别”为基础，采用标准设计方法进行预设计的。而施工过程中的变更设计，也通常是首先从变更围岩级别开始的。因此，动态设计方法必须体现这一点。

②动态设计的基础是如何获得和判释施工中的地质信息。由于过去没有有效的采集地质信息的手段，因此使动态设计成为一句“空话”。现在随着超前地质预报技术的进一步发展，以及与其结合的电子信息技术的手段如数码判释技术等的进步，对施工过程中的地质信息进行综合判释和处理使得围岩分级得以快速实现。

③设计方法以现行规范、标准设计为主要依据，辅以专家系统和类似工程类比的方法进行。在特殊情况下，可以采用解析方法，这是符合目前设计流程的，使研制的系统也具有一定的通用性和实用性。

④整个系统通过局域网把业主、设计、施工及监理 4 方有机地联系在一起，以发挥各方的作用。这是目前管理体制所决定的，一时还很难更改，必须加以适应。系统的主体管理应该由设计方或施工方管理。

⑤系统必须包括信息采集与通信、信息分析与评价、决策及实施和施工管理 4 个子系统。

9.3.2 动态设计系统的构想

新建隧道动态设计系统的主要目标是利用通信、计算机、网络及隧道设计、施工与管理技术建立一个集地质、支护信息采集及分析评价、决策实施和施工管理为一体的局域网络，并与 Internet 相联，实现业主方、监理方、设计方、施工方均可进行远程访问与通信的联机系统。通过研究建立一套完整的适应我国规范要求的隧道工程动态设计系统，以满足动态设计的要求。

从国外目前已经开发的系统看，一个完整的“动态设计系统”应该是一个能够收集传输信息、分析、评价、决策以及实施作业的系统。因此，“动态设计系统”应由信息采集与通信子系统、信息分析与评价子系统、决策及实施子系统、施工管理子系统构成。这几个子系统有机地构成了一个用网络联系在一起的大系统。

动态设计系统的网络示意见图 9-17，动态设计系统的网络总体拓扑结构见图 9-18。网络连接和文件传输分为洞内部分和洞外部分。洞内部分主要指施工现场洞内数据传输到洞外服务器，这部分采用施工期间的电话线进行传输；洞外部分指除洞内传输之外的所有数据的传输与交换，这部分采用 Internet 网络进行传输和交换。

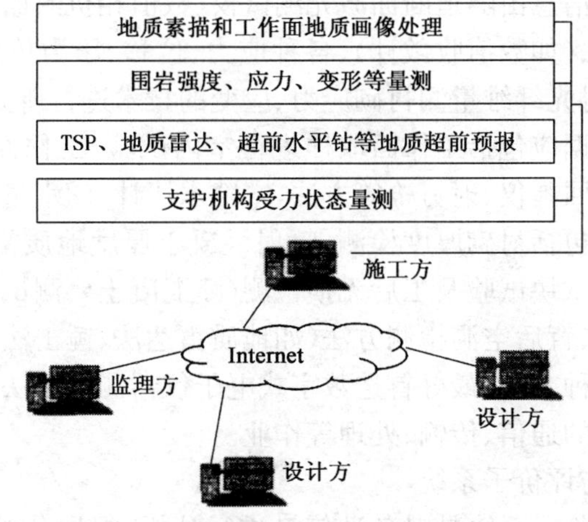

图9-17　动态设计系统的网络示意图

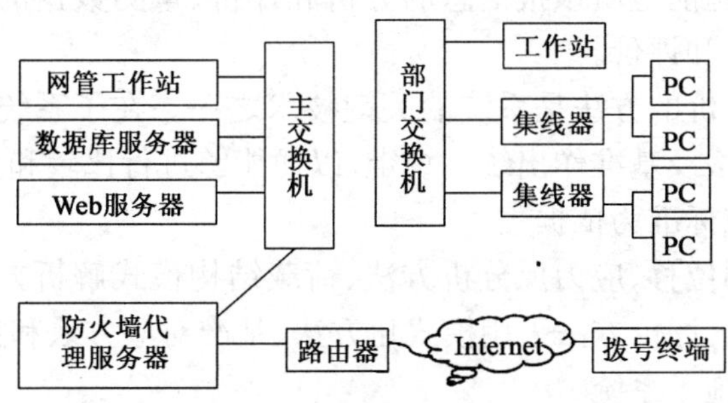

图9-18　动态设计系统的网络总体拓扑结构

9.3.3　各子系统的组成与功能

(1)信息采集与通信子系统

信息形式及内容应包括隧道设计、施工文件、竣工文件及各种图表、超前地质预报、施工监控量测、工作面地质素描、地下水及工作面涌水量、施工管理(质量、进度、材料消耗、成本核算等)、工程实验及试验等信息。信息采集尽可能采用数码技术,形成数字信号以便能够及时可靠、原样地传递到计算机中。信息的形式是多种多样的,它包括声音、画像、数据、文字、图表等,应以最简洁、方便计算机处理的形式表示。对目前无法实现数字信号采集的项目,可人工输入计算机进行管理。将各种信息传输到计算机程序系统的通信系统是本系统的关键技术之一。

为了能够实现信息的共享性,应该对获取信息的方法作出规定。建议超前地质预报信息由TSP方法、超前钻孔方法、工作面地质雷达方法、围岩数字编录识别超前地质预测、工作面围岩的测试、工作面围岩级别判定等方法获取。

建议监控量测信息由隧道断面激光测试仪、数值相机断面位移测试、空隙水压计、一般测试方法(如数值收敛计)、各种应力、位移、压力传感器等方法获取。有可能的话,建议对光纤维量测衬砌应力、应变的技术进行研究。

试验或试验数据应包括工作面取样进行室内试验、工作面直接进行试验的方法,如点荷载仪、回弹仪、射钉枪等方法,空隙水压计、涌水量测试等。

质量控制数据包括衬砌厚度检测、喷射混凝土厚度地质雷达检测,混凝土、喷射混凝土的强度试块试验及工后无损检测(喷混凝土要测试 1d 和 28d 强度),锚杆密实度测试仪、背后空洞检测方法(如地质雷达法、锤击法)等。

但不管采用何种方法,最好首选数字式电子仪器测试方法,以便能够快速在计算机上进行信息的通信、传输、处理等作业。

(2)信息分析与评价子系统

信息分析与评价子系统是对各种信息进行分析,根据分析结果作出评价的系统。重点在于:超前地质预报信息的分析和评价、量测数据的分析和评价、施工管理数据的分析和评价。

信息分析与评价的方法是系统的关键技术之一。在子系统中,应对采用的解析方法、评价方法及基准作出统一规定,以便能够进行比较和分析。其基本出发点以现行规范或标准为依据。

解析方法采用位移、应力反分析方法、荷载结构模式解析方法和二维、三维 FEM 分析方法等。评价方法采用模式化方法、基准对应方法和标准模式方法。

(3)决策及实施子系统

决策及实施子系统是在信息分析与评价的基础上,作出决策并予以实施的系统。此系统在某些情况下,可能要采用专家系统的方法编制。

此系统的实施部分应包括:设计反馈系统和施工反馈系统两部分。前者是把根据信息决策的建议,反馈到设计中的系统;而后者则是根据信息决策的建议,反馈到施工中实施的系统。因为有的是需要设计后才能实施的,有的是可以直接反馈到施工中实施的。这两种情况应分别予以考虑。

同样,决策方法是子系统的关键技术之一。在子系统中,应对采用的决策方法作出统一规定。决策方法用专家系统方法和类比方法等。

(4)施工管理子系统

施工管理子系统是对隧道施工质量、进度、成本、劳动卫生环境及安全进行管理的系统。此系统应考虑施工单位的实际情况进行编制。

9.3.4 超前地质预报是动态设计的核心

隧道动态设计的基础是围岩分级,而实时判断围岩分级的核心是超前地质

预报技术。

①综合利用掌子面前方超前地质预报的长距离预报数据，能对施工前方围岩作出初步的判断，并对设计阶段围岩分级进行修正；

②利用短距离预报数据进一步对掌子面前方 30m 围岩资料作出较精确的判断，进一步修正围岩分级；

③在重要部位钻孔验证和测孔评价，进一步修正围岩分级；

④利用掌子面数字地质编录法进行跟踪验证，必要时进行岩石岩体力学测试辅助配合，以确保对围岩的科学合理分级。

实现隧道施工相对客观、合理、实操性更强的动态设计。避免目前围岩分级方法中虽然综合性很强，但很多参数难以确定，且很多定性描述受人为因素影响较大。

随着信息化技术的发展，超前地质预报技术的进一步完善，依托综合超前地质预报技术的围岩分级方法对隧道施工进行动态设计的时代即将到来，它会对传统的隧道施工方法与技术的发展起到巨大的推进作用。

参 考 文 献

[1] 朱璐. 基于地质超前预报技术的隧道围岩级别综合动态判定方法研究. 中南大学硕士学位论文. 2008，11.

[2] 高新强，仇文革，关宝树. 新建铁路隧道动态设计系统的构思. 隧道/地下工程. 2004(3).

[3] 叶英. 雁门关隧道围岩分类量化技术研究. 2002 年国际隧道研讨会论文集，2002:45-50.

[4] 郜玉兰，叶英. 雁门关隧道超前地质预报与监控量测技术. 公路隧道年会论文集，2003.

[5] 叶英. 岩溶隧道施工超前地质预报方法研究[D]. 北京交通大学博士论文. 2006，12.

[6] 郜玉兰等. 雁门关长大公路隧道建设与运营管理成套技术研究. 2004，6.

[7] 张志龙. 越岭长大公路隧道地质预报中的关键技术问题研究. 成都理工大学博士学位论文. 2006，5.

第10章 典型应用实例

隧道及地下工程开挖面前方地质预报技术有非常广泛的应用。在地下工程开挖过程中，通常开挖面前方的详细地质情况是未知的，虽然前期进行了地质勘察，但由于不同的地下工程结构、不同的地质环境、不同的施工开挖方法等有不同的特点，前方地质预报技术会因工程现场条件不同采用的方法有所变化。下面结合具体的施工开挖方法列举超前地质预报的典型实例。

10.1 在山岭隧道施工中的应用

山岭隧道通常分为岩体和土体隧道，由于其具体工程特点不同，所采用的地质预报方法也不同。

10.1.1 工程特点

山岭隧道通常较长、埋深较大，在前期勘察期间由于技术手段和现场条件所限，勘察较粗。如地表植物较多，不利于许多方法探测；另由于埋深较大，许多地球物理方法的纵向分辨率随着深度加深而降低，且隧道开挖直径仅16m，如埋深150m，纵向分辨率90%，那么，对隧道穿越区段的地质资料就很难准确探测了。因此，隧道设计部分的围岩地质资料应以隧道施工期掌子面超前地质预报为主。

10.1.2 预报方法

山岭隧道以掌子面超前地质预报为主，而长距离预报应以地震反射法为主。由于地震波传播距离较远，且相对其他方法而言，探测的距离相对较容易判断，也就是地震波的速度可求。而在地震反射法中，应以角度偏移为主。其他电性方法，由于供电等原因，探测距离较浅，可作为辅助方法。总则是“综合参数(波速+电阻率)、长短结合(地震反射法+电性方法)”。地震方法有：TSP、VSP、HSP、TRT、USP等；电性方法有：GPR地质雷达、TEMT瞬变电磁法、BEAM激发极化法；钻孔方法有弹性波和电磁波CT。预报时可根据现场地质条件复

杂情况选择使用。

10.1.3 应用实例

10.1.3.1 实例一(Y. Ashida,2001 年):日本京都县舞鹤市 Kurobe 隧道超前预报

在日本京都县舞鹤市 Kurobe 隧道实际采集的数据经数据及图像处理的结果见图 10-1,数据处理过程:格式转换→谱分析→带通滤波→AGC 处理→等值跟踪→图像处理→反射界面自动成图。

实际的成果解释图如图 10-1 所示。图 10-2a)是根据 TBM 施工方法展布的三维解释图像,图 10-2b)是按照钻爆法解释的三维图像,图 10-2c)是地质解释成果图。

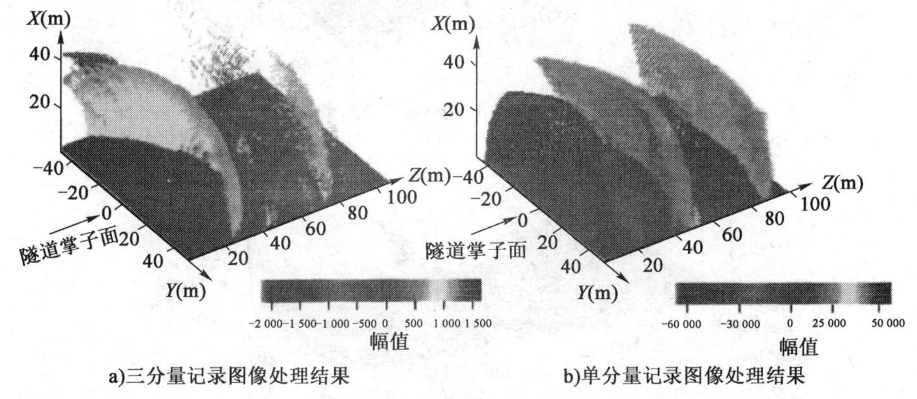

a)三分量记录图像处理结果　　b)单分量记录图像处理结果

图 10-1　图像处理结果图

以上的 VSP 探测及数据图形图像处理技术可以探测到大的岩溶复杂三维形状体。目前的 TSP203 和 TGP12 隧道地震预报系统虽然能采集到三分量数据,但简单的去看某个分量的反射波结果很难从中捕捉到所有的有用信息。经以上图形、图像处理可将三分量数据充分结合起来,从而能提供更多的地质信息,再结合隧道边墙两侧的多个传感器得到的资料,将能提供更多的地质信息,有望解决隧道要求预报范围内的较大规模岩溶问题。对小的岩溶由于测到的波信号规律性不强,且波形传播过程中随着不均匀介质的变化而叠加畸变,很容易被忽视。但三分量的显示无疑大大地提高了解释资料的可靠性和解释精度。

10.1.3.2 实例二(叶英,2009 年):北京市西六环卧龙岗隧道左线超前地质预报

(1)工程概况

北京西六环(良乡—寨口段)公路工程建设项目是联系北京郊区新城镇和疏

导市际过境交通的高速公路，同时又是国家高速公路网的一部分。其中卧龙岗隧道左线长 420m，右线长 440m，为小净距复合式衬砌结构。主要岩性为：第四系冲洪积轻亚黏土、砂质板岩、粗砂岩、粉砂岩、黏土质砂岩等。

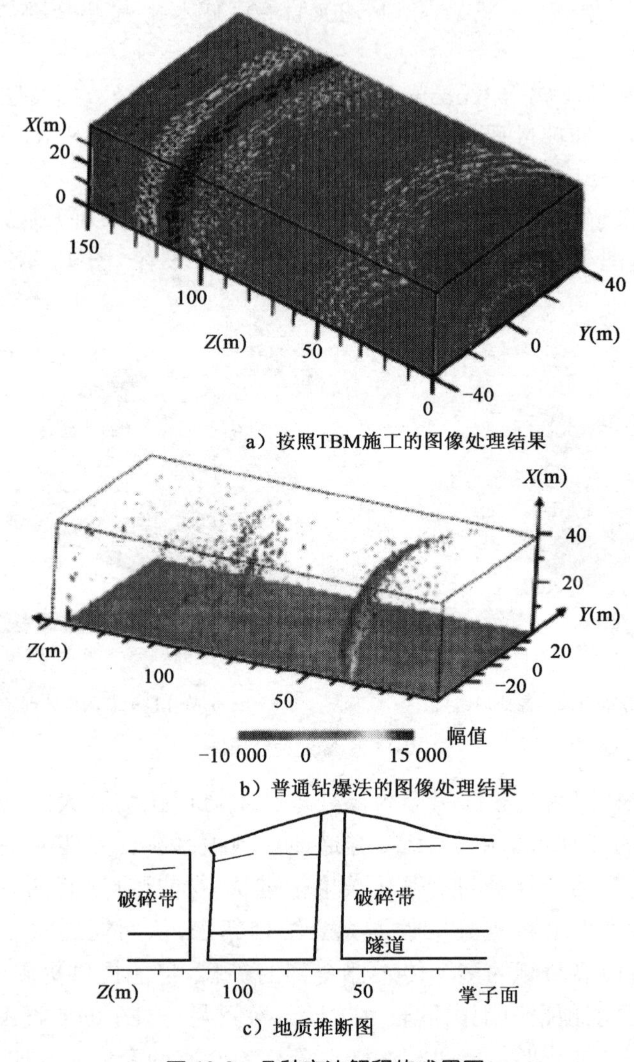

图 10-2　几种方法解释的成果图

该项目采用 TSP203 与 USEP21 进行联动对比采集。其中，现场排布按照 TSP203 的技术要求进行，USEP21 由于不受现场排布的限制，是借助 TSP 的震源进行采集试验的。

(2)掌子面工程地质描述

WK17＋972 掌子面岩性主要为千枚岩，灰色、深灰色，块碎状结构，结构面

平直，掌子面围岩整体性较差，围岩不能自稳，岩体产状较陡，开挖时受层理、节理、裂隙影响，掌子面岩体软硬不均，开挖时如不进行超前支护，会引起拱顶坍方（图 10-3）。

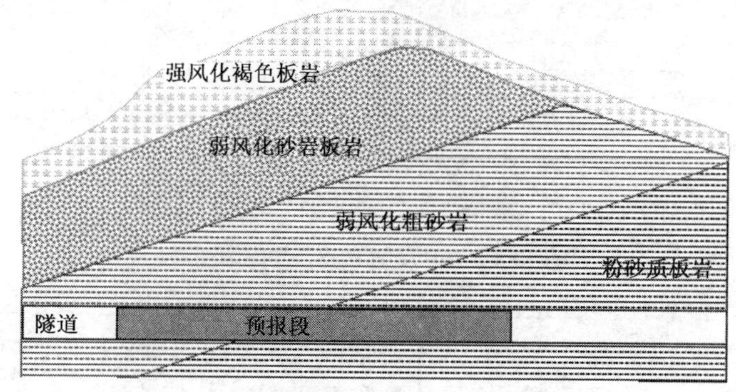

图 10-3　左线隧道纵断面（其中红线表示预报段）

（3）TSP203 超前地震预报资料

采用 TSP 203 仪器进行地震波数据采集，本次激发 23 个点，2 个接收器置于隧道毛壁两侧，接收器位置里程 WK17＋890，掌子面位置里程 WK17＋972，采集的 TSP 数据通过 TSPwin 软件进行处理，获得 P 波、SH 波、SV 波的时间剖面、深度偏移剖面和反射层以及岩石物性参数等一系列成果。在成果解释中，以 P 波剖面资料为主对岩层进行划分，结合横波资料对地质现象进行解释，解释中，遵循以下准则：

①正反射界面表明进入硬岩层，负反射界面表明进入软岩层。

②若 S 波反射较 P 波强，则表明岩层饱含水。

③V_p/V_s 增加或泊松比突然增大，常常由于流体的存在而引起。

④若 V_p 下降，则表明裂隙或孔隙度增加。反之，V_p 增大，表明岩体强度增加。

根据以上准则，解释成果如表 10-1。

掌子面 WK17＋972 前方 110m 岩体性质预报　　　　表 10-1

序号	里　　程	长度(m)	推 断 结 果
1	WK17＋972～WK18＋027	55	本段围岩与掌子面相近，岩体性质变化不大
2	WK18＋027～WK18＋051	24	本段岩体强度增强带，裂隙发育
3	WK18＋051～WK18＋068	17	本段岩体强度减弱带，裂隙发育
4	WK18＋068～WK18＋082	14	本段岩体强度增强带，裂隙发育，岩体稳定性较差

注：上表推断的围岩软硬情况，是根据地震波反射确定的，与隧道工程中岩石等级划分的硬质、软质岩石不一定成对应关系。

⑤报告图示如图 10-4～图 10-8。

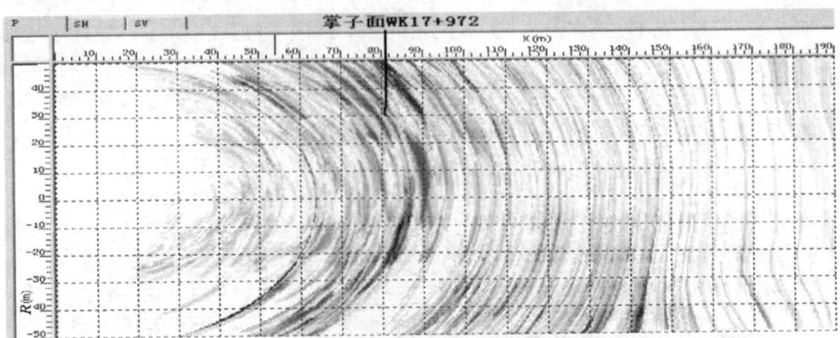

图 10-4　TSP 反射 P 波二维成像图

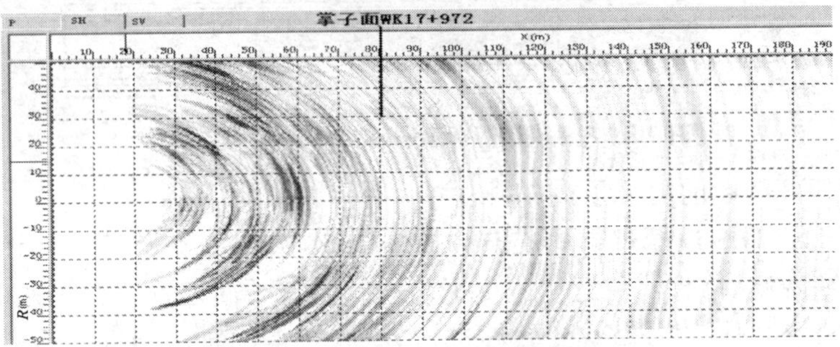

图 10-5　TSP 反射 SH 波二维成像图

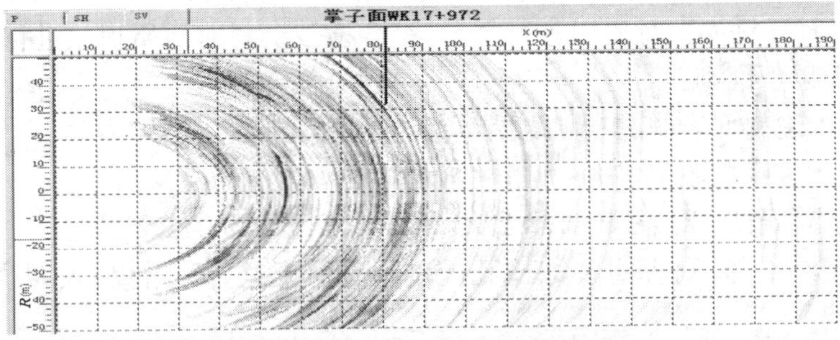

图 10-6　TSP 反射 SV 波二维成像图

图 10-7　TSP 的 P 波反射界面三维成果图

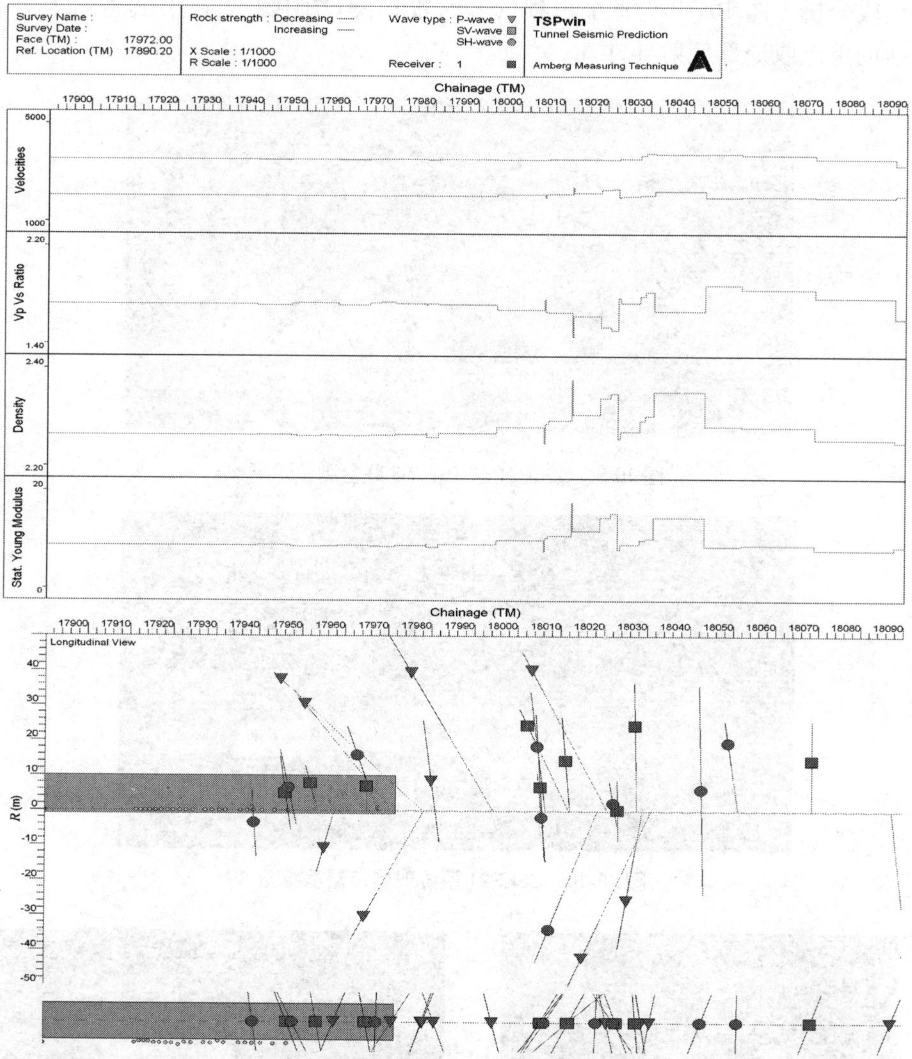

图 10-8 TSP203 超前地质预报二维成果图

(4)USEP21 超前地质预报

①本次 USEP21 与 TSP203 联合数据采集现场如图 10-9,整个预报以 TSP203 为主。USEP21 系统是利用 TSP203 的震源进行激发采集的。由于 USEP21 系统不受激发震源点的位置限制,因此可采集各种震源信号。USEP21 的现场震源点与采集点的现场布置如图 10-10 所示。

②图 10-11 是实测原始数据经校正后绕射叠加的切面波形图,通常有较强反射处表现为波速差异较大。图 10-11 仅为示意图,在实际解释时可沿里程移

动逐段分析。图 10-12 为某个里程的等时投影图,图中表明在沿隧道右上方有较强的单点或局部反射异常。

图 10-9　USEP21 与 TSP203 联合测试现场

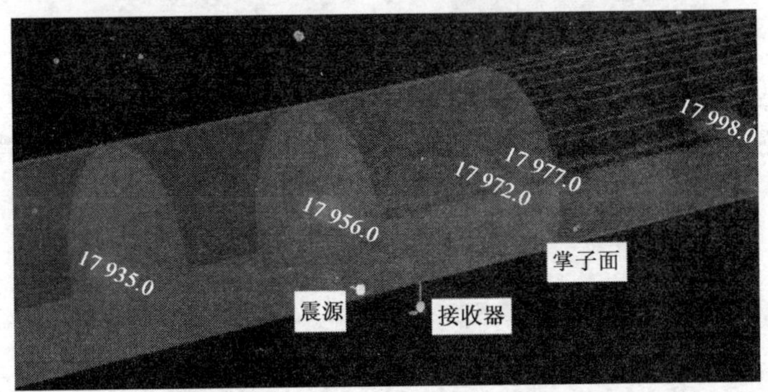

图 10-10　USEP21 系统现场布置示意图

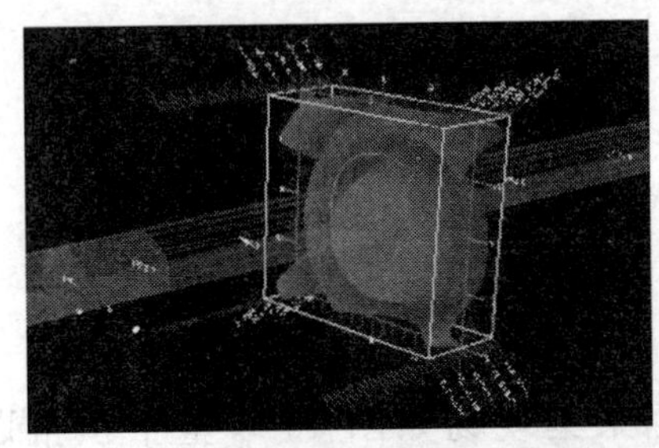

图 10-11　USEP21 绕射叠加切面图

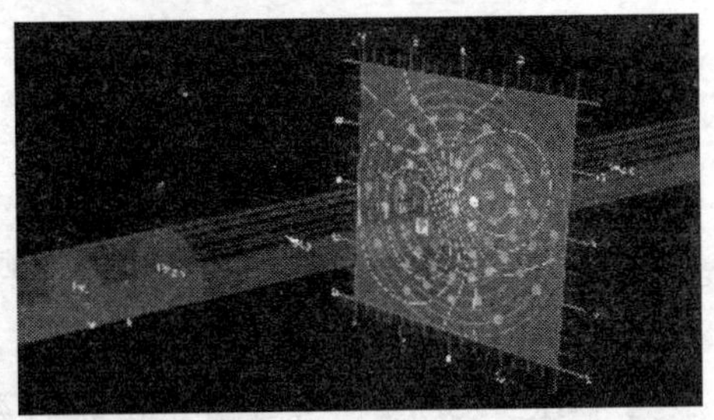

图 10-12　USEP21 某个里程等时投影图

③图 10-13 为切割的(隧道超前地质预报所关心的区段)经校正的三维数据等值像图,从图中可看出隧道掌子面前方包括正反射和负反射,有较强反射的区段。通常正反射表示围岩由差变好(速度界面变化,由低到高),而负反射表示围岩由好变差。该图是在数据最大值(红色)和最小值(蓝色)的灰度下显示的。

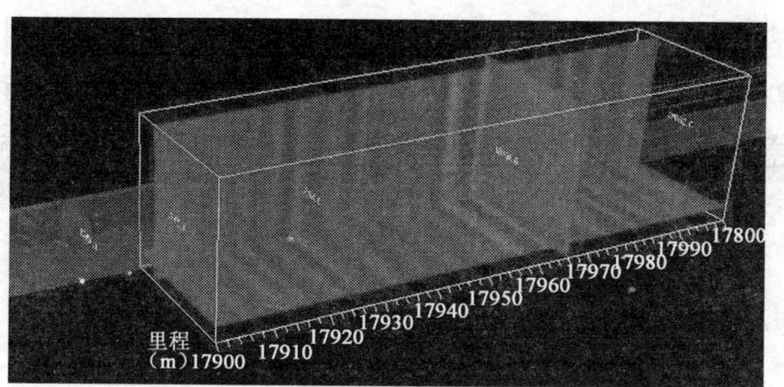

图 10-13 三维等值像图

图 10-14 为校正后的三维等值面图,图中详细显示了地震波反射的波场图,能详细反映波场的内部等值分布情况。同三维等值像图一样,反射越大,说明围岩的波速差异越大。只是该图能反映波场的反射细节。

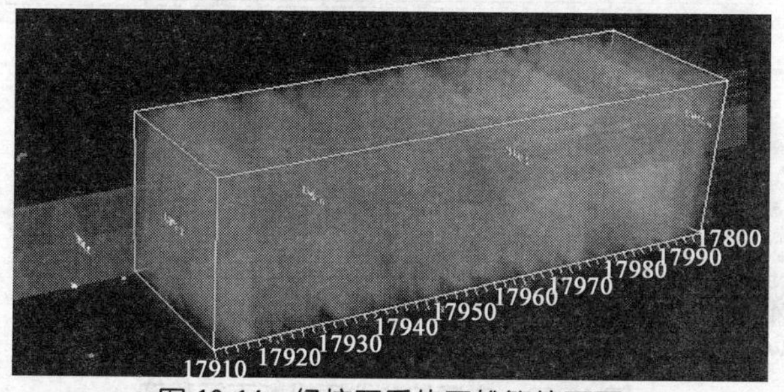

图 10-14 经校正后的三维等值面图

图 10-15 是 TSP 多炮点二维绕射叠加与 USEP21 单炮点绕射三维像图结果对比图。

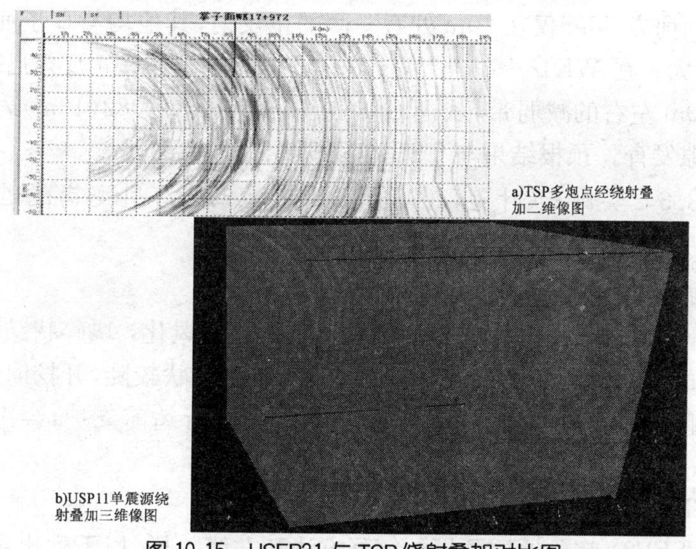

图 10-15 USEP21 与 TSP 绕射叠加对比图

图 10-16 是经叠加后的三维等值面及矢量混合图，该图与图 10-11、图 10-12 一样，但由于增加了矢量图，它能确定波场的空间位移方向。通常，凡是波场方向变化处都是围岩介质速度、密度急剧变化的地方，可利用该图对掌子面前方的地质情况进行空间解释。

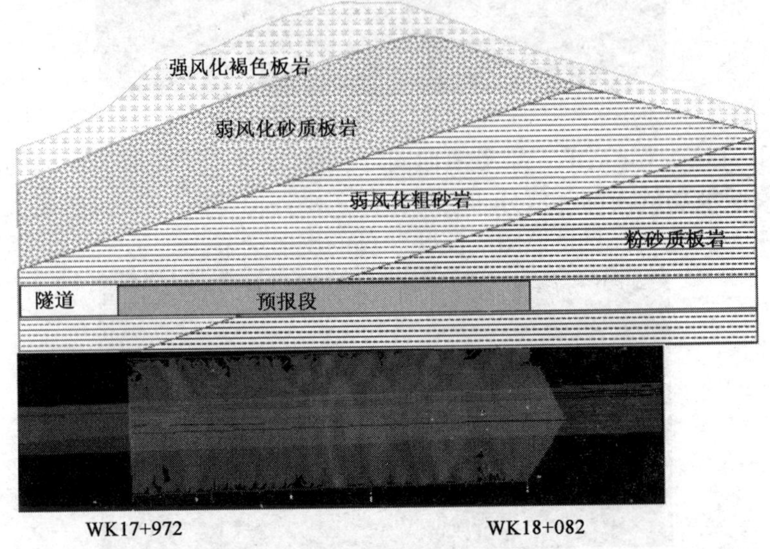

图 10-16　左洞综合地质纵断面解释图

（上图为左洞地质纵断面，下图是经叠加后的三维等值面及矢量混合图）

图 10-16 中绕射叠加像图解释在 WK18＋072 处判断为岩性界面，从图中可看出，掌子面前方 55m 仅在 20m 处有一薄的正反射，其他均与掌子面岩体性质变化关系不大。在 WK18＋030～WK18＋060(30m)岩体在正反射后强度增强，随后约有 10m 左右的减弱带，从 WK18＋072～WK18＋082(10m)岩体强度继续增强，裂隙发育。预报结果与 TSP、实际开挖基本一致。

10.1.3.3　实例三（叶英，2009 年）：北京市西六环卧龙岗隧道右线超前地质预报

(1)掌子面工程地质描述

EK17＋972 掌子面岩性主要为千枚岩，灰色、微风化，块碎状结构，结构面平直，掌子面围岩整体性较差，围岩不能自稳，岩体产状较陡，开挖时受层理、节理、裂隙影响，掌子面岩体软硬不均，开挖时如不进行超前支护，会引起拱顶坍方。地质纵断面见图 10-17。

(2)USEP21 超前地质预报

右线 USEP21 超前地质预报的解释方法和左线一样，以下列出主要的波形

图，方便对照和比较。

①现场排布如图 10-18 所示。

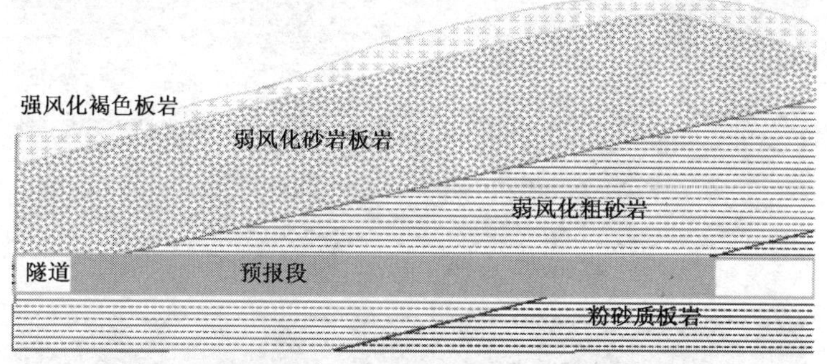

图 10-17　右线隧道纵断面(其中红线表示预报段)

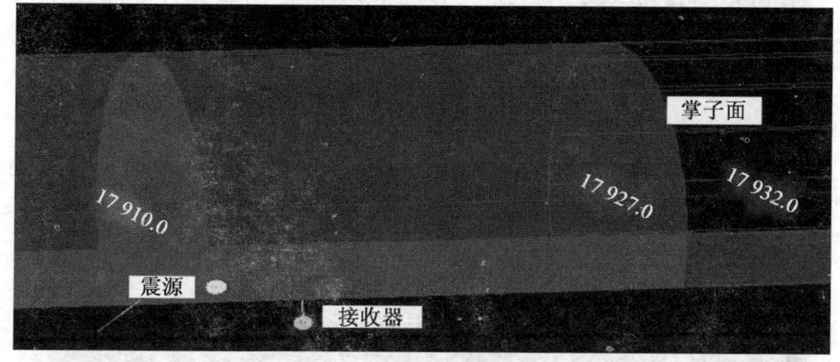

图 10-18　现场排布图

②局部二维切面及投影图见图 10-19 所示。

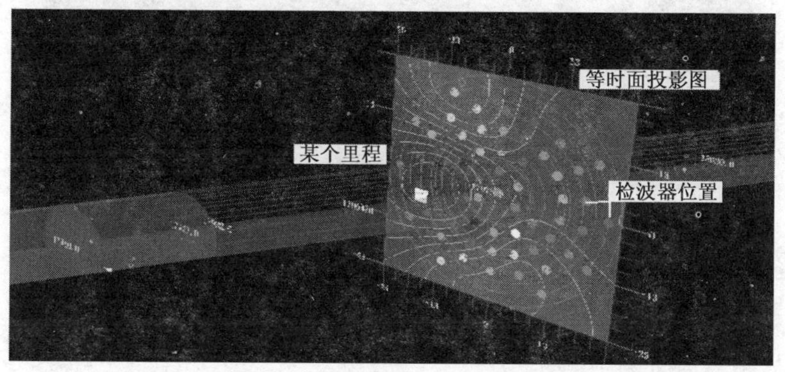

图 10-19　某个里程的等时面投影图

③三维解释图如图 10-20～图 10～22 所示。

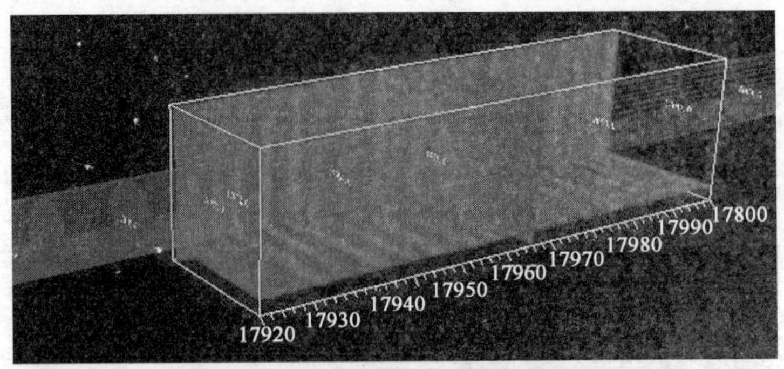

图 10-20　经校正后的三维等值像图

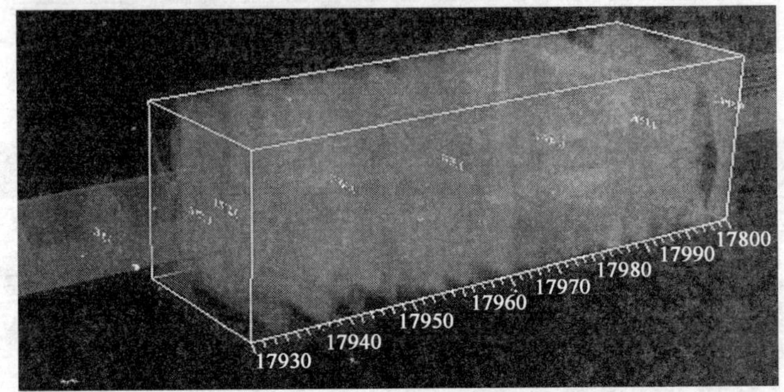

图 10-21　三维等值面图

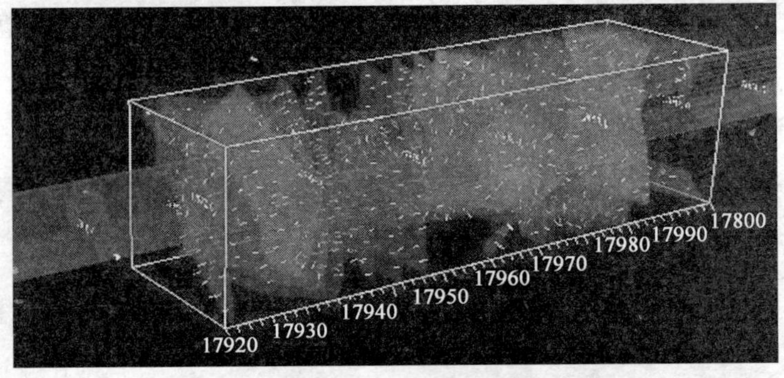

图 10-22　经叠加后的三维等值面及矢量混合图

从图 10-23 综合地质纵断面解释图中可看出，该三维图可进行三维形状体的探测与解译。图中的三维等值面图红色表示岩体强度高的硬岩体。根据 USEP21 系统测试结果与 TSP203 系统对比后，整个该区段的预报资料是根据 USEP21 的解释结果提供的，该预报资料已经现场实际开挖验证，说明 USEP21 系统预报的效果完全符合实际。

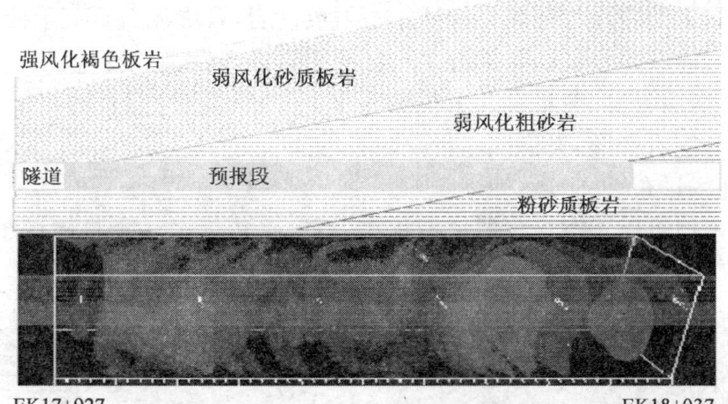

图 10-23 综合地质纵断面解释图

(上图为左洞地质纵断面,下图是经叠加后的三维等值面及矢量混合图)

10.1.3.4 实例四(叶英,2009 年):108 国道南村隧道 A 线进口超前地质预报

作者于 2008 年 11 月 13 日在南村隧道进口 A 线右导进行 USEP21 现场试验。

(1)工程概况

108 国道工程南村隧道为越岭岩质隧道,主要为变质长石石英砂岩、硬绿泥石石英千枚岩、泥岩,煤线等。其中煤线位于南村隧道进口段。隧道是双洞双向行驶一级公路隧道,总长为 3 069 延米,分为 A 线(上行线)和 B 线(下行线)。南村隧道:A 线全长 1 348m,隧道底面高程 202.1~235.8m,里程桩号 AK12+759~AK14+107;最大曲线半径 4 000m,坡度 2.5%下坡(图 10-24)。B 线全长 1 395m,隧道底面高程 201.4~236.1m,里程桩号 BK12+745~BK14+140。最大曲线半径 3 000m,坡度 2.5%下坡。

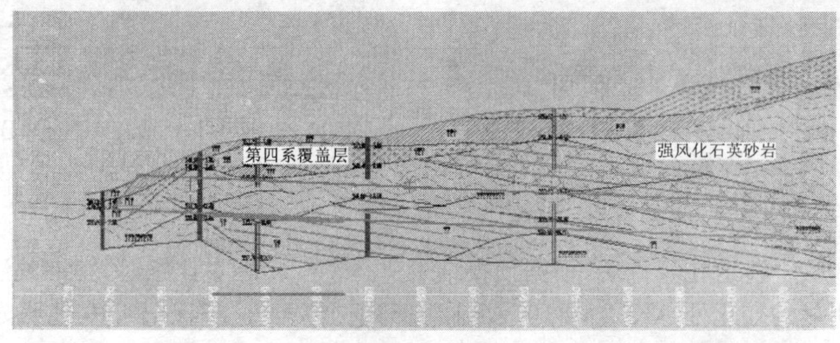

图 10-24 108 国道南村隧道进口 A 线地质纵断面

(2)掌子面地质描述

隧道掌子面岩性为强风化变质长石石英砂岩，含绿泥石石英千枚岩，夹杂劣质煤层。岩体破碎，属软岩，部分呈土状。围岩完整性、稳定性较差，开挖时极易出现掉块、崩塌、局部少量有含水裂隙富水。开挖时应注意及时封闭掌子面，以免掌子面开挖后变形、失稳。

(3)现场排布

本次预报采用4个接收器平行排布，震源采用锤击法。具体排布及采集参见图10-25、图10-26。

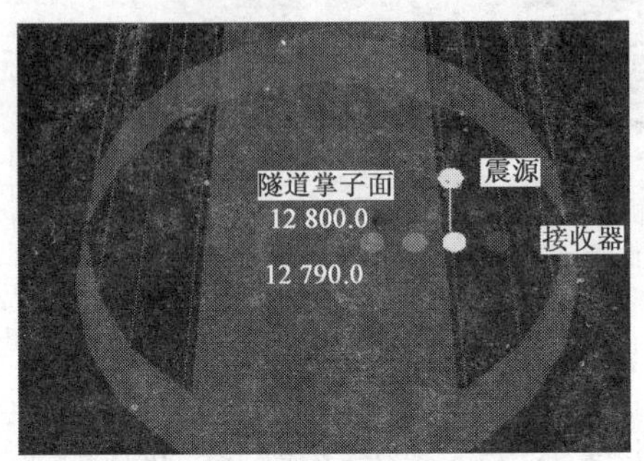

图10-25　现场接收器与震源排布

图10-26　4个接收器256通道原始波形曲线

(4)资料综合解释

①对地震反射法采集的原始数据进行球面扩散、平方根均衡、频谱分析、带通滤波、速度谱分析、空间成像等处理，图10-27、图10-28分别是利用速度谱分析方法求得的V_p、V_s的空间分布。

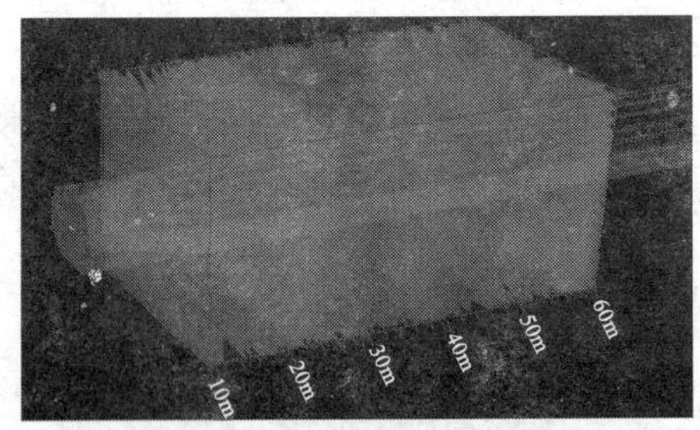

图10-27　速度分析纵波波速空间分布

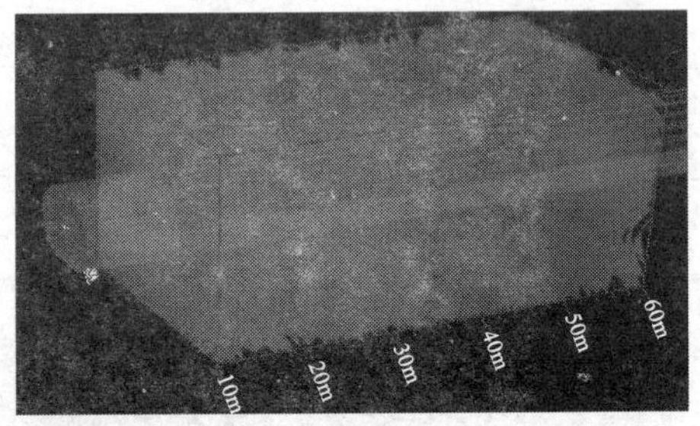

图10-28　速度分析横波波速空间分布

②根据以上地震预报结果对掌子面前方50m范围进行超前地质综合预报，结果见表10-2。

③整个隧道在开挖后，根据预报结果进行了与实际对比跟踪，特别关注在围岩有明显的变化处AK12＋810、AK12＋830。围岩在AK12＋810处明显变好(图10-29)，而开挖到AK12＋830附近岩体整体变差，由于围岩变差工法没

及时调整致使施工至该处附近发生了小型坍方。以上与实际预报结果吻合较好。

掌子面 AK12＋800 前方 50m 岩体性质预报 表 10-2

序　号	里　　程	长　度	推断结果
1	AK12＋800～AK12＋810	10m	本段围岩与掌子面相近，岩体性质变化不大
2	AK12＋810～AK12＋830	20m	本段岩体强度增强带，裂隙发育，局部软硬不均，受地表水文地质构造影响，掌子面岩体开挖总体上上软下硬，极不均匀
3	AK12＋830～AK12＋850	20m	本段岩体强度减弱，剪切模量减小、岩体相对软化，局部有硬块

图 10-29 地震反射波绕射叠加空间展布与实际开挖跟踪掌子面图片

10.1.3.5 实例五（叶英，2009 年）：108 国道南村隧道 B 线出口多次预报验证

108 国道南村隧道出口施工至 BK14＋047 处，项目组于 2008 年 12 月 19 日进行了前方地质预报，结果如图 10-30a)。预报在 BK13995～13955 段围岩弱化，为了进一步验证和准确探测弱化带的情况，项目组于 2009 年 3 月 11 日在 BK14＋005 掌子面再次进行详细的超前预报工作，预报范围 BK14＋005～13905，如图 10-30b)，两次探测结果均在相同的里程段出现明显的弱化带，最终预报推测该不良地质段为变质长石石英砂岩与变质泥岩的过渡带。该预报段发现在 BK13955 后岩体总体好转。为了进一步弄清并核实预报情况，项目组于 2009 年 8 月 14 日在 BK13945 处进一步进行重叠验证预报，如图 10-30c)，该段岩性已变为变质泥岩。以上 3 次预报经开挖跟踪得到验证，效果非常明显。以上预报结果在随后的开挖支护中，由于岩性过渡带围岩处于相对松散状态，荷载

压力较大，致使支护结构相对较弱，造成整个区段的初支大范围的侵限，最大侵限达 40cm，详见图 10-30 列表。

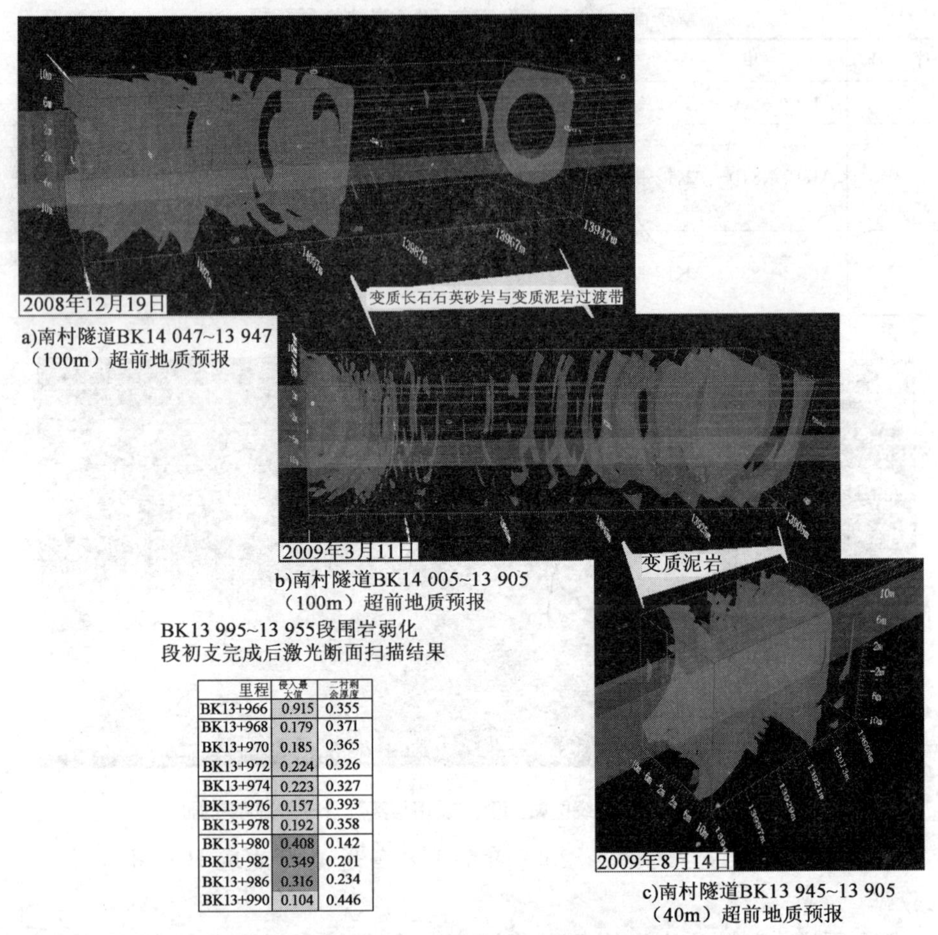

里程	侵入最大值	二衬剩余厚度
BK13+966	0.915	0.355
BK13+968	0.179	0.371
BK13+970	0.185	0.365
BK13+972	0.224	0.326
BK13+974	0.223	0.327
BK13+976	0.157	0.393
BK13+978	0.192	0.358
BK13+980	0.408	0.142
BK13+982	0.349	0.201
BK13+986	0.316	0.234
BK13+990	0.104	0.446

图 10-30 三次重叠跟踪预报结果对照

10.1.3.6 实例六(Geohydraulik Date Corp，2004 年)：BEAM 隧道超前预报

BEAM 在某隧道钻爆法施工现场探测空洞时，采取径向的放射状探测。其中，PFE 大于－5％空腔洞穴的位置没有异常显示；但空腔和洞穴有明确的异常指示和反应(图 10-31)。这是因为 PFE 大于－5％的空腔、洞穴通常是体积较小或者距离隧道洞壁距离较远，而 PFE 小于－5％的空腔、洞穴通常是体积较大或者距离隧道洞壁较近。

BEAM 法采集的是激电效应二次场，它的现场排布装置不能探测形状体，

而属体积效应探测法。因此，被激励体的体积越大，异常越明显，而与它的形状无关。

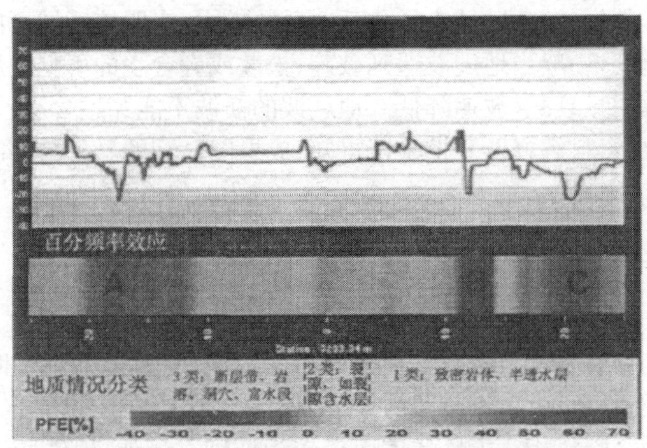

图 10-31　A、B、C 三段发现近于水平切入的充水断层带

10.1.3.7　实例七(刘玉山、陈建平，2008 年)：乌池坝隧道 TRT 超前预报

(1) 乌池坝隧道掌子面地质结构

2007 年 12 月 16 日，乌池坝隧道左线出口段已挖至 ZK256 ＋ 854，超前预报组对掌子面围岩等地质现象作了详细观察和地质素描，结果如下：岩石为三叠系下统大冶组第二段深灰色薄层状微风化灰岩，硬质岩石。岩层产状为：330°∠20°。发育一组节理裂隙，走向为 160°、倾角近直立、间距 12～13m、长度＞310m，微张，微量渗水，岩体呈块碎状结构，如图 10-32 所示。

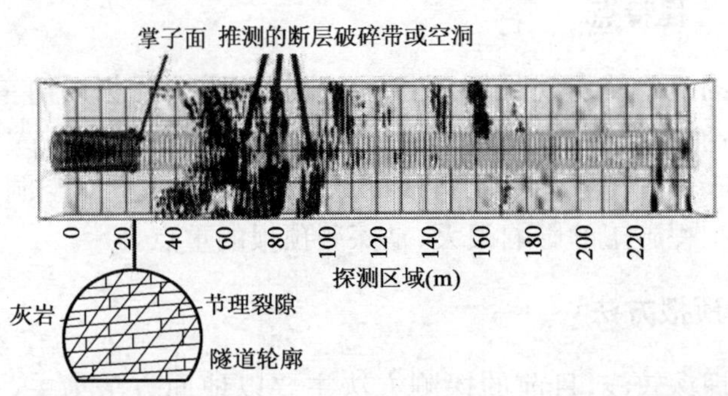

图 10-32　乌池坝隧道左线 ZK256＋854 掌子面地质素描图及超前预报成果图(俯瞰图)

(2)TRT 数据成果分析与解释

经过前面一系列工作后，室内处理得到的是一张三维地震波反射层析成像图，由 TRT 专业软件生成，可以从各个角度观察地震反射成像信息，比原来的二维图更直观详细。图 10-32 为隧道层析成像俯瞰图。

掌子面位于横向坐标 25m 处，0～25m 为已开挖洞身，25～220m 为 TRT 探测区域。图 10-32 中箭头所指的部分（60～100m 范围）为探测到的可能的岩石破碎区域。其中，暗色区域表示负反射系数较大，表明该区域可能存在较低的地震波传播速度，一般当地震波遇到破碎、松散或者含水的不良地质区域时就会使地震波振幅明显衰减，波速降低。地震波的横波不能穿过含水区域，就会形成较强的反射，由资料解释及开挖验证得知：成果图显示的异常与实际开挖能够很好地对应。

10.2 在地铁浅埋暗挖法施工中的应用

地铁施工目前基本不做施工掌子面超前地质预报，但并不表明地铁施工不需要超前地质预报。由于目前国内大范围地铁施工仍在地表下 20m 以上，且地铁隧道前期勘察资料相对山岭隧道而言较为详细。另外，地铁所选线路基本都在原有道路下方，地铁所穿越上方的既有市政设施及既有构筑物基本已知。再有，地铁主要建设在大型城市市域内，而我国大多城市都建设在冲洪积平原上，土体隧道居多，当然也有岩质隧道，也有较为复杂的岩溶地区。虽然，地铁隧道远比山岭隧道地质情况简单，但是地铁隧道修建于闹市区，对地层变形和既有设施的保护又远比山岭隧道难于控制。目前，地铁隧道对超前地质预报技术的需求是迫切的，技术要求更加精细，问题也是很多的。现阶段不做掌子面前方预报，主要受预报技术和仪器设备所限制。

10.2.1 工程特点

地铁隧道的主要特点就是埋深相对较浅，地质情况相对简单，但变化较频繁，更注重对既有构筑物的保护。对盾构施工而言，更注重对大粒径（50cm 以上）卵砾石分布、详细位置的探测和预报；对沙性土体注重对空洞、水囊的探测；另外地下水对工程施工的影响很大，是探测预报的重点。

10.2.2 预报方法

由于地铁埋深较浅，目前的探测方法主要以地面方法为主，掌子面探测为辅。但是地面探测受振动、电磁等各种干扰影响较大。虽然，目前北京地铁都在开工前进行地面雷达法空洞扫描探测，测线间距 4m，探测深度基本在 6m 以上。而隧道实际在 10m 以下，目前的探测预报方法，对隧道施工帮助不大。就国内现有技术而言，地铁前方预报方法应以地面方法为主（20m 以上）、掌子面方法为辅，发展内外结合的空间探测系统。另外，利用较大震源的跨孔法探测也不失

为一种好方法，但该方法仍需要进一步的试验和研究。常采用的地面探测方法有：GPR地质雷达法、TEM瞬变电磁法、浅层地震法、高密度电阻率法、综合参数跨孔法等；隧道掌子面预报方法有：USP地震反射法、GPR地质雷达法、TEMT瞬变电磁法、BEAM法等。具体仍应结合具体地质条件和现场条件综合选用。

10.2.3 应用实例

10.2.3.1 实例一（叶英，2008年）：北京地铁4号线新街口站南风道下导坑

该黏土层上部为砂卵砾层（透水），由于下层滞水导致黏土层上部经常有渗流水出现，测试地段距贯通面还有20m左右。USEP21现场布置及数据采集见图10-33、图10-34。

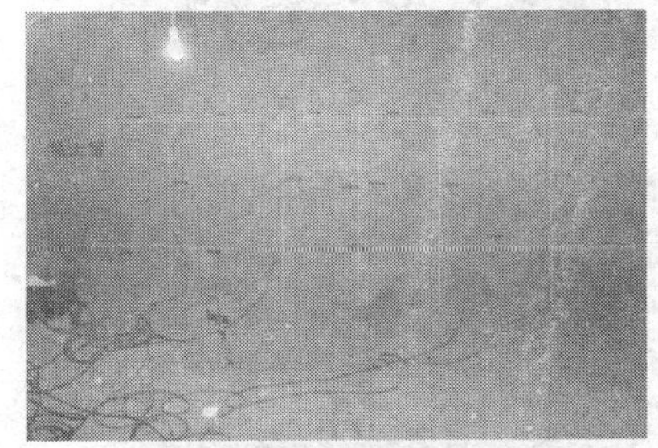

图10-33 现场布置示意图

图10-34 USEP21现场数据采集

图10-35为现场测点3实际采集的原始数据，从图中知，地震反射波上下相对较为均匀，在纵向地震波在20m后衰减很快，推测为已进入空腔（另一施工面），在较远处有弱的回波信号。

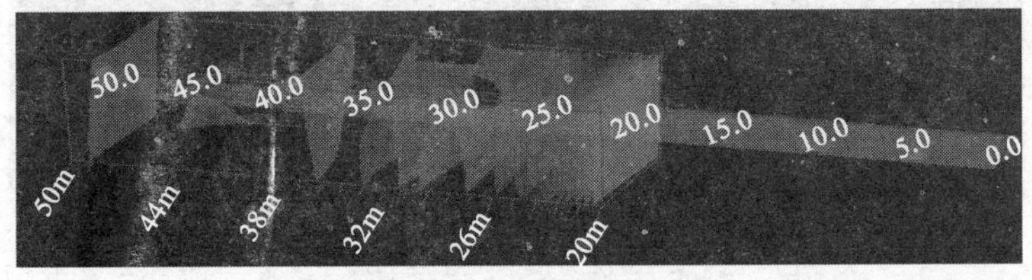

图10-35 测点3原始数据图

图10-36是经球面扩散后再绕射叠加处理的三维空间等值面图，该图更加清楚地反映了掌子面前方的情况。

图10-37为现场测点2实际采集的原始数据，图中由于激发点与接收点位置略有变化，地震反射波有所不同，但波形的主要规律没有大的变化，纵向地震波在20m后仍然很快衰减，在较远处有弱的回波信号。图10-38、图10-39解释与上雷同。

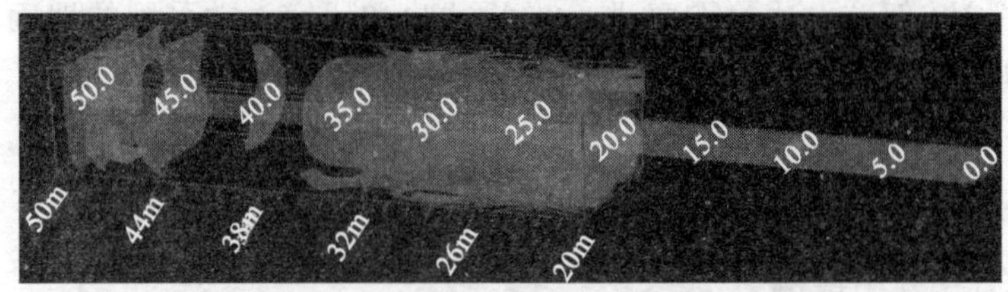

图 10-36　测点 3 球面扩散＋绕射叠加

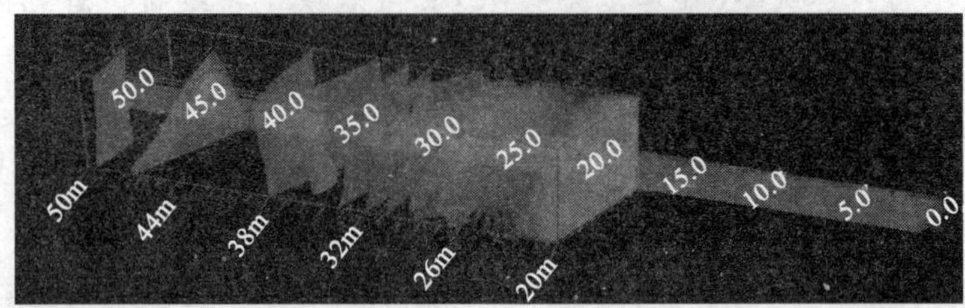

图 10-37　测点 2 原始数据等值像图

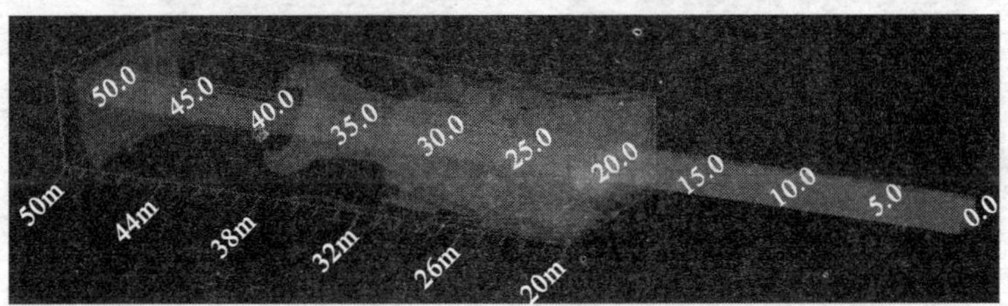

图 10-38　绕射叠加等值像图

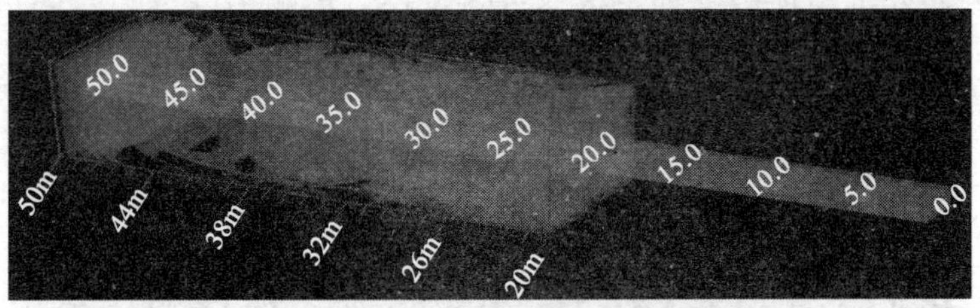

图 10-39　球面扩散＋绕射叠加等值像图

10.2.3.2　实例二(叶英,2008 年):北京地铁 4 号线西单车站西南出入口

北京地铁 4 号线西单车站西南出入口现场出露主要为细砂层,细砂层致密、分布均匀,掌子面相对稳定。测试地段距贯通面约为 7m 左右,开挖直径约 4m 左右,上下台阶法人工开挖。USEP21 现场排布见图 10-40,4 个接收器布置在掌子面的下方,激发点在隧道掌子面上。

如图 10-41 为测点 1 的原始数据等值面图,该图下部相对上部反射较强,说明下部较上部略微密实。在纵向超过 6m 后地震波很快衰减,说明掌子面很快

贯通。图 10-42 绕射叠加后的等值面图在纵向效果更加明显,说明在细砂层中回波信号更弱。

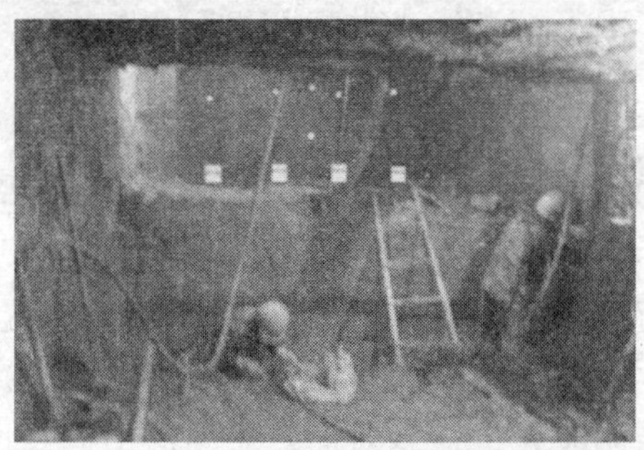

图 10-40 现场布置

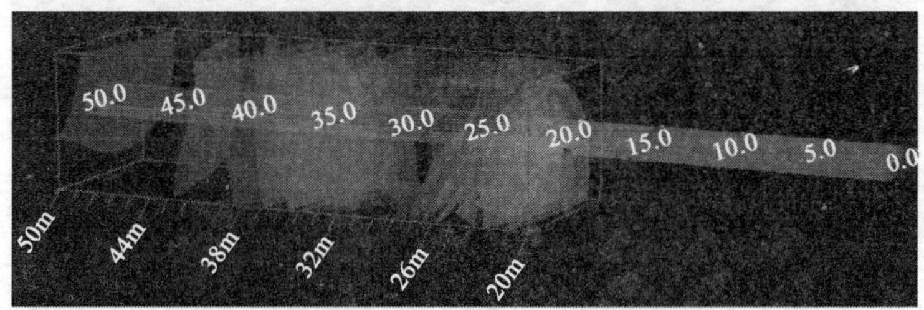

图 10-41 测点 1 原始数据等值面图

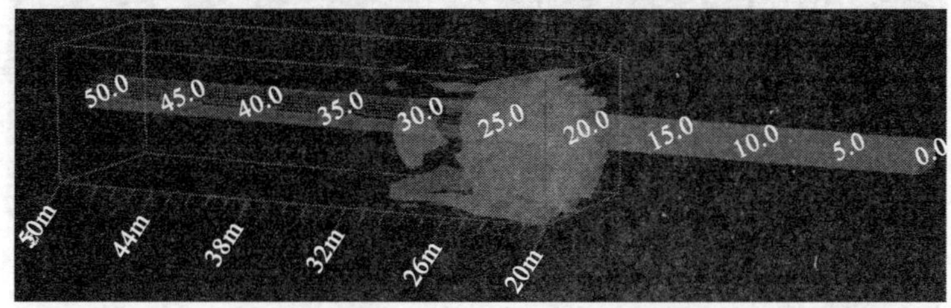

图 10-42 测点 1 绕射叠加等值面图

测点 2 实测波形图见图 10-43、图 10-44,图中同样是下部反射较上部强,纵向有回波信号。在绕射叠加等值面图中,波形沿纵向衰减较快。

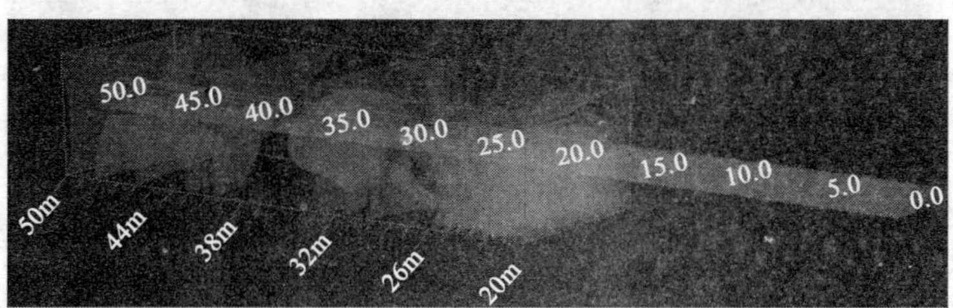

图 10-43 测点 2 原始数据等值面图

图 10-44　测点 2 绕射叠加等值面图

测点 3 实测波形图见图 10-45～图 10-47，图中同样是下部反射较上部强。在绕射叠加等值面图中，波形沿纵向衰减较快。且波形在掌子面贯通处出现明显的反射曲面形状，说明波在传播到对面掌子面后沿洞壁回波的反射波形。

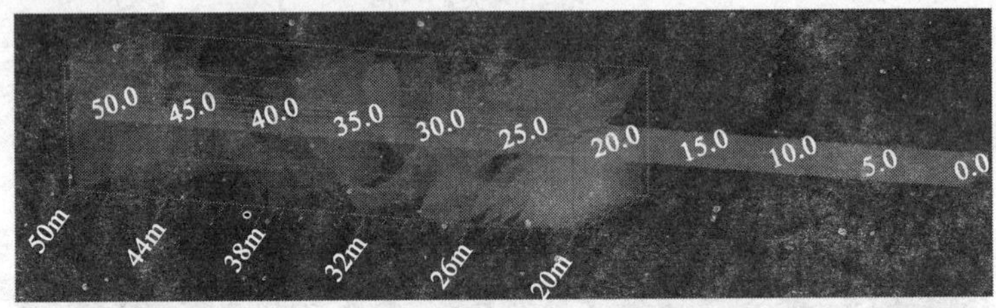

图 10-45　测点 3 原始数据等值面图

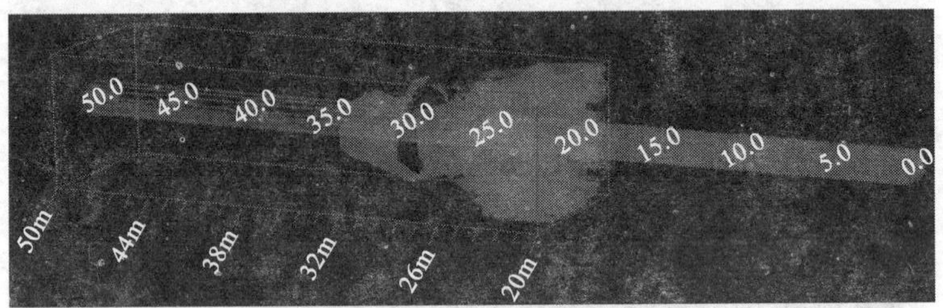

图 10-46　测点 3 绕射叠加等值面图

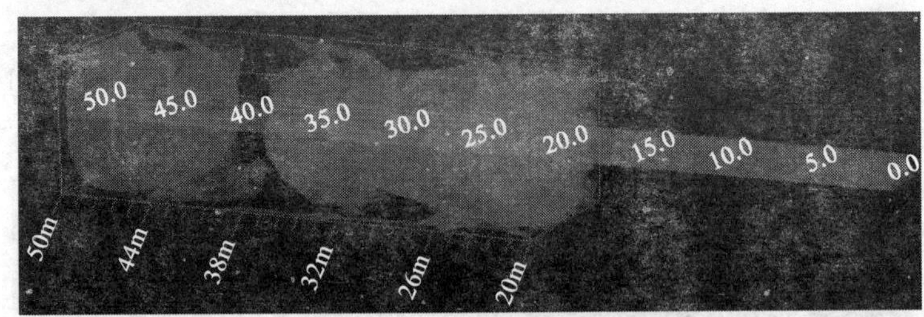

图 10-47　测点 3 球面扩散＋绕射叠加等值面图

测点 6 实测波形图见图 10-48，图中上下部反射相对均匀。在绕射叠加等值面图中，波形沿纵向衰减较快。但在纵向前方有另一反射面近相对较强而已，详见图 10-49、图 10-50。

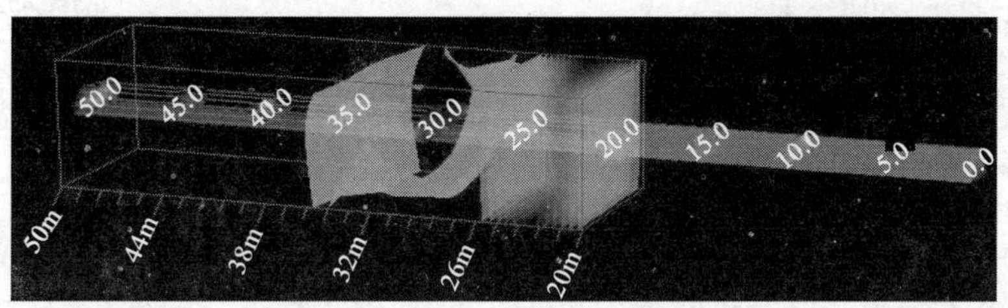

图 10-48 测点 6 原始数据等值面图

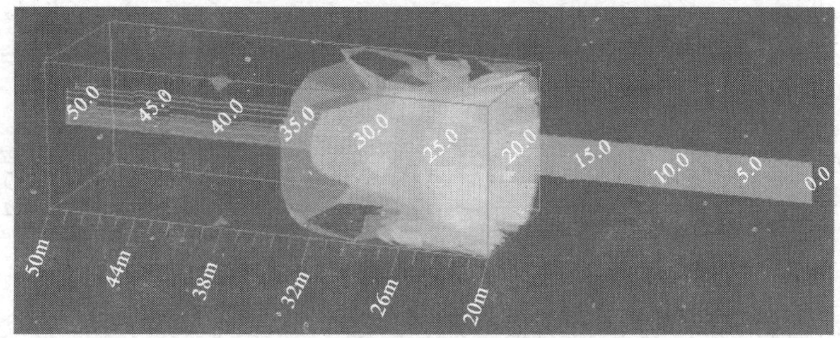

图 10-49 测点 6 绕射叠加等值面图

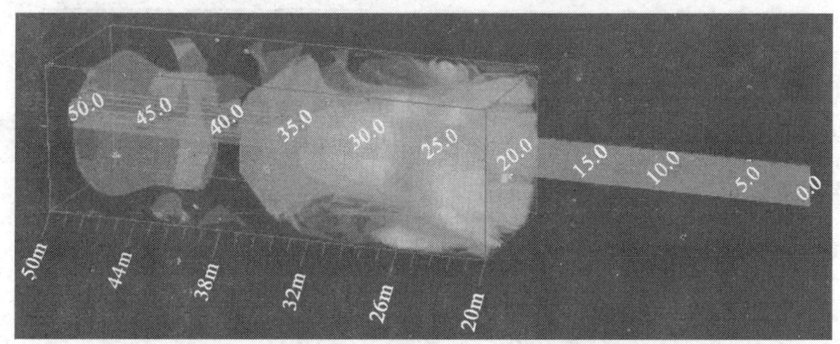

图 10-50 测点 6 球面扩散＋绕射叠加等值面图

10.2.3.3 实例三(叶英,2009 年):北京大兴线 4 标 B(2)竖井 ZK10＋030

(1)ZK10＋030 掌子面地质描述

掌子面台阶法开挖,下台阶为粉土,含水量适中、自稳性好,纵波波速为 328m/s,拱顶为少量中砂。地勘断面见图 10-51。

(2)USEP21 超前预报

USEP21 的接收器和震源均布置在掌子面,震源采用锤击法,采用 3 个震源激发点进行偏移叠加。

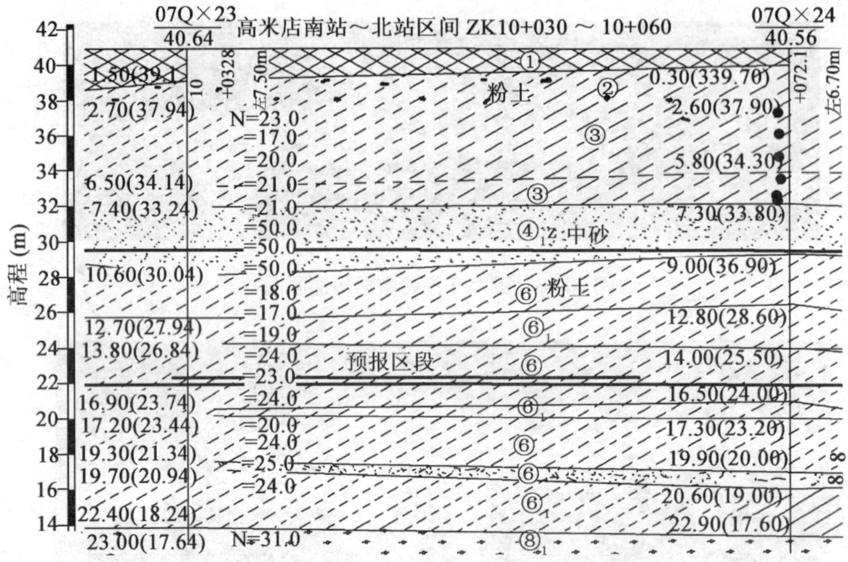

图 10-51　区间地勘纵断面

数据处理采用球面扩散、平方根均衡、频谱分析、带通滤波、绕射叠加等方法处理，并进行三维空间图形展示。全波场图见 10-52，Y 方向波场图见图 10-53～图 10-55。

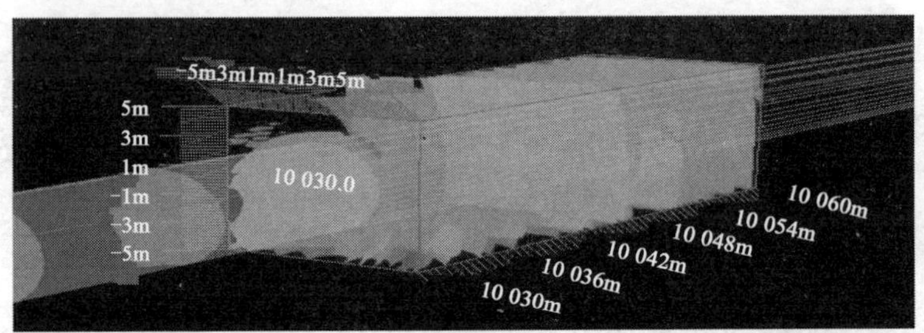

图 10-52　USEP21 绕射叠加等值面图

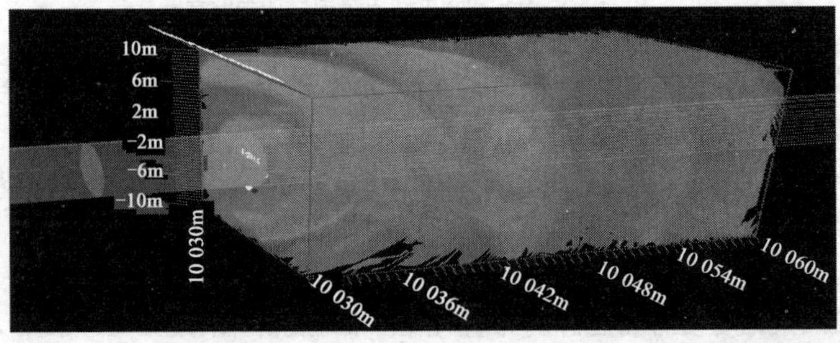

图 10-53　USEP21 Y 方向(上下分层，20m×20m 范围)绕射叠加等值面图

结果分析：从全波场图中能看出掌子面前方 30m 范围内，图中土体强度，1 050m、1 054m 处含水量大（在土体中，含水量大的粉土波速较大），相对软化。但在 1 055m 以后整体粉土的含水量适中，强度提高。

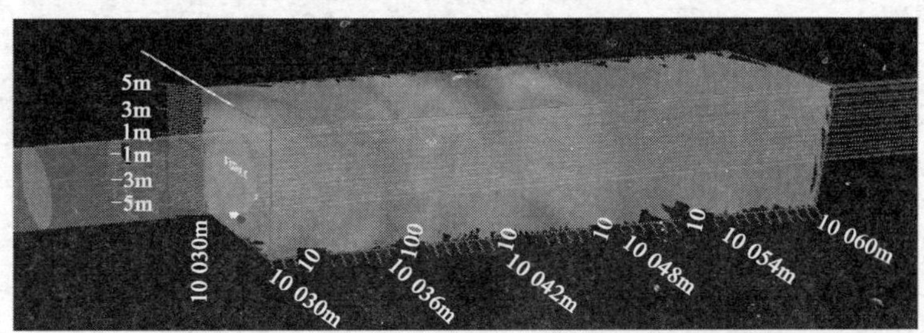

图 10-54　USEP21*Y* 方向（上下分层，10m×10m 范围）绕射叠加等值面图

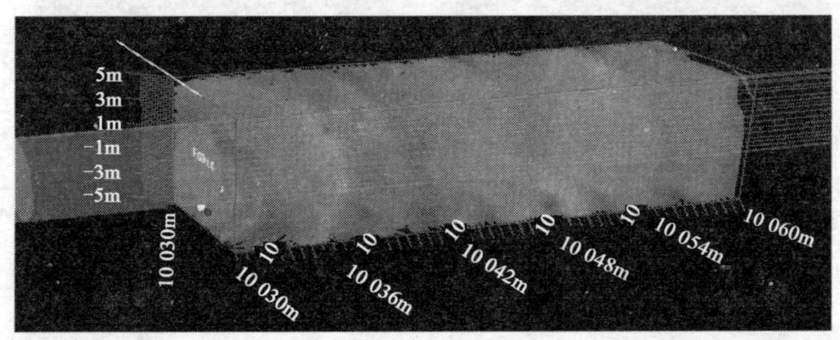

图 10-55　USEP21*Z* 方向（上下分层，10m×10m 范围）绕射叠加等值面

从 *Y* 方向波场图中能看出隧道开挖上部和下部的明显地层分层（中沙和粉土）差别，但下部在 1 050m 附近横波波速较大，推测为含水量大。

10.2.3.4　实例四（喻振华，2008 年）：广州地铁二号线北延段三元里工程

广州地铁二号线北延段三元里工程，根据层析成像探测资料解释或推断的土洞 44 个（如图 10-56～图 10-58），其中钻孔验证揭露 29 个，推测洞体高度 0.4～7.93m，最大洞体高度为 7.93m（土洞编号 T21），与钻孔揭露最大土洞位置基本吻合。

土洞形状以锥形、碟状、漏斗状为主。水平上，44 个土洞总体上不均匀地分布于整个勘察段沿线，分析认为其分布规律与其下岩体的岩溶发育和地下水活动有关。其中左线发育 14 个，右线发育 30 个；垂向上，土洞基本上发育在岩石层面附近凹陷处，埋藏深度随中～微风化岩面起伏变化而变化。充填物土洞多为流塑状～可塑状粉质黏土，部分土洞充填有岩石碎块及沙性土。勘察段沿线

共有29个钻孔揭露发育土洞，占总孔数9.12%，其中全充填26个，半充填1个，无充填2个，充填率约90%。

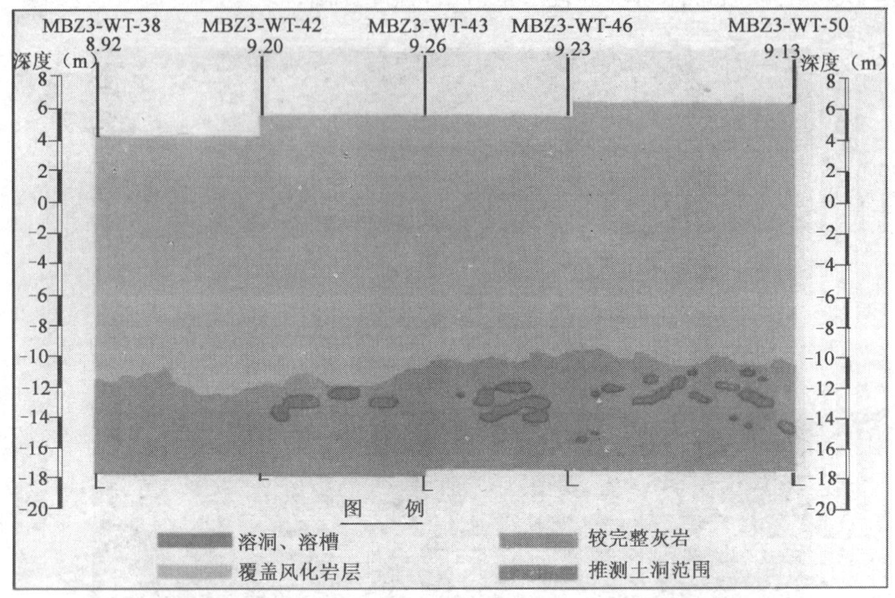

图10-56 广州地铁二号线北延段三元里（远景区）工程层析成像成果图(1)

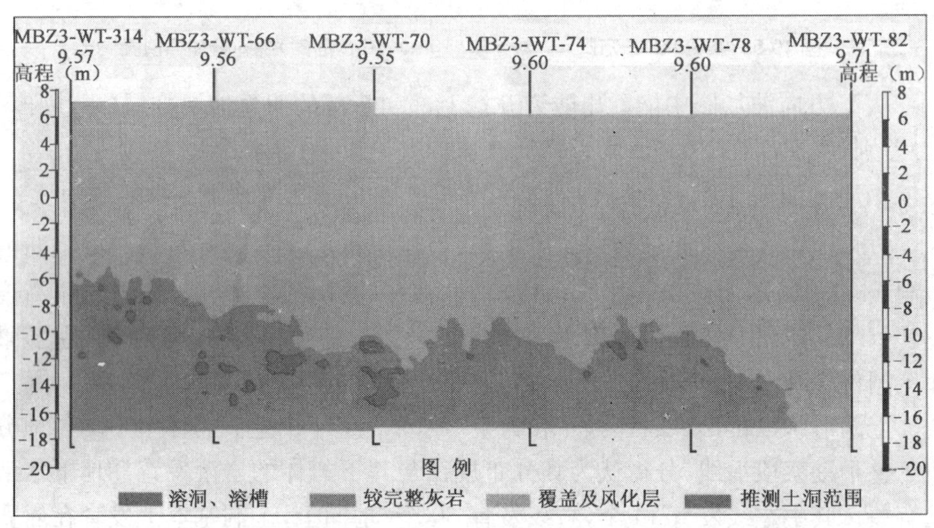

图10-57 广州地铁二号线北延段三元里（远景区）工程层析成像成果图(2)

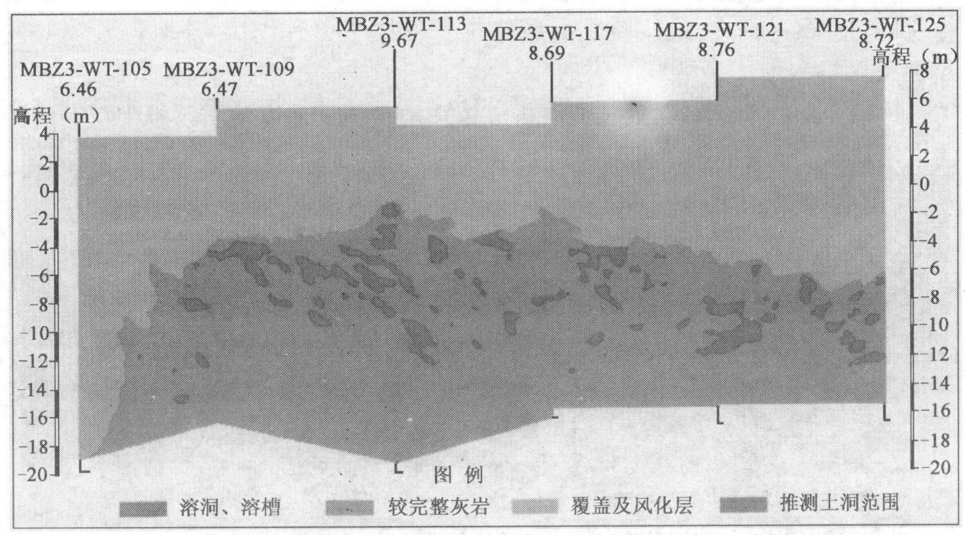

图 10-58　广州地铁二号线北延段三元里(远景区)工程层析成像成果图(3)

其他的实例(喻振华,2008年)如向家坝水电站坝轴线、右坝肩地震波层析成像(图10-59);江苏溧阳抽水蓄能电站地下厂房区层析成像(图10-60、图10-61);

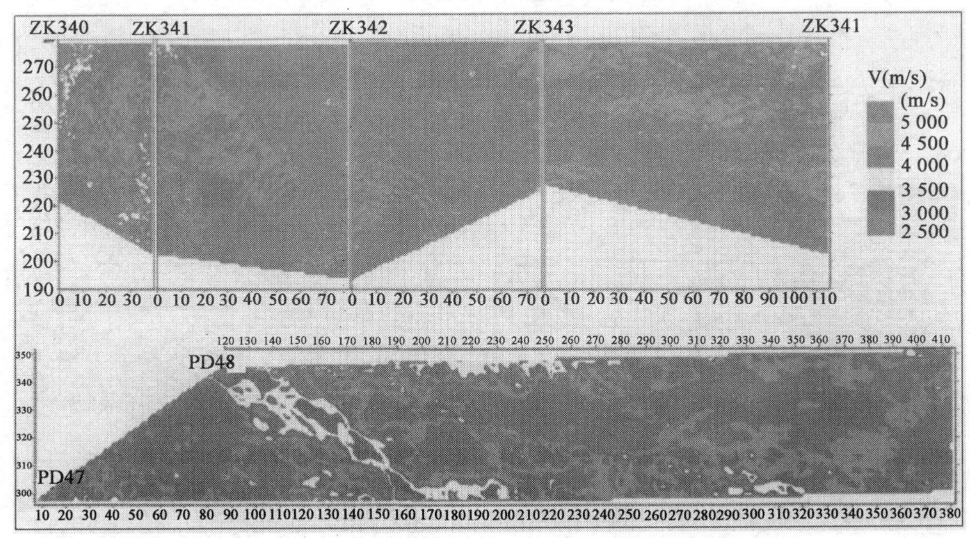

图 10-59　向家坝水电站轴线、右坝肩地震波层析成像

五强溪水电站消力池修复灌浆处理区地震波层析成像等项目(图 10-62)。在这些项目的勘察过程中,地震波层析成像技术发挥了关键作用,并取得了较好的效果。

这里介绍的地面钻孔地震波层析成像在地铁施工前方地质预报中将有广泛的应用前景。

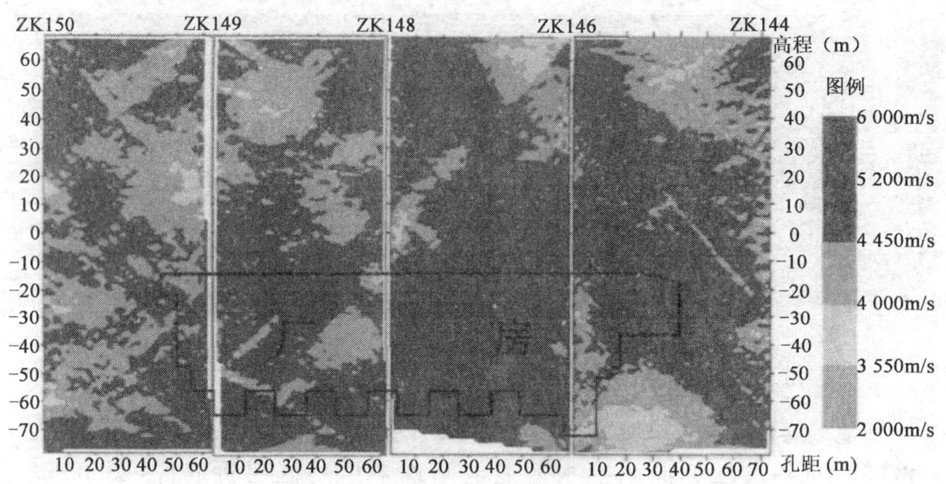

图 10-60 江苏溧阳抽水蓄能电站地下厂房区层析成像成果图

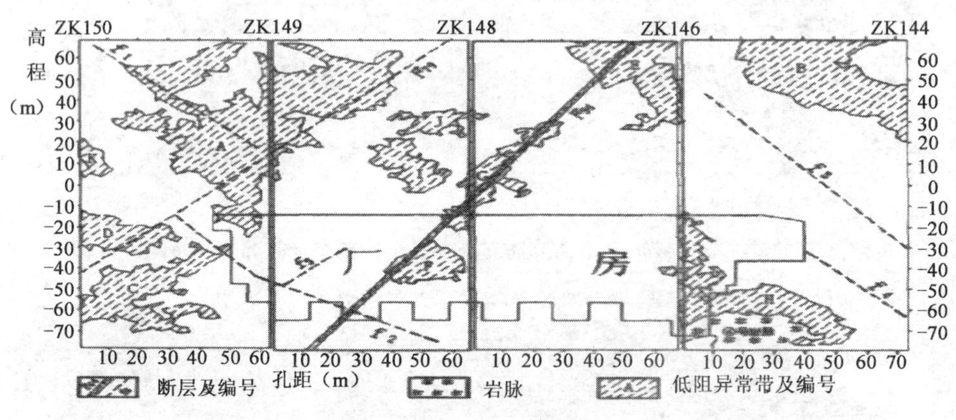

图 10-61 根据地震波层析成像绘制的结构面、岩脉发育图(江苏溧阳抽水蓄能电站)

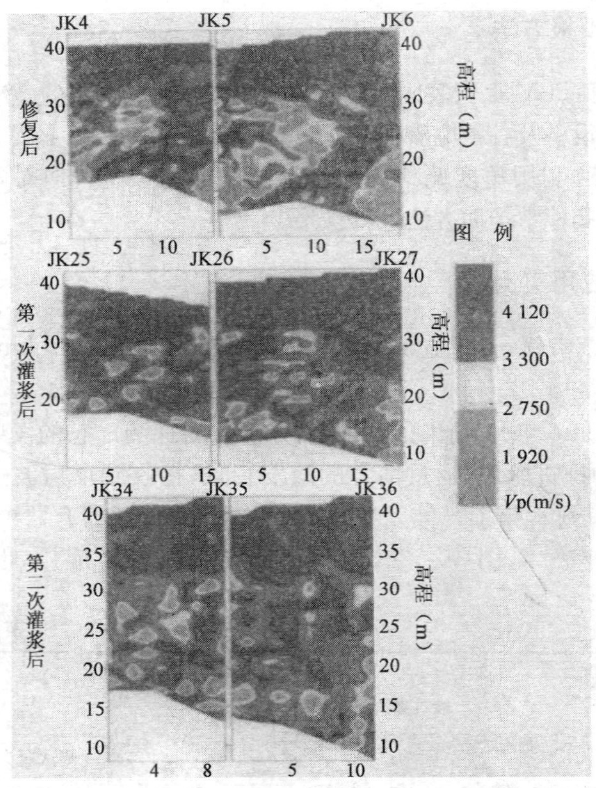

图 10-62　五强溪水电站消力池修复灌浆处理地震波层析成像成果图

10.3　超前地质预报技术在盾构机及 TBM 上的应用

在盾构机或 TBM 上安装超前地质预报设备，一直是机械开挖追求的目标和方向。目前的盾构机和 TBM 基本上没有这方面的设备。日本学者做过一些声波前方预报的试验工作，也有一些相关的经验和实例，但目前仍没有更深入的研究和更成熟的经验。

10.3.1　施工特点

盾构机和 TBM 施工前方的场地很小，且前方的刀盘转动要保持一定的前方压力，这对预报技术、方法和装置排列会带来一定的困难。对地震法而言，机械开挖的振动较大、影响也大；对电磁类方法而言，干扰电流和机器本身金属类感应影响较大，装置掌子面现场也很难排布和操作，这些都造成了探测上的困难。

10.3.2 预报方法

在盾构机和 TBM 上安装固定的装置进行超前地质预报无疑是一个好的方向,但由于机械设备及各种电流的干扰,许多方法都不适用,只有地震波反射法较为有效。当然,利用角度偏移的地震反射法应为首选。但对敞开式盾构或 TBM 也可采用其他掌子面方法进行预报。

10.3.3 应用实例

10.3.3.1 实例一:声波法 SSP(Sonic Soft Ground Probing)进行前方地质预报

SSP 法从 1994 年开始用于 TBM 前方的软岩探测。它的发射和接收装置安装在 TBM 的推进舱内,通过前方的激发装置,接收到反射波进而判断前方的地质情况。其过程借助声波发射接收信号,接收传感器有两个或更多,其原理类似于反射波法,见图 10-63。这类方法在日本有所应用,但报道的资料很少。

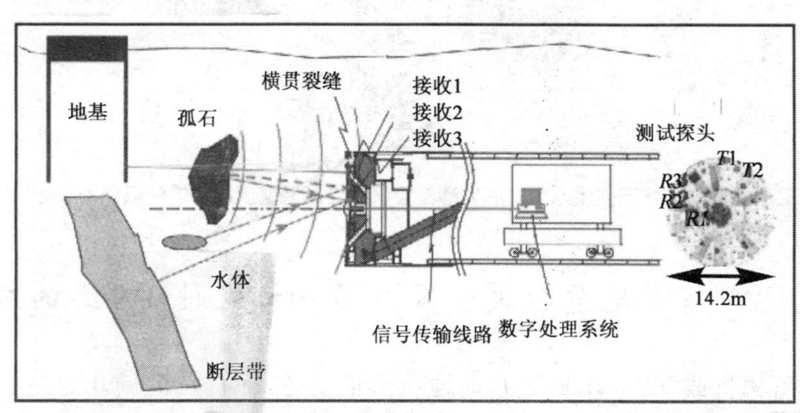

图 10-63 SSP 软岩地震反射波法的应用

10.3.3.2 实例二(Geohydraulik Date Corp,2004 年):TBM 掘进隧道 BEAM 超前地质预报

①BEAM 在对某 9.5m 洞径敞开式 TBM 机掘进某隧道进行超前预报时,PFE 曲线呈现 3 处向下到 -20 左右的不规则振荡,指示出 3 处充水断层带的存在。如图 10-64 所示,A、B、C 三处均表现为充水断层带。PFE 曲线出现均匀下降由 0 附近降至 -40 左右,该段地质情况逐渐变差,并且由于降至 -40 左右认为该段发育断层。如图 10-64 所示,A 点处 PFE

值出现下降，后经超前钻孔确认证实该处发育断层。

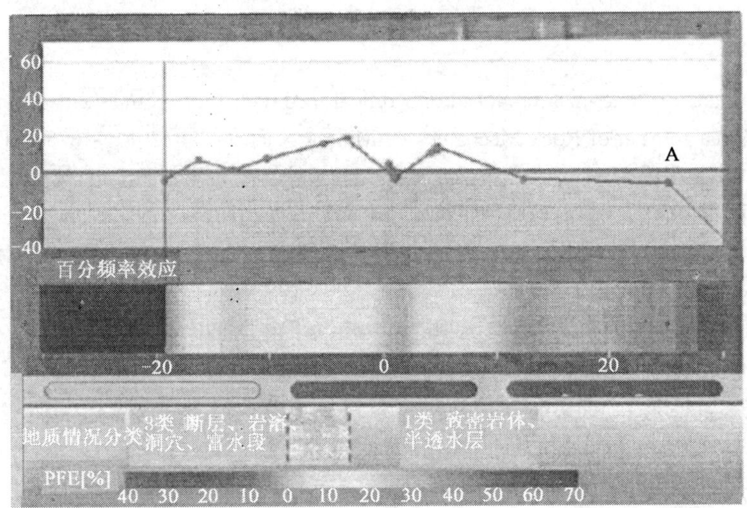

图 10-64 断层破碎带预测成果图(Geohydraulik Date Corp,2004 年)

②BEAM 在对某 5.8m 洞径 TBM 机掘进隧道进行超前预报时，综合应用了百分频率效应和电阻率，因为后者补充了前者无法全面了解的地质信息。在岩溶发育地区 PFE 值较均匀的降至－20 左右并且在较长距离里保持在－20 左右，推测有断层。在同样的里程电阻率从数百陡增至 10 000 以上，说明该处无良导体且孔隙率较大。结合两种参数认为两种变化反映的是同一地质体，即无水干燥的断层带；若此处电阻率降低，则可以判断为充水断层带如图 10-65 所示。

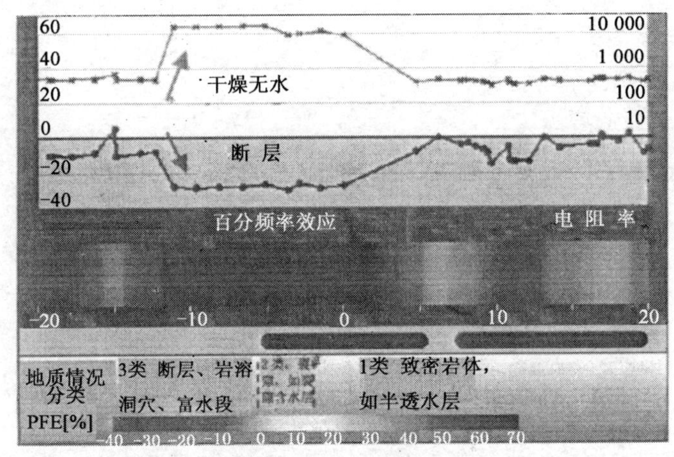

图10-65 岩溶发育地区无水干燥断层的预测成果图(Geohydraulik Date Corp,2004 年)

参 考 文 献

[1] Y. Ashida. Seismic imaging ahead of a tunnel face with three-component geophones. International Journal of Rock Mechanics & Mining Sciences 38 (2001): 823-831.

[2] 叶英.地下工程施工超前地质预报系统研究.工程地球物理学报.2009,6(1):17-22.

[3] 叶英.隧道综合参数超前地质预报技术研究[J].地质与勘探.2009,45(4):468-473.

[4] 喻振华.工程井间地震波正演模拟及层析成像技术研究[M].中南大学博士论文.2008,3.

[5] 刘玉山,陈建平.TRT 技术在乌池坝隧道超前预报中的应用.铁道建筑.2008 (9).

[6] 叶英.隧道施工空间地震超前地质预报系统.现代隧道技术.2009,46(5):55-61.

图书在版编目（CIP）数据

隧道施工超前地质预报／叶英著．—北京：人民交通出版社，2011.7

ISBN 978-7-114-08684-7

Ⅰ.①隧…　Ⅱ.①叶…　Ⅲ.①隧道工程－工程地质－预报　Ⅳ.①U452.1

中国版本图书馆 CIP 数据核字（2010）第 182712 号

书　　名：隧道施工超前地质预报
著 作 者：叶　英
责任编辑：王　霞　师　云
出版发行：人民交通出版社
地　　址：（100011）北京市朝阳区安定门外外馆斜街 3 号
网　　址：http://www.ccpress.com.cn
销售电话：（010）59757969、59757973
总 经 销：人民交通出版社发行部
经　　销：各地新华书店
印　　刷：北京市密东印刷有限公司
开　　本：720×960　1/16
印　　张：33.25
字　　数：572 千
版　　次：2011 年 7 月　第 1 版
印　　次：2011 年 7 月　第 1 次印刷
书　　号：ISBN 978-7-114-08684-7
定　　价：88.00 元
（如有印刷、装订质量问题的图书由本社负责调换）